이승만과 마사리크

연세대 이승만연구원 학술총서 **6**

이승만과 마사리크

대한민국 · 체코 건국대통령의
인물과 사상 비교

Syngman Rhee and
Thomas Garrigue Masaryk

| 김학은 지음 |

북앤피플

To 김정희 Maria Chong Seo

발간사

세상은 참으로 원하는 대로 저를 내버려 두지 않았습니다. 1987년 교수로 부임하여 박사과정 5년 동안 근근이 공부한 밑천이 달랑달랑 할 즈음인 1990년대 초반 학교 본부는 저에게 'YBS' 주간을 맡으라고 하더니, 그 임기를 마치자 이번에는 '연세춘추' 주간을 맡으라고 했기 때문입니다. 지금도 그럴 거라는 생각이 들지만, 당시 춘추 주간 자리는 학생기자들과 기사의 내용을 두고 시비를 가리기 위해 주말을 꼬박 새워야 하는 엄청 괴로운 다시 말해 '빡센' 보직이었습니다.

한 편으로 강의 그리고 다른 한 편으로 논문을 써야 하는 이중의 역할에 더해, 이제는 80년대 운동권 논리를 전파시키는 역할을 스스로의 사명으로 생각하는 학생기자들과 매주 치열한 전투를 치루는 힘겨운 생활을 마주하지 않을 수 없었습니다. 이 힘겨운 시기를 함께 해 주신 분이 바로 이 책의 원고를 쓰신 김학은 명예교수이십니다. 저와 같은 시기 춘추에 편집인으로 발령을 받으신 김학은 교수는 한 편으로 주간의 업무를 챙겨주시면서, 다른 한 편으로 선배 교수로서 자상한 관심과 배려 그리고 격려를 아끼지 않으셨습니다.

학생기자들과의 전투 사이사이에 생기는 막간을 이용하여 저희는 정말 많은 대화를 할 수 있었습니다. 그리고 그 때마다 저는 화폐금융론을 전공하신 김학은 교수로부터 전공과는 전혀 상관없는 연세대학교의 역사 그리고 한국 지식인 사회의 비겁함을 독해할 수 있는 야사(野史)를 들을 수 있었습니다. 정말이지 저는 우연치 않게 요즘의 세태 즉 지식인이 자신의 전공에 갇혀 폭넓은 교양과 깊이 있는 성찰을 외면하는 풍조를 김학은 편집인 덕택에 조금이라도 비켜갈 수 있었습니다.

김학은 교수는 그런 분입니다. 2008년 출판한 『루이스 헨리 세브란스, 그의 시대와 생애』가 살아있는 증거입니다. 700쪽에 달하는 세브란스 병원 나아가서 연세대학교의 역사를 연세대 사학과 출신이 아니라 서울대 농경제학과 출신이 쓰셨습니다. 그리고 이번에는 우리나라의 건국 대통령 이승만을 체코슬로바키아의 건국 대통령 마사리크와 비교하는 엄청난 분량의 연구서를 쓰셨습니다. 국제정치학 혹은 비교역사학 분야에서 나와야 하는 저작을 화폐금융론을 전공한 경제학자가 쓴 것입니다.

저를 비롯한 이승만 연구자들이 부끄러워해야 마땅합니다. 그러나 다른 한 편 그나마 제가 연구원을 맡고 있을 때 이런 중요한 연구성과가 출판된다는 사실이 무척 자랑스럽기도 합니다. 출판을 위한 원고정리 작업을 위해 고생하신 오영섭 박사에게도 감사의 말씀을 드립니다. 이 책의 출판을 계기로 우리나라를 세운 세계적인 거인 이승만의 업적이 국제적으로도 재조명 받기를 기원합니다.

연세대학교 이승만연구원
원장 류 석 춘

감사의 말

국제적으로 대한민국의 경제적 위상이 높아졌고 앞으로도 계속 높아지기를 모든 국민들은 희망한다. 그러나 그에 어울리게 정치지도자로부터 일반국민에 이르기까지 대한민국을 국제적인 안목에서 사고하는 훈련을 충분하게 쌓았는가에 대해서는 회의가 든다. 지금도 그러한데 한 세기 전은 말할 것도 없다. 국제적 사고의 발로는 외교와 선전에서 나타난다. 일본이 대한제국을 병탄할 때 군대를 해산하기에 앞서 먼저 외교권부터 빼앗은 역사적 사실이 우리에게 던지는 질문이 무엇이겠는가. 예나 제나 대한민국은 강국으로 둘려 싸여 있다. 그들이 여전히 영토적 야심을 포기하지 않고 있다고 보는 편이 국가를 지키는데 도움이 된다. 대한민국의 생존무기는 과연 무엇인가. 백여 년 전 이 같은 질문을 던진 사람이 한국에는 이승만(雩南 李承晩 Syngman Rhee, 1875~1965)이 있었지만 강국에 둘려 쌓인 유럽의 약소국가에도 있었다.

윌슨(Woodrow Wilson, 1856~1924)은 제1차 세계대전을 민주주의 대 절대주의의 대결이라고 규정하고 민주주의를 위하여 참전하였다. 이러한 세계대세를 윌슨보다 먼저 탐지하고 미국을 이용하여 약소국 체코슬로바키아를 외교선전으로 독립시킨 사람이 마사리크(Thomas Garrigue Masaryk, 1850~1937)이다. 처칠(Winston Churchill, 1874~1965)은 제2차 세계대전 이후의 세계를 민주주의 대 전체주의로 규정하고 '철의 장막 뒤의 소련을 민주주의의 위협으로 지적하며 '평화의 힘sinews of peace'을 설파하였다. 이러한 세계대세를 처칠보다 먼저 파악하고 전체주의 위협의 첨병을 자임하며 '평화와 힘'의 명분을 내세워 미국을 이용하는 외교선전으로 대한민국을 건국하고 지킨 사람이 이승만이다.

필자는 1996년 『경향신문』의 「정동칼럼」에서 독립운동의 한 방편으로써 이승만이 제시했던 외교선전방략을 체코슬로바키아 건국 대통령 마사리크의 그것과 비교할 가치가 있음을 주장하였다. "그[이승만]가 가고 31년이 흘러 세상도 많이 변한 때에 그가 동시대에 살았던 다른 나라의 거인들과 어떻게 비슷했으며 어떻게 달랐는가를 비교하는 것은 의미 있는 일일 것이다. 이 같은 기준으로 평가하는 것이 우리로 하여금 단순한 민족 지도자를 뛰어 넘어 다른 나라의 건국 지도자와 어깨를 나란히 하는 세계적인 거인을 되찾게 하는 일이 아닐까."[1]

필자의 졸문을 읽은 유영익 교수가 필자를 격려해 주었다. 그러나 나는 체코와 슬로바키아 언어를 알지 못하므로 제1차 사료를 접할 수 없다는 한계가 있어서 감히 뛰어들 엄두를 내지 못했다. 소련 공산주의의 붕괴와 더불어 체코와 슬로바키아가 자유를 되찾은 이래 세상은 필자가 생각한 것 이상으로 빠르게 변하여 마사리크에 관한 연구가 체코와 슬로바키아는 물론 구미에서 활발하게 전개됨을 알게 되었다. 그의 주요저서도 영어로 번역되었다. 이에 힘을 얻은 나는 전공인 경제학 공부에 바빠서 시간이 없었지만 기회가 주어지는 대로 자료 모으는 일을 게을리 하지 않았다. 특히 윤석범 교수가 일독을 권한 『콜착의 황금Kolchak's Gold』에 등장하는 체코슬로바키아 군단Czechoslovakia Legion의 흥미진진한 무용담에서 마사리크 연구의 실마리를 찾았다.

때마침 연세대학교 이승만연구원의 초대 원장의 책임을 맡게 된 류석춘 교수가 오래 전 필자의 주장을 기억하여 책으로 써보라고 권고하였다.

---

[1] 『경향신문』, 1996년 7월 24일.

아마 필자가 몇 년 전에 출판한『루이스 헨리 세브란스, 그의 생애와 시대』[2]를 보고 전기 작가(?)로서 인정(?)하였던 모양이다. 이로써 이 책은 필자의 전공을 벗어난 두 번째 '학문적 외도'가 되는 셈이다. 그럼에도 이것은 필자의 능력을 떠나서 망외의 기쁨이다. 스승 김준보(1915~2007) 교수가 제안한대로 한국에서 다른 국적의 독립지사를 동열에 놓은 비교독립지사의 최초 연구가 되는 영예라고 생각하기 때문이다. 류 교수에게 특별한 감사를 표한다. 그의 제의가 없었으면 이 책의 출판은 불가능했을 것이다.

이승만이 남긴 방대한 문서가 최근에 공개되어 훌륭한 연구가 많이 생산되고 있다. 여기에 새로운 시각을 첨가한다는 것이 쉽지 않은 작업이기도 하지만, 필자 나름대로 중요성을 떠나서 몇 가지 새로운 자료와 새로운 시각을 소개하였다. 그러나 역량 부족 탓으로 만족할 만한 결과가 되지 못한 점이 아쉽다. 국내에 마사리크 소개가 거의 없었기 때문에 그에 대해서 많은 지면을 할애할 수밖에 없었는데 비하여 이승만에 대한 책이나 글은 많으므로 중복될 수밖에 없었고, 이를 피하려고 그의 생애에 대한 지면을 상대적으로 줄일 수밖에 없었던 점에 독자들의 이해를 구한다.

또 아쉬운 점은 마사리크에 대한 연구에서는 언어의 제약 때문에 방대한 1차 사료의 사용 없이 2차 사료에만 의존할 수밖에 없었으므로 자료 사용에 균형을 이루지 못한 점이다. 후에 체코와 슬로바키아 언어를 해득한 역사학도에 의해 한층 수준 높은 훌륭한 연구서가 나오기를 기대한다. 그 기대에 덧붙여 현재 한국에는 마사리크의 저서와 그에 관한 해외 연구서를 찾기가 지극히 어렵고, 필자의 제한된 지식 범위 내에서 마사리크에 대한 국내연구는 현재 전무한 실정인 것으로 알고 있다. 후술하겠지만 한국 독립군의 청산리전투 승리가 체코슬로바키아 포로군단과 무관하지

---

[2] 연세대학교 출판부, 2008.

않다는 것을 생각하면 이상스러운 일이다. "[제정]러시아 정부에 의해 무장한 3만 명의 한국인이 린 장군 지휘 하에 [제1차 대전의 러시아] 동부전선에서 싸우고 있으며 러시아 정부가 해체되자 그들은 체코슬로바키아 포로들과 함께 시베리아로 이동하면서 볼셰비키와 싸우고 있다. 동부전선에서 체코슬로바키아 또는 다른 민족만큼 많은 한국인이 싸움터에서 목숨을 바쳤다는 것은 사실이다"라는 서재필(松齋 徐載弼, 1864~1951)의 발언에 비추어 볼 때 더욱 이상스럽다.[3] 1948년 대한민국 헌법을 제정할 때 체코슬로바키아의 헌법을 참고했던 사실에 비추어 보아도 그렇다.[4] 배민수(1896~1968)가 이승만에게 마사리크의 최측근이었던 외무상 베네시(Edvard Benes, 1884~1948)를 소개하려 한 일화도 더 연구할 필요가 있다.[5]

이 책의 원고의 일부를 읽고 귀한 논평을 해주신 유영익 교수, 이주영 교수, 김신규 교수에게 감사를 드린다. 그러나 필자의 게으름으로 귀한 논평을 적절하게 반영하지 못했음을 고백한다. 다른 기회에 적극 반영할 것을 약속한다. 이 책의 집필 초기부터 관심과 격려를 보내준 정구현 교수에게 고마움을 전한다. 출판의 마지막 단계에서 편집의 완성도를 높여 준 오영섭 교수에게 커다란 부채를 졌다. 오류가 있다면 그것은 필자의 것이다.

2013년 8월 28일

김 학 은 적음

---

3) *First Korean Congress*, Philadelphia, 1919, p. 16.
4) 김수용, 「1920년 체코슬로바키아 공화국 헌법에 관한 연구」, 『공법연구』, Vol.36, No.2, 2007, 153, 186쪽.
5) 방기중, 『배민수의 농촌운동과 기독교 사상』, 연세대학교 출판부, 1999, 198-199쪽.

감사의 말 5

제1부 비교인물

제1장 외교와 독립
1. 연구의 동기 ··· 15
2. 연구의 방법 ··· 21
3. 연구의 범위 ··· 23
4. 인물의 선택 ··· 26
   1)독립정신 2)평화주의 3)문필가 4)실학 5)독선 6)세계관 7)약소국 8)외교방략
   9)한국과 체코 10)건국대통령 11)민주주의 12)정치사상

제2장 선전과 외교
1. 시대와 인물 ··· 69
2. 선전 ··· 70
3. 외교 ··· 79

제2부 이승만

제1장 왕가의 후예 · 89
1. 서세동점(西勢東漸) 2. 유년시절 3. 배재학당

제2장 개혁자 · 104
1. 언론인 2.중추원 의관 3.대역죄인 4.감옥학교 5.감옥교회 6.출옥

제3장 교육자 · 120
　　1.상동청년학원　2.밀사　3.존 헤이　4.루스벨트　5.한국 선전　6.박사
　　7.헤이스팅스 대학　8.기독교청년회　9.망명　10.한인기독학원

제4장 이승만의 사상 · 146
　　1. 배경 —————————————————————— 146
　　2. 가설 —————————————————————— 151
　　3. 실학사상 ———————————————————— 153
　　　　1)실천실학 2)자유주의 3)일민주의 4)실학의 재발견 5)기독교청년회 6)기독교 7)반일
　　4. 독립사상 ———————————————————— 202
　　　1) 통상 ————————————————————— 202
　　　　　(1)선교와 통상 (2)통상과 평화 (3)문호개방 (4)우호통상과 영구평화 (5)프린스턴
　　　　　(6)권리 대 무력 (7)미국 (8)독립의 권리 (9)독립의 조건 (10)통상과 위임통치
　　　2) 교육 ————————————————————— 295
　　　3) 외교 ————————————————————— 303
　　　　　(1)영구평화와 외교 (2)중립통상 = 자유통상
　　　4) 민주주의 ———————————————————— 316
　　　　　(1)조약위반 시대 (2)민주주의 위기
　　　5) 자유 ————————————————————— 337
　　5. 맺는말 ————————————————————— 345

제5장 외교독립 · 351
　　1.삼일운동　2.동경유학생 독립선언　3.서울 기미독립선언　4.필라델
　　피아 독립선언　5.대통령　6.워싱턴회의　7.하와이　8.만주사변 9.중
　　일전쟁　10.태평양전쟁　11.한인자유대회　12.국무성

제6장 국가건설 · 390
　　1.제2의 독립운동　2.건국　3.한미상호방위조약

제3부 마사리크

제1장 마부의 아들 · 407
1.체코 약사 2.절대주의와 자유주의 3.유년시절 4.견습공 5.김나지움 6.비엔나 대학생 7.철학박사 8.비엔나대학 강사

제2장 개혁자 · 434
1.대학교수 2.언론인 3.문서사건 4.평화주의자 5.국회의원 6.민족자결주의자

제3장 교육자 · 460
1.비판적 문필가 2.국제주의자 3.유대인의 친구 4.정당의 개혁자 5.제1차 미국강연 6.종교자유 옹호자 7.다시 국회로 8.제2차 미국강연 9.학문자유 옹호 10.발칸의 합병 11.세튼 와트슨 12.외교정책 비판 13.발칸의 친구 14.사실추구

제4장 마사리크의 사상 · 494
1. 철학과 기독교 ──────── 494
   1)역사철학 2)기독교민주주의 3)도덕주의 4)인본주의
2. 평화사상 ──────── 504

제5장 외교독립 · 511
1.제1차 세계대전 2.마사리크의 비결 3.마사리크 비망록 4.마사리크의 유럽지도 5.마사리크의 망명 6."마피아" 7."환상적 방략" 8.도덕과 인본주의 9.킹스 칼리지 10.선전포고 11.파리 공동성명 12.체코슬로바키아 국민회의 13.아들의 사망 14.반 오스트리아 정서 15.독립운동자금 16.선전 17.전쟁목적 18."빛나는 성공" 19.페트로그라드 20.체코슬로바키아 포로 21.암투 22.러시아 3월 혁명

23. "독재자" 마사리크 24. 영국 정보원 25. 케렌스키와 체코포로군대 26. 체코포로군대의 승전 27. 체코군단 28. 루트 사절단 29. 마사리크와 볼셰비키 30. 러시아 11월 혁명 31. 연합군 32. 대장정 33. 체코군단의 불개입 34. 로마의 피압박민족대회 35. 마사리크와 마트 36. 마사리크의 도미 37. 피츠버그 합의 38. 체코군단의 동진 39. 체코군단의 반란 40. 식스투스 사건 41. 국내의 변화 42. 마사리크와 윌슨 43. 미국의 출병 44. 독립선언 45. 중부유럽연합 46. 두 개의 정부 47. 프라하 혁명 48. "마지막 순간" 49. 마사리크의 귀국 50. 체코슬로바키아 국가탄생 51. 외교와 무력

제6장 국가건설 · 641

1. 마사리크 신화 2. "민주주의 챔피언" 3. 유럽정치의 변화 4. 국내문제 5. 프라하 "궁성" 6. 대통령청 7. 외무성 8. 금요인사 9. 마사리크 전설

이승만 연보 ──────────── 661
토마스 거리그 마사리크 연보 ──────────── 668
참고문헌 ──────────── 672
찾아보기 ──────────── 684

제1부
비교인물

Syngman Rhee and
Thomas Garrigue Masaryk

제1장 외교와 독립

1. 연구의 동기

오래되었지만 우연한 기회에 대한민국 건국 대통령 이승만(雩南 李承晚 Syngman Rhee, 1875~1965)의 박사학위 논문『미국 영향 하의 중립』[6]을 읽고 이것이 국제법과 외교관련 문헌으로 분류될 수 있겠으나 다른 한편 경제이론에 바탕을 두고 전시에 중립국[비교전국]의 해상교역 권리의 역사적 발전을 추적하고 있는 서적임을 깨달았다. 다시 말하면 통상법제사에 관한 문헌이다. 경제학적으로 말하면 국제무역이론의 한 부분으로 오늘날 세계무역기구the World Trade Organization이 등장하게 되는 먼 배경의 초기 법제사이다.

이승만은 그의 학위논문에서 그가 이해한 경제이론을 구체적으로 서술하고 있지 않지만 경제학을 공부한 사람이라면 그 흔적을 쉽게 발견할 수 있을 것이다. 그에게 박사학위를 수여한 곳도 프린스턴대학의 '역사학, 정치학 및 경제학과Department of History, Politics and Economics'였고, 실제로 그는 조지워싱턴대학과 하버드대학에서 경제학 과목을 이수하였

---

6) Rhee, *Neutrality As Influenced by the United States*, Princeton, Princeton University Press, 1912. 정인섭 역, 『이승만의 전시중립론』, 나남, 2000.

다.7) 이에 필자는 경제학자로서 언젠가 그의 학위논문을 경제학적 측면에서 논평해 보리라는 생각 하에 틈틈이 그의 다른 저서와 논설을 읽으면서 이승만의 정치경제 사상이 일관되게 발전해왔음을 추적할 수 있었으며, 나아가서 그의 독립운동의 지적배경과 독립 후 그의 영도 하에 제1공화국의 경제정책도 어느 정도 합리적으로 인식할 수 있었다. 여기서 합리적이란, 지금과 달리 당시의 경제학이론을 인식기준으로 보았을 때 그렇다는 뜻이다.

그러나 무엇보다 연구자를 압도한 것은 그가 남긴 방대한 자료였다. 현대 한국역사에서 이만큼 많은 자료를 남긴 인물이 달리 있었겠는가. 그가 나라 없는 독신의 망명자이었기에 더욱 그러했다. 그것은 역사적 사명감 없이는 불가능한 일이었다.8) 그 결과, 당시에 이만한 지적수준에 도달한 인물이 한국에 몇 명이나 있었을까, 나아가서 세계적으로도 이 분야에 이승만에 비견할만한 인물9)을 찾을 수 있을까 하는 의문이 떠올랐다. 그럴 수 있다면 두 인물의 비교를 통하여 이승만을 심도 있게 이해하는 데 도움이 될 수 있을 것이라고 믿었다. 흔히 시간과 공간을 달리하는 넬슨(Lord H. Nelson, 1758~1805) 제독을 이순신(汝諧 李舜臣, 1545~1598) 장군에 대조하는 것이 가능하듯이 이승만을 외국인물과 비교하는 것도

---

7) 유영익, 『이승만의 삶과 꿈』, 중앙일보사, 1996, 56쪽.
8) "죽은 자는 말이 없고 살아남은 자는 안타깝게도 감히 입을 열어서 말할 만한 용기도 없기 때문에 많은 한국인들이 받은 생명과 재산의 피해는 영원히 기록될 수 없을 것이다.… 그런 가운데 당시의 신문이나 의회기록들은 일본인들의 파기를 면하여 아직도 그와 같은 기록과 이야기들을 보존하고 있다. 필자[이승만]는 이러한 것들은 대부분 내 노력으로 수집하여 보관하여 왔다." Rhee, *Japan Inside Out*, New York, Fleming H. Revell, 1941, p. 78. 이종익 역, 『일본군국주의실상』, 나남, 1987, 116쪽.
9) 최정수는 "이승만의 그것[학위논문]은 동서양을 막론하고 거의 최초의 독창적인 전문 연구서라고 할 수 있다"라고 평했다. 최정수, 「이승만의 『미국영향 하에 성립된 중립론』과 외교 독립론」, 송복 외, 『이승만의 정치사상과 현실인식』, 연세대학교 출판부, 2011, 126쪽.

가능할 것이라고 보았다.

그러던 가운데 문득 필자가 오래 전 대학생 신분으로 한국자본주의 역사를 공부할 때 김준보 교수의 논문 「삼일운동의 경제사적 의의」10)에서 다음 글을 읽은 것을 기억해 낼 수 있었다.

(전략) 제국주의하 민족항쟁으로서의 삼일운동은 그 기본성격을 '비교사적' 입장에서 추구할 때, 한층 실감적으로 우리에게 파악된다. 그것은 세계 식민사상 지배주의의 과거를 평가하는 동시에, 일제하 우리의 입장을 확인함에 직접적으로 기여할 수 있는 효과적인 방법이다.… 주요 각국의 식민지 경영방식(특히 일제하의 대만이나 영국 치하의 인도 등)과 더불어 '비교 측량할 수 있거니와, 그에 관련하여 특히 제국주의의 진전이 가져온 대중적 항쟁운동의 필연을 실증하는 구상 또한 매우 중요하다. 그와 더불어, 예컨대 삼일운동을 제1차 대전 전후의 '동구 각국'에서 전개된 제독립운동과 대비한다든지.(후략) [원문의 한자의 한글 표기와 따옴표는 필자]11)

이어서 그는 각주에 다음을 예시하였다.

제1차 세계대전에 앞서서 동구 각국―핀란드, 에스토니아, 라트비아, 리투아니아, 폴란드, '체코슬로바키아', 루마니아, 유고슬라비아, 불가리아, 그리스 등은 오랫동안 이민족의 지배하에 놓여 있었다. 그리하여 그들은 전후 즉시 이민족으로부터 토지몰수를 포함한 토지개혁을 실시한 바 있었다. 그 밖에 그들의 이민족에 대한 항쟁은 일제하 한민족의 그것과 흡사한 바 있었던 역사이다.[원문의 한자의 한글 표기와 따옴표는 필자]12)

---

10) 김준보, 『한국자본주의사 연구』 I, 일조각, 1970, 제1장. 이 글은 동아일보사가 간행한 『3·1운동 50주년기념논문집』(1969)에도 수록되어 있다.
11) 김준보, 『한국자본주의사 연구』 I, 8-9쪽.
12) 김준보, 『한국자본주의사 연구』 I, 9쪽.

필자의 스승이기도 하였던 김 교수는 사석에서 개인적으로는 아일랜드 경제사 연구에 깊은 애착을 갖고 있음을 표명하였고 글로도 남겼다.

> 그 중 특례로서 에이레의 독립운동을 분석하는 요령 또한 이에 기여하는 구체적 방도임은 물론이다.13)

근 8백 년 동안 영국의 지배를 받다가 마침내 비원의 독립을 이룬 아일랜드공화국은 에이레섬을 둘로 분단하여 북아일랜드를 영국에 남긴 채 아직도 통일을 이루지 못하고 있으며 독립 과정에서 발생한 내전으로 수많은 독립지사와 백성이 목숨을 잃은 역사적 사실이 한국의 자본주의사를 연구하던 김 교수의 관심을 끌었다. 그의 관심은 그의 고제(高弟) 윤기중 교수가 계승하여 지금도 아일랜드 경제사를 연구하고 있다.14) 이승만이 아일랜드 독립운동을 모방하고 그 영향을 받았던 것은 사실인 듯하다.15) 그러나 아일랜드의 독립은 무력에 의존한 독립전쟁과 협상의 결과였음을 감안하면 이승만 외교방략과 비교하기에 적합하지 않다.

오래되어 그 계기는 잊었지만 필자는 하필이면 체코슬로바키아―지금은 체코와 슬로바키아로 분리되었지만―에 관심을 갖게 되었다. 아마 필자가 좋아하는 체코 작곡가 스메타나(Bedrich Smetana, 1824~1884) 때문이었는지 모른다. 또는 대학 합창반에서 배운 체코 노래 U Boj―후에 크로아티아 노래임을 알았지만―에서 연유했을 것이다. 이보다는 체코와 슬로바키아 두 민족16)은 1620년 이래 1918년까지 거의 3백 년 동안 합스

---

13) 김준보, 『한국자본주의사 연구』 I, 9쪽.
14) 윤기중 엮음, 윌리암 페티 지음, 『아일랜드의 경제적 해부』, 코바나 콘탠츠, 2011.
15) 정병준, 『우남 이승만 연구』, 역사비평사, 2005, 130-140쪽.
16) 슬로바키아는 민족이름이지만 체코는 민족의 이름이 아니라 지명이다.

부르크왕가의 지배를 받고 있었던 식민지이었기에 한국의 35년 식민경제사와 비교할 때 그 식민경제사가 궁금하였던 것이 배경으로 작용하였을 것이다. 나아가서 수많은 피정복국가의 독립 후 과거사 청산 범위와 식민 지배기간 사이의 상관관계 분석도 가능하리라고 보았다.

그러나 여러 관련 문헌을 읽는 과정에서 체코슬로바키아의 건국 대통령 토마스 게리그 마사리크(Thomas Garrigue Masaryk, 1850~1937)가 1914년 제1차 세계대전의 발발에서 1918년 종전에 이르기까지 불과 4년 만에 외교선전방략으로 체코와 슬로바키아 두 민족을 묶어 체코슬로바키아로 독립시킨 '전설적인' 인물이라는 사실을 알게 되었다. 합스부르크왕가가 지배하는 복잡다기한 다민족의 오스트리아 헝가리 이중왕국 Austro Hungary Dual Monarchy의 신분제 사회에서 식민지 슬로바키아 농노 출신 마부와 [체코] 모라비아 하녀 출신 가정부 사이에서 태어난 그는 '지극히' 어려운 가운데 스스로 몸을 일으켜 프라하대학 철학교수가 되었음도 범상치 않거늘, 일개 교수의 신분에서 4년 만에 건국대통령이 되었다는 사실에 더하여, '거의 혼자의 힘으로'[17] 체코슬로바키아의 독립을 "필설"에 의지한 외교선전방략으로 실현시켰다는 역사가 동시대 유럽인들에게 '동화fairy tale' 또는 '신화myth'가 되기에 충분하였을 것이다.[18] 한 정치철학자는 그의 업적을 요약하였다.

---

17) Orzoff, A., "The Husbandman : Tomas Masaryk's Leader Cult in Interwar Czechoslovakia," *Austrian Yearbook* 39, 2008, p. 123. 마사리크 역시 스스로 이 점을 인정하고 있다. "I had secured independence for our people." Masaryk, *The Making of A State*, London, George Allen & Unwin Ltd., 1927, p. 288. 그러나 마사리크의 업적이 너무 과장되었다는 주장도 만만치 않다.

18) Masaryk, *The Making of A State*, p. 288; Orzoff, *Battle for the Castle*, Oxford University Press, 2009, Ch. I; Oliver, *Syngman Rhee The Man behind the Myth*, Westport, Greenwood, 1954, 1960.

마사리크는 민주주의 정치가로서 독특한 위치를 차지한다. 그의 업적은 하루 밤 사이에 절대주의 중부유럽 한복판에 민주주의 국가를 창설했다는 점이다.19)

고대 로마제국과 신성 로마제국을 천년 동안 계승하여 유럽역사를 좌지우지하였던 절대주의 세 왕조―합스부르크왕조, 호엔촐레른왕조, 로마노프왕조―의 붕괴를 논리적으로 예견하고 그 실현에 앞장섰으며 그 가운데 합스부르크를 민주공화제로 대체한 것은 마사리크 교수의 작품이다. 터키의 오스만왕조도 이 목록에 추가된다. 고대 로마에서 시작한 시저, 카이저, 자르, 술탄의 칭호도 여기에서 막을 내렸다. 이를 두고 영국의 데이비드 로이드 조지(David Lloyd George, 1863~1945) 수상은 "제1차 대전의 진정한 승리자는 마사리크 교수"라고 말했다.20) 절대주의 대 민주주의. 이것이 마사리크 교수 필생의 투쟁이었다. 이 역사적 사실이 나의 관심을 끌었고, 애초의 김준보 교수가 제시한 비교경제사보다 비교독립사21) 내지 비교독립지사에 더 관심을 갖게 만들었다. 당연히 전체주의에 맞서서 민주주의의 첨병이 되었던 이승만을 마사리크와 비교할 수 있다는 가능성과 마주하게 되었다. 그 이유는 이 책의 내용이 주장하듯이, 위의 인용문에서 주어를 마사리크 대신 이승만으로, 배경을 중부유럽 대신 동아시아로 바꾸어도 크게 손색이 없는 것은, 후술하겠지만 위의 인용문에서 '민주주의'라 함은 마사리크에게 있어서 매우 모호하고 독특한 개념이었기에 이승만에게도 어울릴 수 있는 문장일 것이라 생각할

---

19) Warren, *Masaryk's Democracy, A Philosophy of Scientific and Moral Culture*, London, George Allen and Unwin, 1941, p. 32.
20) http://www.visualstatistics.net/east west/transtemporal/transtrmporaal.htm
21) 이인호, 「대한민국 건국은 혁명이었다―거시사적 비교를 통한 건국의 재인식을 위하여」, 이주영 엮음, 『대한민국은 왜 건국을 기념하지 않는가』, 뉴데일리, 2011, 108-137쪽.

수 있기 때문이다. 마사리크는 심지어 "독재로 민주주의를 실시할 수 없다고 생각하지 말라"라는 말을 남겼다.22) 그는 플라톤주의자였다. 마사리크에 있어서 민주주의란 귀족주의[절대주의]의 반대어에 불과하였다.23) 그렇다면 이승만에게 있어서 민주주의란 전체주의의 반대어였을 것이라는 추정을 해본다.

2. 연구의 방법

필자는 독서가 부족한 탓인지, 이승만을 비롯한 한국의 독립지사들을 평가하는 데 있어서 몇몇 훌륭한 글을 제외하고는 '평가기준'을 만족하게 제시한 글을 찾기 어려웠다. 더욱이 한국사의 관점뿐만 아니라 세계사의 관점에서 볼 때 더욱이 그러하다. 절대주의 대 민주주의 또는 전체주의 대 민주주의라는 이념의 구도에서 볼 때에도 그러하다. 역사에서 전기야말로 쓰는 사람의 주관이 가장 영향을 미치는 분야인 탓일 것이다.

역사문헌을 해석하는데 있어서 동기 아니면 결과에 의존하는 방법이 있을 것이다. 그러나 동기는 겉으로 나타나지 않는다는 단점이 있다. 여기에 더하여 "선의가 우리를 지옥으로 인도한다.The road to hell is paved with good will"라는 서양속담이 가리키듯이 그 동기가 아무리 순수하다 하여도 결과는 의도와 다를 수도 있다. 이렇게 보면 결과가 인물과 역사를 평가하는데 더 객관적이겠으나 그것은 승자(?)가 독점할 수 있고 패자(?)의 해석에 따라 좌우될 수 있다는 단점이 있다. 결과가 수단을 정당화한다는 견해에 경도될 위험도 있다. 이에 하나의 결과를 놓고 될 수 있는

---

22) Capek, Round (tr.), *Talks with T. G. Masaryk,* Catbird Press, 1995, p. 28.
23) Prague Castle, *Tomas Garrigue Masaryk, Who Was Who in Our History Until 1908*, Libri Publishing House, 2009; www.hrad.cz/en/president of the cr/former presidents/tomas garrigue masaryk.

대로 여러 문헌을 균형 잡힌 시각에서 비교분석하는 연구가 중요할 것이다.

그러나 또 하나의 방법이 있다. 앞서 김준보 교수가 제시한대로 여러 비슷한 결과를 비교하는 방법이다. 이것은 귀납법에 속한다. 하나의 개별적 현상에서 드러나지 않는 '법칙'이 전체를 보면 발견할 수 있다는 가설은 께뜰레(Adolf Quetelet, 1796~1874) 이래 현대통계학 귀납법의 기본이 되었다.[24] 이승만 외교독립방략의 단독 연구만으로는 드러나지 않는 어떤 보편성을 마사리크의 그것과의 비교에서 찾아낼 수 있다는 가설도 여기에 속한다고 볼 수 있다.

이 방법은 전혀 새로운 것이 아니다. 지성사 연구에 이미 나타나고 있다. 지성사를 역사학에서 제외시키는 주장[25]과 포함시켜야 한다는 주장[26]이 대립되어 있다. 후자의 경우 방법론이 문제였다. 두 가지가 제안되었다.[27] 하나는 하나의 역사적 사건에 대한 연구자들의 의견 사이에 관계를 조사하는 방법이고, 다른 하나는 하나의 역사적 사건에 대한 견해와 다른 사건에 대한 견해 사이에 관계를 규명하는 방법이다. 여기서 사상과 사상의 연결과 보편성이 발견되기를 희망한다.

---

[24] 김준보, 『현대통계학』, 민중서관, 1955, 21쪽. 퀘테레트의 저서는 『인간론, 일명 사회물리학 *sur l'homme et le develpement de ses facultes, ou essai de phisique sociale*』(1835) 이다. 그는 "우리가 언제나 개인만을 관찰함에 그친다면 우리는 과연 인간의 사망에 대하여 얼마나 지식을 가질 수 있을 것인가? 다만 인간의 사망을 지배하는 놀라운 법칙 대신에 우리는 아무런 관련도 없는 일련의 사실을 볼 수 있을 뿐이고, 조금도 자연의 운행 가운데서 보는 연쇄나 질서를 거기에서 발견할 수는 없을 것이다."라고 주장하였다. 김준보, 『현대통계학』, 21쪽에서 재인용.
[25] Kelly, "What is Happening to the History of Ideas?" *Journal of the History of Ideas*, Vol.51, No.1, 1990, p. 3.
[26] Higham, "Intellectual History and Its Neighbors," *Journal of the History of Ideas*, Vol.15, No.3, Jan. 1954, p. 339; Lovejoy, "Reflection on the History of Ideas," *Journal of the History of Ideas*, Vol.1, No.1, Jan. 1940, p. 3.
[27] Higham, "Intellectual History and Its Neighbors," p. 341.

이승만과 마사리크를 비교하는데 있어서 이승만은 한국사상과 서양사상의 산물이고 마사리크는 체코사상과 유럽사상의 산물이지만, 두 인물이 공유하는 사상이 있으니 칸트(Kant)의 영구평화사상이다. 이 책은 이것을 잣대로 두 사람을 비교하도록 한다.

3. 연구의 범위

대한제국이 일본에 의해 강점되고 불법적으로 국권마저 빼앗겨 마침내 식민지가 되었다. 여러 애국지사들이 조국의 독립을 위해 내세운 방략에 무장독립, 준비독립, 그리고 외교독립이 있다. 그 가운데 준비독립은 그 준비의 목표가 무장준비인지 외교준비인지 불분명하다. 이렇게 볼 때 결국 무장독립과 외교독립으로 압축된다. 이 두 가지 방략은 모두 필요할 것이다. 그러나 우선순위를 둘러싸고 의견이 갈린다. 참고로 일본이 대한제국을 병탄했던 순서를 보면 군대 해산(1907)보다 외교권 박탈(1905)을 앞세운 것은 그들의 우선순위가 어디에 있었는지를 가리킨다. 이승만의 외교독립[28] 강조는 너무나 잘 알려져 있으며 그 공과에 대하여 시비가 분분하다. 그 와중에 이승만을 다른 방략을 제시한 독립지사와 비교한 연구도 적지 않다.[29] 그러나 모두 국내 독립지사와 외형적 비교에 그쳤다. 이에 대하여 외국의 어떠한 독립지사의 방략은 물론, 특히 마사리크의 외교독립방략과 비교한 연구는 일찍이 없었다.[30]

---

28) 이승만의 외교독립 주장은 널리 알려져 있지만 증언 차원의 기록은 조병옥(『나의 회고록』, 민교사, 1959, 81-82쪽)이 대표적이다. 이때가 1914년이다. 문헌을 통해 이승만의 외교독립을 정리한 논문으로 대표적인 것은 최정수, 「이승만의 『미국의 영향 하에 성립된 중립론』의 외교독립론」, 101-143쪽을 들 수 있다.
29) 대표적으로 손세일, 『이승만과 김구』, 나남, 2008, 이 책은 3권으로 구성된 연작이다.

이 책은 이승만과 마사리크의 비교를 외교독립방략에 조명한다. 비교연구의 취지가 마사리크를 내세워 이승만을 찬양하거나 격하하자는 것이 아니다. 이러한 취지는 한편으로 공정하지도 않고 거꾸로 이승만을 내세워 마사리크를 평가하는 순환론의 모순을 가져올 수 있으며, 또 한편으로는 다른 독립방략을 주장했던 한국 독립지사를 비슷한 주장을 하는 외국독립지사와 비교하는 논자 자의의 주장 전개도 얼마든지 가능하기 때문이다.

이승만은 한국현대사에서 매우 중요한 자리를 차지하는 만큼 논란도 격렬하지만 그것이 숭배나 폄하할 이유는 못된다고 생각한다. 그 역시 하나의 인간이었기에 장점과 단점을 모두 지니고 있었다. 마사리크 역시 마찬가지였다. 두 사람 모두 난세를 헤쳐나간 다른 역사적 지도자들처럼 복잡하고 모순되며 뛰어난 인물이다. 그리고 오늘 우리의 생활에 깊은 영향을 남기고 있다는 점에서 역사적인 동시에 시간과 공간을 뛰어넘은 인물이다. 따라서 비교연구의 취지는 두 인물의 외교독립방략에서 어떤 보편성을, 실패할지도 모르지만, 찾아내고자 하는 것이다.

연구의 범위와 취지가 두 인물의 외교독립방략에 한정되면 먼저 지배자의 억압으로부터 '해방과 국제법상 '독립'을 구분할 필요가 있다. 이에 따라 그 활동 시기는 마사리크의 경우 제1차 세계대전 기간과 그 배경이 되는 그 이전으로 거슬러 연장되지만, 1918년 해방을 거쳐서 1919년 파리강화회의에서 승인한 독립 직후에 일어난 영토전쟁이 끝나는 1920년까지를 포함한다. 이승만의 경우는 제2차 세계대전 기간과 역시 그 배경이 되는 그 이전으로 거슬러 올라가지만 여기에 1945년 해방을 거쳐서 실제 독립이 되는 1948년의 이승만 외교역량의 총세와 이승만 외교의

---

30) 아일랜드의 건국대통령 드 바레라(Eamon de Valera, 1882~1975)와 비교도 흥미있을 것이다.

결정체라 할 수 있는 1953년의 한미상호방위조약까지 추가할 수 있을 것이다. 그 이유는 마사리크가 제1차 세계대전에서 러시아 내전에 휩쓸린 체코슬로바키아 반공포로31)를 이용하여 연합국, 특히 미국의 윌슨 대통령과 협상을 벌린 것으로 그의 외교독립에 대미를 장식한 것과, 이승만이 6·25동란(전쟁)의 반공포로를 이용하여 마침내 미국의 아이젠하워 대통령(Dwight D. Eisenhower, 1890~1969)에게서 한미상호방위조약을 이끌어 내어 그의 외교정책의 백미가 된 것이 쌍벽을 이루기 때문이다.

혹시 이승만이 자신의 정치생명을 걸고 감행한 반공포로석방이라는 도박은 마사리크에게서 암암리에 영향을 받은 것이 아닐까? 제1차 대전 때 러시아전선에 갇힌 체코슬로바키아 반공포로를 구출하기 위한 작전에 미국을 위시하여 11개국이 3년간 개입했으며,32) 6·25동란에서도 미국의 선도 하에 16개국이 3년간 참전했다는 점도 흥미로운 비교이다. 체코포로군단 구출작전 개입은 인도주의라는 명분을 내세웠지만 제1차 대전 직후 탄생한 레닌의 소비에트 공산주의 혁명정권에 대한 연합국의 타도에 있었고, 6·25동란의 개입 역시 민주주의 방어를 내세우고 제2차 대전 직후 스탈린의 소비에트 공산주의 팽창에 대한 국제연합의 저지에 있었다. 체코슬로바키아는 제1차 대전과 파리강화회담 내지 국제연맹의 탄생아이고 한국은 제2차 대전과 국제연합의 탄생아이다.

---

31) 이에 대해서는 후술하겠다.
32) 영국, 캐나다, 미국, 프랑스, 이탈리아, 중국, 일본 이외에 폴란드, 루마니아, 세르비아, 라트비아이다. 여기서 캐나다는 당시 영국의 식민지였으나 자치령이었고 영국과의 사이가 좋지 않았던데 반해 미국과는 사이가 좋았다. 폴란드, 루마니아, 세르비아, 라트비아는 아직 독립 국가는 아니었지만 연합국을 지원하기 위하여 체코슬로바키아 포로군단을 도왔다.

4. 인물의 선택

이미 밝혀졌지만 이 책에서 이승만과 귀납적으로 비교되는 인물로 선택된 인물은 마사리크이다. 그 출발은 이승만과 마사리크가, 비록 한 사람은 몰락한 왕가의 후예였고 다른 한 사람은 농노의 아들이었다는 점은 다르지만, 비슷한 점이 허다하다는 데에 있다. 일찍이 정한경(Henry Chung, 1891~1985) 박사도 "체코슬로바키아 공화국의 토마스 마사리크처럼 이[승만] 박사는 정치가이며 학자이다"[33]라고 말하는 것을 보아서 두 사람 사이의 유사점을 어느 정도 인식하고 있었다고 여겨진다. 이 유사점을 더욱 확장해 보면, 국내에 가족을 남겨두고 해외에 거점[34]을 두었던 망명 독립지사, 개혁가, 언론인, 박사, 교수, 학자, 대의원,[35] 저술가, 외교가, 웅변가, 선전/선동가, 평화주의자였다. 그리고 마사리크와 이승만은 모두 높은 이상을 지닌 현실주의자였다. 이 책의 목적에 부합하는 가장 중요한 공통점은 두 사람 공히 외교독립을 우선적으로 주장했다는 사실이다. 그 과정에서 두 사람 모두 역시 학자 출신인 평화주의자 미국 대통령 윌슨(Woodrow Wilson, 1856~1924)의 정치사상에 크게 기대하였다.

---

33) "Like Thomas Masaryk of the Czecho Slovakian Republic, Dr. Rhee is a scholar as well as a statesman." Henry Chung, *The Case of Korea*, Fleming H. Revell Company, New York, 1921, p. 211.
34) 흔히 해외에 임시정부가 있었다는 사실을 폄하하는 사례가 있다. 이에 대하여 서재필은 다음과 같이 말했다. "독일이 벨지움를 휩쓸었을 때 그 정부는 브라셀에 있지 않았다. 그러나 세계는 국왕과 그 정부를 벨지움정부로 인정했다. …이 나라[미국]의 역사를 읽어보면 독립전쟁이 일어났을 때 정부는 한 곳에 있지 않고 여러 곳으로 전전하였다. 한국임시정부가… 만주에 있건, 필라델피아에 있건, 파리에 있건 상관없다." *First Korean Congress*, Philadelphia, 1919, p. 27.
35) 마사리크는 오스트리아 헝가리 제국의회 체코의원이었고, 이승만은 대한제국 중추원 의원이었다.

마사리크가 미국에 의존하는 외교선전방략을 주장했을 때 그것은 돈키호테의 무모한 도박이라고 아무도 지지하지 않았듯이,36) 이승만의 방략을 따르는 사람도 많지 않았지만, 두 사람 모두 개의치 않고 초지일관하였다. 그럼으로써 두 사람 공히 여러 갈래로 분열된 독립단체들 가운데 단연 두각을 나타내어 주도권을 잡았고 끝내 그 정통성을 고수한 사실은 지적 카리스마와 세계가 인정하는 대의가 없었다면 불가능한 일이었다. 두 사람 모두 한 때 동지였으며 동시에 정적이었던 인물들의 의문스런 사망과 암살 미수를 둘러싼 '세간'의 소문에 휘말렸다.37) 두 사람 모두 독립운동 자금 유용의 구설수에서 자유롭지 못했으며 독립운동 기여도에 대해서도 끊임없이 도전받았다.

부인도 모두 외국인이었으며 독립운동 과정에서 전염병으로 아들을 잃었다는 점도 같다. 마사리크의 남은 아들이 아버지의 기대에 부응하지 못하여 커다란 실망이 되었고38) 이승만에게 첫 번째 양자가 비극이 되었던 사생활까지 닮았다니! 사적으로 어머니의 종교를 버리고 '개신교 입국론'을 주장한 점도 공통적이다.39) 마르틴 루터의 종교개혁이 근대유럽의

---

36) Skilling, *Against the Current 1882 1914*, Pennsylvania State University Press, 1994, p. 177.
37) http://www.visualstatistics.net/east west/transtemporal/transtrmporaal.htm
38) 마사리크의 둘째아들은 천성이 공부하기를 싫어하여 대학에도 출석하지 않았다. 마사리크는 아들을 자주 구타했다는 충격적인 보고가 있다. 아들은 미국에 가서 도박과 여색에 돈을 썼다. Davenport, *Too Strong for Fantasy*, University of Pittsburgh Press, 1993, pp. 317-323. Skilling, *Against the Current 1882 1914*, Pennsylvania State University, 1994, p. 209에서 재인용. 이런 점에서 마사리크는 철인 황제 마커스 아우렐리우스와 같은 문제를 안고 있었다. 마사리크의 아들은 히틀러 침공 하의 체코슬로바키아 망명정부에서 제2차 대전 직후(마사리크의 사후)까지 체코슬로바키아의 외무부장관이 되지만 그의 죽음에 의문이 많다. 공산주의자에 의해 살해되었다는 소문이 나돌았다.
39) 마사리크는 초대 대통령 취임사를 다음과 같이 하나님에 대한 믿음으로 장식하고 있다. I too believe God, that after the storms of hatred brought on our head by our sins, have passed, the conduct of thine own affairs

민족주의의 원천이 되었다는 사실을 인식한 이승만이 한국의 독립적인 교회가 필요함을 강조한 것처럼,40) 마사리크도 얀 후스(Jan Huss, 1369~1415)의 전통을 잇는 체코의 독립적인 교회가 필요함을 역설하였다.41)

두 인물 모두 청년기에는 기울어져가는 기존질서를 거부하는 개혁가였고, 장년기에는 미래를 내다보고 제자를 양성하는데 힘썼으며, 노년기에는 세계대전의 발발과 함께 소수의 제자를 데리고 망명정객으로 외교독립운동을 하였다는 점까지 닮았다. 이승만이 청년단체인 기독교청년회 YMCA의 중요성을 인식했듯이, 마사리크 역시 청년단체인 소콜운동 Sokol Movement의 중요성을 일찍부터 간파하였다. 마사리크가 독립국가의 대통령이 되었을 때 그의 나이 68세였고 이승만 역시 그 자리에 올랐을 때 73세였다. 신생 독립국의 지도자 자리는 평생을 대의에 바친 노독립투사들에게 어울리는 자리였는지 모른다.

이승만은 책임감이 강한 업적지향의 노력가였고42) 마사리크 역시 그에 못지않게 절제와 도덕을 강조한 인물이었던 만큼 모두 금욕(금연과 금주)주의자에 높은 뜻을 간직했으면서도 생활은 소박하였다.43) 그럼에

---

shall return to thee, O Czech people: and in this hope I make thee heir to all I ever inherited from my forebears and preserved through these grave times, but also whatever good things I may have added by the work of my sons and the blessing of God. All this I bequeath to thee. Setton Watson, *Masaryk in England*, London, Macmillan, 1943, p. 32. 이승만도 초대 대통령 취임사에서 하나님을 언급하고 있다.

40) "2백 년 동안을 두고 루터 씨의 개교한 풍조가 정치제도를 개혁하기에 이르러 영, 법, 미 등 각국의 정치상 대혁명이 여기서 생겨서 오늘날 구미 각국의 동등 자유를 누리는 모든 인간 행복이 거반 여기서 시작한 것이라." 이승만, 『한국교회핍박』, 하와이, 신한국보사, 1913, 85쪽; 손세일, 『이승만과 김구 1-3』, 380 387쪽; 이승만, 『신한민보』, 1918년 11월 14일. 흥미로운 것은 3일 전인 11월 11일에 제1차 세계대전이 종식되고 체코슬로바키아가 독립하여 마사리크의 후원 아래 독자적인 개신교회 Bohemian Brethren Church를 갖게 되었다는 사실이다.
41) The Bohemian Brethren Church
42) 유영익, 「자료를 통해본 인간 이승만」, 『(계간) 진리 자유』, 1997, 겨울, 26-32쪽.

도 지성만큼 청결과 외모를 중시한 것은 두 사람 모두 국제적 외교무대를 항상 의식하며 조국을 대표하는데 손색없는 국제신사가 되고자 노력했기 때문이다.44) 그리고 그 무대에서 반드시 필요한 외국어를 완전하게 구사하였다. 이승만은 영어사전을 통째로 암기하였으며,45) 마사리크 역시 라틴어사전을 통째로 암기하였다.46) 두 사람 공히 모국어 이외에 4개 이상의 언어를 이해할 수 있는 당대의 최고 지성인 가운데 하나였는데,47)

---

43) Setton Watson, *Masaryk in England*, p. 18.
44) Cleanliness is next to godliness! Selver, *Masaryk*, p. 148. 이승만의 외교예절에 대한 일화. "조[병옥]박사에게 예절에 관한 책 한 권 사 보도록 해주기 바라오. 외교관이 지켜야 할 일들이 반드시 있는 법이오. 그렇지 못하면 그 사람뿐만 아니라 나머지 사람들도 어렵게 될 것이오.⋯중국 사람들은 상하이에 외교관을 위한 학교를 가지고 있지만, 우리는 자체적으로 외교관들에게 최선을 다해 주어야 할 것이오. ⋯아직은 포크나 나이프를 제대로 쓰는 방법을 배운 일이 없고, 옷을 올바르게 입는 일도 그들의 대부분이 아직 익숙하지 못한 형편이오. 지난 40년간 한국에는 이런 문제가 없었소. 이 모든 일에 많은 요령이 필요하오." 송인상, 『부흥과 성장: 회남 송인상 회고록』, 21세기북스, 1994, 243쪽. 이 지적은 당시 유럽사회의 외교를 묘사한 글에 비추어 보면 올바른 것 같다. One of the most important weapons in the interwar European propaganda war was the adoption of West European habits of sociability. It became clear to the East Central Europeans relatively early on that luxurious hospitality (with a tacit political agenda) was more than a nicety of etiquette. This kind of sociability played an urgent part if interwar East Central European cultural diplomacy, particularly in winning over conservative sectors of Great Power opinion. East Central European elites participated wholeheartedly in international organizations based on sociability, such as the International P.E.N. Club, a literary association affiliated with the League of Nations. East Central European P.E.N. chapters were generally sponsored, and their expenses paid, by their country's Ministry of Foreign Affairs, which also tended to view P.E.N. involvement as a means of garnering prestige for their state. These states also built their own Western style elegant gentlemen's clubs for the purpose of winning over visiting foreigners. Orzoff, *Battle for the Castle*, p. 10.
45) 신흥우, 「이승만을 말한다」, 이정식, 『이승만의 구한말 개혁운동』, 배재대학교 출판부, 2005, 397쪽.
46) Capek, Round (tr.), *Talks with T.G.Masaryk*, Catbird Press, 1995, p. 72.

이승만은 동양 고전(한문문헌)과 영어에 능통하였고, 마사리크는 서양 고전(라틴희랍문헌)과 영어문헌을 원문으로 읽는데 능숙하였다. 이승만은 배재학당에 새로운 문물을 알기 위하여 영어를 배울 욕심으로 문을 두드렸으며, 마사리크는 보헤미아의 낙후를 극복하기 위해 외국어 공부를 장려하였다. 두 사람 모두 세계를 이해하는 창구로 외국어를 공부하였다. 이승만과 마사리크 두 사람 공히 외국어를 정규교육 이외에 부유한 외국인에게 한때 가정교사를 함으로써 습득하였고, 가정교사로 자신을 부양하였다. 언어의 중요성은 정한경이 정확하게 지적하여 한국독립운동 지도자의 자격으로 세 가지를 꼽았다. (1)반드시 진정한 의미에서 한국 애국자여야 한다. (2)말하고 쓰기에서 영어가 완벽해야 한다. 여기에 그가 프랑스어까지 영어만큼 구사한다면 더할 나위가 없다. (3)그는 서구 시각에서 볼 때 훌륭한 학자로서 유럽과 미국 정치를 이해하여야 하며 서양의 심리를 파악해야 한다.[48] 이것은 마사리크를 모범으로 보고 이승만을 의중에 둔 주장이라 할 수 있다.

1) 독립정신

---

47) 이승만의 영어와 한문은 최상급 수준이라고 알려져 있다. 신흥우에 의하면 이승만은 『시전(詩經)』을 배우기 전에 이미 7가지의 계몽서와 경서(『천자문』, 『동몽선습』, 『소학』, 『대학』, 『논어』, 『맹자』, 『중용』)를 모두 암기했다고 전한다. 불어 해득은 그의 박사학위논문에서 인용한 참고문헌과 신흥우의 증언이 뒷받침하고 일어해득은 미완성된 그의 영한사전과 감옥에서 작성한 기록에서 그 흔적을 찾을 수 있다. 마사리크는 영어, 불어, 독어, 러시아어, 폴란드어, 남부슬라브어, 라틴어, 희랍어를 해득하였다.
48) Chung, [No Subject Title], Department of Economics, Northwestern University, 1918. 이승만문서, 87-90, 연세대학교 이승만연구원. 당시 정한경은 Northwestern University, Department of Economics에 Fellow이었다. 이 문서는 1차 대전이 종료되는 11월 11일에 한국동포들에게 행한 연설문이다.

이승만과 마사리크는 거의 가망이 없는 상태에서 조국의 독립을 믿었다. 마사리크는 썼다. "전쟁[제1차 대전] 전 우리의 조국이나 다른 소국들이 독립할 수 있을까 하는 의심은 너무 오래되었다.…그럼에도 나는 그것이 불가능하다고는 한 번도 믿지 않았다. 이 신념은 나의 모든 행동과 지침을 위험에 빠뜨렸다.…우리가 자유를 지킬 만큼 도덕적이고 준비된 상태이고, 국내나 국외에서 정직하고 정당한 정책을 따르기 충분한 정치적 이해를 가지며, 그리고 민주적으로 강한 유럽국가의 동정을 획득할 수 있다면 가능하다고 믿었다. 민주주의 원칙이 널리 확장되는 상태에서는 한 국가가 다른 국가를 지배할 수 없게 된다. 18세기 이후 유럽 역사가 소수민족도 민주주의 자유 하에서 독립할 수 있다는 점을 증명하였다. 이번 세계 대전은 프랑스혁명에서 시작된 이 운동의 절정이다."49)

이승만도 기록하였다. "우리 마음을 돌아보아 조금이라도 '우리는 할 수 없다'는 생각이 있다면 이러한 생각을 버리고…스스로 행동에 나서야 할 것이다.…[이러한] 신념을 가지고 최선을 다한다면 우리나라도 반드시 문명부강한 나라가 될 수 있을 것이다."50) "도덕적 원칙이 있느냐 없느냐를 중요한 기준으로 삼는다.…도덕적 원리를 중시하기 때문에…우리가 올바른 목표만 추구한다면 여러 나라 사람들이 우리를 도울 것이다."51) "동양의 도덕이 점점 쇠퇴하면서…이 같은 뿌리 깊은 나쁜 습관을 고치지 않고는 다른 나라와 좋은 관계를 발전시킬 수 없다.…진실함을 외교의 근본을 삼아야 한다."52) "프랑스혁명 기록에 대해 읽은 사람들은…백성들의 지식이 늘어나자 마침내 미국 제도를 본받아 민주국가가 되었다.… 프랑스 혁명으로 정치개혁 분위기가 확산되면서 다른 유럽 국가들도 민

---

49) Masaryk, *The Making of A State*, pp. 371-372.
50) 이승만 저, 김충남 김효선 풀이, 『풀어 쓴 독립정신』, 청미디어, 2008, 63쪽.
51) 『풀어 쓴 독립정신』, 381쪽.
52) 『풀어 쓴 독립정신』, 384쪽.

주공화국이 되었다.…영토와 인구가 작은 나라들까지도 그들의 주권을 보호하며…올바른 정치의 힘이 계속 커져서 동양으로 파도처럼 밀려드는데 누군가 홀로 반대하며 막으려 한들 과연 누가 이기고 누가 지겠는가."53) 그래서 "일본이 한국을 점령했고, 미국 친구들이 그[이승만]에게 그 사실을 인정하라고 하며, 미국과 영국의 여론이 일본편이고, 서구외교가도 그렇고, 독립협회의 많은 동지들이 새 질서에 순응했음에도, 그리고 그의 친구들, 선교사들도 일본의 지배를 인정하는 데에도 불구하고 그는 한국독립은 옳은 길이며 그럼으로써 그것은 필연적이라는 자신의 옹골차고 요지부동의 신념을 버릴 수도 버리지도 않았다."54)

2) 평화주의

이유는 달라도 마사리크와 이승만 공히 사형선고를 목전에 둔 적이 있었으며,55) 폭력과 무력을 혐오하는 평화주의자에,56) 왕조의 해체를 주장하는 공화주의자가 되었다. 두 사람 모두 칸트의 영구평화사상을 신봉하였다.

이승만의 저서 『일본 내막기 Japan Inside Out』는 이렇게 시작한다. "나는 이 책을 세상에 내놓는 동기가 전쟁을 위해서가 아니라 평화를 위한 것임을 먼저 밝힌다." 마사리크도 그의 저서 『국가창설 The Making of A State』에서 체코의 구원자가 "시저가 아니라 예수"라는 유명한 표현을 남겼다. 그래서 "오스트리아 헝가리가 세르비아에게 최후통첩을 보낸 [1914년]

---

53) 『풀어 쓴 독립정신』, 158-161쪽.
54) Oliver, *Syngman Rhee The Man behind the Myth*, pp. 108-109.
55) 마사리크는 스위스에 망명하던 1915년 7월 6일 오스트리아 헝가리에 선전포고를 하였고 오스트리아 법정의 궐석재판에서 사형선고를 받았다.
56) Skilling, *Against the Current 1882 1914*, 1994, p. 134; Rhee, *Japan Inside Out*, p. 1.

7월 23일 나는 여전히 긴장하고 있었다. 그럼에도 평화의 희망은 버리지 않았다"라고 적고 있다. 마사리크는 폭력에 반대하며 "자기희생은 [체코] 민족의 이상이 되어왔다.···이것은 매우 위험한 일이다. 순교가 민족에게 하찮은 일상이 되어버리기 때문이다"라고 말했다.[57] 이어서 "참된 인본주의의 목표는···폭력과 영웅적 행위와 순교라는 낡은 이상을 극복하는 것이다"라고 말했다.[58] 거의 같은 시기에 인도 청년 간디도 비폭력 독립운동을 시작하였다. 마사리크가 얼마나 폭력을 혐오했는지 좋은 예가 있다. 러시아의 황실과 국정을 농단한 괴승 라스푸틴(Gregory Rasputin, 1869~1916)의 암살을 망명지인 런던에서 듣고 그는 다음과 같이 촌평하였다. "진실은 [러시아의] 관계나, 정계나, 교계가 라스푸틴의 영향에 맞서지 못했고 자르와 황후를 보호할 능력이 없었다는 점이다. 암살만이 라스푸틴을 제거할 수 있다면 그 명분이란 도덕적으로 법률적으로 과연 무엇이어야만 하는가?―그것도 어떻게 될지 알고 무엇이 행위의 증거가 될지 아는 고위의 귀족, 제국의회의 보수의원, 황실의 일원이 암살자라니! (푸리쉬키예비치에 의한) 암살의 전모를 읽고 나는 이들이 생각이 없는 만큼 불필요한 잔혹성으로 심지어 범죄에서 조차 얼마나 생각이 없고 무능한 사람인지 알게 되었다.···이들은 그 범죄 또는 그보다 더한 범죄에서 조차 무능한 사람들이다."[59]

그러나 마사리크가 무조건 폭력에 반대한 것은 아니다. 1887년 톨스토이와 토론을 하는 자리에서 그가 "[톨스토이]의 견해와 다르게···우리는 항상 악에 항거해야 한다"[60]라고 반대의견을 표명한 것은 악으로부터 자

---

57) Szporluk, *The Political Thought of Thomas G. Masaryk*, New York, East European Monographs, 1981, p. 87.
58) Warren, *Masaryk's Democracy*, Chapel Hill, University of North Carolina Press, 1941.
59) Masaryk, *The Making of A Nation*, 1927, p. 137.
60) Warren, *Masaryk's Democracy,* Chapel Hill, University of North

신을 지키는 '자기방어'를 위한 폭력은 허용해야 한다는 뜻이다. 제1차 세계대전을 반대하였던 프랑스의 평화주의자 로망 롤랑(Rolland Romain, 1866~1944)과 거리를 두었다. 마사리크는 1913년까지 두 번이나 노벨평화상 후보에 거론되었지만,[61] 그를 두려워하였던 오스트리아 황위 계승자 페르디난트 대공(Archduke Franz Ferdinand, 1863~1914)의 방해로 무산되었다.[62]

이승만 역시 자기방어의 폭력은 인정하였다.[63] 그러면서 "세상에 자유를 위하여 싸우지 않고 자유를 찾은 민족이 없나니 우리의 붓끝과 혀끝으로 남의 칼날과 탄환에 대적하여 우리의 배척과 비협동으로 남의 학형(虐刑)과 속박과 싸우자."[64] 필설이 남의 대포와 남의 탄환을 대적할 수 있다는 것을 "백 개의 대포가 한 권의 만국공법만 못하며 몇 광주리의 탄약이 한 줄의 화친조약만 못하다"로 표현한 이승만의 신념이다. 평화주의자답게 자유와 권리를 국가의 최고 덕목으로 삼았고 여성참정권을 포함한 보통비밀선거제도를 도입한 점도 공통점이다. 마사리크나 간디보다 앞서서 비폭력 독립운동을 최초로 시작한 사람이 이승만이다. 후술하겠지만 이승만은 탄탄한 논리로 비폭력 독립운동을 전개했다는 점에서 그의 독립운동의 독창성이 있다.

Carolina Press, 1941.
61) Skilling, *Against the Current 1882 1914*, p. 144; Szporluk, *The Political Thought of Thomas G. Masaryk*, Boulder and New York, 1981, pp. 123-124; Orzoff, "The Husbandman: Tomas Masaryk's Leader Cult in Interwar Czechoslovakia," *Austrian History Yearbook*, 39, 2008, p. 121.
62) Selver, *Masaryk*, London, Michael Joseph, 1940, p. 244.
63) Rhee, *Japan Inside Out*, p. 165. 이종익 역, 『일본군국주의실상』, 216쪽. "이박사, 만약 당신의 적국이 당신의 나라를 쳐들어온다고 하면 그때에 당신은 무기를 들고 싸우겠습니까?" "그럼요. 나는 싸우겠습니다." 나는 조금도 주저하지 않고 그렇게 말했다.
64) 이승만, 『동아일보』, 1924년 4월 23일.

3) 문필가

이승만은 감옥에서도 "잠시도 책을 손에서 떼지 않았다."는 정도로 독서광이었다.[65] 마사리크 역시 책벌레였다.[66] 이승만이 누대로 사대주의에 의존하여 잠자고 있던 백성을 깨우칠 목적으로 『독립정신』을 한문대신 한글로 쓴 것이나, 마사리크 또한 비슷한 목적으로 『체코역사의 의미 The Meaning of Czech History』(1879)를 독일어가 아닌 체코어로 집필한 것이 닮았다. 한국이 오래 동안 중국을 의지하여 '잠자고' 있었던 것처럼, 체코 역시 "다른 나라가 수 세기 동안 그들의 문화를 발전시킬 때 우리[체코]는 잠자고 있었다."[67]

이승만이 그의 대저가 된 박사학위논문 『미국 영향 하 중립Neutrality Influenced by the United States』(1910)을 영어로 써서 미국 국제외교의 당대 권위자가 된 것은, 마사리크가 그의 대저 『러시아 정신The Spirit of Russia』(1913)을 러시아어로, 『소국의 문제The Problems of Small Countries in the European Crisis』(1915)를 영어로 저술하여 러시아와 국제정치의 당대 권위자가 된 것에 견줄 만하다. 역시 이승만이 『일본 내막기Japan Inside Out』(1941)를 출판하여 일본 제국의 도발과 몰락을 예측한 것을, 마사리크가 『사회현안 Social Question』(1898)과 『자살론Suicide and the Meaning of Civilization』(1879)을 발표하여 오스트리아 헝가리 제국의 도발과 몰락을 예측한 것과 나란히 둘 수 있다.[68]

---

65) 市川正明 編, 「金亨燮大佐回顧錄」, 『日韓外交史料 10』, 原書房, 1981, 231쪽. 손세일, 『이승만과 김구 1-2』, 나남, 2008, 108쪽에서 재인용.
66) Capek, Round (tr.), *Talks with T. G. Masaryk,* p. 159.
67) Skilling, *Against the Current 1882 1914,* p. 3.
68) Skilling, *Against the Current 1882-1914,* p. 134; Kovtun, "Thomas Masaryk's Road to Revolution," in Milos Capek and Karel Hruvy (eds.), *T. G. Masaryk in Perspective,* University of Michigan, 1981, p. 152.

합스부르크 제국의 보스니아 헤르제고비나 강제합병이 세르비아에 대한 선전포고를 거쳐 영국, 프랑스, 러시아, 그리고 미국을 전쟁에 불러들이는 서곡이라고 마사리크가 인식한 것의 짝을 찾는다면, 일본 제국의 한국 강제합병이 만주사변을 거쳐 중국 그리고 미국을 전쟁에 불러드린 전초라고 이승만이 예측한 것에서 고를 수 있다. 두 사람 모두 많은 서적과 논설을 집필하였으나 구체적이며 정합적인 정치사상을 드러내지 않은 점[69]은 이들보다 글의 분량은 많지 않으면서 삼민주의를 주창한 손문과 대비된다.[70]

이승만이 한글보급과 국민계몽을 목적으로 한국 최초의 일간신문인 『매일신문』을 창간할 무렵, 마사리크 역시 비슷한 목적으로 잡지 『학술진흥Athenaeum』을 창간하였다. 마사리크가 자신의 주장을 신문, 잡지, 서적, 개인적 친분, 각종 회의에 크게 의존한 것처럼, 이승만 역시 신문, 잡지, 서적, 개인적 친분, 각종 회의를 끊임없이 이용하였다. 이승만이 한국인 최초로 시작한 『영한사전』을 『독립정신』 집필의 시급성으로 중단했듯이, 마사리크는 최초의 체코어 『백과사전』을 기획하다가 『학술진흥』의 논쟁에 휘말려 중단하였다.

4) 실학

마사리크는 미신에 미혹된 동포들이 사실과 실상을 깨닫도록 여러 가지 박해 속에서 그들을 계몽하였다. 그가 만든 초미니 정당의 이름이 '실상당Realist Party'이다. 실상주의Realism란 "사물의 핵심을 알게 되는 것

---

[69] Skilling, *Against the Current 1882-1914*, p. 19; 유영익, 『이승만의 삶과 꿈』, 216쪽.
[70] 유영익, 『이승만의 삶과 꿈』, 216쪽.

이고, 실상을 강조하며, 자연과학과 사회과학 등 실상과학을 통하여 국가를 계몽하는 것이다."71) 마사리크는 이 방면의 선구자였던 팔라스키 Palacky, 하베리체크Havelicek를 숭상하였다. 이들은 붓끝으로 주장하였으나 마사리크는 실천하였다.

이승만 역시 "개명[enlightenment]을 힘쓰는 세상에는 사람이 범사에 그 실상을 연구하는 것이 제일이니,"72) "신학문이라 하는 것은 몇 천 년 전에 어리석게 믿던 것을 깨쳐 버리고 새로이 분명한 증거와 확실한 본체[실체]를 드러내어 아무라도 눈으로 보며 손으로 만지며 마음으로 생각하여 깨닫고 믿음이니"73) "각색 학문상 서적을 구하여 천문 지리가 어떠하며 이학, 철학, 화학, 신학, 법학, 의학, 농학, 상학, 경제, 정치 등 모든 학문을 주의하여야 [한다]"74) 라며 동일한 견해를 피력하고 있다. 이승만은 멀리 이익에서 시작되는 조선 실학의 집대성자인 정약용과 박지원을 계승한 박규수에게서 사숙한 김옥균, 박영효의 갑신정변 동지였던 서재필에게 배웠다. 또한 이상재에게서 사사하였다. 이들은 모두 붓끝으로 실학을 주창하였다. 이승만은 그것을 실천하였다.75)

5) 독선

이승만과 마사리크 모두 성격이 급했다.76) 측근정치를 하였으며 정적에 대하여는 관대하지 않았다. 흔히 이승만이 독선적이라고 일부 평자들은 비난하지만, 마사리크 또한 대단히 독선적인 인물이었으며77) 조건 없

---

71) Skilling, *Against the Current 1882-1914*, p. 47.
72) 이승만, 『독립정신』, 200쪽.
73) 이승만, 『독립정신』, 121쪽.
74) 이승만, 『독립정신』, 262쪽.
75) 제2부 제4장을 참조.
76) Capek, Round (tr.), *Talks with T. G. Masaryk*, p. 159.

는 충성을 요구하였다.78) "그[마사리크]에게 타협은 없다. 그처럼 비타협적이 되려면 당신도 원칙을 가져야 한다."79) 윌슨 역시 그 같은 일면이 강했는데 제1차 대전에서 민주당·공화당 연정의 전시내각을 거부하고 민주당 측근만으로 내각을 구성한 이유를 묻는 마사리크에게 "자신에게는 연정이나 타협을 할 수 있는 능력이 없다"고 변명하면서80) "나는 솔직히 말해서 스코틀랜드 장로교인의 후손이라서 완고하다"라고 말했다. 이에 대하여 마사리크는 "윌슨 대통령은 비판에 지나치게 민감하여 참지 못하는 성격"이며 "실제적이라기보다 이론적이며 귀납적이라기보다 연역적이었다"라고 평했다.81)

측근정치를 선호한 마사리크가 아들을 대사로, 딸을 국회의원으로 임명하였는데, 타협할 줄 모르는 윌슨도 사위 맥아두(William G. MacAdoo, 1863~1941)를 재무장관에 재임시켰고 연방준비은행 총재도 겸임토록 하였다. 이와 달리 이승만은 이러한 족벌주의에서 자유로웠다. 윌슨은 프린스턴 대학총장으로서 이승만에게 박사학위를 수여하는데 그치지 않고 1914년 딸 엘리노아(Eleanor Wilson, 1889~1967)가 맥아두 재무장관과 혼인할 때 이승만에게 청첩장을 보내어 화제가 될 정도로 둘 사이는 사제지간이 되었다. 하와이에서 청첩장을 받은 인물은 하와이 총독과 이승만 뿐이었다. 마사리크가 윌슨을 설득하기 위해 미국에 도착했을 때 많은 사람과 만났는데 그 가운데 맥아두 장관이 있었으며 그를 통해 미국 금융계인사들과 교유하였다.

이승만과 마사리크, 두 사람 모두 독선에 지적 우월감까지 가세하여

---

77) Skilling, *Against the Current 1882-1914*, p. 174.
78) Orzoff, *Battle for the Castle*, p. 68.
79) Capek, *Talks with T. G. Masaryk*, p. 28.
80) Masaryk, *The Making of A State*, p. 277.
81) Masaryk, *The Making of A State*, pp. 277 278.

가는 곳마다 반대파가 등장하여 고립되었다. 마사리크에게는 가까운 친구도 없었다. "[마사리크]의 말하는 태도와 지시는 상대방에 반감을 갖도록 하여 반대자로 만든다. 그렇지 않은 사람은 그의 비판 방식에 매료되어 동일한 방식을 그[마사리크]에게 사용하고, 나아가서 유쾌하지 않고, 비민주적이며, 귀족적인 형식으로 발전시켰다. 그 결과 사람들이 그들에게서 멀어지게 만들었다."82) 그러나 그들은 두려움이 없는 타협할 줄 몰랐던 원칙주의자였다. 그의 연설에서 이승만은 "나는 두렵지 않다. 모두 나를 비난하라고 하라. 하나님만이 나를 질책하지 않으신다면 그뿐이다."라며 독선에 가까운 신념에 차있다.83) 마사리크의 일생은 "다수, 사회의 암시적 강요, 무비판적인 견해, 전통과 집단적 미신에 대한 투쟁이었다."84) 마사리크는 "전통, 다수, 편견을 두려워하지 않는다. 그도 때때로 실수하지만 진실이라고 생각하는 것을 말하기를 주저하지 않는다. 그는 숭고한 이단에 속한다."85)

6) 세계관

마사리크와 이승만이 독선이라고 비난받는 이유는 그들의 시야가 깊고 멀었기 때문이다. 이승만은 "국제적 사태에는 필연의 공식이 있어서 그것을 설명할 수 있는 하나의 원칙을 갖고 있었다."86) 마사리크 역시

---

82) Skilling, *Against the Current 1882-1914*, p. 8.
83) President Syngman Rhee's Journey to America, 1954. 이현표, 「외교의 달인 이승만 미 행정부 대신 여론에 호소하다」, 『미래한국』, 2012, 5, 21, 74 77쪽에서 재인용.
84) Patocka, "The Attempts at a Czech National Philosophy and Its Failure," in Capek and Hruby (eds.), *Masaryk in Perspective*, p. 12; Skilling, *Against the Current 1882-1914*, p. vi에서 재인용.
85) Skilling, *Against the Current 1882-1914*, p. vi.
86) Oliver, *Syngman Rhee The Man behind the Myth*, Westport Greenwood

"모든 원리를 통합하여 하나의 논리체계를 세우는 것을 목표로 하였다.”87) 후술이 뒷받침하겠지만 이승만은 한국의 독립을 세계사의 관점에서 파악하였고 마사리크 역시 그러하였다. 이승만은 자신의 생각을 글로 쓰고 영향력 있는 인물을 설득하였다. 마사리크 역시 자신의 철학을 기회가 되는 대로 글로 출판하고 영향력 있는 인물에게 전하려고 노력하였다. 그 과정에서 일어나는 오해를 전혀 두려워하지 않았다.

7) 약소국

한국은 러시아, 중국, 일본이 둘러싼 약소국이었고, 체코슬로바키아는 러시아, 독일, 오스트리아 헝가리에 포위된 역시 약소민족이었다. 두 나라는 지정학적으로 고립된 요새이다. 오스트리아 헝가리가 체코슬로바키아를 오스만 터키의 침략으로부터 보호한다는 명분으로 점령했듯이, 일본제국은 한국을 러시아의 야욕에서 보호한다는 구실 하에 강점하였다. 그러나 마사리크의 항의처럼 보호가 반드시 억압이라는 법은 없지 않겠는가? 또 러시아로부터 보호할 필요가 없는 대만 점령에 대한 일본의 명분은 무엇인가? 체코슬로바키아가 문화민족이듯이88) 한국 역시 높은 문화를 창조하였다.89) 로마교황, 합스부르크왕가, 독일군국주의에 저항했던 체코에게서 중국, 몽고, 일본에게 굴복하지 않은 한국의 모습이 겹쳐진다. 역사에서 강자에게 굴복하여 사라진 나라가 그 얼마였으며 부활한 나라 그 또한 얼마였던가.

Press, 1954, p. 173, 318.
87) Orzoff, *Battle for the Castle*, Oxford University Press, 2009, p. 30.
88) Benes, *My War Memoirs*, New York, Houghton Mifflin, 1928, p. 491.
89) 선교사 게일(James S. Gale)은 "조선의 정신세계는 물질세계와 차이가 있다. …조선의 정신세계는 알면 알수록 존경의 생각이 증가된다"라고 증언하였다. 李省展, 『アメリカ人宣教師と朝鮮の近代』, 東京, 社會評論社, 2006, 158쪽.

그럼에도 국제사회에서 조선 혹은 한국은 알려지지 않은 존재였던 것과 마찬가지로 체코슬로바키아라는 국명은 역사에서도 아예 없었다. 그나마 알려진 이름은 보헤미아 정도였는데 이것마저 집시 또는 '방랑자[보헤미안]'라는 선입견이 지명의 뜻을 오도하였다.90) 체코와 슬로바키아를 묶어 하나로 만든 것은 마사리크의 회심의 작품이지만 그럼에도 마사리크 자신도 런던 망명시절 작성한 비망록에서 체코슬로바키아라는 이름은 쓰지 않고 '보헤미아의 독립'이라 표현하고 있다.91) 선교사를 파송하는 미국교회 목사의 기도 가운데 한국은 '남태평양의 한국,' 영국교회에서는 '코르시카 옆에 있는 코리아'라고 밖에 알려지지 않은 형편이었다.92) 이러한 상황에서 자신의 존재를 계속되는 발칸전쟁에 식상한 열강에게 무력이나 폭력에 호소하지 않고 평화적으로 알리는 것이 무엇보다 급선무였다고 믿은 마사리크는 제1차 세계대전에서 민주적 외교선전에 승부를 기대하였고, 이승만 역시 간전기(間戰期)―제1차와 제2차 세계대전 사이―에 또 한 번의 세계대전이나 폭력을 혐오하는 국제적 분위기에 어울리는 민주적 외교선전에 승부를 걸었다.

대부분의 한국 독립지사들이 사대주의 틀에 갇혀서 중국에, 또는 이념에 사로잡혀 새로 등장한 소비에트 러시아에, 대부분의 체코슬로바키아 독립지사들이 범슬라브주의에 현혹되어 제정 러시아에 커다란 기대를

---

90) Unterberger, "The Arrest of Alice Masaryk," *Slavic Review*, March 1974, p. 91.
91) Setton Watson, *Masaryk in England*, 1943, Ch. III.
92) Fenwick, *The Church of Christ in Corea*, New York, George H. Doran Co., 1911, p. 9; Weir, "Report," *The Morning Calm*, April 1908, p. 67. 원한경은 1930년 한국에 관한 서지를 정리하면서 한국에 관해 잘못된 내용을 지적하고 있다. 예를 들어 어떤 서양 여행객은 김치는 썩힌 생선이고 한국인은 옷을 벗고 식사를 하며 한국에는 악어와 코끼리가 우글거린다고 한국을 소개하고 있다. Underwood, *A Partial Bibiliography of Occidental Works on Korea*, Chosen Christian College, 1931, pp. 11-12.

건 것은 당시로서는 자연스러운 안목이라고 볼 수 있겠다. 그러나 돌이켜보면 이승만과 마사리크가 모두 이를 탈피, 세계대세를 정확하게 읽고 미국을 이용하여 조국을 독립시키려는 외교정책을 밀고 나가 마침내 성공하였다는 공통점은 오늘날은 당연하게 보일지 모른다. 그러나 19세기 말~20세기 초 당시로서는 아직 강대국이 아닌 미국의 국제적 지위를 고려하면 매우 어려운 선택이었다고 아니할 수 없다. 전통적으로 후견인이었던 중국이 부패, 외침, 패전, 혁명으로 빈사상태에 빠지자 한국에서 사대주의파가 몰락한 것처럼 기대했던 제정 러시아가 역시 부패, 외침, 패전, 혁명으로 쓰러지자 체코에서 범슬라브주의파가 몰락한 반면, 미국이 세계 제1의 강대국으로 등장한 것은 그만큼 그들이 미국의 가능성을 예견할 수 있는 혜안을 갖고 있었다는 증거이다.

이승만은 줄기차게 중국, 러시아, 일본의 세력균형의 완충장치로서 동아시아 평화에 있어서 한국의 독립이 필수적임을 외교선전을 통하여 미국 조야에 역설하였고, 마사리크 역시 러시아, 독일, 오스트리아 헝가리의 세력균형에 완충지로서 유럽 평화에 있어서 체코슬로바키아의 역할을 제1차 대전의 연합국 특히 미국에 강조하였다. 비스마르크(Otto von Bismarck, 1815~1898)는 한때 말했다. "보헤미아는 유럽대륙 한복판에 세워진 자연요새이다.…보헤미아가 러시아 수중에 들어가면 독일은 노예가 되고, 우리 수중에 넣으면 자르의 제국과 휴전 아니면 전쟁이다."[93]

마사리크는 마르크스를 비판하는 최초의 조직적 저서[94]를 쓴 사람답게 마르크스주의의 가장 격렬한 반대자였고,[95] 이승만은 한반도에 대한

---

93) Setton Watson, *Masaryk in England*, p. 4.
94) *The Social Question* (Otazka Socialni 1898). Betts, "Masaryk's Philosophy of History," *The Slovonic and East European Review*, vol.26, no.66, Nov 1947, p. 33.
95) Woolfolk, "Thomas Garrigue Masaryk: Science and Politics as a Vocation Society," *Society*, March/April 1996, p. 80.

러시아의 야심을 청년기부터 인식한 터라 모두 반소, 반공주의자가 될 수밖에 없음은 당연한 귀결이다.96) 마사리크가 공산주의자와 합작을 거부한 것처럼 이승만도 단연코 그러하였다. 마사리크의 후계자 베니시(Edvard Benes, 1884~1948)는 그의 전임자와 달리 친소적 경향이 있었는데 그를 소개하고자 했던 배민수(1886~1968)의 권고를 이승만은 거절하였다.97) 그러나 필요하다고 판단했을 때에는 러시아에도 손을 뻗었다. 마사리크는 러시아가 극도로 기피하는 인물이어서 러시아 입국조차 허락되지 않았지만 기회가 왔을 때에는 그들과 담판을 피하지 않고 러시아를 찾았듯이, 이승만 역시 소비에트 러시아의 도움이 필요하다고 생각했을 때에 담판할 것을 주저하지 않고 소련을 방문한 적도 있다.

  이승만이 미국의 개신교, 민주주의, 자본주의에 편승한 것은 마사리크가 미국의 개신교, 민주주의, 자본주의에 기댄 것과 다를 바 없다. 그럼으로써 이승만은 조국의 존재를 그 역사에서 최초로 대륙세력이 아닌 해양세력 속에서 찾은 만큼,98) 마사리크 역시 시야를 넓혀 모국의 존재를 그 역사에서 처음으로 범슬라브주의가 아닌 전 유럽 내지 세계 속에서 인식하였다. "우리[체코]의 정책은 세계정책이 되어야만 한다. 비스마르크가 보헤미아의 지배자가 유럽의 지배자라고 말했을 때 그는 제국주의와 범게르만주의의 시각에서 우리[체코]의 민족nation과 국가state의 위치가 유

---

96) Skilling, *Against the Current 1882 1914*, p. 31. 마사리크는 반마르크스주의자로서 마르크스주의의 의미를 이해한 첫 번째 유럽인이었다. 마르크스주의에 대한 마사리크의 이해는 단단한 이론적 기반을 갖고 있었고 그에 대한 우려는 후에 유럽역사가 증명하였다.
97) 방기중,『배민수의 농촌운동과 기독교사상』, 연세대학교 출판부, 1999, 198-199쪽.
98) 이주영,『이승만과 그의 시대』, 기파랑, 2011. 백낙준은 "한국의 역사는 세계사의 조류 속에서 이해되어야 하는 까닭에 서양사의 연구방법을 적용하여 우리 역사를 분석하고 정리하는 작업을 한다면 바람직한 성과를 거둘 수 있으리라는 판단이 섰다."라고 그의 학문적인 포부를 밝히고 있다. 백낙준,『백낙준 전집』8, 연세대학교 출판부, 2009, 291쪽.

럽에서 바로 한복판임을 이해한 것이다."99) 그 구체적인 증거로 마사리크가 오랜 유럽역사의 절대주의에 대항하여 민주주의를 내걸고, 이승만이 새로 등장한 전체주의에 맞서서 민주주의의 첨병이 되었다는 데에서 찾아볼 수 있다.100) 구체적으로 마사리크는 체코 독립운동의 목표를 중부유럽 최초의 민주주의 실현에 두어 미국의 참전목표에 일치시켰고, 이승만은 한국을 아시아 최초의 개신교 국가로 만들겠다는 목표로 기독교에 기초한 미국건국 정신에 일치시켰다.

8) 외교방략

이승만은 상해의 임시정부 본부와 별도로 워싱턴의 구미위원부 사무소에서 미국을 상대하여 외교활동을 했으며, 마사리크 역시 파리 임시정부 본부와 별도로 런던 사무소에서 처음에는 영국과 프랑스, 후에는 미국의 참전과 더불어 미국을 외교적으로 상대하였다는 유사점도 눈길을 끈다. 각각 공간적으로 떨어져 있는 임시정부를 원격 통치하기 위해서 통신원제도를 활용하였다. 마사리크는 재정을 완전 장악하였으며, 이에 비해 상대적으로 여건이 불리하였던 이승만 역시 재정을 어느 정도 장악하였다. 모두 독립을 담보로 채권을 발행하여 독립운동자금을 조달하였다.

체코슬로바키아는 지리적으로 무장봉기가 어려운 나라였다.101) 합스부르크에 충성하든지 러시아가 구원해주길 기다리든지 양자택일의 길밖에 없어 보였다. 한국도 지리적으로 무장봉기가 쉬운 곳은 아니다.102) 결

---

99) Masaryk, *The Making of A State*, p. 374.
100) "세상의 절반이 민주주의이고 나머지 반이 전체주의로 있는 한 평화와 안전은 없다." Rhee, *Japan Inside Out*, p. 13. 이종익 역, 『일본군국주의실상』, 35쪽.
101) Wallacce, *Czechoslovakia*, Boulder Colorado, Westview Press, 1976, p. 103.

국 해외에서 독립운동을 전개할 수밖에 없었다. 그것은 탈출을 의미한다. 이승만이 105인사건의 대량 체포에서 간신히 서울을 탈출했듯이, 마사리크 역시 제1차 대전의 계엄령 하의 대량 체포에서 프라하를 탈출한 유일한 체코출신 제국의회 의원이 되었다.

이승만과 마사리크, 두 사람에게 무력이 외교방략이라는 커다란 틀 속에서 하나의 수단103)밖에 될 수 없었던 것은, 첫째, 개인적으로 무력과 폭력을 극히 혐오했다는 점에104) 더하여, 당시 국제사회가 기존의 평화질서를 유지하는 것을 선호하였고, 둘째, "우리[체코슬로바키아]는 우리 힘만으로는 결코 자유를 획득할 수 없었다"105)고 고백한 것은 약소국이 힘으로는 강대국, 그것도 1천년 동안 유럽의 중심 제국이었던 합스부르크에 상대가 되지 않았고, 셋째, 독립 후에 집단안보체제에 의존해야만 하는 약소국으로서 공통의 운명 때문이었다. 이승만도 자력만으로 독립을 쟁취하기 어렵다고 보고 외교독립에 무게를 실었다. 그러나 무력사용에 대한 외교독립주의자 마사리크의 태도가 제1차 세계대전의 동부전선인 제정 러시아에 갇힌 체코슬로바키아 반공포로군단이 위기에 처했을 때 달라졌듯이,106) 외교독립 주창자 이승만 역시 미일개전과 함께 대일 무장투쟁을 병행하였다.107) 이승만은 전시에 군작전권을 유엔군에 이양

---

102) "[감옥에 있던] 우리들 사이에서 의견의 일치를 본 것은 한국 사람들 자신의 힘만으로는 침략국들의 군사력을 물리칠 수 없다는 것이다." 이승만, 「비망록 Connection or Between Missions and Korean Independence Movement」, 이정식, 『이승만의 구한말 개혁운동』, 126쪽에서 재인용.
103) Mamatey, *The United States and East Central Europe 1914 1918*, Princeton University Press, 1957, pp. 299-300. 이승만은 "정치는 우선 외교를 돈독히 함에 있는데…양병은 오직 전쟁을 억지함에 있을 뿐이라네(圖治先在篤交隣…養兵唯止壓邊塵)라고 주장하였다. 이승만 지음, 이수웅 옮김, 『이승만 한시선』, 배재대학교 출판부, 2007.
104) Skilling, *Against the Current 1882-1914*, p. 13, 19.
105) Benes, *My War Memoirs*, p. 497.
106) Masaryk, *The Making of A State*, 1927.
107) 이승만은 이미 1908년 12월 16일자 『공립신보』에 기고한 논미일협상이라

하였고, 마사리크는 전시뿐만 아니라 평화 시에 프랑스에게 군통수권을 맡겼다.[108]

이승만의 외교역량과 그 방법이 도전받았고 현재도 받고 있듯이, 체코포로군단의 역할보다 마사리크의 외교역량에 무게를 두는데 대하여 반론도 만만치 않다. 마사리크의 공헌이 과장되었다는 주장이다.[109] 그러나 활약이 대단하였던 폴란드 포로군단이나 세르비아 포로군단으로도 폴란드나 세르비아가 파리강화회의에 초대받지 못했지만 체코슬로바키아는 초대받았다는 사실을 보면 외교가 더 중요하였음을 알 수 있다. 전쟁 초기에 누구도 전쟁의 목적이 무엇인지 알 수 없어서 아직 중립국이었던 미국의 윌슨 대통령이 교전국에게 전쟁의 목적을 문의하는 웃지 못할 상황에서 마사리크 혼자만이 전반적인 전쟁의 목적, 양상, 전망을 비망록으로 만들어 연합국 지도자들에게 배포하고 체코슬로바키아 독립투쟁의 목표가 연합국 특히 미국의 목표와 일치함을 보였다. 이것이 그의 외교방략의 핵심이었고 주효하였다. 게다가 다른 지도자들과 달리 제1차 대전이 예상보다 빠르게 종결된다고 전망한 마사리크는 여러 가지 구실을 만들어 체코포로군단을 시베리아로부터 무사히 귀국시키는 데에만 열중하였다. 실제로 윌슨 대통령에게 적당한 핑계를 댔으며, 러시아나 루마니아 등 어느 전선에서나 체코포로군단이 오스트리아 헝가리 군과 싸우는 것도 구실을 만들어 피했다. 체코포로군단을 러시아에서 빼내는 경로를 택하는데 있어서도 시간을 끌기 위해 가장 긴 시베리아 경로를

는 논설에서 앞으로 "미일간의 관계를 정돈시킬 것은 붓이 아니오 칼인 줄로 믿는 바"라고 일찌감치 미일전쟁의 필연성을 주장했다. 고정휴,『이승만과 한국독립운동』, 432쪽에서 재인용.

108) Masaryk, *The Making of A State*, p. 93.
109) Kalvoda, "Masaryk in America in 1918," *Jahrbucher fur Geschichte Osteuropas,* Neue Folge, Bd. 27, H. 1 (1979), pp. 85-99; Kalvoda, *The Genesis of Czechoslovakia*, East European Monographs No. 209, Boulder Colorado, 1986.

선택하였다. 결과적으로 2년이 걸렸으며 전쟁이 종료된 훨씬 이후의 일이었다. 마사리크는 체코포로군단을 시베리아에 두고 홀로 떠나면서 러시아 내전에 휩쓸리지 말 것을 엄명했으며, 내전에 개입하는데 도화선이 되었던 쿠데타의 주역을 강제 퇴역시켰다. 영국의 무관은 마사리크가 현장에 있었으면 그 같은 사태가 발생하지 않았으리라고 애석해 했던 사실로 유추하건대 마사리크는 체코포로군단에 대한 평화적 수송 계획을 갖고 있었을 것이다. 그 군사적인 과정에서도 그의 외교력이 발휘되었다. 그 결과 주적인 오스트리아 헝가리와는 한 번도 싸우지 않고 오히려 러시아 영토에서 볼셰비키와 선전포고 없는 전투를 하게 되었다.

이렇듯 한번 잃은 나라를 되찾고자 하는 약소민족의 독립운동이란 그 폭과 깊이가 보통 사람들의 상상을 뛰어 넘어서야 하는 거의 불가능한 작업이었다. 더욱이 그들이 걸어갔던 독립운동의 길은 처음부터 어떠한 공식으로 주어졌던 것이 아니다. 해방 후 한 치 앞도 보이지 않았던 남한의 극심했던 혼란상을 생각하면 이 점 뚜렷해진다. 두 사람 모두 보이지 않는 길을 개척해 나갔다. 예를 들면, 마사리크는 합스부르크왕조 우산 하에 각 민족 자치정부의 연방제 주장에서, 로마노프 왕관 하의 슬라브 연방제 주장으로 선회하는 듯하더니, 합스부르크의 오스트리아 헝가리를 해체하고 공화제 체코슬로바키아의 완전독립을 주장하는 방향으로 대선회하였다. 그러나 그 역시 체코슬로바키아와 유고슬라비아를 연결하는 소위 체코 통로the Czech Corridor를 포기하지 않으면 안 되었다. 자치에서 완전 독립, 그러나 현실적으로 북아일랜드는 보류하고 남부 아일랜드만의 분리 독립으로 여러 번 독립운동의 노선을 수정한 인물에 아일랜드 건국대통령 드 바레라(Eamon de Valera, 1882~1975)를 추가할 수 있을 것이다. 이렇듯 독립운동의 길이 험난하여 처음부터 주어지지 않았기에 이승만 역시 일본으로부터 완전독립의 요구에서, 국제연맹의 일시적 위임통치로 잠시 선회하는 듯하더니, 다시 완전독립으로 자리를 잡았으나, 현실적으로는 강대국의 국제정세로 말미암아 결과적으로는 드 바레라처럼 남한만의 단독 독립을 실현할 수밖에 없었다.110)

마사리크가 1918년 10월 18일 미국에서 체코슬로바키아 독립을 기습적으로 선포한 것은 합스부르크의 칼 황제가 10월 18일 윌슨의 제의를 수락하며 연방제를 선언하는 것을 선제적으로 제압하기 위함이었다. 마지막 순간까지 합스부르크는 체코슬로바키아를 수중에서 내놓고 싶어 하지 않았다. 윌슨은 거절했을 뿐만 아니라 체코슬로바키아를 파리강화회담에 초청하였다. 패망을 앞둔 마지막 순간에 일본제국도 미국에게 만주사변 이전의 국경선을 인정해 달라는 화평을 요청하였다. 마지막 순간까지 한국을 장중에서 내놓지 않으려는 의도였다. 미국이 거절했을 뿐만 아니라 평화조약에 한국을 포함시키려 하였다. 그러나 일본의 반대로 뜻을 이루지 못했음이 애석할 따름이다.

그러나 여기에서 이승만과 마사리크의 운명이 갈라진다. 체코슬로바키아는 국제연맹의 집단안보체제를 믿었다가 영국, 프랑스, 이탈리아의 배신으로 히틀러의 나치독일에 희생되었는데 이 역시 이승만이 정확하게 읽었듯이 간전기에 전쟁과 폭력을 피하고자 하는 열강, 특히 영국의 쳄버린(Arthur N. Chamberlain, 1869~1940) 수상의 소극적 평화주의, 곧 "우리 시대의 평화" 때문이었다. 제1차 대전 후유증으로 다른 나라 사정

---

110) 52편의 글이 수록된 이승만의 『독립정신』이 "우리 대한은 태풍을 만난 배와 같다"라는 첫 번째 글로 시작한 것이 흥미롭다. 이와 아울러 미국 전함 미조리 호에는 다음의 글이 새겨져 있다. Only a seaman realizes to what extent an entire ship reflects the personality and ability of one individual, who, in the hour of emergency, of peril at sea, can turn to no other man, who, alone, is ultimately responsible, who can never for an instant, escape the grasp of command responsibility, who most richly deserves the highest time honored title of the seafaring world Captain. *USS Missouri*.

을 돌볼 수 없었던 탓이다. 소련 공산주의 대두를 우려한 영국이 다시 독일에 접근하면서 체코슬로바키아는 독일과 소련에 제물이 될 수밖에 없었다.

　이에 대하여 "다음 세대까지 [영구]평화"를 꿈꾼 이승만은 영토야욕을 품은 소련을 배후에 둔 채로는 연약한 독립국infant nation의 자력국방이 어렵다는 점을 알고 미국과 벌린 벼랑 끝 외교로 한미상호방위조약(1953)이라는 구체적이고 확실한 집단안보체제를 구축하는데 성공하였다. 일시평화 대 영구평화. 제3차 대전을 두려워한다는 미국의 약점을 오히려 역이용한 이승만의 이 같은 도박은 마사리크의 운명과 차이를 드러낸다. 고종이 조미수호통상조약(1882)에서 실패한 역사를 반복하지 않았다는 점에서 이것은 평생을 고집해온 이승만 외교정책의 결정판이 되었다.

　또 하나 운명이 갈라진 것은 체코슬로바키아는 합스부르크의 압제 하에 3백 년이라는 긴 세월을 지낸 결과 독립 후에 반민족 행위를 구분하기가 어려웠다는 점이다. 누대를 지나오면서 누가 누구에게 손가락질할 수 없는 지경이 되어버렸던 것이다. 그렇더라도 4년의 짧은 독립운동 기간에 한정에서 볼 때 합스부르크 편에서 마사리크의 독립운동을 방해하고 반대하였던 인사들을 독립 후에 채용한 것은 이례적이다. 일본제국의 35년 압제의 시간도 상대적으로 길지 않았지만 반민족행위에 대한 문제가 사회적으로 첨예한 갈등을 빚어내고 오늘날까지 계속되고 있는 한국과 대조적이다.

　그러한 갈등은 이승만이 국내기반이 없었던 탓이라고 주장하는 사람도 있지만, 마사리크 역시 국내기반이 없어서 대통령으로 추대되었을 때, "마사리크 대통령! 좋지! 그러나 그에게는 정당의 기반이 없잖아! 그는 정치인이라기보다 철학자이며 이상주의자야"라고 대수롭지 않게 보아서 그를 허수아비 대통령으로 만들려고 하였다.111) 이러한 기성세력의 반대를 무릅쓰고 체코슬로바키아에서나 한국에서나 누대에 문제가 되었던 숙원의 농지제도를 개혁하였다는 것은 마사리크와 이승만의 공통적인 업적이다. 그 과정에서 독립운동의 해외파와 국내파 사이의 알력과 다툼이 계속되었던 것도 공통점이다.

어찌되었든 필생의 목표가 달성되는 것을 본 이승만을 가리켜 운이 좋다고 말하는 평자도 있지만,112) 운으로 말하자면 마사리크의 행운113)에 비견할만한 사람도 없다. 그러기에 '동화 또는 신화'라고 말하지 않았던가. 그러나 행운만이 아니다. 1910[1912]년 박사학위논문과 그 전후 저술에서 드러난 이승만의 정치경제사상과 외교방략은 1914년 마사리크의 그것보다 시대적으로 앞선다는 점에서 이승만의 선구적인 점이 돋보이지만, 그것을 더욱 빛나게 한 역사적 실례를 후에 등장한 마사리크의 1914~1918년 외교독립 성취에서 찾을 수 있다면, 비록 제1차 대전과 제2차 대전이라는 시간과 유럽과 아시아라는 공간의 여건이 일치하지 않는다 하더라도, 동서양 비교역사에서 보기 드문 흥미로운 사실이 될 것이다. 이승만은 이것을 알고 있었다.

> 체코슬로바키아라는 나라는 구라파의 동남지방에 산재한 민족으로 여러 강국에 부속되어 다소간 학대를 받다가, 세계전쟁 후에 미국에서 미국 친우들의 도움으로 독립을 선언하고 마사릭씨를 대통령으로 삼아 윌슨 대통령의 동정을 얻어 5백만원 차관을 얻어 독립국을 이루었다.114)

---

111) Masaryk, *The Making of A State*, p. 328; Orzoff, *Battle for the Castle*, p. 58.
112) 정병준, 「태평양전쟁기 이승만과 중경임시정부의 관계와 연대강화」, 유영익 외, 『이승만과 대한민국임시정부』, 연세대학교 출판부, 2009, 295쪽.
113) Capek, Round (tr.), *Talks with T.G.Masaryk*, p.viii, 1995; Masaryk, *The Making of A State*, pp. 288-289.
114) 이승만, 『태평양주보』, 1939년 7월 29일. 원영희·최종태, 『뭉치면 살고…』, 조선일보사, 1995, 215쪽에서 재인용.

말하자면 마사리크의 외교독립방책이 이승만의 외교독립방책을 그대로 닮고 있다. 이승만의 선전외교 독립방략은 이론과 실제를 겸비하게 되는 셈이다. 오히려 이승만 외교독립은 3년의 해방정국에서 발휘된다. 이것이야말로 어쩌면 마사리크가 4년 만에 조국을 독립시킨 사건에 비교될 수 있을지 모른다.

9) 한국과 체코

이승만은 이러한 사실을 알고 있었으리라 사료된다. 제1차 대전이 종전되던 바로 그날 정한경의 연설문을 보면 "체코슬로바키아 임시정부를 연합국 정부가 인정하였고 체코슬로바키아의 모세라고 널리 알려진 그 지도자 토마스 마사리크 교수가 현재 워싱턴에서 미국정부와 협의하고 있다"라고 기록하고 있다.115) 후술하겠지만 이승만의 외교독립운동을 도와주었던 미국인 구성을 보면 마사리크를 결정적으로 도와준 사람들과 겹치는 사실에 미루어 볼 수도 있다. 이를 유추할 수 있는 단서가 이승만의 편지와 문장 가운데 적지 않다. 무엇보다도 일본제국이 이승만에게 불구대천의 원수이었듯이 오스트리아 헝가리제국은 마사리크에게 분쇄해야 할 역사적인 원수였고116) 거꾸로 오스트리아인에게 마사리크는 악몽이고 악동enfant terrible이었던 만큼, 오스트리아 출신의 이승만의 부인

---

115) Chung, [No Subject Title], Department of Economics, Northwestern University, Evanston, Illinois, November 11, 1918. 연세대학교 이승만연구원 소장문서, pp. 87-80.
116) Zeman, *The Masaryks: The Making of Czechoslovakia*, New York, Barnes and Noble, p. 48; Staif, "The Image of the Others in the Nineteenth Century: Historical Scholarship in the Bohemian Lands," in Wingfield, (ed.), *Creating the Other : Ethnic Conflict and Nationalism in Habsburg Central Europe,* New York, Berghahn Books, 2003, p. 85.

프란체스카(Francesca Donner Rhee, 1900~1992)가 마사리크의 존재를 몰랐을 리 없다. 그가 19세 때 조국 오스트리아가 식민지 체코와 슬로바키아를 잃었기 때문이다.

당시 열악한 식민지 사정 아래였으므로 어렴풋할 수밖에 없었겠지만 조선의 지식층도 어느 정도 알고 있었다. 윤치호(1865~1945)의 1919년 12월 20일 일기가 그것을 말해준다.117) "마사리크 교수가 미국에서 선전을 잘 해서 체코슬로바키아의 독립을 이끌어냈다고 생각하는 조선인들이 더러 있는 모양이다." 삼일운동으로 탄생한 대한민국 임시정부가 이승만을 대통령으로 추대하자 조선의 지식인들이 마사리크 교수의 '외교선전방략'으로 독립한 체코슬로바키아를 선망한 흔적이다. 그러나 이승만과 달리 윤치호는 한국민족의 잠재력에 대한 신념이 부족하였다고 보여진다. 그의 일기는 이어진다. "이들은 유럽의 정치를 발칵 뒤집어놓은 세계대전이 없었더라면 마사리크든 다른 어느 누구든 간에 체코슬로바키아에게 독립을 가져다주지는 못했을 거라는 사실을 간과하고 있다. 또 체코슬로바키아는 지적으로 일정 수준에 도달해 있었다는 것과 국제정세를 완벽하게 이용했다는 걸 기억해야 한다. 우리 조선인들은 유능한 독자정부를 세울 준비를 갖추었나."118) 흥미로운 것은 윤치호가 '준비가 되었다고' 믿었던 바로 그 체코슬로바키아에 대하여 마사리크 자신은 해외로 망명할 때 "우리는 자유를 위하여, 하나의 독립 국가를 관리하고 유지할 수 있을 만큼 성숙하였나?"라고 자문했다는 점이다.119) 그는 그 이유로써 "수 세기에 걸친 타국의 지배가 의존 습관을 길러서 자치를 할

---

117) 김상태 편역, 『윤치호일기, 1916-1943』, 역사비평사, 2001, 161쪽.
118) 김상태 편역, 『윤치호일기, 1916-1943』, 161쪽.
119) Prague Castle, *Tomas Garrigue Masaryk, Who Was Who in Our History before 1918*, Libri Publishing House, 2009. www.hrad.cz/en/president of the cr/former presidents/tomas garrigue masaryk.

수 없게 만들어졌다"는 점을 들었다.120) 마사리크는 독립 후에 이 점을 항상 강조하였다.

윤치호는 제1차 대전의 미진한 마무리로 유럽의 불안정한 평화와 일본제국의 군국주의가 일으키는 아시아의 불안정한 정세로 야기할 수 있는 또 하나의 세계대전을 예견하지 못했을 뿐만 아니라 그 같은 "국제정세를 완벽하게 이용하여" 체코슬로바키아가 그러했던 것처럼 한국독립의 기회로 삼을 수 있다는 가능성을 생각하지 않았고, 생각하였다 하여도 그 가능성을 믿지 않았던 것으로 보인다.121) 당시 지식인이었던 윤치호가 그렇게 생각한 것도 무리가 아니었던 것은 조국독립의 가능성을 믿은 마사리크와 이승만조차도 그 실현에는 조바심을 낸 것을 보면 이해할 수 있다. 마사리크는 제1차 세계대전이 조기에 종전되어 외교독립운동에 충분한 시간을 제공하지 못할까 노심초사하였고,122) 마찬가지로 제2차 대전은 이승만에게 충분한 시간을 주기에는 예상보다 빨리 끝났다고 볼 수밖에 없었다. 그것이 독립한국에 비극이 되었다.

체코독립 직후인 1920년대에 김우진(1897~1926)은 마사리크 대통령과의 대담을 책으로 발간한 체코의 극작가 차페크(Karel Capek, 1890~1938)123)에 대한 글에서 체코의 독립을 언급하며 그 역사에 대하여 관심을 보이고 있다.124) 차페크는 로봇Robot이라는 말을 처음 만들어낸 것으

---

120) Masaryk, *Czech Question*, Prague, Svoda, 1995[1894], p. 121. Skilling, *Against the Current 1882 1914*, p. 151에서 재인용.
121) 그러나 조병옥은 다른 견해를 보이고 있다. 조병옥, 『나의 회고록』, 1959, 128쪽.
122) Setton Watson, *Masaryk in England*, 1943, p. 21.
123) 차페크는 마사리크의 비호 아래 체코를 대표하는 극작가가 되었다. 마사리크와 대담을 기록한 *Talks with T.G.Masaryk*을 남겼다. 노벨 문학상 후보였으나 수상에는 실패하였다.
124) Zdenka Kloslova, "Kim U jin on Karel Capek," *Korea Journal*, Spring 1992, p. 85.

로 유명하다. 그로부터 10년 후에도 조선에서 마사리크에 대한 관심은 여전히 나타나는데 그 대표적인 것이 백낙준이 『동광』에 기고한 「첵크 국부 마사릭 박사」와 「건국시대의 마사릭」이다.125) 이것은 당시 조선에서 '마사리크전설'이 어느 정도 조선 지식인 사이에 공유되고 그들에게 용기와 희망을 주었음을 보여주는 증거라고 할 수 있다.

그러나 이러한 공유는 이미 이승만의 주도로 1919년 4월 필라델피아에서 열린 제1차 한국의회First Korean Congress에 참석한 인사들에게서 더 적극적으로 나타나고 있다.

> 내[헐버트 밀러 교수]가 체코슬로바키아의 자연적 양심의 역사에 크게 주목한바 여러분들[한국인들]이 그들[체코슬로바키아]과 함께 [제1차 세계]대전에 관계하였다는 것은 뜻밖이다.126)
> [제정]러시아 정부에 의해 무장한 3만 명의 한국인이 린 장군 지휘 하에 [제1차 대전의 러시아] 동부전선에서 싸우고 있으며 러시아정부가 해체되자 그들은 체코슬로바키아 포로들과 함께 시베리아로 이동하면서 볼셰비키와 싸우고 있다. 동부전선에서 체코슬로바키아 또는 다른 민족만큼 많은 한국인이 싸움터에서 목숨을 바쳤다는 것은 사실이다.127)

여기서 "린 장군"이란 추측컨대 중국인을 지칭하는 것 같은데 러시아에 갇힌 체코슬로바키아 반공포로군단을 구출하기 위해 시베리아에 출병한 11개국 가운데 하나가 중국군이었다. 기록을 보면 러시아 내전에 휩쓸린 상당수의 한국인들이 북극해 아르한겔스크 항이나 무르만스크

---

125) 『동광』, 제18호, 1931년 2월, 제19호, 1931년 3월. 백낙준은 마사리크 이외에 아일랜드의 드 발레라 수상도 소개하고 있다. 『동광』, 제32호, 1932년 4월.
126) *First Korean Congress*, Philadelphia, 1919, p. 19.
127) *First Korean Congress*, Philadelphia, 1919, p. 16.

항으로 빠져나와 런던에 도착했을 때 이승만에게 연락을 한 것은 사실이다.128) 이 탈출 경로는 원래 체코 포로군단의 탈출 경로였는데 이보다 훨씬 더 먼 시베리아 경로로 변경되었다. 헤이그밀사 가운데 하나였던 이위종(李瑋鐘, 1887~?)은 러시아 내전의 우파Ufa 전투에서 볼셰비키군의 기관총 소대장으로 체코슬로바키아 군단과 조우하고 있었다.129)

필라델피아에서 제1차 한인회의가 개최되기 불과 반년 전에 체코슬로바키아를 선두로 마사리크가 주재하는 중부유럽연합 선언Declaration of Mid European Union이 역시 필라델피아에서 개최되었으며 마사리크가 동지들과 함께 기념사진을 찍은 바로 그 독립관The Independence Hall에서 이승만도 한인회의를 마치고 기념사진을 찍었다는 사실은 우연으로 보기가 어렵다. 그날 『필라델피아 레코드Philadelphia Record』에 실린 기사가 증명한다. "체코슬로바키아가 몇 개월 전에 그러했듯이, 오늘 자신들의 조국의 독립을 선포하기 위해 독립관에 모인 한국 대표들은…[사진을 찍었다]."130) 위에서 인용한 헐버트 밀러(Herbert Miller, 1875~1951) 교수가 바로 중부유럽연합의 이사이며 사무총장으로서 마사리크를 포함한 체코슬로바키아 대표들의 독립관 모임을 주선한 사람이다. 밀러 교수는 이승만의 한국독립운동을 도운 공로로 대한민국 건국훈장을 받았다. 그 해 체코슬로바키아 의회 사무총장이 체코슬로바키아 국기와 우표를 한국위원회 파리 지부에 보낸 데에 대한 감사답장을 보냈고, 다음 해 파리 지부가 체코슬로바키아 의회 사무총장에게 한국에 관한 책자를 보낸 것을 수령했다는 편지가 교부되었다.131) 1942년 워싱턴 라파예트 호텔에서

---

128) *The Syngman Rhee Correspondence in English 1904 1948*, Vol.4, #1402, #1429, #1457.
129) 반병률, 「이위종과 항일혁명운동」, 이태진 외, 『백년 후 만나는 헤이그 특사』, 태학사, 2008, 155-156쪽.
130) *First Korean Congress*, Philadelphia, 1919, p. 74.
131) *The Syngman Rhee Correspondence in English*, Vol. 4, 1914, #1493.

열린 한인자유대회Korean Liberty Conference에 재미 체코슬로바키아 공사관에서 격려의 서한을 보내왔다.132) 외국공사관에서 보내온 유일한 서한인데 마사리크의 투쟁을 언급하며 어두운 시대에 한국과 체코슬로바키아가 민주주의를 위해 함께 싸울 것을 믿는다는 요지였다. 당시 체코슬로바키아는 히틀러 나치에 지배되고 있었으므로 그 공사관은 망명정부 공사관이었다.

10) 건국대통령

이승만의 귀국 첫 일성은 "뭉치면 살고 헤어지면 죽는다"이었다고 전한다. 마사리크 추종자이며 후계자인 베네시 역시 해방이 임박했을 때 국내에 있는 여러 노선의 지도자들에게 "뭉친 모습"을 연합국에게 보여야 한다고 당부하였다.133) 이승만의 추종자 정한경도 "모든 한국인의 행동과 생각이 일치하는 것이 필수적"이라고 강조하고 있다.134)

이승만과 마사리크의 정치적 운명은 독립 후에 엇갈린다. 마사리크는 "중부유럽 역사상 최초의 민주공화국 정부"를 수립한 인물로 국제적으로는 고대 로마의 철인 정치가 마커스 아우렐리우스 황제(Marcus Aurelius, 121~180)에 비견될만한 철인 정치가philosopher statesman와 국내적으로는 "해방자 어버이 마사리크Daddy Masaryk Liberator"이라는 칭송 하에135) 그에 한하여 예외적인 종신대통령으로 추대되는 가운데,136) 아일랜드/영

---

132) *Korean Liberty Conference*, Washington, D.C., 1942, pp. 10-11.
133) Benes, *My War Memoirs*, 1928, Ch. XVIII.
134) Chung, [No Subject Title], Department of Economics, Northwestern University, Evanston, Illinois, November 11, 1918, 연세대학교 이승만연구원 소장문서 pp. 87-80.
135) Orzoff, "The Husbandman: Thomas Masaryk's Leader Cult in Interwar Czechoslovakia," *Austrian History Yearbook* 39, 2008, p. 128.
136) 아일랜드의 건국대통령 드 바레라 역시 종신토록 대통령과 총리를 역임하였

국의 조지 버나드 쇼우(George B. Shaw, 1856~1950)는 "마사리크는 유럽합중국의 초대 대통령이 되었어야 했다"라고 극찬한 반면에, 레닌(Vladimir Lenin, 1870~1924)은 "마사리크야말로 유럽에서 가장 심각한 이념의 적이다"137)라고 경계하였다. 이보다 더 극적인 것은 아마 마사리크를 정의를 실천하는 "좋은 임금good king"138) 또는 "철인 임금 Philosopher King"139) 이라고 극찬하기까지 한다는 점일 것이다. 체코 잡지에 실린 어느 시는 체코슬로바키아에 독립을 가져다 준 마사리크를 어린애에게 크리스마스 선물을 가져다 준 산타클로스에 비유한다.140) 앞서 정한경이 전하는 표현은 "체코민족의 모세"였다.

마사리크는 망명 초기인 1914년 12월 그의 지위가 체코슬로바키아 민족의 합법적 대표성도 확보하지 못한 개인적인 망명객이었기 때문에 그가 이끄는 파리 체코국민회의는 종전을 불과 1개월 앞 둔 1918년 10월까지 임시정부라는 명칭도 얻지 못하였으며, 그것마저도 스스로 그렇게 명명했고 스스로 임시정부의 대통령이 되었음에도 결과적으로 이러한 칭송을 받았다.141) 마사리크 교수가 해외에서 대표성도 없이 독립운동을 했던 유일의 명분은 체코를 탈출한 유일한 제국의회 체코의원이었다는 점이다. 그러나 그것은 "엉큼하고 부정직하게 임기응변"을 했다는 것이

---

137) Woolfollk, "Thomas Garrigue Masaryk: Science and Politics as a Vocation," *Society*, March/April 1996, p. 80.
138) Orzoff, "The Husbandman: Thomas Masaryk's Leader Cult in Interwar Czechoslovakia," *Austrian History Yearbook* 39, 2008, p. 127.
139) Smith, "The Teacher as Statesman," Liverpool Lecture. Setton Watson, *Masaryk in England*, p. 26에서 재인용.
140) Thomas's blessed day/Merrier than Christmas/What you wanted, what you payed for,/nation mine, you have (yellow) bag/a new blessedness. Orzoff, "The Husbandman: Tomas Masaryk's Leader Cult in Interwar Czechoslovakia," *Austrian History Yearbook* 39, 2008, p. 125.
141) Masaryk, *The Making of A State*, pp. 452-453.

다.[142] 이와 대조적으로 아시아 역사상 왕조를 대체한 민주공화국을 첫 번째로 세운 이승만은 대한제국 중추원 의원이었으므로 마사리크의 잣대로 보아도 대표성이 충분하고 여기에 더하여 임시정부 초대대통령으로 합법적 대표성이 있었음에도 불구하고 '건국대통령'이라고 일컬어지는 것조차 논란이 일고 있다.[143]

체코 독립운동 기간에 마사리크의 이름은 제국의회 의원명단에서 삭제 당하였다.[144] 나치 치하에서 그는 사후였음에도 매도되었고 나치의 패전으로 다시 회복되었다. 냉전과 함께 소련의 비호 하에 등장한 공산당 치하에서 그의 둘째 아들은 살해(?)되었고,[145] 그의 이름은 금기가 되어 두 번째로 매도되었다. 소련의 붕괴로 체코슬로바키아가 공산당 치하에서 벗어나자 1993년 체코와 슬로바키아 두 나라로 분리하는 소위 젠틀혁명the gentle revolution 혹은 제2차 벨벳혁명the velvet revolution을 평화리에 성취한 문필가 하벨 (Vaclav Havel, 1936~2011) 체코 대통령은 "새로운 시대에 새로운 방법으로 그[마사리크]의 정치개념을 시도해 보자"[146] 라고 선언하며 마사리크를 세 번째로 부활시켰다. 마사리크의 동상은 지난 90년 동안 건립과 철거를 세 번 반복하였다. 이승만의 동상은 지난 60년 동안 한 번 건립되었으나 철거되었고 아직 재건되지 못하고 있다.

11) 민주주의

---

142) Orzoff, *Battle for the Castle*, p. 39.
143) 손문이 아시아에서 최초의 민주공화국을 세운 사람이라고 알려져 있다. 그러나 당시 중국은 선거에 의한 민주국가라고 보기는 어렵다. 아시아 최초의 민주공화국은 필리핀이지만 왕조를 대체한 것은 아니다.
144) Selver, *Masaryk*, London, Michael Joseph Ltd., 1940, p. 244.
145) Wallace, *Czechoslovakia*, Westview Press, Boulder, Colorado, 1976, p. 329.
146) Capek, Round (tr.),*Talks with T.G.Masaryk*, Back Cover.

제1차 세계대전으로 태어난 체코슬로바키아와 제2차 세계대전으로 태어난 대한민국은 각각의 역사에서 처음으로 왕조를 버리고 '민주주의'를 실시하게 되었다. 그것도 민주주의가 무엇인지 모르는 정치사회적 박토에서였다. 해방 직후 상해 임시정부[대한민국]와 서울 임시정부[조선건국준비위원회, 후일 조선인민공화국]가 있었듯이, 체코슬로바키아에서도 파리 임시정부[국민회의]와 프라하 임시정부[국민위원회]가 병존하였다는 것은 비록 잠시였으되 모두 선거에 의한 민주주의에 어울리지 않는 현상이라 하겠다. 체코슬로바키아의 독립이 연합국 승인하의 국제적인 사건이므로 연합국과 상의 없이 합스부르크와 어떠한 약속이나 타협도 하지 말라는 마사리크의 파리 임시정부의 요청에도 불구하고 프라하 임시정부가 단말만만 남은 합스부르크와 협상하는 실수를 하였듯이, 여운형의 조선건국준비위원회[조선인민공화국]도 조선총독부에 협조하는 똑같은 실수를 저질렀다.

민주주의는 오랫동안 왕조, 게다가 외국 왕조에서 살았던 백성에게 그 역사에서 처음 경험하는 일이었다. 마사리크는 "세계대전의 묘지에서 [민주주의] 실험실"[147]이 세워졌으나, "[체코슬로바키아] 백성은 의회정부에 필요한 인내와 경험이 부족하다"[148]는 사실을 알고 있었다. 후일 독립 10주년기념사에서 국민에게 말했다. "왕조에서 민주주의로 전환하는 것은 어려운 일이다. 그리고 민주주의는 정말로 크나 큰 시도이며 크나 큰 문제이다. 그러나 생각과 지식을 가진 백성이라면 이 문제를 해결할 수 있다." 국민에게 향하는 마사리크 연설은 이어진다. "민주주의는 여러 형태이다. 영국 민주주의, 미국, 프랑스, 스위스 민주주의, 독일, 라틴 민족주의와 차별주의 형태이다. 슬라브 민족은 어떠한 형태를 만들어

---

147) Capek, Round (tr.), *Talks with T.G.Masaryk*, p. 299.
148) Cohen, *The Life and Times of Masaryk*, 1941, p. 237.

야 하는가?" "현대 민주주의는 불완전하며 단지 시도되고 있을 뿐이다."149) 이에 백성이 계몽되지 않으면 안 된다는 확고한 정치철학을 가진150) 마사리크는 "민주주의는 새로운 아담A New Adam을 필요로 한다. 사람은 관습의 존재이다. 여러분이 진실로 민주주의를 원한다면 낡은 정치 관행을 끊어버려야 한다. 모든 형태의 폭력을 잘라내야 한다"고 호소하고 있다.151) 당시 체코슬로바키아 의회는 폭력으로 얼룩져 있었다.

'새로운 아담'이 되기 위하여 이승만이 독립운동에 앞서서 자신부터 근대교육을 받았듯이, 마사리크 역시 그러하였다는 점이 흥미롭다. 그러나 민주주의의 필수여건으로 마사리크의 체코슬로바키아는 독립 당시 이미 낮은 문맹률을 누리고 있던 유리한 환경에 비하면, 이승만의 대한민국은 독립 당시 높은 문맹률로 민주주의 실험 또는 실시에 불리한 실정이었다.152) 독립 후 이승만은 교육투자를 통하여 단시간에 문맹률을 낮추어 불리함을 극복하였고 후일 경제성장에 커다란 원동력을 제공하였으

---

149) Czechoslovak Sources and Documents, No.4, "Speech of T.G.Masaryk, President of the Czechoslovak Republic on the Tenth Anniversary of the Attainment of the Country's Independence," 28th October, 1928. Prague, Orbus, 1928.
150) 마사리크는 "The cultivations of the nation must be through genuine education and enlightenment"라고 기록하였다. Orzoff, A., "Thomas Masaryk and Political Journalism 1925-1929," *Slavic Review,* Summer 2004, p. 297. 제2차 세계대전이 끝날 무렵 한국 성인인구의 90퍼센트가 정식교육을 받지 못했다. 남한에서는 252개의 중학교에 62,136명의 학생이 있었다. 2년 후에는 중학교 수가 415개로, 학생도 277,447명으로 증가하였다. 1945년 당시 18개의 전문학교에서 3,000명의 학생이 공부를 했는데 대부분 일본인이었다. 1947년에 국립서울대학교가 개편되어 연희대학교, 고려대학교, 이화대학교가 1946년에 설립인가를 받고 학생수가 20,000명으로 증가하였다. Nahm, *Korea: Tradition and Transformation*, Hollym International, 1996, pp. 355-356.
151) Masaryk, *The Making of A State*, p. 397.
152) 제2차 세계대전이 끝날 무렵 한국의 문맹률은 거의 75퍼센트였다. Nahm, *Historical Dictionary of the Republic of Korea : Asian Historical Dictionaries,* No.11, Metuchen, NJ, The Scarecrow Press, 1993, p. 15.

되 그것이 자신의 정권을 타도하는데 기여했다는 것은 역설이다.

윤치호가 평했듯이 한국보다 모든 면에서 환경이 더 유리하였던 체코슬로바키아였지만,[153] 독립 후 '초기 30년'의 정치적 불안정을 우려한[154] 종신대통령 마사리크는 비록 민주주의 신봉자였으나 백성들의 민도를 믿지 않았을 뿐만 아니라 의회수준도 신뢰하지 않았기에[155] '궁성(宮城, Hrad)'과 '금요인사(金曜人士, Patecnici)'라는 교묘한 초헌법적이며 비공식적 자문기구를 만들었다. 흡사 명치유신 직후 일왕을 보좌하는 초헌법적 직제인 '원로 제도'의 모습이 연상된다.[156] "평화롭고, 합리적이며, 효율적인 발전의 30년이면 국가가 안전해 질 것이다."[157] 우후죽순 정당에 기초한 의회가 악취탄을 터뜨리는 정도로 혼란 속에서 무기력하고 비효율적으로 운영되자 모든 정치집회에는 헌병이 입회하도록 법률이 정했다. 마사리크는 이를 타파하기 위하여 5개 주요 정당 당수로 구성된 역시 초헌법기관인 '5인방Petka'을, 비록 후에는 자신의 궁성에 대립되는 세력이 되었지만, 만들기를 권장하였다.[158] 5인방은 "우리는 합의하기로 합의했다"라는 유명한 표현대로 의회를 고무도장으로 만들었다.

이것은 모두 국경을 마주하고 새로 탄생한 소련 공산당의 서진을 우려한 마사리크의 자구 장치였다. 그는 '스스로가 설정한 이상적 새 민주주의'[159] 또는 '관리민주주의'[160] 또는 '계몽민주주의'로 포장한 자신을 중

---

153) 19세기 말에 체코의 문맹률은 1퍼센트였다. Masaryk, *The Making of A State*, 1927, p. 18.
154) Capek, Round (tr.),*Talks with T.G. Masaryk*, p. 244.
155) Orzoff, *Battle for the Castle*, p. 8.
156) 마사리크는 1918년 4월 만주에서 조선을 거쳐서 일본을 방문하였다. 일본에서는 10일을 체류하였다.
157) Capek, Round (tr.), *Talks with T.G.Masaryk*, p. 244.
158) Orzoff, "Tomas Masaryk and Political Journalism 1925 1929," *Slavic Review*, Summer 2004, p. 288.
159) Orzoff, "The Husbandman: Tomas Masaryk's leader Cult in Interwar Czechoslovakia," *Austrian History Yearbook*, 39, 2008, pp. 121-137.

심으로 강력한 지도체제를 구축하고 그에 바탕을 둔 정치적 안정을 최우선으로 삼았다. 그럼에도 세상은 마사리크를 가리켜 '민주주의의 챔피언'이라고 부르지만,161) 숙적 오스트리아에서는 마사리크의 민주정치를 '사교 민주주의cult democracy'162) 라고 폄하한 것도 저간의 이유가 있었다. 사가들은 '마사리크 민주주의'가 동시대 윌슨의 높은 이상의 국제적 도덕주의와 레닌의 피를 부르는 폭력적 볼셰비즘 모두에 영향을 받았다고 평가한다.163)

관리민주주의 하에서 외교를 뒷받침하는 국내선전과 해외선전은 여전히 중요하였다. 체코슬로바키아는 약소국가이기 때문이다. 이러한 배경을 갖고 마사리크는 언론도 교묘히 통제하였다. 헌법 113조에 "출판에 관하여 사전에 검열하는 것은 원칙적으로 금지된다"라고 명시하였다. 따라서 기본적으로 언론은 독립적이며 민간단체이이지만 외교선전을 담당하는 외무성이 관리하였다. 체코슬로바키아는 태생이 연합국에 의해 창설되었기 때문에 독립 후에도 해외 정세에 커다란 무게를 두었다. 외무성 선전국은 언론이 다루는 해외 사정을 예의주시하였고 해외에 보내는 국내 사정 보고서를 관리하였다.164)

관리민주주의의 또 하나의 특징은 의회 구성에 있었다. 체코슬로바키아는 혁명과 쿠데타를 피했지만 정치적인 구조는 처음부터 소수민족의 대표성을 무시하면서 비민주적인 요소를 배태하였다. 독립 직후 임시의

---

160) Orzoff, *Battle for the Castle*, p. 59; Capoccia, "Legislative Responses against Extremism: The Protection of Democracy in the First Czechoslovak Republic 1920-1938," *East European Politics and Societies*, 2002, pp. 691-738.
161) Skilling, *Against the Current, 1882 1914*, pp. 19-36.
162) Orzoff, "The Husbandman: Tomas Masaryk's Leader Cult in Interwar Czechoslovakia," *Austrian History Yearbook*, 39, 2008, pp. 121-137.
163) Orzoff, *Battle for the Castle*, p. 55.
164) Orzoff, *Battle for the Castle*, p. 54.

회 256석 가운데 40석만 슬로바키아에 할당하고 나머지는 체코가 독점하는 가운데, 기타 독일계, 헝가리계, 폴란드계, 루테니아계에게는 전혀 할당하지 않았다. 그나마 많은 슬로바키아 의석도 정당인이 아닌 사람들에게 할당되었는데 그 가운데 마사리크 대통령의 맏딸 엘리스 마사리크 (Alice Masaryk, 1879~1966)도 포함되었다.165) 이 초대 의회에서 언어법이 통과되었는데 소수민족의 의견은 묻지도 않았다. 독립 직후인 1919년 3월 4일 독일계 주민의 거주지인 카덴Kaaden과 오파바Opava에서 평화적 시위가 일어났다. 이들은 마사리크가 윌슨에게 호소한 동일한 민족자결원칙에 의해 체코슬로바키아에 편입되는 것을 거부하고 새로 탄생한 독일 오스트리아German Austria에 귀속하길 요구했다. 마사리크 정부는 무력으로 진압했는데 기관총 발사로 54명이 사망하고 107명이 부상을 입었다.

이 뿐만 아니다. 독립운동 과정에서 '독재자'의 칭호를 부여받았던 마사리크는 그 자신 오스트리아 헝가리 제국에 저항하는 기간에 독재가 필요하다고 생각하였다. 그는 "전쟁은 미국뿐만 아니라 어느 곳이든지 독재를 요구하여 절대적인 권력을 그에게 부여한다"라고 주장하였다.166) 이와 비슷한 움직임은 한국 독립운동가들 사이에서도 나타난다. 서재필 (Philip Jaisohn, 1864~1951)은 제1차 한인의회First Korean Congress에서 독립 후 일정기간 민주주의를 보류하고 전제적인 강력한 중앙집권적 정부를 제안하였다.167) 사실상 한성정부로부터 "독립 후 정식국회가 소집될 때까지 일체의 권한"을 위임 받은 사람은 다른 이가 아닌 이승만이

---

165) Bugge, "Czech Democracy: Pagan or Parody?" *Bohemia* 47, No.I, 2006-2007, p. 7.
166) Masaryk, *The Making of A State*, p. 89, 277, 418
167) *First Korean Congress*, Philadelphia, 1919; 유영익, 「3·1운동 후 서재필의 신대한 구상」, 391쪽.

다.168)

이러한 제안이 현실적으로 실현되지 않자 임시정부의 집정관총재를 대통령으로 바꾸고 독립 후에는 법률학자 유진오(玄民 俞鎭午, 1906~1987)의 내각책임제 구상 대신 대통령중심제를 관철한 이승만의 경우나, 임시정부의 총리에서 대통령으로 직위를 바꾸고, 독립 후에는 초대대통령 직책을 파리 임시정부의 적법성 시비 구실을 내세워 치른 간접선거로 2대 대통령에 취임한 마사리크의 경우도 비교대상이 될 것이다. 특히 적법성 시비는 법률학자 판투체크(Ferdinand Pantucek, 1863~1925)의 구상을 따라 제정한 1918년 임시헌법의 명목상 대통령 직위를 1920년 '궁성'의 주도하에 헌법을 개정하여 강력하고 '방해가 없는' 대통령 직위로 바꾸는 구실에 불과하였다.169)

마침내 새 헌법에 의해 대통령 마사리크는 장관뿐만 아니라 수상도 임면할 수 있게 되었고 의회를 해산할 권한도 확보하였다. 심지어 지방의원의 3분의 1을 대통령이 임명할 수 있었다. 한국의 제3공화국의 유신국회가 연상된다. 교수와 고급 공무원의 임면권도 부여되었다. 건강과 고령을 의식해서 자신의 후계자로써 당시 34세에 불과한 베네시를 자신의 사후 대통령으로 만들기 위하여 주위의 반대를 무릅쓰고 대통령 피선거권을 45세의 상원의원 피선거권보다 더 낮은 35세로 낮춘 것은 작은 예에 불과하다. 대통령에 대한 명예훼손 등은 법률적으로 금지되어 있을 뿐만 아니라170) 대통령은 국정책임을 지지 않도록 여러 겹의 장치를 초헌법적으로 설치하였다. 견제와 균형이 없는 민주주의였으니 체코공화국의 형태는 의회 민주주의였으나 실제로는 '대통령 민주주의presidential democracy'가 되었다.171) 1948년 한국 헌법을 제정하는데 있어서 미국헌

---

168) 고정휴, 『이승만과 한국독립운동』, 연세대학교 출판부, 2004, 79쪽.
169) Orzoff, *Battle for the Castle*, p. 58.
170) Orzoff, *Battle for the Castle*, p. 65.

법, 독일헌법, 바이마르헌법, 프랑스헌법, 중화민국헌법을 참고하였다 하지만, 이 1920년 체코슬로바키아 헌법이 행정연구위원안과 법전기초위원회의 헌법개정요강을 통하여 영향을 미쳤다는 사실은 음미할 만하다.172) 그럼에도 대한민국 헌법은 대통령에게 체코슬로바키아 헌법만큼 강력한 권한을 부여하지 않았다.

어찌되었던 마사리크의 우려대로 제1차 대전 후 함께 독립한 폴란드, 헝가리, 발틱 삼국, 발칸 제국들을 보면, 독립 직후 터져 나온 정제되지 않은 민의(공산당을 포함한)를 효과적으로 다스리는데 실패하여 예외 없이 군사독재나 군주독재로 대체됨으로서 베르사유의 이상을 무색하게 만들었고 파시스트 출현의 전조를 제공하여 그들에 의한 제2차 대전의 한 원인이 되었다.173) 베르사유 정신의 핵심linchpin인 체코슬로바키아의 마사리크 하에서도 여러 번 군사정변 위기에 직면한 적이 있었다. 독립직후 최초로 정권탈취를 시도한 측은 볼셰비키였다. 이것이 실패하자 그들은 암살로 응수하였다. 초대수상은 암살에서 살아났으나 초대재무장관은 피하지 못하였다. 암살자는 모두 20세 미만의 공산주의자들이었다. 마사리크는 무자비하게 탄압하여 뿌리를 뽑았다. 한국도 독립직후 공산당의 폭동으로 정권이 위태로웠다. 이승만 역시 무자비하게 탄압하였다. 이러한 현상은 오늘날에도 신생독립국가에서 흔히 볼 수 있는 현상이다.

이웃 신생 독립국가들을 세밀히 관찰한 마사리크 역시 대통령 선출을 국회의 간접선거에서 직접선거로 바꾸려는 '헌법쿠데타'를 기획하였

---

171) Campbell, "Central Europe's Bastion of Democracy," *East European Quarterly* II, Summer 1977, pp. 155-179.
172) 김수용, 「1920년 체코슬로바키아 공화국 헌법에 관한 연구」, 『공법연구』, Vol.36, No.2, 2007, 153-186쪽.
173) Kelly, "The Would Be Fuhrer: General Radola Gajda of Czechoslovakia," *The Journal of Slavic Military Studies*, Vol.12, No.3, September 1999, p. 163.

다.174) 이것은 이웃 폴란드의 예를 따르는 것이었다. 그러나 그럴 필요가 없을 정도로 체코슬로바키아 국민들은 '마사리크 신화'를 믿는 신자가 되었다. 이에 대하여 이승만 역시 비슷한 기획으로 대통령 선출을 국회의 간접선거에서 직접선거로 전환하였지만 후세에 엇갈리는 평가를 얻게 되었다. 마사리크가 어느 정당에도 소속되지 않았던 것처럼175) 이승만도 초기에는 초당적인 위치를 유지하려고 하였다.

결과적으로 이웃 국가들과 달리 신생 체코슬로바키아는 마사리크의 독재정치 지도력으로 히틀러의 침탈이 있기까지 20년 동안 어려움도 있었지만 비교적 안정적으로 번영하였다. 비록 건국한지 1년 만에 슬로바키아의 영유권을 주장하는 공산주의 헝가리의 침략으로 슬로바키아의 대부분을 빼앗기는 일을 당하였으나 베라 쿤(Bela Kun, 1886~1938)의 공산주의 헝가리정부가 루마니아와 벌린 전쟁으로 무너지면서 간신히 슬로바키아를 회복할 수 있었고 화폐개혁을 하였다. 한국도 건국한지 2년 만에 공산주의 북한과 중공의 침공으로 거의 국토를 잃을 뻔했으나 간신히 수복하였고 임시수도 부산에서 역시 화폐개혁을 하지 않으면 안 되었다. 이승만이 한국전쟁 초기 서울시민을 두고 홀로 서울을 떠났듯이, 마사리크가 러시아 내전에 휩쓸려 앞날이 불투명한 7만의 체코반공포로들을 뒤로 두고 홀로 시베리아를 빠져나갔고,176) 맥아더(Douglas MacArthur, 1880~1964)는 자신의 군대를 필리핀 사지에 두고 홀로 오스트레일리아로 탈출했다.

---

174) Miller, D., *Forging Political Compromise: Antonin Svehla and the Czechoslovak Republican Party 1918-1933*, University of Pittsburgh Press, 1999, pp.152-154; Orzoff, *Battle for the Castle*, pp. 149-151.
175) Orzoff, "The Literary Organ of Politics: Thomas Masaryk and Political Journalism 1925-1929," *Slavic Review*, Summer 2004, p. 285.
176) Bradley, *The Czechoslovak Legion in Russia 1914-1920*, Boulder, East European Monographs, 1991, pp. 72-77.

마사리크는 체코와 슬로바키아를 묶어 하나의 통일된 국가를 수립하였으나 결국은 그의 사후 둘로 분리되었다. 이와는 반대로 이승만은 국제정세로 인해 하는 수 없이 남한의 단독정부만을 수립했지만 그의 사후 아직도 통일한국은 이루지 못하고 있다. 이러한 점에서 이승만을 북아일랜드를 분리하여 아일랜드공화국만을 단독으로 독립시킨 드 바레라 건국대통령에 비교할 수 있을 것이다. 마사리크처럼 드 바레라 역시 종신토록 대통령과 총리를 지냈으나 북아일랜드의 문제는 그의 사후 여전히 미결이다.

12) 정치사상

아마도 이상의 비교 기술에 대하여, 그렇지 않은 기술도 상당하다고 믿지만, 외형적인 비교에 치중되었다는 반론도 제기될 수 있을 것이다. 필자가 이승만을 마사리크와 비교하면서 가장 아쉽게 생각하는 부분은 마사리크의 정치사상을 체코사상사나 유럽 사상사와 연결하는 연구는 많은데 대하여 이승만의 정치사상을 서구 사상은 물론이고 조선의 사상 특히 실학사상과도 관계 내지는 연결을 시도한 연구를 거의 발견할 수 없었다는 점이다.[177] 손문의 경우, 오늘날 그의 삼민주의는 중국의 지도이념이 되어 있지만 중국의 전통사상과 서양의 근대사상을 "그 자신의 독자적인 이해로서 결부 공존케 한 것으로서…장개석은 특히 양명학을 근거로 삼민주의를 해석하고 손문이 공맹 이래의 도통을 이은 것이라 하여 이것을 유학의 계승으로 보았으며…이러한 유학의 근대적 재건의 시도는 국민정부 중국의 오늘날의 문제로 이어져 오고 있는 것이다."[178]

---

177) 유영익, 『이승만의 삶과 꿈』, 중앙일보사, 1996, 216-225쪽.
178) 천관우, 『한국사의 재발견』, 일조각, 1974, 150-151쪽.

이러한 형편이므로 이 책에서 이승만과 마사리크의 비교에 있어서 진수가 될지 모르는 정치철학이나 역사철학의 비교는 한정적일 수밖에 없었음에도 불구하고 이승만의 정치사상인 '일민주의'의 뿌리를 조선의 실학과 서양의 근대사상에서 함께 찾고자 노력하였다. 이 시도가 성공한다면 한국 역사에서 단절되었던 조선의 정치사상과 서구의 정치사상이 연결될 수 있고 그 연결점에서 이승만을 새롭게 발견될 수 있을 것이다. 이와 병행하여 이승만의 정치사상과 마사리크의 그것을 비교할 수 있는 고리도 확보할 수 있다. 그 고리가 칸트의 영구평화사상이라는 가설을 검정하려고 하였다. 20세기 초 한국과 일본이 평화롭게 살기 위해서 한국을 독립시켜야 한다고 주장한 일본의 미학자이며 민속학자 야나기 무네요시(柳宗悅, 1889~1961) 역시 칸트의 영구평화사상을 자신의 주장의 근거로 삼았다는 점이 흥미롭다.[179]

---

179) 韓永大, 『柳宗悅と朝鮮』, 東京: 明石書店, 2008, 256-262쪽.

제2장 　선전과 외교

1. 시대와 인물

　사람이 시대를 만드는가 아니면 시대가 사람을 만드는가. 이 질문은 진부하고 상투적이기는 하지만 그 대답에 앞서서 사람과 시대가 불가분의 연관을 맺고 있음을 나타내고 있어서 한 사람의 전기는 반드시 시대상황이 뒷받침하여야 한다는 점을 강조하고 있다. 약소국가 출신인 이승만과 마사리크의 외교독립론은 식민주의·제국주의 말기의 산물이다.
　합스부르크 제국 하에서 마사리크는 청년기부터 외교와 선전의 중요성을 인식하였고 제1차 세계대전을 '민주주의 대 절대주의'의 대결이라는 해석 하에 시대의 흐름을 잘 이용하여 외교독립을 달성하였다. 일본제국주의 하에서 이승만 역시 청년시절부터 외교의 중요성을 당대의 누구보다 절실하게 깨달은 선각자였으며, 장년기에는 중국을 둘러싼 미일외교의 대립과 갈등에서 간신히 유지되는 이른바 워싱턴체제 하의 국제협조주의외교[180]를 이해한 외교관이었다. 제2차 세계대전과 해방 후 혼란기에는 '민주주의 대 전체주의'라는 시대의 흐름을 정확하게 포착하여

---

180) 시데하라 기주로(幣原喜郎) 외상의 외교를 가리킨다. 池田十吾, 『第一次世界大戰期の日美關係史』, 成文堂, 2007, iii쪽.

미소의 신탁통치 협상으로 혼란스런 국내·국제정치무대에서 외교독립의 목적을 극적으로 완수하였다. 특히 1953년 미국과 맺은 한미상호방위조약은 갓 독립한 어린 국가를 외교로 지켜내는데 성공했다는 의미에서 그가 평생을 주장해온 외교방략의 결정체라고 생각한다.

두 사람의 외교독립 주장의 시대적 배경은 비슷하다. 마사리크는 발칸반도를 둘러싸고 범게르만주의Pan Germanism와 범슬라브주의Pan Slavism의 충돌이 필경에는 합스부르크 제국의 외교정책을 소위 '제국의 자살'로 내몰 것으로 예상하고 그 기회를 엿보았다. 이승만은 중국을 둘러싼 미국의 문호개방정책Open Door Policy과 일본의 팽창정책 Power Politics이 충돌하여 마침내 일본이 몰락할 것을 예감하고 그 기회를 포착하는 외교독립의 가능성을 추구하였다.

2. 선전

앞에서 언급한 것처럼 마사리크와 이승만은 다른 무엇보다 선전과 외교를 조국 독립의 방략으로 삼았는데 역사학자 피셔(Herbert A.L. Fisher, 1865~1940)는 "체코슬로바키아는 선전의 탄생아이다"라고 주장하였다.[181] 그 배경에는 근대적 선전이 있었다. 그것은 제1차 대전의 산물이다.[182] 제1차 대전 이전에도 선전이 없었던 것은 아니지만 특히 이 시기를 '선전의 시대'라고 부른다.[183]

---

181) Zeman, Z. and A. Klimek, *The Life of Eduard Benes 1884-1948 Czechoslovakia in Peace and War*, Claredon Press, 1997, pp. 21 33.
182) Orzoff, *Battle for Castle*, p. 8; Taylor, *Munitions of the Mind*, Manchester University Press, 2003, pp. 173-180; Gary, *The Nervous Liberals Propaganda Anxieties from World War to the Cold War*, Columbia University Press, 1999, p. 1.
183) Marks, *The Idea of Propaganda in America*, Ph.D. Dissertation, University of Minnesota, 1957.

선전의 원래 의미는 식물학 용어에 남아있는 것처럼 번식propagation 이라는 과학용어이므로 좋고 나쁨의 차원이 아니다. 그러나 차츰 변질되어 갔다. 종교개혁 횃불에 대항하여 스스로의 조직을 방어해야 할 처지가 된 바티칸은 이 과학용어를 '참된 신앙'의 의미를 강조하는데 동원하였다. 30년 종교전쟁(1618~1648)에서 천주교는 개신교를 무력으로 제압하는 한편 새로이 조직한 예수회Jesuit를 이용하여 선전도 게을리 하지 않았다.184) 나폴레옹은 계몽주의와 함께 막 시작된 신문의 보급이 자신의 선전수단이 될 수 있음을 깨달았다. 그러나 당시 신문의 보급은 제한적이었다.

사정이 혁신적으로 크게 달라진 된 것은 제1차 대전의 발발이다. 그것은 19세기 말과 20세기 초에 등장한 전기통신의 발달 덕택이다. 광범위하게 보급된 신문은 말할 것도 없고, 잡지, 책자, 라디오, 사진, 영화, 연극, 전시물, 각종 회의나 집회, 교과서, 심지어 아동서적까지 동원하였다. 미증유의 국가총력전에서 여론의 중요성을 깨달은 교전국들은 글뿐만 아니라 말과 영상을 적극 활용하여 후방에서 지원받고, 전방을 독려하며, 중립국들을 자기편으로 끌어들이도록 설득하였다. 적국 병사들의 사기를 꺾어 총을 버리게 한 것도 선전이었다.185) 신중하게 편집된 영국의 선전을 받은 미국의 언론은 독자의 구미에 맞게 다시 가공하여 게재하였다. 영국은 이에 앞서서 독일과 미국을 연결하는 전신·전화선을 두절하면서 개전 초기부터 미국여론을 선점하는데 성공하였다.186) 심지어 독일 편에 섰던 특파원들조차 이 독점적인 전신선에 의존할 수밖에 없었는데 이 또한 영국 선전부에

---

184) Taylor, *Munitions of Mind*, Ch.13.
185) Cornwall, *Undermining of Austria Hungary: The Battle for Hearts and Minds*: Palgrave Macmillan, 2000; Gary, *The Nervous Liberals: Propaganda Anxieties from WWI to the Cold War*. Columbia University Press, 1999, p. 1.
186) Taylor, *Munitions of the Mind*, p. 177.

모두 포착되었다. 미국승객을 싣고 가던 영국 여객선 루시타니아(Lusitania가 독일잠수함에 의해 격침되었을 때, 영국 간호사 에디스 카벨(Edith Cavell, 1865~1915)이 독일군에 의해 처형되었을 때, 영국은 미국을 전쟁에 끌어들이는 호재로 적극 활용하였다. 프랑스 역시 마타 하리(Mata Hari, 1876~1917)를 독일 첩자혐의로 처형하고 그 뒤처리에 있어서 선전을 게을리하지 않았다. 같은 사건을 공론화하는데 독일은 실패하였다. 아마도 이러한 노력의 절정은 짐머만 전보Zimmerman Telegram 사건일 것이다.[187] 이 모든 것은 미국을 전쟁에 끌어들이게 하려는 영국의 의도와 맞물렸다. 영국이 독점적으로 장악한 정보통제와 거짓이 미국을 전쟁에 관한 한쪽 의견으로 경도되게 만드는데 결정적인 역할을 하였다.[188]

미국이 참전하자 영국은 선전의 비중을 감소시켰다. 영국은 비로소 선전의 장기적 역효과를 두려워하였다. 심하게 왜곡된 기사로 인한 "인간정신의 피폐가 인간육신의 파괴보다 더 심각"하다는 고백이 가리키듯이 제1차 대전의 선전은 곧 여론을 오도하는데 기여했다고 보았기 때문이다.[189] 교전국은 서로 상대국이 "시체에서 비누를 만든다"라고까지 선전하였다. 제1차 대전 와중에 아일랜드 독립운동이 일어났을 때 미국의 아일랜드 이민자들의 호응을 두려워한 영국은 그 지도자가 동성애자라고 악선전하였다. 조선에서 삼일운동의 민족대표 손병희를 일제가 파렴치한으로 세계 언론에 악선전한 것도 같은 방식이었다.

영국이 소극적으로 물러앉은 자리를 미국이 채웠다. 윌슨 대통령을 보좌하는 여론정보위원회CPI=Committee on Public Information가 설립되

---

187) Tuchman, *The Zimmerman Telegram*, New York, Random House, 1958.
188) Millis, *The Road to War America 1914-1917*, Boston, Houghton Mifflin,1935.
189) Taylor, *Munitions of the Mind*, p. 196.

고 조지 크릴(George Creel, 1876~1953)이 그 책임자가 되었다. "미국의 반제국주의적인 전쟁목적과 민주적인 평화 요구를 1천 단어 이하로 현수막 문구로 요약하라"는 주문을 받은 위원회의 목표는 멀리 떨어진 유럽 전선에 미군병사를 보내야만 하는 이유를 자국국민과 외국국민에게 납득시키는 일이었다.190) 크릴은 자신의 임무가 '광고 중에 광고'임을 인식하고,191) 새롭게 등장한 할리우드 영화에 특히 주목하였다. 수많은 전쟁영화가 제작되었고 세계에 배포되었다. 주당 평균 8천만 명의 관객이 극장을 찾았다.192) 그것은 '미국민주주의'를 세계에 전파하는 호기라고 보았다는 점에서 제1차 세계대전의 목적이 이제 비로소 그 윤곽을 서서히 잡아가고 있었으니, 윌슨의 대독선전교서(對獨宣傳敎書)에 "민주주의를 위해 세계를 안전하게 만들자"라는 구절이 있었기 때문이다. 한 마디로 '민주주의 대 절대주의'의 싸움이 되었다.

가장 큰 선전효과는 윌슨 대통령이 선포한 14개 조항이다. 미국은 643 종류의 전단 6천 만장을 8개 국어로 만들어서 뿌렸다. 그 가운데 1천 만장은 4개 국어로 112개 신문에 배포하였다.193) 수많은 적국병사들이 투항했을 때 그들의 손에 이 전단이 쥐어져 있었다. 어떤 날은 하루에 잡힌 350명의 포로의 손에 8백장의 전단이 발견되었다. 한 독일 병사는 기록하였다.

> 1915년에 적들은 우리를 향해 선전을 시작하였다. 1916년부터 그것은 강도를 더해갔다. 1918년 초에 그것은 폭풍 구름처럼 커졌다. 이제는 누구나 그 효과를 볼 수 있었다. 우리는 적들이 원하는 방향으로 생각하도록 훈련되었다.

---

190) Schuman, *American Policy toward Russia*, International Publishers, 1928, p. 21.
191) Creel, *How We Advertised America*, New York, Harper, 1920.
192) Taylor, *Munitions of the Mind*, p. 186.
193) Taylor, *Munitions of the Mind*, p. 186.

그 병사란 아돌프 히틀러(Adolf Hitler, 1889~1945)였다. 그가 정권을 잡기까지 그리고 그 후 그것을 유지하는데 선전을 적극 동원한 것은 아마도 제1차 대전의 경험과 무관하지 않았을 것이다. 이러한 견해는 독일 군부 내부에서도 마찬가지였다.

> 전단 선전으로 적들은 우리를 패배시켰다. 숨어서 독침을 날리는 것은 독일 방식이 아니다. 그러나 이것은 생사의 문제이고 우리는 우리 무기로 싸워야만 한다는 점을 깨달았다. 그럼에도 적들은 모습을 드러내지 않으며 소멸되지도 않는다.[194]

1918년 미국 전쟁성은 독일포로들을 심문하면서 그들이 선전에 영향을 받았는지 조사하였다. 결과는 불분명하였지만, 앞에서 이미 제시한 바대로 포로 가운데 80%는 전단을 읽었다고 대답하였고 심지어 전단을 돈 주고 구했다고 대답한 포로도 있었다.[195]

전쟁 초기부터 마사리크는 이러한 변화의 중요성을 간파하였다. 마사리크는 조국이 독립을 강탈당한 30년 전쟁에서 개신교에 대한 천주교의 선전이 크게 기여했음을 이미 알고 있었다.[196] 제1차 대전에서 마사리크의 선전과 외교는 서부유럽과 미국에 집중하였고, 특히 여론형성에 영향력 있는 인사와 정책결정자에게 접근하는 노력을 꾸준히 시도하였다. 밀러 교수의 도움을 받은 마사리크는 크릴의 여론정보위원회를 이용할 수 있었다.[197] 그가 고집한 첫 번째 원칙은 "대중에게 직접 호소하는 것보다

---

194) Taylor, *Munitions of the Mind*, p. 191.
195) Taylor, *Munitions of the Mind*, p. 192.
196) Taylor, *Munitions of the Mind*, Ch.13.
197) May, "H. A. Miller and the Mid European Union of 1918," *American Slavic and East European Review*, Vol.16, No.4, Dec., 1957, p. 477; Creel, *How We Advertised America*, p. 186.

그들에게 영향력을 행사할 수 있는 주요 인사를 움직이는 것이다."[198] 그의 목표는 윌슨 대통령이었다. 그러면서 미국에 정착한 체코와 슬로바키아 동포를 동원하는 일도 게을리하지 않았다. 앞서 잠시 언급한 짐머만 전보 사건에도 미국거주 체코출신 마사리크의 첩자 미국 육군 첩보부 보스카(Emanuel V. Voska, 1875~1960) 대위가 깊숙이 관련되어 있었다.[199] 보스카의 활동으로 미국주재 독일 대사관의 무관과 오스트리아 대사가 추방되었다.

그러나 마사리크는 선전의 병폐 또한 잊지 않았다. "나에게는 선전에 관해 원칙이 있었다. 그것은 올바른 것이어야 한다는 점이다. 독일인들을 악용하지 말아야 하고, 적을 과소평가해서는 안 되고, 사실을 왜곡해서도 안 되며, 교만해서도 못 쓴다. 헛된 약속을 하지 말 것이며, 애걸은 더욱 안 된다. 사실 그 자체가 말하도록 하라. 사실에 입각해서 당신들의 이해는 이러한 것이며 따라서 당신의 의무도 뒤따른다는 점을 지적하면 그만이다. 발상과 토론을 하는데 배경을 잊지 말며, 그리고 한 가지 더, 불법 방해하지 마라.…거짓과 과장은 가장 나쁜 선전이다."[200]

이승만도 비슷한 노선을 줄곧 지켰는데 1954년 미국을 국빈 방문 중이던 워싱턴 한미재단이 주최한 만찬에서 "내가 여기에 온 것은 많은 원조, 더 많은 자금, 기타 무엇을 요구하려는 것이 아니다. 우리 민족이 난관에 처해 있는 것은 사실이다. 그러나 우리 국민은 울면서 도움을 갈구하지 않는다.…정의라는 대의의 갑옷을 입고 신의 가호를 받고 있는 우리는 반드시 승리할 것이다"라고 연설하였다.[201] 초대대통령 취임사에서 "과

---

198) Taylor, *Munitions of the Mind*, p. 178.
199) Tuchman, *The Zimmerman Telegram*, pp. 72-75.
200) Selver, *Masaryk*, 1940, p. 263; Capek, *President Masaryk Tells His Story*, New York, Arno Press and the New York Times, 1971, p. 253.
201) President Syngman Rhee's Journey to America, 1954. 이현표, 「외교의 달인 이승만 미 행정부 대신 여론에 호소하다」, 『미래한국』, 2012년 5월 21

거 40년간 우리가 국제적으로 정당한 대우를 받지 못한 것은 세계 모든 나라가 우리와 접촉할 기회가 없었던 까닭이다. 세계가 일본인들의 선전만 듣고 우리를 판단해왔지만 이제 우리가 우리말을 할 수 있고 우리 일도 할 수 있다. 우리 정부와 민중은 해외선전을 중요히 여겨서 자유와 평화를 사랑하는 각국 남녀에게 우리의 올바른 사정을 알려 줘야 한다."라고 밝히고 있다.202)

이승만이 미일대전을 예견하여 집필한 『일본 내막기』는 일본의 속내를 모르는 체 그들의 거짓 선전에 현혹되어 가는 미국인과 그 정부에 대한 경고였다. 아예 "일본의 선전을 막아야 한다"라는 독립된 장(제12장)이 있으며, 미국여론이 일본의 진정한 모습에 눈을 떠야 하는 시기임을 거듭 강조하고 있다. 그는 후일 자신의 책을 한 마디로 요약하였다. "현 시대에서 선전의 필요성은 이렇게 중요한 것이다.…지금 한국인들이 일본문제 해결을 위하여 할 일은 첫째 선전사업이[다.]"

이승만도 거짓 선전의 역효과를 잘 알고 있었다. 그의 책을 읽은 펄 벅(Pearl Buck, 1892~1973)은 "사실 일본에 정복된 나라의 한 시민으로서 이[승만] 박사는 오히려 지나치게 온건하다. 그는 공포를 그린 것이 아니라 다만 일어나고 있는 현상을 말하고 있으며 또 물적 증거를 제시하고 있을 뿐이다."라고 평하였다.203) 이것이 사실 그 자체가 입을 열도록 하는 수법이다.

이승만의 이러한 진실의 고발은 삼일운동 직후인 1919년 4월 일본에 보낸 공개서한 「사려 깊은 일본인들에게」에서도 잘 나타나 있다. "여러분의 정부는 지금은 파괴되고 사라진 유럽의 전제정치에 의해 길러진 잘못된 이상과 탐욕의 야심을 향유하고 있다. 만일 여러분 국민이 우리들

일, 74 77쪽에서 재인용.
202) 『대통령 이승만박사 담화집』 1, 공보처, 1953, 3쪽.
203) 이승만 저, 이종익 역, 『일본군국주의실상』, 31쪽.

이 생각하고 있는 것처럼 지적이고 현명하다면, 이 같은 정책은 변경되어 당장 높고 고결한 사람들에게 행복을 가져오는 진정한 민주주의를 여러분의 정부가 채택하도록 노력해야 한다. 지금처럼 프러시아형의 이기적인 정책을 계속한다면 여러분의 나라는 여러분이 모범이라고 여기는 유럽국이 밟은 길을 따라가서 똑같은 운명을 맞을 것이다."204) 이 예언은 적중하였다.

동일한 시기에「미국에 보낸 서한」에서는 "우리들은 미국 국민의 지원과 동정에 호소한다. 그 이유는 여러분이 정의를 사랑하고 자유와 정의를 위해 투쟁한 것이 기독교와 인류애에 입각했다는 것을 우리들이 알기 때문이다. 우리들의 주장은 하나님과 인류의 법 앞에 떳떳한 것이며, 우리가 바라는 것은 군사적 압제에서 자유롭게 되는 것이고, 그 목표는 아시아의 민주주의이며, 우리들이 희망하는 것은 보편적인 기독교이다."205) 이 글에서 이승만은 1882년에 체결한 한미수호통상조약 제1조 제2항을 언급하면서 미국이 일본에 대하여 양심적인 개입을 기대하고, 평화회담에서 윌슨 대통령이 제안한 국제연맹에 대해서 관심을 나타내고 있으며 특히 기독교 세계의 호응을 기대하고 있다.

이승만은 일본이 미국을 상대로 선전에 매년 5백만 달러를 뿌리고 있다고 숫자까지 제시하고 있다.206) 일본은 유럽국가에도 자금을 살포했는데 파고드는 힘이 특별히 대단해서 "심지어 이류 언론인에게도…수만 달러씩 주었고," 프랑스 언론에 영향력이 컸으며, 전직 프랑스 외교관은 일본상품을 수입하는 회사를 경영하고 있었다.207)

---

204) "To the Thinking People of Japan", *First Korean Congress*, Philadelphia, 1919. p. 45; 李省展,『アメリカ人宣教師と朝鮮の近代』, 2006, 203쪽.
205) "An Appeal to America", *First Korean Congress,* Philadelphia, 1919, pp. 29-30; 李省展,『アメリカ人宣教師と朝鮮の近代』, 2006, 203-204쪽.
206) Rhee, *Japan Inside Out*, p. 160. 이종익 역,『일본군국주의실상』, 208쪽.
207) Orzoff, *Battle for the Castle*, p. 446.

지구 반대편에서도 마찬가지였다. 마사리크 선전에 대항하여 오스트리아 헝가리 대표단들도 선전에 많은 비용을 지불하며 워싱턴, 파리, 런던 등의 외교부 문턱을 드나들었다. 양측 모두 주요국 정부인사 및 언론인들과 교제를 넓혀가며 그들의 영향력에 많은 기대를 걸었다. 저마다 자신의 국가의 역사와 전쟁의 당위성을 민주 서방에 설명하는 만찬장이 새로운 선전장으로 떠올랐다. 저명한 폴란드의 작곡가이며 피아니스트인 파데레브스키(Ignacy J. Paderewski, 1860~1941)가 1916년에 백악관에서 연주를 할 수 있는 기회에 행한 연설이 윌슨 대통령을 움직여 14개 조항에 폴란드를 삽입하였다는 것은 이제 역사적 사실이 되었다.208) 이런 면에서 마사리크는 『쿠바디스』를 쓴 폴란드 소설가 센키이에비치(Henryk Sienkiewicz, 1846~1916)가 체코에 없다는 사실에 한탄하였다.

이들은 이에 그치지 않고 한 걸음 더 나아가서 열강의 관심을 끌 수 있는 국제회의를 주최하였다. 그 한 예가 1918년 가을 뉴욕 카네기홀에서 열린 중부유럽 피압박민족대회The Oppressed Nationalities of Central Europe가 그것이다. 이 대회는 미국 여론정부위원회의 크릴이 주선한 것이다. 여기서 마사리크와 파데레브스키는 윌슨 미국대통령에게 보내는 연설문을 낭독하고 참가자들의 결의를 받았다. 이 결의문에서 마사리크는 오스트리아 헝가리 제국의 해체와 체코슬로바키아의 독립이 미국이 설정한 제1차 대전의 목적인 '민주주의 대 절대주의의 대결'과 일치한다는 점을 강조하였다. 이 결의문은 예상하지 못한 우군을 만나 윌슨 미국대통령에게 전달되어 오스트리아 헝가리의 해체의 지지를 얻어 내는데 기여를 하였다. 그 동안 선전외교의 성과로 개인적 친분을 쌓은 미국정부의 여론정보위원회의 크릴은 이 대회에서 채택된 결의문을 윌슨 대통령

---

208) MacMillan, *Paris 1919: Six Months That Changed the World*, New York, Random House, 2003, p. 114.

에게 보내어 윌슨이 오스트리아 헝가리 제국을 해체하는 결심을 이끌어 내는데 도움을 주었다.209) 그러나 마사리크를 윌슨 대통령과 면담을 결정적으로 주선한 인물은 국제적십자 총재 존 모트(John Mott, 1865~1955)이었다.210) 모트 총재는 마사리크와 친분을 쌓기 훨씬 전부터 청년 이승만과 교분을 맺고 있었으며 이승만을 일제로부터 보호하는 국제적 후견인이었다.

3. 외교

대체로 선전이 세력균형이 깨진 전시에 자국의 이익을 극대화하려는 수단이라면 외교는 평화 시기에 국제법에 의거한 자국의 이익을 추구하는 세력균형의 또 하나의 수단이다. 선전과 외교는 파리강화회의에서 저력을 발휘하였다. 미국대표 자문으로 파리에 머물던 어느 교수는 부인에게 편지를 썼다. "저녁은 루마니아 대표와, 점심은 이탈리아 대표와 약속되어 있다. 금요일 저녁은 세르비아 대표와, 월요일 저녁은 체코슬로바키아의 베네시와 크라마르시와 잡혀있다." 루마니아여왕 마리(Marie)는 파리에 와서 대회 지도자를 유혹하고 염문을 뿌렸는데 새로운 영토다툼으로 밀고 당기는 지루한 회의에 싫증나던 독자들에게 "루마니아는 얼굴을 필요로 한다. 내가 루마니아의 살아있는 얼굴이다"라고 당차게 말했다. 이 여왕의 육탄외교 공세로 루마니아는 주장하던 영토를 모두 얻으며

---

209) Orzoff, *Battle for the Castle*, p. 6.
210) John R. Mott Collection at the Library of the Yale University Divinity School, "Interview with President Wilson", 18 June 1918. 또는 "Experiences Dealing with Rulers" University Club Winter Park, Florida, 1945. Long, J. W. and C. H. Hopkins, "T. G. Masaryk and the Strategy of Czechoslovakia Independence, An Interview in Russia on 27 June 1917," *The Slavonic and East European Review*, Jan 1978, pp. 88-96에서 재인용.

국민적 영웅이 되었다.211)

제1차 대전과 제2차 대전 사이, 즉 간전기(間戰期)는 평화가 유럽과 아시아에서 간신히 유지되는 시기였다. 세계대전의 참혹상을 경험한 열강들은 평화를 기원하여 윌슨 대통령이 제안한 국제연맹을 창설하였다. 그럼에도 불구하고 미국이 빠진 국제연맹은 간전기에 아일랜드내전(1919~1923), 모로코전쟁(1919~1926), 만주사변(1931), 파라과이전쟁(1932~1938), 스페인내전(1936~1939), 중일전쟁(1937~1945)이 일어나는 것을 막을 수 없었는데, 그 가운데 약소국가는 강대국가에게 패하여서 무력으로는 약소국의 비원을 해결할 수 없음을 보여줬다. "우리[체코슬로바키아]는 혼자의 힘만으로는 결코 자유를 쟁취할 수 없었다. 연합국의 도움으로 얻은 것이다."212) 체코슬로바키아의 선전외교는 다음과 같이 평가되었다.

> 전쟁터 대신…그들은 신문 편집국, 연합국 수뇌부, 연합국 지휘부에 서서히 침투하였다. 여론, 선전, 사적 친분이 군사적 타격보다 더 중요한 역할을 하였다.…체코슬로바키아는 선전의 탄생아이다.213)

파리강화회의에서 합스부르크 제국은 정식으로 해체되고 그 자리를 폴란드, 체코슬로바키아, 유고슬라비아, 루마니아가 차지했다. 이 가운데 회의에 초대된 것은 체코슬로바키아뿐이다. 독립에 대한 마사리크의 명분이 평화적인 방법, 즉 외교방략으로 보편적 민주주의 가치에 일치시키는 노력을 인정하였기 때문이다.214) 폴란드 포로군단이나 세르비아 포로

---

211) MacMillan, *Paris 1919: Six Months That Changed the World*, p. 134, 148.
212) Benes, *My War Memoirs*, p. 497.
213) Mamatey, *The United States and the East Central Europe 1914-1918*, pp. 316-317.

군단도 대단한 활약을 하였으나 외교방략에 있어서 마사리크를 능가할 수 없었다.

불안한 평화 속에서 또 하나의 세계대전을 피하려는 열강의 노력은 외교에 역량을 쏟게 되었다. 당시 영국 외상 그레이(Edward Grey, 1862~1933)는 제1차 대전 이전에 유럽은 경쟁적으로 무장되어 있었는데 그 목적은 안전보장이었지만 이것이 오히려 불안감과 공포감을 발생시켰고 공포가 비밀외교와 폭력을 낳았다고 술회하였다.215) 이를 뒷받침하기라도 하듯이 후일 역사학자 카(Edward H. Carr, 1892~1982)는 제1차 세계대전의 원인이 비밀외교에서 기인하였음을 논증했으며 비밀외교를 종식시켜야 한다고 주장하였다.216) 1918년 윌슨 대통령은 모든 비밀외교에 의한 국가 간 조약은 무효라고 선언하였다. 그럼에도 불과 20년 만에 제2차 대전이 발생한 이유는 키신저(Henry Kissinger, 1923~)가 지적한대로 유럽 각국이 세력균형정책을 군비확장정책으로 치환했다는데 기인한다고 지적하였다. 이에 따라 독일 지도자들은 영국의 자유주의, 프랑스혁명이 제창하는 보편적 자유로서 종합적 철학적 이념을 존중하는 대신 인접 국가를 적대시하는 현실정치의 폭주가 되었다고 설명하였다.217)

이것은 일본에게도 해당된다. 일본의 외교사를 보면 다이쇼(大正)시대에 외교정책의 주체는 외무성과 군부의 두 축이었는데 군부의 독자적인 외교가 침략전쟁을 야기했다는 것이 정설로 되어 있다.218) 특히 1920년대의 미일 사이에 무력을 배제하는 '워싱턴체제' 하에서 일본외무성의 '국제협조외교'가 종식되고, 1930년대 군부가 일으키는 만주사변과 중일

---

214) Orzoff, *Battle for the Castle*, p. 51.
215) Grey, *Memoirs*, London, Kessinger Publishing, 1925.
216) Carr, *The Twenty Years of Crisis 1919-1939*, New York, Perennial, 1939.
217) Kissinger, *Diplomacy*, New York, Simon and Schuster, 1994.
218) 信夫淸三郎,「大正外交史の基本問題」,『日本外交史硏究』, 1958 夏季, 1-12쪽.

전쟁은 마침내 태평양전쟁으로 이어졌다. 전쟁을 직업군인에게만 맡겨서도 안 되고 외교 역시 직업외교관에게만 위임해도 안 된다는 주장이 여기에 기인한다. 폭넓은 세론의 지지를 받는 민주적인 공개외교의 필요성이 대두되는 것이다.

이것은 이미 마사리크에 의해 예견되었다. 마사리크는 비엔나를 중심으로 짜여 진 메테르니히(Klemence von Metternich, 1773~1859)의 이른바 '궁전 외교정책'에 따르는 시대를 대신하는 새로운 시대를 일찍이 예견하였다. 그 새로운 시대란 국제법에 기초한 공개외교의 시대이다. "오스트리아 외교뿐만 아니라 모든 외교는 낡았다. 그것은 절대주의였고, 비밀주의였으며, 형식주의였다. 이 분야에도 민주주의가 필요하다. 공적이고, 공개적이며, 문화적이고, 실제적이어야 한다. 외교는 아직도 메테르니히의 낡은 수법으로 행해지고 있다."[219] 이 예견은 윌슨보다 시대적으로 앞섰다는 점에서 마사리크의 독창적인 면모를 드러내고 있다.

그러나 당시에 세계 대세를 파악할 수 있고 그를 이용하여 조국독립의 발판으로 삼는 능력을 갖춘 인물로서 마사리크나 이승만은 예외에 속한다. 조병옥(1894~1960)은 회고록에서 다음의 글을 남겼다.

> 내 장인인 노병선 씨와 결의형제를 맺은 바 있는…이승만 박사는 나에게 이렇게 역설하는 것이었다. "한국독립은 외교에 있는 것이다." 그러나 20세 미만의 청년인 나는, 그 이박사의 역설이 도저히 납득되지 않았다. 왜냐하면 당시의 일본은 청일, 러일 양 전쟁에서 승리를 하여, 치외법권(治外法權)과 조계(租界)까지 확충하는 판국에 있었던 것이다. 그러므로 일본과 외교전을 통하여 한국의 독립을 쟁취한다는 것은 도저히 납득이 되지 않았던 것이다.[220]

---

219) Skilling, *Against the Current 1882-1914*, p. 133.
220) 조병옥, 『나의 회고록』, 민교사, 1959, 81쪽.

조병옥은 박용만(1881~1928)을 만나서 들은 "한국의 독립은 무력전으로 해야 한다"라는 말 역시 이해할 수 없었는데 당시 피압박민족 미국주민이 미국에서 출신지 독립운동은 미국 이민법이 허락하지 않았다. 뿐만 아니라 전쟁 시에 그들이 포로가 되는 경우에 헤이그조약Hague Convention에도 문제가 된다. 조병옥은 안창호(1878~1938)의 또 다른 주장 "한국의 독립은 지구전이 되지 않을 수 없다"는 소위 지구론에 "감복"되어 흥사단에 참여하게 되었다. 조병옥은 이승만의 외교독립론에 대하여 첨언을 하였다.

그러나 이[이승만의 외교독립론]는 무슨 과학적 근거로 그런 말을 하였는지 몰라도, 외교가 우리 한국의 최대의 무기일 뿐 아니라, 외교전으로써만 우리 한국의 독립을 쟁취할 수 있다고 [이승만은] 강조하는 것이다.[221]

이승만은 만 20세의 젊은 조병옥에게 이른바 '과학적 근거'를 설명하지 않았다. 그래서 조병옥도 이승만의 말만 듣고 자신의 "견해를 첨가하지 않았다." 그러나 조병옥은 후일 다음을 깨닫게 된다.

폴랜드나 체코슬로바키아가 국제적 변동에 따라 자주독립을 얻게 된 예를 상기할 때 우리 민족도 반드시 자주독립을 할 수 있도록 하게 하는 폴랜드와 같은 경우의 그러한 국제적 변동이 있을 것이라고 믿고, 한 줄기의 희망을 가지지 않을 수 없는 것이다.[222]

---

221) 조병옥, 『나의 회고록』, 81쪽.
222) 조병옥, 『나의 회고록』, 98쪽. 이것은 일제 강점기에 "신우회"라는 비밀조직에서 연설한 내용이라고 조병옥은 밝히고 있다. 이 "신우회"라는 사조직은 조병옥이 피감되면서 해산되었다. 그의 연설은 계속된다. "일본은 그 제국주의적 침략근성으로 다만 만주만을 정복하려는 것이 아니라 400여 주에 달하는 중국본토까지 침공하려고 하고 있을 뿐만 아니라, 나아가서는 남방에 있는 불란서령인 인도지나 또는 보르네오 등까지도 정복하려다가 결국 마침내 영미

근대학문을 습득하기 위해 이제 막 미국에 도착한 20대의 젊은 조병옥은 이승만의 주장을 이해하지 못하였지만, 40대의 조병옥은 체코슬로바키아의 예를 가리키는 것으로 보아 이승만의 이른바 '과학적 근거'의 외교노선을 늦게나마 이해하게 되었다고 여겨진다.[223]

외교독립에 대한 이승만의 과학적 근거가 후술하는 그의 학위논문이다. 이승만은 1904년 민영환에 의해 미국에 밀파되기 전부터 미국 국무장관 존 헤이(John M. Hay, 1838~1905)의 문호개방정책The Open Door Policy을 알고 있었고 대학원에서 이에 대해 습작을 작성한 바 있었는

양국과 이해관계가 상충되어 반드시 태평양전쟁 같은 것이 일어날 것이라는 것을 나는 오늘날의 역사적 움직임으로 보아 예측할 수가 있는 것이다. 그러므로 한국독립은 그와 같은 형태의 전쟁이 일어나지 않고서는 안 된다."(98쪽). 이를 뒷받침이라 하듯이 그는 다음을 가미하였다. "당시 나는 고하 송진우 선생과 함께 일본필망(日本必亡) 신자의 한 사람이었다. 한일합방 당시에 어느 일본 명사가 영국 옥스퍼드대학에 정치학 교수로 있던 헝가리인을 만났더니, 그 교수는 말하기를, "한국 민족이 당신네 일본민족보다 더 문화적으로 진보된 민족이라는데 그 한민족을 일본이 무력적 위협으로 강제 합병한 것은 큰 과오를 범한 것이다. 문화민족인 한국민족은 전력을 다해서라도 국권회복운동을 전개할 것이고 백방으로 일본에 반항할 것은 두말할 것도 없는 것이다. 그러므로 일본은 한국을 확보하기 위하여 만주에다 손을 대야 할 것이며, 만주에다 손을 대자면 소련과 충돌을 해야 할 것이며, 소련과 충돌을 하지 않더라도 만주를 확보하려면 북지와 중지에다 또 다시 손을 대야 할 것이며 그러자면 영국과 미국의 충돌을 피할 수 없을 것이다. 그러니 일본이 한국을 합병한 그 보복을 30년 후에 받을 것이다"라고 말했다는 것이다. 내가 그 헝가리인 교수의 그와 같은 예언을 믿었다는 것보다 사실 그 당시의 국제정세가 그렇게 되어 가고 있었다." 128-129쪽.

223) 이승만이 외교를 중시한 것은 그가 1899 1904년에 피감되었을 때 지은 和白虛八條詩에 이미 드러나 있다. 圖治先在篤交隣, 臨事當問達變人. 憂國戚存孤立勢, 導民務作自由身. 法僞恐後無泥舊, 從善爭前莫厭新. 敎育俊莫今最急, 養兵唯止壓邊塵. 정치는 우선 외교를 돈독히 함에 있는데, 일일랑 마땅히 전문가에게 물러봐야지. 고립하면 국가의 존립이 염려되니, 백성을 자유의 몸으로 따르도록 힘써이다. 법의 허위는 두가 두려우니 옛것도 하자가 없이, 선을 쫓아 미래를 다툴진대 새로운 것 싫어 말 것. 현재에 가장 급한 것은 인재를 육성하는 교육이고, 양병은 오직 전쟁을 억지함에 있을 뿐이라네. 이승만 지음, 이수웅 옮김, 『이승만 한시선』, 배재대학교 출판부, 2007.

데,224) 이것을 심화, 확대, 발전시킨 것이 그의 논문 『미국 영향 하의 중립』이다. 그 후 미국의 문호개방정책과 일본의 팽창정책 사이의 대립과 길항이 중국을 둘러싼 랜싱 이시이 협정Lansing Ishi Agreement(1917), 워싱턴회의 9개국조약과 4개국조약Washington Naval Conference(1921-1922), 스팀슨 독트린Stimson Doctrine(1931) 등 일련의 국제관계를 거쳐 마침내 1939년 미일 사이의 무조약 사태로 확대시키는 것을 주시할 때까지 간전기에 평화적인 외교정책만이 독립방략의 길임을 확신하였다. 그래서 출판한 책이 『일본 내막기』이다.

중세 이래의 절대주의를 뒤엎은 프랑스 혁명정신의 자유물결이 시간과 함께 고조되어 그 절정에 달한 제1차 대전이 나머지 절대주의를 해체시켜 그 아래에서 억압받던 유럽의 소수민족들이 자유를 찾아 독립한 것처럼 다음에는 아시아에서도 절대주의가 붕괴되어 소수민족들이 자신들의 국가를 세울 것이라고 예측한 사람이 마사리크이다.225) 그의 전망대로 제2차 대전은 마침내 그 정신을 다시 일으켜 한국의 독립을 그 자유의 물결의 두 번째 예로 만들었다. 이승만의 『독립정신』을 보면 미국독립과 프랑스혁명을 거친 자유의 물결이 인류사에 새로운 시대를 열고 그 끝자락에 한국이 우뚝 설 것을 확신하고 있는 점으로 미루어 보아 마사리크의 예견에 동조하고 있다고 보아 크게 어긋나지 않는다.

---

224) 이원순, 『인간 이승만』, 신태양사, 1988, 122쪽.
225) Masaryk, *The Making of A State*, p. 370.

제2부
이승만

Syngman Rhee and
Thomas Garrigue Masaryk

* 이승만의 생애에 대해서 이미 많은 연구가 생산되어 여기에서는 자세한 내용의 중복은 생략하고 전체적인 줄거리가 끊어지지 않는 정도로 줄였다. 다만 다른 곳에서 볼 수 없다고 판단되는 부분은 자세하게 서술하였다.

제1장 　왕가의 후예

1. 서세동점(西勢東漸)

이승만은 1875년 3월 26일 황해도 평산군 마산면 대경리 능안골에서 태어났다. 그 해 9월에 강화도 앞바다에서 일본 군함이 이른바 운양호사건을 일으켰다. 바야흐로 서세동점의 아시아 앞잡이를 자처하는 일본이 세력을 키워 조선과 그 넘어 대륙에 야심을 드러내는 제일보이었다. 일본이 구미의 수하에서 벗어난 것은 행운이었다. 유럽은 계속되는 보불전쟁으로, 미국은 남북전쟁으로 갓 개국한 일본에 관심을 집중할 여유가 없었던 것이 가져다 준 선물이었다. 미국은 일본을 중국에 대한 교두보로 생각하였다. 그러나 중국은 이보다 앞서 아편전쟁과 태평천국의 난을 겪으면서 열강에 강토가 분할되는 혼란의 와중에 시달리고 있었다. 유럽열강에 국토가 할양되자 강유위는 "이러다 중국이라는 나라는 없어지는 것이 아닐까" 걱정하였다. 이러한 상황에서 중국은 조선에 대해서 전통적인 관계를 유지하기 어려워졌고 조선은 고립될 위험에 빠졌다. 유럽의 제국주의를 모방하여 일본은 조선을 첫 희생자로 선택하였다. 전통적인 중국 중심의 세계관이 무너지고 설익은 해양세력의 대륙야심은 강화도에서 시작되었다. 그곳은 황해도에서도 보일 정도로 가까웠다.

내정도 혼란 상태였다. 임진왜란으로 산하가 찢겨 그로 말미암아 전답의 실정이 무너졌고 인구의 변화는 호적의 실태를 무너뜨렸다. 이것은 삼정의 문란으로 이어졌다. 이를 틈타서 부패한 관리들의 가렴주구와 백성들의 고난은 드디어 홍경래난과 진주민란을 비롯한 여러 민란을 촉발시켰다. 유형원, 이익, 홍대용, 정약용, 박지원 등 실학자들의 건의는 채택되지 않아 국세는 날로 쇠약해져 갔다. 대원군의 천주교 박해를 반대하고 문호개방을 주장하던 박규수가 우의정 벼슬에서 물러나 그의 사랑방에서 김윤식, 김옥균, 유길준, 박영효 등 젊은 양반자제를 대상으로 박규수의 『연암집』, 위원(魏源)의 『해국도지』 등을 가지고 실학을 가르치기 시작한 것은 이승만이 태어나던 해였다.

청국과 사대관계도 청국 자신이 아편전쟁과 태평천국의 난으로 혼란에 빠지고 동아시아의 전통적인 질서가 붕괴 직전이 되면서 조선은 고립되었다. 이를 알아채지 못한 조선에서는 세도정치가 정치를 후퇴시키고 있었다. 대원군의 등장도 사정을 호전시키지는 못했다. 그의 쇄국정치는 조선을 점점 고립의 수렁으로 빠뜨렸을 뿐이었다. 조선은 수구 아집의 나라였다. 병인양요, 신미양요, 강화도조약, 임오군란을 거쳐 김옥균, 서광범, 서재필 등 젊은 개혁자들이 일으킨 갑신정변은 실패하였고 외세를 불러들였다. 곧 이어 동학농민운동, 청일전쟁, 갑오경장, 을미사변 등 꼬리를 물고 일어나는 사건은 조선을 파국으로 몰아가고 있었다. 한때 만주벌판과 사해바다를 호령하던 상무의 기상과 우수문자를 발명한 문화의 정신을 다시 회복시킬 인물을 고대할 때가 되었다. 이상재는 "어떻게 하면 고구려·신라의 화랑도정신 풍류도정신을 부활시킬 수 있을까"에 골몰하였다.[226]

2. 유년시절

---

[226] 전택부, 『월남 이상재의 생애와 사상』, 연세대학교 출판부, 2001, 91쪽.

이승만의 가계는 양녕대군의 후예로 그는 6대 독자였다. 그가 2세가 되었을 때 그의 부모는 한성 남대문 밖 염동으로 이거했다가 낙동을 거쳐 같은 남대문 밖 도동으로 이사하였다. 아마 자식의 교육을 생각했을 것이다. 서울에서 이승만은 유년시절을 부모의 염원을 충실히 받들어 과거시험 준비로 보냈으니 그러했을 것이다. 무엇보다 친척인 이근수 대감이 서울 도동에 살았고 그가 세운 서당에서 글을 배울 수 있었기 때문이다. 이 일대는 양녕대군 후손들의 집단 거주지였다. 이근수는 일찍이 1864년에 과거에 급제하여 1883년에 사간원 대사간을 거쳐 사헌부 대사헌에 이른 인물이다. 또 도동에는 집안의 가묘가 있었다. 그것은 양녕대군의 묘였다고 전한다. 그 자리는 남묘의 건너편이었다. 남묘는 관우를 모신 네 개의 사당 가운데 하나인데, 관왕묘는 서울에 동서남북 네 군데에 있었다. 명나라의 만력제가 보낸 자금으로 지었다 한다. 남묘는 관우를 충절과 의리의 화신으로 여겨 신앙으로 모시는 대표적인 본보기였다. 남묘는 지금의 서울역 앞 힐튼호텔의 남쪽 후암동 방면에 있었다. 이곳은 후일 들어선 세브란스병원과 아주 가까운 거리였다. 중국문명에서 서양문명으로 교체되는 상징적인 건물들이다. 여기에서 이승만은 어린 시절을 보냈다.

이근수 대감은 "유명한 한문학자"를 초빙하여 이승만을 가르치도록 했다는데, 이정식은 그 사람이 신면휴라고 추정했고 신면휴 자신도 이승만을 가르쳤다고 기록하였다.227) 그는 후일 배재학당 교장과 주일대표를 지낸 신흥우(申興雨, 1883~1959)의 부친이다. 이승만의 조모와 같은 성씨였던 신면휴는 궁내부 사계과장이었으며 이승만의 부친과 친구였다. 이승만은 좋은 스승 밑에서 착실하게 한학을 공부하였다. 곧 서당에서 두각

---

227) 이정식, 『이승만의 구한말 개혁운동』, 배재대학교 출판부, 2005.

을 나타냈고 같은 서당에서 공부했던 신흥우는 이승만을 천재라고 불렀다.228) 이승만은 6세까지 어머니에게서 천자문을 떼고 7세부터 이근수 서당에서 16세 아니면 17세까지 사서삼경을 모두 마쳤는데 그밖에도 수준 높은 서적들을 모두 암송했다고 전한다. 후일 그가 감옥에서 영어사전과 영어문장을 암기한 것으로 미루어 보아 이 증언은 사실일 것이다.

이승만의 부친 이경선은 보학을 좋아하는 선비였는데 집안 경제를 돌보지 않고 전국을 유람하며 친구 사귀기를 좋아했다고 한다. 집안은 어머니가 꾸려 나갔으니 가난하였을 것이다. 이승만에게 한 명의 형과 두 명의 누님이 있었지만 형은 유년 시절에 사망하였다. 당시 조선의 인구는 감소하고 있었다. 전국의 우물이 기생충과 결핵의 매개체였다. 여기에 3~4년에 한 번씩 만주를 통하여 창궐하는 콜레라, 장티푸스, 천연두 등 각종 전염병이 위협적이었다. 중국에서 의료선교 하던 미국의사가 출판한 『중국의 질병Diseases in China』의 "콜레라 지도Cholera Map"가 그 사정을 말해준다.229) 1893년 내한한 캐나다 의료선교사 에비슨 박사의 회고에 의하면 자신이 만난 조선인 10명 가운데 8명이 곰보였다고 한다.230) 어떤 여자 환자는 11명의 자식을 모두 2살이 되기 전에 천연두로 잃었다고 기록하였다.

천연두에 대한 조선의 치료방식은 1907년 조선을 방문한 러드로우(Alfred I. Ludlow, 1875~1961) 교수가 기록으로 남겼다.231) 조선사람들은 귀신이 들어서 생긴다고 믿었다. 그러니 귀신이 나가주기를 빌거나 귀신

---

228) 신흥우, 「이승만을 말한다」, 이정식, 『이승만의 구한말 개혁운동』, 배재대학교 출판부, 2005, 391 401쪽.
229) Jefferys and Maxwell, *The Diseases in China*, Philadelphia, Blaikstone's Son and Co. 1911.
230) Avison, *Memories of Life in Korea*, unpublished manuscript, p. 401.
231) Ludlow, "Observations on the Medical Progress in the Orient," *Cleveland Medical Journal*, Nov. 1908, p. 610-611.

에게 몸을 줄 수밖에 없다고 하였다. 당시 천연두로 죽으면 시체를 거적에 싸서 지게 같은 받침대에 의지하여 성벽에 수직으로 붙여 놓았다. 땅에 묻으면 귀신이 화를 내어 다른 희생자를 찾을까 겁이 났기 때문이다. 천연두에 걸리면 5일째 되는 날부터 가족들은 머리를 빗지 못하며 세탁도 하지 못한다. 집안 청소는 물론 장작도 패지 못한다. 벽에 못 하나 박지 못하고 벽지도 바르지 못한다. 만일 이것을 어기면 귀신이 환자를 맹인으로 만든다고 믿기 때문이다. 만일 누군가 바느질을 하면 귀신이 환자에게 바늘을 찌르는 고통을 준다. 개나 소 등 가축도 잡지 못하는데 그 이유는 환자가 얼굴을 긁어 살더라도 곰보가 되기 때문이다. 9일째가 되면 이러한 금기가 걷어지지만 못 박기와 도배는 여전히 예외다. 13일째가 되면 귀신이 환자의 몸에서 물러나간다. 그러면 잔치를 해야 한다. 가마니에 쌀과 돈을 넣어 목마에 싣고 지붕 위에 올려놓아야 천연두 귀신이 그걸 타고 날아간다. 환자가 죽어도 이 짓을 하였다. 이 치료는 러드로우 교수가 조선을 다시 찾은 1912년에도 성행하였다.

이승만의 유년시절 조선은 미신과 질병의 나라였다. 민간에서만 사정이 이러한 것은 아니었다. 궁중에서 명성왕후는 무녀들을 끼고 살았고 고종은 태조대왕으로 접신했다고 널뛰는 무당에게 절을 하였다. 후일 이승만은 탄식했다. "우리나라 사람들의 어쩔 수 없는 폐단을 말하자면 어둡고 완고하다, 원기가 없고 나약하다, 용맹스러이 하고자 하는 일이 없다 하는 것이라 할 터이나, 그중에 가장 어려운 것은 운수라 하는 것을 믿음이라. 이것을 믿는 마음 때문에 백 가지 중 하나도 될 수 없으니 실로 깊이 걱정하는 바로라."[232] 비숍은 한국이 귀신을 위해 매년 250만 달러를 허비한다는 기록을 남겼다. 1896년 한국의 수출은 473만 달러였고 수

---

232) 『제국신문』, 1903년 2월 5일. 원영희·최종태, 『뭉치면 살고…』, 조선일보사, 1995, 396쪽에서 재인용.

입은 654만 달러였다.233) 이승만이 『독립정신』에서 과학지식을 그토록 열거하는 데에는 모두 이유가 있었다.

이승만도 어릴 때 천연두로 3개월 동안 시력을 잃었다고 한다. 외아들을 끔찍이 아꼈던 이승만의 부모도 6대 독자를 위해서 미신의 치료를 했을 것이지만 그 무서운 천연두에서 살아남은 것을 보면 그는 선천적으로 강한 체질이었던 것 같다. 그는 후일 콜레라 환자들 집단 속에서도 살아남는다.

그의 실명 연도는 기록마다 엇갈린다. 이승만의 영문일기에는 6세라고 하였다.234) 이것이 만 6세인지는 불분명하다. 이때 서양의학의 진료로 다시 눈을 떴다. 그러나 당시에는 서양의사는 없었다. 1876년 일본과 강화도조약을 맺은 다음해 1877년 부산에 제생병원이 들어섰다. 일본해군 야노(矢野義徹) 대군의가 이 병원의 원장이 되었고, 1880년 원산의 생생병원에서 역시 일본해군 야노와 고다(戶田) 대군의가 진료하다 육군의 고마츠(小松運) 일등군의가 이어받았다. 서울에서는 1880년에 해군 마에다(前田淸則) 대군의가 진료하였다. 이승만이 6세일 때이다. 1883년에는 인천의 일본공사관에는 카이세(海瀨敏行) 일등군의가 있었다. 이들은 모두 군의관이었다. 짐작컨대 군의학교 출신들이었다. 이들이 최초의 서양의사 알렌(Horace N. Allen, 1858~1932)이 내한하기 전의 서양의학을 알고 있던 의사들이었다.235) 1879년 진고개의 일본의사 치료로 회복되었다고도 전한다.236) 이승만의 나이가 5세일 때이다. 그렇다면 아직 마에다 대군의

---

233) Bishop, *Korea and Her Neighbors*, Vol.II, New York, Routledge, 1985[1898], p. 276.
234) 이정식, 『이승만의 구한말 개혁운동』, 39쪽; 리차드 알렌 저, 윤대균 역, 『한국과 이승만』, 합동통신사, 1961, 15쪽; 서정주, 『우남 이승만』, 화산문화기획, 1996, 39-50쪽.
235) 김두종, 『한국의학사』, 탐구당, 1966, 472-475쪽.
236) 이주영, 『이승만과 그의 시대』, 15쪽.

가 서울로 진출하기 전이다. 만 6세였다면 치료의사가 아마 마에다 대군의이었을지 모른다. 당시 군의는 민간인도 치료했다고 한다. 마에다가 지석영에게 종두를 가르쳤다.

이승만의 전기 작가 올리버는 치료해준 의사가 서양의사 알렌이라고 주장하며 이승만의 열 번째 생일에 치료 효과가 나타났다고 적었다.237) 이승만이 10세 생일이라면 1885년 3월 26일이다. 알렌은 1884년에 입국하였으니 햇수가 맞는다. 그렇다면 이승만은 10세에 생애의 중요한 갈림길에서 미국 의료선교사의 도움으로 서양의학의 혜택을 본 셈이다. 이것이 이승만과 미국의 첫 번째 인연일 것이다. 아인슈타인은 유년시절 아버지가 사다 준 나침판의 침이 항상 북쪽을 가리키는 것을 보고 물리학에 관심을 가졌다고 회고했는데, 눈 치료가 어린 이승만에게 어떤 영향을 미쳤는지 알 수 없으나 미신과 질병과 아집의 나라를 바꾸어 보겠다는 그의 각오에 상징적으로 어울리는 사건이라 아니할 수 없다. 이승만은 15년 후에 알렌과 친교를 맺게 된다.

3. 배재학당

1882년 미국과 조선은 수호(우호)통상조약을 맺었다. 이 조약은 서양과 맺은 첫 번째 조약이다. 당시 조선에는 이 조약을 이해할 수 있는 능력을 갖춘 사람이 없었다. 그러나 이승만의 일생에 있어서 이 조약처럼 중요한 사건이 없다. 프랑스는 1862년 베트남왕국이 프랑스 선교사를 살해한 데 대한 보복으로 베트남을 무력으로 토벌하고 1867년 식민지 코친차이나를 만들었다. 조선에서 병인양요로 일단 물러난 프랑스가 1867년 군

---

237) 로버트 올리버, 「내가 아는 이승만 박사」, 『신동아』, 1979년 9월호, 464쪽; Oliver, *Syngman Rhee The Man behind the Myth*, pp. 10-12.

대를 파견하여 조선을 보호령으로 삼겠다고 청국에 통보하였다. 동북아의 베트남을 만들 작정이었다. 미국에게 이 토벌작전에 참여할 의사가 있느냐고 타진하였다.[238] 이에 미국이 유럽세력을 아시아시장에서 견제하기 위하여 조선을 지목하고 서둘러 조약을 추진하였다. 상하원 합동결의안을 거쳐 10년 만에 성사시킨 것이 조미우호통상조약이다. 이 조약에는 유효기간이 없으며 거중조정(居中調停) 조항이 있다. 또 불평등조항은 후일 개정할 수 있도록 명문화하였다. 파격적인 조약이며 한국사뿐만 아니라 세계 근세사에 대단히 중요한 조약이다. 이승만은 이 조약의 의미를 깊이 이해하기 위하여 박사공부를 하였다. 그의 박사학위논문은 유럽과 미국 사이의 해상통상 자유를 놓고 다투는 법제사를 추적한 것인데 1872년까지 다루었다. 그 후 미국과 유럽은 아시아에서 다시 통상자유를 놓고 다투게 되는데 조선이 그 범위에 들어왔다. 이승만의 사상을 조사하기 위하여 뒤에서 다시 언급해야 한다.

조미수호통상조약에 의해 서울에 미국공사관이 들어섰다. 재한 미국인들의 건강을 위해서 의사가 필요하자 공사관 의사 알렌 박사가 내한한 것은 1884년이었다. 그는 의료선교사였지만 조선이 아직 선교를 금지하므로 의사의 신분만으로 입국하였다. 그 해 갑신정변에서 일곱 곳의 자상을 입고 빈사상태에 빠진 민영익(閔泳翊, 1860~1914)을 서양수술로 살려놓은 이변으로 그는 궁중의 신임을 얻게 되었다. 상금 1만 냥에 참판벼슬에 제수되고 고종의 어의가 되었다. 그가 입국한지 불과 3개월만이다. 그 다음 해에 입국한 언더우드(Horace G. Underwood, 1859~1916)와 아펜젤러(Henry G. Appenzeller, 1858~1902), 두 사람의 개신교 목사가 선교의 초석을 놓을 수 있었던 것은 알렌의 공이다. 그 전 1백 년 동안 많은 피를

---

[238] 최정수, 「특사 태프트의 제2차 대일방문과 미일조약체제, 1907-1908」, 『동북아역사논총』 29, 2010, 22쪽.

흘렸던 천주교의 박해에 비하면 기적이라 아니 할 수 없다. 그 가운데 아펜젤러 목사가 배재학당을 설립한 것이 1885년이고 고종으로부터 학교명을 하사받은 것이 1886년이다.

그 다음해 박정양(竹泉 朴定陽, 1841~1905)이 초대 주미전권공사로 도미하면서 그의 문객이었던 이상재(月南 李商在, 1850~1927)가 일등서기관으로 워싱턴에서 외교활동을 하였다. 박정양은 실학파의 거두 박지원의 손자 박규수의 친척이었다. 같은 해 이승만이 처음 과거에 도전한다. 그의 나이 12세였다. 한시라도 빨리 등과를 바라는 부모가 나이를 속였다고 한다. 몰락한 왕가의 꿈이었을 것이다. 그 후 1894년까지 매년 과거시험을 보았으나 그때마다 낙방하였다. 당시 과거시험은 부패하여 공정하지 못했다고 전한다. 이승만처럼 몰락한 왕가의 후예가 입신하기에는 벽이 높았을 것이다. 훌륭한 스승 아래에서 수석을 차지하며 공부하던 그가 거듭되는 낙방을 어떻게 받아들였는지 상상할 수 있다. 이상재 역시 1867년 과거에서 낙방한 적이 있다. 이상재는 기가 막혀서 "한심하다. 다시는 과거에 응시하지 않으리라"고 결심하였다. 시제라는 것이 대체로 이런 것이었다. "어진 이는 사람들의 마음을 편안케 한다(人之安宅)"의 택(宅)자를 압운으로 하였다.[239] 실학과는 거리가 먼 문제였다. 답안지가 17,350장이었다. 드디어 1894년 갑오경장과 함께 과거가 폐지되자 과거로 벼슬길에 오르려는 젊은이들의 일생의 목표가 사라졌다.

이때 친구 신긍우가 이승만에게 배재학당에 다니길 권유하였다. 그는 신흥우의 형이다. 이승만은 영어를 배울 욕심에 배재학당의 문을 두드렸다. 1895년 4월의 일로서 그의 나이 20세였다. 당시 배재학당에는 주시경(朱時經, 1870~1914)도 다니고 있었다. 당시 이름은 주상호였다. 이승만에게 배재학당은 별천지였다. 미국인 교사들이 영어 이외에 유학자들이

---

239) 정원용 지음, 허경진 옮김, 『국역 경산일록』 6, 보고사, 2009, 249쪽.

천시하는 천문, 지리, 생리, 수학, 수공, 성경 등 근대학문을 가르쳤기 때문이다. 그러나 아펜젤러는 한문 교육도 빼놓지 않았다. 그는 졸업식에서 학생들에게 그 동안 배운 『조선사략』이나 『통감절요』 등을 외우게 하였다.

이승만은 여기서 예수와 처음 만난다. "1900년 전에 죽은 사람이 내 [이승만] 영혼을 구원해 줄 수 있다는 것이다." 그러나 그는 곧 그런 생각을 떨쳐 버린다. "어떻게 그런 우스꽝스러운 말을 믿을 수가 있단 말인가. …그러니 가난하고 무지한 사람만 교회에 가는 것은 놀랄 일이 아니지. 위대한 부처님의 진리와 공자님의 지혜로 무장된 학식 있는 선비라면 저런 말은 절대 믿게 되지 않을 거야." 그는 걱정하는 불교신자 어머니를 안심시켰다.

배재학당은 주입식에서 탈피하여 연설회와 토론회를 통한 근대시민 교육도 포함시켰다. 정구와 야구도 가르쳤다. 이승만이 정구를 즐겼다는 것은 익히 알려진 사실이다. 근로의식을 불어넣어 일하면서 공부할 수 있는 제도도 구비하였다. 그곳에 삼문출판사(삼국어출판사)를 설립하여 수많은 기독교서적 등을 보급했는데 학생들은 여기에서 일하며 학자금에 보탰다. 배재학당의 이러한 교육은 아펜젤러 교장의 교육 목표에 잘 나타나 있다.

> 우리는 통역관을 양성하거나 학교의 일꾼을 양성하려는 것이 아니요, 자유의 교육을 받은 사람을 내보내려는 것이다.[240]

당시 조선 사람의 큰 문제는 독립심의 결여였다. 오래 동안 청국에 의존하는 사대사상으로 자주정신이 사라졌다. 아펜젤러는 독립심을 가

---

240) ko.wikipedia.org/wiki/배재학당

진 하나의 자유로운 인간을 근대교육을 통해서 길러내고자 하였다. 병인양요가 일어나는 1866년에 강화도에 양선이 나타나 통상을 요청하자 문정관(問情官) 방우서가 말했다. "천하만국이 화친하며 서로 사고팔기를 하지 않음이 없으니, 우리나라가 하고자 함도 이와 같다." 여기까지는 통상개국의 의지가 보여 좋았다. 그러나 그는 "마땅히 동지사가 가는 편에 자문을 보내어 대국[청국]에 청하고 3개월 뒤에 회답한 자문을 보고서 [교역을] 시행토록 하겠다"고 말했다.241) 양선에서 어떻게 생각했는지 궁금하다. 독립심이 결여된 채 문호를 개방한들 무슨 소용이 있겠는가. 무엇이든지 청국에 의존하는 의존정신이 조선을 하나의 독립국가로 유지하는데 커다란 장애가 되었다. 방우서는 이 일로 통진부사로 제수되었다. 통진은 서울을 지키는 중요한 관문이었다. 후일 언더우드는 이곳에 교회를 개척한다.

당시 "조선이 독립국인가" 라는 것은 열강의 의문이었다. 청국의 속국으로 보는 견해가 지배적이었다. 위의 글에서 보았듯이 조선 스스로도 인정하는 태도였다. 정한론이 일본을 풍미하던 명치 초기 그의 찬성자 외무경 소에지마(副島種臣, 1828~1905)는 청국에 주재하는 영국, 프랑스, 미국 공사에게 그에 대한 의견을 물었다. 조선 침략의 핵심이 바로 이 질문의 대답이었기 때문이다.

프랑스 신부 학살에 대해 프랑스함대가 조선을 향해 청국을 출발하는 병인년에 청국정부와 상의하였다. 청국의 예부가 이 사실을 조선에 통보하였다. "북경의 예부에서 자문이 왔다. 지난 달 20일에 발송한 것으로 하루에 3백리를 달려온 것이다. 프랑스가 금년 봄에 자국민이 살해당한 일로 장수에게 군사를 일으키도록 명하려 하자 [청국] 예부에서 이를 해명하면서 갑자기 병란의 단서를 만들어서는 안 된다고 하며 만류했으니,

---

241) 정원용 지음, 허경진 옮김, 『국역 경산일록』 6, 176쪽.

이러한 사실을 귀국[조선]에 알려 심사숙고하며 처리하게 하여 만전을 기하자 한다는 내용이었다. 놀랍고도 걱정됨을 무어라 말로 표현하기가 어려웠다."242) 이것이 영의정을 지냈다는 사람의 반응이다. 프랑스는 1866년에 병인양요를 일으켰다.

앞서 말했듯이 세계 대세에 역행할 수 없다는 사실을 깨닫고 미국과 조미우호통상조약을 맺은 다음 주미공사로 박정양을 보냈다. 청국은 조선대표가 신임장을 미국대통령에게 직접 제출하지 못하게 간섭을 하였다. 청국의 지도를 받아야 한다고 강압하였다. 이때 1등서기관 이상재가 청국공사와 담판을 하였다. 마침 미국 신문에서 이 사실을 보고 "미국은 조선을 청국과 마찬가지로 독립국가로 대우한다. 양국 사신을 국제관계에 의하여 각자의 정부를 대표하는 독립된 사신으로 간주한다"라고 보도하여 도움이 되었다. 조선대표는 미국 땅을 밟은 지 17일 만에 신임장을 제출할 수 있었다. 박정양 공사는 귀국 후에 청국의 압력으로 모든 관직에서 파직당하였다. 이상재도 이때 조정에서 물러나왔다. 이것이 당시 세계에서 조선의 실정이었다.

이승만은 후일 배재학당에서 영어보다도 자유의 개념을 배웠노라고 회고했다. 아펜젤러의 교육 목표가 그대로 이승만에게 이식되었다. 그가 후일 『독립정신』을 집필하게 되는 동기가 이미 여기에서 싹이 텄을 것이다. 많은 사람들이 단발령으로 마지못해 상투를 자를 때 그는 자발적으로 잘랐다. 고집불통의 이승만이 과단성 있게 결심하는 면모가 드러난다. 자유와 유교의 가르침 사이의 방황을 처음 경험했을 것이다.

배재학당에서 이승만은 영어에 뛰어난 재능을 보였다. 입학 6개월 만에 신입생들에게 영어를 가르치는 조교가 될 정도였다. 그리고 그것은 그에게 생계수단이었다. 영어가 일취월장하자 그는 여자 의료선교사 화

---

242) 정원용 지음, 허경진 옮김, 『국역 경산일록』 6, 174쪽.

이팅(Georgiana Whiting, 1869~1952) 박사에게 조선어를 가르쳤다. 첫 번째 사례금으로 20달러를 들고 온 아들을 보고 어머니가 놀랬다. 그때서야 배재학당에 다닌다고 고백하였다. 영어를 더욱 연마하려고 그는 일요일이면 제중원에 가서 에비슨(Oliver R. Avison, 1860~1956) 박사와 영어로 얘기를 나누었다. 그는 캐나다 토론토 의과대학 교수 출신으로 1893년 의료선교사를 자원하여 조선에 온 사람이다. 그 후 제중원을 세브란스 의학전문학교로 발전시켜 45년 동안 이 땅에 커다란 공헌을 하였다.

배재에 입학한지 7개월이 지난 1895년 11월 28일. 이른바 춘생문사건이 터졌다. 청일전쟁에서 승리한 일본은 요동반도를 빼앗았다. 의화단사건 이후 이곳에 진출을 노리고 있던 러시아가 프랑스와 독일을 설득하여 삼국간섭을 하자 열세를 절감한 일본이 요동반도에서 철수하며 국제적으로 망신을 당하였다. 이 사건을 지켜본 조선에서 러시아가 의지할 수 있는 강한 나라로 떠올랐다. 조선왕실 특히 명성왕후가 정점이 되어 친러파가 득세하였다. 마침내 일본은 친러파의 명성왕후를 제거하고 고종을 유폐시켰다. 을미사변이다. 조선 천지에서 의병이 일어났다. 이 와중에 일부 군인들이 고종을 유폐된 경복궁에서 춘생문을 통해 탈출시켜 러시아나 미국 공사관으로 피신시키려는 계획을 짰다. 실행에 옮겼을 때 궁중 동지들의 배반으로 실패하였다. 춘생문사건이다. 이승만은 가담하지 않았지만 모의자의 한 사람이었던 이충구로부터 계획을 알고 있었고 가담하고 싶어 했다. 이충구는 배재학당 학우였다. 그러나 6대 독자라는 이유로 허락되지 않았다. 이충구가 쫓기면서 이승만도 같은 신세가 되었다. 여의사 화이팅 박사의 도움으로 환자로 가장하여 황해도로 탈출하는데 성공하였다. 이충구는 붙잡혀 제주도로 귀양갔다. 그로부터 얼마 지나지 않은 1896년 2월 11일에 고종이 러시아공사관으로 파천하면서 다시 친러파의 세상이 되었다. 이충구는 귀양에서 돌아왔다.

아관파천 2개월 전인 1895년 12월 26일 서재필 박사가 귀국하였다. 불과 20세의 나이에 병조참판으로 갑신정변에 참여했다가 미국으로 망명한지 11년 만에 미국 의사가 되어 고종의 중추원 고문의 자격으로 귀국하였다. 서재필이 러시아공사관으로 고종을 찾아가 환궁할 것을 상주하였으나 고종은 듣지 않았다. 왕실이 독립국가의 위신을 저버리고 스스로 러시아의 속국임을 자청한 것이다. 사실상 볼모로 잡힌 모양새가 된 고종에게서 나라의 이권이 러시아로 넘어가기 시작하였다.

황해도에 피신한지 3개월 만에 세상이 바뀌자 이승만은 다시 서울로 돌아올 수 있었다. 그리고 새 학기에 학당에 복귀해 보니 서재필이 강의하고 있었다. 서재필을 만난 것은 이승만에게 커다란 행운이었다. 이때가 1896년 4월이었다. 아펜젤러를 비롯한 서양선교사들의 가르침도 훌륭하지만 조선의 선각자이며 풍운아에게서 직접 구미식 교육을 받았으니 젊은이들의 가슴이 뛰었을 것이다. 그가 가르치는 민주주의, 자유, 권리, 의무, 독립, 미국 역사, 유럽 역사지리 등 조선에서 생소한 개념들이었다.

얼마 지나지 않아 1896년 11월에 서재필은 13명의 배재학당 학생들에게 서양식 토론방식을 가르치는 "협성회"를 조직하였다. 토론은 한국에서 처음 있는 일이었다. 이 학생모임은 외부에도 공개하여 1년 만에 회원과 참가자가 200명으로 불어났고 1898년 4월까지 42회의 토론회를 가졌다. 주제는 개화였다. 서재필은 말했다. "이 매주의 토론회는 회원들의 사고에 놀라운 영향을 미치었다.…그들은 점차 단결의 정신과 민족주의와 자유주의 관점과 교육의 중요성에 고취되었다."[243] 서재필은 이승만의 모범이 되었다. 그는 비로소 눈이 떴다. 배재학당에 입학하기 전에는 서양을 배척해야 한다고 주장했던 고집불통의 완고한 서생이었던 그가 나라를 걱정하는 젊은 우국지사로 빠르게 탈바꿈하였다.

---

243) *The Korean Repository*, Aug., 1898.

서재필은 이 협성회에서 함께 일하는 법을 가르쳤다. 글자 그대로 협력하여 이룬다는 뜻이다. "한국 역사에서 모든 문제는 함께 일하는 정신과 일을 조직하는 데에 중요성을 두지 않았다는 것이다. 정부조직이나 심지어 작은 사업도 조직과 협력이 필요하다. 여러분이 사업을 수행하고 원하는 바를 얻으려면 조직이 필요하다. 중국역사, 한국역사, [동양]고전은 협력의 필요성을 가르치지 않는다."244) 이승만이 말을 끊었다. "지금은 그렇지 않습니다." 서재필이 반문한다. "그래서 결과가 어떠했나? 조국은 자살하지 않았는가. 솔직히 말해서 이것이 일본만 빼놓고 모든 동양 사람의 약점이다. 중국의 약점이고, 인도의 약점이며, 한국과 러시아의 약점이다."

이승만은 이것을 가슴에 깊이 새겼을 것이다. "신문이라 하는 것이 나라에 크게 관계가 되는 것으로 세 가지 목적이 있으니 첫째 학문이요, 둘째 경계요, 셋째 합심이라"며 합심을 강조한다. 그의 정치사상은 "무엇이든지 하나"가 되라는 일민주의이다. 귀국의 제일성은 "뭉치면 살고 흩어지면 죽는다"고 하였다. 모두 초심이었던 협성회에서 연유한 것이다. 협성회는 여러 주제를 놓고 토론을 하였다. 그 가운데 하나가 학생신문 『협성회회보』를 발간하기로 결의한 것이다. 한국 최초의 학생신문의 탄생이다.

이승만은 학업을 계속하여 배재학당 대학부를 1897년 7월에 졸업하였다. 정부의 대신과 주한 외교 사절이 참석한 졸업식에서 그는 영어로 "한국의 독립"이라는 제목으로 졸업생 대표연설을 하였다. 그의 연설이 훌륭했다고 칭찬이 자자했다. 그의 자존심과 우월감이 하늘을 찌를 듯했을 것이다.

---

244) *First Korean Congress*, 1919, p. 57.

제2장   개혁자

1. 언론인

　서재필은 배재학당에서 학생들을 가르치기 시작하는 거의 동시에 1896년 4월 7일 『독립신문』을 창간하면서 백성을 상대로 계몽운동도 시작하였다. 『독립신문』이 나오기 전 10년 동안 조선에는 조선인 신문이 없었다. 10년 전에는 『한성주보』가 있었다. 『한성신보』도 있었지만 그것은 일인 신문이었다. 조선 백성은 그야말로 암흑에서 살고 있었다. 사대주의에 젖은 줄도 몰랐다. 『독립신문』이 창간된다는 정보를 들은 일본공사관은 한국에는 하나의 신문이면 족하다고 협박하며 방해하였다.
　서재필은 신문만으로는 부족하다고 생각했다. "나는 신문만으로는 대중에게 자유주의, 민주주의적 개혁사상을 고취하기가 곤란할 듯해 여러 가지로 생각하다가 무슨 정치적 당파를 하나 조직하여 여러 사람의 힘으로 그 사상을 널리 전파시켜야겠다고 『독립신문』을 창간한지 7, 8삭 후 우리 집에서 비로소 독립협회를 창설"했다.[245] 독립협회는 서울의 외교관과 개화파 인사들의 모임인 정동구락부에서 싹이 터서 건양협회의 영

---
245) 김도태, 『서재필박사자서전』, 수선사, 1948, 215쪽.

향을 받아 1896년 7월 2일 조직되었다.246) 독립협회는 사대주의의 상징인 영은문을 허물고 그 자리에 독립문 건립을 결의하였다. 준공식은 성대하였다. 1896년 11월의 일이다. 서재필은 말했다. "내가 본국에 돌아와서 제일 먼저 눈에 띈 것이 영은문이었다. 무엇보다도 이 더러운 문, 부끄러운 이 문을 없애야겠다고 굳은 결심을 하였다. 이 문을 없애는 것이 우리 국민의 소원일 것이다. 영은문을 없애고 그 자리에다 우리나라가 노예의 굴레를 벗어버리고 완전히 자주독립국이 되었다는 기념으로 새로이 독립문을 세우기로 한 것이다."247) 1897년 11월에 완공되었다. 독립관과 독립공원도 조성하였다. 이 행사에 배재학당의 학생들이 대거 참석하였다. 이승만은 독립협회의 회원이 되었다. 한국에서 선교사들이 발행하는 영문잡지에 다음과 같은 글이 실렸다. "한국은 너무나 중국의 사대주의 주독에 취해 있었으며…우리는 오늘날 20년 전의 그것[사대주의]에 비해 훨씬 발전된 모습을 보게 된다."248)

1898년 1월 1일 이승만은 주간신문 『협성회회보』의 주필이 되었다. 한국 최초의 학생신문 편집장이다. 그의 최초의 행렬은 여기에서 시작한다. 이 신문은 한국 최초의 한국인에 의한 신문이 되었다. 여기에 이승만은 한국 최초의 신체시를 발표했다.249) 『협성회회보』는 비록 학생신문이었지만 시의적절한 때 암흑의 세상에 등불이 되었다. "작은 신문이기는

---

246) 전택부, 『월남 이상재의 생애와 사상』, 50쪽.
247) *The Korean Repository*, vol.5, no.8, Aug. 1898.
248) Homer B. Hulbert, *The Korea Review*, 1901, p. 411.
249) 현대말로 다음과 같다. 슬프다 저 나무 다 늙었네 / 심악한 비바람 이리저리 급히 쳐 / 병들고 썩어서 반만 섰네 / 몇 백 년 큰 남기 오늘 위태롭도다 // 원수의 따짝새 밑을 쫓네 / 쫓고 또 쫓다가 고목이 부러지면 / 미욱한 저 새야 쫓지마라 / 네 처자 네 몸은 어듸 의지하려나 // 버티세 버티세 저 고목을 / 새 가지 새 잎이 다시 영화 봄 되면 / 뿌리만 굳박혀 반근 되면 / 강근이 자란 후 풍우 불외리라 // 쏘아라 저 포수 따짝새를 / 비바람을 도아 위망을 재촉하야 / 원수의 저 미물 남글 쪼아 / 너머지게 하니 어찌할꼬//

했으나 나는 그 지면을 통하여 자유와 평등이라는 위험한 사상을 나의 힘을 다하여 역설하였다."[250] 서재필의 가르침이 묻어난다. 당시에 당면한 국가적 문제는 독립의 보존과 개혁이었다. 젊은 혈기로 신문의 논조는 자연히 정부에 비판적이었다. 정부는 수구파가 장악하여 국제정세에 어두웠고 외국에 의지하였다. 왕실은 왕실대로 청국이 강하다 싶으면 청국에 의존하고 러시아가 믿음직하다고 생각되면 러시아에 붙고 일본이 청국을 이기자 일본을 경원하였다.

　당시는 언론 자유의 시기가 아니었다. 급진적인 기사에 사태를 우려한 아펜젤러 교장이 검열을 요구하자 이승만은 이를 거부하고 신문을 학교 밖으로 가지고 나왔다. 여기서 한 걸음 더 나아가서 1898년 4월 9일에 이것을 한국 최초의 일간지인 『매일신문』으로 창간하였다. 그리고 5월 16일에 러시아와 프랑스가 대한제국정부에게 토지와 광업에 무리한 이권을 요구하는 비밀 외교문서를 폭로하였다. 러시아의 압력에 정부는 이승만을 소환하였다. 그러나 이승만은 굴복하지 않았다. 한국 최초의 언론의 자유와 국가의 이익과의 논쟁을 불러 일으켰다. 서재필의 『독립신문』의 판매부수에 영향을 줄 정도로 장안의 인기가 높았다. 그러자 격일간이었던 『독립신문』도 일간으로 전환하였다. 이승만은 신문의 경쟁시대를 만들었다.

　『매일신문』의 경영문제가 불거지자 이승만은 여기서 나와 1898년 8월 10일에 『제국신문』을 창간하였다. 조선왕조는 그 전 해에 대한제국으로 승격하였으므로 중국의 영향에서 벗어났다는 의미이다. 그의 논설이 인기가 높아 궁중에서 엄비도 읽었다 전한다. 후술하는 만민공동회의 대정부 투쟁에서 당시 시대상황을 빠짐없이 전달하고 백성을 계몽하는데 커

---

[250] 이정식 지음, 권기붕 옮김, 『초대대통령 이승만의 청년시절』, 동아일보사, 2002, 274쪽.

다란 공헌을 하였다. 이 신문은 일제에 의해 폐간되던 1910년 8월까지 살아남았다. 그때까지 유일한 한글전용신문이 되어 일반 대중으로부터 환영받았다.

2. 중추원 의관

이승만은 신문을 통해 국민 계몽을 하는 한편 독립협회에서도 열심히 활동하였다. 갑오경장은 타의에 의한 정부주도의 변혁이지만 독립협회의 계몽운동은 자생적인 안으로부터의 변혁이었다. 이 협회는 서재필 이외에 윤치호, 남궁억, 정교, 이상재 등 개화파가 주도하였다. 윤치호(佐翁 尹致昊, 1864~1945)는 일찍이 일본, 중국, 미국에서 유학한 개혁자였다. 그의 부친 윤웅렬은 군부대신을 역임하였고 그의 부인은 임오군란 당시 청국함대를 이끌고 한국에 왔던 마건충의 조카였다. 그는 갑신정변으로 상해에 망명했는데 청일전쟁에서 일본이 승리하고 개화파가 정권을 잡자 서재필처럼 귀국할 수 있었다. 수구파의 모함과 위협으로 서재필이 미국으로 추방당했다. 1898년 5월의 일이다. 그의 뒤를 이어 윤치호가 독립협회와 『독립신문』을 맡으면서 급진적 자유주의의 기치를 세웠다. 이승만은 여기서 행동대의 선봉이 되었다.

청일전쟁에서 패배한 청국이 물러간 자리를 러시아가 넘보았다. 러시아는 부산 절영도와 진해를 해군기지로 사용하려고 하였다. 『독립신문』은 그 부당함을 맹공격하는 필봉을 휘두르는 한편 독립협회는 가두에서 실력행사를 하였다. 이승만도 『제국신문』에 절영도 문제에 격렬한 반대의 글을 쓰며 러시아의 야욕을 폭로하였다. 이때부터 그는 러시아에 대해 두려움과 함께 경계를 하였다.

독립협회는 1898년 3월 만민공동회를 종로에서 개최하였다. 이것은 초유의 일로서 1만 명이 모였다. 당시 서울인구가 25만이었다니 그 운집의 규모를 상상할 수 있다. 지금처럼 고층건물과 포장된 길도 없고 대중매체가 없는 사회에서 초가집과 좁은 길에 2개의 신문으로 그 정도로 많은 사람을 모은 적이 일찍이 없었다. 이승만은 『협성회회보』―『매일신문』―『제국신문』으로 옮기면서 필봉을 멈추지 않았고 배재학당의 협성회―독립협회―만민공동회로 이어지는 선상에 언제나 있었다. 그는 필봉만 휘두른 것이 아니다. 만민공동회의 가두연설로 인기를 얻었다. 그의 이름은 장안에 회자하였다. 독립협회의 목표는 의회를 개설하는 것이다. 만민공동회는 그것을 촉구하는 대회였다.

박정양 내각은 고종의 허락을 받아 중추원 관제를 반포하였다. 최초의 의회개설을 약속한 것이다. 그러나 조병식(趙秉式, 1832~1907)을 필두로 수구파가 독립협회를 탄압하기 시작하였다. 수구파는 대자보의 익명서를 조작하여 이상재, 남궁억 등 17명을 체포하고 독립협회를 혁파하였다. 혐의는 조작된 익명서에 적힌 대로 군주제를 공화제로 바꾼다는 역적모의였다. 윤치호는 아펜젤러 집으로 피신하였다. 이승만도 그곳으로 피했다.

그러나 이승만은 다시 밖으로 나와 군중을 이끌고 경무청으로 가서 체포된 17명의 독립협회 회원의 석방을 요구하는 시위를 하였다. 그는 모닥불 앞에서 밤새 연설을 하였다. 아버지와 아펜젤러 교장이 찾아와 만류하였으나 듣지 않았다. 고종이 마음을 바꾸어 개화파에 대한 유화책으로 요구를 들어주었다. 고종은 개화파와 수구파 사이에서 갈팡질팡하고 있었다. 체포된 17명은 모두 석방되었고 독립협회도 복설되었다. 고종은 개화파 민영환을 중심으로 새 정부를 구성하게 하였다. 일단 수구파는 물러났다.

처음으로 여론의 힘을 맛본 이승만은 여기서 그치질 않고 대한문 앞에서 강도 높은 개혁을 요구하였다. 그러나 당시 조병식으로 대표되는 수구파는 순순히 물러나지 않았다. 고종은 다시 마음이 변하여 강경책으로 돌아서 독립협회를 탄압하였다. 수구파는 황국협회의 보부상을 불러들여 맞불을 놓았다. 덕수궁 앞에서 시위군중이 보부상과 한판 격돌하였다. 1898년 11월 28일 "이상재를 총사령관 격으로 이승만을 전위부대장 격으로 삼아" 대거 서대문 밖으로 나가 전국에서 마포에 모인 보부상 본거지를 습격하였다. 그러나 중과부적으로 보부상들의 반격에 시위군중은 지리멸렬 흩어지며 이승만도 몸을 피했다. 그러나 그는 만만히 피하지 않고 적의 중심부를 유유히 걸어서 돌파하였다. 아무도 그를 미처 알아차리지 못했다. 배재학당에서 다시 모인 학생들은 이승만을 앞세우고 종로로 가자 이승만은 밤새도록 연설을 하였다. 이때 독립협회 회원 김덕구가 사망하였다. 장례식에 수많은 군중이 모였는데 그에게 의사의 칭호가 주어졌다. 아마 조선 역사상 시위에서 사망한 최초의 의사일 것이다.

다음날 고종은 개화파를 무마하려고 왕의 자문기관인 중추원을 부활시키며 독립협회 회원들을 참여시키는 조치를 취했다. 중추원 의관 50명 가운데 25명이 할당되었다. 윤치호가 부의장이 되었고 이승만이 의관이 되었다. 1898년 12월 16일 그의 나이 23세의 일이다. 낙방거사 이승만이 처음으로 얻은 관직이었다. 그러나 그의 혈기는 높았으나 정치경험은 일천한 순진한 청년이었다. 일본공사관에서 개화파 의관을 포섭하려고 친일파 청년들을 시켜 이승만에게 접근하였다. 그들은 이승만 등에게 속삭였다. 조선이 독립을 보전하려면 청국과 러시아의 위협을 물리쳐야 하는데 일본의 도움이 필요하다. 이승만은 청국은 사대주의의 근원이어서 싫어하고 러시아는 그 야욕이 두려워서 멀리하였다.

이승만 등 젊은 급진주의자들은 12월 16일 개원하는 "중추원에서 박영효의 귀환을 정부에 제안하자고 동의를 했다." 그리고 그날 중추원에서 11명의 대신을 천거했는데 그 명단에 박영효(朴泳孝, 1861~1939)의 이름이 들어가 있었다. 윤치호는 이를 우려하였다. "중추원이 박영효의 송환을 통과시키자마자 민심은 독립협회와 만민공동회에 반기를 들었고 사람들은 역도 박영효를 황제에게 밀어붙이려고 한다며 욕을 퍼붓기 시작했다." 이로써 만민공동회는 사람들의 지지를 받지 못하게 되었다. 말하자면 국왕의 역린을 건드린 것이다. 고종은 박영효의 귀환을 주장하는 자들을 강력히 비난하며 군대를 동원하였다. 그리고 귀환에 동조한 중추원 의관들을 파면하였다. 중추원은 개원하자마자 그 의미를 상실해 버렸다. 이승만의 중추원 의관은 보름 만에 끝났다. 독립협회도 해산되었다. 이승만은 고종을 폐위하고 박영효와 공모하여 공화정부를 세우려 했다는 음모로 기소되었다. 이제 그는 대역모의의 국사범이 되어 쫓기는 신세가 되었다. 그는 미국 선교사의 보호 속으로 몸을 숨겼다. 이것이 박영효 사건이다. 1898년 12월 25일의 일이다.

박영효는 철종의 부마이다. 그는 고종이 무시할 수 없는 존재이며 그만큼 출중하였다. 21세의 나이에 특사로 일본에 3개월 다녀온 경험에서 일본의 개혁을 보았다. 그가 갑신정변에 참여한 것도 이러한 배경 탓이다. 정변의 실패로 10년간 일본에서 도피생활을 하며 기회를 엿보고 있었다. 일본이 청일전쟁의 승리로 조선에서 발언권이 강해진 덕택에 박영효는 귀국할 수 있었다. 일본을 업고 개혁을 하던 도중 러시아가 주동이 된 삼국간섭으로 일본의 열세가 노출되자 조선정부 특히 명성왕후가 러시아에 붙었다. 박영효는 여기서 개혁을 위해 왕을 폐위하고 왕비도 제거하려고 하였는데 실패하여 다시 일본으로 망명하였다. 일본은 다시 그를 이용하려고 자금을 공급하며 젊은 친일파 한국인들을 포섭하였다.

그리고 친일파 한국인들은 친미 개혁파에 접근하였다. "일본사람들은 민족주의 간부와 교분을 갖는데 활발했고 민첩했다. 그들은 일본에 오랫동안 머물고 있던 한국인 망명객들을 이용하여 민족주의자들의 호감을 사기 위해 할 수 있는 일은 다했다.…몇 명의 한국인 망명객들이 일본에서 돌아와서 서울 내 일본인 거주지에서 머물면서 돈을 쓰기를 물같이 했다. 당시 나[이승만]는 너무나 순진하고 젊어서 그들이 물같이 쓰고 있는 돈이 어디에서 나오는지 의심하지를 않았다. 그러나 나는 후일 이들이 미국의 영향 하에 있던 한국인 지도자들을 그들 쪽으로 끌어들이려고 했다는 것을 알게 되었다. 당시 나는 대동합방론을 주창하는 이들과 여러 차례 비밀회담을 가졌다."251)

이런 방식으로 일본은 독립협회를 무너뜨릴 기회를 엿보았다. 의외로 독립협회 젊은 급진주의자들이 그 구실을 만들어 주었다. 다시 말하면 박영효 사건은 일본이 쳐놓은 덫이었다.252) 윤치호가 우려한 것이 바로 이 점이었다. 그는 갑신정변의 교훈을 잊지 않고 있었다. 그는 중추원에서 박영효를 언급도 하지 말라고 주장하였으나 이승만 등 젊은 급진주의들이 무시했다.

일본은 치밀하였다. 급진주의자들에게 덫을 놓는 한편 고종에게 군대를 동원할 수 있는 구실도 제공하였다. 고종은 사태수습을 위해 수구파와 함께 군대동원을 생각했다. 그러나 미국, 영국공사들이 전례가 없는 일이라고 반대했으나 일본공사만은 찬성하였다. 일본에서도 명치유신 초에 군대를 동원하여 혼란을 막은 적이 있다고 설명하였다. 고종은 여기에 힘을 얻어 수구파의 주장대로 군대를 동원한 것이다.253) 그러나 이에 대한 결정적 증거는 아직 발견되지 않고 있다 한다.254) 어찌되었던 독립협

---

251) 이승만, 『비망록, *Rough Sketch*』. 이정식, 『이승만의 구한말 개혁운동』, 80쪽에서 재인용.
252) 신용하, 『독립협회연구』, 일조각, 1976, 496쪽.
253) 이정식, 『이승만의 구한말 개혁운동』, 89-91쪽.
254) 이정식, 『이승만의 구한말 개혁운동』, 91쪽.

회가 거북하였던 일본의 작전은 이래서 두 번째로 성공한 것이다. 첫 번째 성공은 서재필의 추방이었다. 서재필은 후일 회고하였다.

> 독립협회의 소멸은 한국 역사상 가장 불행한 일의 하나이지만, 여기서 한 가지 위안을 받는 일은 이 운동을 통해서 민주주의의 씨가 비로소 한국에 뿌려졌다는 것이요, 또한 현재 한국의 독립운동을 지도하는 인물들이 대개는 옛날 독립협회가 무너진 후에 일어난 대대적인 박해를 피해서 용케 그 목숨을 건진 옛날의 독립협회 회원들이라는 것이다. 금년[1919년] 이 민족에 의해서 선출된 8명의 [임시정부] 각료 가운데 6명이 독립협회 때 활약한 회원들이었던 것이다.[255]

3. 대역죄인

이승만은 대한제국 말기 두 가지 대사건인 춘생문사건과 박영효사건에 모두 관계자가 되었다. 더구나 박영효사건은 대역사건이다. 이승만이 선교사의 거처 [배재학당 혹은 에비슨 집]에 몸을 숨긴지 19일째. 그가 숨어 있을 때 선교사들은 그가 안전한지 매일 와서 방문하였다. 이승만은 이것이 한국 독립정신에 어긋나는 것이라고 싫어했다. 그는 밖에 나가 다시 대중운동을 일으키길 원했다. 주시경이 밖에 수천 명이 지도자를 기다리고 있다고 말했다.[256] 마침 환자에 왕진가는 의료선교사 셔먼(Harry C. Sherman) 박사를 만났다. 그가 이승만에게 통역을 부탁하자 기꺼이 따라 나섰다가 그만 체포되었다. 윤치호는 그의 일기에서 이승만의 경솔함을 나무라며 안타까워하고 있다. 그러나 당시 이승만은 다른 일도 아닌 환자의 일이었기에 의사의 요청을 뿌리치지 못했을 수도 있다. 그는

---

255) McKenzie, *Korea's Fight for Freedom*, Fleming H. Revell, 1920, p. 74. 이광린 역, 『한국의 독립운동』, 47쪽.
256) Oliver, *Syngman Rhee The Man behind the Myth*, p. 45.

후술하는 대로 감옥에서 하루에도 여러 명이 쓰러지는 콜레라 환자들 집단 속에서 자신의 몸은 생각하지 않고 물불 가리지 않고 돌보았다는 점을 생각하면 수긍할 수 있다. 그가 살아난 것은 기적이다. 또는 이 기회에 다시 대중운동을 일으키려고 했는지도 모른다. 또한 치외법권의 미국 의사였기에 자신이 보호될 줄 믿었을 수 있다. 아닌 게 아니라 셔먼 의사는 당장 미국공사관으로 달려가 알렌 공사에게 이 사실을 보고하였다. 이승만의 체포는 미국 선교사들 사이에 비상한 관심을 일으켰다.

그들의 노력으로 이승만의 석방이 임박하였다. 이것은 이승만이 셔만 의사를 따라나선 것이 미국의 치외법권이 이승만에게도 어느 정도 영향을 미쳤다고 볼 수 있다는 점에서 수긍할 수 있다. 그러나 이러한 사실을 모르는 배재학당 친구들의 도움으로 이승만은 감옥동료 둘과 탈옥을 했는데 그 가운데 하나는 만주까지 도망가는데 성공했지만 이승만과 최정식은 다시 붙잡혔다. 탈옥 과정에서 최정식은 육혈포로 옥리를 사격하였음이 드러나서 교수형을 당했다. 그 육혈포를 차입한 친구 가운데 한 사람이 주시경이다. 최정식은 형장으로 끌려가면서 이승만의 이름을 불렀다. "이승만 씨, 잘 있으시오. 당신은 살아서 우리가 같이 시작한 일을 끝맺으시오." 최정식은 배재학당 학우이며 독립협회에서 연설 잘하기로 소문이 자자한 청년이었다. 그는 고종이 약속을 안 지킨다고 연설하였다가 잡혀왔다. 판결조서에는 육혈포를 발포한 것은 최정식이 아니라 이승만이라는 정황도 있다. 이승만은 종신형에 100대 태형이 언도되었다. 그 집행자가 총을 맞았다는 바로 그 옥리였다. 그러나 그는 매를 때리는 시늉만 내었다. 이승만의 부친이 뇌물을 수여했을지도 모른다. 그러나 이승만이 정말 발포했다면 그가 뇌물로 시늉만 냈을까. 모를 일이다.

이승만은 한성감옥에 수감되었다. 그곳에서 이미 수감된 이상재, 김정식, 홍재기, 유성준 등을 만날 수 있었다. 이들 독립협회 회원들은 수구파의 모함으로 재수감된 것이다. 이상재는 아들과 함께 옥살이를 하고 있었다. 학생운동하다 잡혀온 신흥우도 만날 수 있었고 그밖에 박용만과 정순만도 있었다. 특히 사람들은 후자의 두 명과 이승만을 합하여 3만이라고 불렀다.

  감옥은 상상을 초월하는 지옥이었다. 마침 당시의 기록이 남아 있어 당시 한성감옥의 실태를 알 수 있다. 죄수들은 좁은 공간에 거의 포개진 상태로 수감되었다. 말로 다할 수 없는 잔인한 고문을 받은 이승만은 목에 나무칼을 메고 손발에는 차꼬를 찼다. 중죄인이었다. 고문의 후유증은 오래 남아 노년에도 손톱 밑을 만지작거렸다. 나무칼은 두 명이 함께 메었는데 매일 사형수를 부를 때마다 아직 미결수였던 이승만은 내 차례로구나 각오하곤 하였다. 그럴 때마다 옆의 죄수가 끌려가곤 하였다. 이승만은 말로 그를 위로할 수밖에 없었다. 밖에서 들려오는 소문을 듣자니 이승만이 사형당해서 그 부친이 시체를 찾으러 왔다 한다. 이런 식으로 그는 17개월을 2인용 나무칼을 메고 차꼬를 차고 말 못하는 고통을 이겨냈다. 제일 괴로운 일은 빈대의 공격이었다. 손발을 쓸 수 없으니 온 몸에 기어 다니며 흡혈하는 빈대 부대를 일본육사 출신 김형섭(1878~1929) 죄수도 어쩔 도리가 없었다. 누군가 손으로 쓸어내려주면 고추씨 빠지듯 후두둑 떨어졌다. 그도 다른 일로 박영효와 연루되었다는 혐의로 옥살이를 하고 있었다. 최초의 성경번역자 이수정도 같은 혐의로 처형되었다. 고종은 박영효에게 열등감이 있었던 것 같다. 그러니 이승만이 박영효사건에 걸려든 것은 중죄 중에 중죄였다. 그나마 살아남은 것이 다행이었다. 선교사들의 구명운동과 왕족의 신분이 그를 살렸다.

  죽음의 갈림 길에서 그는 배재학당에서 건성 들은 성경구절이 떠올랐다. 이때 그는 자신도 모르는 사이 간절한 기도를 드렸던 같다. "오 하나님! 저의 영혼을 구해 주시옵소서. 오 하나님! 우리나라를 구해 주시옵소서." 고집불통 이승만이 예수 앞에 꿇는 순간이었다. 두 번째 고집이 꺾인 것이다. 첫 번째는 배재학당에서 유학을 버리고 서양학문을 받아들일 때였다. 그는 그 상징으로 단발을 하였다. 이렇게 하여 그는 양반 지식인으로 최초의 기독교인이 된 것이다. 불교신자 어머니와 철석같은 약속을 저버리며 기독교로 개종하였다. 신문과 서적의 반입이 금지되었지만 에비슨 박사를 통하여 세계적인 선교사 에디(Sherwood Eddy, 1871~1963)의 영어 신약성경이 몰래 반입되었다. 당시 죄수들에게 요강 크기의 항아리 하나씩 허락되었다. 그것을 누여놓고 그 속에 촛불을 밝히면 성경을 읽을 수 있었다. 그러나 그는 나무칼을 쓰고 손발이 차꼬에 묶여 스스로 책장을 넘길 수 없었다. 손발이 자유로운 동료죄수가 도와주었다. 다른 죄수는 망을 보았다. 옥리가 순찰하면 항아리 입구를 벽에 밀착시켜 촛불을 감춤으로써 발각을 피할 수 있었다.

드디어 기결수가 되어 나무칼과 차꼬에서 풀려났다. 그러자 감옥 내에 콜레라가 돌았다. 매일 희생자가 속출하였다. 어느 날은 17명의 환자죄수가 죽었다. 그는 그들을 맨손으로 치웠다. 이승만은 제중원의 에비슨 박사에게 부탁하여 의약품을 반입하고 환자들을 돌보는데 앞장서서 복음을 전파하였다. "이런 기회를 당하여 복음 말씀을 가르치게 됨에 기쁨을 이기지 못할지라." 그는 자신의 몸을 돌보지 않았지만 어릴 때 천연두를 이긴 그의 강인한 체력이 그를 콜레라 속에서도 다시 살렸다. 그 가운데에서도 『제국신문』에 콜레라 예방에 대하여 기고를 하였다.

부디 요사한 말 믿어 재앙이나 귀신의 벌로 알지 말지라.

이것은 아무래도 에비슨 박사의 유인물에 영향을 받은 것 같다.

콜레라는 귀신의 장난이 아니다. 콜레라균이 음식을 통해서 몸으로 들어

가서 생기는 병이다. 음식을 불로 요리하거나 물에 끓이면 균이 죽는다. 끓인 물만 마셔라. 끓인 음식만 먹고 항상 손을 씻어라. 그릇도 씻어야 한다. 이것을 지키는 사람은 콜레라에 걸리지 않는다.257)

이승만이 콜레라에서 살아남은 것은 이 지침을 지켰던 덕택이었을까. 그러나 탈황증으로 죽을 뻔하였다. 그는 콜레라 사망자의 이름과 수효를 기록하였다. 그는 일찍부터 기록광이었다. 어떤 사명감 없이는 그러하지 못했을 것이다. 그것도 가장 열악한 감옥이었기에 보통사람이라면 엄두도 나지 않았을 것이다. 그 덕택에 오늘날 우리는 당시의 사정을 알 수 있게 되었다.

4. 감옥학교

열악한 감옥사정은 새로 부임한 감옥서장 김영선 덕택에 크게 나아졌다. 여기에는 여러 가지 얘기가 전해온다. 이승만 논설의 애독자였던 엄비의 후의라고 한다. 어찌되었던 이승만의 옥살이는 크게 나아졌다. 선교사들의 구명운동도 꾸준하였다. 이승만은 김영선에게 편지를 써서 감옥 안에 도서실과 학교를 만들었다. 이것은 한국 역사상 초유의 일이다. 문맹죄수에게 글을 가르쳤다. 도서실에는 약 250권의 책을 수집할 수 있었다. 독지가들이 보내준 것도 있고 헌금한 돈으로 구입한 것도 있다. 당시 이승만의 기록 덕택에 오늘날 우리는 그 사정을 알 수 있다. 이승만은 도서대출장도 만들었다. 이것을 보면 감옥 밖의 사람도 빌려간 흔적이 있다. 그 자신 엄청난 양의 독서를 하였다. 특히 영어잡지를 구독하여 당시 그 누구보다도 세상사정을 잘 알고 있었다. 영어를 비롯한 외국어를

---

257) Avison, *Creating A Medical School in Korea*, University of Toronto Monthly, November 1937; 김학은, 『루이스 헨리 세브란스』, 389쪽.

해득할 수 있는 사람이 희귀했던 탓이다. 그리고 독서 목록을 만드는 것을 잊지 않았다. 그는 새로운 지식에 갈급하고 있었던 것이다.

이승만은 영어신문과 잡지를 읽으며 좋은 문장을 암기하였다. 영한사전도 만들었다. 러일전쟁의 발발로『독립정신』의 저술이 시급해져서 비록 F항에서 멈추었지만 그는 사전을 통째로 외웠다. 이 작업을 위해서 일본어 사전이 필요하자 독학으로 일본어도 공부하였다. 만일 영한사전이 완성되었다면 한국 역사상 최초가 되었을 것이다. 수감되기 이전에 몸담았던『제국신문』에도 잊지 않고 계속 익명으로 논설을 기고하였다. 이 감옥에서 그는『청일전기』를 편찬했으며『독립정신』을 탈고하였다. 그밖에 기록할 만한 것은 모두 기록하였다. 묵은 신문지에 붓글씨 연습도 게을리하지 않았다. 오늘날 그의 서예는 높은 경지에 이르렀다고 평가받는다. 붉은 물감을 얻어서 세계 각국의 조약문, 세계 위인 목록, 미국 교육제도 등도 번역하였다. 종이로 미루어 보면 선교사가 넣어준 공책에 썼다. 출판이 약속된 것이 아니다. 더욱이『독립정신』은 발각되면 중죄인의 신상에 위태로웠다. 이 책을 쓸 때 동료죄수가 망을 보았다. 감옥은 그에게 대학이 되었다.

5. 감옥교회

그 자신 최초의 양반 기독교인이 되는데 만족하지 않고 콜레라의 아비규환 속에서 동료죄수들을 상대로 전도하였다. 그 결과 전 주미공사관 1등서기관 이상재, 전 경무관 김정식, 전 개성군수 홍재기, 전 강화진위대장교 유동근 등 독립협회 회원들이 기독교를 받아들였다. 심지어 한성감옥 간수장 이중진도 기독교를 받아들였다. 한국 역사상 최초의 양반계층에서 기독교인이 탄생한 것이다. 이승만이 감옥교회를 세운 것이다. 이것이 그가 세운 첫 번째 교회였다. 지옥을 천당으로 만들었다. 이들은 출옥 후에 무더기로 게일(James S. Gale, 1863~1937) 선교사의 연동교회 신자가 되었고 마침 창설된 종로 황성기독교청년회의 주요간부가 되어 한국 근대화에 커다란 공헌을 남겼다.

6. 출옥

감옥학교와 감옥교회는 훗날 이승만이 하와이에서 창립한 한인기독교회와 한인기독학원의 전례가 되었다. 그는 감옥 밖에서 기독교교육을 위하여 일생을 바치기를 원했다. 그러나 국왕이 언더우드에게 약속한 만수절 이승만의 특사는 지켜지지 않았다. 영향력 있는 선교사들이 연서로 항의편지를 내무협판에게 보냈으나 묵묵부답이 되었다. 이승만에 대한 선교사들의 기대는 존스(George H. Jones, 1867~1919) 목사의 편지에 잘 나타나고 있다. "지난 일요일에 부친을 만나 황제께서 얼마 전에 발표하신 사면령에 당신을 포함시키지 않았다는 이야기를 들었습니다.…그러나 낙담하지 마시오. 하나님을 믿으시오.…당신이 출옥하여 한국을 기독교 국가로 만들기 위한 우리의 노력을 돕기를 바라고 기도합니다."[258] 그때 이승만은 주한 미국공사 알렌이 일본공사관과 대한정부에 자신을 보호하고 종국에는 석방할 것을 교섭하고 있다는 소문을 들었다. 이승만은 그에게 정중한 거절의 편지를 썼다. "한국 죄수의 보호를 이웃나라 공사에게 넌지시 부탁하는 것은 우리 한국의 독립을 존중하시는 의도에 위배되며 귀국과 우리나라의 우의를 손상시키는 일입니다. 생은 차라리 억울함을 품고 달갑게 죽을지언정 이 일만은 참으로 원하지 않는 바이오."[259] 죽음 앞에서도 잃지 않는

---

258) Oliver, *Syngman Rhee, The Man behind the Myth,* 1960, pp. 66-67.
259) 『우남이승만문서 : 동문편』, 2, 연세대학교 현대한국학연구소, 1998, 120-121쪽.

이승만의 독립정신과 배일의식을 보여 준다.

많은 죄수들이 풀려나가는데 아들이 빠진 것을 알고 아버지 이경선은 여러 곳에 아들의 석방을 부탁하였다. 이승만도 여러 곳에 편지를 썼다. 한규설에게 썼다. 그는 자신이 그럴만한 능력이 없다고 아쉬워하는 답장을 보냈다. 이승만은 고종의 외척 민영환에게도 썼다. 그는 독립협회에 관여한 적이 있던 개화파였다. 아버지는 결국 조정의 실력자 이지용에게 부탁하였다. 그는 고종의 종질이며 왕족인 이승만과 먼 족척이다. 이지용은 답장에서 "여러 차례 법부대신에게 이야기했고 사리국장에게도 부탁했[다]"고 말하며 "이 죄인은 다른 사람과 비교할 수 없으므로" 사면 명단에 포함시킬 수 없다는 법부대신의 말도 전했다. 그러나 너무 염려하지 말고 기다리라고 위로하였다.

한일의정서가 교환된 후 고종은 일본공사의 요구도 참작하여 개혁관료로 개각을 하였다. 한규설이 의정부 찬정, 민영환이 내무대신, 윤치호가 외부협판, 박정양이 탁지부대신이 기용되었다. 모두 이승만 사면에 지지자들이다. 다행스러운 점은 무엇보다도 이지용 자신이 법부대신이 되었다. 마침내 1904년 8월 7일 이승만은 특사로 풀려나왔다. 그의 나이 30세의 일이다. 수감된 지 5년 7개월 만이다. 그의 출옥을 영문월간지 『코리아 리뷰』와 『황성신문』이 보도하였다. 윤치호도 기록을 남겼다. 그는 출옥 다음날 찾아갔다가 이승만의 영어 실력이 크게 성장한 것을 보고 "놀라운 청년"이라고 감탄하였다. 감옥기간 동안 얼마나 영어를 연마했는지 알 수 있다. 배재학당에서 출옥기념예배가 열렸다. 여기서 감옥에서 겪었던 그의 신앙 간증에 감화되어 목사가 된 사람도 있었다. 이정식은 감옥기간을 이승만이 급진주의자에서 기독교 입국론자로 변한 시간으로 요약하였다.[260]

---

260) 이정식, 『이승만의 구한말 개혁운동』, 2005.

제3장 교육자

1. 상동청년학원

이승만은 깨달았을 것이다. 종교교육과 학교교육이 뒷받침되지 않은 독립운동은 실패한다는 것을 죽음 문턱에서 배웠다. 이미 언론인으로 필봉을 휘둘러 백성을 깨우쳐 보았으나 이보다 교육현장에서 후학을 길러내는 것이 더 중요하다고 생각하였다. 그것은 급진적으로 성취되는 것이 아니었다. 얼마나 걸릴지 아무도 모르는 장기전이 될 것이다. 그는 썼다. "일심으로 새것을 배우며 다만 배우기만 할 뿐만 아니라 그 배우는 것을 곧 행하여[야 한다.]" 그러면 "밤낮으로 변하여 사람과 집안과 나라이 낱낱이 새것이 되어 장차 10~20년 안에는 전국이 다 영, 미국 같이 되게 우리 손으로 만들기를 일심으로 힘쓸진대 어찌 일본만 못할 것을 염려하리요."261)

출옥한 이승만은 상동교회의 상동청년학원 교장이 되었다. 이 학교는 "우리 손으로 만들기를 힘쓴" 사립학교이다. 이 학교의 교사진은 당대의 내노라 하는 인재들이었다. 그 이름만 보아도 주시경, 남궁억, 최남선,

---

261) 『풀어 쓴 독립정신』, 263쪽.

전덕기 등이다. 이 학교는 후일 다른 사립학교의 모범이 되었다. 여기서도 이승만은 신교육운동의 선구자가 되었다. 그는 체육, 지육, 덕육을 교육의 목표로 삼았다. 그러나 그 포부는 3주 만에 끝났다. 미국으로 떠나야 했기 때문이다.

2 밀사

서재필은 배재학당 시절의 이승만을 회고하였다. "그[이승만]는 자신의 생애를 교육 사업에 바치기를 원했고 나[서재필]의 활동에 대하여 깊은 관심을 가지고 있었다. 나는 그에게 만일 그의 생애를 한국 민중의 복지를 위하여 바치기를 원한다면 먼저 유럽이나 미국에 가서 교양교육을 받고 지도력을 갖출 준비를 해야 한다고 말했다."[262] 이승만에게 미국에 갈 기회가 왔다.

민영환은 러일전쟁의 강화회의에 한국 사정을 제출할 사람을 비밀리에 물색하고 있었다. 그는 강화의 대가로 러일이 한국을 희생의 제물로 삼을까 우려하였다. 그는 조미우호통상조약의 거중조정 조항에 매달리는 수밖에 없었다. 번역본 조약 제1조는 "만약 제3국이 어떤 불공평하고 경솔한 행동을 한다면 통보를 하고 필수로 서로 간에 도와야 할 것이고, 알선을 통해 평화적인 타협에 도달할 수 있게 하며, 그렇게 함으로써 그들의 우호 관계를 보이도록 한다"라고 되어 있다. 밀사를 제안한 사람이 이승만이었다 한다.[263] 그러나 "민[영환]공은 나를 미합중국 공사에 임명시키려 하였는데" 일본은 이미 황제로부터 자신을 대표할 수 있는 법적 권한을 한일의정서(1904. 8)에 의해 박탈당한 뒤였다. 그래서 "그[민영환]

---

262) 유영익, 『젊은 날의 이승만-한성감옥생활(19899~1904)과 옥중잡기』, 연세대학교 출판부, 2002, 170쪽.
263) 손세일, 『이승만과 김구 1-3』, 234쪽.

의 개인 사절로 내[이승만]를 미국에 보내"게 되었다.

이승만은 이른바 "외교문서"라는 것을 갖고 미국으로 떠났다. 그것은 민영환과 한규설이 워싱턴에 주미공사에게 보내는 서찰과 딘스모어(Hugh A. Dinsmore, 1850~1930) 하원의원 앞으로 써준 편지였다. 딘스모어는 1887~1890년에 주한 미국공사로 근무한 친한 인사로 귀국 후에 아칸소주 하원의원이 되었다. 이승만은 이밖에 19통의 추천서를 언더우드, 게일, 질레트, 존스, 스크랜턴, 벙커 등 선교사들로부터 받았다. 선교사들은 이승만이 사명을 마치면 학업을 계속한 뒤 귀국하여 기독교교육을 위해 일해주기를 기대하였다. 이승만의 여비는 여러 사람들이 십시일반으로 모았다. 민영환과 한규설도 도왔고 감옥의 간수장으로 이승만 덕택에 기독교인이 된 이중진도 보탰다. 그는 자신의 동생 이중혁을 부탁하였다. 이승만은 그를 미국으로 데리고 갔다.

이승만과 이중혁은 1904년 11월 4일 조국을 떠났다. 일본의 감시를 피하려고 학생 신분으로 위장하였다. 그날 눈이 내렸다. 아버지, 아내, 아들을 두고 일본의 눈을 피해 밀사로 떠나는 그의 마음이 어떠했을까. 여비도 충분하지 않았지만 무엇보다 의심을 사지 않으려고 최하급 선실에 탔다. 거기에는 중국인 노동자들과 조선인 이민자들이 있었다. 이승만은 중국인 노동자들이 불결하여 사람 대접받지 못한다고 글로 남겼다. 이승만은 기회가 닿는 대로 청결의 중요성을 강조한다.

일본을 거쳐 호놀룰루항에 도착한 것은 11월 29일 아침이었다. 하루 정박하는 틈을 타서 이승만은 하선하였다. 배재학당 동창인 윤병구 목사가 마중 나와 있었다. 그의 안내로 한국인 교회에 가서 연설을 하였다. "동포들은 그의 연설에…울었다." 하와이 이민의 역사는 1890년대로 거슬러 올라갈 수 있지만 정부가 공식적으로 이민을 주관한 것은 1902년이었다. 그로부터 1904년까지 약 5천명이 하와이로 왔다. 그곳 사탕수수밭에서 고된 노동에 종사하고 있었다. 1905년 일제에 의해 이민이 금지될 때까지 약 7천명에 이를 것이다. 이들은 뒷날 독립운동의 모태가 되었다. 그날 그의 연설에 감동 받은 그들이 뒷날 이승만의 독립운동을 도와준다. 이승만은 윤병구 목사와 러일 강화조약에 대한 대책을 상의하였다. 다음 날 이승만은 다시 연설을 하였고 그들은 여비를 지원하였다. 그리고 호놀룰루를 떠났다.

샌프란시스코를 거쳐 로스앤젤레스에서 옥중동지였던 신흥우를 만났다. 그는 대학에 재학 중이었다. 여비가 충분하지 않아서 이중혁은 그곳에 남고 이승만만 홀로 워싱턴으로 향했다. 도착한 시간을 보니 1904년 12월 31일 밤이었다. 고국을 떠난 지 56일 만이다. 워싱턴에도 눈이 내리고 있었다. 이튿날은 일요일이었다. 커버넌트 장로교회를 찾아가서 아침예배를 보았다. 존 헤이(John M. Hay, 1838~1905) 미국 국무장관은 그 교회 신자였다. 신년예배였으니 헤이 장관도 참석했을지 모른다. 그랬다면 이승만은 감옥에서 손수 작성한 세계유명인사록에 헤이 장관을 올려놓은 적이 있었던 만큼 그 기회를 지나치지 않았을 것이다. 담임목사인 햄린(Lewis Hamlin) 박사에게 게일 목사가 써준 추천서를 제시하였다. 점심을 햄린 목사 집에서 먹고 저녁예배에도 참석하였다.

한국공사관을 찾아가니 참사관 김윤정이 있었다. 그는 햄린 목사가 알선하여 하워드대학에 입학했다. 공사관에는 민영환으로부터 이승만을 도우라는 전갈이 도착해 있었다. 이승만은 지체하지 않고 딘스모어 의원을 방문했다.

3. 존 헤이

딘스모어 의원은 "두 옛 친구[민영환과 한규설]로부터 소식을 듣게 되어 무척이나 기뻐했고 이승만을 위해 존 헤이 국무장관과의 면담을 주선해 주겠다고 약속했다."264) 그 약속은 그해 2월에 헤이의 국무장관 집무실에서 이루어졌다. 헤이는 말했다.

> 장로교인으로써 한국의 교회사업에 대단히 큰 흥미를 갖고 있습니다. [러일]전쟁이 일어났을 때 평안도 지방에 거주하는 미국 선교사들이 할 일을 두고 떠날 수 없다는 이유로 미국정부의 철수 권고를 거절했다는 알렌 공사의 소식에 감격했습니다.265)

평양은 러일전쟁 격전지 가운데 하나였다. 헤이는 러일전쟁 개전 직전인 1904년 1월 6일 서울 미국공사관에 미군 사병 36명과 장교 4명을 급파했을 정도로 한국정세를 잘 알고 있었다. 이승만이 헤이 장관에게 말했다.

> 우리 한국 사람들은 귀하께서 중국에 대하여 하신 것과 같이 우리 한국에 대해서도 힘써주시기를 갈망하고 있습니다.266)

헤이 장관은 자신의 문호개방정책에 관한 이승만의 말이 마음에 들었던지 말했다.

> 나 개인적으로도 혹은 미국정부를 대표하는 의미에서도 기회가 있을 때마다 [조미우호통상]조약상의 의무를 이행하기 위하여 최선을 다 하겠습니다.

딘스모어가 존 헤이를 소개한 것이 그가 자발적으로 한 것일까, 아니

---

264) Oliver, *Syngman Rhee: The Man behind the Myth*, p. 81.
265) 이원순, 『인간 이승만』, 94쪽.
266) 이원순, 『인간 이승만』, 94쪽.

면 민영환과 한규설의 편지부탁에 의한 것일까. 이 궁금증에 대한 추론은 초기 한미관계 특히 인적관계를 엿보는데 도움이 된다.

러일전쟁에서 선교사들이 철수지시를 무시하고 평양을 떠나지 않았는데 그때 마페트 박사의 결심이 중요하였다. 헤이는 이 일화를 보고받고 인상적으로 기억하고 있어서 이승만과 만난 자리에서 이 일화를 꺼낼 수 있었다. 그렇지 않아도 당시 헤이에게 한국은 골치 아픈 나라였기에 잘 알고 있었다. 조미우호통상조약을 체결했지만 알고 보니 실수였다. 시어도어 루스벨트 대통령이 이 조약에서 벗어나고 싶을 때였다.

헤이 장관에게는 한국과 또 다른 인연이 있었다. 이승만이 출옥한 직후인 9월 23일 서울역 앞에는 현대식 병원이 준공되었다. 병원 이름은 그 기증자의 이름을 따서 세브란스 기념병원이라 명명하였다. 장안의 명사들이 구름처럼 초대되었다. 미국공사 알렌은 이 준공식을 외교문서로 헤이 국무장관에게 보고하였다. 그 2년 전 추수감사절에는 정초식을 보고하였다. 이 두 보고서에 세브란스 기념병원이라는 이름이 등장한다. 헨리 루이스 세브란스(Louis H. Severance, 1838~1913)는 록펠러와 함께 스탠더드 오일 회사를 세운 거부이다. 그는 막대한 돈을 기독교 자선에 기부하였다.

세브란스는 오래 동안 클리블랜드 소재 웨스턴 리저브 대학Western Reserve University의 이사로서 이 대학에 많은 건물을 기증하였다. 그 웨스턴 리저브 대학의 이사장이 거부 아마사 스톤이었는데 그의 맏사위가 존 헤이였다. 그는 이사였다. 장인이 죽자 이사장이 되었다. 국무장관 시절에도 그 자리를 지켰다. 세브란스의 재취부인은 헤이 장관 처제의 제자였다. 세브란스의 사위와 딸이 헤이 처제와 친구 사이였다. 헤이, 세브란스, 록펠러, 여기에 달러외교의 대명사였던 공화당의 실력자 한나 상원의원은 클리블랜드의 친구였으며 클리블랜드의 유명한 명사클럽의 회원이었다. 특히 후자 세 사람은 고등학교 동창이었다.

시어도어 루스벨트 대통령의 맏딸 엘리스(Alice Roosevelt, 1884~1980)가 1905년 한국을 방문했을 때 그 수행원 가운데 마벨 보드맨(Mabel Boardman, 1860~1946) 미국 적십자 회장이 있었다. 그녀의 아버지 윌리엄 보드맨(William Boardman, 1832~1915)은 세브란스와 친구지간이었다. 체한 중인 엘리스를 민영환이 자택으로 초대하였고 미국공사관은 비원에서 파티를 열어주었다. 여기에 왕의 어의이며 세브란스 병원장이고 세브란스의학교 교장인 에비슨 박사가 참석하였다. 미국 서기관 스트레이트(Willard Straight, 1880~1918)가 엘리스의 일정을 담당하였는데 그들은 홍릉에 있는 명성황후의 묘지도 둘러보았다.

에비슨 박사는 1893년 의료선교사로 한국에 와서 알렌이 세운 제중원의 원장이 되었다. 그는 서울 외교가에서 가장 존경받는 인물이 되었다. 1900년 뉴욕에서 개최된 에큐메니칼 대회에 참석하고 여기서 대자선가 세브란스를 만났다. 그의 재정지원으로 서울에 현대식 병원을 지을 수 있었다. 이것이 세브란스병원과 세브란스의학교이다. 세브란스는 그 후 여러 건물과 의료진을 한국에 보내주었다. 그의 사후 그의 자녀가 대를 이어서 기부하였다. 아들이 죽으며 만든 기금의 이자는 오늘날까지 세브란스병원으로 오고 있다. 에비슨은 언더우드와 제일 친했다. 그가 조선에 오게 된 사연도 언더우드의 권유에 감화되어 의료선교사를 지원한 것이다.

이승만이 도미하며 챙긴 19통의 추천서에 언더우드의 것은 밝혀졌지만 에비슨의 것도 포함되었는지 알려지지 않고 있다. 그러나 에비슨이 이승만의 강력한 후원자였다는 것은 부인할 수 없는 사실이다. 헤이 장관의 조카 아마사 스톤 마서가 예일 대학을 졸업한 기념으로 친구들과―여기에는 태프트 장관의 아들도 포함되었다―세계일주 여행을 떠났을 때 일본에서 친구들과 잠시 헤어져서 홀로 서울 세브란스병원을 방문하였다. 그때 세브란스도 방문 중이었다. 그날 에비슨 박사의 사택에서 에비슨, 세브란스, 마서는 저녁 늦게까지 얘기를 나누었다. 대화에는 한국사정도 있었고 특히 명성왕후시해와 의병도 얘기했다. 마서는 의병이 보고 싶어 방법을 수소문하던 중에 영국 특파원 맥캔지(Frederick A. McKenzie, 1869~1931)와 뜻이 맞았다. 그러나 일본군의 삼엄한 경비를 뚫지 못해 마서는 포기하였다. 맥켄지만 홀로 기지를 발휘하여 의병활동을 취재할 수 있었다. 그래서 출판된 책이 『한국의 비극』과 『한국의 독립운동』이다. 마서는 이 모든 것을 아버지에게 편지로 보고하였다.

옳은 것인지 그른 것인지 하여간 일본이 한 번도 깨어난 적이 없었던 한국을 깨웠다. 그들은 수천 년 동안 조상이 해오던 방식 대신에 현재의 문제를 얘기하기 시작하였다. 왜 그런고 하니 과거에만 묻혀 살던 나라가 있었으니 그것이 고요한 아침의 나라 조선이었기 때문이다.267)

세브란스병원은 당시 클리블랜드 일대에 알려져 있었다. 이러 저러한 인연으로 민영환과 한규설이 딘스모어에게 헤이 장관 소개를 부탁했을 수 있다. 헤이 장관은 여러 사람의 체면을 보아 이승만을 만나주었을 것이다.

이승만이 헤이 장관을 만날 무렵 러일전쟁의 강화를 주선하려는 루스벨트 대통령의 지시에 따라 헤이 장관은 카니시(Canissi) 러시아 대사와 다카헤이(高平小五郎) 일본공사를 매일 만나고 있었다. 그들은 아예 국무장관실에서 상주하다시피 하고 있었다.268) 주전파였던 카니시 대사는 강

---

267) *Extracts from Letters, Diary, and Notebooks of Amasa Stone Mather June 1907 to December 1908*, Vol. I, Cleveland, Privately Printed by the Arthur H. Clark, Co., 1910, p. 440.
268) Thayer, *Life and Letters of John Hay*, Houghton and Mifflin, 1916.

화조약을 거절하였다. 한 치의 러시아 땅도 빼앗기지 않았고 만주에 병력을 다시 보내고 있으므로 장기전으로 돌입하면 승산이 있다고 본 것이다. 국력이 바닥난 일본은 장기전을 피하고 싶었다. 루스벨트는 일본 특사 가네코(金子堅太郞)를 몰래 불러 사할린을 점령할 것을 훈수하였고 이에 일본이 사할린을 점령하였다. 가네코 특사와 루스벨트는 하버드대학 동기생으로 친했고 이를 일찌감치 내다본 이토 히로부미의 원려 조치였다. 루스벨트는 이미 친일정책으로 크게 기울어져 있었는데 그 이유는 사할린 점령 이틀 전 테프트-가츠라 비밀협약을 맺어 한반도에 대한 일본의 우선권을 인정하는 대신 미국의 필리핀에 대한 우선권을 인정받기 위함이었다. 포츠머스에서 한국의 운명은 정해졌다.

그런 줄을 알 길이 없는 이승만은 헤이 장관의 말을 듣고 커다란 희망을 품었다. 이승만은 햄린 목사의 주재로 커버넌트교회에서 세례를 받았다. 그리고 그의 추천으로 워싱턴의 조지워싱턴대학에 입학할 수 있었다. 학비는 면제였지만 생활비는 스스로 벌어야 하였다. 그는 교회에서 연설을 한 사례금으로 지냈다.

4. 루스벨트

이승만이 헤이를 만나는 거의 같은 무렵 루스벨트 대통령의 특사 테프트 국방장관이 일본에 비밀협정을 체결하러 가는 여정에 호놀룰루에 들렸다. 그곳에서 미국 감리교 선교회 와드먼(John W. Wadman) 감독을 만났다. 와드먼 감독은 하와이 한국 교민의 교회생활에 커다란 관심을 갖고 있었다. 와드먼의 부탁을 받은 테프트 장관은 윤병구 목사가 루스벨트 대통령을 만날 수 있도록 소개장을 써주었다. 한국을 일본에 넘기려는 비밀협정을 맺으러 가는 그가 무슨 속셈으로 윤병구 목사에게 소개장을 써주었는지 밝혀진 바 없다. 테프트의 뱃속을 알 길이 없는 윤병구는 이승만에게 이 사실을 알렸고 워싱턴으로 길을 떠났다.

　루스벨트는 러일 강화조약 중재로 바빴다. 그는 여름 별장이 있는 뉴욕 외곽 오이스터 베이의 사가모아 힐에 머물고 있었다. 이곳을 루스벨트의 하계 화이트하우스라고 불렀다. 이승만과 합세한 윤병구도 오이스터 베이로 향했다. 한국의 운명이 결정되는 회담준비가 막바지일 때이다. 이때의 광경을 뉴욕 타임스는 다음과 같이 전하고 있다.269)

　　오이스터 베이, 8월 3일—러시아와 일본의 평화 사절을 위한 공식 리셉션 저녁에 두 명의 작고 얌전한 한국인이 역사에서 가장 야릇한 외교 사명을 띠고 소리 없이 오이스터 베이에 나타났다. 기차역에는 그들을 태우고 사가모아 힐에 갈 대통령 마차도 없었다. 그들은 조용히 일반마차를 타고 호텔로 데려다 줄 것을 요구하였다. 이 하계 수도에 호텔이라고 할 만한 곳은 한 군데뿐이다. 호텔에 도착하자 종업원이 이들을 별스럽게 쳐다보았다. 두 한국인의 대단한 품위를 보고서야 등록을 받아주었다. 등록부에 "P. K. 윤 그리고 이승만, 서울, 한국"이라고 기재하였다. 대표인 윤 씨는 한국인을 대신하여 청원서를 제출하고 루스벨트 씨가 강화회담에서 한국 권리의 수호자가 되어주기를 열망하는 진술을 하기 위해 내일 루스벨트 대통령을 만날 길을 찾아왔다. 시골호텔의 수수한 대합실에서 윤 씨는 엉터리 영어로 한 시간 동안 거의 눈물을 비치며 한국인의 두려움과 희망을 토로하였다. 한국인들에게 전쟁의 결과는 결정적이다. 그러나 그는 자신이 한국의 국왕이나 한국 정부의 대표가 아니라고 설명했다. 그의 이상스런 사명을 이끈 것은 은자의 나라의 "진실로 추구하는 마음들true seeking minds"이었다.

　윤병구가 말한다.

---

269) *New York Times*, August 5, 1905.

우리는 한국정부의 공식대표가 아니다. 우리는 한국 백성을 대표한다. 그 때문에 그들을 대신하여 당신네 대통령을 만나러 온 것이다. 현재의 위기가 우리나라의 "진실로 추구하는 마음들" 사이에 깨달음을 가져왔고 하와이의 8천명 한국인들도 마찬가지이다. 나는 그들을 대표한다. 한국이 전쟁의 와중에 있지만, 러시아나 일본은 한반도에 주권을 가지고 있지 않다. 한국 백성과 미주 한인들은 함께 한국 영토의 보존과 절대 독립의 유지를 위해 일어선다.

기자가 윤병구에게 물었다. "당신이 샌프란시스코에서 한국의 궁극적인 독립을 희망한다고 말하지 않았는가?" 윤병구가 대답했다.

아니다. 한국은 현재 독립국이다. 사실이다. 우리는 전쟁 이래로 일본과 조약이 맺어져 있다. 이 조약은 세계에 잘못 알려져 있다. 한자로 써졌다. 그것에 보호protection라는 말을 영어로 보호국protectorate이라고 번역하였다. 내가 알기로는 영어의 보호국은 한자에는 없는 말이다. 한자로는 보호다. 그 이상도 이하도 아니다. 통제하는 보호가 아니다.

이승만은 이때까지 곁에서 아무 말도 하지 않고 있었다. 기자가 윤병구에게 "한국이 독립을 잃으면 러시아와 일본 가운데 어느 나라를 선호하느냐?"라고 묻자 대화에 끼어들었다.

잠깐. 두 나라를 비교하지 말자. 러시아는 아시아의 모든 나라들에게 옛 날부터 적이었다. 만일 러시아에게 항거할 기회가 온다면 이른바 황색인 아시아는 모두 하나로 일어날 것이다.

기자가 반문하였다. "그러나 한국정부가 친러시아의 고견을 받았다고 말했지 않았는가." 이승만이 대답하였다.

황제의 측근 사이에 부패한 러시아의 영향이 있었다는 점은 가능하다. 그러나 백성들은 러시아나 러시아 관계를 반대한다.

다시 윤병구가 대답했다.

우리가 여기에 오는 것을 루스벨트 대통령에게 알리지 않았다. 그러나 그가 우리를 만나주기를 진심으로 바란다. 우리는 미국을 우리와 첫 번째 조약을 맺은 오랜 친구라고 생각한다. 이 조약은 아직도 유효하다. 이 조약은 다른 조약의 전범이 되었다. 우리가 이 나라를 기대하는 것은 자연스런 일이다. 우리가 원하는 것은 미국 시민과 정부가 한국의 생각을 이해해달라는 것뿐이다.

기자가 청원서의 내용을 물었다. 그러나 윤병구는 공개하기를 거절하였다.

그러나 기자가 알기로는 윤병구와 그의 동료[이승만]이 지니고 온 문서는 1882년 6월에 미국과 한국이 맺은 우호조약the treaty of friendship에 기초한 것이다. 윤 씨는 호놀룰루의 한인교회의 복음목사이며 당장이고 그의 동료는 조지워싱턴대학의 학생이며 개종한 기독교인이다. 이 늦은 저녁시간까지 사가모어 힐에서는 아무 연락이 없다. 밤이 되어 마차가 와서 이들을 태우고 대통령 집무실로 가서 반스 국무장관을 만났다. 반스는 대통령으로부터 아무 지시가 없다고 이들에게 전했다.

다음날 윤병구와 이승만은 대통령을 만났다. 이 면담장소로 가는 길에 이승만과 윤병구가 탄 마차가 러시아 대표들이 탄 마차와 스쳐 지나갔다. 뉴욕 타임스 기자는 짤막하게 보도하였다.

오이스터 베이, 8월 4일—M 비테와 로젠 남작, 두 명의 러시아 전권대표는 대통령의 마차로 사가모어 힐에서 나왔다. 그들은 뉴욕행 기차를 타려고 역으로 가고 있었다. 그때 반대방향에서 오는 마차가 있었다. 그 마차에는 P. K. 윤 목사와 이승만이 타고 있었다. 그들은 한국의 "진실로 추구하는 마음"의 사절이다. 그들은 조국의 대의를 청원하기 위해 대통령의 별장으로 가는 중이었다. 이들이 사가모어 힐에서 전갈을 받은 것은 오늘 늦은 오전이었다. 대통령이 만나자는 것이다. 방문시각은 오후 4시 30분이었다. 그들은 테프트 장관의 소개편지를 지녔다. 러시아 사절을 태운 대통령의 마차와 한국인을 태운 마차는 중간 지점에서 만났다. 한국인들은 러시아인들을 알아보았고 호기심으로 쳐다보았다. 러시아인들은 단신의 한국인의 정체를 몰랐지만 그들의 놀란 표정으로 보아 분명히 일본인으로 오인한 듯하다. 두 한국인은 대통령과 약 30분을 대담하였다. 대통령은 청원서memorial를 흥미롭게 읽었다. 그는 정식 외교경로를 통하지 않고는 사적으로 접수하는 것이 불가능하다고 말했다.

호텔로 돌아와서 기자에게 윤병구는 말했다.

　대통령은 우리를 아주 친절하게 맞이해 주었다. 그는 우리가 말한 것과 우리 동포들이 처한 아픈 고통에 대해서 아주 관심을 보였다. 그를 만나서 기쁘다. 대통령은 청원서memorial를 읽었다. 그러나 워싱턴의 국무성을 통해 자신에게 오지 않는 한 자신은 접수할 수 없으니 워싱턴의 우리 공사관의 허락을 받으라고 조언하였다.

윤병구와 이승만은 기자에게 대통령과 한 번 더 면담하기 위해 일요일이나 월요일에 다시 올 것이라고 말했다. 그리고 그날 오후 호텔을 떠났다. 대통령의 약속이었을까 아니면 그들의 일방적 기대였을까. 그들은 대통령을 다시 만나지 못했다.

이승만은 청원서를 들고 워싱턴 한국공사관에 갔다. 김윤정에게 공식경로를 통해 국무성에 제출하라고 말했다. 그러자 뜻밖에도 김윤정이 거부하였다. 본국의 지시가 없으면 못하겠다는 것이다. 이승만은 펄펄 뛰었지만 요지부동이었다. 김윤정은 이미 일본에 매수되었던 것이다. 김윤정은 귀국하여 인천부사, 충남지사를 거치며 출세하였다. 이승만은 민영환에게 자세한 보고를 서신으로 보냈다. 광복 후 귀국하여 반도호텔에 머물고 있는 이승만을 찾아와 용서해달라며 김윤정이 빈 것은 40년이 지났을 때의 일이다.

5. 한국 선전

이승만의 청원외교가 실패하자 고종은 육영공원 교사 헐버트(Homer B. Hulbert, 1863~1949)를 밀사로 보냈지만 그도 실패한다. 이승만은 다시 조지워싱턴대학으로 돌아가 학사학위를 받았다. 입학 2년 만인 1907년 6월 5일이다. 배재학당 대학부 2년을 인정받은 것이다. 그는 그 과정이 "매우 힘들었다"고 회상하였다. 성적도 좋지 못하였다. 충분한 영양을 섭취하지 못하고 생활비 조달로 강연에 시간을 빼앗겼기 때문이다. 가을학기에 하버드대학 석사과정에 진학하였다.

그 때 한국에서 외아들 태산이 미국에 왔다. 1905년 6월 4일『워싱턴타임스』일요판에 광고기사가 났다. 태산을 맡아 줄 독지가를 찾는 이승만의 광고였다. 이 기사에 의하면 평양사람 이인홍과 이관영이 데려왔다 전한다. 이틀 후인 6월 6일 신문에 한국에서 일하는 여자 선교사의 부모가 태산을 데리고 갔다는 기사가 났다.[270] 아마 보이드(Mrs. Boyd) 여사를

---

270) 정창인,「이승만을 만나러 미국에 온 태산」,『미래한국』, 2012년 7월 30일, 51쪽.

칭하는 것 같다. 그러나 태산은 디프테리아로 죽었다.

하버드대학에서 석사과정을 마치고 박사과정을 물색하던 1908년 7월 콜로라도 덴버에서 한인 애국동지대표자대회The Korean Patriots' Delegation Convention가 열렸다. 모두 36명이 참석했는데 멀리 블라디보스토크와 상해에서도 왔다. 대회는 이승만을 의장으로 선출하였다. 매캔지가 격려의 편지를 보냈다.

> 한민족이 일제로부터 당하는 불공정과 억압은 거시적으로 볼 때 한민족을 분발시키는 효과가 있을 터임으로 앞으로 한국은 '아시아 최초의 기독교 국가이자 20세기 진보의 선두주자'가 될 것이다.[271]

같은 해 에비슨, 언더우드, 헐버트가 동시에 안식년을 맞아 미국에 왔다. 그들은 미국에서 쉬지도 않고 한국 선전Korea Campaign을 벌렸다. 목적은 모금과 선교사 모집이었다. 목표액은 10만 달러였고 목표인원수는 20명이었다. 여기에 이승만이 참여하였다.

> 참으로 이상한 일은 언더우드, 헐버트, 내[에비슨], 우리 셋…은 그 해 [1908년] 우리 사업[한국 선전]을 위해서 미국 전역에 연설하러 순회할 때 이승만의 도움을 받을 수밖에 없게 되었다는 점이다.[272]

세브란스도 참여하였다. 언더우드가 기록을 남겼다.

> (전략) 한국 선전 위원회는 오늘 회의를 열고 장시간 세브란스 씨와 토론한 후 다음 사항을 결정했다. (중략) [이 에프] 홀 [목사]가 이 나라에 도착한 이후 강력한 캠페인에 참석했고, 실제로 안식년을 지내지 않았으므로 선교

---

271) 유영익, 『이승만의 삶과 꿈』, 64쪽.
272) Avison, *Memories of Life in Korea*, unpublished manuscript, p. 282.

본부는 그에게 안식년 봉급을 최소한 올해 예산년도까지 계속 주고 그는 건강이 허락하는 한 캠페인을 위해서 최대한 노력을 하도록 권한다.273)

그들이 순회 연설한 도시는 클리블랜드, 뉴욕, 필라델피아, 보스턴, 시카고, 버펄로, 밀워키, 세인트루이스, 인디애나폴리스, 캔자스, 미니아폴리스, 피츠버그이다. 특히 클리블랜드에서 이승만은 세브란스교회에서 연설하였다. 그는 1908년 11월 29일 일기에 기록을 남겼다.

> 일 기념교회. 한국 선전을 하였다. 언더우드 박사의 운동. 클리블랜드 오하이오. 우드랜드 교회 (장로교) 일요일 아침 예배. 세브란스 씨 교회 (병원). 레이크우드 장로교회 일요일 저녁예배, 클리블랜드 오하이오.274)

이틀 전에는 클리블랜드의 갈보리 교회 맥윌리엄스 목사 사택에서 여신도해외선교부원들에게 연설하였다. 갈보리 교회는 세브란스 주치의이며 그의 뜻을 받들어서 서울 세브란스병원과 의과대학에서 평생을 봉직한 러드로우(Alfred I. Ludlow, 1875~1961) 교수의 교회였다. 그는 이승만의 친구이다. 맥윌리엄스 목사는 세브란스가 작고하고 그의 외아들이 아버지를 추모하여 만든 세브란스 석좌교수직에 추천된 인물이다.

한국선전의 결과 9만 달러가 모금되고 20명의 새 선교사를 파송할 수 있었다. 모금 가운데에는 평양 신학교 신축기금이 있었으며 새 선교사 가운데에는 세브란스 교회가 파송한 마우리(Eli M. Mowry, 1877~1969) 박사가 있었다. 그는 삼일운동 때 일본경찰에 체포되어 재판을 받았다.

---

273) 이만열, 옥성득 편역, 『언더우드 자료집』 III, 연세대학교 출판부, 2007, 139쪽.
274) Rhee, *Log Book*, Nov. 29, 1908.

6. 박사

가을 학기가 되자 이승만은 뉴욕의 유니언신학교에 주거를 정하고 컬럼비아대학으로 통학하였다. 그때 한국 선전에서 함께 일했던 홀 목사를 장로교 선교본부에서 만났다. 그는 이승만에게 유니언신학교에 가지 말고 자신의 모교인 프린스턴대학원에 가는 게 좋다고 권유하였다. 이승만은 프린스턴대학 대학원에서 보내온 홀 목사의 우편물을 받았는데 프린스턴역에서 만나자는 편지와 함께 차표와 기차시간표가 들어있었다. 이승만의 프린스턴대학 진학은 이렇게 결정되었다. 여기서 공부할 때 존 헤이 국무장관의 대중국 문호개방정책을 기본으로 삼아 미국의 대아중립론에 관한 논문을 준비하였다. 이에 기초하여 1910년 박사학위논문 『미국 영향 하의 중립Neutrality As Influenced by the United States』을 제출하여 한국인 최초의 정치학 박사가 되었다. 그의 학위논문은 1912년 프린스턴대학 출판부에서 발간되었다. 1910년 6월 14일 졸업식에서 윌슨 총장으로부터 졸업장을 받았다. 그 졸업식은 윌슨 총장의 마지막 졸업식이었다. 그는 뉴저지 주지사로 출마할 것이다.

7. 헤이스팅스대학

이승만이 졸업하기 직전 5월에 네브라스카주 헤이스팅스대학에서 존슨(Pleasant L. Johnson, 1860~1949) 재무이사가 대학기금 모집을 위하여 "동부"를 방문하였다. 이때 이승만은 학업과정은 모두 마치고 학위논문도 제출한 상태여서 시간적 여유가 생겼을 것이다. 여기서 동부란 프린스턴이다. 박용만의 소개로 이승만을 찾아왔기 때문이다.

이번에 동부를 방문하였던 존슨 씨는 올해 프린스턴대학을 졸업한 한국 학생 고문 이승만 씨를 만났고, 이곳[헤이스팅스]에 거주하는 박처후-박용만 등 한인 지도자들을 만나 대학이 [소년병학교를] 도울 수 있는 방법 등을 논의하였다. [그 결과] 헤이스팅스대학은 한인소년병학교가 대학 시설을 쓸 수 있도록 결정하였으며 여름학교는 한인들이 스스로 운영할 것이다.275)

한인소년병학교는 한인여름학교The Korean Summer School이었다. 그런데 존슨이 대학기금을 마련하기 위하여 이승만을 만난 직후 한인소년병학교가 여름에 헤이스팅스대학에서 정식으로 열리게 되었다는 것이다. 그것은 1910~1912년이었다. 다시 말하면 한인소년병학교[한인여름학교]가 여름 동안 헤이스팅스의 대학시설을 이용할 수 있었던 것은 이승만의 도움 덕택이었을 것이다. 그러나 대학동부에서 이승만의 어떤 도움을 받았는지 기록이 없다. 다만 세브란스가 1913년 6월 25일 갑작스럽게 작고했을 때 그의 수첩이 발견되었는데 자선을 약속하고 시행하지 못한 미지급 내역서가 발견되었다. 달러 이하 단위의 금액까지 꼼꼼히 기록되어 있는 것으로 보아 약속한 총액은 알 수 없고 남은 잔액들이다. 그 목록 가운데 "네브라스카 헤이스팅스대학" 앞으로 "5천 달러"가 적혀 있다.276) 조건은 대학이 "10만 달러를 모금"하는 것이다. 대학기금 10만 달러 모금에 세브란스가 기부를 약속했고 남은 잔액으로 추정된다. 그렇다면 존슨 이사를 세브란스에게 소개한 사람이 누구였을까. 이승만이었을 가능성이 높다. 1911년 세브란스의 외동딸 엘리자베스가 남편과 함께 세계일주 여정에서 한국을 방문한 것은 6월이었다. 여기서 이승만과 만나

---

275) *Hastings Daily Tribune*, May 7, 1910, *Kearney Daily Hub*, May 10, 1910. 안형주, 『박용만과 한인소년병학교』, 지식산업사, 2007, 136쪽에서 재인용.
276) *New York Times*, November 27, 1913.

저녁을 함께 먹었다. 엘리자베스의 여행일기가 말해준다.

> 6월 21일. 수요일. 서대문에 있는 학교를 방문하였다. 언더우드 박사의 남자학교와 여자학교, 밀러 목사가 교회의 남학생들을 보고 있는 가운데 더 드리[남편]가 연설하였다. 김 씨가 통역을 하였고 언더우드 박사가 보고 있었다. 왕비가 살해된 왕궁을 보았다. 에비슨 박사와 점심을 먹었다. 저녁이 되자 언더우드 박사가 우리를 멋진 자신의 집으로 데리고 갔다. 여기서 기독청년회관의 이[승만] 박사와 김[정식]씨를 만났다. 비가 왔지만 아주 즐거운 저녁이었다.277)

6월 21일이라면 이승만이 전국 순회 전도여행을 마치고 서울로 돌아온 날이다. 기독교청년회관에 이박사는 이승만 한 사람뿐이었다. 이 자리에서 이승만은 엘리자베스에게 3년 전 한국선전을 위해 클리블랜드 세브란스 교회에서 연설했던 일을 얘기했을 것이고 헤이스팅스대학 얘기도 했을 것이다.

이러한 여러 가지 인연으로 이승만은 세브란스 집안과 가까웠고 그가 존슨 재무이사를 세브란스에게 소개시켰을 것이다. 이 소개로 인하여 한인소년병학교가 여름에 헤이스팅스대학 내의 시설을 쓸 수 있게 된 것이다. 헤이스팅스대학은 장로교가 설립한 대학이었다. 세브란스는 장로교 기관에 자선을 우선하였다. 세브란스가 약속한 기부금은 그 아들이 지불하였다. 후일 존슨 이사는 1948년 12월 15일 대통령 이승만에게 안부편지를 보냈고 이승만은 1949년 1월 27일 답장을 하였다.278)

미국에는 청소년들을 위한 군사학교가 많았다. 고종이 세운 육영공원이 문을 닫자 헐버트는 귀국하여 오하이오 소재 푸트남 사관학교(The Putnam

---
277) Elizabeth Severance Allen, *Diary, Around the World, 1910-1911*, unpublished diary, Western Reserve Historical Society.
278) Hastings College, Library Archives, Vol.III, No.2, Korean Connection.

Military Academy)의 교수가 되었다. 언더우드 목사는 17세의 아들 언더우드 Ⅱ세를 1907년 뉴저지주에 있는 보덴타운 군사학교(Bordentown Military Institute)에 입학시켰다. 이들 군사학교는 군사훈련만 제외하고 일반학교와 별 차이가 없고 청소년들에게 엄한 규율을 습득하게 하였다. 언더우드 Ⅱ세도 졸업 후 대학에 진학하여 교육학을 전공하였다. 아버지의 선교사업을 도울 목적이었다. 헤이스팅스대학의 존슨 이사의 편지를 보면 소년병학교의 한국학생들이 졸업 후에 한국으로 돌아가서 조국의 "영적 향상"에 기여하길 기대하였다.[따옴표는 원문]279) 존슨이 보기에 학생들 자신들은 군인이 되려고 교육받는 것이 아니었다. 박용만이 그들을 군인으로, 특히 장교로 교육시킨다고 알려졌지만 존슨이 이해하기로는 기독교교육이 우선이었다. 동상이몽이었다. 한인소년병학교의 성격에 대하여 더 깊은 연구가 필요하다.

이승만이 반대한 것은 소년병학교의 군사훈련이지 한국 청년들을 고등교육 시키는데 도움을 주는 존슨 계획이 아니었다. 존슨의 다른 기록에 의하면 이승만이 자주 방문하여 교육시켰다고 한다. 독실한 기독교 신자인 존슨이 한국학생들에게 관심이 컸던 이유는 기독교인으로 만들어 선교 사업에 필요한 인재를 양성하는데 있었기 때문이다.280) 그 증거가 소년병학교 졸업생들 대부분이 미국의 여러 대학에 진학하여 군인이 아니라 사업가, 의사, 학자가 되었기 때문이다.

---

279) "They expect to return to Korea to join in the "spiritual uplift" of their native land." *P. L. Johnson writes in 1910, concerning the school for Koreans at Hastings college*, Hastings library archives vol.Ⅲ no.2 P. L. Johnson.
280) 안형주, 『박용만과 한인소년병학교』, 136쪽.

8. 기독교청년회

　박사학위를 받았지만 이승만은 나라 없는 백성이 되었다. 그는 외국에서 공부한 대한 사람들은 반드시 귀국하여 고국의 교육 사업을 위해 헌신해야 한다고 『독립정신』에서 역설하였다. 자신부터 실천해야 했다. 졸업하는 해 2월 16일에 서울 언더우드 박사로부터 초청편지를 받았다. "우리는 당신을 크게 기대하고 있습니다. 귀국하시면 알맞은 일이 기다리고 있습니다"로 시작하는 편지에 언더우드는 자신이 곧 대학 사업을 시작하려 하는데 교수로 와주었으면 좋겠다는 내용이었다.[281] 이승만은 4월 19일에 답장을 썼다. "나는 국제법, 국가론, 정부론, 역사, 근세유럽사, 미국사, 미국헌법, 서양철학, 종교 같은 정치학 과목을 가르치고 싶습니다. 정치, 역사, 문학, 종교 서적을 한글로 번역해야 합니다.…물론 반일운동이나 혁명정신을 고취하려는 뜻은 없습니다. 한국인들에게 기독교인의 원칙을 알 수 있는 기회를 주고 싶을 뿐입니다. 내 일생을 가난한 사람들에게 예수를 알리려 여기 저기 여행하며 순회 전도하는데 일생을 바치고 싶습니다." 그는 이어서 "하와이에 일이 있을 것 같습니다. 정치적 자유와 금전적 약속이 특히 저를 이끄는군요. 그러나 고국의 동포에게 나의 일생을 바치는 것이 나의 의무라고 느낍니다."라고 솔직한 감정을 피력하였다. 그러면서 "서울 기독교청년회의 게일 박사와 질레트 씨가 나를 원합니다. 그러나 나는 그 자리에 적합할 정도로 능란하지 못합니다. 그곳의 일이 일본인들과 부닥치는 것이라면, 차라리 그보다 못한 일을 맡겠습니다."[282]

---

281) H. G. Underwood⇒Syngman Rhee (1910.2.16), *The Syngman Rhee Correspondence in English 1904-1948*, Volume 2, Institute for Modern Korean Studies, Yonsei University, pp. 43-44.
282) Syngman Rhee⇒[H. G.] Underwood (1910.4.19), *The Syngman Rhee*

결국 이승만은 서울의 황성기독교청년회 학감으로 초청되었다. 이곳에는 감옥동지 이상재가 회장으로 이끌어 가고 있었다. 다른 옥중동지 김정식, 유성준, 홍재기 등도 일하고 있었다. 이승만의 월급은 국제기독교청년회 국제위원회에서 지급되는 만큼 그의 신변은 국제기독교청년회 총재 마트 박사가 보장했다. 그는 대한 백성이로되 국제기구에 속한 사람이다. 아마 이 신분보장이 그를 기독교청년회로 이끌었는지 모른다.

당시 한국에는 대학이 없었다. 총독부가 허락하지 않았다. 청년회 대학부에서 그는 성경과 국제법을 가르쳤다. 그에게 가르침을 받기 위해 많은 학생들이 몰려왔다. 그 가운데 임병직, 이원순, 허정, 정구영, 안재홍 등이 있었다.

1911년 초여름 이승만은 전국으로 전도여행을 떠났다. 5월 16일부터 6월 21일까지 방방곡곡 그의 발자취를 남겼다. 13개 선교부를 방문하였고 33번 집회를 가졌는데 7,535명의 학생들이 참석하였다. 여행거리는 2,300마일이고 교통수단은 기차, 선박, 말, 나귀, 인력거, 가마, 수레, 도보 등 아홉 가지였다. 그는 한국을 발견한 것이다. 이 여행에서 만난 7,535명의 학생들이 훗날 "이승만 박사"의 신화를 만들어냈을 것이다. 거의 같은 무렵 인도에서도 청년 하나가 인도를 돌아다니며 연설을 하였다. 영국유학에서 돌아온 간디다. 이것이 간디의 유명한 인도발견이다.

9. 망명

1911년에 이르러 총독부는 강압정책을 실시하기 시작하였다. 그들은 1885년 이래 25년 동안 서양선교사가 구축해 놓은 교육제도가 식민지 정책에 방해물이 된다는 것을 알고 있었다. 이것을 분쇄하지 않으면 그들

Correspondence in English 1904-1948, Volume 2. pp. 1-2.

의 목표가 달성되기 어려울 것이다. 그들이 기독교 박멸 음모를 만들어 낸 것이 105인 사건이다. 한국의 대표적인 종교지도자와 서양선교사들을 날조된 총독암살미수사건에 얽어맸다. 1908년 이래 서양선교사의 치외법권 특혜도 없어졌다. 이승만의 체포도 시간문제가 되었다.

1912년 5월 미국 미니아폴리스에서 세계 감리교 총회가 개최될 예정이었다. 여러 사람들의 도움으로 그는 한국 대표가 되어 여기에 참석하게 되었다. 그는 1912년 3월 26일 자신의 37세 생일날 회의 참석 구실로 미국으로 떠났다. 그러나 언제 돌아올지 모르는 망명길이었다. 연로하신 아버지와도 마지막 작별을 하였다. 아들이 죽은 이후 아내와도 사실상 이혼 상태였다.

10. 한인기독학원[283]

세계 감리교 총회가 끝나고 이승만은 갈 곳이 없었다. 박용만의 초청으로 헤이스팅스대학에 가서 연설을 하였다. 이때 하와이의 대한인국민회 간부들이 박용만과 이승만을 하와이로 초청하였다. 박용만은 하와이에서 군사훈련을 계속하기를 원했다. 그는 1912년 12월에 하와이로 갔다. 박용만은 하와이에서 국민군단을 조직하였다. 오아후섬의 어느 농장에 병학교 교사를 짓고 1914년 8월 29일에 103명으로 시작하였다. 한때 311명으로 증가되었다.[284]

이승만은 11월에 워싱턴에 가서 은사 윌슨 박사의 대통령 선거운동을 보았다. 그의 선거구호는 "뉴 프리덤New Freedom"이었다. 그는 대통령에

---

[283] 이에 대한 연구에는 1차 사료를 이용한 이덕희, 『한인기독교회, 한인기독학원, 대한인동지회』, 한인기독교회·동지회, 2008과 이덕희, 『하와이 대한인국민회 100년사』, 연세대학교 대학출판문화원, 2013가 있다.
[284] 서대숙, 「한국독립운동사 103」, 『한국일보』, 1988년 11월 18일.

당선되었다. 최초의 박사 대통령이었다.

이승만은 1913년 2월 3일에 하와이에 도착하여 환영을 받았다. 그의 초청은 대한인국민회 하와이지방총회에 의한 것이지만 하와이 제일감리교회 감리사 와드먼도 원한 일이었다. 이승만이 밀사로 가던 길에 하와이에 들렸다고 앞서 썼다. 그때 와드먼 감리사는 말했다. "우리는 그를 붙잡았으면 좋겠다. 그러나 그는 미국에 가야 한다. 우리는 그가 돌아갈 때까지 기다리자. 그리고 그를 붙잡아 두자"라고 말했다.285) 이승만이 공부를 마치고 언더우드에게 보낸 편지에 "하와이에 일이 있을 것 같습니다. 정치적 자유와 금전적 약속이 특히 저를 이끄는군요"라고 말하고 있다.286) 와드먼이 이번에 그를 붙잡아두는데 성공한 것이다.

도착 즉시 『한국교회핍박』을 집필하여 두 달 만에 탈고 출판하였다. 그 내용은 일제가 날조한 105인 사건을 고발한 것이다. 출판과 함께 하와이 동포사회를 기독교 국가로 만드는 일을 시작하였다. 첫 번째 활동으로 하와이 8개의 섬에 흩어져 사는 동포들을 방문하는 것이었다. 한국에서 전국을 순회전도하면서 한국을 발견했듯이 하와이 한국사회를 순회전도하면서 또 하나의 한국을 발견하는 것이다. 이 여행에서 이승만은 동포들이 여자애들을 교육시키지 않고 있다는 사실을 보고 충격을 받았다. 부모의 허락을 받아 6명의 여자애들을 데리고 호놀룰루로 돌아와서 감리교 여선교회가 운영하는 수잔나 웨슬리홈Susannah Wesley Home에 맡겼다. 이때가 7월 말인데 한 달이 지나서 와드먼 감리사가 이승만에게 한인기숙학교 교장직을 제의하였다. 그는 먼저 교명을 한인중앙학원Korean Central School로 바꾸었다. 이 학교는 남녀 공학이었다.

이승만이 학교를 맡고 한 학기가 지나자 학생수가 36명에서 120명으

---

285) Oliver, *Syngman Rhee The Man behind the Myth*, p. 77.
286) Syngman Rhee⇒[H. G.] Underwood (1910.4.19), *The Syngman Rhee Correspondence in English 1904 1948*, Volume 2, pp. 1-2.

로 급증하였다. 이승만에 대한 신뢰와 기대뿐만 아니라 그의 교육이 수월하였음을 반영한다. 여기에 도움이 되었던 것은 그해 12월에 백악관으로부터 윌슨 대통령 딸의 혼인 청첩장이 날아온 것이다. 하와이에서 이 청첩장을 받은 사람은 하와이 총독과 이승만 두 사람뿐이었다는 사실에 이승만의 성가는 높아졌다. 학생 수가 증가하여 학교를 확충할 필요가 생기자 이승만은 모금운동을 하여 이 일을 성사시켰다. 그러나 한인중앙학교는 미국 감리교 소속이었다. 동포의 헌금으로 만들어진 학교재산이 미국 감리교 재단에 귀속되는 것을 깨달은 이승만은 교명을 한인기독학원Korean Christian Institute으로 개명하고 감리교에서 탈퇴하였다. 독립학교 재단을 설립한 것이다. 한성감옥학교에 이어 또 하나의 학교를 설립한 것이다. 학교 설립정신은 1)교육적이고 종교적인 학생생활 장려, 2)한국인의 정체성 확보, 3)젊은이들의 지도력 양성, 4)사회교육의 추진이다. 이 학원은 1947년 폐교될 때까지 많은 인재를 길러냈다. 1954년 학원부지 매각대금 15만 달러를 이승만의 뜻에 따라 한국으로 보내 인하공과대학을 설립하는 종자돈이 되었다.

둘째, 한국인의 교회를 설립하였다. 신립교회로 출발하여 한국기독교회가 되었다. 어느 교파에도 속하지 않은 독립교회였다. 앞서 이승만이 감리교를 탈퇴했다고 썼는데 그와 병행한 것이다. 한인기독교회Korean Christian Church는 한인기독학원의 항구적인 재정을 담당하였다. 한성감옥교회에 이어 이 교회는 이승만이 세운 두 번째 교회가 되었다. 이 두 기관이 이승만의 장기적인 독립운동을 뒷받침해 줄 것이다. 1938년 4월에 광화문 모양의 성전을 건축하였다. 이승만의 민족주의를 대변하는 건축물로 지금도 예배를 드리고 있다.

셋째, 여기에 더하여 『태평양잡지』를 창간하였다. 주간으로 발전하여 『태평양주보』로 제호가 변경되었다. 1970년 폐간될 때까지 58년 동안 하와이 교포의 대변인 노릇을 충실히 하였다.

넷째, 대한인동지회를 결성하였다. 이승만은 통합임시정부의 대통령으로 임시정부 교민단령을 공표하였다. 이에 의거하여 대한인국민회 하와이총회가 하와이 대한인교민단으로 개편되었다. 그리고 3개월 뒤 대한인동지회로 조직되었다. 그 목적은 현 정부[상해임시정부]를 옹호하며 교포들의 대동단결에 있었다. 이승만이 상해임정의 지위가 여러 단체들에 의해 흔들리는 것을 목격하고 조직한 것이다. 동지회는 지금도 활동하고 있다.

이 과정에서 군사교육 무장독립을 주장하는 박용만과 기독교교육 외교독립을 주장하는 이승만 사이에 다툼이 일어났다. 여러 번 소송으로 이어졌다. 하와이는 두 걸물이 함께 숨쉬기에는 너무 좁았다. 동지가 숙적이 되었다. 결국 박용만이 하와이를 떠났다. 하와이는 미국 속의 한국이며 이승만의 기나긴 독립운동의 기지가 되었다. 그는 기회가 무르익기를 기다렸다. 하와이 5천여 명 교민이 없었다면 이승만도 없고 임정도 없다. 밀사로써 실패한 이승만은 교육자로써 성공하였다.

제4장 이승만의 사상1899~1948

1. 배경

이승만의 박사학위논문 『미국 영향 하의 중립』[287]은 자유주의 경제이론에 바탕을 두고 전시에 중립(비교전)국의 해상교역 권리의 역사적 발전을 추적한 문헌이다. 다시 말하면 통상법제사에 관한 것으로서 국제무역이론의 한 부분을 차지한다. 오늘날 자유무역협정Free Trade Agreement가 등장하게 되는 먼 배경의 초기 법제사이다. 이승만의 학위논문은 1912년 초판으로 출간되었고 거의 1세기가 지난 2008년에 역사적 문헌historical production으로 재출간되었다.[288] 그러나 지난 1세기 동안 외르비크(Nils Ørvik)의 인용과 최정수의 연구 이외에 거의 분석된 바 없다.[289] 최정수는 국제법의 측면에서 분석하였다. 여기서는 다른 시각에서 분석한다.

---

[287] Rhee, *Neutrality As Influenced by the United States*, Princeton, Princeton University Press, 1912, 정인섭 역, 『이승만의 전시중립론』, 나남, 2000.
[288] Rhee, *Neutrality As Influenced by the United States*, Charleston, Bibliolife, 2008.
[289] Ørvik, *The Decline of Neutrality 1914-1945 With Special Reference to the United States and the Northern Neutrals*, Oslo, 1953; 최정수, 「이승만의 『미국 영향 하에 성립된 중립론』과 외교독립론」, 송복 외, 『이승만의 정치사상과 현실인식』, 연세대학교 출판부, 2001, 101-143쪽.

이승만의 사상은 국내외 시대배경의 산물이다.290) 그 가운데 미국의 정치경제사상에 영향을 받은 것으로 알려져 있다. 그러나 제1차 도미 전 이승만의 글들을 보면 이미 전 생애에 걸친 그의 사상의 기본틀이 형성되어 있음을 알 수 있다. 미국에서 받은 교육은 이 골격에 학문의 살을 붙여 심화 확대하여 고도로 정치화(精緻化)한 것이라고 생각된다.291) 특히 그의 박사학위논문은 그의 초기작『독립정신』292)의 내용 가운데 일부를 학문적으로 심화한 것이다.293) 다시 말하면 후자는 그 전에 그가『협성회회보』-『매일신문』-『제국신문』에 발표한 논설의 묶음을 중심으로 다시 쓴 것으로 그 첫 번째 주제가 통상이었는데 박사학위논문은 1776~1872년 기간의 통상법제사의 발전과정을 다루고 있다. 그 논리를 끌어다가 1882~1940년 기간의 국제질서에 적용하여 제2차 대전의 전운을 예상하며 쓴 것이『일본 내막기』294)이다. 본 장의 목적은 이승만의 신문논설-『독립정신』-『미국 영향 하의 중립』-『일본 내막기』를 일관되게 관통하는 그의 사상을 추적하는 것이다.

따라서 먼저 제1차 도미 전 그의 사상을 조사할 필요가 있는데 그것과 실학사상의 연계를 암시한 학자는 이정식과 유영익이다.295) 특히 제1차

---

290) 이승만의 정치사상에 대한 대표적인 글을 보면, 유영익,「이승만의 건국이상」,『이승만의 삶과 꿈』, 216-225쪽; 송복 외,『이승만의 정치사상과 현실인식』; 이주영,『이승만과 그의 시대』, 기파랑, 2011; 이정식,『이승만의 구한말 개혁운동』, 배재대학출판부, 2005 등이 있다.
291) "[미국 대학에서의] 수학을 통해 그는 이미 한국에서 터득했던 '신학문'에 대한 이해의 도를 높이고 또 그의 '서양노선'을 굳혔지만 새로운 사상적 경지를 개척하지는 못했던 것 같다." 유영익,『이승만의 삶과 꿈』, 217쪽.
292) 이승만,『독립정신』, 로스앤젤레스, 대동신서관, 1914[1910]. 이 책이 영어로 번역된 것은 최근의 일이다. Rhee, Han Kyo Kim (trans.), *The Spirit of Independence*, University of Hawai'i Press, 2001.
293) 최정수,「이승만의『미국의 영향 하에 성립된 중립론』과 외교독립론」, 126-127쪽.
294) Rhee, *Japan Inside Out The Challenge of Today*, New York, Fleming H. Revell Company, 1941. 이종익,『일본군국주의실상』, 나남, 1987.

도미 전의 이승만을 서재필, 서광범, 박영효 등 실학파의 개혁을 실천하려는 구한말 독립협회 개혁운동의 급진주의자에서 시작하여 기독교 입국론자가 되었다고 요약한 사람은 이정식이다. 기독교는 통상과 더불어 구미문명의 핵심이다.

글이 곧 사람이다. 이정식과 유영익의 암시를 현시적으로 드러내려면 도미 전 이승만의 글을 검토해야 하는데 그것은 대체로 『협성회회보』, 『신학월보』, 『매일신문』, 『제국신문』 등의 기고, 감옥에서 집필한 『청일전기』, 『체역집(替役集)』, 『옥중잡기』, 미완성의 『영한사전』, 『한국교회핍박』, 그리고 『독립정신』 등이다.

그러나 그의 글은 곧 그가 읽은 책을 반영한다. 감옥 밖에서 읽은 책은 알 수 없지만 감옥에서 읽은 서적목록에 대해서는 유영익에 의해 정밀하게 분석된 바 있다.296) 그럼에도 풀리지 않는 숙제는 감옥에서 읽은 서적들이 이승만의 의사와 상관없이 수동적으로 차입된 것인지, 아니면 이승만이 능동적으로 요구했던 서적이었는지 불분명하다. 그 이유는 독서목록이 여러 분야에 고루 균형 잡혀 있지 않았기 때문이다. 그렇다면 독서광 이승만은 피감되기 전에 이미 여기에 포함되지 않은 책들은 읽었다는 얘기가 된다. 특히 배재학당 입학에서 피감될 때까지 그가 읽은 서적목록은 알려져 있지 않지만 다방면의 서적들을 읽었다는 사실을 여러 글에서 유추할 수 있다. 그렇지 않고는 그가 다음과 같은 글을 쓸 수 없다. "외국에 가서 공부하는 본의는 새 학문을 배워 가지고 내 나라 모르는 사람들에게 알려주어 열리게 하는 것이 첫째 직책이기로, 돌아온 후에는 서책을 만드는 것이 의례히 하는 일이거늘 우리나라의 생도들은 책 한 권 만들어

---

295) 이정식, 『이승만의 구한말 개혁운동』, 410쪽; 유영익, 『이승만의 삶과 꿈』, 218쪽.
296) 유영익, 「이승만의 〈옥중잡기〉 백미」, 유영익 편, 『이승만 연구―독립운동과 대한민국 건국―』, 연세대학교 출판부, 2000, 1-62쪽.

낸 자 없으니 설령 발간할 수가 없어 그럴진대 국중 신문에 대강이라도 기록하여 세상이 어떠함을 만분지일이라도 알게 하면 좋을진대 당초에 이런 것을 보지 못하니 그 무슨 연고뇨?"297) 새로운 지식에 목말라 하는 이승만이 책과 신문을 모조리 읽고 있었다는 증거이다. 1910년 박사가 되어 귀국한 그가 첫 번째 손을 댄 일이 교육에 당장 필요한 번역이었다.

이뿐만이 아니다. "오늘까지도 책 만들어 전파할 회사라든지 공회를 지은 것은 없고 연전에 학부에서 편집국을 세워 대한 사기·지지와 『심상소학』, 『공법회통』, 『태서신사』 등 서책을 청국에서 만든 대로 발간하여 도로 한문으로 내고 다만 『태서신사』를 국문으로 번역하였으나…그 외에는 있다는 것은 들어보지도 못하였으매…인민이 개화의 이익을 어찌 깨달으리오."298) 이승만은 출판 동향도 꿰뚫고 있었다. 후일 그 자신 망명지에서 온갖 어려움 속에서도 출판사를 설립한 것도 이와 무관하지 않다. 구텐베르크의 인쇄술이 중세에 종언을 가져 왔듯이 이승만이 서적 출판에 열심이었던 것은 새로운 시대를 열기 위함이었다.

그의 대부분 글에 참고문헌의 제시가 없는 것은 그 내용이 당시 근대 지식이 결여된 대중을 상대하는 계몽적이어서 그가 무슨 책을 읽었는지 알 수 없지만 감옥에 앉아 있는 그가 기억 속에 담았던 방대한 독서를 쏟아 내었다는 것을 짐작할 수 있다. 하나의 예로서 당시 정다산의 『목민심서』는 웬만한 선비들이 모두 읽었다는데299) 그의 독서목록에서 빠져 있다. 또 하나 예를 들자면 이승만이 석방되어 미국으로 떠날 때 추천서를 써준 선교사 게일은 "조선 문화 예찬자였고 조선 문학과 명현의 경전

---

297) 『제국신문』, 1902년 10월 28일. 원영희·최종태, 『뭉치면 살고…』, 362쪽에서 재인용.
298) 『제국신문』, 1902년 10월 28일. 원영희·최종태, 편집, 『뭉치면 살고…』, 362쪽에서 재인용.
299) 이정식, 『이승만의 구한말 개혁운동』, 118-119쪽.

에 통달한 거인"300)이었다는데 그와 가까웠던 이승만이 그에게 영향을 주었거나 그로부터 영향을 받았을 거라는 점은 쉽게 유추할 수 있다. 그러나 게일이 읽었다는 '방대한' 서적도 빠져 있다. 그렇다면 지인들이 이승만의 의사와 상관없이 기증도 했겠지만 이승만이 감옥에서 집중적으로 읽은 기독교서적과 최근 서양서적은 그가 외부에 요청하였으리라 생각된다. 이 서적들은 그가 기독교를 받아들이기 전에는 읽을 필요가 없었을 것이기 때문이다.

이승만이 능동적으로 원하는 서적을 요청했을 것이라는 근거로서 그가 영어성경을 요청했다는 기록에서 찾아볼 수 있다. 또 하나 좋은 예가 유길준의 『서유견문』이다.301) 이에 대하여 그가 기고한 글을 보면 "50원을 위한(爲限) 하고 보조하기를 허락하여 400냥 돈을 들여 책장을 만들고 각처에 청구하여 서책을 수합하여 심지어…서책을 연조하는 자 무수한지라"라는 대목과 "천문, 신학, 경제 등 모든 정치상 관계되는 책이 더 있으면 보는 사람이 더욱 많을 터인데 방금 구하여 오는 책이 불소하다 하는지라"는 대목이 있다.302) 기증받은 책도 있지만 400냥[40원]으로 책장만 만들었다는 뜻인지 책도 매입했다는 뜻인지 불분명하고 입수한 책이 많아서 더 구할 여유 돈이 없다는 뜻인지도 불분명하지만 어쨌든 "청구"한 것은 사실인 것 같다.

도미 후 망명지에서도 이승만은 쉬지 않고 문필활동을 하였다. 그는 한인신문의 기고, 한인잡지의 기고, 미국신문의 기고, 각종 회의의 발표글, 『일본 내막기』 등을 통해 자신의 생각을 드러내지만 대부분은 도미 이전, 이후의 글들을 계몽적으로 반복한 것이다. 이보다 더 중요한 것이

---

300) 이정식, 『이승만의 구한말 개혁운동』, 160쪽.
301) 유영익, 『젊은 날의 이승만』, 연세대학교 출판부, 2002, 72쪽.
302) 『신학월보』, 1903년 5월. 원영희·최종태, 『뭉치면 살고…』, 147쪽에서 재인용.

있다. 이승만은 미국 대학에 수학하면서 도미 전의 자신의 생각을 학문적으로 심화하였다. 특히 『독립정신』 가운데 통상 부분을 선택하여 집중적으로 연구하였다. 그는 한국 독립에 있어서 통상의 중요성을 일찍부터 인식하였는데 그것을 세계사적 관점 특히 미국사의 관점에 비추어 확장한 것이 그의 박사학위논문인 『미국 영향 하의 중립』이 되었다. 그의 박사학위논문을 분석하여야 비로소 그의 사상을 이해할 수 있다. 학위논문에서 인용한 문헌들까지 살펴보아야 완전한 분석이 될 수 있겠지만 여기서는 학위논문은 분석하였으나 그의 참고문헌까지 챙기지 못한 한계가 있다. 그러나 학위논문의 이해를 심화하는데 『일본 내막기』의 도움을 받을 수 있다. 이 책은 학술서적은 아니지만 이승만이 학위논문에서 1872년에 끝낸 해상교역의 역사적 추적을 그 이후 1940년까지의 국제정치에 적용하여 쓴 책이다. 말하자면 자신의 이론을 실제 상황에 시금석으로 사용해본 것이다. 이런 의미에서 『미국 영향 하의 중립』이 이론편이라면 『일본 내막기』는 응용편이라고 할 수 있다.

2. 가설

이러한 제한된 배경을 갖고 여기서는 이승만의 사상에 대한 두 가지 가설을 검정하려고 한다. 첫째, 이정식과 유영익의 암시대로 이승만과 실학사상의 구체적인 연계를 찾고자 배재학당과 감옥에서 보낸 약 10년 동안 언론인으로써 남긴 글들을 검토한다. 특히 배재학당에서 감옥까지 3년 9개월 동안 그가 이미 개화파의 일원이 되어 실학사상을 급진적으로 실천하고자 하는 열망의 한복판에 있었다는 가설의 검정이다. 이 가설의 중요성은 그것이 검정된다면 이승만이 조선의 실학사상과 구미사상을 '실천적인 측면'에서 연결하여 한국 근세정치사를 단절 없이 설명할 수 있는 분수령이 될지 모르기 때문이다. "그(이승만)는 외국인으로 동양사, 철학, 문학에 깊이 천착한 초기 교육과 함께 미국사와 유럽사, 국제법, 서양철학의 어려운 시험을 명예롭게 통과한데 대해 자부심을 가졌다.… 그 둘을 융합하여 그 자신의 사상으로 만들었다."303) 여기서 핵심 주제어는 "실학과 통상"이다.

둘째, 그의 독립사상을 뒷받침할 수 있는 학위논문에 나타난 정치경제사상의 정체를 밝혀낸다. 그 목적은 그의 세 저서 『독립정신』, 『미국 영향 하의 중립』, 그리고 『일본 내막기』에 공통으로 나타난 "통상이 평화를 가져온다"는 그의 명제가 윌슨의 14개조가 근거로 삼는 칸트의 『영구평화론Perpetual Peace A Philosophical Essay』(1795)의 명제와, 우연이든 필연이든, 일치한다는 가설이다. 여기서 핵심주제어는 "통상과 평화"이다. 이 가설은 다시 네 가지로 세분된다. 그가 학위논문의 명제에 근거하여 (1)한국독립의 논리를 세웠다는 가설, (2)외교독립의 필연성이 숨겨져 있다는 가설, (3)외교의 주요상대를 미국으로 택한 논리적 근거가 암호처럼 해독을 기다리고 있다는 가설, (4)일본과 미국이 반드시 전쟁에 돌입한다는 가설이다. 특히 가설 (2)와 (3)은 뒤에서 보겠지만 마사리크와 공유한다는 데 또 하나의 의의를 부여할 수 있다. 이 가설의 검정은 이승만 독립운동 사상이 세계 정치경제사상사 또는 세계철학사 흐름에 합류하고 있다는 데 그 중요성이 있다.

첫째 가설은 한국 정치경제사상사에서 이승만의 위치에 관한 것이고, 둘째 가설은 세계 경제정치사상사에서 이승만의 위치에 관한 것이다. 두 가설을 합치면 이승만을 중심으로 한국 정치경제사상사와 세계 정치경제사상사의 하나의 고리가 형성될 수 있다. 이 장은 이승만의 학위논문을 분석함에 있어서 이 두 가지 가설이 "통상"을 둘러싸고 서로 연관되어

---
303) Oliver, *Syngman Rhee The Man behind the Myth*, p. 114.

있음을 보일 것이다. 이승만 사상에 통상과 무역을 강조한 학자는 유영익이다.304) 이 장은 유영익의 강조를 계승하되 통상이 평화를 가져온다는 명제를 천착할 것이다. 이 명제는 그 후 대한민국 역대 정부가 계승하여 오늘날 평화 속에 무역대국으로 성장하는 사상적 배경이 되었다.

3. 실학사상

1) 실천실학

이승만의 학위논문 주제는 통상commerce인데 그 먼 배경에는 실학사상이 연결되므로 이것을 분리하여 생각할 수 없다. 우선 이승만 자신이 "나는 갑오년[1894년] 청일전쟁 이후부터 시와 서의 옛 학문을 버리고 영어와 신학문에 전심하여 비로소 세계대세에 눈을 뜨게 되었다"305)라고 밝힌바 대로 1894년 19살의 나이에 새로운 문명을 만나면서 구각에서 벗어났다. 이것이 계기가 되어 정계에 입문하게 되었는데 서재필의 영향력이 컸다. 서재필 곁에는 김옥균, 서광범, 박영효, 유길준 등 개화파가 있었고 이들은 박지원의 손자인 박규수의 문하생이었다. 박지원은 실학에서도 이용후생학파의 거두로서 18세기 조선의 양반사회를 문필로서 비판하고 개혁을 주장하였다.

감옥에 갇힌 27세의 이승만은 썼다. "지금 세상의 문명이 오대주 중에 퍼지지 않은 곳이 없으나…그 세력이 온 세상에 균평히 퍼져…이용후생할…세상이 될지라."306) 통상을 가리킨다. 이에 앞서 23세 배재학당 학생

---

304) 유영익, 『이승만의 삶과 꿈』, 224쪽
305) 손세일, 『이승만과 김구 1-1』, 68쪽. 이 글은 이승만이 한문으로 쓴 비문의 일부인데 손세일이 번역한 것이다.

에 불과하던 1898년에 이미 "만일 구습을 면치 못하여 종시 내 나라 예약 문물과 내 집안 지체 문벌이나 진지히 의논하고 내외국 시세 형편을 도무지 모르고 안연히 앉아 [있으면]… 장차 어떤 지경에 이를지 모를지라"307) 에서 시작하여, 4년 후에는 "연전에 동학의 혹한 말로 인연하여 온 세상이 다 믿고 따라가다가 급기 일패도지 하였으니…슬프다, 세상에 어두움이 이같이 심하뇨"308)라는 시평과 함께, "외국인을 몰아낸다, 민요를 일으킨다 하는 것이 다 원기는 있고도 동서를 몰라 속히 변통하기를 생각하다가 도리어 더 심한 화를 당한 연유라. 마땅히 문견이 있어 이러하면 되겠고 저리하면 아니 될 줄을 알아야 하겠다"의 시론을 거쳐서,309) 6년 후 출옥하여 미국에 가는 선상에서 보낸 편지에 "우리나라에 소위 교육이라는 것을 가지고 그 폐단을 말할진대 태고적 옛 것을 숭상함이니"에 이르기까지 통상을 거부하고 구사상을 신봉하는 선비들을 질책하고 있다.310) 이승만이 바라는 바는 칠언절구로 요약한 대로 "그릇된 옛 법은 선뜻 고치고 / 신식도 좋으면 받아드리소(法僞恐後無泥舊 從善爭前莫厭新)"311)라는 개혁인데, 위정척사파의 방해로 뜻을 이루지 못하여 "유학을 숭상하는 자들의 폐해가 이처럼 심하니 분노를 금할 수 없다"312)며 유학자들을 탄핵하고 있다.

---

306) 『제국신문』, 1902년 8월 21일. 원영희·최종태 편, 『뭉치면 살고…』, 307쪽에서 재인용.
307) 『제국신문』, 1898년 4월 12일. 원영희·최종태, 편집, 『뭉치면 살고…』, 134쪽에서 재인용.
308) 『제국신문』, 1902년 9월 4일. 원영희·최종태, 편집, 『뭉치면 살고…』, 329쪽에서 재인용.
309) 『제국신문』, 1902년 10월 6일. 원영희·최종태, 편집, 『뭉치면 살고…』, 343 344쪽에서 재인용.
310) 『제국신문』, 1904년 12월 29일, 30일. 원영희·최종태, 편집, 『뭉치면 살고…』, 173-174쪽에서 재인용.
311) 유영익, 『젊은 날의 이승만』, 101쪽.
312) 『풀어 쓴 독립정신』, 201쪽.

박지원이 상업[통상]의 중요성을 소설 『허생전』의 예를 들어 사실적으로 강조했듯이 이승만 역시 『옥중잡기』에서 유학생활을 부양할 수 있는 구체적인 직종들을 열거하고 있다. "점잖은 사람들은 말하기를 아무리 양반이 죽게 되기로 어찌 장사할 수가 있느냐"313)고 말하는 시대에 이승만은 "어떤 직업이든지 소중한 것으로 여기며 일하지 않고 편히 지내는 자는 사회에서 비정상적인 사람 또는 인간쓰레기라고 생각[한다]"314)에 이르면 구태의 양반이나 의연의 선비로서는 상상도 할 수 없는 일이다. 또한 스스로 하와이에서 회사를 설립함으로써 상업의 중요성을 관념적으로 주장했던 선각자들과도 차이를 보인다.

상업뿐만 아니다. 과학에 대한 이승만의 관심 또한 놀랍다. 마르코니가 역사상 최초로 문자를 무선으로 대서양을 넘긴 때가 1901년이었는데 1902년에 이미 이승만은 감옥에 앉아 "줄 없는 전선의 발명"을 얘기하고 있다.315) 라이트 형제가 활공이 아니라 비행을 성공한 해가 1903년인데 그는 1904년에 "공중으로 올라가 마음대로 날아 세계 어느 곳이든 마음대로 왕래하는 것"을 소개하고 있다.316) 이것은 비행선을 가리킨다. 그가 『독립정신』에서 물을 묻힌 귤로 지동설과 자전설을 설명하는 예도 독창적이다. 그가 과학에 관심을 가진 것은 미신에 젖은 대한 동포를 과학의 세계로 계몽시키기 위함이면서 그것이 먼 나라와 통상을 촉진하고 거꾸로 통상이 과학을 발전시키기 때문이다. 그만큼 그는 통상을 무엇보다 중요하게 생각하였다. 그것을 단적으로 나타내는 글을 이미 1902년 감옥에서 썼다.

---

313) 『제국신문』, 1901년 4월 19일. 원영희·최종태 편, 『뭉치면 살고…』, 273쪽에서 재인용.
314) 『풀어 쓴 독립정신』, 95쪽.
315) 『제국신문』, 1902년 11월 29일. 원영희·최종태 편, 『뭉치면 살고…』, 372쪽에서 재인용.
316) 『풀어 쓴 독립정신』, 169쪽.

전에는 이런 것[약육강식]을 포학에 가깝다 하여 어진 정사가 아니라 하더니 근래에 이르러는 부강한 법을 말하는 자는 말하기를…강한 자가 약한 나라를 치고 멸하여도 악한 것이 아니라 할지니…[그러나] 문명국 사람의 의견은 이와 달라서 말하기를…장사를 상통하지 않고…산과 바다를 통하지 못하여…다만 땅만 차지할 줄만 아는…이런 악한 정부의 권리 밑에 토지(국토)가 있음(빼앗겼음)은 온 세상 사람들에게 일체로 해가 되는 것이다.…그러므로 개명한 사람 이르는 곳에는 어두운 사람을 몰아내며 문명한 나라의 세력 미치는 곳에는 야만 나라를 복멸하는 것이 종종 행하는 바라.317)

약육강식 논리에 의해 남의 국토를 홀로 차지하여 통상을 하지 못하게 하고 "하늘이 내신 물건도 캐어 쓰지 못하게" 하면 나머지 모든 다른 나라의 통상이익과 과학 발달에 해가 되므로 그런 야만 나라는 몰아낸다는 것이다. 이승만은 통상으로 서로 공생하는 문명국을 꿈꾸었다.

전후를 살펴보면 이정식의 암시가 새롭다. "서재필도 그랬거니와…이승만도 역시 개혁을 부르짖다가 옥고를 치러야 했는데 [실학파] 박지원과 서재필, 그리고 이승만의 논저가 그처럼 같았던 것은 우연의 일치로 돌릴 수는 없을 것이다."318) 우연의 일치가 아닌 것이 석연한 것은 이승만은 실학의 논저에서 한 걸음 더 나아가서 그것을 실천했다는 점에서 순수 실학자이기 보다 실천 실학자라고 불러야 마땅하다. 그 이유는 그의 실천실학과 그의 일생을 떼어서 생각할 수 없는 그의 업적 때문이다. 누대에 걸친 실학자들의 염원이었던 상공업 장려, 농지개혁, 의무교육, 남녀평등, 사민평등, 국민개병제 등은 그의 실천실학을 떼어놓고서는 그가 받은 미국교육만으로 설명이 되지 않는다. 영국교육을 받은 인도의 네루

---

317) 『제국신문』, 1902년 11월 15일. 원영희·최종태 편, 『뭉치면 살고…』, 370-371쪽에서 재인용.
318) 이정식, 『이승만의 구한말 개혁운동』, 410쪽.

는 농지개혁에 실패하였고 신분제와 남녀차별도 철폐하지 못했다. 거꾸로 외국교육을 받지 못한 필리핀의 대통령들도 농지개혁에 실패하였다. 북한의 농지개혁은 실학파가 생각한 그것이 아니었다.

2) 자유주의

이승만은 배재학당에 입학하기 전에는 『시경』을 읽던 청년이었다. "유가에서 태어난 나는 중국고전과 역사, 문학, 종교 등에 관한 책들을 습득하여 과거시험을 보는 것을 나의 의무로 여기고, 유교만큼 훌륭한 종교는 있을 수 없다고 믿고 있었다."319) "내가 남묘에서 한 겨울을 『시전』 열권을 읽었는데 그때 청일전쟁이 났으며 아펜젤러 박사가 아들처럼 여기던 신긍우 씨가 이제는 세계대세가 변했으니 『시전』을 그만두고 새 지식을 배우는 것이 어떻겠느냐고 권했다. 그 후 형편이 어려워지고 모든 것이 신식으로 변했는데 먼저 과거가 폐지되면서 사서삼경이 필요치 않아서 다른 방면으로 나선다고 한 것이 배재학당에 들어오게 된 계기가 되었다. 그때 처음 만난 사람이 노블 박사였고 여기서 배우고 얻은 것이 세계대전의 지식이며 내가 새 길로 들어가는 첫 길이었다."320)

이승만은 천성적으로 고집이 세고 자기주장이 강하다고 알려져 있다. 그 스스로 인정한다. "본래 본 기자[이승만]는 흉중에 불평한 마음을 품은 자라. 진실로 이 [억압과 착취의] 세상과 합할 수 없어 일신에 용납할 곳이 없는 자라. 입으로 나오는 말이 다 사람의 귀에 거슬리며 붓끝으로 쓰는 말이 다 남의 눈에 거리끼는 바니, 이는 불평한 심사에서 스스로 격발함이다."321) 부인 프란체스카는 말한다. "이 박사는 상처 받는 것을

---

319) 이정식, 『이승만의 구한말 개혁운동』, 306쪽.
320) 『대통령리승만박사담화집』, 제2집, 공보처, 1956. 최종고 편, 『우남 이승만』, 청아출판사, 2011, 27쪽에서 재인용.

두려워하지 않는다."322) 이러한 성격의 그가 어떻게 쉽게 단 시간에 새 지식에 굴복했는지는 그가 "남의 말에 귀를 기울이[고]" 말은 "확신에 차있으며 탐구적인" 한편 "대화에 진지한" 까닭이다.323) 자신도 문장가이면서324) 그의 전기를 기록한 올리버 (Robert T. Oliver, 1909~2000) 교수에게 한국사정을 언론에 기고해달라는 부탁을 하며 "나는 문장가가 아니요. 당신이 쓰면 어떻소?"라고 겸손하게 남의 문장을 인정한다.325) 그러한 이승만의 영어는 "자연스럽고, 정확하며, 단어 선택에 흠 없이 완벽하다"고 올리버 교수는 평하였다.326) 올리버는 수사학 교수이다.

그래서 일단 옳다고 결심하면 실천에 망설이지 않는다. 이승만이 에비슨 박사를 찾아가 자진하여 자신의 상투를 잘라달라고 요청한 것도 그 한 예이다. 그것은 배재학당 입학 직후의 일이다. '새 길로 들어가는' 그의 사상변화의 상징으로 볼 수 있는 바, 그가 "목숨보다 중히 여기던 털을 버렸으니…목을 버리기를 일개 터럭같이 가벼이 할 줄로 작정한 일이요,…4~5천 년 늙은 대한을 일조에 새 대한으로 만들어 부강문명에 나가기를 힘쓰기를 작정한 일이로다"라고 각오를 새롭게 다지고 있다.327) 이것은 "기름으로 쩌들어 더러워진 머리털 뭉치"를 잘라 버리고 깨끗하게 정화되어 거듭나는 대한제국형 '세례의식'을 연상하게 된다. 그 의식의

---

321) 『제국신문』, 1903년 4월 17일. 원영희·최종태 편, 『뭉치면 살고…』, 469쪽에서 재인용.
322) Oliver, *Syngman Rhee and American Involvement in Korea, 1942 1960, A Personal Narrative*, Panmun Book, 1978, p. 22.
323) Oliver, *Syngman Rhee, The Man behind the Myth*, pp. 3-4.
324) "Dr. Rhee is a great scholar, linguist, and a persistent, inexorable champion of independence for his own people." Coffee, "Korea and the Crisis in the Orient," *Appendix to the Congressional Record*, A1877, May 21, 1942.
325) Oliver, *Syngman Rhee, The Man behind the Myth*, p. 5.
326) Oliver, *Syngman Rhee, The Man behind the Myth*, p. 3.
327) 『제국신문』, 1902년 9월 17일. 원영희·최종태 편, 『뭉치면 살고…』, 337-338쪽에서 재인용.

주재자는 목회자격증을 소지한 에비슨(Oliver R. Avison, 1860~1956) 박사였다.328) 뿐만 아니라 그는 정구도 배웠다. 그 시작이 배재학당 시절이었는지 미국 학업시절이었는지 불분명하지만 당시 양반이 운동을 경멸하거나 기피하였음을 상기하면 그가 얼마나 빨리 시대변화에 적응하였는지 알 수 있다. 아마도 독립운동가들 가운데 이승만처럼 세계변화에 빠르고 민감하게 반응한 인물도 찾아보기 힘들 것이다.

배재학당Pai Chai College에 입학한 1895년 4월부터 대역죄로 수감되는 1899년 1월까지 3년 9개월 동안 그는 대학생, 『협성회회보』, 『매일신문』, 『제국신문』의 주필, 발행인, 논설인을 거쳐 독립협회의 열성회원으로 변신을 거듭하면서 사상의 대변혁을 겪었다. 특히 감옥에서 남긴 기록은 그가 벌써 위정척사와 결별을 했음을 보여준다. 스스로 작성한 세계위인 목록, 세계 각국의 사정, 조약문, 세계역사, 기독교, 정치제도, 교육제도, 법률제도 등에서 드러난 그는 『시경』이나 읽고 있는 청년이 아니었다.

김구(白凡 金九, 1876~1949)가 위정척사와 결별한 계기도 책이었다. 김구가 서대문 감옥에 수감되었을 때 그곳에서 어떤 책을 발견했는데 그 책은 이승만이 한성감옥서에서 읽었던 바로 그 책이었다. "이승만 박사의 손때와 눈물 흔적으로 얼룩진 감옥서라는 도장이 찍힌 『광학류편』, 『태서신사』 등의 서적을 보았다. 나는 그러한 책자를 볼 때에 그 내용보다는 배알치 못한 이 박사의 얼굴을 보는 듯 반갑고 무한한 느낌이 있었다." 『태서신사』는 김구가 일찍이 인천감옥에서 간수의 권유로 읽고 위정척사에서 사상전환을 일으킬 정도로 영향을 받은 책으로 "역대의 진귀한 보물"의 하나라고 평했다.329)

이승만이 배재학당에서 배운 서양학문이 구체적으로 무엇이었는지는

---

328) 김학은, 『루이스 헨리 세브란스』, 연세대학교 출판부, 2008, 424쪽.
329) 손세일, 『이승만과 김구 3-1』, 187쪽.

그가 관여한 학생조직 '협성회'에서 토론한 제목으로 미루어 부분적으로 추론할 수 있다. 1896년 11월에서 1898년 4월까지 42번의 토론회는 서재필의 지도하에 남녀평등, 기독교 국교, 노비해방, 국민개병, 사농공상 학교 설립, 상하원 설립, 전면 개항 등 각종 주제를 다루었다.330) 토론 내용을 백성에게 계몽시킬 목적으로 『협성회회보』를 발간할 것을 건의하였고 이승만이 주필로 참여하였다. 여기서 토론된 주제 가운데 하나가 한글사용이었는데 이승만의 동급생 주시경은 이미 한글을 연구하고 있었다. 그는 아무도 관심을 갖지 않은 국어문법을 홀로 연구하여 1893년에 책을 쓰기 시작하여 1898년에 완성하였다.

당시에 서울에는 여러 나라의 어학교습소가 있었고, 프랑스어가 가장 유행했다고 한다.331) 아무래도 1세기에 걸친 프랑스 천주교 선교의 영향과 서울이 좁다하지만 그래도 좁은 대로 형성된 외교가에서 사용하는 외교언어 탓이었을 것이다. 그러나 이승만은 영어를 배울 생각이었다. 이것만 보아도 20세의 그가 한문으로 된 사서삼경이나 읽고 앉아서 천하대세를 논하는 당시 위정척사의 선비들에 대해 그 낙후성을 한탄하지 않을 수 없었다고 여겨진다. 더욱이 그가 배재학당에서 영어를 배운지 6개월 만에 후배들을 가르칠 수 있게 되었고 2년 후 졸업식에서 훌륭한 영어연설을 했다는 것은 위정척사 선비의 모습과는 정반대이다. 그 연설 제목이 '한국의 독립'이었고 6백 여 참석자들에게 감동을 주었다는 사실에 이르면 당시 청국을 사대하여 독립정신과는 빙탄불상용(氷炭不相容)이었던 위정척사 선비와는 불구대천이 될 수밖에 없었을 것이다.332) 여기에서 멈추지 않은 그는 5년 반 동안의 감옥생활에서도 쉬지 않고 영어를 연마하며 일방 영어사전을 만들어가며 일방 영어문장을 통째로 암기할

---

330) 신용하, 『독립협회 연구』, 일조각, 1976, 113-114쪽.
331) 분쉬 지음, 김종대 옮김, 『고종의 독일인 의사 분쉬』, 학고재, 1999, 50쪽.
332) 신용하, 『독립협회 연구』, 161쪽.

지경에 이르러 출감한지 불과 반년도 되지 않아 미국 국무장관과 국사를 논하고 다시 반년 만에 미국 대통령과 면담했다는 사실이 그가 완벽한 영어의 중요성을 얼마나 뼈저리게 느끼고 스스로를 단련시켰는지를 우리에게 알려준다. 이승만이 시어도어 루스벨트 대통령을 만나러 가는 길에 『뉴욕 타임스』 기자와 인터뷰를 갖게 되었다. 동행하였던 윤병구 목사가 대부분 대답하였는데 기자는 윤병구의 영어가 '엉터리 영어broken English'라고 적었다.333) 당시 한국 대표의 영어수준이었다. 이때 이승만은 구국의 길인 외교에 완벽한 영어의 필요성을 다시 확인했을 것이다. "모든 나라가 [통상]교류하며 서로 섞여 살며 형제같이 사랑하며 친밀하게 지낸다면 풍속도 같아지고 언어와 문자까지도 같아지게 될 것이다. 이것이 바로 개화의 이점이다. 지난 백년간 세계가 변한 것을 본다면 앞으로 백 년 동안 얼마나 많은 변화가 있을지 짐작할 수 있을 것이다."334) 그는 앞으로 백년을 내다보며 영어를 끊임없이 연마하였다. 여기에 일어는 독학을 하였고 프랑스어는 학위과정에서 습득하였다. 그는 세계사정을 이해할 수 있는 준비를 마쳤다.

그러나 "나[이승만]는 그곳[배재학당]에서 영어보다 더 중요한 것을 배웠음을 깨달았다. 그것은 정치적 자유의 개념이었다. 한국의 일반백성이 무자비하게 당하는 정치적 억압에 대하여 조금이라도 아는 사람이라면 한 젊은이가 평생 처음으로 기독교 국가에서는 국민들이 법률에 의해 지배자의 횡포로부터 보호받는다는 얘기를 들었을 때 그의 마음속에 어떠한 혁명이 일어났을 지를 쉽게 상상할 수 있을 것이다."335) 그 혁명이라는 것은 "속으로 우리가 그와 같은 정치적 원칙을 택한다면 나라의 핍박받는 동포들에게 커다란 축복이 될 것이라"는 다짐이었다. 아마도 이

---

333) *New York Times*, August 4, 1905.
334) 『풀어 쓴 독립정신』, 112-113쪽.
335) 유영익, 『젊은 날의 이승만』, 6쪽.

러한 마음의 혁명이 그로 하여금 사상의 변혁을 일으키는 원동력이 되었을 것이다. 그 순간 그는 단순한 영어교습생에서 국제정치학도로 태어났다.

이승만은 인권을 중시하는 서양 정신을 다시금 확인한다. "내[이승만]가 1905년 미국에 처음 왔을 때 느꼈던 첫 인상 중에 그 후에도 늘 생각하지 않을 수 없었던 것은 나의 나라와 미국과의 대조이다. 물질적인 진보, 현대적 발명, 고층건물 등등 그런 따위의 대조보다 우리나라에서 가장 싼 인명과 노동력이 미국에서는 가장 비싸다는 것이다." 사람뿐만이 아니다. "뉴욕시내에서 어떤 외국 사람이 마차를 몰고 가다가 뛰어내려 자기 말에게 채찍질을 하기 시작하였다. 그랬더니 사람들이 모여들기 시작하더니 어떤 부인은 어찌나 흥분했던지 그 사람을 악한 사람이라고 말하고 유치장에 보내야 한다고 했다."[336] 생명을 존중하고 폭력에 분노하는 모습을 목도한 것이다.

이러한 관찰이 남달리 가능했던 것은 그가 도미 전 상동청년학원 교장으로서 교육의 본질이 어디에 있는지에 대하여 쓴 글에 이미 나타난다. "우리나라에 관사립 간에 학교가 한둘이 아니로되 사람 노릇하는 사람이 얼마나 났으며 나라에 유익함이 얼마나 되었소… [그렇지 못한 것은] 사람의 재주만 가르치고 마음은 가르치지 못하는 연고라."[337] 이렇게 말하는 한편, 현실적으로는 "상업과 무역[통상]을 권장하여 다른 나라로부터 재물과 금은보화를 벌어들이고, 공업과 농업을 진흥시켜 생활이 풍요로워지면서 사람의 가치도 매우 소중하게 여긴다."[338] 이승만은 정신문명의 소중함을 깨달은 동시에 물질문명 특히 통상의 중요성도 함께 강조하고 있다. 이것은 실학사상이다. 그러면서 사농공상의 신분사회에서 가장

---

336) 이정식 역주, 「청년 이승만 자서전」, 『신동아』, 1979년 9월호.
337) 이승만, 「상동청년회에 학교를 설치함」, 『신학월보』, 1904년 11월호.
338) 『풀어 쓴 독립정신』, 58쪽.

천하다는 상업[통상]이 사람을 귀하게 만든다는 점의 발견은 그의 독창성이다.

이승만이 배재학당에서 배운 정치적 자유라는 개념은 서재필을 통해서였다. "그[이승만]에게 충격적인 영향을 끼친 것은 1896년 5월 후반기부터 매주 있었던 서재필의 강의였다. 서재필은 곧 승용[이승만]의 존경하는 본보기가 되었다."339) 이것이 이승만의 첫 번째 사상적 충격이다. 배재학당은 과거시험 준비생 이승만으로 하여금 위정척사에 집착하는 보수적 유교 사고와 결별하게 만든 첫 번째 장소가 되었다. 여기에다 그가 읽은 유길준의 『서유견문』은 당시로서는 생소하고 이해하기 힘든 자유의 개념을 설명한다. 조선에는 불기(不羈)라는 말은 있었다. 그러나 한국 최초로 자유의 개념을 접한 사람은 박영효라고 알려져 있다. 그러나 그는 그 뜻을 완전히 이해하지 못하였다. 그 후 유길준이 1895년 출판한 『서유견문』이 최초의 입문서라고 여겨진다.340) 유길준의 자유는 일본의 후쿠자와 유키치(福澤諭吉, 1934~1901)의 자유를 수입한 것이다. 이들이 말하는 자유는 liberty였지 freedom이 아니었다.341) 전자는 주인이 노예를 속박에서 풀어주며 베푸는 자유이고 후자는 개인이 타고날 때부터 하늘로부터 천부적으로 부여받은 양도할 수 없는 자유이다.342)

이러한 사정으로 미루어보아 같은 해에 배재학당에 입학한 이승만이 서재필로부터 배운 자유의 개념은 미국의 그것 freedom이었던 만큼 그에 관해서는 한국 최초의 자유주의자 가운데 하나가 될 수 있었다. 이승만의 글에 잘 나타나 있다. "자유가 본래 우리의 물건이요, 남에게 청구할 것이

---

339) 이정식, 『이승만의 구한말 개혁운동』, 41쪽.
340) 정용화, 「유교와 자유주의 유길준의 자유주의 개념수용」, 『정치사상연구』 2, 2000년 봄호, 61-83쪽.
341) Fisher, *Liberty and Freedom*, Oxford, Oxford University Press, 2005, Ch.1.
342) Fisher, *Liberty and Freedom*, Ch.1.

아니[다].”343) 여기서 이승만이 말하는 자유는 liberty가 아니라 freedom임을 알 수 있다. 이것이 미국의 자유이다.344)

　같은 무렵 이승만은 다른 곳에서도 자유주의를 습득한다. 배재학당에서 배운 영어로 부족함을 느꼈던지 일요일이면 제중원 의사 에비슨 박사를 찾아가서 영어 연습에 겸하여 한국의 장래를 이야기하면서 자연히 접한 것이다. 후일 대통령이 된 이승만이 에비슨 박사에게 건국공로훈장을 수여하며 그 관계를 기록하였다. "에비슨 박사는 그가 이 땅에 전한 기독교 정신으로부터 오는 자유주의 사상의 상징으로써 본 대통령의 신실한 친구이었으며 또 본 대통령의 청년시기에 기독적 민주주의의 새 사상을 호흡케 하였[다.]"345) 에비슨 박사 역시 회상하였다. "한 번은 그 [이승만]가 상당히 흥분돼 자신의 일생을 조국의 정부형태를 바꾸는 것을 돕는데 바치기로 결심했다고 내게 말했다."346)

　이승만이 바꾸고 싶어 하는 정부형태란 무엇인가. 후일 대한민국이 건국되고 에비슨이 대통령 이승만에게 편지를 보냈다. "나는 당신이 제중원 뒤의 언덕에 있던 우리 집에 거의 일요일마다 와서 나를 상대로 영어를 연습하고 한국의 장래에 대해 이야기하던 때를 잘 기억합니다. 당신은 그때도 젊은 모반자였지요.… 당신이 그때에도 밟고 있던 그 길이 얼마나 위험한 길이라는 것에 대해 내가 경고해준 것을 기억하시는지 모르겠군요. 내가 하는 말을 조용히 듣고 한참 있다가 '그래도 나는 하겠습니다' 하던 당신을 나는 잘 기억합니다. 그리고는 당신은 초지대로 했지요.… 왕이 아프거나 병이 있다고 생각하였을 때 [나는] 그 분을 진찰하러 [궁에] 갔다 와서는

---

343) 『동아일보』, 1924년 4월 23일. 원영희·최종태 편, 『뭉치면 살고…』, 209쪽에서 재인용. 이것은 『일정하 동아일보 압수사설집』 323-324쪽에 수록되어 있다.
344) Fisher, *Liberty and Freedom*, Ch.1.
345) 연세대학교 의과대학, 『의학백년기념화보』, 제1집, 1985, 33쪽.
346) Avison, *Memories of Life in Korea*, p. 262.

왕위가 폐기된 후의 장래에 대해서 당신과 토론을 하곤 하였으니…분명히 우리 둘은 반역자들이었지요."347)

'반역자' 이승만이 바꾸고 싶어 하는 정부형태는 왕정을 대체한 공화정이었다. 에비슨 박사의 편지가 이를 증언한다. "당신[이승만]은 그때도 모반자였지요.…왕위가 폐기된 후의 장래에 대해서 당신과 토론을 하곤 했으니 말이요."348) "내[이승만]은 곧 이들[개화파]와 운명을 함께 하기로 하였다. 우리는 다른 동양 국가와 같이 오래 동안 유지되었던 왕정을 폐기하는 일을 반드시 해야 한다고 느꼈다."349) 그래서 이승만은 말한다. "대체로 혁명이라 하는 것은 백성들이 일어나서 정부를 뒤집고 자신들의 뜻대로 다시 조직하는 것을 말하는데 동양의 역사에는 없는 일이다.… 그 임금이나 임금의 세대만 고쳤을 뿐, 그 정부의 제도와 국권의 지배층은 변하지 아니한 [것은 혁명이 아니다.]"350) 그가 감옥에서 번역한 『미국 독립선언문』 서문의 분위기를 나타낸다.

그가 박사학위를 취득하고 1910년 귀국한 후 던진 말 가운데 하나는 "귀국하고 보니 시원한 일이 세 가지가 있는데 하나는 임금이 없어진 것, 또 하나는 양반이 없어진 것, 그리고 상투가 없어진 것"이었다. 그 자신 왕족 양반이었음에도 실학파가 주장한 바와 같이 신분제 타파를 부르짖었고 그 상징인 상투도 잘랐지만, 자신의 의지 밖의 존재였던 임금이 없어졌으니 '혁명'이었을 것이다. 그러나 그것은 혁명이 아니라 국권상실이라는 비극이었다. 이 비극적인 국권상실을 회복하려고 그가 이번에는 일본을 상대로 싸우는데 다시 초지일관했음을 에비슨 박사는 지적한 것이리라. 그것은 옳은 지적이었다. "내[이승만]가 무엇 때문에 7년 동안

---

347) 이정식, 『이승만의 구한말 개혁운동』, 309쪽.
348) 이정식, 『이승만의 구한말 개혁운동』, 309쪽.
349) Avison, *Memories of Life in Korea*, p. 274.
350) 이승만, 『한국교회핍박』, 신한국보사, 1913.

감옥에서 보냈고 고문 받았는지 아시오? 바로 그러한 [억압과 착취] 제도 때문이었소. 나는 일본의 지배가 이보다 더 나쁘기 때문에 아직도 항거하고 있는 겁니다."351)

이승만은 왜 '혁명'을 원했을까. 이승만의 이 염원은 그 전의 선각자보다 한 걸음 더 나아간 것이다. 1880년대 초 개화사상을 주도한 사람은 김옥균, 박영효 등이었다. 이들의 개화사상은 외국의 기술을 받아들여 국가를 부강하게 하여야 한다는 것이었고 주위 사람들을 그렇게 계몽하였다. 그러나 1883년에 이르러 정계에서 배척당하자 서양기술의 습득에 앞서 그것을 수용할 수 있는 정치개혁의 필요성을 절감하였다.352) 당시에 지배적이었던 개화사상에서 한 걸음 나아가서 혁명을 시도한 것이다. 결국 김옥균 등은 갑신정변을 일으키기에 이른다.

그러나 공화정을 꿈꾼 것은 아니었다. 이승만은 이들의 실패와 그에 따르는 위험을 알면서도 한 걸음 더 나아가는 것을 주저하지 않았다. "그[이승만]는 너무나 위대한 목표를 추구하는데 있어 자신에게 무슨 일이 닥치더라도 기꺼이 받아드리겠다고 내[에비슨]에게 말했다."353) 그가 세운 "이 뜻[공화정]을 이룰 수만 있다면 내[이승만]의 목숨까지도 바치는 것을 진실로 아끼지 않겠노라"는 각오는 비장하기조차 하다.354) 그 결과 그 역시 감옥에 갇혔고 사형에 일보 앞까지 다가갔다가 간신히 풀려났다. 이때 그는 급진적 실학개혁주의에서 독실한 기독교 개혁주의로 변해 있었다. 공화정은 통상과 더불어 칸트 영구평화사상의 핵심이다.

---

351) Oliver, *Syngman Rhee The Man behind the Myth*, p. 7.
352) 이광린, 『한국개화사연구』, 일조각, 1977, 57쪽.
353) 『풀어 쓴 독립정신』, 80쪽.
354) 『풀어 쓴 독립정신』, 73쪽.

3) 일민주의

이승만이 보기에 임진왜란은 한민족 최대의 수난이었지만 그 전쟁에서 조선은 일본을 패퇴시켜 독립은 지켰다. 그러나 병자호란에 이르러 자주독립을 잃은 것을 원통하게 생각하였다. 서재필이 김옥균을 회상하는 글에도 이 점이 두드러지게 나타난다. "그[김옥균]는 조국이 청국의 종주권 하에 있는 굴욕을 참지 못하여 어찌하면 수치를 벗어나 조선도 세계 각국 중에 평등과 자유의 일원이 될까 주주야야로 노심초사하였던 것이다."355) 그래서 삼일천하로 끝난 그의 새 정부가 발표한 14개 조항의 첫 번째가 "청에 대한 조공을 폐지한다"였다. 이승만이 거사에 참여했더라면 "청으로부터 독립한다"라고 직설법을 사용했을지도 모른다.

이승만 역시 병자호란 때부터 조선에서는 독립정신도 사라져 '지나(支那)'에 의지하는 버릇이 생겼음을 통탄하였다.356) 임진왜란 후유증으로 교전 3국 가운데 중국에서는 명이 청으로 교체되고 일본에서는 토요토미(豊臣)에서 도쿠가와(德川)로 바뀌는데 정작 국가교체가 일어났어야 할 조선에서는 청에 사대하는 약체로서 명맥만 간신히 유지하는 신세가 되었음을 통분하였다. 그는 청나라에 저항했던 삼학사의 기개를 높이 평가하였다. 그럼에도 "청 태종이 침범했던 병자년 이후 나라를 바로 세우는데 실패했다."357) 이에 뜻있는 선비들이 '혁명'으로 새로운 국가를 일으키는 대신 '붓끝'으로 일으킨 학문이 실학이다.

천관우는 유형원, 이익, 박지원, 정약용으로 이어지는 실학사상에서 통일되지 않고 여러 가지로 혼재하여 사용되는 실학 개념의 두 가지 공통

---

355) 이광린, 『개화당연구』, 일조각, 1973, 137쪽.
356) 『풀어 쓴 독립정신』, 333쪽.
357) 『풀어 쓴 독립정신』, 333쪽.

요소로 근대지향의식과 민족의식을 꼽았다.358) 그전에 정인보는 조선 후기 실학의 두 가지 특징을 의독구실(依獨求實) 한 마디로 요약하였다. 그러나 모두 학문 탐구에 그치고 말았으니 위정자들의 현실안주와 기득권에 막혀 그 뜻을 펴지 못했던 탓이다.

이승만도 똑같은 주장을 펼치고 있다. "우리나라에도 선각자[실학자]들이 있어서 수십 년[sic] 전부터 붓끝과 혀끝으로 이 뜻[실학]을 우리 민족에게 알려주기를 시험하였지마는 이제까지 당국자들은 권리와 지위를 위하여 분쟁하기에 겨를을 갖지 못하였고 전국 인민은 각각 혼자 살려고 하다가 마침내 그 화[합병]를 다 같이 당한지라."359)

이승만이 자신의 이러한 생각을 더욱 자세하게 표현한 것이 후일 대통령이 되어 자신의 철학으로 주창한 일민주의(一民主義)이다. "나는 일민주의를 제창한다. 이로써 신흥국가의 국시를 명시하고자 한다. 우리는 본래 오랜 역사를 가진 단일한 민족으로서 언제나 하나요 둘이 아니다. 이 하나인 우리 민족은 무엇에고 하나이어야 한다. 그러나 귀천 계급의 독해가 민족을 찢었고, 빈부 차등의 폐가 민족을 갈랐다. 지역적 관념이 생기게 된지라 민족이 그 하나를 잃게 되고 남녀구별이 있었던지라 그 하나에서 떠나게 되었다. 어느덧 국보[국가의 운명]가 기울어 감으로 식자들이 걱정하여 선철(先哲) 이익(李瀷) 같은 분은 그 당시 정치적 최대한 결함을 말하되 문벌취인(門閥取人)과 군존민비(君尊民卑)를 특히 지적하여 이 제도를 고치지 아니하고는 정치다운 정치가 없으리라 하였고, 홍대용(洪大容) 또한 귀천의 계급을 없앨 것을 역설하고, 정약용과 박지원 모두 토지 국유에 대한 고심적 방책을 후인에게 끼쳐 주었으나 새로운 학설은 그때 시론에 맞지 아니하고 구습과 사계(私計)가 서로 투합함이 단단하여

---
358) 천관우, 『한국사의 재발견』, 일조각, 1997, 179쪽.
359) 『동아일보』, 1924년 4월 23일. 원영희·최종태 편, 『뭉치면 살고…』, 209쪽에서 재인용.

어떠한 개혁을 보지 못한 채로 최근에 이르게 되었다. 갑신[정변]을 지내 갑오경장에 미쳐서야 비로소 계급 타파를 선포하였으나 군주정치가 의연한 아래 잔존한 구적(舊蹟)이 없어지지 아니하였[으므로]"360) 왕정을 종식시키지 않고는 이들 선각자들의 가르침을 실천에 옮길 희망이 없었다고 이승만은 본 것이다.

이익, 홍대용, 정약용, 박지원 등은 모두 실학파 학자들이다. 거칠게 표현하면 이들의 실학사상을 이은 자신의 주장을 실천에 옮기는 길은 왕정의 종식뿐이었다고 이승만은 믿었다. 자신의 일민주의 정치사상의 뿌리를 멀리 이익, 홍대용, 가까이는 박지원과 정약용에 두고 있으며 이들을 자신의 일민주의에 포함시켰다. 그것은 젊은 시절 이래의 사상이었다. "이 일민이라는 두 글자는 나의 50년 운동의 출발이요 귀추이다."361)

그렇다면 이승만은 자신이 실학파에 속하였음을 일민주의로 선언한 것이다. 이승만이 보기에 원래 하나였던 한민족이 신분, 가문, 계급, 성별, 지역, 직업, 재산 등으로 분열되자 이것을 "근대지향의식"을 갖고 다시 "하나의 민족"으로 묶으려는 주장, 시도, 제안, 사상이 실학이라는 것이다. 다시 말하면 이승만에게 일민주의란 실학보다 더 큰 개념이었다.

이것은 뜻밖의 선언이다. 이승만이 그토록 오랜 동안의 망명생활과 미국교육을 받았음에도 불구하고 자신의 일민주의를 민족주의와 근대의식에 바탕을 두고 조선의 실학사상에 연계시켰다는 사실에 주목하지 않을 수 없다. 도미 전 그의 글은 서양제도를 소개하기 바빴는데 국가건설 후에는 자신의 정치사상에 실학을 앞세우고 있다. 이승만의 흉중의 무엇이 그렇게 하도록 하였을까.

---

360) 이승만, 『일민주의 개술』, 1949. 최종고 편, 『우남 이승만』, 112쪽에서 재인용.
361) 이승만, 『일민주의 개술』, 1949. 유영익, 『이승만의 삶과 꿈』, 23쪽에서 재인용.

박규수는 성호 이익의 사상과 자신의 조부인 박지원의 북학사상을 결합하여 실학을 집대성한 정약용을 사숙하였다. 박지원은 홍대용과 함께 상공업을 중시하는 중상주의를 주장한 인물이다. 1866년 미국의 셔만호가 통상을 요구하며 대동강에 올라왔을 때 당시 평안감사였던 박규수는 그 배를 불태워버렸다. 그 후 부사와 정사로 북경에 다녀오면서 중국의 양무운동을 목격하였다. 이 경험이 그가 후일 우의정에 발탁되었을 때 개국을 주장한 배경이 되었다. 명치유신을 겪은 일본이 사신을 보내어 국교정상화를 요청하였을 때 많은 대신들이 불손한 용어를 사용했다고 일본과의 교섭을 거절할 것을 주장했으나 우의정 박규수는 그것은 지엽적인 문제라며 국교정상화를 주장하였다. 고종은 박규수의 주장에 호응했으나 수구파의 거센 반론에 박규수의 주장을 받아들이지 못하였다. 마침내 운양호사건이 일어났다. 우의정에서 물러난 박규수는 조부 박지원의 문집을 강의하며 제자를 키웠는데 그 가운데에는 김옥균, 박영효, 유길준 등이 있었다. 김옥균, 유길준이 주동되어 갑신정변을 일으켰을 때 서재필이 참여하였다. 서재필은 이승만을 가르쳤다.

김옥균, 박영효, 서재필 등은 개혁가였으나 실학자는 아니었다. 이승만 역시 실학자가 아니어서 실학을 학문으로서 발전시킨 것은 아닐지 몰라도 행동으로서 실천한 것이 오랫동안 실학파가 꿈꾸던 개혁조치였는데 그의 일민주의는 (1)경제적 효율, (2)정치적 평등, (3)민족주의, (4)남녀평등으로 요약된다.362) 하나같이 실학파가 주장하던 내용이다. 독립협회의 급진적 개혁주의자 이승만은 조선조 실학파의 급진적 지지자에서 출발, 마침내 건국 대통령이 되어 그에 앞서 3백 년 동안 수많은 실학자들의 거듭되는 좌절을 드디어 자신이 실천으로 완결지었다고 일민주의

---

362) 이승만, 『일민주의 개술』, 1949. 최종고 편, 『우남 이승만』, 114쪽에서 재인용.

를 빌려 자부하고 있는 것이다.

흥미로운 것은 일민주의를 분해하여 경제적 효율=민생, 정치적 평등＋남녀평등=민권, 민족주의=민족이라는 등식에 대입하면 삼민주의라 부를 만하다. 이 점 오늘날 중국의 지도 원리로 되어 있는 손문의 삼민주의 역시 중국의 전통사상과 서양의 근대사상을 결합시킨 것으로 보고 있음에 비유해도 된다. 장개석이 양명학에 근거를 두고 삼민주의를 해석한 것도 같은 맥락이라고 한다.363)

그러나 삼민주의는 손문 사후 수정 보완한 것임을 고려하면 이승만의 일민주의는 손문 삼민주의의 원형보다 더 포괄적이다. 그 원형에는 청조 타도와 만주족을 그 발흥지로 몰아내자는 주장이 포함되어 있는데 실제 장개석의 동의하에 만주를 소련에게 양보하자는 루스벨트의 제안이 있었다.364) 장개석의 처남 송자문은 모스코바에 가서 스탈린을 만나고 만주의 여순, 대련, 남만주철도를 소련에 넘기는 조약에 서명하였다.365) 오늘날 이른바 중국의 동북공정의 관점에서 보면 손문과 장개석은 반역자인 셈이다.

이승만이 애사(愛師)라고 부른 정신적 스승 이상재의 사상이 일심주의라는 사실이 흥미롭다.366) 그가 이승만과 함께 감옥에서 기독교를 받아들일 때 요한복음의 "아버지께서 내 안에, 내가 아버지 안에 있는 것같이 저희도 다 하나가 되어 우리 안에 있게 하소서"에서 영감을 얻었다고 한다. 여기서 우리라는 낱말을 민족으로 바꾸면 이승만의 일민주의로 통하게 된다. 기독교는 일신사상이다. 하나의 하나님 일신(一神), 하나의 마음

---

363) 천관우, 『한국사의 재발견』, 150-151쪽.
364) 石田榮雄, 「二十箇條問題と列國の抵抗」, 『日本外交史研究』, 1958年 夏季, 39쪽.
365) Oliver, *Syngman Rhee The Man behind the Myth*, 1954, p. 196.
366) 전택부, 『월남 이상재의 생애와 사상』, 223-236쪽.

일심(一心), 하나의 민족 일민(一民)이 이 두 인물을 평생토록 동지로 사제로 묶어 주었는지 모른다.

4) 실학의 재발견

이승만은 일민주의 주창 말미에 "내가 독립협회에서 분주하던 그때도 벌써 대세가 글렀거든 하물며 일루의 주권마저 이 땅을 떠난 뒤에야 민족의 전도를 생각하매 그 망창함을 무엇으로 형용하리요"라고 숨은 뜻을 남기고 있다. 그가 독립협회에서 주장하고 행동한 것이 무엇이었던가. 그럼에도 조국의 운명을 뒤로 두고 미국으로 떠날 때 그 망창함이란 무엇이었나. 독립협회에서 주장한 것이 실학의 재발견367)이고 그것을 실천에 옮길 시간이 있었는데 수구파가 반대하여 실기함에 독립을 잃게 된 지경에 이르러 앞이 아득하다는 뜻이다.

배재학당이 그에게 구미 사정을 가르치는 수련의 마당이 되었다면 독립협회는 그가 실학사상을 습득하고 그것을 실천하는 장소가 되었다. 이것이 이승만의 두 번째 사상적 충격이라고 볼 수 있다. 천관우는 독립협회의 중요성을 다음과 같이 표현하였다. "1세기의 준비와 1세기의 맹아와 1세기의 전성을 자랑한 실학이 그 광망을 거두고 그 뒤를 따르는 서구적 근대문명과 서로 시대사조의 주류로서의 그 위치를 바꾸지 않을 수 없게 되는 것이다.…실학 내부에 배태된 근대의식은 비록 그 자체의 탈피는 불가능하였으나마 갑신정변, 독립협회운동 등 조선의 근대화운동에 있어 잠재적이나마 전통적인 일대 원동력을 이루었던 것이다"라고 실학의 근대적 의식과 접종할 새로운 서양 문화에 대한 욕구를 멀리 임진란에서 싹텄다고 보았고 그 끝자락에 갑신정변과 함께 독립협회가 있음을

---

367) 신용하, 『독립협회 연구』, 174-175쪽.

지목하였다.368)

　갑신정변에서 11년 뒤에 귀국한 서재필은 자신이 가담하였던 정변에서 실패한 실학혁명의 좌절을 다른 방법으로 실천해야 할 책임을 느꼈을 것이다. "[미국에서] 박영효에 본국소식을 듣게 되자…오랫동안 내가 마음 깊이 그리던 자유와 독립의 사상을 실천할 천재일우의 시기가 돌아온 것이라고 보고 고국으로 돌아온 것이었다."369) 갑신정변의 실패가 아래로부터 백성의 지지를 받지 못한데 기인하였다고 판단한 그가 백성의 계몽을 위해 찾은 방법이 독립협회 창설과 『독립신문』 창간이었다. 그는 탄식했다. "한국인들은 1884년 이래 조금도 변하지 않았다.…어느 나라건 사람들이 이런 무기력과 무관심의 상태에 도달하면 그것은 더 이상 국가가 아니다. 법이 없고 감정이 없고 의견도 없으며, 물리적, 도덕적 힘이 없는 나라는 모든 악한과 범죄가 사악한 거래를 할 수 있는 바로 그런 곳이다. 조선은 육체적으로 살아 있으나 정신적으로는 죽은 사람들로 가득 찬 나라였다. 나라가 멸망해도 놀랍지 않았다."370) 여기에 실학을 재발견해야 할 독립협회 설립의 취지가 있었다.

　신용하의 연구에 의하면 독립협회는 두 줄기 인맥으로 구성되었다. 하나는 서재필과 윤치호로 대표되는 서구사상이고 다른 하나는 남궁억(南宮檍, 1863~1939)과 정교(鄭喬, 1856~1925)로 대표되는 국내 실학사상이다. 전자는 『독립신문』을 후자는 『대조선독립협회회보』를 기관지로 두었다. 후자는 보름에 한번 발간하는 한국 최초의 잡지이다. 이 두 사상을 합류시킨 사람이 이상재이다.371)

　남궁억은 이승만과 함께 만민공동회에서 활약한 동지이며 이승만이

---

368) 천관우, 『한국사의 재발견』, 102-106쪽.
369) 김도태, 『서재필 박사 자서전』, 수선사, 1948, 167쪽.
370) 김도태, 『서재필 박사 자서전』, 167쪽.
371) 신용하, 『독립협회연구』, 138쪽.

출옥 후 도미하기 전 잠시 교장으로 있던 상동청년학원에서 영어를 가르쳤다. 그는 후일 역사책 『동사략』 5권과 어린이 역사책 『조선이야기』를 집필하였다. 이승만은 도미 전 모든 글에서 조선 역사에 대하여 해박한 지식을 뿜어내고 있다. 이상재는 한학자에다가 외교관으로 미국에 다녀온 경험이 있는 개화파 인물이었다. 이승만의 『독립정신』의 후서는 "노성한 선배 이상재에게 부탁하여 [독립정신]을 한번 비평을 듣고 다시 교정했노라"고 적었다.

그러한 독립협회운동에서 이승만이 한창 활약하던 1898년 『대조선독립협회회보』는 협회의 목적이 "이용후생과 부국강병의 실사구시에 달하는 것(至於利用厚生 富國强兵之實事求是)"임을 선언하고 있다.[372] 이것을 『독립신문』 논설은 구체적으로 "개명하여 공평 정직한 실학문을 나라 안에 퍼뜨려 사람들이 다 각기 직업을 하고 나라가 부강하여 세계에 투철한 문명 진보한 자주독립국을 만들자는 것"이 정도임을 지적하고 있다.[373] 이것이 정인보가 말하는 의독구실(依獨求實)이다. 며칠 뒤에 다시 『독립신문』은 이보다 더 자세한 의견을 게재하였다. "서양 각국이 실학을 숭상하여 문명한 기계를 발명한 뒤 나라 형세들이 크게 펼쳐 세계상에 먼저 진보한 나라가 되고 대한국은 다만 허학(虛學)만 숭상하니 이는 서양 각국에 대하여 못한다고 할만 한지라. 그러나 대한국도 얼마 아니 되어 나라가 부유하고 군사가 강성하여 세계만국에 독보할 방책이 있나니…나라가 부강에 나아가고자 하려면 정부에서 불가불 허학을 없애고 실학을 숭상하여 인민의 공업을 흥왕케 가르치는 것이 제일 방책이 될 줄로 우리는 믿노라."[374] 독립협회에 의하면 "개화란 사고방식을 고치어 실상대로 만사를 행하고 미래를 전망하는 것"이다.[375]

---

[372] 『대조선독립협회회보』, 제1호, 1896년 11월 30일.
[373] 『독립신문』, 1898년 5월 10일. 신용하, 『독립협회 연구』, 174쪽에서 재인용.
[374] 『독립신문』, 1898년 6월 18일. 신용하, 『독립협회 연구』, 174쪽에서 재인용.

이승만이 그의 저서 『독립정신』에서 "개명enlightenment을 위해 힘쓰는 시대에는 무엇보다도 먼저 모든 것의 실상을 연구해야 [하고],"376) "신학문이라 함은 몇 천 년 전에 어리석게 믿던 것을 내던지고 누구나 볼 수 있고 만질 수 있으며 마음으로 깨닫고 확신이 서는, 분명한 증거와 실체를 기초로 하는 학문이다"377) 라고 동일한 견해를 피력하고 있다. 구체적으로 이승만은 "동양의 옛날 책보다는 새로운 학문에 대한 책들을 공부해야 한다. 무엇보다 먼저 국제법, 통상조약, 우리나라의 역사와 지리에 대해 공부해야 한다.…또한 천문학, 지리학, 물리학, 철학, 화학, 신학, 법학, 의학, 농학, 상학, 경제학, 정치학 등 전문서적에도 관심을 기울여야 한다."378) 이들 실학 또는 실상을 공부하기 위해서는 "신학문에 대한 책이 없으니 일본말이나 중국말로 번역한 서적을 구해서 볼 수 있다. [그러기 위해] 우리는 먼저 외국말과 문자를 공부하여 외국 책도 보며 외국인과 교제하여 우리말과 글로 이해하기 어려운 문제들에 대해 연구해야 한다"379) 라고 거듭 강조하고 있다. 그 자신부터 영어를 연마하고 선교사와 교제하며 몸소 실천하였다.

이승만이 사용한 실상과 실체 그리고 독립협회에서 사용한 실학과 허학이라는 용어는 1916~1917년 최남선이 사용한 그것보다 20년이 앞선 것이고 정인보가 1935년에 다시 사용한 그것보다 40년 빠른 것이다. 이승만과 독립협회는 실학을 재발견한 것이다.380) 이익에서 정약용에 이르는 실학의 집대성이 청을 통해 들어온 서구문명의 영향이었고, 김옥균과 박영효 등의 실학사상이 일본 명치유신의 영향을 첨가한 것이라면, 서재

---

375) 신용하, 『독립협회연구』, 161쪽.
376) 『풀어 쓴 독립정신』, 293쪽.
377) 『풀어 쓴 독립정신』, 191쪽.
378) 『풀어 쓴 독립정신』, 372쪽.
379) 『풀어 쓴 독립정신』, 377쪽.
380) 신용하, 『독립협회연구』, 174-175쪽.

필에 의해 재기한 독립협회의 실학사상은 미국을 통한 구미사상의 영향을 가미한 것이라 할 수 있다.

이승만이 이용후생과 실사구시를 적극 수용한 좋은 예로서 그의 모든 글에서 띄어쓰기 국문전용을 솔선수범했다는 점을 들 수 있다. 그와 배재학당에서 동문수학하고 함께 『협성회회보』를 만들었으며 만민공동회의에서 활약한 주상호[주시경]가 한글학자가 된 것도 이승만이 받은 영향과 동일한 형태라고 볼 수 있다. 주상호는 이승만의 탈옥을 도우려고 권총을 차입한 인물이다. 이승만이 출옥하고 상동청년학원의 교장이 되었을 때 주상호는 국어학을 가르쳤는데 그의 제자 가운데 최현배와 김윤경이 있었다. 이 사실은 배재학당에서 이용후생과 실사구시를 가르친 결과라고 보아 틀리지 않는다. 이 가르침을 실천할 수 있었던 장소가 독립협회와 『독립신문』이었는데 특히 국문전용과 국문연구를 주장하였다. 그 결실로서 주상호는 1898년에 『국어문법』을 저술하였다. 이때의 광경을 가리켜 사람들은 "이승만은 영어를 배우려고 주시경은 국문을 배우려고 배재학당에 다닌다"고 말했다. 이에 앞서서 이봉운은 국어사전인 『언문옥편』을 출판하였다. "이것이 조선독립과 사람의 생각에 크게 관계가 있는 줄로 우리는 생각하노라. 조선에서 사람들이 한문글자를 가지고 통정을 하기를 장구히 할 것 같으면 독립하는 생각은 없어질 듯하더라."[381]

이승만은 당시 국문을 천시하고 한문을 숭상하는 분위기를 가리켜 "국문학교를 설시하는 것을 긴요한 것으로 여기는 이가 많지 못한 연고이고…개명상 주의를 안다 하는 이도 책을 국한문으로 섞어 저술하는 것만 긴요한 줄로 알지 [못하니라]" 라고 꾸짖고, "그중에 긴요한 것은 국문의 문법이라.…근일에 주상호 씨가 국문 문법을 한 해가 넘는 동안이나 궁리하고 상고하여 한 권을 필역하였는데…배우기에 가장 유조할지라"라

---

381) 『독립신문』, 1897년 8월 5일. 신용하, 『독립협회 연구』, 173쪽에서 재인용.

고 널리 구해보기를 권면하고 있다.382) 한학이 깊은 이승만이 그의 저서 『독립정신』뿐만 아니라 다른 저서들도 모두 한글을 전용한 이유가 여기에 있다. 그 이유로 그는 "일상 쓰는 쉬운 말로 설명한 것은 알기 쉽게 하려는 것이며 한글로만 쓴 것도 많은 사람이 읽을 수 있도록 하려는 것이었다.···대한제국의 장래가 백성들에게 달려 있다고 보았기 때문이다. 우리나라에서 중간층 이상의 사람이나 한문을 안다는 사람들은 대부분 썩고 잘못된 관습에 물들어 기대할 것이 없고 그들의 주변 사람들도 비슷하다"는 점을 들고 있다.383) 이승만은 그 후 외국인을 상대하는 글을 제외한 모든 글에서 일관되게 한글을 애용하고 있다. 그 한 예가 하와이에서 『태평양잡지』를 한글로 발간하였을 때 국한문의 글을 요구하는 독자들에게 그는 여전히 한글전용을 고집하였다. 왜 그랬을까. 국민을 계몽하는 수단이기도 하였지만 칸트에 의하면 민족국가 독립의 하나의 이유가 되기 때문이다.384)

5) 기독교청년회

독립협회는 집회에서 부를 국가를 모집하고 있었는데 이것은 서양의 예를 따른 것이다. 여기에 이승만의 『매일신문』도 동참하여 독자들로부터 많은 계몽적인 가사들을 게재하였다. 당시 『매일신문』은 독립협회의 격려 속에 한국에서 최초의 일간지가 되는데 성공하였다.385) 독립협회가 이승만에게 얼마나 중요했는지는 그가 미국에서 박사학위를 마치고 귀

---

382) 이승만, 『제국신문』, 1903년 2월 3일. 원영희·최종태, 편, 『뭉치면 살고···』, 393-395쪽에서 재인용.
383) 『풀어 쓴 독립정신』, 26-27쪽.
384) Smith, "Translator's Introduction," in Kant, *Perpetual Peace A Philosophical Essay*, [1795]1903, London, George Allen and Unwin, p. 68.
385) 신용하, 『독립협회 연구』, 174쪽.

국하여 몸담은 곳이 황성기독교청년회(YMCA)였다는 사실에서 알 수 있다. 이때 독립협회는 강제 해산된 지 오래되었지만 당시 YMCA에서 이승만이 가르쳤던 안재홍 학생은 그곳을 "독립협회의 계승자"라고 불렀다.386) 이승만보다 먼저 석방된 이상재가 곧바로 황성기독교청년회에 투신하면서 없어진 독립협회가 부활한 듯함을 가리킨다. 그 밖의 감옥동지들도 이곳에서 일하고 있었다.

이승만은 일찍이 기독교청년회의 중요성을 깨달았다. 자신이 피감되어 있던 1903년에 창설된 이 단체에 대해 이승만은 기대하는 바가 커서 1904년 신문에 "지금 우리나라의 장래 여망은…우리 청년들에게 달렸고 노성한 이에게 있지 아니한지라.…일체로 실용한 학문을 낱낱이 있게 하기는 이 만국청년회의 주의같이 광탕하며 간절한 사업이 없으리라 하더라"387)라며 기독교청년회가 '실용한 학문'을 낱낱이 배울 수 있는 곳이라고 썼다. 이 글을 쓰던 그 해 기독교청년회는 태어난 지 1년도 안 되어 조직을 갖추었다고 말할 수 없는 실정이었다. 그럼에도 이승만이 이러한 글을 쓸 수 있었던 것은 감옥 동지였던 이상재, 김정식, 안국선 등 독립협회 회원들이 대거 참여했기 때문이다. 직업교육을 가르치는 유급직원만 83명이었다. 이들을 보고 청년회의 전도를 예견하였으니 수 년 후 과연 한국에서 "산업과 상역[상업]을 가르치는 것이 그 교육목표인 학교는 YMCA와 독일 베네딕트 수도사들이 시행하는 교육기관뿐"이었다.388)

이승만도 1904년 출옥하였다. 그 해 미국에 가기 앞서 독립협회 동지

---

386) 안재홍, 「비통! 조국의 패몰」, 『신천지』, 1946년 7월호, 8 9쪽. 이정식, 『이승만의 구한말 개혁운동』, 162쪽에서 재인용.
387) 『제국신문』, 1904년 12월 30일. 원영희·최종태 편, 『뭉치면 살고…』, 175쪽에서 재인용.
388) Fisher, *The Educational Situation, The Christian Movement*, 1924, p. 377. 민경배, 『서울 YMCA운동 100년사』, 219쪽에서 재인용.

들과 함께 상동청년학원을 운영했는데 이곳은 신민회라는 비밀결사가 조직된 곳이다. 여기에서 이승만은 교장이 되었는데 그의 배재학당 동창이며 함께 『협성회회보』를 발간하고 만민공동회에서 활약하던 주상호가 국어학을 가르치는 등 모두 독립협회의 이용후생과 실사구시를 실천하고 있었다. 따라서 이곳도 YMCA에 이어서 "독립협회의 연장인 듯한 면모"를 나타냈다.389) 개학을 맞이한 교장 이승만은 다음과 같이 삼육을 강조하였다. "체육과 지육과 덕육 세 가지를 합하여 교회의 앞길을 한없이 열어" 주어야 한다.390) 이렇게 덕육과 더불어 체육과 지육을 강조하는 이승만이 이미 유학사상을 떠났다는 증좌가 이것을 더 자세하게 설명한 이상재에게서 확인된다. "인애와 공의와 성신으로 심성을 함양하야 상천이 처음부터 부여하신 진충을 무너뜨리지 않나니 이것을 덕육이라고 말한다.…이용후생하고 도리를 밝게 깨닫게 하나니 이것을 지육이라고 말한다.…신체를 조리하여 질병을 방어하며 근육을 강장케 하나니 이것을 체육이라고 말한다. 이 삼육으로 교도하되…."391) 이것이 바로 기독교청년회의 영, 지, 체 삼육정신으로서 그 가운데 이용후생의 실학의 도리가 포함되어 있다. 상동청년학원 역시 그 정신을 따랐던 것이다. 이것은 당연한 듯하다. 옥중에서 이상재는 이승만의 영향으로 기독교인이 되었지만, 이승만은 거꾸로 이상재를 평생 스승으로 모셨다. 그것은 이승만이 이상재의 실학사상에 영향을 받았다는 뜻도 된다.

한국에서만 기독교청년회가 중요한 것이 아니었다. 중국에서도 전통적인 과거시험이 폐지되자 많은 청년들이 기독교청년회를 찾았다. 존 모트는 이미 1895년에 세계학생기독연합WSCF을 조직하면서 중국을 "학생세계의 지브롤터"라고 불렀고 세일론을 "학생세계의 여리고"라고 부르

---
389) 이정식,『이승만의 구한말 개혁운동』, 233쪽.
390) 이승만,「상동청년회에 학교를 설치함」,『신학월보』, 1904년 11월.
391) 김유동,『월남이선생실기』, 동명사, 1927, 100쪽.

며 언젠가는 그 성들이 무너지리라 확신하였다.392) 이 확신이 실현된 것이 1905년이었으니 한국의 그것이 더 빨랐다. 이승만의 옥중전도 덕택이었다.

6) 기독교

실학사상과 연계하여 생각할 수 있는 또 하나는 이승만이 실학사상에서 기독교정신과 서구사상을 발견하였으리라 하는 추정이다. 이 역시 이 정식의 암시이다. 그는 이승만이 실학의 급진적 실천가에서 독실한 기독교인으로 변신한 것도 실학과 연관이 있었을 것으로 본다. 고려의 불교를 조선의 유교가 대체하였듯이 이제 유교는 불가피하게 새로운 정신에 의해 대체될 때가 되었는데 그것이 이승만에게는 기독교였다. 이 점에서 그는 실학파의 마지막 계승자였던 김옥균 등 개화당 요인들의 생각과 달랐다. 박규수, 오경석, 유대치의 가르침을 받은 이들은 유교를 대체할 사상을 불교라고 보았다.393) "김옥균과 나[박영효]와 사귄 것은 불교 토론으로요. 김옥균은 불교를 좋아해서 불교 이야기를 했는데 나는 그것이 재미가 나서 친하게 되었소."394) 봉원사의 개화승 이동인이 이들과 어울린 영향도 있었을 것이다.

서세동점을 맞이하여 조선, 청, 일본이 각기 서로 다른 정신세계를 찾았다는 것은 흥미로운 일이다. 일본은 신도를 강화하였고, 중국은 유교에서 엉거주춤한 형국이었는데, 유독 조선만이 기독교를 수용해야 할 새로

---

392) Hopkins, *John R. Mott*, New York, National Board of YMCA, 1979, p. 257.
393) 이광린, 『개화당연구』, 136쪽.
394) 이광수, 「박영효를 만난 이야기」, 『동광』, 1931년 3월호. 『이광수전집』 17, 400-403쪽. 이광린, 『개화당연구』, 95쪽에서 재인용.

운 정신으로 보았다. 일본에서 최초로 서양사정을 수입했다는 후쿠자와 유키치(福澤諭吉, 1934~1901)는 서양문명 뒤에 있는 정신에 대해서 별로 관심을 기울이지 않자 니토베 이나죠(新渡戶稻造, 1862~1933)가 일본의 종교는 무사도라고 주장하는 논란거리 책을 썼다. 이와 병행하여 일본 작가 나츠메 소세키(夏目漱石, 1867~1916)는 영국에 유학하여 서구문명을 부러워하던 가운데 러일전쟁에서 승리하자 태도를 바꾸어 우수한 일본문명의 증거라는 글을 써서 서구의 복장까지 흉내 내던 당시 분위기를 일시에 국수주의로 바꾸어 놓는데 일조하였다. 한편 중국에서 최초로 서구 자유주의를 수입한 엄복(嚴復, 1853~1921)은 서구문명 뒤에 자유라는 사상이 있음을 알고 당시 유행이던 양무운동을 비판하였지만 그 자유주의의 기원에 대해서는 별로 관심을 갖지 않았다.

그러나 이승만은 서구문명 뒤에 있는 자유주의의 기원이 기독교였음을 간파하였다. 이승만은 썼다. "이 [기독]교로써 근본을 삼지 않고는… 자유권리를 중히 하려도 평균한 방한을 알지 못할지라."[395] 그 이유는 "대한에 자초에 유교가 있어 정치와 합하여 행하여 세상을 다스리기에 극히 선미한 지경에 이르러 보았은즉, 사람마다 이 교만 실상으로 행하면 다 이전같이 다시 되어 볼 줄로만 생각하여 다른 도리는 구하지 않고 다만 이 도를 사람마다 행치 않는 것만 걱정하니, 비컨대 어려서 입어 빛나던 옷을 장성한 후에 다시 입으려 한즉 해져 무색할 뿐만 아니라 몸에 맞지 않는 줄은 생각지 못하고 종시 입기만 하면 전같이 찬란할 줄로 여김과 같기 때문이다."[396] 선미한 경지의 유교시대는 지나고 새 시대가 되어 그가 발견한 것은 "영국으로 말할 지경이면 그 나라의 부강함이 천하 각국 중에 제일인데, 그 토지인즉 불과 조그만 섬이요,…전국

---

395) 『풀어쓴 독립정신』, 294쪽.
396) 이승만, 『신학월보』, 1903년 8월. 원영희·최종태 편, 『뭉치면 살고…』, 148쪽에서 재인용.

백성들이 상업에 종사하여…자기 나라를 부요하게 바꾸어 놓고"397) 있는 데에 더하여 "세계 문명국 사람들이 기독교를 사회의 근본으로 삼고 있으며, 그 결과 일반 백성까지도 높은 도덕적 수준에 이른 것이다. 지금 우리나라가 쓰러진 데서 일어나려 하며 썩은 곳에서 싹을 틔우고자 애쓰고 있는데, 기독교를 근본으로 삼지 않고는 온 세계와 접촉할지라도 참된 이익을 얻지 못할 것"398)이고 "세계와 통상을 하여도 참 이익을 얻지 못할 것"399)이라는 점이다. "유교는 사람의 도이고 기독교는 하나님의 도"400)이므로 "예수교 받드는 나라들이 문명부강 태평안락[평화]"401)하다는 것이다. 다시 정리하면 <기독교+통상=평화>의 등식이다.

이승만이 하와이에서 『태평양잡지』를 간행하면서 일찌감치 20세기를 태평양의 시대라고 불렀던 만큼 이것으로 한국은 대륙의 중화유교문명권에서 이탈하여 해양의 구미기독교문명권으로 진입하기 시작하였다.402) 후쿠자와의 탈아론(脫亞論)과 비교할 수 있으되 전혀 다른 차원이다.

어머니의 불교를 버리지 않겠다던 이승만이 기독교로 개종한 데에는 배경이 있다. 그가 감옥에서 애독했다는 주간잡지 『아우트룩The Outlook』의 내용을 이정식은 검토하였다. 시어도아 루스벨트가 대통령을 그만두고 이 잡지의 부편집인associate editor이 될 정도로 당대 여론을 이끈 잡지였다. 루스벨트는 그 전에 이 잡지에 여러 번 기고도 하였다. 아마 이승만

---

397) 이승만, 『제국신문』, 1901년 4월 19일. 원영희·최종태 편, 『뭉치면 살고…』, 272쪽에서 재인용.
398) 『풀어 쓴 독립정신』, 413쪽.
399) 『풀어 쓴 독립정신』, 294쪽.
400) 『신학월보』, 1903년 8월. 원영희·최종태 편, 『뭉치면 살고…』, 149쪽에서 재인용.
401) 『신학월보』, 1903년 8월. 원영희·최종태 편, 『뭉치면 살고…』, 149쪽에서 재인용.
402) 대륙문명권과 해양문명권에 대해서는 이주영, 『이승만과 그의 시대』, 35쪽.

도 읽었을 것이다. 이정식은 잡지 편집인 애보트(Lyman Abott) 목사의 신학관에 주목하였다.403) 인격수양이 땅위에 천국을 건설하는 길이라는 애보트의 신학관이 바로 유교사상과 일치한다고 본 그는 "완성된 인격체가 공의의 실현을 위해 노력해야' 한다는 점을 학자군주였던 정조가 누누이 강조했음을 지적하였다. 정조는 정약용의 강력한 후원자였다.

이러한 태도는 서재필에게서 그대로 발견된다. "이미 일어난 일[갑신정변]을 가지고 통곡하는 것은 아무런 도움이 되지 않는다. 그러나 자신이 속한 쇠퇴하는 국가를 다시 중흥시키기 위한 개화 정신의 회복, 도덕적, 육체적 용기, 자유와 자존에 대한 사랑 등으로 자신의 최선을 다하는 것은 훌륭한 인격을 갖춘 사람의 의무이다. 이러한 이상을 갖고 나는 11년 동안의 미국생활을 청산하고…조선으로 돌아갔다."404)

서재필이 미국에서 근대교육을 받았다 하지만 그가 한때 고도로 연마한 유교사상의 진수는 버리지 못했을 것이다. 그것은 이정식이 지적한 대로 "정신적 회복, 도덕적 용기" 등 서양사상의 인격수양과 아무 모순 없이 일치하기 때문이리라. 이러한 측면에서 정약용은 『시경』, 『서경』, 『예기』 등 고전에서 등장하는 "상제라는 개념을 천, 하늘이라는 추상적인 개념에서 분리하여 인격적인 존재로 인정했고 그를 받드는 것이 수양의 근본이라고 주장하였다." 이정식이 보기에 이승만이 감옥에서 기독교를 받아들일 수 있었던 배경 중의 하나가 이승만이 애보트의 신학관을 다산의 상제관에 자연스럽게 일치시켰을 개연성을 암시하고 있다. 이승만의 글을 보면 알 수 있다. "전지전능하신 성신으로써 다스리는 법관을 삼고 지인지선한 교화로써 어둠을 비추는 법감을 삼아야 한다. 그리하여 백성으로 하여금 상제의 치리는 지상, 지하, 수중의 만물만생과 모든 인

---

403) 이정식, 『이승만의 구한말 개혁운동』, 112-119쪽.
404) Avison, *Memories of Life in Korea*, p. 148.

간이 평생 행하는 바를 하나도 빠짐없이 정확하게 알고 밝게 보고 있다는 것을 알아야 한다."405) 그러한즉 "이승만이 다산의 이러한 상제=하나님 주장을 알고 있었다면 지구의 반대쪽 미국에서 이처럼 똑같은 주장이 나온 것에 놀라기도 하였을 것이지만 쉽게 받아들이기도 했을 것이다."406)

여기서 이정식은 이승만이 다산의 『목민심서』, 『흠흠심서』 등을 읽었을 가능성을 강하게 암시하고 있다.407) 암시를 넘어 독서광 이승만이 정약용의 저서를 읽었을 것이라는 증거는 『황성신문』에 있다. "아국의 경제학 대선생 정약용 씨의 소술한 바를 적요하노라"라고 소개하고, 몇 달 지나서 "대한 경제선생 다산 정약용 씨의 소찬한 수령고적법을 좌에 약기하노라"하며 다시 소개하였다.408) 당시 다산문고는 독립협회 회원들 사이에 회자되었다.

이승만은 여기에서 한 걸음 더 들어가 "예수가 동양에서 태어나 가르침을 주셨거늘 동양에서는 그것을 받아들이지 않고 서양에서 받아들여 서양문명이 그 같은 수준에 이르렀다. 우리는 기독교의 근원은 알지 못하고 이것을 서학 또는 서양에서 유래된 종교라 하여 받아들이지 않으니 이 어찌 어리석지 아니한가"409)라고 기독교의 근원부터 묻고 있다. 더 나아가서 아예 "아시아 대륙은 모든 대륙의 조상이니, 이는 인류의 시조 되시는 아담이 이 땅에서 태어났으며, 나라가 제일 먼저 설립된 곳도 이곳이다"410)라고 성경을 해석하고 있다.

---

405) 유영익, 「이승만의 <옥중잡기> 백미」, 유영익 편, 『이승만 연구』, 연세대학교 출판부, 2000, 36쪽.
406) 이정식, 『이승만의 구한말 개혁운동』, 120쪽.
407) 이정식, 『이승만의 구한말 개혁운동』, 118 119쪽.
408) 신용하, 『독립협회 연구』, 175쪽.
409) 『풀어 쓴 독립정신』, 189쪽.
410) 『풀어 쓴 독립정신』, 107쪽.

이승만의 정신적 스승 이상재 역시 기독교의 가르침이 공맹사상과 어긋나지 않음을 발견했다. 그는 산상수훈에서 자신이 "금과옥조로 신봉하던 공자와 맹자의 교훈을 버리지 않고도 기독을 믿을 수 있다는 생각을 갖게 되었다"고 한다.411) "유[교학]문으로부터 기독교회에 전[환]하니 경행충서와 박애평등은 공[자]씨와 기독이 그 안에 인애의 본원을 함께 함이오! 오호! [이상재] 선생이 유[교]에서 시[작]하여 기독에서 종[료]하되 그 천하 국가와 동포 인생을 위하여 노력하는 건건한 성충인즉 평생 일관한 바이로다."412)

대륙에서 당송 교체기에 고려가 한반도를 통일하였고, 원명 교체기에 조선이 건국되었다. 이제 청의 쇠락과 함께 조선에도 새로운 국가의 건설이 필요해졌다. 더욱이 주변정세는 대륙에서 단순한 왕조교체를 넘어서 중·일·러 3국 사이의 다툼으로 판이 커져 대륙세력과 해양세력 사이의 패권경쟁의 시대가 되었다. 이승만은 감옥에서 이것을 알고 있었다. "과거에는 흥망성쇠도 아시아 동양 3국간에 일어난 일이다. 그러나 지금은 동서양이 만나고 6대주가 서로 교류하고 5색 인종이 섞여 살고 있으며, 여러 나라가 경쟁하며 세력을 확장하고 문명의 우열을 다투고 있다."413) 따라서 조선은 싫든 좋든 세계 정치질서에 편입하게 되었는데 이에 서구사상을 공부해야 할 필요성이 절실해 졌다. 서구사상이란 기독교에 바탕을 둔 경험주의 실학사상이다. 특히 그가 알고 있었는지 모르겠으나 1900년경 영국의회가 가장 현명하고 국가에 혜택이 큰 기관이 무엇인지 조사하라고 위원회를 만들었다. 결과는 14권의 책으로 출판되었다. 대답은 기독교 대학이고 이것이 영국과 스코틀랜드가 가장 앞선 국가가 된 이유라는 것이다.414) 기독교와 실용주의[실학]. 이것이 당시 이승만이 관찰한

---
411) 전택부, 『월남 이상재의 생애와 사상』, 73쪽.
412) 김유동, 『월남이선생실기』, 154쪽.
413) 『풀어 쓴 독립정신』, 79쪽.

구미문명의 요체였다.

이승만은 외교권을 빼앗긴 한국이 일제에 의해 식민모국 통상 이외에 외부와 철저히 차단된 채 거대한 감옥으로 변했을 때 선교사에게서 유일한 외부 창구를 발견하였다. 이 창구를 통해 이승만이 관찰한 당시 기독교[개신교]의 위세란 어떠했는가. 1900년 미국 뉴욕에서 에큐메니칼 선교대회가 열렸다. 전 세계에 파송된 미국 선교사 가운데 8백 명 가량이 뉴욕 카네기홀에 모였다. 뉴욕 주지사 시어도어 루스벨트가 환영사를 읽었고 윌리엄 매킨리 대통령이 기조연설을 하였으며 대회 명예회장 벤저민 해리슨 전임 대통령이 답사를 하였다. 여기에 글로버 클리블랜드 전임 대통령이 명예회원으로 참석하였고 캐나다 총독과 수상도 참석하였다. 당시 캐나다는 영국령이었으므로 총독은 영국 빅토리아 여왕의 대리인이었다. 말하자면 미국과 영국의 최고 통치자들이 참석하는 성대한 모임이었다. 여기에 록펠러를 비롯한 5백 여 명 산업계의 거물들이 명예부회장으로 참석하였다. 선교와 통상의 모임이다. 모든 의전은 장로교 선교부의 브라운(Arthur Brown, 1856~1963) 박사가 맡았는데 그는 유력한 국무장관 후보였었다. 미국의 유수한 신문들은 2주 동안 연일 이 선교대회를 대서특필하였다.

이 대회가 열리는 즈음 북경에서는 의화단난이 일어났다. 감리교 선교본부 총무 앞으로 전문이 날아들었다. "북경. 1900년 6월 9일. 중국인 기독교도에 대한 학살. 외국인이 위험. 워싱턴에 압력." 총무는 매킨리 대통령과 친구 사이였다. 그는 즉시 백악관에 북경의 전문과 함께 전문을 보냈다. "이 전문은 미국인이 매우 위급한 상태에 있음을 알리는 것입니다. 정부의 보호가 필요합니다." 이로서 미국은 다른 7개국과 함께 북경으로 쳐들어가 서태후의 항복을 받아냈다. 이 대회에 이어 1910년에는 에딘버

---

414) 김학은, 『루이스 헨리 세브란스』, 224쪽.

러에서 세계선교대회가 열렸고 그 사이 1906년에는 평신도선교대회가 열렸다. 그 목적은 전 세계 15억 인구 가운데 5억의 기독교 인구를 10억으로 배가하자는 것이었다.415)

이러한 기운을 타고 국제기독교청년회 총무 존 모트는 윌슨 대통령의 영적 조언자가 되어 상당한 영향력을 행사하였다. 체코슬로바키아 독립에 있어서 결정적인 역할을 할 수 있었던 것이 그 하나의 예이다.416) 그가 1907년 한국을 방문했을 때 300명의 한국 신자가 공개간증을 하였는데 모트 총재는 그들이 일제의 박해를 무릅썼다고 증언하였다.417) 이처럼 모트는 일찍부터 한국의 실정을 알고 있었기에 105인 사건이 일어났을 때 그와 국제기독교청년회 본부는 워싱턴 주재 일본대사에게 강도 높은 항의서한을 보내고 여론을 일으킬 수 있었다. 뉴욕 장로교 선교본부의 브라운 박사는 『한국인 음모사건』이라는 책자를 출판하여 모든 것이 날조라고 폭로하여 세론을 일으켰다. 하버드 대학의 전설적인 총장 찰스 엘리어트 (Charles Elliot, 1834~1926)는 일본이 재판을 제대로 한다면 문명국가로서 그들의 위치가 높아질 것이라고 일본의 한복판 동경에서 발표하였다. 결국 105인 사건은 날조라는 것이 기독교 세계에 드러났고 대부분 무혐의로 풀려났다. 이승만은 이 사건을 "기독교 교인들은 [한국]국민 전체를 위하여 십자가를 지지 않으면 안 되었다"고 규정하며 세계 기독교 사회에 호소하였다.418) 이승만이 105인 사건에서 간신히 체포를 피

---

415) 김학은, 『루이스 헨리 세브란스』, 414쪽.
416) *John R. Mott Collection* at the Library of the Yale University Divinity School, "Interview with President Wilson" 18 June 1918. 또는 "Experiences Dealing with Rulers" University Club Winter Park, Florida, 1945; Long and Hopkins, "T. G. Masaryk and the Strategy of Czechoslovakia Independence in Russia on 27 June 1917," *Slavonic and East European Review*, vol.56, no.1, Jan 1978, p. 96에서 재인용.
417) Hopkins, *John R. Mott*, p. 401.
418) Rhee, *Japan Inside Out*, p. 115.

하고 미국으로 망명할 수 있었던 것도 모트 총재의 중재였다는 것은 이제 모두가 아는 사실이다. 후일 상해 임시정부가 이승만에게 "모트 박사에게 교섭하시와 [상해에] 청년회를 창설케 하시옵소서"라고 요청한 것도419) 그들 사이의 관계에서 비롯하였다.

일본의 예에서도 선교사의 역할은 컸다. 1859년 최초로 일본에 파송된 6명의 선교사 가운데 베르베크(Guido Verbeck, 1830~1898) 목사가 있다. 그는 미국의 네덜란드 개혁교회 선교사인데 막부가 예로부터 나가사키를 통해 네덜란드 상인과 오래 통상을 해온 경험 덕택에 그에게 쉽게 선교활동을 허락하였다. 언더우드도 미국의 네덜란드 개혁교회가 파송했다. 베르베크는 막부를 무너뜨리고 명치유신을 단행한 인물들을 길러내었다. 이토(伊藤博文), 사이고(西鄕隆盛), 가쓰(勝海舟), 오쿠보(大久保利通), 소에지마(副島種臣), 오쿠마(大隈重信), 다카하시(高橋是淸), 이와쿠라(岩倉具視), 도고(東鄕平八郎) 등이 그의 제자이다. 특히 그는 이와쿠라를 단장으로 구미사절단을 파견하는 일을 주선하였는데 그 가운데 가네코(金子堅太郎)는 미국에 남아 하버드대학에서 학업을 계속하였다. 그때 사귄 친구가 후일 미국 대통령이 되는 시어도어 루스벨트(Theodore Roosevelt, 1858~1919)였다. 그는 러일전쟁의 막바지에 전쟁 자원이 바닥을 보이자 강화회담을 원하는 이등의 특사가 되어 루스벨트를 만나 중재를 교섭한 결과 루스벨트가 수락하여 일본은 원하는 바를 얻었다. 베르베크는 일본에 오기 전에는 신학생에 불과하였다.

당시 기독교가 이처럼 흥왕했던 미국에서는 여기에 병행하여 제임스(William James, 1842~1910)의 실용주의 철학이 흥기하여 대세를 이루었다. 이리하여 20세기 초는 기독교 선교와 실용주의 시대가 되었다. 미국형 실학과 기독교의 시대였다. 그러나 안창호(島山, 1878~1938)는 선교

---

419) 『우남이승만문서 : 동문편』 18, 장붕→이승만, 1920년 7월 2일.

사들의 문화적 소양을 높이 인정하지 않았고 이들을 비판하는 자세였다. 그와 대조적으로 이승만의 시각은 선교사의 측면에서 한국 교회와 한국 문제를 관찰하였고 그러한 관찰을 통한 미국 선교사와 관계가 그에게 중요하였다는 점이다.420) 그 중요한 예가 존 모트였음은 체코슬로바키아 독립운동의 예에서 당장 드러났다. 이승만이 선교사의 중요성을 인식한 것은 당시 한국에게 그들이 유일한 대외창구였을 뿐만 아니라 희망이었기 때문이다. 이를 뒷받침하기라도 하듯이 1907년 한국을 방문한 모트 총재는 강연에서 "한국은 근대 선교사상 완전히 복음화된 유일한 비기독교국이 될 것을 나는 확신합니다. 나라를 살리는 길은 기독교밖에 없습니다"라고 용기를 불어넣었다.421) 이상재 역시 "한국의 유일한 희망은 기독교에 있다. 다른 나라들도 기독교 진리를 통해서만 부강한 나라가 되었다"라고 전도하였다.422)

여기에 선교사는 아니지만 학자의 시각에서 한국 문제를 관찰하는 밀러(Herbert Miller, 1875~1951) 교수가 이승만의 확장된 시야에 들어왔다. 그는 일찍이 중부유럽의 사정을 동정하고 미국의 여론을 일으키는데 일생을 바친 학자로 체코슬로바키아 독립운동 지도자 마사리크(Thomas G. Masaryk, 1850~1937) 교수를 도와 1918년에 '피압박민족 대회'를 뉴욕과 필라델피아에서 개최하여 의장이 되었고, 그 직후 '중부유럽연합Mid European Union'을 창시하여 이사 겸 사무총장이 되었다. 마사리크의 미국 내 선전을 미국여론정보위원회Committee of Public Information와 연결

---

420) 장규식, 「한국교회 핍박에 나타난 이승만의 기독교입국과 외교구상」, 송복 외, 『이승만의 정치사상과 현실인식』, 165쪽. 주한선교사의 역할을 강조한 또 다른 인물은 서재필이다. "One of the things the Koreans should do is to send Korean missionaries to other Oriental countries, for the influence of such missions will be very great." *First Korean Congress*, 1919, p. 48.
421) 전택부, 『월남 이상재의 생애와 사상』, 100쪽.
422) 전택부, 『월남 이상재의 생애와 사상』, 84쪽.

해 준 이도 밀러 교수였다.423) 마사리크가 주도하는 중부유럽 대표들이 필라델피아 독립관에 모여서 독립선언을 하게 된 것은 밀러 교수의 주선이었다. 미국의 여론을 환기시키는데 독립관보다 더 나은 곳이 없다고 판단한 밀러 교수가 마사리크를 설득한 결과였다.424)

이러한 의미에서 그 다음 해[1919년] 한국에서 일어난 삼일운동의 여파로 필라델피아에서 '제1차 한인의회First Korean Congress'가 개최된 것이나 여기에 밀러 교수가 연사로 나선 것은 우연이 아니다. 그는 "내가 체코슬로바키아 양심의 역사에 지대한 관심을 가졌었는데 제1차 대전에서 한국인들이 그들과 함께 하였다는 사실은 뜻밖이다"425)라는 말과 함께 한국독립을 지지하였으며 이승만을 도와 '한국친우회'와 '구미한국위원회'의 위원이 되었다. 그 업적으로 건국훈장을 받았다. 그 회의에 참석하였던 한국 독립지사들이 체코슬로바키아 독립지사들이 4개월 전 그러했던 것처럼 필라델피아 독립관 회의실에서 사진촬영을 하였다.

삼일운동은 이승만 평화주의에 전환점을 가져다주었다. 명치일본이 한국에 그 야욕의 촉수를 뻗었을 때 한국에서는 무력 의병운동으로 격렬하게 저항하였다. 그것은 임진왜란에서 일찍이 증명된 전략이었지만 구시대의 전통적인 유물이 되고 말았다. 그럼에도 여러 애국지사들이 그러한 선상에서 개인적으로 또는 집단적으로 구국운동을 하였다. 그러나 무저항 비폭력 투쟁이었던 삼일운동이 전환점이 되었다. 평화적 시위로 독립을 정당하게 요구하는 방략은 세계의 이목을 끌었다. 맥캔지(Frederick A. McKennzie)는 그의 책 『한국의 독립운동Korea's Fighting for Freedom』 (1919) 서문에 "1919년 봄에 일어난 한국 국민의 평화적인 항일봉기는

---

423) May, "H. A. Miller and the Mid European Union of 1918," *American Slavic and East European Review*, Dec. 1957, p. 480.
424) May, "H. A. Miller and the Mid European Union of 1918," p. 482.
425) *First Korean Congress*, 1919, p. 19.

세계적인 하나의 경이였다.…아주 높은 수준의 영웅심을 발휘한 것이다." 일본제국주의의 폭압을 폭력으로 맞서지 않고 평화적 시위혁명으로 승화했다는 것은 민족 대표 33인 가운데 16인의 개신교도와 15인의 천도교도 그리고 2인의 불교도의 구성을 보면 알 수 있다.

여기에 유림이 빠져있다. 이 기회를 놓친 유림은 파리강화회의에 청원서를 보냈다. 일부 유림들은 처절한 의병투쟁을 1912년까지 하였다. 결국 평화적 시위혁명은 유림이 중심이 되어 투쟁하였던 무력의병의 적개심을 토착종교와 서양종교가 이성의 명령으로 전환시킨 결과라 할 수 있다. 이러한 평화적인 독립 요구는 후에 인도에서 간디가 나타날 때까지 유일한 경우로 기록된다. 간전기의 세계평화에 어울리는 방식이라고 할 수 있다. 이승만은 말한다. "유사 이래 최초의 무저항 혁명이며, 더욱 널리 알려진 인도의 간디운동보다 앞선, 1919년의 평화적이고 비폭력적인 3월 혁명을 한국 사람들이 전개하였을 때, 한국인들은 [세계] 기독교도 전체의 압도적인 동정을 받았다. 한국 기독교인과 교회에 대하여 행한 야만적이고 잔악한 일본의 행위에 관한 비참한 이야기는 온 세계 문명국 시민들의 분노를 격동시켰다."426) 이처럼 이승만은 삼일운동의 핵심을 다른 무엇보다 기독교 탄압으로 포장하여 세계에 호소하였다. 왜 그랬을까.

이승만은 일본의 악정만으로는 독립을 호소하는 명분이 약하다는 점을 알고 있었다. 다른 서구열강도 그들의 식민지에 악정을 실시하고 있었기 때문이다. 토지의 착취는 공통적인 악정이다. 악정에 대해 암살과 테러로 맞서는 것은 그들에게 너무나 익숙해져 있었다. 이승만은 일본의 악정을 그들과 차별할 필요가 있었다. 그것은 일본의 한국 기독교 박해이다. 전 세계 기독교인에게 이것은 커다란 명분이 된다. 이승만이 망명하여 제일 먼저 착수한 저술이 『한국교회핍박』(1913)이었다는 사실이 그것

---

426) Rhee, *Japan Inside Out*, p. 181. 이종익 역, 『일본군국주의실상』, 232쪽.

을 말해준다. 일본이 한국 기독교를 말살하고 신사참배를 강요한다는 것은 인류 대의에 어긋나며 기독교 정신에도 거슬리는 일이었다. 이런 점에서 신도(神道)는 그들의 식민지 정책의 아킬레스건이다. 이승만은 모든 독립운동 대회에서 기도로 시작하여 기도로 끝나는 순서를 잊지 않았다. 그가 여론에 호소하는 순서를 보면 교회 순회로 시작한다. 그리고 일본의 한국 교회 박해를 빠짐없이 강조한다. 기독교는 이승만에게 중요한 독립운동 수단이 되었다. 그가 비폭력 외교방략을 택한 배경과도 무관치 않다. 체코슬로바키아 독립운동의 아버지 마사리크도 열강의 식민정책을 건드리지 않는 방법을 택하였다.

한국 독립운동에 있어서 선교사와 기독교의 역할은 이승만이 예측한 대로 무시할 수 없는 것이었다. 일례로 삼일운동이 일어나고 불과 3주 만에 총독부는 10명의 주한 선교사와 회합을 갖고 사태수습의 의견을 물었다.427) 여기에 참석한 에비슨(Oliver R. Avison, 1860~1958), 벙커(Dalzell H. Bunker, 1853~1926), 노블(William A. Noble, 1866~1945), 게일(James S. Gale, 1863~1937)은 이승만의 스승이고, 브로크만(Frank M. Brockman, 1878~1929)은 친구이다. 게일은 "조선의 정신세계는 물질세계와 차이가 있다.…조선의 정신세계는 알면 알수록 존경의 생각이 높아진다"라고 증언하였다. 영국국적의 식민지 캐나다인 에비슨 박사의 발언은 주목할 만하다.

  대영제국 신민으로서 어떤 의미에서 미국 친구들보다 언론의 자유가 [더] 있을 수 있다. 대영제국 신민으로서 생각하지 않으면 안 된다. 관옥(關玉:총독부 학무국장)씨가 솔직히 말을 했으니 마음에서 솔직한 의견을 말하겠다. 우리는 대전을 경험했고, 일본은 동맹국과 함께 자유의 원리를 지키기

---

427) 李省展, 『アメリカ人宣教師と朝鮮の近代』, 2006, 155-175쪽.

위해 싸웠다.…지금 세계는 그 원칙을 유지하기 위해 대연맹을 조직하고 있으며 일본은 5대국의 일원으로서 그 이념에 찬성을 표하고 있다. 여기에 인간의 자유에 관하여 내 생각을 말하겠다. 1.민족정신은 대단히 중요하다. 나는 [영국의] 식민지 백성으로서 경험을 말할 수 있다.… 2.자유인은 민족의 언어를 사용할 권리가 있다.… 3.언론의 자유는 또 하나의 권리이다.… 4.동시에 출판의 자유가 있다.… 5.이것과 관련하여 집회의 자유가 있다.… 6.모든 자유인은 참정권을 갖는다.…머리에 떠오르는 것 하나는 과거 수년 동안 통치의 상징으로 항상 착검을 휴대한 것이다. 관옥 씨를 집에서 보았을 때 평상복이어서 친구같이 느껴지지만 집무실에서 보면 제복에 눌려 무서운 생각이 든다. 관옥 씨도 개인적으로는 착검을 좋아하지 않을 것이라고 생각한다. (그가 자신도 착검을 좋아하지 않는다고 대답하였다.) 그렇다면 일본은 인류의 자유를 위해 동맹이라는 생각이 든다.428)

이 회합의 내용은 선교사들에 의해 제66회 미국상원에 제출되었다. 여기서 에비슨은 제1차 세계대전이 민주주의와 자유를 지키기 위한 전쟁이었음을 상기시키고 새로운 시대에 일본도 자유의 원칙을 한국에 실행할 것을 촉구하였다. 이 같은 견해는 에비슨의 것만이 아니다. 당시의 일본외상 이시이(石井菊次郎) 역시 일본이 제1차 세계대전에 참전하게 된 이유를 유럽전쟁이 군벌 야심과 정의자유와의 투쟁이었는데 일본은 후자에 두었다고 호도하였다.429) 여러 가지 다른 복합적인 이유도 있었겠으나 주한 미선교사들의 보고가 주일 미선교사들을 움직이고 뉴욕의 선교본부를 움직여 마침내 일본정부가 개선하지 않을 수 없게 되었다.430) 그해 9월에 조선총독이 경질되고 이른바 문화정치가 시작되었다. 착검도

---

428) 李省展, 『アメリカ人宣教師と朝鮮の近代』, 155-175쪽.
429) 田村幸策, 『世界外交史』 中巻, 有斐閣, 1963. 池田十吾, 『第一次世界大戰期の日美關係史』, 成文堂, 2007, p.viii쪽에서 재인용.
430) McKenzie, *Korea's Fight for Freedom*, Ch. 18. 이광린 역, 『한국의 독립운동』, 18장.

사라졌다. 일본이 기독교를 한국에서 사갈시하는 데에는 이유가 있었다. 그러나 새 총독의 "이러한 정책변경은 사태의 근본적인 요구를 충족시키는 것은 아니었다.···이 두 가지 정책[동화정책과 착취정책]은 새로운 실패를 초래하였다."[431]

이승만에게 기독교가 단지 개인의 신앙체험에 머무르지 않고 구국의 동력으로 인식된 것은 이런 까닭이었다. 중국과 일본의 기독교 교세가 미약하다는 사실과 대비하며 그는 아시아의 첫 번째 기독교 국가 건설을 목표로 삼아 미국의 건국목표와 일치시켰다.[432] 그가 미국을 주목한 것은 『독립정신』에 기술된 대로 미국이 기독교 정신에 의해 탄생되었고 여기에서 영향을 받아 일어난 프랑스혁명 정신이 현대 민주주의와 계몽주의가 되어 전 세계로 전파되는 과정으로 보았고 그것이 아시아의 끝자락에 있는 한국에서 대미를 이루기 바랐기 때문이다. "나중 나온 뿔이 우뚝"하다는 것이다.[433]

이승만의 기독교 입국론은 결실을 맺었다. 그가 105인 사건에서 탈출하여 『한국교회핍박』을 집필한 배경을 보면 1884년 첫 번째 개신교 의료선교사가 입국한 이래 교세확장은 놀라운 것이었다. 1900년은 신약이 한글로 완역된 해이다. 성경을 읽기 위한 한글의 보급도 빨랐다. 그 결과 1907년 평양에서 전국을 휩쓴 '대부흥운동'이 일어나고 이것은 곧 '백만인구령운동'으로 이어졌다. 국권을 빼앗긴 백성의 실의, 이길 수 없는 침략자에 대한 적개심, 역사와 문화에 대한 자부심을 이끌어줄 지도자를 갈망하던 시기에 개신교가 정신세계를 제시하자 기다렸다는 듯이 곧 나타난 전 세계에서 그 유래를 찾기 힘든 폭발적 분출이었다. 그러자 이러

---

431) McKenzie, *Korea's Fight for Freedom*, p. 314, 이광린 역, 『한국의 독립운동』, 224쪽.
432) *New York Times*, May 13, 1919.
433) 『풀어쓴 독립정신』, 75쪽.

한 정신혁명을 두려워한 일본의 탄압이 시작되었다. 그 시작이 105인 사건이다.

> 조선에 예수교 퍼지는 것을 일본이 극히 슬퍼하는지라. 이 교가 정치와 도덕과 사회개량에 큰 기초도 되려니와 각국인이 조선과 이렇듯 교회상 친밀한 관계를 주는 것이 일인이 제일 혐의하는 바라.434)
> [그러나] 지금 한국은 기회를 가졌습니다.]…자기들의 나라가 비하할 대로 비하해진 어둠 속에서 한국 사람들은 자기들을 들어 올려 줄 어떠한 위대한 능력을 필요로 한다는 것을 갑자기 느끼게 되었습니다.…그들의 정부는 정화되어야 하고 그들의 마음과 힘은 갱생되어야 합니다. 그러나 공자나 부처님은 그렇게 하지 못했습니다. 만일 한국이 구원을 얻을 수 있다면 이 세상을 구세주이신 예수 그리스도만이 그렇게 할 수 있을 것입니다.435)

이승만이 이 연설을 하던 1908년 당시 한국의 기독교 인구는 10만이었다. 그 후 한일합병, 만주사변, 중일전쟁, 태평양전쟁, 신사참배 강요의 격랑에 시달렸음에도 해방 전 한국의 기독교인 수는 남북한 합쳐 37만 명이었다. 다시 공산주의의 기독교 탄압과 6·25 전쟁의 참화를 극복하고 1960년에 이르러 남한의 기독교인 수는 114만 명이 되었다. 이승만 집권기까지 3배로 확장된 셈이다. 이것을 바탕으로 더욱 성장한 기독교는 2005년 그 수에 있어서 1,376만 명에 달하였다. 개신교 한국 전파 1백 년 만에 140배로 커진 1985년 『뉴욕 타임스』는 한국 개신교 선교 1백년 기념기사에서 한국 장로교인구가 장로교 본산인 스코틀랜드 장로교인구와 캐나다 장로교인구와 미국 장로교인구를 합친 것보다 많다고 보고하였다. 유영익은 이것을 가리켜 313년 종교 자유의 칙령을 반포하여 로마

---

434) 이승만, 『공립신보』, 1908년 9월 2일. 원영희·최종태 편, 『뭉치면 살고…』, 189-190쪽에서 재인용.
435) *Korean Mission Field*, June 15, 1908.

를 기독교국가로 만든 콘스탄티누스 대제의 업적에 필적할 업적이라고 평하였다.436) 다른 점이 있다면 이승만은 정교분리를 주장했다는 점이다.437)

7) 반일

이승만은 철저한 반일인사이다. 그러나 그의 『독립정신』을 읽어 본 사람이라면 그의 대일관이 지일에서 반일로 변해 가는 현상을 발견할 것이다. 이승만은 처음에는 "어두운 이웃 나라를 극력하여 깨우쳐서 합력하여 보전하자 함은 우리나라 신민들이 일본에 대하여 깊이 감사히 여길 바로다"라고 소회를 토로하였다. 그 이유가 "이 약조[강화도조약]의 대지가 일본이 조선을 자주 독립국으로 대접하여 본래 자주하던 일본국과 평등으로 안다 하며…이때가 곧 조선이 독립 권리를 실상으로 회복하던 처음"이기 때문이다. 이런 그가 변하여 "일본 백성이 학문이 매우 진보되었으며…더욱이 그 수단이 간교하여 여간 지혜로는 그 농락에 빠지지 않기 어렵고, 한번 빠진 후에는 벗어나기 어려운지라"라고 경고하고 있다. 이러한 변화는 이승만에서만 찾아볼 수 있는 것이 아니다. 주목할 점은 이 변화가 러일전쟁을 전후하여 발견된다는 사실이다. 이승만이 이 책을 탈고한 것이 1904년인데 출판한 때는 1910년이다. 그럼에도 그는 자신의 대일관을 수정하지 않고 그대로 출판하였다. 그의 의도가 숨어 있을 것이다.

이승만처럼 러일전쟁을 기준으로 당시 한국 사람들의 대일관은 크게

---

436) 유영익, 「기독교 정치가 이승만을 회고하다」, 『미래한국』, 2012년 11월 5일, 25쪽.
437) 『신학월보』, 1903년 9월. 원영희·최종태 편, 『뭉치면 살고…』, 154쪽에서 재인용.

변했다. 조선이 처음으로 개항한 이래 20여 년 동안 구미 8개국과 조약을 맺고 문호를 개방하였다. 한반도는 이들의 경쟁시장이었다. 최초의 20년은 조선에게 기회였다. 이 기간에 어느 국가도 한반도에서 독점적인 지위가 아니었던 까닭에 독립을 보존하면서 개혁을 서둘렀으면 국세가 그토록 약해지지 않았을 것이다. 그럼에도 발전이 전혀 없었던 것은 아니다. "이 기간 동안에 이룩한 발전은 80년대 초의 한국을 아는 사람들에겐 실로 놀라운 것이었을지도 모른다. 잘 놓은 현대식 철도가 경인간에 부설되어 운영되었고, 이밖에도 다른 철도의 부설을 계획 측량하여 일부 공사가 진행 중이었으며, 서울엔 전등, 전차, 영화가 생기기까지 했다.…훌륭한 도로가 놓이게 되었으며, 많은 중세적인 낡은 인습이 폐기되었다.…학교와 병원이 전국에 보급되었고, 상당수의 사람…들은 기독교 신자가 되었다. 위생시설이 개선되었고, 해안엔 등대를 세우기 위한 측량과 항해도 제작 및 건축 공사가 시작되었다.…외국 유학을 마치고 속속 귀국했다. 경찰은 신식 복장으로 차리고…근대식 군대가 조직되기도 했다."438) 그러나 이러한 개혁이 있었다 해도 정치적 환경은 여전하였다. 수구파와 개혁파의 싸움으로 사람들은 지쳤다. 그들은 정부의 전제와 악폐를 더 이상 견딜 수 없었다. 차라리 일본이 이 상황을 개선하는데 도움을 주기를 바랐다.

　기본적으로 수구파나 개화파 모두 한국이 독자적으로는 독립이 어렵다는데 의견이 일치된 것 같다. 수구파는 전통적으로 중국과 사대관계를 계속 유지하려 했지만 문제는 교린관계의 일본과 새로운 질서가 형성되기 시작했다는 점이다. 사대관계에도 틈이 생겼다. 조선 사람들은 임오군란으로 서울에 진주한 청국 군대의 횡포에 시달렸다. 원세개는 사실상

---

438) McKenzie, *Korea's Fight for Freedom*, p. 62. 이광린 역, 『한국의 독립운동』, 38쪽.

임금 노릇을 하였다. 사대관계가 식민관계처럼 되어갔다. 그러나 일본은 조선의 독립을 인정하고 약속했다. 조선인들이 일본을 구세주로 생각하는 것은 어쩌면 당시의 일반적인 정서에 비추어 자연스러운 발로였는지 모른다.

1873년 일본의 외무상 소에지마(副島種臣, 1828~1905)는 북경 주재 미국공사에게 1866년에 미국이 조선에 군함을 보내었을 때 종주국 청의 항의 여부를 물었다. 돌아온 대답은 청이 아무 항의를 하지 않았다는 것이다. 그럼에도 이에 만족하지 않은 미국은 사전에 청국과 타협을 하고 각서까지 받아두었다. 2년 뒤 일본은 안심하고 운양호사건을 일으켰다. 여기에 러시아가 끼어들었다. 러시아에 대해서는 공로(恐露) 의식이 보편적이었다. 일본에 대해서는 선망의 태도였다. 독자적으로 개혁을 이룬데 대한 선망이었다. 이것은 한국만의 현상이 아니었다. 아시아의 여러 나라들의 공통된 선망이었다.

각국의 경쟁관계가 유지되던 초기 20년 선각자들은 일본의 도움으로 개혁을 시도하려고 하였다. 그 전제는 일본이 다른 경쟁 국가를 제압하고 조선을 병탄할 수 있는 능력이 없을 것이라는 믿음이었다. 갑신정변은 이렇게 해서 일어났다. 김옥균, 박영효, 서광범, 서재필은 일본이 선의의 우방이라고 믿었던 것이다. 이것이 어리석은 것이 아닌 것은 당시에 일본에는 두 가지 흐름이 있었다. 가쓰(勝海舟, 1823~1899)의 삼국합종론과 요시다(吉田松陰, 1830~1859)의 아시아 침략론이다.[439] 김옥균과 박영효는 일본에서 가쓰를 만났다. 가쓰는 박영효를 "귀족의 결백한 마음을 지닌 인물"이라고 말했다. 당시 주조선 일본공사는 다케조에(竹添進一郎, 1842~1917)이었다. 그는 한문학자였는데 가쓰의 친구였다. 그의 딸이 야나기(柳宗悅, 1889~1961)의 외숙모이다. 그녀의 시아버지가 야나기의 외

---

439) 韓永大, 『柳宗悅と朝鮮』, 明石書店, 2008, 208쪽.

조부 가노우(嘉納治郎, 1813~1885)인데 그는 가쓰와 뜻이 맞는 친구였다. 그의 좌우명은 자타공영(自他共榮)이다.440)

1884년 6월 청불전쟁이 일어나자 조선주둔 청국군이 절반으로 축소되었다. 이 기회를 노리고 다케조에는 갑신정변이 일어나기 전에 일본정부에 두 가지 안을 보내며 비답을 기다렸다. 하나는 김옥균으로 하여금 정변을 일으키게 하는 것이고, 다른 하나는 청국과 마찰을 피하기 위해 정변에 간섭하지 않는 것이었다. 다케조에는 이토 히로부미가 후자를 택하리라 짐작하고 비답이 오기 전에 전자를 실행에 옮겼다. 그러나 2백 명의 일본군은 2천 명의 청국군에 상대가 되지 않았다. 갑신정변은 실패했고 다케조우는 공사에서 해임되어 은거했다가 동경제국대학에서 한문학을 가르쳤다. 일본의 영향력은 일거에 사라졌다. 이것을 만회하려고 미우라(三浦梧樓, 1846~1926)가 명성왕후를 시해하였다. 미우라는 야나기의 외삼촌 가노우(1860~1938)와 학습원에서 만난다. 미우라는 원장이고 가노우는 교사였다. 둘 사이는 매우 나빴다. 교육철학도 맞지 않았다. 외삼촌 가노우가 압력을 받고 사임하였다. 외조부 가노우는 자신의 철학인 자타공생과 가쓰의 삼국합종론을 실천하려고 굉문학원(宏文學院)을 세워 중국인 유학생 7,192명을 배출했다. 그 가운데 노신(魯迅, 1881~1937)도 있었다. 가노우는 막대한 재산을 소모했는데 일본 술의 대명사 국정종(菊正宗)이 가업이었다. 그는 말했다. "일본국민은 예로부터의 배타적 이기적 경향을 고쳐서 외국과 공동으로 문화를 촉진하지 않으면 안 된다. 친화를 위해서 호양의 정신이 필요하다."

김옥균, 박영효, 유길준 등은 가쓰를 따라 삼국합종론을 믿은 것이다. 그러나 일본이 택한 근대화는 가쓰의 주장이 아니라 요시다의 아시아 침략론이었다. 그의 제자들이 이이토(伊藤博文, 1841~1909), 야마가타(山

---

440) 韓永大,『柳宗悅と朝鮮』, 219쪽.

縣有朋, 1838~1922), 기도(木戶孝允, 1833~1877) 등이다.

이처럼 당시의 정서는 일본을 선량한 이웃 아니면 청국의 종주권에서 조선을 구해줄 수 있는 우방으로 생각했다. 강화도조약 첫머리에 조선이 자주국이라고 명기한 것은 그 기대를 충족시킨 것이다. 청일전쟁에서 승리한 일본이 청국과 맺은 마[하]관조약(馬[下]關條約)의 첫머리에도 조선은 자주독립국이라고 거듭 밝힌 것으로 그 믿음은 금석맹약(金石盟約)이 되었다. 그래서 기미독립선언서에도 "병자수호조규 이래 시시종종의 금석맹약을 식(食)하였다"라고 고변하였고, 상해임시정부가 발표한 국민대회 취지서에도 "일본이 철석맹약(鐵石盟約)을 식(食)하고 아의 생존권을 침해함을" 세계에 동의를 구하고 있다. 고종이 헐버트 밀사 편으로 미국 대통령에게 보낸 친서에도 "일본은 이렇게 신의를 저버림으로써 스스로 어리석음을 폭로하게 될 것입니다"라고 적었다. 유명한 장지연의 「시일야방성대곡(是日也放聲大哭)」은 이렇게 시작한다. "근자에 이등 후작이 한국에 오게 되었다는 소식이 전해지자, 어리석은 우리 백성들은 모두 그가 동양 삼국의 우호관계를 지켜 줄 사람이라고 하며, 이번의 그의 내한은 필시 약속된 한국의 독립과 영토의 보존을 공고히 할 방침을 세우기 위한 것이라고 믿어, 시골이나 도시 할 것 없이 온 국민이 환영을 아끼지 아니하였다." 안중근도 "러일전쟁이 발발하기 전까지 한국 사람들은 일본을 좋은 우방으로 간주했었고 기쁘게 받아들였다"고 일본검찰에 진술하였다.[441]

한국인들만 이렇게 생각한 것이 아니다. 고종의 워싱턴 밀사와 헤이그 밀사를 지낸 헐버트 역시 초기에는 일본을 "지지하는데 모든 노력을 다했던 사람"이다.[442] "이제 우리는 개화된 한국인의 대다수가 일본 및 일

---

441) 「안응칠 제8차 심문조서」, 1909년 12월 20일. 이정식, 『이승만의 구한말 개혁운동』, 199쪽에서 재인용.
442) McKenzie, *Korea's Fight for Freedom*, pp. 42-43. 이광린 역, 『한국의

본의 영향이 이 나라의 교육과 계몽에 도움이 된다는 사실을 알고 있으며, 또한 강국이 아닌 어떠한 나라의 지배적인 영향을 받는다는 것이 어떤 의미에서는 분명 굴욕이지만, 그러나 러시아의 영향을 받느니 차라리 일본의 영향을 받아들이는 편이 훨씬 덜 굴욕적인 것이 된다는 것을 나는 믿는다. 러시아인들의 입에서는 개혁이라는 말이 나와 본 적이 없지만, 일본은 이를 계속 주장해 오는 터이다."443) 이 글을 쓰던 1904년 당시에도 헐버트는 일본이 강국이 아니라고 보고 있다. 러일전쟁의 개전 직전의 일이다. 그는 일본을 지지하는 이유를 "한국 민족의 복지 향상을 주로 이타적인 동기가 아니라, 한국의 번영이 일본과 똑같은 조류의 영향을 받는 것이기 때문"이라고 보았다.444) 다시 말하면 한국의 번영이 일본에게 도움이 되기 때문에 일본이 한국에 도움을 주고 있다는 뜻이다.

그러나 러일전쟁에서 승리한 일본은 한반도의 독점자가 되었다. 드디어 1908년의 각종 협정을 통해 주한 외국인의 치외법권도 사라졌다. 거칠 것이 없어진 독점자가 오래 숨겼던 본심을 드러내자 한국인뿐만 아니라 외국인들도 속았음을 알게 되었다. 안중근은 그에 대한 응답으로 이토를 사살하였다.

이승만이 지일의 글에서 반일의 글로 옮겨 가는 시기는 그가 기독교를 받아들이는 때와도 겹친다. 그가 일본이 "조선 독립을 실상으로 회복하는 처음"으로 만들어 주었으나 그 금석맹약을 저버린 데에 커다란 배신감과 속은데 대하여 분노를 느꼈을 것이다. 그리고 조선 독립을 회복해 줄 수 있는 힘은 오로지 기독교 세계밖에 없을 것이라고 생각했을 것이다.

독립운동』, 22쪽.
443) *Korea Review*, Feb. 1904.
444) *Korea Review*, Feb. 1904.

4. 독립사상

이승만의 독립사상에 기독교가 얼마나 중요한가 하는 것은 『독립정신』을 기독교의 강조로 마무리 지은 것을 보면 알 수 있다. "이것[기독교]이 곧 지금 세계상 상등문명국의 우등 문명한 사람들이 인류사회의 근본을 삼아 나라와 백성이 일체로 높은 도덕지 위에 이름이라. 지금 우리나라가 쓰러진 데서 일어나려 하며 썩은 데서 싹이 나고자 할진대, 이 교로써 근본을 삼지 않고는 세계와 통상하여도 참 이익을 얻지 못할 것이오, 신학문을 힘써도 그 효력을 얻지 못할 것이오, 외교를 힘써도 깊은 정의를 맺지 못할 것이오, 국권을 중히 여겨도 참 동등 지위에 이르지 못할 것이오, 의리를 숭상하여도 한결같을 수 없을 것이오, 자유 권리를 중히 하려도 평균한 방한을 알지 못할지라."445) 뒤집어 풀이하면 기독교를 반석삼아 독립요지의 6대 강령인 (1)통상 (2)교육 (3)외교 (4)국권 (5)자유 (6)의리를 실천하면 뜻을 이룰 수 있다고 이승만은 강조하고 있다. 그래서 "나라를 일심으로 받들어 영, 미 각국과 동등이 되게 하며, 이후 천국에 가서 다 같이 만납세다." 독립요지의 전도사 같다. 하나씩 집어보도록 한다.

1) 통상

(1) 선교와 통상

기독교는 평화주의의 한 뿌리이다. 성서는 "하나님은 평강의 왕"이라고 가르친다. 이승만은 "예수교로 변혁하는 힘인즉 피를 많이 흘리지 아니하고 순평히 되며" 라고 기록하였다.446) 그러나 이승만의 평화주의는

---

445) 『풀어 쓴 독립정신』, 293-294쪽.
446) 『신학월보』, 1903년 8월. 원영희·최종태 편, 『뭉치면 살고…』, 150쪽에서 재인용.

기독교에 더하여 또 하나의 뿌리를 갖고 있다. 그것은 그가 그토록 주장하는 통상이다. 독립요지 6대 강령의 첫 번째이다. 선교와 통상은 이승만의 "피 안 흘리는" 무기이다. 그래서 그는 프린스턴대에서 통상으로 박사학위논문을 쓰는 한편 신학도 공부하였다. 그 전부터 이승만은 이 두 가지 무기를 잘 인식하고 있었다.

"러시아가 그 세력을 서방으로 확장하지 못하게 된 것은 유럽의 모든 나라들이 러시아의 야욕을 경계하고, 힘을 합쳐 막아 내었기 때문이다. (중략) 왜냐하면, 러시아의 세력이 미치는 곳마다 서방 국가들의 공통 이익인 통상과 선교 활동이 크게 위협받기 때문이다."447) "통상과 선교에만 관심이 있던 서양 세력과는 달리 일본은 이 같은 상황[서세동점]이 닥칠 것을 예상하고 수십 년 동안 밤낮없이 [무력증강에] 노력했던 것이다."448) 선교와 통상은 국경을 초월하여 범세계적이라는 특징을 공유한다. 다만 선교는 성서를, 통상은 상품을 국경을 넘어 세상 끝까지 전한다는 차이가 있을 뿐이다. 칸트 영구평화의 문구와 비교해 본다.

> 자연은 현명하게도 세계를 [국경에 의해] 여러 국가로 나누었다.…그러는 한편 자연은 이기심이라는 수단에 의한 통상으로 국가들을 하나로 묶는다.449)

어느 칸트 연구자는 칸트를 다음과 같이 해설하였다.

> 통상은 공민의 자유와 종교의 자유에 달려 있다. 칸트는 통상의 수월성

---

447) 『풀어쓴 독립정신』, 213-214쪽.
448) 『풀어쓴 독립정신』, 274쪽.
449) Kant, Nisbet (tr.), "Perpetual Peace A Philosophical Sketch," [1795], in Williams (ed.), *The Enlightenment*, Cambridge University Press, 1999, p. 393.

이 정치 발전과 일치할 날이 오리라 예감하였다.450)

칸트가 통상과 종교의 관계를 중시했음을 강조했다. 여기서 "공민의 자유"란 양도할 수 없는 천부의 자유를 말하는데, 이것은 칸트에 의하면 자유공화정 하에서 보장된다. 또한 "정치발전"이란 민주주의를 말한다. 공화정, 자유, 민주주의, 선교는 통상과 함께 발전한다는 뜻이다. 앞서 에큐메니칼 선교대회에서 산업계의 거물들이 대거 참석했다는 사실도 선교와 통상의 관계를 상징적으로 말해준다. 그것도 강제통상이 아니라 우호통상이다. 선교와 통상. 세계주의cosmopolitanism의 두 기둥이며 두 가지 모두 평화의 자동기구automatic mechanism이다. 앞에서 우리가 이승만의 글을 <기독교+통상=평화>의 등식으로 요약한 내용이다. 이승만은 이미 한국의 문제를 세계의 문제로 인식하기 시작하였다. 선교와 통상. 기독교와 실학의 접목이다.

당시 배재학당이 전통유학의 연역법에 대하여 서양학문의 귀납법으로 이승만을 훈련시켰을 것은 이승만의 글로 보아 짐작하기 어렵지 않다. 박종홍에 의하면 실학파 마지막 단계에 속하는 최한기가 "경험주의철학을 바탕으로 전통적인 유학사상을 실증적 과학적인 근대화와 관련시켜 새로운 태도로 발전시킴으로서 그 근본정신을 시대적으로 살리려 하였다"451)고 평가하고 있는 점으로 미루어 보건대, 조선에서 귀납법과 경험주의철학의 도입은 당시의 사정인 것 같다. 마침 『대조선독립협회회보』 제2호가 서양의 연역법과 귀납법을 소개하고 있는 점이 눈길을 끈다.452)

귀납법은 세계사정에 대한 경험적 지식을 요구하고 그것을 바탕으로

---

450) Smith, "Translator's Introduction," p. 56.
451) 천관우, 『한국사의 재해석』, 23쪽.
452) 『대조선독립협회회보』, 제2호, 1896년 12월 15일. 신용하, 『독립협회 연구』, 178쪽에서 재인용.

결론을 도출해낸다. 이승만의 글이 온통 세계 각국의 사정으로 조선의 형세를 비교 설명하고 있는 것으로 미루어 보아 그는 이 경험적 학습방법을 터득하였을 것이다. 이승만에게 있어서 귀납법이 중요했던 것은 그것이 세계 여러 독립국가의 특성을 비교해준다는 점 이외에 세계 여러 국가의 흥망사를 비교할 수 있도록 해준다는 점이다. "일승일패는 군인들에게 보통 있는 일이며 나라의 흥망성쇠도 자연스러운 것이라며 무관심할 일이 아니다."453) 멸망해 가는 조국에 대하여 무관심할 수 없었던 이승만은 조선을 다시 일으킬 수 있다는 희망을 귀납법에서 찾고자 하였다. 예를 들어 한때 흥성했던 폴란드가 독립을 잃었으며 반대로 3백 년 동안 독립을 잃었던 체코슬로바키아가 독립을 되찾았다는 사실에서 그는 조국 독립을 희망할 수 있는 원동력을 발견하였다. 또한 한국보다 작은 스위스나 벨기에가 독립인데 대하여 인구나 국토면적에 있어서 세계 제1인 인도와 청국이 독립을 잃었거나 잃게 되는 위험한 지경에 왔음을 관찰할 수 있었다. 이 생각이 발전하여 수년 후 학위논문에서는 미국이 남미 여러 나라의 독립을 승인하지만 헝가리를 승인하지 않는 이유를 추적하며 핍박 받는 민족이 독립을 승인받는 조건을 캐고 있다.

그래서 그는 먼저 식민지들이 어떻게 독립을 잃었는가를 설명한다. "청나라도 외국인들을 몰아내려다가 영국과 프랑스와 큰 충돌이 일어나 많은 손해를 입게 되었다. 인도는 끈질기게 서양 사람들을 해치려고 했다. 결국 인도는 영국의 식민지가 되고 말았다."454) 여기서 교훈을 얻지 못한 조선은 "천주교인을 없애려다가 병인양요를 초래하였고,…일본인을 몰아내려다가 폭력사건으로 발전되어 큰 화를 당했다.…동학란이 일어나 외국인을 몰아낸다고 하다가 청일전쟁이라는 큰 전쟁으로 발전되었다.…

---

453) 『풀어 쓴 독립정신』, 78쪽.
454) 『풀어 쓴 독립정신』, 367쪽.

이처럼 백성들이 어리석은 것이 나라를 멸망시키는 지름길이 되는 것"455)임에도 "이 무식한 무리들이 한편에서 일어나면 남의 나라가 어떻게 간섭하며 우리 국권이라 하는 명색이 또한 어찌 되겠는가"456)라고 귀납적 결론을 이끌어내고 있다. 그런 다음 이승만은 묻는다. 외국인들과 어떻게 지내야 하는가. 우호hospitality를 가지고 지내야 한다. 칸트도 그의 『영구평화론』의 세 번째 의무조항the third definitive article에서 우호가 평화의 조건임을 내세우고 있다. 그 방법은? 서로 이익이 되는 우호통상 amity and commerce이다.

(2) 통상과 평화

조선의 실학파는 양반제도를 없애는 문제와 노비제도를 어떻게 폐지시킬 것인지 두 과제를 앞에 두고 있었다. 유형원, 이익, 정약용은 양반을 농업에 종사케 하려 하였고, 박지원, 박제가 등은 양반을 상업에 종사케 하여 해결하려고 하였다. 이승만은 후자를 따라서 상업의 중요성을 여러 글을 통하여 강조하고 있으며 한 걸음 더 나아가서 국가 간의 통상을 적극 장려하고 있다. 그는 세계 각국의 통상사정을 살펴보고 귀납적으로 "지금으로 말할 지경이면 세계만국이 서로 통상이 되었은즉 나라의 흥망성쇠가 상업 흥왕함에 달렸으니 지금은 천하의 큰 근본을 장사라고 할 수밖에 없도다"에 귀결하고 있다.457) 특히 주목되는 바는 이승만의 다음과 같은 주장이다.

각국이 그 나라의 상업관계가 있는 곳은 전쟁이 없게 하고, 나에게 없는

---

455) 『풀어 쓴 독립정신』, 366-307쪽.
456) 『신학월보』, 1904년 8월. 원영희·최종태 편, 『뭉치면 살고…』, 161쪽에서 재인용.
457) 『제국신문』, 1901년 4월 19일. 원영희·최종태 편, 『뭉치면 살고…』, 272쪽에서 재인용.

것과 남에게 있는 것을 서로 바꾸면 피차에 이익을 보는 것이며458)

이것이 이승만의 <통상=평화> 등식이다. 그 이유를 상호이익에서 찾았다. 이것은 과거 어느 실학자에게서도 발견할 수 없는 돌올한 주장이다. 『독립신문』에서도 찾아볼 수 없고 독립협회나 협성회의 토론회에서도 마찬가지다. 독립협회는 상업의 중요성을 무력을 기를 수 있는 재정수단으로 착안한 정도이다.459) 서재필은 독립문을 세우면서 다음과 같이 외쳤다. "이 문[독립문]은 다만 중국으로부터의 독립을 의미하는 것이 아니라, 일본으로부터, 러시아로부터, 그리고 모든 구주열강으로부터의 독립을 의미하는 것이다. 그것은 조선이 전쟁의 폭력으로 열강들에 대항하여 승리할 수 있다는 의미에서가 아니라, 조선의 위치가 극히 중요하여 평화와 휴머니티와 진보의 이익을 위해서 조선의 독립이 필요하며, 조선이 동양 열강 사이의 중요한 위치를 향유함을 보장하도록 위치하고 있다는 의미에서 그러한 것이다. 전쟁이 그의 주변에서 발발할 수 있을 것이다. 아니 그의 머리 위에 쏟아질 수 있을 것이다. 그러나 힘의 균형의 법칙에 의하여 그는 손상 받지 않고 다시 일어설 것이다. 독립문이여 성공하라. 그리고 다음의 세대로 하여금 잊지 않게 하라."460) 이 감동적인 연설은 아직도 살아있지만 조선 독립=평화의 등식에서 평화를 보장하는 힘의 균형의 법칙이라는 것이 무엇인지 설명하지 않고 있다.

통상이 평화를 보장한다는 주장은 이승만의 여러 글에서 산견되는바 그것은 무심코 우연하게 쓴 것이 아니라는 점을 방증한다. 마치 애덤 스

---

458) 『제국신문』, 1903년 3월 13일, 원영희·최종태 편, 『뭉치면 살고…』, 434쪽에서 재인용.
459) 『대조선독립협회보』, 제7호, 1897년 2월 28일 및 제18호, 1897년 8월 15일. 신용하, 『독립협회 연구』, 240쪽에서 재인용.
460) *The Independent*, Vol.1, No.33, June 20, 1896. 신용하, 『독립협회 연구』, 251쪽에서 재인용.

미스가 그의 방대한 책에서 "보이지 않는 손"이라는 표현을 지나가듯이 한번 사용했으나 오늘날 그의 사상이 그 표현으로 대표되는 것에 비할 때, <통상=평화>의 공식은 이승만 사상을 충분히 대표한다고 볼 수 있다. 이승만은 조지워싱턴대학과 하버드대학에서 경제학을 수강하였지만 도미 전이라도 그의 경제학 지식은 예사롭지 않다.[461] "비유하자면 밭에 좋은 씨를 뿌리면 처음은 잘되다가 해마다 그 씨를 받아 그 땅에 다시 심으면 씨의 좋은 성질은 사라지고 줄어들어 마침내는 잡초같이 되고."[462] 이것을 현대 경제학 용어로 말하면 한계생산성 체감이라는 현상이다. 이 체감 현상을 막기 위해서 "하루 바삐 새 기운을 받지 않으면…몇 대를 지나지 않아 멸종하고 말 것이다." 현대어로 바꾸면 기술혁신이 없는 한 생산성 하락은 어쩔 수 없다는 뜻이다. 이러한 현상은 농민이라면 일상적인 경험으로 터득했겠지만 백면서생인 이승만은 그러하지 못했을 것이다.

  기술혁신에 대한 이승만의 통찰력은 드디어 "수많은 농기구와 옷감 짜는 기계를 만들어 수많은 사람들이 땀 흘리고 하던 일을 기계를 이용하여 한 두 사람이 쉽게 해내며, 매일 신기한 것들을 만들어 내고 있으니 앞으로 백 년 동안 얼마나 많은 변화와 발전이 있을지 짐작하기 어렵다"라는데 이르러 기술진보의 가능성에 무한한 신뢰를 표시하고 있다. 이때는 서구에서 한계생산 하락의 법칙이 이론적으로 정착된 것이 얼마 아니 된 시점이었고 더욱이 기술혁신이 그 하락을 막을 수 있다는 발상은 아직도 이론적으로 정착되지 않은 시점이었다.

  이승만은 이러한 경제이론을 어떻게 습득했는지는 모르겠으나, 이같이 풍부하게 생산된 물건을 "세계와 교류하지 못한 나라가 없으며…더

---

461) 미국 대학에서 그의 경제학 성적은 D였다.
462) 『풀어 쓴 독립정신』, 118쪽.

개화된 사람들은 편안하고 즐겁게 살며 다른 나라 사람들처럼 교류하려 하지만 그 목적이 남을 해치고 자기들의 이익만을 얻고자 하는 것이 아니다.…함께 이익을 누리고자 함이다"에 이르러 생산 기술 통상 상호이익의 연결에 주목하고 있다. 그 결과 "우리나라[한국]에서 가장 싼 인명과 노동력이 미국에서는 가장 비싸"지만, "상업과 무역을 권장하여 다른 나라로부터 재물과 금은보화를 벌어들이고, 공업과 농업을 진흥시켜 생활이 풍요로워지면서 사람의 가치도 매우 소중하게 여긴다"463)라는 논저는 1950년대 사무엘슨(Paul Samuelson)이 수학적으로 증명한 '생산요소가격균등화현상'을 떠올리게 한다. 여기에 패자의 손해로 승자의 이익이 되는 전쟁이 아니라 상호 이익을 가져오는 통상이 평화를 보장한다는 스미스와 칸트의 논리가 숨어 있다. 이러한 이승만의 주장은 이용후생파 실학자들이 상공업의 중요성을 주장했지만 그것과 평화를 연결하지는 못했다는 점에서 이승만의 독창성이 있다.

이승만과 동시대에 등장한 동양평화 또는 아시아평화를 주장한 논리와 비교해 보아도 독창성이 있다. 대표적인 예는 안중근의 동양평화론,464) 여운형의 아시아평화론, 조소앙의 아시아평화론이다. 어느 것 하

---

463) 『풀어 쓴 독립정신』, 58쪽.
464) 안중근의 『동양평화론』의 핵심은 한, 청, 일 동양 삼국의 평화연합체와 단일통화이다. 전자는 칸트의 두 번째 의무조항의 국지적 예에 해당한다. 그러나 칸트의 첫 번째 의무조항과 세 번째 의무조항이 결여되어 있다. 특히 첫 번째 보장보록 the first supplement guarantee이 결여되어 있다. 안중근은 이 대신 단일통화를 제안하였다. 그러나 단일통화는 식민지를 없애지 못한다. 예를 들어 오스트리아 헝가리 제국 통치 하에서 체코는 식민모국의 단일통화의 사용을 강요당하였다. 또한 칸트의 여섯 번째 금지조항 the sixth preliminary article에 관련한 이토 히로부미 저격을 안중근은 암살이라고 생각하지 않고 한일전쟁의 전사라고 주장하였다. Yi, "Revisiting Ahn Jung geun's Treatise on Peace in East Asia: Critical Encounters with Kant's Perpetual Peace," *Journal of Northeast Asian History*, December 2009, pp.5-30. Yi(이태진)은 안중근이 양계초의 영향을 받았을 것으로 강하게 암시하였다. 그러나 양계초는 칸트를 완전하게 이해하지 못하였다. 양계초가 쓴 칸트의 「永世太平論」는 1905년 한국에 도입되었다는 데 이 글은 양계초가 쓴

나 평화를 통상과 연결하지 못했다. 아래에서 보겠지만 보편적인 평화 universal peace는 최소 두 가지 조건을 갖추어야 한다. 첫째, 평화를 유지하기 위한 인위적 기구(입헌공화제와 자유국가연합)와 자연적 기구(통상기구)가 함께 작동해야 한다. 이 가운데 통상은 영구평화를 보장guarantee하는 장치이다.465) 둘째, 많은 나라로부터 인정을 받아야 한다. 평화란 최소 두 국가 이상 사이에 지켜져야 하는 상태이기 때문이다. 이런 면에서 안중근, 여운형, 조소앙의 평화론은 두 가지 조건을 갖추지 못했다고 볼 수 있다.

세계적으로 지난 2백 년 동안 두 가지 조건이 만족되어 가장 많은 인정을 받고 현재 국제법에 반영되어 실천에 옮겨지고 있는 평화론은 칸트의 영구평화사상이다. 어느 영구평화 학자는 1903년에 적었다. "칸트가 죽고 1백년에 때로 그도 예상하지 못한 길을 가기도 했지만 그가 예언한 많은 부분이 실현되었다."466) 아래에서 설명하겠지만 이승만은 칸트 영구평화사상을 완전히 이해하고 있었다.

통상이 평화에 중요한 역할을 한다는 이승만 주장은 그의 『독립정신』 『미국 영향 하 중립』 『일본 내막기』를 관통하고 있는데 그 뿌리를 두 가지로 나누어 생각해 볼 수 있다. 가까이 헤이의 '문호개방정책'과 멀리 칸트의 '영구평화사상'이다. 그러나 전자는 후자의 작은 사례에 불과하다.

『近世第一大哲康德之學說』에 들어 있다. 이것은 일본의 나가에 초민(中江兆民)이 번역한 프리(Afred Jules Emile Fouilee 1838 1912)의 『철학사*Historie de la philophie*, Paris, Librairie Ch. Delagrave, 1875』를 자신이 이해한 대로 다시 번안한 interpret 것이다. 중요한 점은 양계초가 나가에를 번안하면서 나가에가 해설한 칸트의 첫 번째 보장보록the first supplement of guarantee을 누락했다는 점이다. 黃克武, 「梁啓超與康德」, 『中央硏究院近代史硏究所集刊』, 第30期, 民國 87年(1998) 12月, pp.126-127.

465) Kant, *Zum ewigen Frieden: ein philosophischer Entwurf*, Königsberg, Friedrich Nicolovius, 1795.
466) Smith, "Translator's Introduction," p. 77.

(3) 문호개방

중국이 열강에 의해 분할 해체의 위험에 빠지자 중국의 선각자 강유위는 이러다가 중국이라는 나라가 지구상에서 사라질지 모른다는 절박감에 빠졌다. 이때[1899년] 미국의 국무장관 존 헤이(John Hay, 1838~1905)는 서구 열강의 중국 분할을 반대하고 하나의 중국이 여러 나라에 대등하게 개방하는 문호개방정책the open door policy를 선언하였다.

독립 이래 대서양의 통상패권을 둘러싸고 유럽과 대립했던 미국이 그곳에서 어느 정도 자유통상의 권리를 관철한 것은 약 1백년이 지난 남북전쟁 직후의 일이다. 그 후 대륙횡단철도와 서부개척으로 태평양을 마주하자 이번에는 동진하는 유럽세력과 아시아에서 만나게 되었다. 미국은 여기서도 자유통상을 원했다. 미서전쟁으로 필리핀을 얻은 미국은 아시아와 접촉하게 되면서 뒤늦게 중국에 관심을 갖게 되었지만 그것은 이미 여러 나라가 선점하고 있었다. 분할 선점한 지역마다 해당 국가가 독점적 식민지 교역을 주장하면 방대한 중국시장에서 미국의 통상이익이 위협받게 된다. 미국은 특히 1870년 설립된 스탠더드 석유회사가 날로 발전하여 18세기말에는 이미 전 세계 석유시장을 장악하고 방대한 중국시장을 겨냥하게 되었다.

중국 주권과 독립을 우선 중요하게 지켜주며 후발주자 미국이 선택할 수 있는 방법은 무엇일까. 그러면서 상업적 이익을 추구하는 여러 나라에 의해 세력균형이 이루어져 중국에서 전쟁이 쉽사리 일어나지 않도록 하는 정책은 무엇일까. 그것이 바로 미국이 독립 이후 줄기차게 견지해온 자유통상주의에 일치하는 정책. 곧 문호개방정책이다.

그러나 정작 헤이도 국무장관이 되기 전에는 자유무역의 장점을 이해하지 못했다. 그는 웨스턴 리저브Western Reserve 대학의 이사장이던 시절 이 문제로 총장을 몰아낸 적이 있다. "민주당의 클리블랜드 대통령이 자유무역을 가르치는 경향이 있는데 대학을 망치는 일이다.…총장이 이 사회와 맞지 않는다는 것은 공공연한 비밀이다.…모든 위대한 사상가와 달리 그는 보호주의자가 아니다. 그는 자유무역을 믿는다. 결국 이사회는 자유무역이 죄가 아니라고 가르치는 총장과 함께 할 수 없다."[467]

다시 말하자면 자유통상이란 당시에 이처럼 이해하기 어려운 개념이었다. 헤이는 시인이었으니 더욱 어려웠을 것이다. 젊은 시절 그는 고립주의 시를 썼다. "결코 우리의 국책으로 삼지 말자 / 저 멀리 바다의 암초나 도서에 / 우리 힘, 우리 의지, 과시하는 것을." 그는 링컨의 암살로 고립주의자가 되었으나 매킨리의 암살로 다시 자신도 이해 못하는 세계주의자가 되었다. 한편으로는 문호개방과 자유통상을 주장하며 다른 한편에서는 중국인배척법이 미국의회에서 통과되었다는 모순의 시대였다. 보호무역이 상식에 어울렸고 무엇보다 국제중재제도가 아직 태동되지 않아서 중국이 이를 제소할 곳이 없었던 까닭이다. 지금도 이 상식을 선호하는 사람들이 많다. 이승만은 자유통상의 통찰력을 어떻게 습득한 것일까.

독립협회 회원에게 세계는 무자비한 적자생존의 법칙이 지배한다는 곳이다. 『독립신문』은 "오대주가 서로 통하야 강한 사람이 약한 사람의 고기를 먹는 이 날에 있어서 하로라도 가히 업지 못할 자는 나라를 사랑하는 생각이로다"라는 논설을 폈다.[468] 중국의 엄복(嚴復)의 영향으로 유행한 스펜서의 사회다원주의[外競] 약육강식 논리에 영향을 받은 그들은 자강만이 독립을 보존할 수 있는데 후발주자 대한이 자강하는데 시간이 걸리므로 그 사이 각국의 세력균형을 최대한 이용하기를 주장한 것이다.[469] 당시를 어느 나라도 대한을 독식하기에 힘이 부족한 시기라는 판

---

467) Cramer, *Case Western Reserve University*, 1976, p. 96.
468)『독립신문』, 1898년 12월 17일.
469) 신용하,『독립협회 연구』, 163쪽.

단에 근거하였다. 그 방법으로 그들은 각국에 대한 공명정대한 외교를 들었다. 수구파가 때로는 청과 비밀외교를 하고 때로는 러시아와 비밀외교를 전개하는 것을 위험하다고 보았다. 『독립신문』은 "만일 싸움 곧 나거든 조선은 누가 이기던지 없어지는 날이니 그렇고 볼진대 조선의 상책은 아모쪼록 조선 까닭에 다른 나라들이 싸움 아니하도록 일을 하여야 할지라"라고 썼다. 독립협회도 강유위처럼 이러다가 조선이 없어질까 걱정한 것이다. 그것을 방지하는 것이 "무엇 인고 하니 세계 각국을 공태로운 애증과 등분이 없이 공평하게 모두 친구로 대접"하는 공평외교이다.470) 이것이 독립협회가 주장하는 '중립외교론'이다. 이런 점에서도 그들은 동학사상이나 위정척사와 달랐다.471)

지난 일을 두고 볼 때 이 같은 약육강식의 견해는 일본에서도 있었다. 정한론에 대해서 반정한론은 일본이 조선을 침략하면 동양에서 이익을 추구하는 유럽 열강이 개입하여 일본 상륙군을 봉쇄 고립시키고 나아가서 일본에 항복을 받아낼 것이기 때문에 정한론이 망국론이라고 반대하였다. 당시 일본은 상해에 상주하고 있던 영국의 동양함대를 두려워하였다. 일본이 준비가 덜 되었기에 조선이 제대로 대처했으면 자강의 시간을 벌 수 있었을지 모른다. 조선정부가 아무 조치도 취하지 않고 허송세월한 그 10년을 이승만은 『독립정신』에서 크게 분노하며 탄식하였다. "조선보다 뒤 떨어졌다던" 일본도 메이지유신 후 불과 10년 만에 무력을 길러 조선을 강제로 개방하는 정도로 강국이 되지 않았던가. 당시 10년은 그렇게 두 나라의 향후 1백 년의 운명을 갈라놓았다.

그러나 이승만은 1902년에 이미 독립협회의 회원들이나 일본의 위정자들과 달리 무자비한 약육강식은 야만의 논리라고 보았다.

---

470) 『독립신문』, 1897년 8월 10일.
471) 신용하, 『독립협회 연구』, 161쪽.

부강한 법을 말하는 자는 말하기를 강한 자가 약한 자를 이기는 것이 자연한 이치라...내가 [만일] 저 약한 자를 치지 않아도 지금 저 약한 자가 남에게 부지 못한지라. 그러므로 강한 자가 약한 자를 치는 것이 당연한 일이라 하나 문명국 사람의 의견은 이와 달라서 말하기를...다 어리석어 윗사람 된 자들의 압제와 헛된 말의 결박을 벗지 못하여 능히 하늘이 내신 존귀한 본 지위를 찾지 못함이니 옳은 도가 있어 인심을 발달시켜야 되겠고.472)

옳은 도란 무엇인가. 상호이익을 창출하는 통상이다.

사람이 지혜가 부족하여 능히 새 법을 생각하지 못하는 고로...장사를 상통하지 않고 물건을 바꾸지 않고 산과 바다를 통하지 못하여...다만 땅을 차지할 줄만 아는 헛이름만 있을 뿐이요.473)

문명국은 지혜로써 상호이익을 얻는 새 법으로 통상을 생각해 내었는데 야만인은 어리석어 약육강식의 논리를 앞세워 영토차지로 이익을 얻지 못하고 헛된 이름만 탐할 뿐이라고 이승만은 주장하고 있다. 그 결과 영토차지는 필경 전쟁을 불러오지만 통상이익은 평화의 기초가 된다. 여기에서 이승만이 독립협회 회원이나 일본의 위정자들보다 한 걸음 더 나아가서 세력균형으로 평화를 유지하는데 '중립외교' 못지않게 '통상'의 역할에 주목했다는데 그의 독창성이 있다. 이것이 이승만의 <통상=평화> 등식이다. 그는 1904년에 쓴 글에서 "조선이 지금까지 부지할 수 있었던 것은 각국이 외교적으로 서로 견제하였기 때문이다. 조선이 이들 여러 나라들과 통상관계를 맺지 않았더라면 어떤 강대국이 무슨 욕심을

---

472) 『제국신문』, 1902년 11월 15일. 원영희·최종태 편, 『뭉치면 살고...』, 370-371쪽에서 재인용.
473) 『제국신문』, 1902년 11월 15일. 원영희·최종태 편, 『뭉치면 살고...』, 371쪽에서 재인용.

부렸을지 알 수 없다. 오늘의 상황을 살펴볼 때, 과거에 아무런 이유 없이 외국인들을 의심했던 것은 참으로 어리석은 일이었다"474)라고 지적하고 있다.

이승만이 보기에 우호통상만큼 효과적인 외교수단은 없었다. 그 예로서 그는 영국의 거문도 점령사건을 들었다. "이 사건은 조선의 주권과 영토를 보전함에 있어서 대단히 중요한 의미를 지니고 있다. 영국과 러시아가 서로 견제하여 먼저 침범하지 못하게 하였으므로 다른 나라들도 감히 침범할 생각을 하지 못할 것이다."475) 결국 두 나라 모두 물러났음을 예로 든 것이다. 조선의 공명정대한 외교력 때문이 아니라 자신의 통찰력대로 조선이 영국이나 러시아에게 똑같이 시장으로서의 문호를 개방한 덕택이라는 것이다. "관리들은 그들의 안위와 이익에만 급급하여 비밀협상에 의해 우리 영토와 권리를 러시아에 넘겨주었던 것이다. 유일한 해결책은 그 지역을 모든 나라가 접근할 수 있는 통상지로 [문호]개방하는 것이다."476)

헤이의 문호개방정책을 작성한 사람은 락힐(William Rockhill, 1854~1914)이었는데 그는 1886~1887년에 한국주재 미국공사를 지낸 저명한 동양[티베트]학자였으며 서울에 있을 때는 알렌, 언더우드, 아펜젤러와 가까웠다. 이승만은 이들 선교사가 아끼는 인재였다. 락힐은 헤이 장관의 두터운 신임을 받아 이 정책을 작성하였다. 그는 그 후 중국주재 미국대사가 되었다. 그의 후임자였던 딘스모어(Hugh A. Dinsmore, 1850~1930)의 소개로 1905년 이승만이 헤이 국무장관을 면담할 수 있었다 함은 앞장에서 설명한 대로이다. 그 자리에서 이승만은 "우리 한국 사람들은 귀하께서 중국에 대하여 하신 것과 같이 우리 한국에 대해서도 힘써 주시기

---

474) 『풀어 쓴 독립정신』, 240-241쪽.
475) 『풀어 쓴 독립정신』, 246쪽.
476) 『풀어 쓴 독립정신』, 300-301쪽.

를 갈망하고 있습니다'라고 말하면서 문호개방정책을 한국까지 확대해 주기를 요청하였다. 헤이 장관은 이승만의 요청에 대해 "나 개인적으로도 혹은 미국정부를 대표하는 의미에서도 기회가 있을 때마다 [조미우호통상]조약 상의 의무를 이행하기 위하여 최선을 다하겠습니다"라고 대답하였다.

이승만이 도미하기 전에 문호개방정책을 알고 있었다는 암시는 그의 『독립정신』에 나온다. "청나라를 분할하고 주권을 박탈하자는 논의도 있었다.…다행히 각국의 호의로 청나라의 영토와 주권을 보전하는 것이 옳은 뿐만 아니라 여러 나라 간의 시비가 없을 것이라고 생각하여 각국 사신들이 북경에 모여 강화를 의논하였고…이로 미루어 볼 때 각국이 청나라를 해치려는 의도가 없음을 알 수 있다."[477] 각국의 시비가 없어지는 이유가 청이라는 방대한 시장을 노리는 통상의 탓이다. 어느 한 강대국이 청나라를 병탄하게 되면 식민지 교역을 독점해 버려 다른 나라는 그 땅에서 통상의 기회를 잃어버리기 때문이다. 각국의 호의란 무엇인가. 헤이의 동서 사무엘 마서(Samuel Mather)는 문호개방정책 소식을 듣고 헤이에게 편지를 썼다. "정말 중국에 대한 미국의 조약을 열강들이 존중할 것을 문서로 맹약했다는 것이 사실입니까?"[478] 그러나 문호개방정책은 조약이나 협정으로 뒷받침된 것이 아니다.

문제는 중국은 열강이 탐내는 방대한 시장이므로 상업적 이해관계로 열강끼리 전쟁을 일으키기 어렵겠지만 조선은 작은 나라이므로 열강이 세력균형을 유지하면서까지 상업적 이익을 기대할 만큼 가치 있는 나라이겠느냐 이었다. "한 가지 분명한 것은 구주 열강들이 한국에 주목하지 않는 이유가 그들이 중국에 너무 열중하여 상대적으로 작은 [조선]반도

---

477) 『풀어 쓴 독립정신』, 269-270쪽.
478) Dennett, *John Hay From Poetry to Politics*, New York, Dodd, Mead & Co., 1934, p. 295.

에 관심이 거의 가지 않기 때문이라는 점이다." 이것이 당시 주한일본공사 가토(加藤增雄)의 관찰이다. 그는 계속하여 "그러나 구주 열강들은 한국에 대하여 곧 눈을 돌릴 것이며 그때는 일본이 어떤 일을 수행하려 해도 너무 늦을 것이다. 일본은 한국에서 매우 많은 기회를 놓쳤다. 일본은 한국을 단호하게 그의 영향권 하에 둘 어떤 조치를 취하지 않으면 안 된다"라고 주장하였다.479) 한국과는 반대의 이유로 일본도 이처럼 기회를 놓친 것을 아쉬워하고 있으니 이즈음 10년이 한국에 얼마나 중요한 시기였는지 이승만이 『독립정신』에서 가석해 할만도 하다.

이승만이 헤이 장관을 만나기 전인 1899년 고종황제는 한국이 독립을 보전할 수 있도록 미국이 조치를 취해줄 것을 주한 알렌 미국공사를 통해 요청하였다. 그러나 매킨리 대통령과 헤이 국무장관은 알렌 공사에게 부정적인 지시를 보낸 바 있다. 한국정부를 조약상에 '책임 있는 정부'라고 보지 않은 것이다. 속내를 보면 한국시장이 너무 작았던 것이다. 조약 문구의 해석에도 이견의 소지가 남겨져 있었다.480) 매킨리 대통령의 암살로 그 뒤를 승계한 시어도어 루스벨트는 사회진화론의 약육강식을 믿는 정치가였다. 그에게는 유럽에 대항하여 신(新)조약시대를 만들 야망이 있었다. 이것은 조미우호통상조약의 체결 및 폐기와 밀접한 관계가 있는데 후술이 기다린다.

헤이 장관이 이승만에게 우호적으로 대답한 것이 하나의 외교적인 수사라고 볼 수밖에 없는 것은 헤이가 면담 직후 알렌 공사에게 보낸 서한에 표현되어 있다. "본관은 어째서 한국이 이곳에 공사관을 유지하는지 상상할 수 없다. 이것은 그들에게 전혀 쓸데없는 일이다." 그럴 수밖에 없었던 것은 그 순간 미국과 일본은 태프트-카츠라 비밀협정Taft Katsura

---

479) 신용하, 『독립협회 연구』, 518쪽.
480) 이정식, 『이승만의 구한말 개혁운동』, 274-275쪽.

Agreement을 준비하고 있는 상태였고 조미우호통상조약을 폐기할 다음 순서들이 기다리고 있었다. 그해 헤이 장관은 지병으로 죽었다.

그럼에도 이 비밀협정을 모르던 당시 한국인들은 미국에 대해 커다란 기대를 하였다. 22세의 예일대학 졸업생 마서가 세계 일주 여정에서 한국을 방문한 것은 1907년이었다. 그는 앞서 소개한 사무엘 마서의 큰아들이며 헤이 국무장관의 처조카이다. 그가 서울에 도착한 것은 늦은 저녁이었는데 잠자리에 들기도 전에 어떤 한국인이 찾아왔다. 그는 마서를 보자마자 일본인의 부당함을 쉴 새 없이 늘어놓으며 "미국은 언제쯤 일본과 전쟁을 합니까. 미국은 일본이 한국을 이렇게 못살게 구는데 대해 더 이상 인내심을 갖지 않을 것입니다. 언제 첫 번째 미국군대가 상륙합니까. 한국뿐만 아니라 중국도 미국군대의 상륙을 기다리고 있습니다. 한국에서는 '안녕하십니까' 대신 '언제 전쟁이 일어납니까'로 인사가 되었습니다." 젊은 마서가 그런 움직임은 없을 거라고 말하자 그는 마서의 어깨에 기대고 흐느껴 울었다.[481] 이 사람은 도대체 누구였을까. 어디에서 마서가 그 늦은 시각에 서울역에 도착한다는 정보를 입수했을까. 밤중에 막 도착한 22세밖에 되지 않는 미국 청년에게 실낱같은 정보에 목말라 하였던 것이 당시의 절박한 사정이었다.

마서 보다 2년 전에 한국을 다녀간 엘리스 루스벨트(Alice Roosevelt, 1884~1980)를 환대하는 고관들의 기대도 민망할 정도로 컸다. 20세에 불과한 그녀는 루스벨트 대통령의 맏딸이었다. 러일강화조약을 중재하며 조선을 희생시키려는 대통령은 딸과 수행원을 한국으로 보냈다. 이제 막 이승만을 밀사로 루스벨트에게 보낸 민영환은 그녀를 위해 연회를 베풀고 대통령에게 한국과 방위조약을 건의해 줄 것을 부탁하였다. 모두

---

[481] *Extracts from Diary, Letters, and Notebooks of Amasa Stone Mather from June 1907 to December 1908*, Volume I, Cleveland, Privately Printed by the Arthur H. Clark Co. 1910, pp. 439-440.

지푸라기라도 잡아야 하는 심정이었다.

이런 시기에 미국은 이승만에게 어떤 존재였을까. 미국이라는 국가에 앞서 이승만은 『독립정신』의 초두에서 국가의 개념부터 설명해야 하였다. "먼저 나라가 무엇인지 물어야 한다."482) 당시에는 나라와 임금을 구별하지 못했다. 임금이 다스리는 존재를 창생(蒼生)이라고 불렀다. 억조창생은 임금의 소유물이었다. 국가 개념이 없었으니 안으로는 국민이라는 개념이 없었고 밖으로는 국제 개념도 없었다. 유길준도 『서유견문』에서 "임금은 그 아버지요 인민은 그 자식이라"고 하여 집안[家]와 나라[國]을 구분하지 않는다.483) 일본에서도 명치유신 이전에 국가라는 생소한 개념으로 선각자들이 고심하였다. 백성에게는 그가 속한 영주가 전부였고 영주에게는 막부가 전부였다.

국가라는 개념이 처음 등장한 것은 종교개혁 이후이다. 이승만은 학위 논문에서 이 점을 지적하고 있다. "신성로마제국 및 교황청의 몰락 국민국가의 발흥에 따라 국가관계를 지배할 일정한 확립된 규범을 필요로 하게 되었[다.]" 국가와 함께 국제 개념이라는 것이 생겼음을 지적한 것이다. 그 전에는 로마 교황청이 세계정부였으며 교황 아래 모든 민족은 하나님의 똑같은 자녀였다. 종교개혁으로 각 민족은 종교의 자유를 쟁취하고 성서가 민족 고유의 언어로 번역이 되어 최소한 종교와 언어에 기초하여 국가라는 개념이 생기기 시작하였다. "짐이 국가다"라는 말로 유명해진 루이 14세의 프랑스가 그 상징이다. 그 전에는 영토, 공국, 왕국 등에 불과하였다. 이들 군웅할거의 지역을 왕권을 기반으로 무너뜨리기 시작하며 국가의 법이 규정하는 권력체계가 등장하였다. 나폴레옹 법전이 이를 집대성하자 유럽 각국에 전파되었다. 시간이 지나면서 영국은 잉글

---

482) 『풀어 쓴 독립정신』, 60쪽.
483) 유길준, 『서유견문』, 198쪽.

랜드, 웨일즈, 스코틀랜드, 아일랜드 등 지역을 통합하여 대영제국을 만들었다. 19세기에 이르러 이탈리아는 카불과 가리발디에 의해, 독일은 비스마르크에 의해 지역을 통합하여 통일국가를 이루었다. 이들 국가는 절대국가였다. 그러나 속을 보면 이러한 근대국가의 초기 개념은 가족의 연장에서 크게 벗어나지 못했다. 국가경제를 의미하는 economy가 바로 가정을 의미하는 그리스어에서 유래된 흔적이다. 이것은 동양에서도 마찬가지였다. 수신제가치국평천하(修身齊家治國平天下)가 바로 이를 뜻하며 국가의 가(家)는 가족을 의미한다. 이것은 일본의 후쿠자와(福澤)에게도 마찬가지이었기에 "일신이 독립해서 일가가 독립하고 일가가 독립해서 일국이 독립하고, 일국이 독립해서 천하가 독립한다"라고 말했다.[484] 독립협회에서는 "나라라고 하는 것은 한 사람 한 사람의 집적이다"[485]라고 말하는 한편 "대한국 토지는 선왕의 간신코 크신 업이요 1200만 인구의 사는 땅이니 한 자와 한 치라도 다른 나라 사람에게 빌려주면 이는 곧 선왕의 죄인이요 일천이백만 동포형제의 원수임"[486] 이라고 전통적인 견해를 유지하고 있다.

이승만은 이 점에 주목하였다. 이승만에게 국가의 개념은 이런 것이 아니다. 여기서도 그는 독창성을 보여 국가를 회의체에 비유하고 있다. "나라라 하는 것은 여러 사람이 모여 사는 조직된 사회로 여러 사람이 모여 의논하는 회의체에 비유할 수 있다."[487] 회의가 분쟁 없이 목적에 맞게 질서 있게 진행되려면 법과 규칙이 있어야 하고 그를 관리하는 사람

---

484) 福澤諭吉, 『松山棟庵宛書翰』 1869년 2월 2일, 『福澤全集』 17, 65쪽. 박기서, 『유길준과 복택유길의 정치사상 비교연구』, 홍익대 박사학위논문, 1988, 100쪽; 김석근, 「복택유길의 자유와 통의」, 『정치사상연구』 2, 2000년 봄호, 101쪽에서 재인용.
485) 『대조선독립협회회보』, 1897년 2월 28일.
486) 독립협회 제22회 토론회주제. 신용하, 『독립협회 연구』, 151쪽에서 재인용.
487) 『풀어 쓴 독립정신』, 60쪽.

을 선출해야 한다. 그러려면 예산이 있어야 하는데 그것은 회원들이 내는 회비로 가능하다. 관리인이 부패하지 않도록 감독도 해야 하며 회의체가 무너지지 않도록 항상 지켜보아야 한다. 이렇게 볼 때 그 회의체[국가]는 회원들[백성]의 것이지 관리인의 것이 아닌 것은 관리인이 회원들에 의해서 법[헌법]에 따라 선출되는 회의체[공화정부]이기 때문이다. 이렇게 국가를 비유하여 설명한 이승만은 민주정부를 "백성들이 백성들을 위한 백성들에 의해 수립된 정부"라고 소개하며 미국을 예로 들고 있다.[488]

이승만이 나라를 회의체에, 백성을 회원에 비유한 것은 그가 몸담아 경험했던 독립협회의 형태를 염두에 둔 것으로 보인다. 독립협회는 규칙과 회원들의 회비로 운영되며 토의를 통하여 다수결에 의해 사업, 예를 들어 회장선출, 독립문, 독립관, 독립공원 건립 등을 결정하였다. 이것이 이승만이 경험한 첫 번째 민주주의였을 것이다. 그 영향으로 그는 헌법과 공화정부의 국가를 생각할 수 있었다. 이것은 칸트의 정부론이다.

그 다음 이승만은 국가가 독립을 유지하기 위한 방법을 독자에게 계몽한다. 그것은 외국과 우회[평화]적으로 지내는 방법으로서 곧 국가간 통상commerce과 이성reason이다. 이 역시 칸트에 일치한다. 이승만은 지리상의 발견과 과학기술의 발전으로 서양세력이 시장을 찾아오는 마지막에 한국이 있었음을 거슬릴 수 없는 역사의 순리라고 지적하며 "이익을 찾아 통상을 확장하던 세력이 동양에 이르러 50~60년 전 청나라, 일본, 대한제국의 순서로 서구문명이 전파되었으니 통상하고 교류하는 것이 이처럼 놀라운 것이다."[489] 거역할 수 없는 통상의 힘. 그것은 바로 이익이다. 이(利)를 따르는 것은 의(義)를 중시하는 조선 유교에 배치되지만 이승만은 이에 그치지 않고 의에 해당하는 이성을 병열시키는 것을 잊지

---

488) 『풀어 쓴 독립정신』, 123쪽.
489) 『풀어 쓴 독립정신』, 75쪽.

않는다. "일본의 영향력에서 벗어나는 것[은]…군사력을 길러 힘으로도 할 수 없고 외교나 계책만으로도 될 수 없다. 오직 학문을 장려하고 정신교육에 힘써서…이성을 바탕으로 했을 때에만 진정한 힘이 생기므로…이같은 이치를 깨달아야 한다는 것을 몇 만 번이고 강조하고 또 강조하고자 한다."490) 여기서 그가 이성을 외교나 군사력보다 우위에 놓고 있음을 알 수 있다. 공화정, 이성, 통상. 칸트가 주장하는 영구평화의 기본틀이다.

이승만에게 통상이 중요한 이유는 이익을 둘러싼 국가들이 서로 견제하여 작은 나라도 독립을 유지할 수 있기 때문이다. 여기에 세계시장의 운영을 위해서 국제법과 외교가 필요하게 되고 그것이 어느 이성적인 강력한 대국의 선도에 의해 유지된다. 어느 칸트 평화사상 연구자는 "영국과 미국, 두 나라가 미래에 [자유국가들 사이에] 연방연합federative union의 중심이 된다는 것은 자연스러운 일이다"라고 예견하였다.491) 이것을 칸트는 자유국가연합a federation of free states(foedus pacificum)이라고 불렀다. 이승만은 그 가운데 미국이 정치제도, 법률제도, 통상제도, 종교제도 등에서 가장 모범적인 이성국가라고 생각했다. 이 과정에서 국가의 국제적 권리international right와 국적을 뛰어 넘는 모든 사람들의 사해동포 권리cosmopolitan right가 존중된다. 그러나 독립을 잃게 되어 여러 나라와 독자적 통상의 기회가 사라지자 그는 마지막으로 이성[권리]에 바탕을 두고 미국을 상대하는 외교의 힘을 빌리기로 하여 이를 집중적으로 연구한 것의 결정체가 학위논문이다. 구체적으로 캐본다.

(4) 우호통상과 영구평화

우선 통상이 평화를 가져온다는 이승만의 논지는 칸트의 『영구평화론

---

490) 『풀어 쓴 독립정신』, 342쪽.
491) Smith, "Translator's Introduction," p. 87.

Perpetual Peace A Philosophical Essay』(1795)의 세 번째 의무조항the third definitive article에 이어 첫 번째 보장보록the first supplement of guarantee에서 발견할 수 있는 발상이다.

> 자연은 현명하게도 세계를 여러 국가로 나누었다.…그러는 한편 자연은 상호이기심이라는 수단으로 국가들을 하나로 묶는다. 그 이유는 상업정신이 조만간 모든 사람을 하나로 붙잡으며 이것은 전쟁과 병존할 수 없기 때문이다. 국가권력 하의 여러 수단 가운데 재력이 가장 의지할 수 있는 것이므로 국가는 도덕보다는 재력에 의해서 평화를 유지할 수 있음을 깨닫게 될 것이다.492)

이것이 칸트의 <통상=평화>의 등식이다. 희망적인 것은 자연이 세계를 여러 국가로 나누었다는 그 국가에는 약소국가도 포함되며 그럼에도 그러한 세계가 영구평화를 유지할 수 있는 비결이 국가 사이의 통상에 있다는 주장은 애덤 스미스(Adam Smith, 1723~1790)의 '보이지 않는 손'의 확장된 표현이라 할 수 있는바 그것은 첫째, 절대우위가 아니라 상대우위에 의하여 개인이 직업을 갖고 독립된 삶을 영위할 수 있듯이 작은 국가라도 비교우위에 의해 독립하여 존재할 수 있고, 둘째, 자유통상 이익이 영토 확장을 필요 없게 만들어 평화가 보장된다. 오히려 식민지 독점통상 이익은 식민지 관리비용과 전쟁, 반란에 대한 제압비용으로 탕진된다.

이승만의 독창적인 발상이었을까 아니면 칸트와 스미스를 알았을까. 알았던 몰랐든 이승만의 정치경제사상과 독립운동을 칸트의 『영구평화론』이라는 잣대를 "기준"으로 일관성 있게 설명할 수 있다는데 이 질문의 중요성이 있다. 이승만의 30년 측근 이원순은 이승만이 모든 사태를

---

492) Kant, Nisbet (tr.), "Perpetual Peace A Philosophical Essay," p. 393.

설명할 수 있는 어떤 "기준"을 갖고 있었다고 증언했다.

이승만 씨는 후일 수많은 연설이나 논문을 통하여 모든 사태에 적용할 수 있는 "기준"으로써 그의 이러한 지론을 여러 가지로 되풀이 하였다.[따옴표는 필자.]493)

그 "기준"이란 무엇인가.

이[승만] 박사가 느낀 또 한 가지의 특이한 국제법상의 현상은 강대국의 지도자들은 전쟁이 일어나게 되면 혹사되는 국민들의 감정을 무마시키기 위하여 기본적인 원칙의 변명을 발표하지 않으면 안 된다는 것이다. 이러한 사실의 실례로서, 이 박사는 월슨의 14개 원칙을 비롯하여 프랭크린 A[sic] 루스벨트의 4대 자유, 루스벨트와 처칠 간의 대서양 헌장 및 트루먼의 기본 원칙 등을 인용하였다.494)

여기서 인용한 월슨의 14개 원칙, 루스벨트의 4대 자유과 대서양헌장, 그리고 트루먼의 기본원칙은 모두 칸트의 영구평화사상에 뿌리를 두고 있다.495) 이처럼 모든 정세에 적용할 수 있는 "기준"을 갖고 있었기에 "이승만 씨는 현 국제정세에 가장 알맞은 실질적인 국제법을 논술해 보고자 저작에 몰두하였다."496) 아래에서 보이겠지만 이승만의 학위논문은 통상이 평화를 가져온다는 칸트의 철학적 추론에 실증적이고 귀납적인 사례를 제공한 문헌이다.

---

493) 이원순, 『인간 이승만』, 179쪽.
494) 이원순, 『인간 이승만』, 179쪽.
495) Rauber, "The United Nations a Kantian Dream Come True?," *Hanse Law Review,* 2009, Vo.5, No.1, pp.49 75; Hall, "American Foreign Policy and the Problem of Perpetual Peace," The 20th Polish Association for American Studies Conference, 2010, p. 1.
496) 이원순, 『인간 이승만』, 178쪽.

이승만은 조지워싱턴대학, 하버드대학, 프린스턴대학에서 철학을 여러 과목 수강하였다. 특히 프린스턴에서는 오먼드(Alexander Ormond) 교수의 철학사를 두 강좌 수강했는데 그는 독일에서 공부하였다. 프린스턴 대학에서 박사학위 수여를 앞두고 이승만은 언더우드로부터 초청편지를 받았다. 그 답장에서 이승만은 자신이 "서양철학"을 가르치고 싶다고 적었다.[497]

그러나 이승만이 도미 전에 칸트의 『영구평화론』을 알고 있었는지 이에 대답할 수 있는 확실한 자료는 아직 없다. 다만 『대조선독립협회회보』에 칸트가 간략하게 소개되어 있을 뿐이다.[498] 배재학당의 스승 서재필도 『독립신문』에 서양 철학자들을 선별적으로 소개하긴 하였다. 여기에 이승만의 옥중 독서목록에 서양의 잡지와 서적이 포함되어 있는 것으로 보아서 인용 자료를 읽었을지 모른다. 또한 『대조선독립협회회보』에 실린 "천하의 서적을 대개 취해 한문과 혹은 국문으로 간행하여 아무쪼록 피열하기에 편리한 방법을 취하고, 농학, 의학, 병학, 수학, 화학, 기학, 중학, 천문학, 지리학, 기계학, 격치학, 정치학 등 이와 같은 모든 학문의 서적을 다 수집하여 차례로 참증하여 먼저 천근한 것부터 하고 이어 고원한 것으로 하여 침입점개의 취지에 합당함이 있도록" 하고, "매월 2도식 [2번씩] 잡지를 편찬하되 본국 역대의 연혁소유와 우내만국의 치란흥패와 고금정치의 일치하던 실적을 증명"한다는 내용을 보아 그가 어떠한 형태로든 접할 수 있었을지 모른다.[499]

그 간접적인 단서가 이승만이 감옥에서 번역한 「미국독립선언문」이다. 아래에서 보이겠지만 이 선언문은 칸트의 자연권 사상에서 영향 받았

---

497) Syngman Rhee⇒[H. G.] Underwood(1910.4.19), *The Syngman Rhee Correspondence in English 1904-1948*, Volume 2, pp. 1-2.
498) 신용하, 『독립협회 연구』, 178쪽.
499) 신용하, 『독립협회 연구』, 43쪽.

고 그의 영구평화 사상에 영감을 주었다.500) 이승만이 칸트의 영구평화 사상을 몰랐다 하더라도 「미국독립선언문」만으로도 그의 정치사상이 표현된 저서를 이해할 수 있다. 또 하나의 간접적인 단서는 이승만이 감옥에서 구독한 『아우트룩』에 게재된 울시(Theodore Woolsey)의 논문이다. 이정식의 조사에 의하면 이승만이 이 논문을 읽었을 개연성이 높다고 한다.501) 그것은 「전쟁시기의 중립권과 금제품」이다. 이 글은 이승만의 학위논문과 직접 관계가 있겠지만 간접적으로 칸트의 영구평화사상과도 연관된다.

유길준의 『서유견문』도 도움이 되었을 것이다. 이승만은 감옥에서 유길준의 동생 유성준과 함께 지냈는데 그의 권유로 읽은 이 책은 후쿠자와(福澤)의 책을 저본으로 썼으며 다시 후쿠자와는 영국의 블랙스턴(William Blackstone)의 책과 미국의 웨이랜드(Francis Wayland)의 책을 저본으로 썼다. 유길준은 당시에는 생소하고 이해하기 힘든 '자유'를 설명하면서 욕심[이기심]을 버리고 천리[윤리]로 정직한 도를 따르는 '양자유'와 인욕의 사벽[이기심]을 따르는 '악자유'로 구분하였다.502) 이것은 칸트의 이성에 지배받는 도덕적 자율moral autonomy과 감성에 지배받는 자유 freedom를 번역한 것 아니면 일본의 후쿠자와가 번역한 것을 재번역한 것이 분명하다. 이것은 칸트의 『도덕철학의 기초』(1785)의 개념이지만 『영구평화론Perpetual Peace』(1795)에도 등장한다.503) 그런데 이 두 가지 자유가 이승만의 『독립정신』에도 나타난다. "자유라는 새로운 이념으로 사람들을 오랜 관습의 굴레에서 벗어나게 하여 좋은 것과 나쁜 것을 구분할

---

500) Demenchonok, "The Concert of Human Rights," *American Journal of Economics and Sociology,* Jan. 2009, pp. 273-301.
501) 이정식, 『이승만의 구한말 개혁운동』, 114쪽.
502) 정용화, 「유교와 자유주의」, 『정치사상연구』, 2000년 봄호, 70쪽.
503) 의무조항 2에서 "야만인의 본능적 자유"와 "이성의 명령에 따르는 자유"를 구분한다.

수 있게 해야 할 것이다. 마음이 자유롭지 못하고 낡은 관습에 묶여 있으며 몸의 자유만 얻으려 한다면 결코 성공하지 못할 것이다.…사람이 마음으로 하고자 한다면 되지 않을 일이 없을 것이다."504) 마음의 자유가 양자유, 곧 moral autonomy이고, 몸의 자유가 악자유, 곧 freedom이다.

이승만이 아마도 칸트를 간접적으로라도 알고 있었다고 추정되는 이 유는, 그렇지 않다면 칸트의 영구평화 논저 가운데 첫 번째 보장보록과 놀랍게도 일치하는 다음과 같은 글을 이승만이 1901년 옥중에서 기고하기 어려웠을 것이다.

> 상업 확장하는 곳에는 난리가 가장 두려워하는 바인 고로 각국이 그 나라 상업관계 있는 곳은 기어이 전쟁 없게 하나니 태평[평화]을 즐겨하는 이익이 한 가지요.505)

이것이 이승만의 <통상=평화>의 등식이다. 아마 이승만은 조선이 1882년 서방국가로서는 최초로 미국과 맺은 조약의 제목 조미우호통상조약A Treaty of Amity and Commerce에서 암시를 받았는지 모른다.506) 어째서 통상조약이 아니라 우호[수호]통상조약이라고 부르는가. 일본은 불과 6년 전인 1876년에 군사력으로 조선에게 무력통상을 강제하지 않았던가.507) 여기에는 반드시 이유가 있을 것이다. 더욱이 조미우호통상조약

---

504) 『풀어 쓴 독립정신』, 169쪽.
505) 『제국신문』, 1903년 3월 13일. 원영희·최종태 편, 『뭉치면 살고…』, 434쪽에서 재인용.
506) 이 조약을 보통 조미수호통상조약, 또는 조미수호조약이라고 부른다. 공식영문 명칭은 A Treaty of Peace, Amity, Commerce and Navigation이라고도 표현한다. 이승만은 여러 곳에서 A Treaty of Amity and Commerce라고 부르고 있다. 그 가운데 하나의 예가 Rhee, *Korea's Appeal to the Conference on Limitation of Armament*, Korean Mission to the Conference on the Limitation of Armament, Washington, D.C., 1921 1922(1922), p. 17.
507) 1876년 2월에 맺은 조일수호조약에는 통상이라는 말이 없고 그 해 7월에

1조를 보면 제일 먼저 영구평화perpetual peace라는 단어가 눈에 들어온다.

> Article 1. There shall be perpetual peace and friendship between the President of the United States and the King of Chosen and the citizens and subjects of their respective Governments. [제1조. 사후로 대조선군주와 대아미리가합중국 프레지던트 및 그 인민은 각각 영원히 화평우호 지키되…]

이승만이 감옥에서 번역한 『청일전기』의 저본에는 『미청우호통상조약』이 실려 있다. 감옥에서 각종 조약문을 읽고 골라서 번역하며 "무엇보다 국제법, 통상조약…에 대해 공부해야 한다"508)고 다른 사람들에게도 읽기를 권고했던 이승만이 이 중요한 문서를 몰랐을 리 없었으며 영구평화의 의미에 관심을 갖지 않을 수 없었을 것이다. 그가 헤이 국무장관을 면담하고 루스벨트 대통령을 만난 것도 순전히 이 문서의 약속이행을 촉구하기 위해서였다. 이것이 실패하자 그 후 30년 동안 미국정부에 기회가 있을 때마다 이 문서를 상기시키는 일을 멈추지 않았다.

이 문서는 영구평화를 permanent peace라고 표현하지 않고 있음은 칸트의 영향이라고 추정할 수 있는바 미일우호통상조약에도 perpetual peace라는 용어가 사용되었기 때문이다. 정치학자 몰겐소우는 permanent peace라는 표현을 사용하였다.509) 일본은 미국에게서 perpetual peace의 문구를 받았는데 일본은 조선에게 이 평화를 약속하지 않았다. 이와 관련하여 영일동맹조약은 "현상과 전국의 평화"를 유지한다고 국문으로 표현했는데 이승만은 이를 감옥에서 the present state of peace라고 번역하였다. 원문은 the status quo and general peace 이다. 말을 바꾸면 일시평화이다.

체결한 조일통상장정에는 수호라는 말이 없다. 이에 반하여 일본이 미국과 맺은 최초의 조약의 이름은 미일우호통상조약이다.
508) 『풀어 쓴 독립정신』, 373쪽.
509) Morgenthau, *Politics among Nations*, New Yok, Alfred Knopf, 1948.

통상조약에 있어서 미국과 영국의 차이를 보여준다.

후일 이승만은 학위논문에서 썼다. "미국이 독립하면서 첫 번째 맺은 조약이 프랑스와 우호통상amity and commerce 조약이며… [이것은] 그 이전 1776년 의회가 임명한 위원 가운데 하나인 존 아담스가 기초한 '국제법의 보편원칙'에 바탕을 두었다."510) 존 아담스(John Adams, 1735~1826)는 자유통상의 챔피언이다. 그에 의하면 통상과 우호[평화]는 쌍둥이처럼 붙어 다니는 국제법의 개념이 되었다. 이 글을 쓰던 당시 이승만은 미국과 조선이 맺은 우호통상조약의 의미를 어느 정도 이해하였을까. 특히 칸트 영구평화사상에 비추어서.

이승만의 학위논문 제목 『미국 영향 하의 중립』의 '중립'의 의미는 단순한 비교전[중립]상태를 의미하는 것뿐만 아니라 평화의 세 가지 권리 rights of peace 가운데 하나이다. 즉 중립neutrality은 전쟁이 임박했을 때 평화를 선택하는 권리이다. 통상이 권리이기 때문이다. 보장guarantee은 평화에 도달했을 때 그 평화가 계속되도록 확실하게 조치하는 권리이다. 그것 역시 통상의 권리가 보장한다. 군사동맹alliance은 장차 국가가 공격을 받을 때 공동으로 방어하는 연합의 권리이다. 이것이 칸트의 정의이다.511)

이승만이 이것을 알고 제목을 정했는지는 알 길이 없다. 그러나 그는 학위논문에서 중립을 다음과 같이 권리로 정의하고 있는 것으로 미루어 보아서 일단 수긍이 간다. "[중립은] 중립국이 평화 시나 전쟁 시나 교전국의 방해받지 않고 통상할 수 있는 권리"이다. 이것이 이른바 중립통상의 정체이다. 구체적으로 "어느 2개국이 전쟁을 시작할 때 평화 속에서 살기를 선택한 나라들은…모든 국가에 대하여 평소와 같이 그들의 산업

---

510) Rhee, *Neutrality As Influenced by United States*, p. 16.
511) Kant, Hastie, (tr.), *The Science of Right*, Edinburgh, Clark, 1887[1790], p. 55, 69.

생산물을 교환하기 위하여 운송할 자연권을 향유한다." 이승만이 한국전쟁의 휴전에 임하여 미국에 대하여 평화의 군사동맹 권리를 끈질기게 요구하여 마침내 「한미상호방위조약The ROK-US Mutual Defence Treaty」(1953)을 관철시켰고 이어서 보장의 권리로서 「한미우호통상항해조약 Treaty of Friendship, Commerce and Navigation between the United States and the Republic of Korea」(1956)까지 성사시킨 것은 칸트 평화의 세 가지 권리를 이해했다고 볼 수 있다. 「한미우호통상항해조약」(1956)의 서문에도 평화가 적시되어 있다.

> The United States of America and the Republic of Korea, desirous of strengthening the bonds of peace and friendship traditionally existing between them

여기서 강조하는 "전통적으로 존재했던 평화와 우의"야말로 1882년 조미우호통상조약이 명기했던 영구평화가 아니었던가.

여기에 더하여 이승만이 『독립정신』에 쓴 다음 문장도 칸트 『영구평화론』의 세 번째 의무조항the third definitive article을 모르고서는 쓰기 힘든 내용이다. "유럽이라는 좁은 지역에 수많은 사람들이 살고 있어서 그들은 살 곳을 찾아 사방으로 흩어졌으며 그러한 가운데 미국대륙을 발견했다.…그러나 그곳에 살던 원주민들은 반쯤 개화되거나 아주 미개한 야만인종도 있고, 옛날에 살던 방식대로 살려 했을 뿐이다. 그들은 발전하려 하지도 않았고 개화된 나라 사람들처럼 되려고 애쓰지도 않았으며 풍부한 자연자원도 활용할 줄 모르고 원시적인 물건만 만들어 쓰고 있었다.…새로운 문물을 배우기 위해 개방을 하는 것을 탐탁히 여기지 아니하여 여전히 문을 닫고 낙후된 상태로 살려 하니 이것이 과연 합당한 것인

가. 결코 그렇지 않으니…하나님께서 인간이 활용하도록 창조하신 것을 내버려두거나 다른 사람까지 사용하지 못하게 하는 것은 옳지 않기 때문이다.…그러므로 어느 나라든지 주인이 없는 땅을 발견하면 국제법에 따라 자기들의 소유라고 주장할 수 있다. 그러므로 그 땅을 그들의 소유로 만들어 놓고 개간하여 활용하지 않는다면 소유권을 인정받지 못하고 누구든지 땅을 먼저 개간하여 활용하는 자가 참된 주인이라 할 수 있다. 왜냐하면 천지만물은 모두 사람들이 활용하도록 창조되었기 때문이다. 땅을 제대로 활용하지 않고 단순히 소유하고 있다고 해서 권리가 존중되는 것이 아니며, 실제로 활용함으로써 권리가 생기는 것이다. 땅을 소유하고 있더라도 개간하여 활용하지 못하면 소유자의 토지로 영원히 남아 있을 수 없으며, 다른 사람이 개간하여 활용하는 것이 불가피하게 된다. 하물며 개화 [통상]을 거부하면서 나라를 어찌 보전할 수 있겠는가."512)

이 문장은 칸트가 누구나 지구상 어느 곳이든 통행과 통상할 수 있다는 당위성으로 내세운 사해동포 권리cosmopolitan right의 설명과 일치한다. 특히 윗글에서 이승만의 논저는 다음과 같다.

천지만물이 모든 사람[사해동포]들을 위해 창조되었[다.]

칸트의 명제 또한 정확하게 이승만에 일치한다.

지구 표면에 대한 권리는 인류에게 공동으로 주어졌다.513)

---

512) 『풀어 쓴 독립정신』, 89-91쪽.
513) [A]ll men are entitled to present themselves in the society of others by virtue of their right to communal possession of the earth's surface. …[N]o one originally has any greater right than anyone else to occupy any particular portion of the earth.

국경은 이동한다. 그러기에 국경을 사이에 두고 이쪽은 내 땅이고 저쪽은 네 땅이라고 생각하던 당시로서 이것은 파격적인 발상이다. 쇄국주의는 감히 발상조차 할 수 없는 노릇이다. 앞서 인용한대로 "대한국 토지는 선왕의 간신코 크신 업이요 1200만 인구의 사는 땅이니 한 자와 한 치라도 다른 나라 사람에게 빌려주면 이는 곧 선왕의 죄인이요 1200만 동포형제의 원수임"[514)이라는 독립협회의 견해에 비해서도 앞선 생각이다. 이것이 통상의 사해동포권이다. 통상은 선교와 같아서 '원칙적으로' 국경의 제약이 없다.

칸트 자신도 영구평화의 논리를 이끌어 내기가 쉽지 않았다. 그는 프랑스혁명이 촉발하여 계속되는 전쟁을 종식시킬 목적으로 맺어진 바젤조약the Treaty of Basel에서 암시를 받았다. 이 조약으로 프랑스와 프러시아는 폴란드를 완전 분할했다. 칸트가 보기에 이 조약은 미래에 전쟁을 재발시키는 최악의 조약이었고 무엇보다도 그의 철학과 배치되는 것이었다. 그의 철학에서 국가도 개인과 마찬가지로 수단이 아니라 목적으로 대해야 하기 때문이다. 결국 10년도 못되어 프랑스와 프러시아는 다시 전쟁에 휘말렸다. 그것은 일시평화였다.

개인 간의 도덕률을 국가 간의 도덕률로 확대하여 '이기심'과 '국제협력'이라는 두 가지 상반된 개념이 전쟁을 영원히 종식시킬 수 없을까. 그리하여 도덕과 경제, 또는 도덕과 정치가 일치할 수 없을까. 이 불가능할 것처럼 보이는 것의 탐구가 칸트의 주제였는데 그가 경제학 훈련 없이 이러한 추론을 할 수 있었다는 것이 놀랍다. 이기심은 상업정신을 지배하고 국제협력은 이성이 지배한다. 그는 흄(Hume)을 탐독했는데 스미스가 그에게서 영향을 받았듯이 칸트도 이 스코틀랜드 계몽철학자로부터 동

---

514) 독립협회 제22회 토론회 주제. 신용하, 『독립협회 연구』, 151쪽에서 재인용.

일한 영감을 얻었다.515) 결국 프랑스 혁명전쟁이 나폴레옹 전쟁으로 이어지고 이것이 종식되자 칸트가 구상한 최초의 '국제협력'에는 크게 미치지 못하지만 그의 시작이라고 할 수 있는 유럽협조the Concert of Europe가 형성되었다. 이 체제는 제1차 대전의 산물인 국제연맹the League of Nations이 등장할 때까지 간헐적으로 존속하였다.

이승만 역시 『독립정신』과 『미국 영향 하의 중립』에서 프랑스혁명을 미국 독립과 함께 자신의 통상외교 논지의 출발점으로 잡은 만큼 평화와 통상의 관계의 핵심을 관통했다고 여겨진다. 그 이유는 이승만이 칸트를 알고 있었으리라는 더 암시적인 문장이 『독립정신』에 있다.

> [프랑스혁명 휘 나폴레옹 전쟁에…천하가 대란하게 만들매 그 참혹한 병화는 다 말할 수 없는지라. 이 중에서 사람이 모두 깨어 다시 이런 일이 없이 영원히 태평할 도리[영구평화론]를 각기 주장하매 지혜가 열려 사람이 귀천 강약을 물론하고 각기 제 권리를 지켜 남에게 잃지 않을지니516)

이것은 이승만이 『태서신사』 아니면 『만국사략』을 읽고 쓴 것이지만 단순한 지식전달이 아니라 여기서 "유럽협조"와 "영구평화"의 영감을 얻은 것이다. 그가 학위논문에서 먼로주의가 탄생하게 된 배경으로 "유럽협조"를 설명한 것은 후일의 일이다.517)

또한 이 글은 칸트의 두 글 『영구평화론』과 『계몽주의란 무엇인가』를 혼합한 문장을 연상시키는데, 그 이유는 이승만이 다른 곳에서 "사람은 두 가지 분류로 구별할 수 있으니 하나는 스스로 자기 문제를 해결하는 사람이고 다른 하나는 남에게 다스림을 받는 사람이다. 자기 문제를 스스

---

515) *Concise Columbia Encyclopaedia*, p. 430.
516) 『제국신문』, 1902년 11월 5일. 원영희·최종태 편, 『뭉치면 살고…』, 366쪽에서 재인용.
517) Rhee, *Neutrality As Influenced by the United States*, p. 64.

로 해결하는 자는 지혜와 손발을 이용하여 독립된 생활을 [한다]"라고 계몽된 사람을 그리고 있는 까닭이다.518) "지혜로울지어다!Sapere aude!" 칸트 금언에 합당하다. 여기에 더하여 위 문장에서 이승만이 태평할 도리 [평화]와 권리를 연계하였다.

> 남이 격외에 욕심을 부리지 못하나니 각각 제 권리만 지킬진대 사람 사는 곳이 다 태평할 것이요, 다 열려 남의 무리함을 받지 않을진대 또한 강한 나라가 포악을 방사히 못할지니 세상이 다 평안하리라 하여 서로 제 몸을 개명하여 남만 못한 염려가 없이 되매 지금은 세사에 태평무사한 곳을 찾고자 할진대 유럽주로 갈지어다.519)

이것은 당시 조선의 지식수준으로서는 의외인바, 칸트가 『영구평화론』에서 통상이 전쟁을 억제하고 평화를 보장한다는 문장에 앞서 등장시킨 문장의 요지와 흡사하다.

> 무력이 [아니라] 이제 공화제 헌법은 인간의 권리에 완전한 정당성을 부여하는 유일한 것이다.…대외관계에 있어서 그들은 이미 권리가 명령하는 바에 접근하여…적대적으로 만드는 이기적인 성향에 의해서가 아니라 이성에 의해 권리의 영역이 확보되었다.…그러므로 자연이 바라는 바는 필연코 권리를 [무력 보다] 우위에 두도록 하는 것이다.520)

이것이 국제협력에 있어서 이성의 역할이다. 칸트는 여기서 '권리'를 '무력'에 대비시키고 있는데 그 권리란 자연권natural right으로써 세 종류로 나뉜다. 국민의 정치적 권리political right, 국가의 국제적 권리international

---

518) 『풀어 쓴 독립정신』, 404쪽.
519) 『제국신문』, 1902년 11월 5일. 원영희·최종태 편, 『뭉치면 살고…』, 366쪽에서 재인용.
520) Kant, Nisbet (tr.), "Perpetual Peace A Philosophical Sketch," p. 391.

right, 통상의 사해동포 권리cosmopolitan right 등이다. 후일 이승만도 학위논문 『미국 영향 하의 중립』에서 무력과 권리를 대조시키고 있다.

애덤 스미스 시대 이전 오랫동안 유럽에서 통상의 기조는 무력might의 문제였지 권리right의 문제가 아니었다.521)

앞서 말했듯이 중립이란 칸트에 의하면 전쟁이 임박했을 때 평화를 택할 수 있는 권리이므로 통상은 권리에 속한다.522) 무력과 권리의 대조는 1919년 「기미독립선언서」에도 나타난다. "신천지가 안전(眼前)에 전개되도다. 위력(威力)의 시대가 거(去)하고 도의(道義)의 시대가 내(來)하도다." 도덕은 칸트철학에서 의무와 권리의 원천이다. 이승만은 이보다 9년 앞서 이 대조를 기준삼아 시대구분을 하고 있지만 도미하기 전에 이미 『독립정신』에서 '권리'를 논하고 있다. 당시에는 권리의 개념도 자유의 개념처럼 생소하고 난해하였다. 동양에서 이 개념을 최초로 일본의 후쿠자와(福澤)가 통의(通義)라고 번역한 것이 1870년이고 유길준이 권리라고 번역한 것이 1889년이었으니 이승만은 이 개념을 빠르게 받아들인 셈이다. 이해로만 그치지 않고 권리를 평화와 연결했다는데 이승만의 독창성을 엿볼 수 있다.

그 이유는 이승만이 학위논문에서 "정당한 전쟁을 하는 국가를 원조하고 지원하는 것은 합법적일 뿐더러 권장할 만하다"라는 바텔(Vattel)의 이른바 '전쟁권리' 주장이 모순이라고 반박하고 있는 까닭이다.523) 권리와 평화는 일란성 쌍생아이지만 권리와 전쟁은 이란성 쌍생아이다. 칸트 역시 『영구평화론』을 쓰기 11년 전에 이미 '전쟁권리'를 주장하는 바텔

---

521) Rhee, *Neutrality As Influenced by the United States*, p. 14. 정인섭 역, 『이승만의 전시중립론』, 36쪽.
522) Kant, Hastie, (tr.), *The Science of Right*, p.55, 69.
523) Rhee, *Neutrality As Influenced by the United States*, p. 4.

에 대해 그가 전쟁을 억제하는 힘을 제시하지 못했을 뿐만 아니라 오히려 전쟁을 고취시키고 있다고 비판하였다.524) 전쟁할 수 있는 권리란 자기 방어 이외에는 인정되지 않는다.

(5) 프린스턴

이승만의 전기를 기록한 올리버 박사는 이승만을 "자유방임을 신봉하는 제퍼슨적 자유주의자"라고 평하였다.525) 이것은 무슨 뜻인가.

이승만에게 박사학위를 수여한 프린스턴대학은 스코틀랜드 이주민들이 세웠고 스코틀랜드 장로교의 강한 영향 하에 있었다. 스코틀랜드는 잉글랜드의 식민지이다. 그들은 혼자이면 상점을 열고 둘이면 장로교회를 세운다고 한다. 그리고 장로교회는 대학을 설립한다. 스코틀랜드형 실학과 기독교이며, 통상과 선교이다. 심지어 스코틀랜드는 한 손으로는 성서를 다른 손으로는 위스키를 전파한다는 농담의 주인공이다. 이승만의 스승인 윌슨 총장 이전의 12명의 총장은 모두 스코틀랜드 장로교 목사였고 그 가운데 2명은 스코틀랜드에서 고빙하였다. 이승만은 프린스턴대학원에서 정치학을, 프린스턴신학원에서 신학을 공부하였다. 그리고 박사학위논문을 완성하였다.

이승만이 거주하였던 프린스턴신학원의 기숙사 하지홀Hodge Hall은 프린스턴신학원의 총장을 지낸 찰스 하지(Charles Hodge, 1797~1888)를 기념한 건물이다. 그는 건너편 프린스턴대학의 맥코쉬(James McCosh, 1811~1894) 총장과 다윈의 진화론에 대한 신학적 논쟁으로 유명했으며 두 사람은 당대 미국의 철학계와 신학계를 대표하였다. 맥코쉬 총장은

---

524) Kant, "Idea for a Universal History with a Cosmopolitan Purpose," in Reiss (ed.), Nisbet, (trans.), Kant, *Political Writings,* Cambridge University Press, 1970, p. 41.
525) Oliver, *Syngman Rhee The Man behind the Myth,* 1954, p. 271.

한 사람 건너 뛴 윌슨의 선임총장인데 스코틀랜드에서 초청된 인물이다. 이승만이 재학할 때 하지 신학은 이미 소멸되었다.

통상이 평화를 가져온다는 명제는 스코틀랜드인이 미국으로 대량 이주할 때 함께 가져온 개념이었다. 프린스턴대학의 맥코쉬 총장은 "위더스푼이야말로 스코틀랜드 사상을 신세계에 갖고 온 주인공이다"라고 그의 저서에서 밝혔다.526) 위더스푼(John Witherspoon, 1723~1794)의 어머니는 스코틀랜드 종교개혁가 존 녹스(John Knox, 1514~1572)의 후손이다. 존 녹스는 칼빈의 제자이다. 위더스푼은 하버드대학과 예일대학의 "타락corruption"을 탄식한 장로교회가 스코틀랜드에서 초빙한 인물답게 프린스턴대학을 자신의 모교인 에든버러대학으로 만들려는 뜻을 품었다. 그가 미국으로 가져온 사상이란 스코틀랜드 계몽주의Scottish Enlightenment였는데 그는 아담 스미스의 동문수학 친구이다. 이들의 또 하나 친구인 로버트슨(William Robertson, 1721~1793)527) 에든버러대학 총장은 주장하였다.

통상은 국가 간의 원한과 차별을 만드는 편견을 없애는 경향이 있다. 그것은 사람의 품성을 부드럽게 다듬는다. 그것은 가장 강력한 수단인 욕구, 상호 원하는 것을 제공하려는 욕구로 사람들을 통합한다. 그것은 그들을 평화롭게 만든다.528)

소박하지만 칸트보다 앞선 <통상=평화> 사상이다. 이승만이 이 사실을 알았다면 자신의 논저와 일치함에 놀랐을 것이다.

---

526) McCosh, *The Scottish Philosophy, Biographical, Expository, Critical, from Hutcheson to Hamilton,* New York, Carter, 1875, p. 183; Robinson, *The Story of Scottish Philosophy,* New York, Exposition Press, 1961, p. 266.
527) 당시 글라스고우에는 지식인 모임이 있었다. 여기에 애덤 스미스, 데이비드 흄, 휴 블레어, 윌리엄 로버트슨 등이 회원이었다.
528) Herman, *How the Scots Invented the Modern World,* 2001, p. 85.

잉글랜드의 식민지인 스코틀랜드는 자유와 교육의 발상지이며 북방의 예루살렘이었고 그 중심이 에든버러대학과 글라스고우대학이었다. 신앙과 자유와 교육에 대한 이승만의 갈증에 어울린다. 위더스푼은 프린스턴대학의 교과목을 에든버러대학과 글라스고우대학의 개혁 과목을 중심으로 편성하였다.529) 그 가운데 허치슨(Francis Hutcheson, 1694~1746)의 철학이 포함되었다. 이승만의 30년 측근 이원순은 "이승만 씨의 기본주장은 세계의 분쟁 속에서 도저히 이루어지기 어려운 것이 아니라 개인과 국가에 다 같이 적용될 수 있는 제퍼슨[sic]의 최대다수에 의한 최대의 행복이라는 실천이론을 목표로 하는 것이었다"라고 해설하였다.530) "최대다수의 최대행복"이라는 문구를 처음 말한 사람은 허치슨이다.531) 그는 애덤 스미스, 위더스푼, 로버트슨의 스승이다. 다시 말하면 위더스푼은 스코틀랜드 철학으로 프린스턴을 미국의 스코틀랜드로 만들고자 하였다. 허치슨의 영향을 받은 사람에 프랭크린(Benjamin Franklin, 1706~1790)도 있다. 그가 세운 펜실바니아대학(당시 필라델피아 대학)에서도 허치슨을 가르쳤다.532)

스코틀랜드인들은 일찍이 캐나다에 노바스코샤Nova Scotia를 개척한 경험이 있었다. 그러나 그다지 성공하지 못했다. 그 이유는 상업상 이익 추구를 목표한 식민지 건설이었기 때문이다. 이와 달리 세계주의를 의식해서 아메리카주의Americanism라는 말을 처음 발명한 인물답게533) 위더스푼은 스코틀랜드 계몽주의 사상을 전 세계로 확산시키려는 야심을 가

---

529) Herman, *How the Scots Invented the Modern World*, p. 207.
530) Oliver, *Syngman Rhee The Man behind the Myth*, p. 155. 이원순, 『인간 이승만』, 177-178쪽.
531) Harvie, *Scotland A Short History*, 2002, p. 130; Bruce, *The Scottish 100*, Carrol and Graf Publishers, 2000, p. 268.
532) Bruce, *The Scottish 100*, p. 269.
533) Lamont, *When Scotland Ruled the World*, Harper Collins, 2001, p. 60.

지고 있었다. 그것은 1백년이 지나 맥코쉬 총장을 하나 건너 뛴 윌슨 총장의 몫이 되었다. 윌슨 역시 스코틀랜드 장로교 후손이다. 다시 3십년이 지나 루스벨트의 대서양헌장으로 이어졌다. 루스벨트도 스코틀랜드계이다.

위더스푼은 대륙회의 뉴저지 대의원이었는데 후일 미국 독립선언서에 서명한 유일한 대학총장이며 유일한 목사가 되었다. 그와 함께 서명한 56명의 서명자 가운데 무려 19명이 스코틀랜드 이주민이다. 그들은 모국 스코틀랜드가 영국의 식민지인 사실에 분개하여 미국 독립에 적극적이었다. 위더스푼의 제자인 매디슨(James Madison, 1751~1836) 대통령은 미국 헌법을 만들었고 대법원을 조직하는데 중요한 역할을 하였다. 또 다른 제자 아론 버(Aaron Burr, 1756~1836)는 부통령이 되었다. 미국 의사당을 설계한 사람도 그의 제자였다. 그의 제자 가운데에서 대통령 1명, 부통령 1명, 대법원판사 3명, 장관 5명, 상원의원 21명, 하원의원 29명, 주지사 12명 등이 배출되었다. 이처럼 위더스푼의 교육목표는 미국과 세계를 이끌 정치지도자와 법률가를 길러내는 것이었다.534) 그것은 그가 스코틀랜드 계몽주의자 허치슨, 흄, 스미스, 리드 등과 함께 수학을 하며 영향을 받은 결과였다.

제퍼슨(Thomas Jefferson, 1743~1826) 역시 스코틀랜드 계몽주의자들로부터 크게 영향을 받았다. 그의 스승은 스코틀랜드 아버딘대학 출신이었다.535) 그가 쓴 독립선언서에 "우리는 이 사실을 자명한 것으로 본다"는 문구는 애덤 스미스의 친구 리드의 말이다.536) 또 "행복 추구pursuit of happiness"라는 문구는 애덤 스미스의 스승 허치슨의 말이다.537) 이 두

---

534) Herman, *How the Scots Invented the Modern World*, p. 330.
535) Herman, *How the Scots Invented the Modern World*, p. 213.
536) Houston and Knox, *The New Penguin History of Scotland*, 2001, p. 347.

문구는 14세기부터 스코틀랜드의 아브로스 선언Declaration of Arbroath (1320)에 기록되어 있다. 이 문서에 서명한 사람 가운데 제퍼슨의 조상이 한 자리를 차지하고 있다.538)

이승만은 프린스턴에서 이러한 분위기를 호흡했을 것이다. 그는 하와이 한국기독학원을 설립하면서 교육정신을 만들었다. 이 정신을 위더스푼이 불어넣은 프린스턴대학의 초기 정신과 비교하는 일은 흥미로운 일이다. 위더스푼이 자신의 모교인 에든버러대학의 정신을 프린스턴대학의 모범으로 삼았듯이 이승만은 자신의 모교인 프린스턴의 정신을 한국기독학원의 모범으로 따르려고 하였을 것이다.

	프린스턴대학	한국기독학원
초기 이름	뉴저지대학	한인기숙학교
지위	미국 속의 스코틀랜드	미국 속의 한국
종교	스코틀랜드 장로교	한국의 독립된 교회
목표	지도자 육성	지도자 육성
정신	스코틀랜드 계몽주의	한국인 정체성
독립사상	미국이 영국에서 독립	한국이 일본에서 독립

위더스푼이 뉴저지 대학에 초대받았을 때 건물은 Nassau Hall 하나뿐이었다. 이 안에 강의실, 기숙사, 기타시설이 들어있었다. 위더스푼은 교명을 프린스턴대학으로 바꾸었다. 이승만이 한인기숙학교에 초대받았을 때 건물 한 채뿐이었다. 이승만은 교명을 한인기독학원으로 바꾸고 자체 교사와 기숙사를 신축하였다. 위더스푼이 미국 속의 스코틀랜드를 만들고 싶어 한지 1백년 후에 그를 계승한 맥코쉬는 교육의 목표를 기독교

---

537) Herman, *How the Scots Invented the Modern World*, p. 65, 70.
538) Bruce, *The Scottish 100*, p. 219. 그 조상의 이름은 Thomas Randolf이다.

교육을 받은 지도자 육성이었다.539) 이승만 역시 하와이에서 미국 속의 한국을 만들고 기독교 교육을 받은 지도자를 길러내었다. 그는 포부를 피력하였다.

이 여덟 섬[하와이]에 한인 아니 가 있는 곳이 없나니, 가위 조선팔도라. …장차 이 속에서 대조선을 만들어 낼 기초가 잡히기를 바랄지니, 하나님이 십년 전에 이리로 한인을 인도하신 것이 무심한 일이 아니 되기를 기약하겠노라.540)

이 문장에서 하와이 대신 미국, 한인 대신 스코틀랜드인으로, 조선팔도 대신 스코틀랜드로 바꾸면 위의 비교가 가능하여 위더스푼의 포부 역시 유럽의 변방이며 최빈국인 스코틀랜드가 미국이라는 신생 공화국에서 자신들의 장로교 신앙과 자유주의 사상으로 무장한 세계적인 지도자를 길러내는 교육기관의 육성이었고 그것이 프린스턴대학임을 알 수 있다.

이승만이 도미하면서 소지한 추천서 가운데 하나에는 "2~3년 동안 공부한 후 귀국"하게 해달라는 내용이 있었다. 이승만 자신도 하버드대학에 2년 내 박사학위 수여를 요청하였다. 여기에서 거절당한 그는 프린스턴대학에 동일한 요구를 하였고 대학은 동의하였다. 결국 그는 5년 5개월 만에 학사, 석사, 박사를 받는 놀라운 쾌거를 이루어 내었다. 그는 그 과정이 "너무 힘들었다"고 술회하였다. 배재학당 대학부 2년 반의 정규 교육과 감옥에서 5년 반 동안 독학한 청년에게 당연한 일이었다. 당시 한국의 선교사와 미국의 선교본부는 한국청년이 아직 대학교육을 받을 준비가 되어 있지 않다고 판단하여 한국에서 고등교육이 시기상조라고

---

539) Herman, *How the Scots Invented the Modern World*, p. 333.
540) 『태평양잡지』, 1914년 6월호, 67쪽.

반대하던 때였다. 이승만을 아끼던 의료선교사 에비슨 박사는 이승만의 쾌거를 가리켜 한국 청년이 서구 청년에 비하여 지적으로 조금도 열등하지 않은 증거라고 크게 기뻐하며 자신이 만난을 무릅쓰고 시작했던 세브란스 의학교육의 앞날을 밝게 전망하였다. 많은 한국 청년들이 이승만의 성공을 흠모하여 미국으로 떠났다. 그 가운데 하나인 조병옥(1894~1960)은 고등학교, 학사, 석사, 박사과정을 거치는데 12년을 보냈다.[541]

당시 미국 대학의 수준은 어떠하였을까. 프린스턴대학의 대학원 과정이 시작된 것은 이승만이 입학하기 불과 8년 전인 1900년이었다. 그것도 미국 최초의 대학원이었다. 이승만이 박사학위를 취득하던 1910년, 미국의 교육학자 에이브러험 프랙스너(Abraham Flexner, 1866~1959) 박사가 미국과 캐나다의 의학교육이라는 보고서를 출간하였다. 이것이 유명한 『프랙스너 보고서』이다. 1908년 미국의학협회는 카네기 교육재단에 의학교육 실태를 조사해 줄 것을 의뢰하였다. 프랙스너 박사는 1909년에 미국과 캐나다의 155개 의과대학을 빠짐없이 방문하여 조사한 결과를 보고하였다. 155개 의과대학 가운데 단지 23개 대학만이 고등학교 졸업장을 요구하고 나머지는 그러한 수준에도 미치지 못하였다. 『프랙스너 보고서』는 공전에 없던 일로 그 충격은 실로 컸다. 155개 가운데 100개 이상의 의과대학이 사라지거나 다른 대학에 흡수되었다. 당시 의학뿐만 아니라 경제학의 경우만 보더라도 미국대학에서 박사학위를 취득하고 유럽대학에 유학하지 않으면 교수가 되기 어려웠다.

철학의 경우에도 사정은 비슷하였다. 프린스턴대학은 낙후된 미국 철학계를 일으키려고 1868년 스코틀랜드에서 철학교수 맥코쉬(James McCosh, 1811~1894) 목사를 총장으로 초빙하였다. 그는 스코틀랜드 계몽주의 Scottish Enlightenment의 마지막 계승자이다.[542] 그는 1888년까지 총장에

---

541) 조병옥, 『나의 회고록』, 90쪽.

재임하면서 뒤떨어진 미국 철학계를 위해 노력하였다. "나는 지금이야말로 미국이 [유럽]철학에서 독립을 선포할 때가 왔다고 믿는다.… 미국의 독창적 철학을 일으키려면 그것은 [미국]사람들의 품성을 반영한 것이어야 한다. 양키는 누구보다도 실용적인 관찰과 발명에서 뛰어나다. …미국 철학이라는 것이 있다면 그것은 반드시 현실적인 것이어야 한다."543) 그는 이 글을 1887년에 썼다. 제임스의 실용주의pragmatism 철학을 예견한 글이다. 맥코쉬 총장에서 하나 건너 뛴 총장이 윌슨이다.

이승만의 학위논문 초두는 영국의 식민지 스코틀랜드로부터 시작한다. "영국은 언제나 해상무역을 독점하려고 투쟁하였다. 일찍이 에드워드 I세 시절부터 플랑드르 사람들이 스코틀랜드와 거래하는 것을 막으려고 하였다."544) 영국은 자신의 식민지 스코틀랜드와의 무역을 독점하려고 한 것이다. 그 수단은 무력이었다. 스코틀랜드도 한때 영국처럼 식민지 경영으로 부국을 꿈꾸었던 적도 있었다. 그러나 그 같은 시도는 참담한 실패로 끝났다. 1698~1699년 오늘날 파나마 다리엔Darien에 식민지 뉴에딘버러New Edinburgh를 건설하려던 국가적 투자의 실패로 스코틀랜드 국부의 절반을 잃었다. 이 실패는 영국, 네덜란드, 독일, 스페인의 비협조와 방해에 기인한다.545) 이 실패는 여러 해의 흉년과 겹쳐서 국가존립을 최악의 상태로 몰아갔고 결국 영국에 합병되고 말았다. 캐나다에 건설했던 노바스코샤Nova Scotia도 당시에는 실패였다. 이에 스코틀랜드 선각자들은 영국식 중상주의 식민주의 제국주의 무력통상을 포기하고 독자

---

542) Robinson, *The Story of Scottish Philosophy*, New York, Exposition Press, Chap. IX.
543) McCosh, *Realistic Philosophy*, New York, Scribner's Sons, 1887, pp. 1-4.
544) Rhee, *Neutrality As Influenced by the United States*, p. 2. 정인섭, 『이승만의 전시중립론』, 21쪽.
545) Houston and Knox, *The New Penguin History of Scotland*, p. 347.

적인 제도를 찾으려고 나섰다. 그것이 애덤 스미스와 그의 동료들이 발견한 자유주의 독립주의 민주주의 자유통상이었다.

이승만은 이러한 영국의 무력통상 관행에 대해 미국이 저항해 왔음을 알았다. 그는 도서관에서 집중적으로 그에 관한 책을 읽었다. 그리고 학위논문에서 썼다. "자국[미국]의 진정하고 항구적인 이익은 유럽 국가들의 간섭으로부터 벗어나는데 있음을 간파한 매우 유능하고 계몽한 정치가들의 지도에 따라 미국은 바로 건국 초기부터 가장 진보적이고 확고한 중립원칙을 발전시켰다." 그 계몽한 지도자들이란 스코틀랜드 계몽주의 후예들이며 진보적인 원칙이란 스코틀랜드 자유주의 사상이었다. 그들은 떠나온 조국 스코틀랜드의 해상교역이 영국에 의해 저지되고 있음에 분개하였다. 이승만은 이러한 사실을 앞서 말한 대로 요약하였다.

> [스코틀랜드인] 애덤 스미스 시대 이전에는 오랫동안 유럽에서의 통상의 기조는 무력might의 문제였지 권리right의 문제가 아니었다.[546]

그의 기록은 계속된다.

> [이와 대조적으로] 유럽 국가들은 자신들의 식민지 통상에 대하여 [다른 나라에게] 어떠한 권리도 허용하지 않았다. 반면 미국은 언제나 통상의 자유 [권리]를 위하여 투쟁하였다.[547]

이 문장에서 이승만은 애덤 스미스를 중심으로 시대구분을 하고 있는데 그가 애덤 스미스를 이해하고 있었다는 증거이다. 자유주의 경제학의

---

546) Rhee, *Neutrality As Influenced by the United States*, p. 14. 정인섭, 『이승만의 전시중립론』, 36쪽.
547) Rhee, *Neutrality As Influenced by the United States*, p. 14. 정인섭, 『이승만의 전시중립론』, 36쪽.

시조 스미스는 통상을 권리라고 믿었는데 대하여 식민중상주의 영국은 무력이라고 주장하였다. 권리 대 무력. 이것이 바로 우호통상 대 무력통상이다. 영국은 식민지 스코틀랜드 출신 애덤 스미스의 자유통상 철학의 통찰을 받아들이지 않았기에 중상주의를 뒷받침하는 수단으로 무력을 채택하여 전 세계에 중상주의·식민주의·제국주의를 건설하였다.

통상의 자유를 확보하기 위해 미국은 영국과 싸워 독립을 쟁취하였고 그 후에도 계속하여 자유통상의 범위를 넓혀갔다. 그 법제사가 이승만의 학위논문의 내용이다. 목사 아닌 최초의 총장이며 최초의 박사 총장인 윌슨도 말했다.

> [프린스턴 학생들에게] 통상과 산업이 국제평화와 국내평화 그리고 인류의 공통이익을 증진시켜 왔고 더욱 그래야 한다는 내용까지 가르치는 것이 현명하다는 것은 의심할 바 없다.[548]

위 인용문은 스코틀랜드 후손인 윌슨 총장이 역시 스코틀랜드 이민자인 카네기에게 보낸 편지의 한 구절에 불과하지만 바로 칸트의 『영구평화론』의 내용이다. 윌슨은 카네기의 후원에 크게 기대하고 있었다. 이처럼 윌슨은 로버트슨 위더스푼 칸트로 이어지는 <통상=평화> 공식의 150년 전통을 계승함을 보이고 있는데 이 또한 이승만 자신의 생각과 일치하지 않는가. 이승만은 제1차 대전 시기에 윌슨 대통령이 자유해상 정책을 주장함에 있어서 자신의 학위논문을 인용한 사실에 자부심을 가졌다.[549]

윌슨에게 국제연맹의 약관을 제의한 사람이 스코틀랜드 법률가 브라

---

548) Herman, *How the Scots Invented the Modern World*, p. 345.
549) Oliver, *Syngman Rhee and American Involvement in Korea, 1942-1960, A Personal Narrative*, p. 4.

이스 자작(Viscount Bryce, 1838~1922)이고550) 최초의 영구평화조약Treaty of Perpetual Peace이 1502년 스코틀랜드의 제임스 4세와 잉글랜드의 헨리 7세 사이에 맺어졌다는 역사적 사실도 흥미롭다.

칸트 역시 할아버지Hans Cant가 독일로 이주한 스코틀랜드인의 후손이다. 칸트Kant라는 이름은 독일에는 없는 스코틀랜드의 Cant에서 유래되었고 그의 아버지도 이 이름을 사용하였다. 그가 태어나고 평생을 살던 발틱해의 쾨니히스버그는 스코틀랜드 이주민의 집단 거주지로서 그들의 이민 이후 스코틀랜드와 해상무역에 의존하였다.551) 그러나 1699년 앞서 언급했던 다리엔 개척 실패는 영국이 스코틀랜드의 전통적인 교역지인 북해와 발틱해를 봉쇄하자 살 길을 찾고자 시도한 결과였다. 칸트 탄생 25년 전의 일이다. 그곳은 칸트 당대에는 프러시아에 속한 항구였다. 이승만은 학위논문 초두에서 중립국[비교전국]이 평화 시와 마찬가지로 전시에도 교전국에 방해받지 않는 중립통상의 권리가 있다는 원칙을 최초로 세운 사람이 프러시아의 프리데릭 대왕이었음을 밝혔다. 영국의 식민지 독점무역에 대한 프러시아의 반발이었다. 그러나 실패하였다.552) 칸트의 나이 21세였던 1745년의 일이다.

스코틀랜드 후예답게 칸트 자신도 중상주의 챔피언 영국에 대해 불편한 감정을 숨기지 않았다. "우리의 목표[우호적 방문]과 이 [유럽]대륙의 문명국, 특히 상업국가[영국 등]의 악한 행동과 비교해 보면 그들이 방문국[미국대륙]과 그곳 사람들[원주민]에게 행한 불의(이 경우 정복)는 경악스런 것이다." 칸트 자신의 철학에 배치되는 행위였다. 그렇다고 칸트가 프러시아에 대해 좋은 감정을 가진 것은 아니다. 그는 프러시아에 대해 애국심이나 소속감을 갖지 않았고 아무런 느낌을 갖지 않았다.553) 군국

---

550) Harvie, *Scotland A Short History*, p. 184.
551) Bruce, *The Scottish 100*, p. 288.
552) Rhee, *Neutrality As Influenced by the United States*, pp. 2-3.

주의 탓이다.

후일 14개조로 대표되는 윌슨의 자유국제주의liberal internationalism와 국제연맹League of Nations 구상은 칸트의 『영구평화론』의 영향을 받았고 그 실천이다. 다음 세대에 가서 루스벨트 처칠의 대서양헌장The Atlantic Charter과 트루먼의 국제연합United Nations 역시 마찬가지이다. 최근에 자유무역협정Free Trade Agreement과 세계무역기구the World Trade Organization 도 그 일환이다.

카네기에게 보내는 윌슨의 편지는 계속된다. "프린스턴대학은 거의 스코틀랜드인에 의해 만들어졌다. 내 자신 순수 스코틀랜드 혈통으로 이 점을 강조한다."554) 이 점이란 무엇인가. 전 세계를 하나의 중립통상권으로 만들려는 원대한 이상이다. 그래서 윌슨은 프린스턴대학을 정치학과 법학의 최고 교육기관으로 키워 미래의 정치가와 법조인을 훈련시키는 데 카네기의 후원을 기대하고 있었다.555) 영구평화를 실천하는데 칸트의 기대를 실현시킬 세계적 정치지도자를 배출하는 목적이다. 윌슨은 한때 말했다. "국가에 봉사하는 프린스턴Princeton in the Nation's Service." 이승만이 그 가운데 한 사람이 되었다.

<우호통상=영구평화>에 대한 초보적 생각을 『독립정신』에서 언급한 이승만이 프린스턴으로 진학하여 그에 관하여 더욱 심도 있고 확대된 학위논문 『미국 영향 하의 중립』을 쓰게 된 것은 그의 운명이었을지 모른다. 이승만이 도미 직후 워싱턴의 [스코틀랜드] 장로교에서 세례를 받은 것도 운명이었을까 아니면 계산된 결과였을까. 그 교회는 미 국무장관 존 헤이가 출석하는 교회였다.

---

553) Smith, "Translator's Introduction," p. 57.
554) Herman, *How the Scots Invented the Modern World*, p. 345.
555) Herman, *How the Scots Invented the Modern World*, p. 345,

(6) 권리 대 무력

흄과 스미스의 영향을 받은 칸트에게 권리는 그의 철학적 주제였다. 특히 영구평화사상에서 권리 대 무력은 대조적인 주제였다. "개인은 자신을 압박하는 이웃과 대면하고 있음을 알게 되어 할 수 없이 무력으로 이웃과 대면하고자 국가를 조직할 수밖에 없었다. 이제 공화제 헌법은 개인의 [정치적] 권리에 완전한 정당성을 부여하는 유일한 제도가 되었다."556) 이승만도 같은 생각이다. "법은 모든 사람의 권리를 보호할 수 있도록 공평하게 제정되어 각 사람에게 속한 권리를 빼앗을 수 없게 하는 것이니, 이것이 국가를 설립한 근본 목적이라 할 수 있다."557) 이것을 미국 독립선언문은 일찌감치 "이 권리들[생명, 자유, 행복추구]을 지키기 위해 정부가 조직됐다. 어떠한 정부 형태라도 이러한 목적을 해치려 한다면 그 정부를 폐하거나 바꾸는 것은 인민의 권리이다"라고 선언하고 있다. 공화정을 가리킨다.

그렇다면 해상교역을 둘러싸고 다투는 미국 주장과 영국 주장의 차이는 무엇인가. 여기서 잠깐 이승만이 한 줄로 표현한 문장에서 애덤 스미스 이후 미국의 권리가 영국의 무력과 대립하게 된 배경을 살펴보아야 한다. 특히 이승만이 애덤 스미스를 중심으로 시대를 구분한 배경에 주목해야 한다. 그것은 한국의 독립권리가 일본의 식민무력의 대립구도에 대입될 수 있기 때문이다.

중세의 신정정치를 무너뜨린 사건은 1687년 잉글랜드의 뉴턴의 만유인력의 발견이다. 우주가 신의 섭리에 의해 조화롭게 운행된다는 중세의 우주관을 수학의 원리가 설명할 수 있다는 기계론적 우주관으로 대체한 것은 천주교 교회에서 파문의 대상이 되는 위험한 사상이었지만 영국교

---

556) Kant, Nisbet (tr.), "Perpetual Peace A Philosophical Sketch," pp. 381-382.
557) 『풀어쓴 독립정신』, 96쪽.

회는 이 점에서 관대하였다. 그러나 같은 시기에 스코틀랜드는 여전히 신정국가였고 관대하지 않았다. 결국 스코틀랜드는 잉글랜드의 식민지가 되었고 스코틀랜드 사람들은 잉글랜드에서 차별당하였지만 영국교회가 아닌 스코틀랜드 장로교회가 엄격하게 다스리고 있었다.

뉴턴의 만유인력 발견 40년이 지난 1729년 허치슨(Francis Hutcheson, 1694~1746)이 글라스고우대학에서 신정정치에 도전하는 강의를 시작함으로서 스코틀랜드 계몽주의의 아버지가 되었다. 그는 존 로크의 영향을 받았다. 애덤 스미스는 그의 제자이다. 스미스 주변에는 흄, 퍼거슨, 리드, 밀라, 케임즈, 로버트슨, 스투어드 등 기라성 같은 자유주의 사상가들이 있었다. 이때가 스코틀랜드 계몽주의 시대이다. 그 중심이 에딘버러대학과 글라스고우대학이다. 이들의 관심은 강력한 식민모국인 영국이 교회의 가르침을 대신하여 수학의 원리로 우주를 설명하였듯이 역시 마찬가지로 교리를 대신하여 무엇으로 인간사회를 설명할 것인가 이었다. 그들은 영국에 대한 패배적 열등감에서 벗어나려는 노력의 일환으로 영국과는 다른 방향에서 자연 대신 사람으로 연구 방향을 바꾸었고 자연을 수학으로 설명한 것처럼 사회를 설명하는데 시장을 발견한 것이다. 뉴턴에게 만유인력이 우주의 질서인 것처럼 스미스에게 시장원리가 사회의 질서이다.

그러나 스미스와 그 동료들이 자유통상 경제철학을 주창한 후에도 오랫동안 영국은 자신의 식민지를 바탕으로 이룩된 중상주의제도를 자유통상제도로 전환하는 것을 거부하였다. 방대한 식민지와 독점통상으로 독점이익을 취하기 때문이다. 스미스는 "대영제국에서 자유무역의 회복을 기대하는 것은 오세아나Oceana가 수립되는 것을 기대하는 것과 마찬가지로 부조리하다"라고 말할 정도였다. 당시 세계 최강의 영국은 자신들의 중상주의·식민주의·제국주의 체제에 대해서 우월감을 갖고 새로운 체제를 고안한다는 것은 생각하지도 않았다. 오히려 영국은 그 후 등장하는 다윈의 진화론을 사람사회에 적용하여 적자생존의 약육강식으로 설명하였다. 스펜서의 사회진화론이 그것이다. 결국 인간사회를 설명하는 데 있어서 스코틀랜드의 자유주의와 잉글랜드[영국]의 사회진화론이 대립하게 되었다. 후자의 약점은 소수민족이나 소국의 생존원리를 설명할 수 없다는 것이다. 다만 "약자는 강자에게 복종해야 한다"는 원리뿐이었다. 이런 점에서 "나는 프러시아의 최고 충복이다"라는 프레드릭 대왕의 말을 칸트는 비웃었다.

이에 대하여 스미스는 자유주의의 실천이 시장의 영역을 넓히고 소수민족이 자유를 얻을 수 있다는 점을 깨달은 사람이다. 시장이야말로 소국의 사람도 대국의 사람과 함께 대등하게 평화롭게 살아 갈 수 있는 질서이다. 그 수단이 자유통상이다. 돌이켜보면 초기 근대경제학에 공헌한 사람들은 모두 소수민족에 속한다. 스미스가 식민소국 스코틀랜드 출신이고, 리카르도는 나라도 없는 소수민족인 유태인이었다. 마르크스 역시 유태인이다. 그 사이를 잇고 있는 존 스투어트 밀은 그 아버지 제임스 밀이 스코틀랜드에서 영국으로 이주한 사람으로 스코틀랜드 계몽주의 철학자 리드의 제자였다. 현대에 와서 역시 유태인 경제학자 프리드만이 소국의 사람이 살아갈 수 있는 방법을 시장에서 찾지 않고 국가나 정부에서 찾고 있는 소국의 학자들을 비판하고 있는 것도 같은 줄거리이다. 한국처럼 약소국이 스코틀랜드 자유주의를 계승한 미국을 모범으로 삼는 것은 이승만에게 자연스러운 이치였을 것이다.

스코틀랜드는 민족 대이동Diaspora을 통하여 신생 미국에 자신들의 자유통상제도를 적극 전파하였다. 미국 헌법을 만든 메디슨은 프린스턴에서 위더스푼의 수제자였으며 흄을 사숙하였다. 그가 해밀턴과 함께 발표한 『연방주의자 논설The Federalist Papers』은 흄의 사상을 옮긴 것이다.558)

독립선언서는 스코틀랜드 자유주의 전통의 계승인데 이 문서에서 주장하는 천부인권설과 행복추구권의 용어는 스코틀랜드 자유주의가 처음 사용한 문구이다. 미국의 초대 재무장관 해밀턴(Alexander Hamilton, 1757~1804)은 스코틀랜드의 후손이며 프린스턴대학 총장 맥코시의 저서의 제목 『스코틀랜드 철학: 허치슨에서 해밀턴까지』가 제시하는 바대로 당시 스미스의 저서를 이해하고 있었다. 대통령 중심제도 하의 최초의 미국 대법원도 스코틀랜드 자유주의 전통에서 태어났으며 미국 연방주의 역시 스코틀랜드의 작품이다. 영국은 스코틀랜드를 의회제도만 없애 버리고 사법제도, 교육제도, 종교제도는 그대로 둔 느슨한 연방제의 일원으로 합병하였으므로 그 후에도 영국과 다르게 계속 유지된 스코틀랜드 고유의 교육제도, 사법제도, 종교제도가 미국에 심어졌다. 자연히 중상주의 식민주의 제국주의 하에 해상교역을 무력에 의해 독점하려는 구체제 영국과 자유주의·독립주의·민주주의 하에 자유통상을 권리로 주장하는 신생 미국 사이에 충돌이 불가피해졌다. 앞서 얘기한 대로 위더스푼의 수제자 메디슨이 대통령으로 재임하던 1812년 영국에 대해 선전포고를 하여 제2차 독립전쟁을 벌린 것은 다름 아닌 해상교역에 대한 영국의 칙령에 대해 자유해상교역의 권리를 주장하는 미국의 반발 때문이었다. 당시 미국은 최대의 곡물수출국이었는데 유럽 국가들의 잦은 전쟁이 해상교역의 방해가 되었고 영국 식민지의 시장 접근이 배제된 것이 국가이익에 반했기 때문이었다.

이승만은 이러한 모든 것을 알고 있었을 것이다. 감옥에서 세계 위인 목록을 작성할 정도로 사람에 대하여 관심이 높았던 그였기 때문이다. 앞서 소개한 대로 윌슨의 교육방침이 "[프린스턴 학생들에게] 통상과 산업이 국제평화와 국내평화 그리고 인류의 공통이익을 증진시켜 왔고 더

---

558) Herman, *How the Scots Invented the Modern World*, pp. 218-225.

욱 그래야 한다는 내용까지 가르치는 것"이었던 덕택이다. 그렇지 않고서는 이승만은 다음과 같은 글은 쓰지 못한다.

> 미국의 독립선언은 특히 중립국의 권리 의무에 궤를 맞추며 국가 간의 평화와 통상의 자유를 증진시키고 국제법 원칙을 발전시키도록 예정된 새로운 국가의 탄생을 세계에 선포한 것이었다.[559]

여기에서도 이승만은 평화를 통상과 연결하고 있다. 그러나

> 가장 큰 어려움은 식민지 무역은 식민모국의 이익만을 위하여 수행되어야 한다는 오래된 교역이론에 있었다. 이 이론은 자유교역의 신세계에서는 더 이상 수용될 수 없는 것이기 [때문이다.][560]

여기서 <식민지무역≠평화> 또는 <식민지무역=전쟁>의 등식이 성립한다. 이승만이 조국 독립의 기회가 되는 전쟁주기설을 믿는 데에는 이유가 있었다. 고대 로마와 그리스의 식민지 운영을 살펴본 애덤 스미스가 영국이 식민지 무역을 고대 방식대로 고집하면 곧 저항에 부딪힐 것이라고 경고한 바 있음을 알고 있었음을 암시한다. "힘으로써 남의 항복을 받는 것은 그리스와 로마국이 행하던 법이라.…그러므로 개명한 사람 이르는 곳에 어두운 사람들을 몰아내며 문명한 나라의 세력 미치는 곳에는 야만 나라를 복멸이 종종 행하는 바라."[561] 다시 말하면 무력해상교역 대 자유해상무역의 원형이 고대세계에서 기원했음을 밝힌 스미스를 이

---

559) Rhee, *Neutrality As Influenced by the United States*, p. 14. 정인섭,『이승만의 전시중립론』, 35쪽.
560) Rhee, *Neutrality As Influenced by the United States*, p. 9. 정인섭,『이승만의 전시중립론』, 30쪽.
561)『제국신문』, 1902년 11월 15일. 원영희·최종태 편,『뭉치면 살고…』, 370쪽에서 재인용.

승만은 알고 있었다. 이를 근거로 스미스는 미국이 영국과 전쟁에서 승리할 것이라고 예측하였다. 그의 스승 허치슨도 "그 많은 사람들이 식민모국을 위해서 [자신들의] 자손의 자유와 행복을 희생하지 못한다"라고 기록하였다.562) 애덤 스미스는 호소한다. "[아메리카 대륙을 독립시키면] 대영제국은 그와 평화를 유지하는데 드는 비용에서 헤어날뿐만 아니라 모든 사람에게 혜택이 돌아가는 자유교역으로 [평화]를 이룩할 것이다.… [그렇게] 풀려난 나라는 전쟁에서나 평화에서 우리의 진정한 우방이 될 것이다."563) 그럼에도 불구하고

[영국은] 자신들의 식민지가 무력만으로도 쉽게 정복된다고 자만하지만 아주 약하다. 대륙회의에서 결의된 것을 그들은 매우 중요하게 생각하는데 유럽에서 가장 위대한 신민[영국인]들만 거의 느끼지 못한다. 상점주인, 상인, 변호사들이 정치가와 의원이 되어 새로운 형태[공화정]의 정부를 고안하는데 노력한 결과 세계가 지금껏 보지 못했던 거대하고 무서운 존재가 되기 농후한 팽창 제국이 될 것이다.564)

스미스가 이 글을 쓰던 시기에 미국은 동부 13주 만으로 방금 독립을 선포했을 뿐 아니라 이 공화적 실험에 실패할지 모르는 작고 위험한 나라였다는 점에서 이 글은 예언적이다. 그 실험이 도전 받았으니 그것이 남북전쟁이다. 그래서 링컨은 "국민을 위한, 국민에 의한, 국민의 정부는 사라지지 않는다"라고 도전을 마무리하였다. 공화정을 가리킨다. 동시대를 살았던 칸트의 다음 글도 예언적이긴 마찬가지이다.

---

562) *Scotia: American Canadian Journal of Scottish Studies*, Norfolk, Virginia, 1997, p. 10. Bruce, *The Scottish 100*, p. 268에서 재인용.
563) Smith, *Wealth of Nations*, pp. 581-582.
564) Smith, *Wealth of Nations*, p. 587.

[이상적] 국가를 위한 훌륭한 제도를 만드는 일만이 남았다.…우리는 이미 이 원칙 [입헌공화제]이 아직 완전하지 않지만 실제 운영되고 있는 국가 [미국]를 본다.565)

완전하지 않다는 것은 인류 최초의 실험에 성공을 보장 못한다는 뜻이다. 그렇다면 이승만의 다음 글도 예언적이다.

미국은 건국된 지 오래되지 않은 나라지만…머지않아 비교할 만한 나라가 없을 것이다.566)

이러한 사정을 모두 알고 있다고 생각되는 이승만은 "18세기까지는 자국 식민지와의 통상교류로부터 외국선박을 배제시키고 식민지 무역과 연안무역을 엄격하게 자국선박에게만 유보시키는 것이 모든 유럽국가의 관행이었다"라는 글에서 후일 원조국의 수원국에 대한 정책이 이를 답습한 것으로 보고 이를 거부할 논거를 발견했다고 생각할 수 있다.

20세기 초 유럽 각국의 중상주의가 제1차 대전의 원인이 된 것을 목격한 케인즈 역시 중상주의가 평화에 방해가 됨을 경제사를 통해 논증하였다. "중상주의는 전쟁을 촉진하는 경향이 있음이 분명하다. 그들이 목적하는 바는 국가 이익과 상대적으로 강한 무력이다."567) 그러므로 "위험한 것은 이익이 아니라 [중상주의] 사상이다."568) 애덤 스미스, 로버트슨, 칸트, 윌슨, 슘페터, 엔젤569)을 거쳐 케인즈에 이르기까지 자유통상이 평화

---

565) Kant, Nisbet (tr.), "Perpetual Peace A Philosophical Sketch," 1999.
566) 『풀어 쓴 독립정신』, 108쪽.
567) Keynes, *The General Theory of Employment, Interest and Money*, p. 348.
568) Keynes, *The General Theory of Employment, Interest and Money*, p. 384.
569) Angell, *Peace Theories and the Balkan War*, London, Horace and Marshall, 1912; Moravesa, "Liberalism and International Relations Theory," Paper No.

를 보장한다는 주장을 이승만도 알고 있었던 듯하다. 그럴 수밖에 없는 것은 그의 스승 윌슨 대통령의 평화를 위한 14개조의 제2조가 자유통상을 선언하고 있기 때문이다. 이승만의 학위논문의 역사적 추적은 1872년에서 끝난다. 헤이의 '문호개방정책'과 윌슨의 '14개조'는 그 이후의 일이다. 중국의 독립을 보존하고 대중국 자유교역을 주창했던 헤이의 문호개방정책에 이승만이 관심을 가진 것은 너무나 당연한 일로서 마침내 이 정책의 기원을 밝혀냈다.

(7) 미국

이승만의 학위논문에 주연이며 그가 "머지않아 비교할만한 나라가 없을 것"이라고 일찌감치 예측한 '미국'은 당시 어떠한 나라였는가. 서재필이 미국으로 망명하던 1885년 미국은 남북전쟁을 종료하고 대륙횡단철로를 완공한지 겨우 20년에 불과하였다. 서부도 완성되지 않은 상태였다. 원주민 토벌작전에서 카스터 장군의 미국기병대가 전멸한 것이 불과 9년 전인 1876년의 일이고, 저 유명한 오클라호마 토지열기 Oklahoma Land Rush는 4년 후인 1889년이었다. 상비군도 없었다. 대국의 모습과는 거리가 멀었다. 대외적으로는 곧 하와이를 거쳐 필리핀으로 진출하려고 웅크린 자세였지만 파나마운하 건설에 깊은 관심이 형성되고 있었다. 그러나 20세기 초 그의 군사력은 여전히 루마니아의 그것보다 작았다.

군사대국과는 거리가 먼 이런 미국이 당시 이승만에게 어떠한 의미였을까. 왜 그는 미국에 그토록 기대했을까. 칸트의 기대를 무작정 따랐을까. 사람들은 이승만을 가리켜 친미파 또는 용미파라고도 부른다. 그러나 이승만처럼 미국과 애증이 겹치는 인물도 많지 않다. 그가 미국을 이용하여 독립운동을 하는 것을 아예 독립을 포기하자는 것이라고 주장하는

92-6, Center for European Studies, Harvard University.

사람도 있다. 이에 대해 마사리크(Thomas G. Masaryk, 1850~1938)의 주장은 음미할 만하다. "우리는 체코국가[의 독립]이 반드시 연합국에게도 유익하다는 점을 설득시켜야 한다."570) 이처럼 도움은 상호적인 것이다. 이승만 역시 한국의 독립이 미국에 유익하다는 사실을 깨달은 사람이다.

또한 역사상 다른 나라의 도움 없이 독립한 유래가 없다. 그 이유는 그것이 유익했기 때문이다. 이승만도 학위논문을 준비하는 가운데 미국의 중요성을 새삼 확인한 인물이다. 그만 그런 것이 아니다. 삼일운동 자체가 윌슨의 민족자결주의에 크게 영향 받았다는 역사적인 사실을 상기할 필요도 없다. 삼일운동 이후 러시아의 블라디보스토크에서 나온 선언문을 보면 "제국주의와 침략전쟁은 파리강화회담과 함께 영원히 소멸될 것이며 정의 인도의 자유주의는 이로써 시세(時勢)가 되어 더욱더 밝게 빛날 것이다.…금일의 세계는 윌슨 씨가 제창한바 민족자결주의의 시대라" 라고 미국의 시대가 왔음을 천명하고 있다.571) 러시아혁명으로 소련정권이 들어선 마당에 바로 그 면전에서 미국의 시대를 노래하고 있다.

그러나 이승만은 이보다 훨씬 앞서 깨달았다. 이승만은 감옥에서 러시아의 야심을 알아차렸다. 그것은 피터 대제의 유언장이라고 알려진 문서를 그가 읽었기 때문이다. 피터 대제는 세계 정복을 꿈꾸었다. 이승만은 "미국 역시 러시아의 대피득의 욕염 속에 들어 있었으니 아! 음험하도다" 라고 러시아를 경계하고 있다. 세월이 흘러 조선을 탐내는 제정러시아의 야욕은 변하지 않아서 조선에 대한 정책은 핀란드처럼 한국을 러시아의 속국을 거쳐 마지막에는 식민지로 만들 계획이었음도 알았다.572) 이승만의 공로(恐露) 사상은 여기에서 유래한다. 배민수(1896~1968)는 1941~

---

570) Selver, *Masaryk*, p. 254.
571) 『독립운동사자료집』 6, 81-82쪽.
572) *The Independent*, March 22, 1898. 신용하, 『독립협회 연구』, 301쪽에서 재인용.

1943년에 프린스턴신학원 재학 시 로마드카(Joseph Hromadka, 1889~1969) 교수와 교류하였다. 그는 나치 치하의 체코에서 망명한 저명한 신학자였다. 그는 공산주의와 합작을 추진하는 방향이 전후 체코의 국가재건이라고 믿고 있었다. 신학과 공산주의. 로마드카는 1943년 5월 배민수에게 보낸 편지에서 "나는 곧 런던의 베네시 박사를 만나게 될 것이며 그때 한국문제를 거론하겠다. 나는 소련이 당신 나라에 대해 진지한 관심을 가지고 있을 것이라고 생각한다. 베네시 박사 역시 모스코바 방문시 이에 대해 효과적인 방안을 의제로 다룰 것이다"라고 썼다.573) 베네시는 2차 대전 당시 체코슬로바키아 망명정부의 대통령이었다. 배민수는 이승만에게 로마드카를 통해 베네시와 접촉해 볼 것을 제안하였다. 이승만은 "이들 체코 지도자들은 너무 친소적"이라고 거절하였다. 배민수는 이승만에게 좀 더 넓은 마음을 희망하였다. 결국 베네시는 소련에 이용당하고 국가를 빼앗기고 만다. 돌이켜 보았을 때 이승만은 공산주의에 대해서 단호하였기에 그런 비극적 실수를 피할 수 있었다. 이승만은 손문에 대하여도 한마디 촌평을 잊지 않았다.

 손일선 박사가 극동에서의 민주주의 원칙을 쟁취하고자 노력하고 있는 중국에게 도덕적 지원을 해 달라고 미국에 개인적인 호소를 한 것은 일본이 중국에 외교침략을 하고 있을 때였으며, 그와 같은 요구는 마침내 21개 항목이었다. 대체적으로 미국 국민들은 중국공화국을 동정했으나 일본 선전의 영향이 더욱 강하였고, 손일선의 요구에 응한 것은 하나도 없었다. 중국은 물에 빠져 죽어가고 있는 사람같이 소비에트 러시아가 내민 구원의 손길을 움켜잡았다. 이것이 중국에 있어서의 공산주의 운동의 시초였다. 손 박사는 이 문제에 관하여 항상 비판을 받아 왔으며 또 일본은 그것을 선전의 최후

---

573) 방기중, 『배민수의 농촌운동과 기독교 사상』, 연세대학교 출판부, 1999, 198-199쪽.

수단으로 이용하였다. 만일 손 박사가 조금만 오래 살았더라면 그는 자기의 모든 후계자들에게 자기는 마르크스주의를 부정하였다는 것을 명백히 밝혔을 것이다. 그가 삼민주의를 강의할 때에 모리스 윌리엄 박사의 저서인『역사의 사회학적 해석』이란 사본 한권을 입수하였다. 이 책이 그에게 큰 영향을 미쳐서 그는 마침내 공산주의 창도를 취소하였다.574)

윌리엄 박사는 이승만의 친구이다. 그는 1942년 3월 1일 이승만을 도와 워싱턴 한인자유대회에서 연설을 하였다.

러시아가 믿을 수 없다면 손문의 중국은 어떤가. 이승만은 사대주의를 혐오하여 그것에서 벗어나는 독립정신을 강하게 주장했다. 갑신정변의 주역들도 마찬가지였다. 중국은 이미 부패와 외침으로 허약해졌고 구주열강에 뒤이어 왜국이라던 일본에게 패하였다. 중국은 스스로의 문제도 해결하지 못하고 있다. 그가 중국을 기피하는 충분한 이유가 된다. 중국을 기피하는 그의 자세는 해방정국에서도 나타난다. 상해임시정부는 장개석 정부의 신세를 졌다. 귀국할 때 자금과 비행기로 다시 신세졌다. 해방정국에서도 장개석은 뒤에서 영향력을 행사하려 하였다. 이승만은 이것이 못마땅하였다. 그가 왜 한국 문제를 특정 국가가 아니라 국제연합으로 가져갔는지 생각해 볼만하다.

눈을 아시아에서 유럽으로 돌아보았을 때 영국은 식민지를 확대해가면서 독립을 허락한 예가 없다. 그러한 영국을 상대로 인도의 간디가 택한 방법도 비폭력이었다. 그렇다면 친구가 될 수 있는 강대국은 영토 야심이 없는 미국밖에 없다. 더욱이 「미국독립선언문」은 칸트의 영구평화론을 이상으로 삼고 있다. 이승만은 여기에 만족하지 않고 미국을 연구하여 학위논문으로 탄탄한 논거를 쌓았다. 그 논거의 출발점이 칸트의 영구

---

574) Rhee, *Japan Inside Out*, p. 194. 이종익,『일본군국주의 실상』, 247쪽.

평화사상과 일치하였다.

통상이 평화를 가져온다는 주장의 실천이 미국의 등장과 함께 가능하게 된 연유는 무엇인가. 칸트는 『영구평화론』을 쓰던 1795년에 불과 13주의 소규모만으로 1789년 건국한 기원후 세 번째 공화국[575]인 신생미국에 거는 기대가 컸다.[576] 그가 해가 지지 않는다는 당대 최강의 영국 대신 어리고 작으며 앞날이 불투명한 국가인 미국에 기대를 한 것은 그 나라가 공화국이기도 하지만 그가 영국을 비도덕국가로 평가했기 때문이다. 그는 당시 영국 의회를 국민의 총의를 대변하지 않는 귀족의 이익집단이라고 보았다. 여기에 국왕은 절대군주로서 전쟁 선포에 결정권을 갖고 있었다. "영국 국민은 가장 높은 수준의 인종이다. 그러나 국가로서는 가장 파괴적이고 폭압적이며 가장 호전적이다."[577] 다시 말하면 중상주의 식민주의 제국주의의 원형이다. 그래서 그는 영국 대신 미국에 주목하였다.

> 많은 사람들이 [공화제 헌법]을 제정하는 것은 매우 어려운 일이고, 그것을 보존하는 일도 어려워 그것은 천사의 국가에서만 가능하다고 주장한다.…그러나 자연은 보편적이고 합리적인 인간의 의지를 도와줄 것이다.… [따라서] 오직 국가를 위한 훌륭한 제도를 만드는 일만이 남았다.…우리는 이미 이 원칙[입헌공화제]이 아직 완전하지는 않지만 실제 운영되고 있는 국가[미국]을 본다.[578]

칸트는 예리한 흥미를 품고 미국의 건국을 크게 환영하였다.[579] 같은 글에서 그는 미국의 통솔력에 기대하였다.

---

575) 산마리노와 스위스뿐이었다.
576) Smith, "Translator's Introduction," p. 66.
577) Smith, "Translator's Introduction," p. 66.
578) Kant, Nisbet (tr.), "Perpetual Peace A Philosophical Essay," p. 391.
579) Smith, "Translator's Introduction," p. 59.

다행스럽게도 영구평화를 추구하는 경향을 갖는 강력하고 개명한 국가 [미국]이 공화제를 채택한 것은, 다른 국가 사이에서 연맹에 대한 근거가 된다. 이들은 여기에 가입하게 되고 국가의 국제권리international right 개념에 의해 자유를 확보하게 될 것이다. 그리고 점차로 더욱 퍼져 연맹이 [크게] 형성될 것이다.580)

공화정부에서 개인의 권리가 보장되는 관계를 세계로 확대하여 보면 국가연맹에서 국가의 권리가 확보된다. 이승만도 동의한다. "누구에게나 똑같은 권리가 있듯이 모든 나라도 같은 권리를 가지고 있다."581) 그러나 칸트는 단일의 세계정부 창설은 반대하였다. 칸트가 죽고 최초의 국제협력은 유럽협조the Concert of Europe이고 그 다음을 국제연맹the League of Nations이 잇고 이것을 다시 국제연합the United Nations이 계승하였다.582) 모두 미국이 주도하였다. 또 하나 미국이 주도한 헤이의 '문호개방정책'은 유럽협조와 국제연맹 사이에 파상적으로 등장한 정책 가운데 하나이다. 최근에는 유럽연합the European Union이 탄생하였다.

칸트가 주장한 통상과 평화의 관계 또는 헤이가 발표한 문호개방정책에 의한 통상과 평화를 한국역사에서 구체적으로 기술하고 그의 중요성을 강조한 사람은 이승만이 아마 최초이며 유일할 것이다. 경제학 이론으로는 칸트의 논지에 더 가깝다. 이러한 시각에서 보면 이것이 이승만의 평화주의 사상과 외교방략의 독립운동에 대한 철학적 내용의 단초를 제공한다고 생각할 수 있다. 과거에는 원하는 것을 얻는 방법으로 평화적

---

580) Kant, Nisbet (tr.), "Perpetual Peace A Philosophical Sketch," p. 385.
581) 『풀어쓴 독립정신』, 97쪽.
582) Wynne, *International Governance: Its Idea and Incarnation*, 2012, pp. 1 9; Rauber, "The United Nations a Kantian Dream Come True?" *Hanse Law Review*, Vol.5, No.1 (2009), pp. 49-77.

교역 대신 정복, 약탈, 전쟁의 수단을 택하였다. 식민지는 이 같은 제국주의 희생의 전형이다. 이승만은 이 같은 과거의 낡은 방법을 배척하고 통상을 바탕으로 하는 평화정책을 외교의 근간으로 삼았다.

이것이 가능하게 된 것은 이승만이 그의 박사학위논문으로 더 정확하게 기술하였듯이 자유통상의 챔피언 미국이 마침내 세계외교의 중심으로 부상하기 시작하였기 때문이다. 이런 점에서 이승만에게 영향을 준 유길준이 영국을 부국강병의 모범으로 보았고, 유길준의 사상형성에 커다란 영향을 끼친 후쿠자와(福澤) 역시 영국을 모범으로 보았으며, 개화기 조선 지식인에게 스펜서의 사회진화론을 가르쳐준 중국의 엄복(嚴復) 또한 영국을 모범으로 삼은 것과 사뭇 대조적이다. 당시 영국은 중상주의·식민주의·제국주의의 원형이었고 아직 어느 식민지도 독립시킨 예가 없이 여전히 영토적 야심을 줄이지 않고 있었다. 운명이 백척간두에 서 있던 조선이 과연 이 나라를 부국강병의 모범으로 삼을 수 있을까?

이와 대조적으로 이승만은 남미제국의 독립이 자유해상교역에 바탕을 둔 미국의 외교정책의 결과라는 사실을 지적하였다. 무엇보다 이승만이 미국을 주목한 또 하나의 이유는 미국 스스로 연합국의 도움으로 식민지에서 벗어난 경험을 공유할 수 있는 국가라는 점이다. 박사학위논문을 쓰면서 이 대목에서 그는 아마도 조국의 독립방략을 구상하고 있었을지 모르는 일이다. 이렇게 볼 때 동양 삼국에서 아직 군사적으로 유치한 미국의 잠재력을 예견한 인물로는 이승만이 거의 유일할 것이다. 과연 미국은 남북전쟁 이후 30년 사이에 인구는 2배, 석탄생산은 24배, 밀수출은 25배, 석유생산은 92배, 철강생산은 112배로 증가하였다.[583] 이때 역사상 유래 없는 자본가들이 등장하였다. 1892년 신문왕 퓰리처의 『세계The

---

583) Cashman, *America in Gilded Age*, New York, New York University Press, 1993, p. 11.

World』는 미국인구 7,700만 명 가운데 백만장자가 3,045명이라고 보도하였다. 당대의 소설가 마크 트웨인은 이 시기를 황금시대라고 불렀다. "미국은 건국된 지 오래되지 않은 나라지만 문명이 날마다 발전하여 머지않아 비교할 만한 나라가 없을 것"이기 때문이라는 이승만의 관찰은 틀리지 않는다.584)

이러한 미국을 상대하겠다는 이승만 외교방략의 뿌리는 감옥에서 읽은 외국문헌이나 독립협회에서 읽었을지 모르는 칸트에 관한 문헌에서 연유했는지 따져봐야 할 필요가 있다. 우선 이 뿌리 위에 줄기가 올라온 것이 그의 박사학위논문에 또렷이 나타난다.

> 프랭클린의 앞선 사상이 당시에는 "전쟁의 잔인성을 완화시키려고 덧없는 노력을 하는 철학자의 꿈으로서 '아름다운 추상화'"로나 치부되고 제대로 평가받지 못하였다는 점도 여기서 언급되어야만 한다.[인용문과 강조는 원문]585)

여기서 덧없는 노력을 하는 철학자란 누구를 가리키는가. 이승만이 인용한 "전쟁의 잔인성을 완화시키려고 덧없는 노력을 하는 철학자의 꿈으로서 '아름다운 추상화'"라는 문장586)은 칸트 자신의 첫 문장과 놀랍도록 흡사하다는 데에서 단서를 얻을 수 있다.

---

584) 『풀어 쓴 독립정신』, 108쪽.
585) 영어원문은 이렇다. Mention should be made here that Franklin's advanced ideas…were not appreciated by his contemporaries, who referred to them as a " 'beautiful abstraction,' a dream of the philosopher who vainly sought to mitigate the cruelties of war." 프랭클린의 외교는 1785년인데 칸트가 영구평화론에 대해 첫 번째 수필을 쓴 것은 1784년이고 더 발전시켜 출판한 것은 1795년이다.
586) Foster, *A Century of American Diplomacy*, Boston, Houghton, 1901, p. 93.

[영구평화]가 일반인에게 해당되는지, 혹은 언제나 전쟁에 목말라 하는 국가의 수장에게 특별히 해당되는지, 아니면 단지 영구평화를 달콤하게 꿈꾸는 철학자에게만 해당되는지 물어야 할 것이다.…정치가는 이론가를 단지 학문상의 자기만족으로 폄하하[여 제대로 평가하지 않는 경향이 있다.587)

여기서 철학자란 칸트 자신을 말한다. 또는 칸트에 앞서서 영구평화를 연구하고 집필했던 모든 철학자들을 가리킨다. 이렇게 볼 때 이승만이 인용한 '철학자의 꿈'과 칸트의 '꿈꾸는 철학자'가 일치하며, 이승만이 덧붙인 자신의 생각 "제대로 평가받지 못하였다는" 표현과 칸트의 "폄하하는 경향이 있다"는 표현이 유사하다는 것은 예사로운 일이 아니겠지만 그럴 수밖에 없는 것은 이승만이 인용한 문장은 존 포스트(John W. Foster, 1836~1917)의 것인데 그가 칸트를 인용한 것이다.588)

더욱이 프랭클린의 앞선 사상이란 그가 오랫동안 외교관으로 영국과 프랑스에서 살면서 많은 사람과의 교제로써 당대 계몽주의 사상을 섭렵한 결과이다. 프랭클린은 스코틀랜드의 세인트 앤드류대학St. Andrew College에서 명예박사를 받았다. 이 드문 경력의 외교관이 당대에 이미 유명한 칸트와 스미스를 충분히 알고 있었던바589) 그것은 이승만이 인용한 프랭클린의 문장이 스스로 드러낸다.

공해상에서 상인에게 강도짓을 하는 관행은 과거 해적행위의 잔재로서590) 미국은 해적행위에 있어서 다른 어떤 국가보다 유리한 위치에 있지만…이 관행을 폐지하도록 노력하고 있다.591)

---

587) Kant, Nisbet (tr.), "Perpetual Peace A Philosophical Sketch," p. 377.
588) Foster, *A Century of American Diplomacy*, p. 93.
589) Bruce, *The Scottish 100*, pp. 269-270; McCullough, *John Adams*, 2002, p. 421.
590) Rhee, *Neutrality As Influenced by the United States*, p. 22.
591) Rhee, *Neutrality As Influenced by the United States*, p. 22.

노상강도나 해적 행위는 칸트 『영구평화론』의 세 번째 의무조항the third definitive article의 핵심인 자연권natural right에 배치되는 것이다.

바다에서 선박을 털거나 난파선의 선원을 노예로 삼는 해안가 주민들의 몹쓸 행위나 사막에서 약탈하는 유목민들의 악한 행위는 자연권에 위배된다.592)

이 칸트의 글을 프랭클린이 동어 반복하고 있는 셈이다. 그럴 수밖에 없는 것이 프랭클린이 참여한 『미국 독립선언문』의 문장을 보면 알 수 있다.

그[영국국왕]는 우리의 바다를 노략질하고, 우리의 해안을 약탈하고, 우리의 도시를 불 지르고, 우리 백성의 생명을 파괴하였다.593)

이 문구는 이미 1320년 스코틀랜드의 아브로스 선언문The Declaration of Arbroath에 나타난다. 이승만은 자유통상을 위해 싸워온 프랭클린과 제퍼슨의 문서를 모두 읽었다. 그러나 이상스러운 것은 자유통상의 챔피언 존 아담스의 문서가 참고문헌에서 빠진 점이다. 아마 프랭클린과 제퍼슨만으로 충분하다 생각했던 것 같다.

결국 이승만의 우호통상에 기초한 평화주의는 조선 실학사상의 통상에서 한 걸음 더 나아가서 서구사상의 평화를 접목시킨 것이라고 해석할 수 있으며 청년기에 품었던 실낱같던 생각을 계속 발전시켜 학위논문으로 완성했다고 결론 내릴 만하다. "그[이승만]는 외국인으로 동양사, 철학, 문학에 깊이 천착한 초기교육과 함께 미국사와 유럽사, 국제법, 서양

---

592) Kant, Nisbet (tr.), "Perpetual Peace A Philosophical Essay," p. 387.
593) *Declaration of the Thirteen States of America*.

철학의 어려운 시험을 명예롭게 통과한데 대해 자부심을 가졌다. 그는 동양과 서양을 동시에 아우르는 드문 기회가 주어진 것을 항상 감사하게 여겼다. 그리고 그 둘을 융합하여 그 자신의 사상으로 만들었다. 이러한 문화적 통합은 다가오는 장래에 그의 지도력과 힘의 위대한 원천이 되었다. 그의 동포들도 그가 미국대학의 첫 번째 박사라는데 대하여 감명을 받았다."594)

이승만은 조국의 독립을 복구하려면 그에 관련된 사실을 제대로 알아야 한다는 기초에서 출발하였다. 이것이 그가 학위논문을 쓰게 된 동기이다. "굳센 마음만으로 다른 나라 사람들과 경쟁하는데 충분한 것은 아니다. 우리가 우리의 의지를 효과적으로 관철하기 위해서는 관련된 사실을 제대로 알고 있어야 한다. 그렇지 않으면 우리는 경위에 맞지 않는 것을 가지고 상대방에게 억지를 부리는데 그치고 말 것이다. 억지를 부리는 것은 우리에게 해로울 수 있다. 그러므로 상대편에게 관련된 사실과 법에 대해 알아야 한다.…무엇보다도 국제법, 통상조약, 우리나라의 역사와 지리에 대해 공부해야 한다. [망해가는] 청나라의 역사만 공부하지 말고 여러 나라의 역사책과 그들의 정치, 종교, 문화에 관한 책을 구해서 읽어야 한다"595) 경위에 맞게 사실과 법을 알기 위해 이승만은 사색하고 책을 읽으며 글을 쓴 것이 그의 학위논문이다.

그러나 이승만이 보기에 답답한 일이 있다. "의병으로 볼지라도 그 죽기로써 일어나는 일단 열심은 다만 '충애' 한 가지라. 그 의기와 용맹심을 조선사람 된 자라면 누가 칭찬하지 않으리오마는 이것으로는 나라를 회복할 수 없는 것이 첫째 그 의병들이 기왕 준비가 없었던 고로 조련을 받지 못하여 남의 단련된 군사 앞에 능히 설 수 없으며, 둘째 조직한 한

---

594) Oliver, *Syngman Rhee The Man behind the Myth*, p. 114.
595) 『풀어 쓴 독립정신』, 372-373쪽.

단체가 되지 못하여 남의 잘 조직된 군사는 진퇴출몰을 한 몸의 사지백체가 서로 보호하는 것 같이 하거늘 이 의병은 사방에 흩어져 좌우수미가 서로 응종치 못하니 강약승패를 더 말할 것 없으며, 셋째 만국공법을 알지 못한즉 아무리 규율과 단속이 엄하다 하나 여항에 출몰하는 거동이 지금 세계에서 보기에는 불과 한란 민란당 뿐이라 개명한 애국당을 단체로 보지 아니하니, 이러므로 일조에 몇 백 명의 목숨이 없어지고도 외국 신문에 나는 것을 보면 일본 병사가 한국 난민 몇을 살해하고 지방소동을 평정하며 안정 질서를 회복하였다 할 뿐이니, 우리나라 애국동포의 많지 못한 목숨을 이렇듯 헛되이 없이하며 귀한 애국혈을 어리석게 없이함은 다만 오늘날 성공하기만 바랄 수 없을 뿐 아니라, 장래에 원기를 다 탕비하여 놓고 앉아 만리같이 창창한 길을 장차 어찌 하고자 하느뇨."596)

김구도 자신이 한때 몸담았던 의병에 대해 회의를 가졌다. "옥중의 대다수가 의병이라는 말을 듣고 나는 심히 다행으로 생각했다.…처음에는 극히 존경하는 마음으로 교제를 시작했으나 얼마 되지 않아 마음 씀씀이와 행동거지가 순전한 강도로밖에 보이지 않았다. 참모장이라는 사람이 군대의 규율이나 전략이 무엇인지 알지 못할 뿐 아니라 의병이 일으킨 목적이 무엇인지, 국가가 무엇인지도 모르는 사람이 많았고 당시 무기를 가지고 여러 마을을 횡행하면서 만행한 것을 잘한 일처럼 큰소리쳤다."597)

(8) 독립의 권리

이승만이 주장하는 한국 독립의 권리는 어디에서 연유하는가. 그것은 정의인가 능력인가. 기미독립선언서는 그것이 정의이고 인도라고 선언

---

596) 『공립신보』, 1908년 8월 12일. 원영희·최종태 편, 『뭉치면 살고…』, 183-184쪽에서 재인용.
597) 김구, 『백범일지』, 241 242쪽. 손세일, 『이승만과 김 구Ⅰ3』, 168쪽에서 재인용.

하였다. 그러나 칸트는 영구평화가 권리이지만 그것을 쟁취하고 유지하는 수단은 도덕이 아니라 재력에 달렸음을 지적하였다. 이승만의 생각이 어떠했는가를 따져보는 것은 흥미로운 일이다.

미국은 영국의 억압과 착취에서 독립하는데 성공했지만 그 후 영국은 곳곳에서 미국의 해상무역을 방해하며 경제적으로 보복하려 하였다. 미국이 생각하기에 자유해상교역의 가장 큰 걸림돌은 유럽 국가들의 식민지였다. 특히 영국은 자신의 식민지에 대한 독점 통상을 무력으로 행사하였다. 이것은 우호통상이 아니다. 독립 이후 미국의 역사는 모든 나라가 식민제도를 청산하고 자유롭고 우호적으로 통상하는 제도를 범지구적으로 구축해가는 역사이다.598) 이것이 칸트 영구평화의 정신이다. 벤담 (Jeremy Bentham, 1748~1832) 역시 그의 저서 『영구평화계획』에서 영국을 필두로 모든 국가가 과감하게 식민지를 청산할 것을 주장하였다.599) 그 청산과정에서 등장하는 문제가 식민지의 독립승인과 그들의 권리인정이었다.

후일 필리핀 총독을 지낸 우드(Leonard Wood, 1860~1927) 장군이 "윌슨 대통령의 민족자결주의가 온 세계의 식민지에서 문제를 일으키게 만들었다"고 들끓는 식민지 문제의 책임을 윌슨에게 돌렸을 때 이에 대하여 윌슨은 미국정부 역시 필리핀 독립에 대해 확실한 결정을 내려야만 한다고 답변하였다.600) 다시 말하면 자유통상의 능력을 갖춘 독립국으로 전환되는 식민지가 많으면 많을수록 미국에게는 이익이 되나니 미국이

---

598) Hall, "American Foreign Policy and the Problem of Perpetual Peace," The 20th Polish Association for American Studies Conference, 2010, p. 1.
599) Bentham, "A Plan for a Universal and Perpetual Peace," *Principles of International Law*, Vo.II. Smith, "Translator's Introduction," p. 79에서 재인용.
600) Hopkins, *John R. Mott*, p. 651.

영토적 야심이 없는 근본 이유가 된다. 이승만도 이것을 알고 있었기에 다음과 같은 글을 쓸 수 있었을 것이다.

> 옛적에는 각국의 다툼이 항상 병역[무기]으로 위주하여 경의를 물러내고 욕심을 빼내며 이기는 자는 토지를 차지하여 인민을 노예로 만드는 것이 성공하여 나라와 나라가 서로 다투는 일[전쟁]뿐이니 근래에 각국이 교화로 위주하매 공법과 경리[경제]로 조처하는 도리가 있어 화평을 보전하기 힘쓰니601)

> 상업을 힘쓰는 나라들은 세상이 두루 평안무사하기를 바라며 세상이 태평하기를 바란즉 남의 나라가 약해가는 것을 더욱이 근심해 아무쪼록 붙들어 강하게 만들기를 원하는 바[이다].602)

애덤 스미스의 표현을 빌리자면 식민지를 유지하는 비용이 식민지를 해방시켜 통상으로 얻는 이익보다 비싸다는 것이다. 사해동포는 전장(戰場)에서 무기로 승패를 다투는 것이 아니라 시장(市場)에서 통상으로 상호 이익을 얻어 평화를 이루기 때문이다. 더욱이 전장에서 승리를 하여도 백성들에게 돌아가는 혜택은 그가 내는 세금을 감안한다면 별로 크지 않다. 반대로 전쟁이 일어났을 때 가장 큰 희생을 강요당하는 계급이 백성들이다. 이상을 다음과 같이 요약할 수 있다.

```
┌ 무력통상 → 식민지통상 → 식민모국이익충돌 → 전쟁 ──┐
통상 ┤                                            식민지독립승인  한국독립
└ 우호통상 → 독립국통상 → 독립국가상호이익 → 평화 ←──┘
```

---

601) 『제국신문』, 1902년 8월 20일. 원영희·최종태 편, 『뭉치면 살고…』, 305-306쪽에서 재인용.
602) 『제국신문』, 1903년 4월 3일. 원영희·최종태 편, 『뭉치면 살고…』, 450쪽에서 재인용.

여기서 무력통상은 식민모국끼리 전쟁으로 확대되는데 이것이 이승만이 믿는 전쟁주기설이다. 제1차 대전 이전 유럽에서 공화국은 프랑스, 산마리노, 스위스 등 3국가뿐이었다. 전후 9개국으로 증가했다. 전쟁만이 가져다줄 수 있는 선물이었다.

이에 대하여 우호통상에 관해서 가장 통찰력 있는 사상이 칸트의 『영구평화론』이다. 미국 외교사는 칸트 사상의 적용 역사로서 미국의 지도자들은 역사적으로 개별국가가 평화적으로 공존할 수 있는, 칸트의 표현을 빌리자면 '평화연합a pacific federation (foedus pacificum)'을 추구해왔다.603) 앞서 말한 대로 윌슨의 국제연맹과 트루먼의 국제연합이 그 예이다. 특히 아래에서 논의할 윌슨의 14개조는 칸트의 『영구평화론』에 기초하고 있다. 윌슨은 프린스턴대학과 존스홉킨스대학의 학창 시절 칸트를 배웠다.604) 독일어 해독 능력이 있었던 그는 아마 원본을 읽었을 것이다.605)

이렇게 볼 때 통상, 평화, 미국, 권리는 칸트와 이승만의 공통 주제어이다. 이 공통주제가 들어 있는 칸트의 『영구평화론』은 그 자체가 '영구평화 조약'으로 전문 아홉 개 조항으로 구성되어 있다. 이 가운데 세 개의 조항은 반드시 해야 할 의무조항definitive articles이고 나머지 여섯 개의 조항은 반드시 해서는 안 되는 금지조항preliminary articles이다.606) 의무조항[또는 긍정조항]에서 칸트는 평화를 위해서 확보해야 할 세 가지 '권

---

603) Hall, "American Foreign Policy and the Problem of Perpetual Peace," The 20th Polish Association for American Studies Conference, 2010, p. 1.
604) Rauber, "The United Nations—a Kantian Dream Come True?", *Hanse Law Review*, Vol.5, No.1, 2009, p. 52.
605) 칸트의 『영구평화론』의 전문이 영어로 완역된 것은 1903년이다.
606) 여기서 preliminary는 possibility of not happening의 의미를 의역하여 금지라고 번역하였다. 영어문헌에서는 definitive를 positive로, preliminary를 negative로 번역하기도 한다.

리'와 그것이 보장되는 세 가지 '제도'를 들었다. 미국의 독립선언문에서 영향을 받은 흔적을 볼 수 있다.

제1조. "개별 국가의 헌법은 공화제여야 한다." (공화제도). 개인의 정치적 권리political right가 확보되는 제도로서 입헌공화정constitutional republic이 필요하다. 공화정은 왕국과 달리 국왕이나 소수 귀족의 결정으로 전쟁을 일으키지 않고 국회에서 토의로 결정하므로 그 자체 전쟁 억지력을 갖는다. 여기서 중요한 점은 공화정 그 자체보다 개인의 권리와 자유를 평등하게 선언한 대의제 민주헌법의 유무가 더 중요한 조건이다.607) 이승만은 이것을 극적으로 표현하였다. "세상의 절반이 민주주의이고 나머지 반이 전체주의로 있는 한 평화와 안전은 없다."608) [미국독립선언문.…모든 사람은 평등하게 태어났으며 창조주는 몇 개의 양도할 수 없는 권리를 부여했으며 그 권리 중에는 생명과 자유와 행복의 추구가 있다. 이 권리를 확보하기 위하여 인류는 정부를 조직했으며 이 정부의 정당한 권력은 인민의 동의로부터 유래하는 것이다.]

제2조. "개별 국가의 법률은 자유국가연합에 기초해야 한다." (자유국가연합제도). 개별 공화국은 그것이 작든 크든 최소 두 가지 특성에 의해 독립적이다. 여러 가지 가운데 언어와 종교이다.609) 모든 민족은 고유의 언어와 종교를 갖고 있다. 이것은 작은 나라라도 존재할 수 있는 자연의 권리natural right로서, 표현의 자유와 신앙의 자유가 여기에서 나온다. 이것이 나중에 확대되어 루스벨트의 4대 자유로 되었다. 이것이 확보되려면 어떤 영향력 있는 공화국의 선도 하에 자유국가연합a federation of free states [국제연맹이나 국제연합]이 형성되어야 하는데 이것은 이성reason의 힘으로 가능하다. 그러나 단일의 세계정부는 반대하였다. 제1조가 충족되면 개인의 자유와 권리가 완전히 확보되므로 옥상옥의 세계정부의 필요성이 없기 때문이다. 오히려

---

607) Smith, "Translator's Introduction," pp. 65-66.
608) Rhee, *Japan Inside Out*, p. 13.
609) Smith, "Translator's Introduction," p. 68.

그것이 세계를 상대로 전제정치로 흐를 위험이 있다. 중세 기독교는 로마 교황을 정점으로 세계정부를 유지해 왔다. 그러나 영주 사이와 귀족 사이의 전쟁을 막지 못했다. 영구전쟁perpetual war의 세계였다. 미래를 볼 때 칸트는 나폴레옹의 세계정복 야심에서 위험을 감지했거나 후일 소비에트 러시아가 전 세계를 공산화하여 복속시키고 스스로 세계정부 노릇하려는 시도도 예견한 듯하다. 나치독일과 일본군국주의의 세계정복 야심도 여기에 포함된다. 칸트는 자유국가연합을 이끄는 국가로 미국을 지목하였다. 미국이야말로 애초부터 신앙의 자유를 지키려고 신대륙을 찾아서 건설한 공화국이며 영토적 야심이 없기 때문이다. 이 자유국가연합에 기초하여 개별 국가가 법률을 정할 때 비로소 개별 국가의 국제적 권리international right가 확보된다. 국제법이 국내법보다 우위에 있기 때문이다. 중세 때 전쟁의 중재자였고 모든 국내법 위에 군림하였던 교황을 국제법이란 것이 대체하였다. 그로티우스(Hugo Grotius, 1583~1645)가 국제법이란 것을 발표한 1625년은 종교개혁 1세기 후의 일이고 뉴턴의 만유인력 발견 반 세기 전의 일인 것은 우연이 아니다.610) [미국독립선언문.…이에 아메리카의 연합제주의 대표들은 전체회의에 모여서 우리의 공정한 의도를 세계의 최고 심판the Supreme Judge of the World에 호소하는 바이며 이 식민지의 선량한 인민의 이름과 권능으로써 엄숙히 발표하고 선언하는 바이다.] 여기서 최고심판이란 자유국가연합에 상응한다.

제3조. "세계시민으로서 개인의 권리는 보편적 우호universal hospitality 조건에 제한된다." (우호통상제도). 이것은 세계를 통행할 수 있는 권리를 말한다. 이것이 국가 간에 통상을 가능케 한다. 통상의 기초는 이익을 추구하는 감성이다. 이성만으로는 영구평화에 부족하다고 본 칸트는 보조수단 supplement 으로 감성의 역할에 눈을 돌렸던바, 영구평화를 보장하는 자연의 장치를 이기심[감성]이 지배하는 시장제도에서 찾았다. 다행히 이 세계는 자

---

610) 국제법 international law라는 영어용어를 처음 사용한 사람은 Bentham이다. *Principles of Morals and Legistration*, XIX, p.xxv. Smith, "Translator's Introduction," p. 26에서 재인용.

연이 모두에게 주어진 것이므로 모든 사람에게는 어디든지 통행할 수 있는 사해동포의 권리cosmopolitan right라는 것이 있다. 앞서 말했듯이 칸트가 보장guarantee이 권리right라고 정의한 것은 이런 의미였다. 이 권리의 범위는 어느 나라든지 통행하는 방문자를 우호로 맞이하여야 하고 방문자는 우호 이상을 요구할 수 없는 범위에서 제한된다. 이것의 실천은 통상의 수단으로 가능하다. 통상이야말로 자연nature이 보장guarantee하는 영구평화의 중요한 수단이다. 첫 번째 보장보록the first supplement of guarantee은 이래서 삽입되었다. 그것은 앞서 인용한 대로 "자연은 현명하게도 세계를 여러 국가로 나누었다.…그러는 한편 자연은 상호이기심이라는 수단으로 국가들을 하나로 묶는다. 그 이유는…이것은 전쟁과 병존할 수 없기 때문이다. 국가권력 하의 여러 수단 가운데… 도덕보다는 재력에 의해서 평화를 유지할 수 있음을 깨닫게 될 것이다."611) [미국독립선언문.…국왕은…우리와 전 세계와의 통상을 차단했다.… 이 국가는 자유롭고 독립된 국가로써 평화를 체결하고 동맹관계를 협정하고 통상관계를 수립하여 독립국가가 당연히 해야 할 모든 행동과 사무를 할 수 있는 완전한 권리를 갖는 바이다.]

의무조항 제1조는 공화제도 하에서 개인과 개인 사이의 자유와 권리의 규정이고, 제2조는 자유국가연합 하에서 국가와 국가 사이의 자유와 권리의 규정이고, 제3조는 우호통상제도 하에서 개인과 세계 사이의 자유와 권리의 규정이다. 이 가운데 의무조항 2는 이성에 의지하고 의무조항 3은 영구평화를 보장하는데 이성보다 통상에 의지한다. 특히 보장보록은 칸트가 애초에 던졌던 질문 "이기심[감성]과 국제협력[이성]이 어떻게 영구평화를 실현시킬 수 있는가"에 대한 궁극적인 해법이 된다. 여기서 정치와 윤리가 일치하며, 경제와 도덕이 상통하고, 감성과 이성이 협력한다.612)

---

611) Kant, Nisbet (tr.), "Perpetual Peace A Philosophical Sketch," p. 391.
612) Smith, "Translator's Introduction," p. 60.

이승만 역시 개인의 '정치적 권리political right'의 추구에서 출발하였고 그것이 보장되는 '공화국republic'을 꿈꾸었다. 그리고 칸트가 기대한 대로 미국의 선도 하에 여러 나라와 친구가 되는 국제법질서에 주목하였다.

> 그러므로 우리는 하루 빨리 우리의 법을 다른 나라 법과 같도록 고쳐야 한다.⋯그러나 그것만으로 국제사회의 일원이 될 수 없다. 나아가 우리는 인류를 사랑하는 마음으로 서양 사람들이 세계 각국에서 하고 있는 것을 본받아 갖가지 인도적 사업을 많이 해야 할 것이다.613)

인도적 사업에는 기독교선교가 으뜸임은 말할 필요도 없다. 이와 관계하여 그가 학위논문에서 인용한 잭슨 대통령의 글 가운데 다음이 주목된다.

> 새로운 국가가 독립하여 국가가족의 한 자리를 차지할 수 있음을 [미국이] 승인하는 것은 언제나 대단히 민감하고 책임이 따르는 행위[이다.]614)

여기서 국가가족the family of nations이라는 개념이 칸트가 말하는 자유국가연합a federation of free states에 해당된다. 「미국독립선언문」은 이를 "세계의 최고 심판the Supreme Judge of the World"이라고 표현하였다. 미국의 주도하의 자유국가연합이 영구평화를 가져온다는 칸트의 두 번째 의무조항을 이승만은 알고 있었기에 그에 관한 알맞은 문헌을 찾아 인용하였을 것으로 추정한다. 그 이유는 "국가가족"이라는 용어가 이승만의 『일본 내막기』에 다시 등장하여 활발하고 중요하게 사용되기 때문

---

613) 『풀어쓴 독립정신』, 387-388쪽.
614) Rhee, *Neutrality As Influenced by the United States*, p. 70. 정인섭 역, 『이승만의 전시중립론』, 101쪽.

이다. 이에 대해서는 후술이 기다린다.

그러므로 이른바 독립국가로서 국가가족의 한 자리를 차지하기 위해서는 다른 국가와 "대단히 민감하고 책임 있는 행위"에 보조를 맞추어야 가능하다. 그것이 자유국가연합에 기초한 개별국가의 법률이다. 한국은 이 보조 하에서 '국제적 권리international right'를 찾아 독립을 회복해야 한다. 여기에 보조를 맞추지 못하면 외국에 치외법권을 허락하는 치욕과 함께 국내법도 제대로 행사하지 못하고 마침내 독립도 잃고 만다. 「미국독립선언문」은 이 보조를 "평화를 체결하고 동맹관계를 협정하고 통상관계를 수립하여 독립국가가 당연히 해야 할 모든 행동과 사무를 할 수 있는 완전한 권리"라고 규정하였다.

이상이 이승만이 터득한 독립의 권리였다. 그 근거 가운데 하나가 한국의 언어와 기독교이다. 일본과 언어가 다른 것은 말할 것도 없지만 불교 대신 기독교를 택한 이유도 이와 무관하지 않았을 것으로 사료된다. 거꾸로 일본이 무력으로 한글을 말살하고 기독교를 억압하여 일본의 신도로 대체시켜 신사참배를 강요했던 근본 이유도 여기에서 찾을 수 있다. "정부[조선총독부]의 정책이 어떠한 결과를 가져오게 될 것인가.…그것은 여러 세대가 지나야 되겠지만 결국엔 오게 될 것입니다. 한국 민족은 일본인으로 동화되고 말 것이오. 그래서 그들은 우리말을 쓰게 될 것이며 우리가 사는 생활방식대로 살고 우리에게 없어서는 안 될 필요한 부분[하인]이 되고야 말 것입니다. 식민지 통치 방법엔 오직 두 가지가 있을 뿐이오. 하나는 식민지의 사람들을 이방인으로서 지배하는 것으로 이것은… 영국이 인도에서 취한 방법인데 이러한 방법을 썼기 때문에 [영국은] 더 견뎌낼 수가 없는 것이고 인도는 결국 [영국의] 지배를 벗어나지 않을 수 없게 될 것이오. 그 다음 두 번째 방법은 동화정책으로 우리들이 실시하고 있는 것으로서 우리의 언어를 가르치고 우리의 제도를 실시하여 그들을 우리와 하나가 되게 하는 것이오."615) 한글과 기독교를 고수하려는 이승만의 독립운동은 이래서 중요했다. 그 실천 가운데 하나가 한인기독학원과 한인기독교회이다. 이렇게 볼 때 앞서 인용한 칸트 해설자의 글이 이해된다.

그러나 독립의 권리를 실현시키는 일은 대단히 힘든 일이었다. 그를 위해서는 독립의 승인이 필요한데 그것은 "정의가 아니라 능력"에 준거하기 때문이다. "독립을 승인할 미국의 정치적 권리는 정의에 입각하는 것이 아니라 독립의 실제 달성 여부에 입각한다."616) 칸트에 의하면 "도덕보다는 재력에 의해서 평화를 유지"할 수 있기 때문이다. 대부분의 한국인이 정의를 부르짖을 때 이승만은 능력을 무시할 수 없었다. 한국에게 과연 그 능력이 있는가. 이승만은 이에 대해 긍정적이다. 그 근거는?

마지막으로 이승만은 '사해동포의 권리cosmopolitan right'를 보장하는 통상이 가져오는 평화의 힘을 믿었다. 앞서 소개한 대로 사해동포 권리에 관한 칸트의 명제 "지구 표면에 대한 권리는 인류에게 공동으로 주어졌다"와 이승만의 명제 "이 세상은 모든 사람을 위해 창조되었다"가 일치한 것은 우연으로 볼 수 없다. 그래서 그는 윈스턴 처칠의 연설 '평화의 힘'에 앞서 '평화와 힘'이라는 연설을 할 수 있었을 것이다.617) 여기서 이승만은 한 걸음 더 나아갔다. "나라들 간의 이 같은 교류가 계속된다면 각 나라 사람들의 고유한 특성은 사라지고 마침내 온 세계 사람들이 하나의 문명으로 통합될 것이다.…더구나 인간의 근본을 생각하면 세계 모든 사람은 형제[사해동포]와 같다."618) 역사적으로 전쟁의 원인을 조사해보

---

615) McKenzie, *Korea's Fight for Freedom*, pp. 107-108. 이광린 역, 『한국의 독립운동』, 72쪽.
616) Rhee, *Neutrality As Influenced by the United States*, p. 69. 정인섭,『이승만의 전시중립론』, 100쪽.
617) 최종고 편저, 『우남 이승만』, 147쪽.
618) 『풀어 쓴 독립정신』, 361, 367쪽.

면 서로의 상이함에 있었다. 그렇다면 전쟁을 멈추려면 어떻게 멈춰졌는지를 알아야 한다. 자유국가연합을 형성하여 서로의 상이함을 점차 완화하면 된다. 가장 이상적인 단계는 동일해 지는 것이다. 어느 칸트 연구자는 "그러한 연합체는 동등한 문화, 일치된 관심으로 인도할 것이다. 국가의 특성과 개성은 사라질 것이다"라고 이승만과 같은 주장을 한다.619) 그러나 그는 곧 "이보다 더 광범위하게 [계속되는] 개혁에 의하여 언어, 문학, 역사와 종교적 전통 등은 계속 살아남을 것이다"라고 전망하면서 이승만과 차이를 드러낸다. 누가 옳은지는 시간만이 안다.

통상과 평화에 대한 역사적 사실을 검토한 이승만은 『미국 영향 하에 중립』을 다음과 같이 끝맺을 수 있었다. "[미국의 노력과 영향으로] 교전국의 작전영역은 크게 제한되었고, 전시 중 국가 간의 평화적인 교류수단 peaceful intercourse은 괄목할 정도로 보장되었다. 무엇보다도 중립통상 neutral commerce의 자유가 확대되고 보장되었다. [구질서] 유럽의 해양강국들이 제기하였던 반대에도 불구하고 미국은 지속적으로 [스코틀랜드] 자유주의적 입장을 천명함으로서 세계 어느 나라보다도 이와 같은 성과를 이룩하는 데 더 많은 영향력을 행사하였다." 이승만이 '무력'을 기피하고 '권리'의 당위성에 독립운동의 방향을 맡긴 데에는 이 같은 논리가 숨어 있다고 여겨진다. 이렇게 볼 때 이승만의 학위논문은 통상이 평화를 보장한다는 칸트의 전통을 따르고 그 구도 속에서 독립의 권리를 학문적으로 찾았다고 결론 내릴 수 있다.

이와 달리 일본의 볼테르라고 칭하는 후쿠자와(福澤)는 이승만처럼 칸트에서 시작했으나 다른 결론에 도달하였다. 그는 칸트의 두 번째 의무조항처럼 "천리 인욕에 따라 서로 교제를 맺어 이를 위해서는 아프리카의 흑노라 할지라도 두려워하며 도[이성]를 위해서는 영국, 아메리카의 군함

---

619) Smith, "Translator's Introduction," p. 98.

도 두려워하지 않는다. 바깥으로는 만국의 공법으로 외국과 교제하고 안으로는 인민에게 자유 독립의 취지를 보여"줄 수 있는바 이성[만국공법]이 국가권리를 존중할 수 있기 때문이다.620) 그리고 칸트의 세 번째 의무 조항으로 옮겨가서 말하기를 "각국 교제는 천지의 공도에 의거하는 것이다.…자유롭게 무역하고 자유롭게 왕래해서 오로지 천연[자연]에 맡겨야 한다는… [칸트의] 주장에는 참으로 일리가 있다. 개인과 개인의 교제에 있어서는 진실로 그렇게 해야 하겠지만 각국의 교제와 개인의 사교는 완전히 취지를 달리하는 것이다.…그러기 위해서는 먼저 세계의 [모든] 정부를 폐하는 것을…하지 않으면 안 된다. 그것이 가능하겠는가?"621) 후쿠자와는 일본이 명치유신 이후 지방의 3백 개 번을 없애고 하나의 일본 정부를 만든 역사적 경험[廢藩置縣]을 확대 적용하여 세계의 모든 정부를 폐하고 세계정부를 설립해야 하는데 그것이 불가능하다고 본 것이다. 그 이유로 그는 "외국교제의 실상을 아는 사람이 없다"는 것을 들었다.622) 당시 일본에서 미국외교사 내지 해상교역사를 이승만 만큼 연구한 사람이 없었다는 고백이다. 이승만의 학위논문을 연구한 최정수는 그것이 당시 학술연구서로서의 가치가 세계적인 수준임에 비추어 "동서양을 막론하고 최초의 독창적인 전문연구서"라고 높이 평가하였다.623)

이러한 수준에 오르지 못한 탓인지 후쿠자와는 결국 "백 권의 만국공법은 몇 개의 대포만 못하며 여러 책의 화친조약은 한 광주리의 탄약만 못하다. 대포와 탄약은 있는 도리를 주장하는 수단이 아니라 없는 도리를

---

620) 복택유길, 『학문 초편』, 14-15쪽. 김석근, 「복택유길의 자유와 통의」, 『정치사상연구』 2, 2000년 봄호, 101-102쪽에서 재인용.
621) 복택유길, 『文明論之槪略』, 1875, 제10장, 293-294쪽. 김석근, 「복택유길의 자유와 통의」, 102쪽에서 재인용.
622) 김석근, 「복택유길의 자유와 통의」, 110쪽.
623) 최정수, 「이승만의 『미국의 영향 하에 성립된 중립론』과 외교독립론」, 117-127쪽.

만들어 내는 기계다'624)라고 말하며 '권리'보다 '무력'에 호소하는 '애덤 스미스 이전 시대'로 돌아가면서 스미스의 시장자유주의의 권리보다 스펜서의 사회다윈주의의 무력을 신봉하게 되었다.

이승만은 후쿠자와의 의견에 동의하지 않는다. 앞서 인용한 그의 문장의 속편을 보자. "남의 군함 대포만 장한 세력이 아니요, 우리의 일심단결이 더욱 큰 세력이니 우리의 자유는 지금이라도 못 찾는 것이 아니요, 아니 찾는 것이다. 자유를 위하여 싸우라. 세상에 자유를 위하여 싸우지 않고 자유를 찾은 민족이 없나니 우리의 붓끝과 혀끝으로 남의 칼날과 탄환에 대적하여 우리의 배척과 비협동으로 남의 학형(虐刑)과 속박과 싸우자."625) 필설이 남의 대포와 남의 탄환을 대적할 수 있다는 것을 "백개의 대포가 한 권의 만국공법만 못하며 몇 광주리의 탄약이 한 줄의 화친조약만 못하다"로 표현한 이승만의 신념이다. 그러하기에 그가 황성기독교청년회에서 가르칠 때 이 주제로 학생들의 토론을 이끌어갔다.626)

이러한 연유로 무사도가 일본의 종교라고 주장했던 니토베(新渡戶稻造)에게 일본도는 그 종교의 성서가 되었을 것이다. 자연히 자유주의 미국보다 중상주의 영국을 모범으로 삼지 않을 수 없게 되었다. 칸트의 세 번째 긍정조항을 반쯤 인지하면서 우호통상의 효능에 대하여 의심을 품었다는 증거이다. 칸트는 분명하게 모든 정부를 폐하고 단일의 세계정부를 세우는 것에 반대하였다. 후쿠자와의 의심대로 그것이 불가능해서가 아니라 전제주의로 흐를 염려 때문이다. 그 후에 등장하는 일본의 중상주의·식민주의·제국주의가 영국의 그것을 흉내 낸 그것인바 그렇게 함으로써 1876년 조선에게 무력통상을 강제하였다. 그리고 스스로 세계정복을

---

624) 김석근, 「복택유길의 자유와 통의」, 102쪽.
625) 『동아일보』, 1924년 4월 23일. 원영희·최종태, 편집, 『뭉치면 살고…』, 209-210쪽에서 재인용.
626) 전택부, 『한국기독교청년회운동사』, 213쪽.

꿈꾸었다. 뿐만 아니라 칸트가 의무조항에 앞서 내세운 영구평화를 위해서 결코 해서는 안 되는 여섯 가지 금지조항(preliminary articles [또는 부정조항]을 일본은 하나같이 준수하지 않게 되었다.

금지조항 1조. 미래 전쟁을 목적으로 비밀사항을 남겨두고 화평을 해서는 안 된다. 이것은 거짓 평화이다.

금지조항 2조. 국가를 유산으로, 교환으로, 선물 등으로 획득해서는 안 된다. 국가는 거래 대상이 아니다. 칸트는 국가도 개인과 마찬가지로 목적으로 대해야지 수단이어서는 안 된다고 주장하였기 때문이다. [미국독립선언문 3장. 국왕은 다른 기관과 결탁하여 우리의 헌정이 인정하지 않고 우리의 법률이 승인하지 않는 사법권에 예속시키려 했고….]

금지조항 3조. 상비군을 두어서는 안 된다. 그것은 점진적으로 없애야 한다. [미국독립선언문 3장. 국왕은 평화 시에도 우리의 입법기관의 동의 없이 상비군을 주둔시켰다.…국왕은 독일용병을 동원하였다.]

금지조항 4조. 대외적인 이유로 국가가 부채를 짊어져서는 안 된다. 간섭과 전쟁으로 해결하려는 동기가 생긴다. 제1차 대전에 미국은 어느 편에도 대여하지 않았다. 그러나 미국 내 연합국의 자산이 추축국의 그것보다 컸다. 전쟁이 진행되면서 양측의 자산이 바닥을 보이자 신용대출은 가능해졌는데 연합국이 유리했다. 제2차 대전에는 무기대여법이 통과되었다.

금지조항 5조. 다른 나라를 간섭해서는 안 된다. 그러나 예외적으로 두 집단이 동일한 영토의 영유권을 주장하여 무정부상태에 빠지는 경우에는 어느 편을 들 수 있는데 바로 이 과정에서 미국은 독립의 승인과 교전단체의 승인의 문제가 대두됨을 보았다. [미국독립선언문 3장. 국왕은…식민지에 대해 입법권을 주장하는 영국 의회의 여러 법률을 허가했다.]

금지조항 6조. 미래에 적의를 일으키게 하는, 적국에서 암살, 독살, 합의 파기, 반역 사주 등을 해서는 안 되고, 그 밖의 행위도 포함된다.627) [미국독

---

627) No state at war with another shall permit such acts of hostility as

립선언문 3장. 국왕은 해상에서 포로가 된 우리들 동포 시민들에게 그들이 사는 식민지에 대하여 무기를 들거나 우리의 벗과 형제자매에의 사형을 집행하거나 그렇지 않으면 그들의 손에 죽기를 강요하였다. 우리들 사이에 내란을 선동했다.]

제1조는 전쟁을 마무리할 때 금지사항이고 제6조는 전쟁을 수행할 때 금지사항이다. 그 사이의 제2~제5조는 평화 시에 금지사항이다. 제1조는 현대 국제법에서 최소한 이론적으로는 인정하고 있다. 제2조는 일찍이 국제법에서 인정했지만 왕조가 없어지면서 중요성이 사라져 가고 있다. 제6조는 현대 전쟁법의 기초가 되었다. 제3조가 가리키는 상비군은 칸트 시절에는 용병이었다. 「미국독립선언문」에는 영국국왕이 독일용병을 동원한 것을 비난하고 있다. 그 후 이것은 거의 사라졌지만 현대에 와서 다른 문제로 대두되었다. 제4조의 국가채무는 사라질 것 같지 않다. 칸트가 이 글을 쓰던 당시에는 중상주의의 챔피언 영국을 염두에 둔 것 같다. 그는 영국을 '상업[중상주의]국가'라고 불렀다. 제5조는 현대 국제법에 반영되어 있다.628)

이승만의 학위논문은 이러한 금지조항에 관련된 미국의 해상교역의 역사를 다루며 이를 바탕으로 의무조항을 실천하려는 미국의 정책, 곧 범세계적인 민주주의, 국제주의, 자본주의의 전파를 암시하고 있다. 특히 의무조항 가운데 독립의 승인문제에서 이승만은 미국의 일관된 외교정책을 추적하고 있다. 그것은 한국의 독립운동 방향설정에 관계되기 때문

---

would make mutual confidence impossible during a future time of peace. Such acts would include the employment of assassins or poisoners, breach of agreements, the instigation of treason within the enemy state, etc. 이 번역문에서 etc.를 제약하는 사항이 없다. 즉 적국의 영토를 제약하지 않는다. 칸트는 한 예로서 첩보행위를 들었다.
628) Smith, "Translator's Introduction," p. 64.

이다. 여기에 부수되는 나머지 금지조항도 그의 독립운동에 반영된 흔적을 찾을 수 있으니 그 예를 열거하면 다음과 같다.

금지조항 1은 일본이 조선과 통상조약을 체결해온 이래 조선이나 주변국에 사용한 방법이다. 결국은 모두 거짓이었음이 드러났다. 당시 지식인들 사이에 황준헌의 『조선책략』이 회자하였는데 이 책에서 그는 조선에게 친중국, 결일본, 연미국을 권고하며 세 나라가 힘을 합쳐 러시아의 남하를 막아야 한다고 주장하였다. 이승만도 처음에는 일본에 속아 호의적이었으나 곧 그 거짓을 알아차렸다. "일본이 갑오년 전쟁[청일전쟁]을 차릴 때에 십년 전기하여 리홍장과 천진조약을 정하고,…러일전쟁에 러일담판이 먼저 시작되었으며, 그 외에 무수한 전쟁이 그 시작을 항상 외교로 [시작]되었으니 오늘날 미일 협상[도] 평화로 정돈되기를 바라기 어렵다 하노라." 거짓외교가 전쟁의 서막이 되는 일본의 선외교 후전쟁 공식을 알게 된 것이다. 제1차 대전 기간에 윌슨의 14개조의 제1조가 모든 비밀조약이 무효라고 선언한 것은 이에 대한 반발로서 세계평화에 해악이 된다고 보았기 때문이다.

금지조항 2의 예는 카츠라 테프트 조약이나 러일전쟁 강화조약처럼 대한을 일본에게 넘겨주거나 필리핀을 미국에 넘겨주는 행위이다. 그러나 대표적인 예는 다음과 같다. "제1조. 한국 황제폐하는 한국 전부에 대한 일체의 통치권을 완전히 또 영구히 일본국 황제에게 양여함. 제2조. 일본국 황제폐하는 전조에 게재한 양여를 수락하고 또 전혀 한국을 일본제국에 병합함을 승낙함." 이것은 한일 병합조약의 일부 내용인데 이러한 양여도 영구평화의 금지사항이다. 그러나 그 서문은 이러한 양여의 목적이 "동양의 평화를 영구히 확보하고자" 한다고 나름대로 영구평화를 전제하고 있음이 익살스럽다. 칸트가 『영구평화론』을 쓰게 된 동기 가운데 하나도 프랑스와 프러시아가 평화를 내세우고 '바젤조약에 의해 폴란드를 분할한데 대한 의분이었다. 폴란드는 프러시아, 오스트리아 헝가리, 러시아 사이에 끼여서 어느 누가 차지하면 다른 상대에게 위협이 되는 운명이었다. 결국은 세 나라가 3차에 걸쳐 분할하였다. 폴란드는 유럽의 조선이었다. 이승만은 폴란드 비운에 대해서 여러 글을 썼다.

금지조항 3을 쓰던 칸트 당시 미국은 상비군이 없었고 그 후에도 오랫동안 두지 않았지만 태평양을 마주보는 일본은 상비군을 급속히 육성하고 있었다. 이승만은 칠언절구 "양병은 전쟁을 막을 뿐이고(養兵唯止壓邊塵)"에서 평화를 지키는 자기방어를 위한 국방을 인정하고 있다. 실제 상해임시정부 시절 이승만이 김규식과 함께 제안한 헌법의 기본원칙 7조에는 대한민국은 상비군 대신 민병대를 둔다고 적시하였다.

금지조항 4는 일본이 대한에게 부채를 짐지게 하려는 행위에 해당한다. 이승만은 이에 대해 논설로 저항하였다.629) "우리는 외채를 빌리는 것을 삼가야 한다.…강한 나라는 항상 약한 나라에 돈을 빌려주고 그것을 빙자하여 내정간섭을 하니 이것이 주권을 잃어버리는 지름길이다. 그러므로 주권을 잘 보호하는 나라는 다른 나라에서 돈을 빌리지 않고 높은 이자를 주더라도 자기 나라 백성들로부터 빌린다."630) 이승만은 독립운동에 외국부채는 사용하지 않았다. 이것은 마사리크도 마찬가지이다.

금지조항 5는 러일전쟁에서 대한의 중립선언에도 불구하고 일본이 대한의 내정을 간섭한 것이 그 예가 될 수 있다. 청일전쟁과 러일전쟁이 조선에서 벌어지는 것을 무기력하게 바라만 보아야 하였던 이승만 자신의 젊은 시절의 경험이 떠올랐을 것이다.

금지조항 6에는 조미우호통상조약을 미국이 일방적으로 준수하지 않은 것이나, 러일전쟁이 발발했을 때 중립을 선언한 대한에서 일본이 군사

---

629) 『풀어 쓴 독립정신』, 396쪽.
630) 『풀어 쓴 독립정신』, 396쪽.

행위를 하고 인적 물적 징발 따위를 한 행위, 대한사람을 사주하여 조국에 대해 반역행위를 저지르게 한 행위가 포함될 수 있다. 이승만이 보기에 일본에 의한 명성황후 시해도 엄중한 금지조항 6의 위반이다. 거꾸로 스티븐스 사살사건과 이토 히로부미 포살사건은 적국에서 일어난 사건은 아니지만 칸트에게는 이 금지조항 6의 기타사항의 위반에 해당될 수 있다. 제1차 대전에서 독가스로 대량 살상하는 행위가 당연히 금지사항이다. 여러 가지 의미에서 평화적인 삼일운동은 여기에 모범적 예가 될 것이다.

후쿠자와와 달리 일본에도 칸트의 영구평화사상을 믿은 사람이 있었다. 야나기(柳宗悅, 1889~1961)이다. 일본 명문가에서 태어난 그는 학습원을 거쳐 동경대학 철학과를 졸업했다. 그는 조선의 백자를 보고 그 아름다움에 끌려 미학자와 민속학자가 되었다. 그가 칸트에 대해서 최초로 쓴 글은 대학을 졸업하고 불과 1년 후의 일이다. 그는 일본이 이웃, 특히 한국과 평화롭게 공생하는 방법을 칸트의 『영구평화론』에서 찾았다. 칸트의 『실천이성비판』에서 개인과 개인 사이의 도덕률 법칙을 국가와 국가 사이에 적용하였다. 국가 사이의 영원한 평화를 위해서 정치와 도덕이 일치해야 한다고 주장하였다. 야나기는 일본과 한국에 응용하였다. 그는 목숨을 걸고 글을 썼다. 그에 관한 최초의 논문이 삼일운동 직후에 쓴 「조선인을 생각한다」였다. 삼일운동 직후 필라델피아에 모인 애국지사들이 제1차 한인의회를 개최하였을 때 채택한 문건 가운데 「사려 깊은 일본인에게」 보내는 문서가 있다. 이에 대한 응답이다. 그 다음해에는 「조선의 친구들에게 바친다」를 썼다. 이 두 글은 『동아일보』가 번역 게재하였다.[631] 그리고 2년 후 『조선과 그 예술』을 썼다. 그 서문에

---

631) 야나기 무네요시, 「조선인을 생각한다」, 『동아일보』, 1920년 4월 12~18일. 「조선의 친구에게 바치는 글」, 『동아일보』, 4월 19~20일(그 후는 게재 불가 되었다).

나는 [칸트]도덕률을 의심하지 않는다. 법칙을 깨뜨리는 일본의 존재는 용서되지 않는다.…일본을 믿지 못해서 [칸트]도덕률까지 믿지 못하면 안 된다.…나는 일본인의 한 사람으로 나쁘게 망해가는 일본을 볼 수 없다. 나는 정의로운 일본이 평화로워지는 날을 열망한다.[632]

야나기는 일본군국주의를 강하게 비판하고 조선의 독립을 옹호하였다. 명치유신의 대영걸 가쓰(勝海舟, 1823~1899)는 그의 아버지의 스승이고 외조부의 친구였다. 그의 어머니 이름은 가쓰꼬(勝子)였는데 가쓰의 이름을 따랐다. 가쓰는 조선이 일본에 문물, 문명을 전해준 역사를 잊지 않고 "수 백 년 전에는 조선인은 일본인의 스승이었다"고 말했다. 요시다(吉田松陰, 1830~1859)의 조선침략 주장과 달리 가쓰는 삼국동맹을 주장했던 인물이고 이것을 야나기의 외조부와 외삼촌이 이어받았다. 가쓰가 막부에 건의한 내용은 인재등용, 언로개방, 견고한 배를 만들어 러시아, 청국, 조선 등과 적극적인 교역이었다. 이것은 당시 쇄국정책의 막부에게는 파격적 건의였다. 여기서 그가 교역, 즉 통상을 중시했다는 점이 눈에 띤다. 그는 1860년 미일우호통상조약의 비준서 교환사절을 태우고 미국에 가는 일본 최초 군함 함임환(咸臨丸)의 선장이 되었고 일본 해군의 아버지가 되었다.

(9) 독립의 조건

앞에서 독립의 승인은 정의가 아니라 능력에 준거한다고 했는데 그 능력이란 무엇인가. 독립의 조건을 묻는 것이다. 이승만에게 있어서 칸트의 금지조항은 부차적이다. 가장 중요한 것은 미국의 독립 승인 정책에 대한 확실한 이해이다. 이러한 정확한 이해가 뒷받침 되지 않으면 독립운

---

632) 柳宗悅, 『朝鮮とその藝術』, 叢文閣, 大正12(1922) 9月.

동의 올바른 방향을 정할 수 없기 때문이다. 이승만은 하나의 민족이 독립을 하는데 있어서 "칸트의 미국" 주도 하에 국제적인 승인조건을 탐구하였다. 그것은 자유국가연합의 질서에 편입되는 하나의 민족이 독립의 권리를 확보하기 위해서는 독립정부에 대한 책임 있는 의지와 독립을 유지할 수 있는 통상교섭 및 조약체결의 수행능력이었다. 이승만은 미국 독립전쟁 중인 1778년에 프랑스가 미국과 우호통상조약과 방위동맹 조약을 체결함으로써 "미국 독립을 공개적으로 승인하였다"는 점을 강조하고 있다.

앞서 지적한대로 미국의 관심은 되도록 많은 식민지가 독립되어 미국의 통상 상대가 되는 것인데 과연 국가가족의 일원으로 되는 책임 있는 정부로서의 그들의 자격을 묻지 않을 수 없었다. 특히 칸트는 타국을 간섭하지 말라는 금지조항 5에 그 국가가 무정부상태에 있을 때에 한하여 간섭의 명분을 터주었다. 이것을 미국은 국제질서 하에 책임 있는 정부가 되지 못하는 경우로 해석하였다. 중요한 예를 들자면 제1차 대전의 와중에 미국은 식스투스 사건Sixtus Affair을 일으킨 오스트리아 헝가리 제국을 책임 있는 정부라고 여기지 않게 되는 즉시 제국 해체의 방향으로 외교정책을 변경하였다.

돌이켜 볼 때 국가가족에 편입되려면 칸트의 세 가지 의무조항을 실천할 수 있는 국가의 자격을 갖추어야 한다는 사실을 알 수 있다. 이때 칸트가 기대하는 대로 자유국가연합 질서를 주도할 수 있는 국가가 미국이었다. 따라서 미국이 과거에 독립을 승인한 국가들의 사례를 조사하여 미국의 외교 원리를 추적한 것이 이승만의 학위논문이다.

1919년 국내의 삼일운동에 이어 미국 필라델피아에서 제1차 한인의회 First Korean Congress가 개최되었다. 여기서 "한국인의 희망과 목표Aims and Aspirations of the Korean People"라는 제목 하에 10개의 종지(宗旨)Cardinal

Principles를 심사하고 채택하였다. 이것은 새로운 국가 건설의 헌법대강이었다. 여기에 칸트의 의무조항이 모두 포함되어 있다.

 (1)우리는 백성으로부터 권리가 나오는 정부를 믿는다. 따라서 정부는 백성의 뜻에 따라야만 한다.
 (3)우리는 보통선거로 지방의원을 선출하고 그 의원들이 국회의원을 뽑는 제도를 제의한다. 입법부는 행정부와 협력하고 그들은 법률 제정권을 갖고 국민에게 책임을 진다.
 (4)대통령은 국회에서 선출하고 대통령은 각료, 지사, 그밖에 주요 정부 관리를 임명한다. 여기에는 외무 관리도 포함된다. 대통령은 외국과 조약을 체결하는 권한을 가지며 상원의 비준을 책임진다.
 (6)우리는 모든 국가와 자유통상을 믿는다. 모든 조약국의 시민에게 통상과 산업을 진흥하는 기회균등과 보호를 제공한다.
 (9)우리는 세계 여러 나라와 민주, 기회균등, 합리적 경제정책, 모든 나라와 자유 교류의 원칙을 믿는다.
 (10)우리는 매사에 행동의 자유를 믿되, 그것이 다른 나라 국민의 권리에 간섭이 되지 않고 다른 나라의 법률과 이익과 상충되지 않도록 한다.

처음 1항과 3항은 입헌공화정을 제의하여 칸트 의무조항 1과 부합한다. 9항의 세계 국가와 자유교류free intercourse with the nations of the world가 자유국가연합의 가입도 포함한다고 해석할 수 있으므로 칸트 의무조항 2에 합당하다. 6항은 모든 국가와 자유통상이 칸트 의무조항 3에 해당한다. 10항은 칸트 금지조항 5를 가리킨다. 또 10항에서 다른 나라의 법률과 상충하지 않는 것은 국내법보다 우선하는 국제법에 기초한다는 의미로서 자유국가연합을 전제하므로 칸트 의무조항 2에 부합한다.

그러나 나머지 항(2항, 5항, 7항, 8항)은 독립직후 과도기적 특수 사정을 감안한 것이다. 특히 제2항은 "우리는 할 수 있는 데까지 미국의 정체를 모방한 정부를 세우는 것"을 원칙으로 하되, "앞으로 오는 10년 동안에는 필요한 경우에 따라 권력을 정부에 더욱 집중하며 또 국민 교육이 발전하고 자치상의 경험이 증가하면 그에게 관리상 책임 있는 권리를 허락할 것"을 제의하였다. 그를 위하여 국민의 종교자유(5항)와 교육(7항)과 보건(8항)을 강조하였다. 이 종지에는 외교의 중요성이 생각보다 두드러지지 않다. 당시 의장이었던 서재필이 참석자들에게 단어 하나하나를 심의할 것을 요청하였으나 시간관계상 그렇게 하지 못한 것 같다.

이 종지는 이승만이 찬성을 했지만 기안한 것은 아니었다. 이승만 자신이 작성한 헌법안은 그가 임시정부 대통령에 추대된 사실을 통보 받은 후이다. 이 문건은 자신이 구미위원부 위원장으로 임명한 김규식과 공동으로 발표한 것이다. 그는 이 「독립운동지속서*Proclamation and Demand for Continued Independence of the Korean Nation* (1919)」로 대한민국의 정체성을 전 세계에 알리려고 하였다. 먼저 이승만은 미국 독립선언문의 제 원칙을 따른다고 선언하였다. '칸트의 미국'을 모범으로 삼았다.

> 우리는 근대적 민주주의의 이상을 수용하였고 앞으로 그것을 고수할 것이다. 우리는 미국 민주주의의 여러 원칙과 윌슨 대통령이 세계대전 당시에 공표한 [민족]자결주의를 수용하고 이에 동의한다. 우리는 워싱턴, 제퍼슨, 및 링컨 등에 의해 설파 유지된 미국 독립선언서의 제 원칙을 인정하고 수용한다.633)

그런 다음 전개되는 대한민국 헌법의 기본원칙은 앞서 보았듯이 미국 독립선언문보다 더 구체적으로 칸트의 영구평화조약을 담고 있음을 한 눈에 알 수 있다. (괄호는 상해 대한민국 임시헌장이다.)

---

633) 유영익, 「대한민국임시정부 수반 이승만의 초기 행적과 사상」, 유영익 외, 『이승만과 대한민국임시정부』, 연세대학교 출판부, 2009, 31-32쪽.

(1)대한민국의 국체는 공화국이다. [제1조. 대한민국은 민주공화제로 함.]

(2)대한민국의 정체는 대의제이다. [제2조. 대한민국은 임시정부가 임시의정원의 결의에 의하여 차를 통치함.]

(3)대한민국은 종교와 양심의 자유를 보장한다. [제3조. 대한민국의 인민은 남녀귀천 급 빈부의 계급이 무하고 일체 평등함.]

(4)대한민국은 언론의 자유와 소청의 권리를 인정한다. [제4조. 대한민국의 인민은 신교 언론 저작 출판 결사 집회 신앙 주소 이전 신체 급 소유의 자유를 향유함.]

(5)귀족의 특권은 폐지한다. [제5조. 대한민국의 인민으로 공민자격이 유한 자는 선거권 급 피선거권이 유함.]

(6)교회와 국가는 완전히 분리한다. [제6조. 대한민국 인민은 교육 납세 급 병역의 의무가 유함.]

(7)국가의 안보와 독립 그리고 주권을 보전할 목적으로 상비군 대신 민병대를 유지한다.[제7조. 대한민국은 신의 의사에 의하여 건국한 정신을 세계에 발휘하며 진하여 인류의 문화 급 화평에 공헌하기 위하여 국제연맹에 가입함.]

(8)소수민족들의 권리를 보호한다. [제8조. 대한민국은 구황실을 우대함.]

(9)독립된 사법부를 설치한다. [제9조. 생명형 신체형 급 공창제를 전폐함.]

(10)교육을 특별히 장려한다. [제10조. 임시정부는 국토회복 후 만 1개년 내에 국회를 소집함.]

(11)사회풍속을 정화한다.

[12]대한민국은 세계 여러 나라와 [각종] 업무를 처리함에 있어 정의와 공평의 원칙을 따르며, 아시아와 전 세계의 평화를 도모하고, 열국과의 조약은 원칙적으로 비밀외교가 아니라 공개적이고 솔직한 협상을 통해 체결할 것이다.

제1~2항 및 제5항과 제9항은 칸트 의무조항 1을 확대한 것이다. 제3~4항 및 제6항과 제8항은 칸트 의무조항 2의 각 민족의 고유한 종교와 언어를 존중함을 반영한다. 마지막[제12항]은 칸트 의무조항 2와 3 및 보장보록의 연장이다. 특히 공개외교는 칸트 금지조항 1을 따르고 있다. 제7항은 칸트 금지조항 3에 해당하는데 이승만의 평화주의를 나타내는 대표적인 문구이다.

이 문건을 발표하고 이승만은 수개월 후에 프린스턴대학에서 강연을 하였고 이것이 신문에 게재되었다.

> 사기, 왜곡 그리고 탐욕은 개인의 사업을 망칠 뿐만 아니라 한 나라의 정부도 망치는 법입니다. 그러므로 일본이 [한국에서 자행한] 행위를 악의나 증오감 없이 공명정대하게 폭로하는 것은 한국인의 의무입니다. 우리가 [일본의] 만행을 만행으로 대항하였더라면 우리는 외부 세계의 동정을 받을 수 없으려니와 받지도 못하였을 것입니다.[634]

이 연설은 이승만의 외교독립운동의 정수를 보여주며 왜 평화 시에 무력투쟁을 기피하는지 그 이유를 설명하고 있다. 특히 보복을 피함으로써 또 하나의 전쟁을 막으려는 의도를 요구하는 칸트의 금지조항 6을 따르고 있다는 증거이다.

이승만은 학위취득 후에 귀국하여 이미 일본에 병탄된 조국에서 교육사업에 투신할 것을 결심하였으므로 학위논문의 목적을 명시적으로 밝히는 위험을 피하고 일본으로부터 스스로를 보호하기 위하여 고도의 지식을 함양한 소수의 학자만이 알 수 있도록 본래의 취지를 숨겨 놓았다고 생각된다. 우선 그는 논문이 당시 프린스턴대 학장인 에드워드 엘리어트

---

634) *The New State Gazette*, October 14, 1919. 유영익, 『이승만의 삶과 꿈』, 34쪽에서 재인용.

(Edward Elliot) 교수의 '제의'에 의해 집필했음을 논문 모두에 슬쩍 밝히고 있다. 논문제목인 '미국 영향 하의 중립'도 얼핏 보면 오도의 소지가 다분하다. 그 내용이 다른 국가 사이에 전쟁이 일어났을 때 중립을 선언한 미국이 해상에서 자유로운 통상의 권리를 관철하는 역사이지만 이 권리를 다른 중립국[지역]이 적용하는데 대해서는 거의 입을 다물고 있기 때문이다. 이승만의 진의는 바로 이 묵언 속에 있다. 따라서 지금도 주의 깊게 읽지 않으면 그 깊은 뜻을 놓치고 다만 미국 역사의 일부로만 보기 쉽다. 그 본래의 취지란 앞에서 언급한 독립승인에 관한 미국의 외교 원리의 파악이다. 귀국을 앞둔 당시 그의 다른 글에서 다소 유화적인 표현이 산견되는 현상과 일맥상통한다.

(10) 통상과 위임통치

윌슨의 이상은 모든 식민지를 독립시키는 것인데 여기에는 두 가지 장애가 있었다. 하나는 식민지들이 국제법과 통상조약을 준수할 능력을 갖춘 국제연맹 회원의 자격조건과 다른 하나는 식민모국의 강력한 반발이었다. 절충으로 나온 제안이 국제연맹 하에 위임통치안이다. 식민지의 일차 비원인 억압의 족쇄를 풀어주되 국제사회의 일원이 되도록 준비시키자는 취지였다. 그 이점으로 말하면 위임통치 지역에 대해 문호를 개방하여 자유통상의 범위를 확대하자는 것이다. 이것은 칸트 의무조항 3과 보장보록의 실천이다. 또 하나의 이점으로 이를 처음 연구한 최정수에 의하면 국제연맹 규약 제22조는 국제연맹에 의해 위임통치를 받는 지역에서 일체의 군사시설을 세울 수 없고 거주민의 모병도 금지하고 있다.[635] 이것은 칸트의 금지조항 3의 응용이며 국제분쟁을 피하고자 하는

---

635) 최정수, 「이승만의 『미국의 영향 하에 성립된 중립론』과 외교독립론」, 132
134쪽.

윌슨의 지략이었다.

이승만은 윌슨의 민족자결주의가 동유럽 식민지 독립에만 적용됨을 알고 다음 기회 곧 다음 세계대전을 기다려야 하였다. 앞서 말한 대로 그는 전쟁주기설을 믿었다. 그에 따라 1908년 미일조약을 보고 그가 해독한 일본의 외교 전쟁 공식에 따라 다음에 발발할 전쟁으로 미일전쟁을 예측하였다.[636] 그러나 그것은 언제 발발할지 누구도 알 수 없는 노릇이었다. 이승만이 차선으로 선택할 수 있는 방법이 국제연맹에 의한 위임통치였다. 이 시도가 성공했다면 한국은 일본의 억압에서 벗어날 수 있었고 국제연맹 우산 아래 자유해상통상의 일원이 되어 대외창구가 확대되었을 것이다. 1919년 3월 3일에 윌슨 대통령에게 제출한 이승만-정한경의 청원서에 이것이 분명히 적시되어 있다.(정한경 본인의 한글 번역임).

우리는 자유를 사랑하는 2천만의 일홈으로 각하께 청원하노니 각하도 평화회에서 우리의 자유를 주창하야 평화회에 모인 열강으로 하여곰 먼저 한국을 일본의 학정 하에서 버서나게 하심면 장래 완전독립을 보증하시면 아직은 한국을 국제연맹 통치 하에 두게 하시옵소서. 이러케 할 지경이면 대한반도는 만국 통상지가 될지라. 이러케 하야 한국을 원동에 완충기를 만들어 노흐면 어느 일국이던지 동아대륙에서 침략정책을 쓰지 못할 것이오 동양평화를 영원히 보전할 것이 올시다.…자유를 사랑하는 2천만 한인으로 하여곰 이 시대에 다른 나라의 속박을 받게 되면 이로써 세계상 민주정책주의가 완전히 발전되지 못할 것이 올시다. 각하의 영원평화를 창조하시는 근본 대지가 모든 발달된 위국적 갈망에 큰 만족을 줄이라 하였스니 이 대지는 평화회에서 모든 일을 규정하는데 모범이 될 것이라. 이 대지 속에 한인이 위국적 갈망을 포함한 것은 듯지 안어도 가히 알 것이라.…각하께서 잘 주선하야 한국 인민으로 하여곰 천부의 자유를 찻게 하시며 한국 인민으로 하여곰 자

---

[636] 『공립신보』, 1908년 12월 16일. 원영희·최종태 편, 『뭉치면 살고…』, 192쪽에서 재인용.

기가 원하는 정부를 자기들이 건설하고 그 정부 하에서 살게 하시기를 바라나이다.637)

이 문서는 중국정부의 정치고문 젠크스(Jeremiah Jenks, 1856~1929) 박사의 권고를 얻어 "여러 만국공법 률사들의 의향을 참작하여" 정한경이 작성한 내용을 이승만이 국제법에 참조하여 검토한 것이다. 최종적으로 안창호가 대한인국민회 총회 행정위원회를 소집하여 그곳에서 결정하여 정한경에게 공함을 보냈다.638) "민주정책주의"가 다른 글에서는 공화정치로 번역되었다.639) 영어표현은 safe for democracy이다. 또 번역에 따라서 "만국 통상지," "공동 상권," "중립통상지" 등 약간 차이가 난다. 영어 표현은 a zone of neutral commerce이다. "각하의 영원평화를 창조하시는 근본 대지"는 one of your ideals for a just and lasting peace이다.

번역의 차이가 있음에도 이 세 가지 표현에 칸트 영구평화사상이 모두 요약되어 있다. 즉 칸트 의무조항 1의 공화정(자기가 원하는 정부), 의무조항 2의 국제연맹과 윌슨의 이상, 의무조항 3의 만국 통상이 갖추어져서 칸트 영구평화가 실현되려면 한국을 다른 나라의 속박에 두어서는 안 된다는 내용이다. 결국 이승만이 칸트 영구평화사상에 가장 접근했음을 나타내는 문서가 이승만-정한경이 작성하고 안창호의 대한인국민회 행정위원회에서 승인한 국제연맹 위임통치 청원서라는 것은 역설적이다. 이 문서로 당시는 물론 오늘날까지도 그는 비판을 받고 있다.

그러나 이 문서가 얼마나 중요한 의미를 담고 있는지는 다음에 김규식이 작성한 위임통치안과 비교하면 알 수 있다.

---

637) 『우남이승만문서 : 동문편』 8, 331쪽.
638) 『우남이승만문서 : 동문편』 8, 317쪽.
639) 『우남이승만문서 : 동문편』 8, 316쪽.

고유의 강한 민족 감정을 지니고 있기 때문에 한국인들은 일제가 한국을 강점한 이래 날이 갈수록 냉혹한 증오심을 키워가고 있습니다. 비록 일정 부분의 자유가 허용되었다고 하더라도 한국인들은 결단코 일본과 같은 이 민족 지배 하에서 평화롭게 살 수가 없습니다. 일본이 감독국의 일원이 아니라는 조건 아래, 스스로를 일정한 보호기간 동안 한국을 국제적 감독에 맡길 것을 바랍니다.640)

이 문건은 김규식이 파리강화회의에 제출하였는데 그를 파견한 여운형도 알고 있었다. 여기에는 위임통치의 당위성에 인도주의로 호소하지만 칸트 영구평화사상이나 국제법의 기초가 없다. 앞서 소개했지만 독립조건은 정의가 아니라 능력이었다. 여운형이 김규식을 파리에 별도로 파송한 것은 윌슨의 특사 크레인(Charles R. Crane, 1858~1939)의 언질 덕이다. 크레인은 마사리크의 체코슬로바키아 독립운동을 적극적으로 지원했는데 그의 딸은 마사리크의 아들과 혼인하였다. 독립된 체코슬로바키아의 우표 도안이 그의 딸의 초상화이었다. 크레인은 거부 실업가로 중국을 좋아하고 일본을 싫어하였다. 그는 중국대사도 지냈는데 파리강화회의에 중국대표를 파송하도록 중국정부와 교섭 중이었다. 여운형은 그를 만나 한국대표가 파리에 참석할 가능성을 묻자 그는 긍정적으로 대답하였다. 여운형은 후에 체코슬로바키아 군단의 가이다(Radola Gaida, 1892~1948) 장군을 블라디보스토크에서 만난다.641) 이 사람이 김좌진이 이

---

640) Wilson Papers, Microfilm, Reel No.339, "To the International Peace Conference." 오영섭, 「대한민국임시정부 초기 위임통치 청원논쟁」, 『이승만 연구의 흐름과 쟁점』, 연세대학교 대학출판문화원, 2011, 23쪽에서 재인용.
641) 이광수(?), "가이다 장군의 방문기," 『독립신문』, 1920년 1월 13일자 1면; Kloslova, Zdenka, "Czech Arms for Korean Independence Fighters," *Archiv Orientalni*, vol. 71, no. 1, 2003, pp. 55-64: Kloslova, Zdenka, "The Czechoslovak Legion in Russia and Korean Independence Movement (A Contribution to the Earliest Czech Korea Contacts), *Archiv Orientali,* vol.70, no. 2, 2002, pp. 195-220.

끄는 독립군에 무기를 제공한 주인공이다.

김규식의 청원서에 비하면 이승만-정한경의 청원서의 만국통상지역이란 전쟁 시에도 평화 시와 마찬가지로 자유통상이 허락되는 곳을 말한다. 다시 말하면 이 지역에 전쟁을 없애겠다는 뜻이다. 자유통상=평화이기 때문이다. 그리고 마지막으로 "한국 인민으로 하여금 천부의 자유를 찾게 하시며 한국 인민으로 하여금 자기가 원하는 정부를 자기들이 건설하고 그 정부 하에서 살게 하시기를 바라나이다"로 끝을 맺으며 완전독립을 강하게 희구하고 있다.

그러나 윌슨의 이 위임통치 구상은 국제연맹의 시각에서 보면 실패한 구상이었다. 식민지를 보유한 다른 열강들이 모두 반대했기 때문이다. 특히 일본은 위임통치제도를 병합의 예비단계로 간주하였다. 삼일운동 이후 국내에서 한때 일어났던 자치운동을 비호했던 일제의 속셈이 이러했다. 내부적으로도 다른 독립지사들의 격렬한 반발을 불러왔다.

또 하나 특기할만한 사항은 당시 국제연맹의 부총재가 일본의 니토베(新渡戶稻造, 1862~1933)였는데 젊은 시절 존스홉킨스대학에서 공부할 때 기숙사 실우(室友)가 우드로 윌슨이었다. 니토베는 부총재로서 어려운 문제를 해결했는데 그 가운데 하나가 스웨덴이 러시아로부터 새로 독립한 핀란드와 군사적으로 요충지인 아란드 군도 Aland Islands를 둘러싸고 영토다툼을 벌였다. 이 위기는 신생 국제연맹의 중재능력을 시험하였는데 니토베는 이 섬을 신생 핀란드 위임 하 비무장지대로 두도록 절충하였다. 일종의 위임통치의 응용이었던 셈이다. 조선을 모욕한 자기모순이다. 결국 이 군도는 제2차 대전에는 독일과 소련 사이에 군사기지화로 다툼이 재개되었다.

어쨌든 이승만의 위임통치청원 시도는 다른 독립지사들과 달리 자신이 연구한 학위논문이 이끄는 대로 국제정치와 국제법에 근거한 과학적 판단이었다고 평가할 수 있다. 그러나 국외의 여건미비와 국내의 반대로 위임통치를 포기하고 나면 여전히 두 가지 선택만 남는다. 무장독립과 외교독립이다. 어느 것이 되었든 자유국가연합체의 대열에 보조를 맞추어야 한다. 이승만에게 그 행렬에 맞추는 보조는 두 가지였다. 내적으로는 교육과 외적으로는 외교이다.

2) 교육

이미 설명했듯이 이승만 학위논문의 핵심단어는 통상과 평화 또는 통상과 독립인데 이것은 그의 『독립정신』의 첫 번째 요지였다. 뒤집어 말하면 이 첫 번째 요지를 학문적으로 심화 확대한 것이 학위논문이다. 이제 어째서 이승만의 두 저서 『독립정신』과 『미국 영향 하의 중립』이 통상이 평화를 가져온다는 칸트의 철학적 추론에 대한 실증적 사례가 될 수 있는지 짐작하기 어렵지 않다.

『독립정신』의 두 번째 요지는 근대교육의 중요성이다. 육영공원 교사 헐버트는 "한국에 필요한 것은 교육이다. 따라서 교육을 발전시키기 위한 조치가 취해지기 전에는 한국이 진정한 자주 독립을 바란다는 것은 소용이 없는 일이다"라고 주장하였다.[642] 이승만은 칠언절구로 요약하였다. "오늘엔 교육이 가장 중요해(敎育俊英今最急)." 이처럼 국가부강에 당연히 여기는 교육의 중요성을 당시 일반 백성들뿐만 아니라 위정자들도 몰랐던 것 같다. 당시 사정을 이승만의 입을 빌려 들어봄직 하다.

> 어찌하면 부강의 근원이며 남의 나라는 무슨 도리로 문명개화에 나아가는고, 서로 물으매 서로 모르니 이는 백성이 어두운 까닭이라.[643]

---

642) *Korea Review*, Feb. 1904.
643) 『매일신문』, 1898년 4월 12일. 원영희·최종태 편, 『뭉치면 살고…』, 134쪽에서

이승만이 『독립정신』의 저본이 되는 여러 논설들을 신문에 쓰던 19세기말은 해일처럼 밀려오는 온갖 서구사상으로 한국사상계의 혼란기였다고 생각된다. 그러나 그 속을 관통하는 정신은 계몽과 개혁이다. 18세기 유럽의 계몽주의는 세 가지 흐름에 깊은 영향을 주었다. 스코틀랜드의 시장자유주의market liberalism, 독일의 군국관방주의military cameralism, 프랑스의 폭력적 혁명주의revolutionary terrorism. 이 가운데 스코틀랜드 시장자유주의가 통상을 수단으로 삼아 세계평화를 성취하려 하였다. 중상주의의 영국이 거부한 이것을 자유주의의 미국이 받아들여 여러 경로를 거쳐, 특히 미국선교사의 교육활동을 통해 이 땅에 들어왔다. 반면 일본은 독일의 군국관방주의를, 러시아는 프랑스의 폭력적 혁명주의를 받아들였다. 이 세 흐름이 조선에서 만났다.

이승만 자신도 미국에서 공부하려던 본래의 목적이 스스로를 교육시켜 조국의 후학을 위한 교육 사업에 헌신이었다. "외국에 유학을 가서 발전된 나라를 직접 보고 각종 신기한 물건과 발달된 기술을 관찰하여 경험과 생각도 넓히고 학문과 기술도 숙달해야 한다. 그리고 외국 사람들처럼 잘 할 수 있도록 배운 후 반드시 귀국해야 한다."[644] "귀국하여 어두운 세상에 등불이 되어 다른 사람들을 가르쳐서 동네와 고장이 개화되도록 하며 또한 다른 사람들을 이끌어 나갈 교사와 지도자를 양성하는데 앞장 서야 할 것이다. 이것이야말로 무엇보다 나라에 긴급하고 중요한 일이다."[645] 이승만은 자신과 약속대로 박사학위를 취득하고 일단 귀국하여 후학 교육에 몸을 던졌다.

영구평화 의무조항 1의 의미를 확대 해석한 칸트 영구평화 해설자의

재인용.
644) 『풀어 쓴 독립정신』, 377쪽.
645) 『풀어 쓴 독립정신』, 379쪽.

다음의 기록을 이승만의 학위논문 구절에 비추어 음미할 만하다.

> [독립]자격 있는 나라는 계몽되어 교육, 문화, 도덕을 함양시켜야 하고 해외관계를 살펴야 한다. 이것은 이기심과 윤리의 문제이다. 통상은 국가의 공민 자유와 종교 자유에 달려 있다. 칸트는 통상의 수월성이 정치의 발전과 일치하는 날이 올 것을 예감하였다. 국민의 자유와 계몽을 등한시하는 나라는 쳐질 수밖에 없다. 국민이 발전할수록 외국과의 의무감도 더욱 자각하게 된다. 야만과 무식은 법의 지배에 장애가 된다. 비문명 국가는 유럽의 국가연합의 회원members of a federation이 될 수 없다."646)

이 문장은 의무조항 2에서 미국이 발전시킨 책임 있는 독립된 조직, 그것이 단체이든 국가이든지, 국제사회의 일원이 되려면 일정한 자격이 필요함을 말하고 있다. 그 전제가 역시 칸트의 국가연합이다. 이에 이승만도 동일한 주장을 펼치고 있다.

> 국제사회는 개화되지 못한 나라의 잘못된 생각을 바꾸게 하여 국제법을 따르도록 하는 것이 불가피하게 된다. …이러한 사실을 깨닫지 못하고 계속 개화를 거부한다면 결국 나라는 파탄이 나고 속국이나 식민지로 전락하고 말 것이다.647)

국가연합에 합당한 일정한 자격이 갖추어지려면 그 구성원의 교육을 통한 계몽이 우선이다. 이승만이 그의 『독립정신』에서 교육의 중요성을 내세운 이유이다. 그 이유를 다음과 같이 기록하였다.

> 우리는 저 보통 평민 중 가장 다수한 인민을 가르쳐서 저 사람들이 다

---

646) Smith, "Translator's Introduction," p. 56.
647) 『풀어 쓴 독립정신』, 86-87쪽.

보통학문을 가져서 개명정도에 이른 후에야 고등 학식 가진 인도자들이 실로 쓸 곳이 있을 것이오 또한 나라이 실로 개명한 대우를 받으리라 하나니.[648]

국가가 계몽되는 데에는 교육을 통해서 하나의 개인이 모든 면에서 독립된 존재가 되는 독립정신이 중요하다고 파악하였다. "각 [독립된] 국가가 이러저러한 차이가 있음에도 [일정한 자격을 갖추었으므로] 유럽은 계몽주의 우산 아래 하나가 되었다." 계몽주의 우산 아래 자격을 갖춘 국가들이 하나가 된 것이 윌슨의 국제연맹과 트루먼의 국제연합이다.

존 모트가 각국의 독립된 기독교청년회를 모아 세계학생기독연합 WSCF을 조직한 것은 그 작은 예이다. 그는 그 공로로 노벨평화상을 수상하였다. 국제적십자가 또 하나의 좋은 예이며 국제연맹에 위치한 국제노동기구도 마찬가지이다. 이 같은 국제기구가 1922년 현재 487개에 이르렀음을 관찰한 마사리크는 이러한 현상이 제1차 대전의 산물이라고 크게 환영하였다.[649] 소수민족의 국가가 살아갈 수 있도록 의지하는 대외창구가 확대되기 때문이다. 이것은 일찍이 존 스튜어트 밀(John Stuart Mill)이 지적한 바 있는데 그도 회원의 자격을 논의하고 있다.[650] 이상재가 황성기독교청년회를 일본기독교청년회에 귀속시키려는 음모에 그토록 저항하여 저지한 이유나, 이승만이 귀국 후 황성기독교청년회에 그토록 열심이었던 이유, 그리고 각종의 반대와 어려움을 물리치고 하와이에 독립된 한국교회와 독립된 한국학교를 고집한 이유도 여기에 있다고 여겨진다. 책임 있는 독립된 조직으로 육성하여 때가 오면 세계적 연합체에 대등하

---

648) 『태평양잡지』, 1913년 12월호, 7쪽.
649) Masaryk, *The Making of A State*, p. 394.
650) Mill, *Considerations on Representative Government*, London, Parker, Son and Bourn, 1865, Ch. XVII. Smith, "Translator's Introduction," p. 80 에서 재인용.

게 가입하여 세계로 향한 간섭 없는 창구를 만들고자 하는 염원 때문이었을 것이다.

그 숨겨진 염원에 대한 간접적인 증거를 하나 들면 이승만이 하와이에서 미국감리교단에서 독립하여 설립한 한인기독교회의 영문이름을 The Korean Christian Church에서 Korean Missions라고 바꾸었고[651] 자신을 창립자 내지 선교부장이라고 불렀다는 점이다.[652] 미국 감리교단에 속한 하와이 감리교회들이 Hawaii Mission이라고 칭하는데 대조하기 위한 것이라 한다.[653] 그렇다면 이승만은 현재 하나에 불과한 한인기독교회를 발판으로 독립된 교단을 육성할 뜻을 갖고 있었다고 생각되며 그 장래 교단에 속하는 하나의 지체로서 Korean Missions를 이제 막 시작하였고 자신은 그 사명의 일꾼인 선교부장을 겸하고 있는 셈이다. 그렇지 않고서는 "한인기독학원과 한인기독교회는 이승만이 한국을 동양에서 처음 되는 기독교국가로 만들겠다는 꿈을 실현하기 위하여 착수한 '길게 준비하는 사업'"으로 발전할 수 없을 것이다.[654] 추측컨대 "외로우면 위태롭다"며 이웃과 외교를 평생토록 강조하는 이승만이었기에 한인기독교회를 한국 내의 교회와 어떠한 형식으로 연계시키려는 계획을 품었을 것이다. 다음 글이 그것을 증언한다.

종교상 독립 자유의 근본이 서지 못하고 국가의 독립 자유를 도모하는 자 없나니…마틴 루터가 천주교회의 속박을 타파한 후 유럽 열강의 독립사상이 발달되었으며, 영왕 헨리 8세가 영국교회를 세운 후로 독립 국권을 완전케 하였다.][655]

---

651) 손세일, 『이승만과 김구 1-3』, 385-386쪽.
652) 유영익, 『이승만의 삶과 꿈』, 122쪽.
653) 손세일, 『이승만과 김구 1-3』, 385-386쪽.
654) 손세일, 『이승만과 김구 1-3』, 386쪽.
655) 손세일, 『이승만과 김구 1-3』, 382쪽.

이승만이 마사리크가 체코슬로바키아에 독립 교회를 세운 사실을 알았다면 이 목록에 추가했을 것이다. 또 자신이 졸업한 프린스턴대학이 중심이 되어 미국 땅에서 영국교회 대신 스코틀랜드 장로교가 번성하고 겸하여 미국이 독립한 것도 추가할 수 있었을 것이다. 이와 같이 한국 독립에 선행하는 것이 한국교회의 독립이라는 점을 이승만은 앞세운다.

> 우리 한인도 조만간 장차 이와 같이 되어야 교회도 우리 교회가 완전히 서겠고 그 결과로 장차 국가적 독립도 새로 기초가 잡힐지니…오늘 대한 형편을 보면 내지에서는 이런 운동을 할 처지도 못 되었고 본국 교회가 아직 준비도 완전히 못 되었다 하겠으나 하와이 형편으로는 능히 교회도 자치할 만치 된지라.[656]

그 독립된 자치 교회가 한인기독교회 곧 한국선교Korean Missions이다. 이승만은 일제가 한국감리교회를 일본교회에 병합시키려는 음모를 사전에 탐지하였다. 이를 저지하기 위하여 한국교회를 북중국교회와 통합시키는 일을 추진하고 있다는 정보를 배재학당의 은사인 노블 박사에게서 들었다.[657] 그것도 하나의 방법일 수 있겠지만 독립징신이 강하고 청의 속국이 되기를 싫어한 이승만은 독립된 교회를 원했을 것이다. 그 방법으로 하와이 교회가 중심이 되어 한국에 선교하는 독립된 교단을 조직하는 것이다.

> 그런즉 하와이에 온 교인들은 이 기회를 가지고 한번 이용하여 스스로 한인의 만세 복리 될 기초를 여기서 세워 차차 그 영향이 미치는 대로 대세

---

656) 손세일, 『이승만과 김구 1-3』, 382쪽.
657) *Autobiography of Dr. Syngman Rhee*, p. 22; 손세일, 『이승만과 김구 1-3』, 126쪽.

를 회복하는 것이 곧 이때에 있으니 모든 장원한 길을 보시는 이들은 이에 합동함이 가하도다.658)

그 하나의 일환이 하와이 각 섬에 한인기독교회들의 설립이었고, 그 작은 시작이 다른 이유가 더 컸을지 모르나 하와이 학생들의 고국방문이 었을 것이다. 아마 미국 감리교단에 속해 있었다면 이 사업도 하지 못했을 것이다.

독립된 한인기독교회에서 시작한 한인기독학원은 대한민국의 독립 후에 인하공과대학이 되어 이승만의 높은 뜻이 늦게나마 이루어졌다. 1952년 6·25 전쟁의 포화 속에서 하와이에서 한인기독학원의 재산을 처분한 15만 달러는 이렇게 사용되었다.659) 이승만이 하와이에서 교육 사업에 열성이던 1918년경 마침 하와이종합대학안을 하와이 의회에 제출한 서류에 서명한 438명 가운데 유일한 박사 서명자가 된 경험이 있다. 그는 하와이대학의 교수도 될 수도 있었다.

돌이켜 보면 그때 이승만이 학교와 교회를 독립시키지 않았다면 한인들의 성금으로 육성된 학교와 교회 재산이 지금은 미국 감리교단의 재산이 되었을 것이다. 이런 면에서 하와이에서 독립 사업을 시작한 인사들이 많았지만 남은 것은 "수 백 원 어치 신문 주자와 저당 잡혀 먹은 총회관 뿐이라." 탄식하던 당시의 박용만의 글은 지금도 음미할 만하다. 과연 이승만이 말한 대로 "지난 백년간 세계가 변한 것을 본다면 앞으로 백 년 동안 얼마나 많은 변화가 있을지 짐작"한 결과이며 그가 평생 고집해온 '독립정신'의 발로라 아니할 수 없다.

하와이 한인기독학원의 중요성은 여기에서 그치지 않는다. 한국 근대

---
658) 손세일, 『이승만과 김구 1-3』, 382쪽.
659) Oliver, *Syngman Rhee The Man behind the Myth*, p. 347; 이덕희, 『한인기독교회, 한인기독학원, 대한인동지회』, 한국기독교역사연구소, 2008, 288쪽.

화의 기저에는 교육이 있었다. 그의 시작은 1884년 입국한 개신교 선교사에 의한 것이고 그것은 1910년까지 25년 계속되었다. 그 후 35년은 주지하듯이 일제에 의한 식민지 교육기간이었다. 이승만이 시작한 한인기독학원은 식민지 교육과는 아무 상관이 없이 해외에서 순전히 자력으로 근대 교육운동을 성공시켰다는데 의미를 둘 수 있다. 식민지근대화론의 예외에 해당한다.

이승만의 집권 시에 교육은 크게 성장하였다. 제2차 세계대전이 끝날 무렵 한국의 성인인구의 90%가 정식교육을 받지 못했다. 문맹률은 75%였다. 1959년 22%로 대폭 낮아졌다. 남한에서는 252개의 중학교에 62,136명의 학생이 있었다. 2년 후에는 중학교 수가 415개로, 학생도 277,447명으로 증가하였다. 1960년까지 중학생은 10배, 고등학생은 3배로 증가하였다. 1945년 당시 18개의 전문학교에서 3,000명의 학생이 공부를 했는데 대부분 일본인이었다. 연희대학교, 고려대학교와 이화대학교가 1946년에 설립인가를 받고 1947년에 국립서울대학교가 개편되어 학생수가 20,000명으로 증가하였다.[660] 1960년에는 대학수를 63개로 늘어나 대학생 10만 명 시대를 만들었다. 이 증가는 교육에 정부예산의 10%를 담당하면서 가능하게 되었다. 여기에 군의 각종 장교의 교육까지 포함하면 교육입국은 단기간에 성취되었다. 교육이 후일 경제를 일으키는데 커다란 원동력이 되었지만 이승만을 권좌에서 물러나게 만든 역설도 가져왔다.

---

660) Nahm, *Korea: Tradition and Transformation*, pp. 355-356.

3) 외교

(1) 영구평화와 외교

이승만 『독립정신』의 세 번째 요지는 외교의 중요성이다. 영구평화의 수단이 외교이기 때문이다. 영구평화와 외교의 관계는 모겐소(Hans J. Morgenthau, 1904~1980)가 "[국제]협력을 거쳐 우리가 평화라고 부르는 영구평화permanent peace의 전제조건을 구축하는 이 방법, 그 수단이 외교이다.…국력의 요소로서 외교의 엄청난 중요성을 강조하는 경우를 우리는 경험하였다"라고 적절하게 표현했다.661) 공개외교는 국제협력의 평화적 수단으로 윌슨 14개조의 첫 번째 내용이다. 이승만은 자신의 학위논문에서 한국 독립운동의 방향을 외교독립으로 설정하는데 어떠한 이론적 근거를 찾았는가.

한국의 독립운동에 있어서 가장 어려운 문제는 세계가 한국이라는 나라를 모른다는 점이다. 서울에 선교사를 파송하는 미국교회의 예배에서 목사가 "남태평양에 있는 섬 한국에 가는 우리 선교사"라고 기도하였다. 영국의 어느 의료선교사는 한국에 젊은 선교사를 파송하는 선전에 "한국Corea이 코르시카Corsica 옆에 있는 나라이지?"라는 반응을 얻었다. 21세기에도 잘 알려지지 않은 아프리카의 어느 나라 정도였다. 은둔의 나라라고 희미하게 알려졌을 뿐이다. 이런 나라가 독립을 주장하려면 먼저 민족이나 국가의 존재부터 알려야 하는데 여기에는 두 가지 방법이 있다. 무력과 외교이다. 무력은 테러도 수반한다. 당장에 세계를 놀라게 하여 존

---

661) This method of establishing the preconditions for permanent peace we call peace through accommodation. Its instrument is diplomacy.…We have already had occasion to emphasize the paramount importance of diplomacy as an element of national power. Morgenthau, *Politics Among Nations : The Struggle for Power and Peace,* New York, Alfred A. Knopf, 1948.

재감을 드러나게 하지만 부정적 인상을 남긴다. 무장독립운동 그 자체가 장기 전략이다. 30년 전쟁이 될지 100년 전쟁이 될지 알 수 없다. 대단히 소모적이다. 외교는 이성국가들이 환영하겠지만 이 역시 장기 전략이라는 단점이 있다. 그러나 무장독립운동보다 덜 소모적이다. 이승만은 외교를 택하였다. 왜 그랬을까?

그는 일찍부터 외교독립을 주창하였으니 그의 칠언절구에 잘 나타나 있다. "정치의 급무는 외교에 있고…외로우면 나라가 위태롭다오(圖治先在篤交隣…憂國戒存孤立勢)."662) 1898년 12월 3일 독립협회 토론회에서 이승만은 "신과 의를 튼튼히 지키는 것은 본국을 다스리는 데와 외국을 사귀는데 제일 긴요함"이라는 제목으로 대표 토론을 하였다.663) 독립협회 34번 토론회 가운데 외교를 주제로 토론한 것은 이것이 유일하다. 그러나 그것은 관념적인 것이었다. 이승만이 외교의 중요성을 처음 경험한 것은 한국정부와 결탁한 열강의 이권을 『매일신문』이 폭로한 데에서 유래한다. 이때의 일을 이승만은 "외국 공영사도 이 무세(無勢)한 종이조각을 꺼리기를 군사 몇 만 명보다 어렵게 여기고"664)라며 회고하였다. 이 폭로로 프랑스 및 러시아와 외교문제로 비화되었지만 결국 그들의 이권을 좌절시켰다. 이승만이 세계 여론의 중요성을 경험한 것은 105인 사건이다. 그때의 경험이 외교독립에 힘을 실어 주었다.

> 오늘날 한인의 당한 처지에서 군사 10만 명을 허비하고라도 능히 세상 공론을 일으켜 일본으로 하여금 고개를 숙이게 만들지 못하였을 것이어늘, 몇 십 명 교인이 의를 잡고 핍박을 당하므로 인연하여 각국의 공론을 일으켜 일본이 능히 씻지 못할 수욕을 당한지라. 이것이 곧 의리로써 세상을 이기는

---

662) 유영익, 『이승만의 삶과 꿈』, 223쪽에서 재인용.
663) 신용하, 『독립협회연구』, 267쪽.
664) 『제국신문』, 1898년 8월 15일.

능력의 증거이니, 우리가 이 능력만 많이 배양하면 전쟁을 아니하고라도 능히 우리의 국권을 회복할 수 있을지라. 이것은 우리의 이른바 피 아니 흘리는 전쟁이라 함이로다.[665]

여기서 의리는 『독립정신』의 여섯 번째 요지이다. 외교는 의리에 바탕을 두어야 한다는 뜻이다. 이승만은 이것을 몸소 경험하였다. 마사리크도 동의한다. "우리는 연합국, 외교가와 정치가, 국회의원, 신문과 언론을 우리 편으로 끌어들여야 한다. 우리는 연합국이 자진해서 [체코] 국가를 세워준다고 기대해서는 안 된다. 우리는 체코국가가 반드시 필요하고 연합국에게도 유익하다는 점을 설득시켜야 한다."[666]

이승만의 평화주의 외교독립을 끝까지 지지한 인물에 이상재가 있다. 이상재의 비문을 쓴 사람은 변영로이다. 그의 비문 가운데 다음의 문구가 있어 눈길을 끈다. "그 중에 특기할 것은 3·1운동의 방법을 지정한 것이다.…다수인이 한결같이 살육을 주장했으나 오직 선생은 살육하느니 보다 우리가 죽기로 항거하여 대의를 세움만 같지 못하다고 제의하셨다. 그리하여 무저항 비폭력의 혁명운동이 처음으로 전개되어 인류 역사상 우리가 영광스러운 시작을 가지게 되었던 것이다."[667] 이승만이 외교독립을 무장독립보다 선호한 이유는 이처럼 여러 가지일 것이지만 그의 학위논문에 나타난 논리적인 암호를 중심으로 살펴볼 수 있다.

(2) 중립통상 = 자유통상

자유국가의 자유해상통상을 저해하는 요인은 식민지 이외에 또 하나가 있다. 전쟁이다. 이승만은 제퍼슨의 입을 빌려 말한다. "어느 두 나라가

---

665) 『태평양잡지』, 1914년 2월, 67-68쪽.
666) Selver, *Masaryk*, p. 254.
667) 전택부, 『월남 이상재의 생애와 사상』, 150 151쪽; *The Korean Liberty Conference*, Washington, D.C., p. 72.

전쟁을 시작할 때 평화 속에 살기를 원하는 나라들은…교전국이든 중립국이든 모든 국가에 대하여 평소처럼 그들의 산업생산물을 교환하기 위해 운송할 자연권을 갖는다.…요약하자면 타국 간의 전쟁은 이들에 대해서는 마치 존재하지 않는 것과 같다."668) 미국은 비교전[중립]국가로서 전시에도 평시처럼 방해받지 않는 통상을 원했다. 이것이 이른바 중립통상의 정체로 곧 자유통상이다. 이에 대하여 영국은 반대하였다. 점차 두 국가는 견해를 좁혀 전시금제품contraband에 한하여 통상을 금지하였다. 그러나 미국은 그 품목을 되도록 작게 정하고 영국은 넓게 정하려 하였다. 전시금제품은 곧 해상에서 선박방문권visit과 수색권search을 동반한다. 이에 대해서도 미국과 영국은 대립되어 있었다. 이승만은 전시금제품, 방문, 수색에 대한 역사적인 사례를 추적하고 있다. 이로부터 10년 전 이승만이 감옥에서 구독한 『아우트룩』(1900.1.20)에 실린 울시(Theodore S. Woolsey)의 논문 「전쟁시기의 중립권과 금제품」을 읽었을 개연성이 크다고 지적한 학자는 이정식이다.669) 이때부터 이승만은 중립통상에 대해 관심을 키워왔는지 모른다.

그러나 그의 논문에 등장하지 않은 사례가 있었다. 아마 이승만은 의도적으로 이 사례를 제외시켰을지도 모른다. 청일전쟁의 서막에 비교전국[중립국]인 영국 국적의 상선 고승호(高陞號)가 청국 군인과 무기 등 전시금제품을 싣고 풍도 앞 바다를 향해 하던 중이었다. 이를 포착한 일본 순양함 나니와호(浪速號)의 함장 도고(東鄕平八郎, 1848~1934)는 임검 search 명령을 내렸고 이선을 촉구하는 명령을 두 번 발령한 다음 거절당하자 포격을 가하여 격침시켰다. 격침 후 비교전국인 영국선원은 전원 구조되었지만 적국인 청국병사들은 수장되었다. 이것은 이제 막 아시아

---

668) Rhee, *Neutrality As Influenced by the United States*, pp. 33-34. 정인섭, 『이승만의 전시중립론』, 58-59쪽.
669) 이정식, 『이승만의 구한말 개혁운동』, 116쪽.

에서 러시아의 남진을 저지하는데 일본을 이용하여 '영광된 고립외교 splendid isolation'에서 벗어나서 일본과 군사동맹을 고려하고 있던 영국으로서는 매우 당혹스런 사건이 되었다.

그럼에도 영국의 중국함대 사령관이 일본에 항의하였으며 영국의 언론은 '아시아인의 해적행위,' '일본의 국제법 무시'라고 매도하였다. 일본의 외무상 무쓰(陸奧宗光, 1844~1897)도 도고 함장의 격침명령을 바보스럽다고 매우 질책하였다. 그러나 영국의 국제법 학자 홀랜드(Sir Thomas Erskine Holland, 1835~1926)와 웨스트레이크(John Westlake, 1828~1913)가 동향의 조치가 국제법에 어긋나지 않는다고 『타임스The Times』에 게재하면서 사태가 일본에 유리하게 전개되었다.670) 도고는 영국 상선학교 출신이므로 국제법을 알고 있었다고 한다. 이러한 내용은 이승만의 학위논문을 보면 쉽게 이해할 수 있는데 그는 논문 제3장 제4절에서 전시금제품을 다루고 있으며 참고문헌으로 홀랜드의 대표저서 『Admiralty Manual of Prize Law』를 게시하고 있다.671) 아마 당시 한국인으로 홀랜드를 이해한 사람은 이승만이 유일했을 것이다.

일본이 안으로는 여러 가지 불법을 교묘하게 저지르면서도 밖으로는 국제법을 준수하려고 노력한 까닭은 국제사회에 일원이 되려는 목표와 함께 개국 시에 체결한 열강과의 불평등조약을 개정하려는 염원이 있었기 때문이다.672) 일본은 1907년 제2회 헤이그 평화회의에서도 국제법의

---

670) Holland, "The Sinking of the Kowshing," *The Times*, August 6, 1894 in Holland, *Letters to "The Times" on War and Neutrality 1881 1920*, London, Green and Co., 1921, Chapter V, Section 1.
671) Rhee, *Neutrality As Influenced by the United States*, p. 113.
672) 서세 동점과 더불어 아시아에서 중국을 중심으로 하는 국가 사이에 전통적인 관계가 허물어져가고 서양의 국제법이 빠르게 도입되는 과정에서 그 중요성을 제일 먼저 인식한 것은 일본이었다. 마태 페리(Matthew Perry, 1794~1858)에 의해 일본이 강제 개국된 후 명치유신의 기초를 닦는데 커다란 공헌을 남긴 사카모토(坂本龍馬, 1836~1867)의 일화에도 그 중요성이 묻어있다.

우등생이 되고자 열심이었다. "헤이그 회의에 참가하는 데 따르는 만반의 준비와 아시아 대륙을 대표하여 완벽한 공헌을 하는 일에 다른 어떤 대표단보다 더 강하게 의식하고 있었다."673)

전시금제[품]에는 사람도 포함된다. 이것은 모병enlistment에 관한 문제이다. 이승만은 이에 관해서도 여러 역사적 사례를 정리하였다. 그는 기록하였다. "1818년 4월 20일 [미국]의회에 새로운 법률이 통과되었다. 이것이 [1910년] 현재 1818년도 중립법the Neutrality Act of 1818으로 알려진 있는 항구적 입법이다." 이 법의 주요골자는 다음과 같다.674)

(1) 미국 관할 내에서 외국 군주, 국가, 식민지, 지역, 또는 국민에 봉사하기 위한 임관을 수락하거나 이의 사령을 한 모든 미국 시민은 중한 범죄를 범한 것으로 간주한다.

(2) 모병하거나, 스스로 입대하거나, 입대할 의도로서 관할권을 벗어나는 타인을 고용하거나 구하려는 자는 유죄이다.

(3) 어떤 선박의 장비를 갖추어 무장시키는 자, 이를 시도하는 자, 또는 설비하거나, 개조하거나 무장하는데 고의적으로 관여하는 자는 유죄이다.

용마가 긴 칼을 차고 있는 친구에게 "장검의 시대는 지났다. 나처럼 짧은 칼을 지녀라"라고 말했다. 두 번째 만났을 때 짧은 칼을 찬 것을 보자 "단검의 시대도 지났어. 나처럼 권총을 갖고 다녀"라고 권하였다. 세 번째 만났을 때 책 한 권을 보여주며 "권총도 소용없네. 국제법을 익히게"라고 말했다고 전해진다. Hillsborough, *Samurai Tales*, 2010, pp. 165-166. 사카모토는 선박의 주권이 선적국가에 있다는 국제법에 매료되어 작은 일본이 국토를 팽창하려면 많은 선박을 만들어야겠다고 주장한 인물답게 국제법 신봉자가 되었다.

673) Eyffinger, "The 1899 Hague Peace Conference: The Parliament of Man, The Federation of the World," *Kluwer Law International*, 2001, p. 451; Ditto, "A Highly Critical Moment: Role and Record of the 1907 Hague Peace Conference," *Netherlands International Law Review*, vol.LIV, 2007, issue 2, pp. 197-228. 무라세 신야, 「1907년 헤이그 밀사 사건의 유산」, 이태진 외, 『백년후 만나는 헤이그 특사』, 태학사, 2008, 251쪽에서 재인용.

674) Rhee, *Neutrality As Influenced by the United States of America*, pp. 48-49. 정인섭 역, 『이승만의 전시중립론』, 80-81쪽.

(4) 여하한 군함, 순양함, 기타 무장 선박의 화력을 증대, 증강시키는 자, 증대되거나 증강되도록 조달하는 자, 또는 증대시키거나 증강시키는데 고의로 관여한 자는 유죄이다.

(5) 미국과 평화관계에 있는 외국군주의 영토나 지배자를 목표로 그 곳에서 수행하려는 어떠한 군사적 원정이나 계획을 시작하거나 착수하거나 그 수단을 제공하거나 준비하는 자는 유죄이다.

6) 세관원은 명백히 군사목적으로 건조되었거나 장비를 갖춘 모든 선박은 압류한다.

식민지로 압박 받고 있는 민족이 무장독립을 하려면 무기와 병사가 필요하다. 그런데 이 모병법의 중요성은 "이것이 1819년 영국의 외국모병법과 그 후 여러 유럽국가의 형법에서 채택되었던 유사한 법률의 기초가 되었다"는 데에 있다.[675] 따라서 미국과 유럽 국가들이 전쟁금제품과 모병을 제한하면 무기와 병사를 조달할 방법이 없다. 무엇보다 자금이 필요하다. 전쟁에 세 가지가 필요하다. 첫째 돈, 둘째 돈, 셋째 돈이다. 어디서 막대한 자금을 구할 것인가. 일본이 러일전쟁을 치르기 위해 어렵게 런던시장에서 기채하였고 종국에는 그렇게 모은 자금도 모자라 평화협상을 서둘렀다. 러시아도 사정은 마찬가지였다.

설사 조달하는데 성공한다 하여도 무기와 병사를 싣고 갈 해상운송수단은 어디서 구하는가. 모병법을 채택한 구미 국가를 피하여 다른 지역[예를 들면 소련이나 중국 등]에서 조달하거나 구미 국가로부터 밀수를 하는 방법밖에 없을 것이다. 그러나 소련도 체코슬로바키아 군단의 무장을 해제할 것을 명령하였다. 이 때문에 이른바 체코슬로바키아 군단의 시베리아 대장정이 탄생하고 그 여정에서 소비에트 혁명군대와 전투를 치르지 않으면 안 되었다. 백위군과 함께 적위군을 상대로 내전에 휘말렸

---

675) Rhee, *Neutrality As Influenced by the United States*, pp. 53-54.

다. 트로츠키는 무장한 체코슬로바키아인을 보면 즉석에서 사살하라고 명령을 내렸다. 타국에서 군사행동이란 여건이 바뀌면 위험에 빠질 수 있다. 7만 명의 체코군단이 대장정 끝에 블라디보스토크에 도착했을 때 그를 수송할 선박이 없었으면 몰살당할 처지였다. 다행인 것은 체코군단의 뒤에는 프랑스, 영국, 미국, 일본 등 러시아에서 소비에트 공산주의를 몰아내려는 연합군이 있었다. 그 연합군을 필설에 의해 외교로 움직인 사람이 마사리크이다. 이때는 제1차 대전과 러시아 혁명의 와중이었으므로 이것이 가능하였겠지만 평화시기에는 가능하지 않다. 마사리크는 말했다. "미국이 중립인 한 미국에서 군대를 조직하는 것은 불가능하다."[676] 마사리크는 심지어 중립국인 미국에서 독립운동자금을 모금하는 것조차 금했다.[677] 미국이 참전하는 경우에는 법적인 이유 이외에 다른 문제도 있었다. "전쟁은 모든 미국시민을 단결시키는데, 미국의 민족마다 군대를 조직하면 단합이 깨진다."[678]

    1931년 만주사변이 일어나자 중국의 제소에 따라 국제연맹은 조사단을 보냈다. 영국의 리튼 경을 단장으로 이 조사단은 6개월을 조사하고 보고서를 제출하였다. 이 보고서를 보면 중국이 만주에 있는 한국인들에게 우호적이지 않았음을 알 수 있다. 우선 간도 이익 지역에서 토지를 소유할 수 없었다. 중국 국적을 취득해야 한다. 토지를 소유할 수 없으면 군사훈련은 불가능하다. 이 보고서에 드러난 또 하나의 사실은 소련도 시베리아에 거주하는 한국인들에게 우호적이 아니었다. 지적할 것은 시베리아에서 한인학살사건도 이와 무관하지 않다. 이승만은 리튼보고서를 읽고 「만주의 한국인The Koreans in Manchuria」(1933)이라는 소책자를 출판하였다. 이 소책자에서 만주에 사는 한국인들의 참상을 목격하고 외

---

676) Masaryk, *The Making of A State*, p. 262.
677) Selver, *Masaryk*, p. 252.
678) Benes, *My War Memoirs*, p. 184.

교독립의 의지를 더욱 다졌을 것이다.

중국이 만주에 신흥무관학교 창설에 반대하였으나 만주의 혼란기에 원세개와 이회영의 개인적인 우정으로 가능하였다. 비슷한 예로써 후일 이청천이 장개석과 일본육사 동창인 인연으로 중국 영토에서 한국독립군을 훈련시킬 수 있도록 특별허락을 받았다.

비제도적인 이런 방식은 단기간이라면 몰라도 장기간에 걸쳐 지속되는 치열한 무력투쟁을 거의 불가능하게 만든다. 더욱이 소련은 공산국가이고 중국은 내전과 외전 중이다. 게다가 상대방은 이미 청국을 패배시키고 러시아마저 굴복시켰으며 독일을 중국에서 몰아내고 세계 정복을 목표로 세계적인 군사강국으로 떠오른 강적이다. 여기에 미국의 한인동포의 인구는 7천 미만이었는데 청년의 수는 넉넉히 잡아도 2천을 넘지 않을 것이다. 인구, 군사력, 자원, 기술, 외교력, 영향력 등에서 절대부족이다. 앞서 말했듯이 전쟁에는 세 가지가 필요하다. 첫째 돈, 둘째도 돈, 셋째도 돈이다.679) 이승만은 반대한다. "[얼마 안 되는 무력을 써 버려] 장래에 원기를 다 탕비하여 놓고 앉아 만리같이 창창한 길을 어찌 하고자 하느뇨."680)

이승만이 학위논문에서 인용한 바텔(Vattel)은 일찍이 "야심 있는 이웃이 자유를 위협하면, 노예로 삼고 복속시키려 하면, 취할 수 있는 것은 자신의 용기뿐이다. [외교로] 논쟁하기 싫어서 회담조차도 하지 않는다. 거기[용기]에 모든 노력, 자원을 쏟고, 피를 마지막 한 방울까지 아끼지 않는다. 이런 방법은 아주 위험하다"라고 썼다.681) 마사리크도 동의한다.

---

679) Smith, "Translator's Introduction," p. 72.
680) 『공립신보』, 1908년 8월 12일. 원영희·최종태 편, 『뭉치면 살고…』, 184쪽에서 재인용.
681) Vattel, Chitty (trans.), *Law of Nations*, II, Philadelphia, T & J. W. Johnson, & Co., 1883, Ch. XVIII, p.332. Smith, "Translator's Introduction"에서 재인용.

"자기희생은 [체코]민족의 이상이 되어왔다.…이것은 매우 위험한 일이다. 순교가 민족에게 하찮은 일상이 되어버리기 때문이다."[682] "참된 인본주의의 목표는 폭력과 영웅적 행위와 순교라는 낡은 이상을 극복하는 것이다."[683]

중일전쟁이 일어나자 장개석은 상해임정에 자금을 적극 지원한다. 그러나 국가적 차원이 아니라 장개석 개인의 권한 내에서 이루어졌으며 교전단체나 독립정부로 인정하지 않았다. 자금을 둘러싼 좌우 세력 사이의 내홍이 일어났다. 장개석이 지원하는 사정은 "만주지역의 안전을 위해 한국독립운동을 지키고 유지시켜야 한다"는 것과 "인도적인 동기와 함께 임정과 한인 독립단체, 특히 한인무력을 관리하는" 데에 있었다.[684] 이에 대해서는 심도 있는 연구가 필요하다.

이승만은 학위논문의 사례를 통해서 미국이 영국과 독립전쟁을 전개할 때 프랑스가 자금과 무기를 원조하면서 가장 염려한 것은 그것을 빌미로 영국이 프랑스 자신에게 선전포고하는 것이었음을 알고 있었다. 그는 또 자신을 돕지 않는다는 이유로 영국이 홀란드에 선전포고한 사실도 알고 있었다. 이것은 비교전 중립국이 교전국의 한편을 지원하면 전쟁이 확산될 수 있는 위험을 말한다. 이승만은 비교전 중립국이 이러한 위험을 무릅쓰고 식민지의 독립을 위해 모병 등을 지원하기가 어려울 것임을 암시하고 있다.

안창호도 무장독립에 비판적이다. "독립전쟁문제로 말하면 하와이에

---

682) Szporluk, *The Political Thought of Thomas G. Masaryk*, Boulder, Eastern European Monographs, 1981, p. 87.
683) Warren, *Masaryk's Democracy*, University of North Carolina Press, 1941.
684) 서상문, "한국독립운동에 대한 중국의 경제지원과 임정 내 내홍", 제28회 이승만포럼 발표, 2013, 7쪽, 15쪽; 서상문, 「抗戰時期 中國國民政府對在華韓國獨立運動之資助」, 『近代中國』, 제91期, 1992年 10月.

서도 모씨 등이 달마다 태평양을 건너간다 하여 무식한 동포들은 전쟁이 어떤 물건인지도 모르고 그런 말에 돈도 바치고 시간도 허비하여 속는 이가 많던 중에 이런 시기에 또한 그러한 문제를 제기할는지 모르나, 우리 동지 중에서는 아무리 무식하여 판단력이 부족한 줄로 자처하는 이라도 전쟁이 어떤 것임을 알고 오늘에 그런 문제를 제출하는 것은 허망한 것으로 역력히 아는 바이니 다시 말할 필요가 없겠다.]"685) 이는 박용만을 겨냥한 비판이다. 박용만은 미국에서 한국 군단을 편성하여 일본에 대결하자는 것이 아니었다. 당시 미국에 약 5백 명, 멕시코에 약 2백 명의 구한국군 출신이 있었다. 그들을 청년장교로 양성하여 만주와 연해주로 보내어 무장투쟁을 원했다. 훈련에 총기를 사용할 수 없어서 목총으로 대신하였다. 그러나 그가 설립하였던 한인소년병학교 졸업생들은 거의 대부분 대학으로 진학하여 애초 기대했던 군인이 아니라 사업가, 의사, 교육자가 되었다.

    박용만과 노백린이 무장독립을 내걸고 미국에서 군사훈련을 시도한 것을 법률적 측면에서 연구된 바가 거의 없다. 「1818년 중립법」이 아직도 유효한 1910년대 당시 비교전 중립국이었던 미국에서 한국인들이 미국과 평화관계에 있는 일본과 전쟁을 목표로 모병하고 군사 훈련시켰던 행위를 법률적으로 검토할 필요가 여기에 있다.

    실제 박용만의 한인병학교에 대하여 미국 국무장관은 내무부에 엄중히 조사할 것을 명령하였다. 그의 모범이 되었던 중국의 보황회군대도 뉴욕에서 행진하는 것이 법적으로 문제 되었었다.686) 제1차 대전 말기인 1918년 3월 미국의회가 미국에 거주하는 외국인이 모병되어 전쟁에 참여한 뒤 미국으로 귀환할 수 있도록 개정한 법률이 태어난 사례가 시사하는

---

685) 안창호, 「전쟁종결과 우리의 할 일」, 주요한 편저, 『안도산전서』, 삼중당, 1963, 520쪽.
686) 안형주, 『박용만과 한인소년병학교』, 41 42쪽.

바가 적지 않다.687) 그 전에는 귀국이 불가능하였다. 이승만이 어째서 무장독립운동에 대하여 적극적이지 않고 유보적이었는지 생각해 볼 일이다. 이승만이 학위논문에서는 전혀 기미를 보이고 있지 않지만 이 부분에서 무력투쟁은 어렵다고 확신했을지 모른다. 일본에 비해 인구, 군사력, 재력, 외교력, 기술 등 여러 면에서 열세인 한정된 자원을 비효율적으로 "탕비하여 놓고 만리같이 창창한 [독립운동의] 길을 어찌 하고자 하느뇨."라며 탄식하고 있다. 그렇다면 그에게 주어진 유일한 소망으로 외교방략만이 남았다. 미국은 여론의 나라이다.

그러나 안창호는 외교독립에 대해서도 비판적이었다. "윌슨 대통령에게 독립승인을 요구하여 교섭한다 장서한다 함에 대하여는 어떠할까 하고 생각이 혹 주저하는 이가 있을는지 모르겠으나, 이런 일을 함으로 한갓 한인이 일본의 기반을 원치 아니하는 뜻이나 발표하여 이 후일에 다소간 참조자료가 될는지 하고 혹 한인의 공통한 기관의 명의로 교섭을 제출할지 모르나, 사실로는 오늘에 무슨 효과가 있으리라 하면 이는 어리석은 희망이라. 자기의 일을 자기가 스스로 아니하고 가만히 앉았다가 말 몇마디나 글 몇 줄로써 독립을 찾겠다는 것이 어느 이치에 허락하리오."688) 이 글은 제1차 대전 직후에 자성되었는데 북으로는 핀란드 남으로는 발칸 제국까지 7개의 식민지가 독립하는 것을 그도 목격하였다. 특히 전설적인 체코슬로바키아의 독립이 필설에 의지하였다는 사실은 당시 동화 fairly tale처럼 인구에 회자하였다. 그럼에도 이승만을 겨냥한 글이다.

흥미로운 점은 외교방략의 성공 가능성은 식민주의·제국주의가 심화될수록 커져갔다는 데에 그 역설적 특징이 있다. 앞서 식민지통상=전쟁 주기의 등식 탓이다. 그 예가 체코슬로바키아의 독립이고 여기에 희망이

---

687) Masaryk, *The Making of A State*, p. 449.
688) 안창호, 「전쟁종결과 우리의 할 일」, 520쪽.

보인다. 그러나 이 희망은 어찌 보면 "제1차 대전 이전의 근대 국제법 질서는 기본적으로 서구적인 문명 형태를 취하는 국가만의 질서라고 인정되었던 것"이라는 데에 그 한계가 있었다.689) 다시 말하면 제국주의의 식민지 지배도구에 불과하였으므로 약소민족을 옹호하려는 의도는 없었다. 이것이 제1차 대전과 더불어 미국에 의해 무너지기 시작하고, 이승만이 분석했듯이 유럽에 대한 미국의 국제법 우위와 더불어 강대국 지배민족에 비해 무력에서 크게 열세가 될 수밖에 없었던 약소국 피지배민족의 외교독립방략에 희망이 생기게 된 것이다. 그 희망은 이승만의 스승 윌슨의 14개조에서 태동되었다.

    제1조 강화조약의 공개와 비밀외교의 폐지.
    제2조 공해상에서 항해의 자유.
    제3조 통상조건의 균등화.
    제4조 군비축소.
    제5조∽제13조 식민지 요구의 공정한 조정. 러시아로부터 철병과 스스로 선택한 제도 존중. 벨기에로부터 철병과 주권 존중. 점령되었던 프랑스 영토 해방. 이탈리아 국경조정. 오스트리아 헝가리의 각 민족 국제적 지위 보장. 루마니아, 세르비아, 몬테네그로에서 철병과 발칸국가들 독립의 국제적 보장. 오스만 제국 주권 보장과 그 치하의 타민족에 대한 자치 육성의 보장. 폴란드 독립.
    제14조 국제연맹 창설.

제1조는 칸트 금지조항 1의 응용이다. 제2~3조는 칸트 의무조항 3의 응용이다. 제4조는 칸트 금지조항 3의 응용이다. 제5~13조는 칸트 의무조항 1의 응용인데 여기에 해당하는 국가들이 의무조항 1과 2를 의무적

---

689) 무라세 신야, 「1907년 헤이그 밀사 사건의 유산」, 이태진 외, 『백년후 만나는 헤이그 특사』, 264쪽.

으로 수행하느냐는 것은 숙제로 남겨졌다. 이 부분을 가리켜 민족자결주의라고 부르는데 특히 제10조에 의해 독립의 열망이 성취된 첫 번째 예가 체코슬로바키아의 독립이다. 제14조는 칸트 의무조항 2의 응용으로 자유국가연합의 창설이다. 윌슨의 14개조는 칸트의 영구평화헌법의 구체적 실천 조항이다. 윌슨은 칸트에게서 영향을 받았다.[690]

4) 민주주의

(1) 조약위반 시대

이승만 『독립정신』의 네 번째 요지는 국권[국가권리], 곧 이성적 정치제도의 중요성이다. 그 핵심은 민주주의이다. 칸트는 의무조항 2에서 국가의 국제권리, 줄여서 국가권리를 논하고 있다. 앞에서 보았듯이 이승만의 학위논문은 칸트 영구평화의 사례로서 1776~1872년에 미국의 자유해상통상 법제사이다. 학위논문이 다루지 않은 그 후 1882년에서 1940년까지의 세계사를 어떻게 설명할 것인가. 그는 이 시기에 조미우호통상조약, 청일전쟁, 러일전쟁, 제1차 대전, 만주사변, 중일전쟁을 겪으며 다시 세계대전의 전운을 감지하였다. 이승만이 판단하기에 그것은 조약위반의 시대이며 민주주의 위기의 시대였다. 특히 국제연맹을 주창한 윌슨의 꿈은 미국의회가 가입을 비준하지 않아서 좌절되었다. 칸트의 의무조항 2가 미비된 상태이다.

이러한 시기에 이승만이 자신의 학위논문의 논리로 시기를 연장하여 간전기 모두를 설명한 것이 『일본 내막기』이다. 그는 이 시기를 다시 둘

---

690) Vorlander, *Kant und der Gedanke des Volkerbundes*, Leipzig, Meiner, 1919, p. 67; Beestermoller, *Volkerbunsidee*, Stuttgart, Kohlhammer, 1995, pp. 94-142; Hackel, *Kants Friedensschrift und das Volkerrecht*, Berlin, Duncker & Humbolt, 2000, p. 170; Rauber, "The United Nations —a Kantian Dream Come True?," *Hanse Law Review*, Vol.5, No.1, 2009.

로 나누었는데 1882~1910년의 조약위반시대는 제13~14장이 다루고, 1910~1940년의 민주주의 위기시대는 제1장과 제15장이 다루었다. 그 사이 제2~12장은 구체적 사례의 열거이다. 특히 일본의 선전 외교 전쟁의 공식을 수많은 예로 설명하고 있다.

이승만의 학위논문이 추적하는 자유해상통상의 역사는 1872년에서 끝난다. 조선에서 신미양요가 일어난 다음 해이다. 왜 여기서 끝냈을까? 1870년은 스탠더드 석유회사가 설립된 해이다. 이것은 새로운 석유문명의 세기가 시작됨을 의미하고 미국이 유럽을 앞지르게 되는 계기가 되었다. 군함의 원동력이 석탄에서 석유로 대체될 날도 멀지 않았다. 내연기관 자동차의 출현은 세상을 바꿀 것이다. 그 힘은 중국·일본을 거쳐 마지막으로 조선에까지 미쳐 1871년 신미양요가 일어났다. 다시 말하면 1872년은 새로운 시대의 시작점이라고 본 것이다. 이때까지 미국은 유럽을 상대로 해상의 자유와 통상의 자유를 위해 다투었다. 앞서 반복해서 말했듯이 이승만의 학위논문의 주제는 1776~1872년에 대서양에서 미국과 유럽의 충돌이다. 이에 비하면 『일본 내막기』의 주제는 1882~1940년 태평양에서 미국과 일본의 충돌이다. 이때는 자원전쟁 특히 석유전쟁의 시대이다. 이승만은 일본의 입을 빌려 그 중요성을 알고 있었다.

> 만약에 미국이 석유의 수출을 거부한다면 우리[일본]는 이것을 네덜란드령 인도제도, 말레이지아에서 얻고 미국에 대한 아연과 주석의 수송을 억누르지 않을 수 없다. 만약 미국이 무력에 호소한다면 우리는 서부 태평양에서 이를 격퇴하지 않으면 안 된다.[691]

이승만이 1872년을 시대 구분한 것은 새로운 시대를 예상하였기 때문

---

691) Rhee, *Japan Inside Out*, p. 31. 이종익 역, 『일본군국주의실상』, 59쪽.

이었으리라. 그러나 미국은 일본과 마주치기 전에 태평양 아시아에서 유럽과 같은 주제를 마무리 지어야 하였다. 다시 말하면 동진하는 유럽세력에 맞서 서진하는 미국세력이 아시아 태평양에서 예견되는 충돌을 해결해야 했다. 그 사이에 낀 조선의 위치와 조미우호통상조약의 중요성이 대두된다. 결국 역사가 증언하는 대로 조약의 방기로 종결되어 조선의 비극이 새로운 시대에 첫 번째 희생자로 기록되었다.

프랑스는 1862년 프랑스 선교사를 살해한 데 대한 보복으로 베트남왕국을 무력으로 토벌하고 1867년 식민지 코친차이나를 만들었다. 프랑스 선교사의 살해 책임을 응징하려던 병인양요에서 뜻을 이루지 못하고 조선에서 일단 물러난 프랑스는 같은 방식으로 1867년 군대를 파견하여 조선을 보호령으로 삼겠다고 청국에 통보하였다. 동북아의 베트남을 만들 작정이었다. 미국에게 이 토벌작전에 참여할 의사가 있느냐고 타진하였다.[692] 이에 미국이 유럽세력을 아시아시장에서 견제하기 위하여 조선을 지목하고 서둘러 조약을 추진하였다. 준비와 상하원 합동결의안을 거쳐 15년 만인 1882년에 성사시킨 것이 조미우호통상조약이다. 이때 조약을 주선한 이홍장은 그 조약에 조선은 청의 속국이라는 문구를 요구하였으나 미국은 거절하였다. 이것을 이승만은 다음과 같이 묘사하였다.

> 19세기 후반에 미국은 국내생산품(특히 석유)를 판매할 새로운 시장을 발견하려고 온갖 노력을 다했던 것이다. 일본으로 하여금 유럽 일정국가들과 통상을 개방케 하는데 성공한 페리 제독의 업적에 뒤이어 슈펠트 제독은 은둔 왕국의 문을 두드려 미국과의 조약을 체결할 것을 요청하였던 것이다.[693]

---

692) 최정수, 「특사 태프트의 제2차 대일방문과 미일조약체제 1907 1908」, 『동북아역사논총』, 29호, 2010, 22쪽.
693) Rhee, *Japan Inside Out*, p. 167. 이종익 역,『일본군국주의실상』, 218쪽.

이 조약에는 유효기간이 없으며 불평등조항은 후일 개정할 수 있도록 명문화하였다. 중요한 점은 개입할 수 있는 거중조정조항이었다. 이것은 칸트 금지조항 5가 인정하는 예외에 해당한다. 당시 다른 나라와 맺은 조약과 비교할 때 파격적인 조약이며 한국사뿐만 아니라 세계 근세사에 대단히 중요한 조약이다. 이것이 중요한 이유는 또 있다. 미국은 1901년 파나마운하에 대한 조약을 이곳에 연고가 있던 영국과 맺었다. 완성이 되면 미국 동부에서 태평양을 거쳐 아시아의 진출이 훨씬 안전하고 신속해진다. 시어도어 루스벨트는 이 운하에 대단한 집착을 보였다. 전에는 미국 동부에서 아시아로 진출하려면 대서양 지중해 수에즈 운하 인도양 아시아의 경로를 거쳐야 하였다. 그것은 멀고 위험하였다. 그러나 파나마 운하와 더불어 태평양 아시아의 중요성이 커졌다.

이승만이 학위논문에서 결론을 맺었듯이 대서양에서 자유통상의 범위는 커져갔다. 미국의 야심은 여기서 그치지 않고 전 세계를 자유통상망으로 묶는 것이었다. 그러면 통상=평화가 완성된다. 그러나 칸트 『영구평화론』에는 암묵적 부분이 있었다. 칸트는 통상의 평화적 측면을 너무 신봉한 나머지 통상의 분쟁이 발생하는 경우에 대한 중재조치를 구체적으로 적시하지 않았다. 칸트는 자유국가연합으로 충분하다고 생각했다.694) 그러나 미국은 이에 대한 평화적인 해결책으로 별도의 국가중재권을 생각했다. 이에 대항하여 유럽은 군사동맹권을 고집했다. 미국의 중재권 대 유럽의 동맹권이 아시아 태평양에서 맞붙었다. 미국은 통상조약만으로 평화가 이루어질 수 없다고 생각하여 중재조약을 별도로 주장하였다. 그 시험대가 조선과 맺은 조미우호통상조약이었다. 1899년 제1차 헤이그 평화 회담에서 국제중재재판제도가 탄생하였다. 국가 간의 분

---

694) Smith, "Translator's Introduction," p. 79.

쟁을 무력이 아니라 법으로 해결하자는 취지였다. 그 가운데 통상조약이 가장 중요한 재판대상이었다. 만일 한쪽이 통상조약을 일방적으로 폐기하면 제소할 수 있다. 국가의 재판권이라는 개념이 생긴 것이다.695) 이것은 어찌 보면 칸트가 긍정조항 2에서 제의한 국가의 국제권international right의 확장된 개념이기도 하다.

중재권을 두고도 미국과 유럽은 다퉜다. 미국은 통상조약과 중재조약을 함께 체결해야 한다고 주장했고 유럽은 별개의 조약으로 생각했다. 만일 미국식으로 통일되었을 때 식민지는 통상조약으로 재판권을 행사하여 제소할 수 있기 때문이다. 미국이 조선과 통상조약을 맺을 때 경제적 이익에 크게 비중을 두었다. 그러나 미국은 한국이 통상수단보다는 안보수단을 더 중시함을 깨달았다. 그리고 이 지역이 통상 이익만큼 위험부담이 높다는 사실을 알게 되었다. 그것은 청일전쟁과 러일전쟁에서 명확하게 드러났다. 잘못되면 지역분쟁에 휘말릴 가능성이 높았다. 전 세계를 하나의 통상 중재조약으로 묶으려는 미국의 야심에 걸림돌이 될 수 있었다.

그 첫 번째 도전이 생겼다. 일본과 관계가 미국의 중재조약 계획에 장애가 되는 일로 드러났다. 1900년대에 오면서 미국은 일본이민문제를 심각하게 생각하기 시작했다. 특히 하와이와 캘리포니아가 걱정이었다. 그러나 특정국가의 이민을 제한하면 제소로 이어진다. 이 문제를 둘러싸고 연방정부와 캘리포니아주는 논쟁을 하였다. 이승만은 이 사실을 알았다.

일본정부는 캘리포니아주를 한 독립국가로서 인정하여 직접 교섭하겠다

---

695) 최정수, 「특사 태프트의 제2차 대일방문과 미일조약체제 1907 1908」, 『동북아역사논총』 29호, 7-45쪽.

고 대담하게 [미국을] 위협하였다.696)

또 하나의 문제는 일본이 교묘하게 만주에서 세력을 확장하는 문제였다. 이것은 미국의 문호개방정책에 어긋난다. 인구문제로 고민하는 일본의 세력을 만주에서 억제하고 하와이와 캘리포니아에서 일본이민 문제를 해결해야 하는 문제로 미국은 일본과 전쟁까지 생각해 본 적이 있었다. 이승만은 이 문제를 다루는 미국이 의심스러웠다.

[러일전쟁에서] 일본의 승리의 결실로서 어느 부분의 영토를 일본에게 부여해야 할 것인가는 미국 정치가들이 해결해야 할 문제였다. …문호개방 주창자인 미국은 만주 영토의 어떠한 부분이라도 일본에게 점령되도록 버려 둘 수는 없었다. 만약에 일본이 한국을 독차지하게만 된다면 일본은 만족할 것이고 그 이상 영토에 대한 욕망은 없을 것이다. 그와 같은 처사는 캘리포니아주에서 상당히 문제화되고 있는 일본인 이주문제를 해결할 수 있을 것이었다.697)

일본은 일본대로 고민이 깊었다. 조선을 완전 병합할 때 조선이 여러 나라와 맺은 통상조약이 걸렸다. 조선이 영국과 맺은 조약은 영일동맹으로 해결하였다. 그러나 조미우호통상조약이 문제였다. 미국과 일본은 통상조약과 이민문제를 맞바꾸기로 하였다. 일본의 이민문제는 "신사협정"으로 타협을 보았다. 이것은 일본이 스스로 이민을 억제한다는 내용이다. 그러나 불똥은 한국인에게도 튀었다. 미국이민이 어려워진 것이다. 이승만은 그것이 불만이었다.

망명객들이 미국에 도착하면 이민관계 관리들은 망명객의 신분이 한국

---

696) Rhee, *Japan Inside Out,* p. 172. 이종익 역, 『일본군국주의실상』, 223쪽.
697) Rhee, *Japan Inside Out,* p. 172. 이종익 역, 『일본군국주의실상』, 223쪽.

인 학생이라는 것이 판명되는 즉시 입국을 허락하였다. 이 특혜조치는 일본인들에게는 참기 어려운 일이었다. 이 문제를 틀어막기 위하여 일본은 있는 힘을 기울여 소위 '신사협정'에 한국인은 천황의 신민이기 때문에 일본 여권 없이는 미국에 입국이 허가되어서는 안 된다는 구절을 첨가하도록 하였다. 이리하여 일본인은 한국인 학생의 미국 입국의 길을 막아버릴 수가 있었다.698)

한국 해외독립기지의 팽창에 장애가 된다는 것이다. "한인이 하와이에 온지가 전후 십년에 혹은 내지로 돌아가고 혹은 미주로 갔으며 혹은 북망산으로 영영 갔은즉 외양에 낳은 한인의 수효가 날로 줄어드는지라. 오는 십년을 다시 이와 같이 할진대 남아 있을 자 몇이 못 될지니 누가 있어서 장차 독립을 경영하며 설령 독립을 찾기로 누가 있어서 능히 보전하리요."699)

원래 조미우호통상조약을 체결할 당시 미국은 문호개방정책을 조선까지 확대하려고 하였다. 그러나 러시아의 용암포사건이 일어나자 미국은 남진하는 러시아를 막을 수 있는 세력이 필요했다. 그것이 일본이라고 생각했다. 그 대가로 일본의 요구는 식민지 한국이었는데 미국과 맺은 통상조약이 걸림돌이었다. 이것이 살아 있는 한 함께 붙어 다녀야만 하는 중재조약으로 한국에게 아직 제소할 권리가 남아 있었기 때문이다. 이것을 폐기해야만 하였다. 시어도어 루스벨트는 상당한 영향력을 갖고 있던 캐난(George Kennan, 1845~1924)에서 구실을 찾아냈다.

한국은 그 자체가 너무도 무력해서 이 조약을 이행해 나갈 수가 없었던 것이며, 한편 어떤 다른 나라가 아무런 이해관계도 없이 한국 국민 자신이

---

698) Rhee, *Japan Inside Out*, pp. 142. 이종익 역,『일본군국주의실상』, 186쪽.
699)『국민보』, 1913년 9월 13일. 원영희·최종태 편,『뭉치면 살고…』, 194쪽에서 재인용.

전혀 할 수 없었던 일을 대신해 주리라고 생각한다는 것은 문제 밖의 일이었다.[700]

조약을 이행할 능력이 없어서 독립국가로 인정하지 않을 작정이었다. 이에 대하여 이승만은 항의한다.

   미국이 한국을 돕지 않기 위한 행동을 취하지 않은데 대한 변명은 한국 황제는 무력하고, 정부 관리들은 부패와 음모로 만취되고 한국 국민들은 모두 무식하고 태만하다는 이유뿐이었다. …조선의 황제나 조선조정이 미국 국민들에게 한국 최초의 철도, 최초의 시내전차, 그리고 풍부한 한국의 금광 등의 개발특허와 같은 특권을 주고 양보할 때는 조선 백성들의 무지함을 깨닫는 미국사람들은 없었다. 그러나 미국인들이 약속된 바의 원조를 요청 받게 되자 한국민의 무지함과 몽매한 것만 들추어냈던 것이다. …한국 국민은 스스로를 돕지 않으므로 미국은 그들을 도와줄 필요가 없다고 하는 논법에서는 정당성을 찾아 볼 수 없다. 만약에 한국인들이 충분히 스스로를 도울 수 있는 능력이 있었다면 왜 미국이나 혹은 지구상의 다른 국가들에게 원조를 요구해야만 했을 것인가.[701]

헤이그 평화회담에 밀파된 네 번째 밀사 헐버트 박사는 자문하였다. "국가 간의 조약을 맺을 때에는 의회의 동의를 얻는데 파기할 때에는 행정부의 독단이 좌우하다니! 행정부의 변명은? 한국이 스스로를 위해서 싸우지 않는데 미국이 싸울 이유가 무엇이냐. 그렇다면 3천 곳에서 봉기한 의병은 대체 무슨 존재란 말인가."[702] 미국은 조미우호통상조약을 파

---

700) McKenzie, *Korea's Fight for Freedom*, p. 101. 이광린 역, 『한국의 독립운동』, 68쪽.
701) Rhee, *Japan Inside Out*, pp. 188-189. 이종익 역, 『일본군국주의실상』, 218-219쪽.
702) Hulbert, *The Echoes of the Orient, A Memoir of Life in the Far East*, Typed Manuscript, p. 270, 309.

기하는데 의회 승인을 피할 방법을 찾아냈다. 그것은 일련의 협정 체결로 해결하였다. 협정은 조약과 달라서 의회승인이 필요없다. 그리고 조미우호통상조약의 유효기간이 없었다는 점도 한 몫을 하였다. 그러나 이승만은 추궁한다. "이 조약은 결코 폐기되지도 않았으며 그 합법성의 여부에 대해서도 의심한 일조차 없었다."[703]

미 대통령 루스벨트의 딸 엘리스의 한국여행을 수행했던 상원의원 뉴랜드(Francis G. Newlands)는 "국제변호인의 도움을 얻어 위엄 있는 항의를 하라"고 조언하였다. 그러나 "황제는 혹시나 국제 변호인이 일본과 합작하여 악화된 사태를 더욱 악화시키지나 않을까 염려에서 수락하지 않았다. 미국국민들이 공개항의를 하라고 주장하던 이유는 일본인들이 황후를 암살한 것과 같이 자기를 암살하지나 않을까 하는 공포에 언제나 떨고 있는 겁 많은 황제는 일본에 대담하게 대항할 만한 용기가 없었음을 알고 있었기 때문이다."[704]

이승만이 민영환의 밀사로 떠나고 난 후, 고종은 국제변호사 대신 헐버트를 밀사로 보낸다. 헐버트는 민영환에게 조미우호통상조약을 다시 이용할 것을 제의하였다. 이왕 이렇게 된 것 한번 배짱이라도 부려서 미국이 어떻게 나오는지 보자는 것이었다. 알렌 공사는 방금 전에 출국한 뒤라 믿을 사람이 없었다. 그는 한국을 희생시키려는 루스벨트 대통령에게 고함을 지르며 항의하여 해임되었다. 그러자 민영환이 제안자 헐버트를 천거하였다.[705] 고종의 신임장과 밀서를 미국공사관 외교행랑에 넣어 보내고 동시에 헐버트가 출국하였다. 이 일을 대행하면서 신임 공사 모간(Edwin Morgan, 1865~1934)은 "나는 당신을 본 적이 없습니다"라고 시치미를 뗐다. 이 광경을 부영사 스트레이트(Willard Straight, 1880~1918)가

---

703) Rhee, *Japan Inside Out*, p. 24.
704) Rhee, *Japan Inside Out*, p. 169. 이종익 역, 『일본군국주의실상』, 220쪽.
705) Hulbert, "Appendix I," *Korean Liberty Conference*, pp. 101-102.

보았다. 그 역시 "[국제변호사를 고용하여] 공개 항의하라고 충고하였지만 한국 국민들은 항의하지 않았다"고 일기에 적었다. 헐버트가 워싱턴에 도착한지 30분 뒤에 일본은 을사보호조약을 강행하였다. 밀서는 너무 늦었고 접수되지 않았다. 고종은 마지막으로 1907년에 이상설, 이준, 이위종을 헤이그 밀사로 보내고 헐버트도 보냈지만 이 역시 실패하였고 강제로 퇴위 당하였다. 헐버트는 그 후 상원 외교위원회에 성명서를 제출하였다. 이승만은 폭로한다.

[미국 외교가에서] 서한을 전달하지 않은 이유는 한국에 있어서의 일본의 계획을 돕고자 하는 미국 정부의 계획을 방해할 우려가 있었기 때문이다. 시어도아 루스벨트 대통령은 일본과 협정을 맺고서 미국은 일본의 한국 점령을 인정하고 일본은 미국의 필리핀 소유를 인정하기로 되어 있었다. 모간 공사는 그 계획의 성공이 엄연한 기정사실로서 알려지기 전에 그와 같은 복잡한 문제를 발생시키지 말라는 지시를 받고서 파견되었던 것이다.706)

다시 말하면 한국의 운명은 모간 공사가 미국공사로 임명되기 오래 전에 워싱턴에서 이미 확정되었던 것이다. 이승만은 미국을 훈계한다.

미합중국은 한국을 도와줄 조약상의 책임을 담당하고 있으므로 일본도 한국의 정치적 독립과 영토의 보전을 존중함으로써 한일조약에 일치하는 행동을 해야 한다고 말했어야 한다. 그들이 의무를 착실히 이행하지 않고 오히려 한미[우호통상]조약을 무시한 것은 일본으로 하여금 한일조약에 약속된 독립국가 조항을 더욱 파괴하도록 조장한 것이다. 그렇게 함으로써 그들은 무의식 중에 오늘날 유럽과 아시아를 휩쓰는 대혼란과 소동의 직접 원인의 하나인 조약위반의 시대를 초래했던 것이다.707)

---

706) Rhee, *Japan Inside Out*, pp. 171. 이종익 역, 『일본군국주의실상』, 221-212쪽.

미국과 일본은 조미우호통상조약과 신사협정을 맞바꾸기 위해 1908년에 4개의 협정을 체결한다. 이에 대해 이승만은 기고하였다.

> 이번에 미일 양국이 다섯 조건을 협상한데 대하여 세계 정객에 다소간 의론이 없지 아니한바 혹은 이 협약으로 인하여 미일전쟁설이 영[원]히 막혔다고도 하며 혹은 이 협상이 미 일 전쟁을 몇 해 동안 물렸다고도 하니, 그 의견이 다 우리의 보는 바와 대강 같지 아니하도다.708)

라고 운을 뗀 이승만은 두 견해가 모두 틀렸던바, 이제 "[양국이 전쟁] 시비를 준비하는 시작이라"고 예측하였다. 그 이유는

> 태평양 동서 양편에 두 나라가 서로 일어나매 각각 자기의 세력을 확장하여 주인 없는 양 해상에 주장이 되고자 함이 실로 자연한 생각이라.…이는 곧 태평양을 양국이 함께 차지하자 함과 같은지라. 공한 물건에 주인이 둘이면 화평한 결과는 얻기 어려울 것이[기 때문이다.]709)

다시 말하면 태평양 해상에서 미국이 주장하는 자유교역에 역행하는 이 조약이 가져올 결과가 영구평화도 아니요, 임시 미봉책도 아니요, 전쟁준비의 시작이라고 예측한 것이다. 결과적으로 이 예측은 정확하였다.

> 일본이 갑오년 전쟁[청일전쟁]을 차릴 때에 십년 전기하여 리홍장과 천진조약을 정하고,…러일전쟁에 러일담판이 먼저 시작되었으며, 그 외에 무

---

707) Rhee, *Japan Inside Out*, pp. 176. 이종익 역, 『일본군국주의실상』, 227쪽.
708) 『공립신보』, 1908년 12월 16일. 원영희·최종태 편, 『뭉치면 살고…』, 191쪽에서 재인용.
709) 『공립신보』, 1908년 12월 16일. 원영희·최종태 편, 『뭉치면 살고…』, 191쪽에서 재인용.

수한 전쟁이 그 시작을 항상 외교로 [시작]되었으니 오늘날 미일 협상이 평화로 정돈되기를 바라기 어렵다 하노라.710)

이승만은 일본의 외교 전쟁 방정식을 알고 있었던 것이다. 후일 일본은 이승만이 예견한 외교 전쟁 방정식대로 아시아의 맹주를 자처하며 미국에 대해 '아시아판 먼로주의'를 강요하게 되고 마침내 태평양전쟁을 일으키게 된다.

(2) 민주주의 위기
『일본 내막기』의 제1장은 일본이 칸트 의무조항 2에 역행하는 모습을 기록하는 것으로 시작한다. 앞서 후쿠자와(福澤)가 칸트에서 출발하였지만 의무조항 2에서 시대에 역행하는 길을 선택하여 "만국공법 보다 대포"의 철학을 낳았다고 썼다. 그 결과 칸트의 자유국가연합 대신 일본에 의한 단일의 세계정부를 꿈꾸는 일본의 모습을 이승만은 제1장에서 극적으로 폭로하고 있다.

세계 평화를 보존케 하고 인류의 번영을 추진함은 일본 황실의 사명이다.…일본 황실은 6천만 일본 국민의 어버이일 뿐만 아니라 세계 전 인류의 어버이이시다. 황실에서 바라볼 때는 모든 민족은 동일하다. 다시 말하면 모든 민족적 고려를 초월하고 있다. 따라서 인류의 모든 분쟁은 그 순결한 정의로써 해결을 볼 수 있는 것이다. 전쟁의 공포로부터 인류를 구원하기 위하여 제창된 국제연맹은 일본 황실을 그 머리로 섬김으로써만 그 진정한 목적을 이룰 수 있다.711)

---

710) 『공립신보』, 1908년 12월 16일. 원영희·최종태 편, 『뭉치면 살고…』, 191쪽에서 재인용.
711) Rhee, *Japan Inside Out*, p. 14. 이종익 역, 『일본군국주의실상』, 36쪽.

이것이 일본식 영구평화사상의 정체라는 것이다. 일본이 한일합병조약 제2조에 보장한 평화가 바로 이런 평화였다. 그러면서 이승만은 냉소를 잊지 않고 있다. "무엇보다도 인류가 신으로부터 기원하고 있다는 그들의 이론은 사람이 원숭이로부터 진화했다는 서양의 이론보다는 더 나은 것같이 들린다. 그들이 하늘에 연원하고 있는 까닭에 그 누구보다도 뛰어나다고 믿는다면 마음껏 그렇게 믿도록 하라." 심지어 자신은 퀘이커 교도이면서 무사도가 일본의 종교라고 말한 국제연맹 부총재 니토베에 대한 이승만의 논평은 일본의 군국주의 분위기를 알리기에 족하다.

고 니토베 이나죠[新渡戶稻造]와 같이 서양에서 교육받은 위대한 기독교 지도자들까지도 일본의 지배자가 천지의 구현체라고 말하고 있다.712)

그러나 이것이 이승만이 폭로하는 일본식 영구평화의 전부가 아니다.

우리[일본]는 전 세계를 혼돈과 폐허로부터 구출하라는 신탁을 받고 있기 때문에 우리는 전 [세계] 영토에다 우리의 수도를 건설할 것이다.713)

일본식 영구평화사상이 영구전쟁사상으로 전환되는 위험이 여기에 있다. 일본은 "전 세계 국가를 단일한 행복으로 묶어 바치려는 성스러운 전쟁"에 종사하며 "이것이야말로 제국의 초창기부터 일본의 이상이며 욕망"이었기 때문이라는 것이다.

칸트가 지적한 것처럼 단일의 세계정부는 전체주의에 흐를 위험이 있는데 바로 이 점에서 일본의 전체주의가 미국의 민주주의에 도전하는 것은 불 보듯 하다. 민주주의 대 전체주의. 이것이 이승만의 진단이었다.

---

712) Rhee, *Japan Inside Out*, p. 15. 이종익 역, 『일본군국주의실상』, 37쪽.
713) Rhee, *Japan Inside Out*, p. 17. 이종익 역, 『일본군국주의실상,』 40쪽.

그러므로 이승만은 책의 모두에서 미국에 주문하고 있다.

> 미국이 서반구(대서양)에서만이 아니라 온 세계의 평화와 안정에 관련된 세계적인 커다란 문제 해결에 있어서 적극적이고 주도적인 역할an active, leading part을 담당하여야만 할 것이다.714)

'칸트의 미국'으로 회귀하라는 주문이다. 칸트의 표현을 빌리자면 [영문번역에 따라서] this would serve as a center of federal union for other states 또는 this will provide a focal point for federal association among other states 이다. 그런데 미국은 1776년 독립 이후부터 1872년까지 충실하게 해 오던 그 역할을 20세기 들어서면서 방기하고 있다는 것이 이승만의 예관이다. 이승만은 미국이 정신 차려서 초심으로 돌아가지 않으면 민주주의 대 전체주의의 사활을 둘러싼 "아마겟돈 전쟁"이 일어나고야 말 것이라고 예측하였다. 책의 마지막에 아예 "민주주의 대 전체주의"라는 이름으로 독립된 장을 마련하였다.

미국이 초심을 방기하고 있는 이유를 이승만은 두 가지로 보았다. 첫째, 경제적인 이유이다. 미국은 상업상의 이익을 지나치게 우선하였다. '스미스의 이기심'이 너무 앞서 나간 것이다. 이승만이 학위논문에서 밝혔듯이 미국은 유럽, 특히 영국에 대하여 자유해상통상의 이익을 위하여 싸워왔다. 그것은 곧 자유를 위한 투쟁이기도 하였다. 이것이 20세기에 들어서며 한나(Mark Hanna, 1837~1904) 상원 의원을 필두로 "달러외교"가 되어 버렸다. 미국은 그 이상의 국제적 역할을 사절하였다. 자유를 위한 투쟁을 방기해 버렸다. 그 덕에 매킨리 대통령에 이르러 미국경제는 유럽을 추월하게 되는 긍정적 효과가 가시적으로 밝게 보였지만 이승만

---

714) Rhee, *Japan Inside Out*, p. 13. 이종익 역, 『일본군국주의실상』, 35쪽.

은 그 어두운 이면을 보았다.

　이와 같은 생각은 곧 기력을 잃고 말았다. 신세계의 막대한 물적 자원의 개발과 대량생산을 위한 새로운 시장의 발견은 점진적으로 인도주의를 몰아내고 달러 외교는 이타주의를 배척하였다.715)

자유통상의 챔피언 애덤 스미스의 글과 비교하는 것은 흥미롭다.

　상업의 역효과는 인간의 용기를 감소시키고 용맹한 정신을 꺼버리는 경향이 있다. 모든 상업국가에서 분업으로 저마다 한 가지 일에 사로 잡혀서 마음이 좁아 들고 고양할 수 없게 되었다. 교육은 하찮게 생각하고 무시되며 영웅적 정신은 마침내 사라진다.716)

　결국 미국은 칸트가 품었던 '이기심과 국제협력의 조화'를 상실하고 지나친 개인주의적 이기심에 의한 상업추구로 자유를 위해 투쟁하는 세계의 지도자로서의 위치를 스스로 방기하고 말았다고 이승만은 진단하였다. "미국의 통솔력은 미국 상품을 위한 세계시장을 의미한다는 생각을 미국인들은 깨닫지 못했다." 그 첫 번째 사례가 상업상 이익이 작다는 이유로 1882년 조선과 맺은 조미우호통상조약을 일방적으로 위반한 불법이었다고 이승만은 질타하고 있다. 칸트의 금지조항 6에 해당한다. 이것이 세계적으로 "조약위반시대"를 만들어 내었다.717) 그 결과 "한국은 일본의 권력욕의 희생, 특히 최초의 희생"이 되었다고 이승만은 두고두고 반복하여 미국을 몰아세우고 있다.718)

---

715) Rhee, *Japan Inside Out*, p. 191. 이종익 역, 『일본군국주의실상』, 244쪽.
716) Herman, *How the Scots Invented the Modern World*, p. 186.
717) Rhee, *Japan Inside Out*, p. 176.
718) Rhee, *Japan Inside Out*, p. 176.

둘째, 정치적인 이유이다. 미국의 민주주의가 개인의 자유를 지나치게 우선한다는 것이다. '칸트의 권리'를 지나치게 확대한 것이다. 위험이 닥쳐왔을 때 국방을 견고히 할 동기가 개인에게 결여되게 만든다. 이것은 정확한 지적이다. 실제로 진주만 기습 같은 대타격을 받아야 개인이 깨어나는 제도였다. 후일 이러한 문제는 "공유자산의 비극"이라는 이론을 탄생 시켰다.719) 미국은 견제와 균형의 나라이다. 이승만이 이러한 진단을 내릴 수 있었던 것은 그가 받은 미국 교육 덕택이다. 건국의 아버지들은 팽창하는 미국에 적용할 이론에 부심하였다. 초기에는 몽테스키외(Charles Louis Montesquieu, 1689~1755)의 『법의 정신』에 의존하였다. 그러나 그것은 작은 국가에 적용할 수 있다는 한계가 있었다. 매디슨은 헌법을 구상하면서 이 문제를 돌파하려고 노력하다가 흄의 「완전한 연방*The Idea of a Perfect Commonwealth*」에서 착안을 얻었다.

> 노련한 기술에 의지하는 거대 정부에도 민주주의를 구현할 수 있는 충분한 여유가 있다.…집단으로는 사람들은 정부에 맞지 않지만 작은 정부에 흩어져 있으면 이성과 질서에 순응하게 된다. 시속의 힘은 힘을 쓰지 못하게 된다.…동시에 사람들은 멀리 흩어져 있어서는 음모, 편견, 열정에 의해 공중의 이익을 해치기가 매우 어렵다.720)

그것은 몽테스키외가 주장하는 입법부, 행정부, 사법부 사이의 견제와 균형뿐만 아니라, 연방정부와 주정부, 금융가와 농민, 간접선거와 직접선거, 노예경제의 남부와 상업경제의 북부 등 모든 이해집단 사이의 견제와 균형이었다. 모든 관계인들의 음모, 편견, 열정을 좌절시키는 제도였

---

719) Hardin, "The Tragedy of the Commons," *Science*, 1968, pp. 1243-1247.
720) Hume, "Essay XII," *Political Discourses*, Edinburgh, 1752. Herman, *How the Scots Invented the Modern World*, 2001, p. 220에서 재인용.

다.721) 국가의 크기와 상관없이 어느 집단이 독주할 수 없는 장치였다. 이승만의 다음 글도 이를 그대로 반영한다.

> 행정, 입법, 사법부는…서로 견제…하게 되어 있다. 국회 자체가 상하원을 가지고 있는 것도 상호…견제한다는 기초 위에 조직된 것이다. 서로 반대로 활동하는 정당들도 역시 동일한 이론에 기초를 두고 있다.…정당들은 그대로 방치하면 민주주의를 전복하고 독재권을 형성할지도 모르는 집단들 [금융가와 농민, 북부와 남부, 연방정부와 주정부, 간접선거군과 직접선거권의 권력 혹은 주정부의 권력을 약화하는 목적으로 작용하게 되어 있다.722)

이 다층적인 균형이 지나친 상업적인 이익 추구로 깨졌다고 이승만은 분석한 것이다. 그는 프린스턴에서 맥엘로이(Robert McElroy, 1872~1959) 교수의 미국헌법사를 두 강좌 들었으니 매디슨의 의도를 충분히 이해했을 것이다.

미국은 국제연맹의 가입도 거부하였기 때문에 세계는 칸트의 두 번째 의무조항이 뒷받침되지 않은 세 번째 의무조항 하에 간신히 일시적이고 불안한 평화만을 누리고 있는 형편이 되었다. 그 틈을 타서 일본은 외교조약 파기 전쟁 방정식을 만들어 내어 조선을 디딤돌로 삼아 만주침략—중일전쟁—동남아시아를 차례로 잠식해 갔다. 드디어 태평양에서 미국 민주주의에 도전하게끔 되었다. 조선을 방기한 대가가 이렇게 커졌다는 것이 이승만의 논리였다. 그러나 미국은 사태의 심각성을 깨닫지 못하고 있다. 이렇게 되었을 때 세계의 모습을 이승만은 그렸다.

> 민주주의는 미국이 국제관계에서 지도자의 역할을 담당하지 못했던 까

---

721) Herman, *How the Scots Invented the Modern World*, pp. 220-221.
722) Rhee, *Japan Inside Out*, p. 188. 이종익 역, 『일본군국주의실상』, 241쪽.

닭으로 자기의 주장을 유지할 수 없게 되었다. 아시아와 구라파에서 현재 벌어지고 있는 무질서하고 무정부주의적 사태는 거의 대부분이 현명한 통솔력의 결핍lack of wise leadership에서 기인하는 것이다. 인간사회는 평화와 질서를 위하여 통솔력을 필요로 한다. 전체주의적 조직은 독재가 없이는 성립이 불가능하다. 민주주의적 사회도 행정적 지도자 없이는 역시 성립이 불가능하다. [이렇게 되면] 국가가족the family of nations [이라는 것]은 단지 가족단위의 확장[에 불과하게 될 뿐]이다.723)

이 문장에서 이승만은 자신이 학위논문에서 소개한 국가가족 the family of nations 이라는 용어를 다시 사용하고 있다. 앞서 말했듯이 이것은 칸트의 foedus pacificum을 번역한 a federation of free states 또는 a particular kind of league, which we might call a pacific federation에 해당한다. 국제연맹the league of nations이 좋은 예이다. 마사리크는 이것을 a pacific society of all States and Nations라고 표현했다.724) 그러나 칸트가 기대하는 바대로 미국이 통솔력을 발휘하지 않으면 국가연합 또는 국가결합이라는 것은 단지 국가들 덩어리에 불과하여 그러한 오합지졸로는 영구평화에 아무 도움이 되지 않는다는 뜻이다. 이승만의 미국=지도자 등식은 칸트의 미국=중심 국가 등식이다. 이승만은 말한다.

만일 국가의 규모가 작고 크고 간에 또는 정체가 민주주의적이든 전체주의든 그 국가의 평화를 위하여 통솔력이 필요한 것이라면, 그것은 국가 결합체a combination of states의 평화를 위해서도 똑같이 필요한 것이다. [칸트는 이것을 a federal association이라고 불렀다.] 그렇다면 국가사회the society of nations는 인간사회와 마찬가지로 구성분자의 전체적인 평화를 위하여 모든 일을 지휘할 통솔력을 갖지 못할 때는 [영구평화는] 타격을 받을 것이 명백

---

723) Rhee, *Japan Inside Out*, p. 191. 이종익 역, 『일본군국주의실상』, 244쪽.
724) Masaryk, *The Making of A State*, p. 326.

하다.725)

여기서 이승만은 국가결합체의 중요성을 다시 강조한다. 그는 the family of nations, a combination of states, the society of nations라는 용어를 자유자재로 사용하고 있다. 윌슨의 친구 헤론(George D. Herron, 1862~1925) 교수도 the society of nations라는 표현을 썼다.726) 흡사 칸트의 foedus pacificum을 a federation of free states, a particular league, a federal association라고 번역하여 사용하는 것과 같다. 이승만은 말한다.

세계 특히 동서양이 서로 접촉하게 된 이래로 통솔력을 필요로 하여 왔다. 극동의 여러 국가와 유럽의 몇몇 약소국가는 미국에 의지하였으나 실망하였다. 그들은 지역적 야심을 가지지 않은 유일한 국가가 미국이라는 것을 알았다.727)

다시 말하면 "칸트의 지도국"의 통솔력이 절실히 필요할 때 그것은 사라졌다. 미국에 실망한 중남미 국가들은 독일을 받아들였다. 일본이 재빠르게 여기에 편승하였다. 미국이 뒤늦게 심각성을 알았을 때에는 늦었다. 영국은 전통적으로 동양인들의 신뢰를 얻지 못했다. 미국과 세계무역을 위해 경쟁을 한 관계로 더욱 그렇다. 프랑스는 독일에게 항복한 상태였다. 이제 미국을 제외하고 남은 강대국은 소련뿐이다. 중국의 손문은 일본의 손아귀에서 빠져나가려고 소련의 손을 잡았다. 손문은 후일 이것을 후회하였다. 결국 독일은 유럽을, 일본은 아시아를 장악하면서 "미국

---

725) Rhee, *Japan Inside Out*, p.191. 이종익 역, 『일본군국주의실상』, 245쪽.
726) *Herron Papers*, Hoover War Library, Hoover Institution. Marholeva, *Nationalism, Federalism, Universalism, Tomas Garrigue Masaryk in A Habsburg Context*, MA Thesis, Central European University, Budapest, pp. 72-73에서 재인용.
727) Rhee, *Japan Inside Out*, p. 191. 이종익 역, 『일본군국주의실상』, 245쪽.

은 전체주의 바다 가운데 떠있는 단 하나의 섬"이 되었다. 이것은 일찍이 동양에서 한국이 고립되어 겪은 운명과 같은 것이다. 이승만은 선도국가로서 '칸트의 미국'을 일깨운다.

> 미국은 제국주의적 대군주나 독재자로서가 아니고 큰 형big brother의 자격으로 선봉에 서서 모든 사람을 위한 국제적 평등과 공정의 기초 위에서 국가 간에 평화와 신의를 가져오도록 그의 위대한 세력을 행사하여야 한다.…[그 같은] 노력은 세계의 모든 민주주의 간의 [국제]협력을 얻을 수 있었을 것이고 또 전체주의자들의 계획수행을 방지할 수 있었을 것이 명백하다.728)

한 마디로 칸트의 세 가지 의무조항을 미국이 지도국가a center, a focal point로서 통솔력을 발휘하여 실천하라는 주문이다. 미국의 통상에 대한 이기심과 영구평화를 얻기 위한 국제협력을 만족시키는 길은 그 길뿐이라는 것이다. 그렇지 않으면 민주주의는 전체주의에게 패배하게 된다. 이승만은 경고한다. "세상의 절반이 민주주의이고 나머지 반이 전체주의로 있는 한 평화와 안전은 없다."729)

이승만은 『일본 내막기』를 마무리지면서 "나는 이와 같은 정책의 전환을 시종일관 주장해 왔다"라고 말한다. 그의 초기 논설 『독립정신』, 학위논문, 『일본 내막기』를 관통하는 일관된 정치사상을 가리킨다. 그러면서 다음의 말로 희망을 던지고 있다.

> 한국은 일본의 권력욕의 희생, 특히 최초의 희생이라는 것을 입증하기 위한 실례로써 한국의 경우를 제시하는 것이 [세계인에 대한] 나의 임무이다. 한국의 운명은 세계 자유민들의 운명으로부터 또한 한 때는 자유를 즐겨

---

728) Rhee, *Japan Inside Out*, p. 196. 이종익 역, 『일본군국주의실상』, 250쪽.
729) Rhee, *Japan Inside Out*, p. 13.

왔고 당분간 그 자유를 상실하고 있는 많은 사람들의 운명으로부터 분리하여 생각할 수 없다. 결국에 가서는 아마 우리가 바라는 것보다도 일찍이 세계의 민주주의 군대는 일본인들을 그들의 섬에 다시 잡아넣을 것이며 평화는 태평양 지역에 다시 찾아올 것이다. 그러한 시기에는 한국은 또 다시 자유국가들의 행렬에 보조를 맞출 것이며, 또 다시 '아침의 평화로운 땅'으로 알려질 것이다.730)

여기서 "자유국가의 행렬에 보조를 맞춘다"는 표현은 그의 학위논문의 인용 글이다. 이승만은 1937년에 호놀룰루에 광화문 모양의 한인기독교회 건립을 위한 모금운동을 전개하였다. 1938년에 교회가 완공되고 1939년 2월 워싱턴 생일 축제에 하와이 전체에 거주하는 여러 민족을 포함하여 범민족 축제가 열렸다. 이때 세브란스의대에서 평생을 봉직했던 친구 러드로우(Alfred I. Ludlow, 1975~1961) 교수를 초청하였다. 러드로우는 다음과 같이 말했다. "극동에서 평화를 유지하고 일본의 침략을 저지하는 것은 그들의 소유가 아닌 땅에서 그들을 축출하여 섬 안에 가두는 것이다."731) 이승만과 똑같은 표현이다.

이승만의 외교독립 주장은 한결 같다. 첫째, 조미우호통상조약을 미국이 일방적으로 방기한 것을 계속 추궁한다. "잘 알려지지 않았지만 국무성 문서보관소에는 한 조약서가 잠자고 있다. 이 조약은 결코 폐기되지 않았으며 여전히 완전한 효력을 지니고 있다."732)

둘째, 한국의 비극은 그것을 막기 위하여 거중조정을 조약으로 약속한 미국의 배신 이외에 강화도조약에서 선언한 독립국의 지위를 늑탈한 일본의 배신에 있다. 한국은 일본의 영토야욕에 첫 번째 희생자이지만 그로

---

730) Rhee, *Japan Inside Out,* p. 202. 이종익 역, 『일본군국주의실상』, 258쪽.
731) 김학은, 『루이스 헨리 세브란스』, 575쪽.
732) *New York Times*, July 13, 1944.

인해 만주와 중국 나아가서 태평양도 내일의 한국이 될 것이다. 그래서 "한국의 운명은 세계 자유민들의 운명으로부터…분리하여 생각할 수 없다."

셋째, 그럼에도 불구하고 일본은 드디어 미국에 도전하기에 이르렀다. "일본은 오래 동안 태평양을 일본의 호수 또는 일본의 뜰 안이라고 말해 왔다." 그래서 미국은 "해양의 경계선을 설정하려는 어떠한 노력도 가상적인 장벽 이면에서 일본 해군의 행동을 인정하는 것이며 미국 시민을 세계 어느 곳에서도 공격의 대상이 되게 하는 결과를 가져오게 하는 것이다."라고 천명하였다. 여기서 미일전쟁은 반드시 일어난다.

넷째, 일본의 신용은 이제 아무도 믿지 않게 되었다. 그런즉 "일본은 가장 효과적으로 이용한 논증─힘의 논증─이외에는 인정치 않을 것"을 알게 되었다.

다섯째, 일본은 그가 개발한 선전 외교 도발 전쟁 공식으로 국가 자살의 전쟁을 시베리아 방면 아니면 태평양 방면에서 일으킬 것이다.

여섯째, 결국에는 민주주의 군대가 일본을 그들의 섬에 잡아넣을 것이다.

일곱째, 지난 반세기에 일어난 이 모든 것이 한국에서 시작했다는 것을 생각하면 한국을 어느 국가에도 예속되지 않는 자유통상지역으로 독립시키지 않는 한 아시아의 평화란 있을 수 없으며 그렇게 되는 경우 역사는 다시 반복될 것이다.

5) 자유

『독립정신』의 다섯 번째 요지는 자유 권리이다. 외교수단으로 독립을 회복하겠다는 운동방향의 최종목표는 자유freedom와 권리의 쟁취이다.

앞서 말했듯이 박영효와 유길준이 일본의 후쿠자와로부터 수입한 자유는 liberty였다. 스코틀랜드 계몽주의의 또 하나의 특징은 자유freedom이다. 그들이 아메리카 대륙에 가지고 온 자유는 freedom이었다. 이승만이 1924년 『동아일보』에 기고한 논설은 이러한 자유freedom의 의미를 잘 나타내고 있다. "자유가 본래 [하늘이 부여한 양도할 수 없는] 우리의 물건이요, 남에게 청구할 것이 아니니 가만히 앉아서 남이 갖다 주기를 기다리지 말고 일어나서 취할 것뿐이다. 남이 주지 않는다고 원망할 것이 아니요, 남에게 주고 앉은 우리를 자책할 뿐이다. 남의 군함 대포만 장한 세력이 아니요, 우리의 일심단결이 더욱 큰 세력이니 우리의 자유는 지금이라도 못 찾는 것이 아니요, 아니 찾는 것이다. 자유를 위하여 싸우라. 세상에 자유를 위하여 싸우지 않고 자유를 찾은 민족이 없나니 우리의 붓끝과 혀끝으로 남의 칼날과 탄환에 대적하여 우리의 배척과 비협동으로 남의 학형(虐刑)과 속박과 싸우자."[733]

대포가 아니라 필설로 싸워 자유를 찾으라는 이승만의 투쟁은 일관되어 1942년 워싱턴에서 개최한 한인자유대회The Korean Liberty Conference에서 그는 "우리는 우리의 독립을 회복해 달라고 누구에게도 요구하지 않는다. 우리는 자유를 위해 싸울 것이고 싸울 준비가 되어 있다"라고 외쳤다.[734] 독립 후에도 이어진다. 일본과 통상외교 관계를 개선하라는 연합국의 압력을 받고 있던 대통령 이승만은 1952년 주일대표부의 김용식에게 이렇게 말했다. "미국과 영국관계는 싸운 다음에야 친숙해졌어. 우리도 싸워야 해. 일본에 대해 독립전쟁을 하는 마음가짐으로 대들어야 한단 말이야. 알겠어? 그런 연후에야 한일관계의 [평화]는 잘 될 거라고 생각하네."[735] 일본과 통상외교의 시대가 된 것을 인정한 것이다. 그리고

---

733) 『동아일보』, 1924년 4월 23일. 원영희·최종태 편, 『뭉치면 살고…』, 209 210쪽에서 재인용.
734) *Korean Liberty Conference*, Washington DC, 1942, Cover Page.

싸우는 무기는 대포가 아니라 여전히 필설이다.

이승만은 이 자유freedom를 어디에서 배운 것일까. 대포가 아니라 필설로 자유를 찾겠다는 발상은 어디에서 기원하는 것인가. 윤치호는 서재필로부터 독립신문을 인수하며 그 소회를 기록하였다. "서재필 박사의 사업은 아무리 높이 평가해도 과하지 않다.…그는 억압받는 한국인들에게 모든 인간이 태어날 때부터 평등하다는 사실…그것이 천부적이며 인류보편적인 이론이기 때문에 진리인 사실…을 가르쳐 주었다. 그는 한국인들에게 그들이 국왕과 양반들을 위하여 짐을 지는 가축과 같이 부림을 당하는 우마가 아니며 불가양의 권리들과 번영은 우연히 길에서 줍는 것이 아니라 오랜 노력과 연구와 투쟁을 통하여 획득되는 것이라는 사실을 가르쳐 주었다.…아니 투쟁해야 하며, 아니 싸워야 한다는 사실을 가르쳐 주었다."736)

불가양의 자유와 권리가 사람에게서 유래되지 않는다면 어디에서 유래하는가. 예수가 태어나던 때 유태인이 처한 상황이나 그로부터 1900년이 지나 이승만 자신이 처한 세상이 같다고 보고, 예수를 믿는 이유가 자유에 있음을 깨달았다. "예수께서 세상에 내려오셔서 천백대의 무궁히 끼치신 모든 은혜 중에 우리의 가장 감격하게 여기는 바는 모든 세상 사람의 결박을 풀어 놓으신 것"737)인 바 "첫째, 율법의 결박에서 줄어 주심이니…둘째, 모든 예식의 결박에서 풀어 놓으심이니…셋째, 모든 죄악에서 사람을 풀어 놓으심이니…지금 우리나라에 이런 이치를 아는 자도 우리 예수교인뿐이요…슬프다. 우리나라의 실낱같은 혈맥은 다만 예

---

735) 이도형, 「한일유착 드라머」, 『월간조선』, 1986년 1월, 340쪽.
736) *The Independent*, vol.3 no.57, May 19th 1898. 신용하, 『독립협회 연구』, 67쪽에서 재인용.
737) 『신학월보』, 1904년 8월. 원영희·최종태 편, 『뭉치면 살고…』, 163쪽에서 재인용.

수교회"738)에 달렸다며 대한 사람들이 고통의 결박에서 자유롭게 풀려나기를 기독교에 기대하였다. 그러나 이것이 어찌 슬픈 일인가. 교회를 제외하고 대외창구가 막혀버린 대한의 운명이 기막혔기 때문이리라.

이것은 자유의 역사를 배우지 않고는 알 수 없는 일이다. 그 이유는 조선에는 불기(不羈)라는 말은 있어도 자유라는 말이 없었고 이것은 liberty에 해당하기 때문이다. 줄여 말하면 liberty는 대포 또는 칼로 쟁취하는 자유이고 freedom은 필설로 쟁취하는 불가양의 자유이다. 예수가 "너희가 진리를 알면 자유롭게 된다"고 가르친 자유가 freedom이니 만큼 진리란 필설로 알게 되는 것이지 대포로 깨닫는 것이 아니다. 그래서 칼을 쓰는 자는 칼로 망한다고 부언하였다. 로마제국의 자유 liberty는 칼로 유지되었고 스코틀랜드의 자유 freedom은 필설로 쟁취된다.

어원으로 살펴보면 알프스 산맥을 중심으로 독일과 같은 북쪽 국가에는 liberty에 해당하는 단어가 없고 프랑스 같은 남쪽 국가에는 freedom에 해당하는 말이 없다.739) 칸트가 영구평화사상에서 말하는 자유는 freedom이다.

영어의 liberty는 라틴어의 libertas에서 유래한다. 그의 형용사 liber는 "제한이 없는, 제약이 없는, 구속에서 풀려난"이라는 뜻이다. 영어의 freedom은 전혀 다른 어원을 갖는다. 이 말은 북부 유럽의 고대 언어에서 나왔다. 영어 free는 노르웨이어의 fri, 독일어의 frei, 덴마크어의 vrij, 겔트어의 rheidd, 웨일즈어의 riya와 동일한 뿌리를 두고 있는데 이 말들은 모두 고대 인도어 priya, friya, riya에서 유래되었고 그 원래의 뜻은 "사랑하는, 다정한"이라는 뜻이다. 영어의 freedom은 친구 friend 또는 fraternity와 그 뿌리가 같고 독일어의 친구 Freund와 자유 Freiheit도 마찬가지이다.

---

738) 『신학월보』, 1904년 8월. 원영희·최종태, 편집, 『뭉치면 살고 …』, 163쪽에서 재인용.
739) Fisher, *Liberty and Freedom*, Ch.1.

free는 자유인과 인적관계를 맺고 함께 어울리는 사람이나 그러한 소속감의 권리 또는 자격을 의미한다. 서로 인정 또는 승인하는 권리이다.

liberty와 freedom은 어원이 다를 뿐만 아니라 의미도 다르다. liberty는 분리, 단절된 자유를 의미하고, freedom은 연결, 소속에서 얻는 자유를 의미한다. 남부유럽 로마의 libertas를 갖춘 자유인은 노예와 달리 자치권을 부여받음을 뜻하고, 북부유럽의 Freiheit를 갖춘 자유인은 노예와 달리 자유로운 가족이나 종족과 합침을 의미한다. 모두 노예가 아님을 의미하지만 하나는 주인과 분리단절separation을 의미하고 다른 하나는 친구와 소속 연결union을 의미한다.

고대 로마에서 대부분의 사람들은 태어날 때 자유롭지 못한 노예였다. 천부의 자유freedom란 없었다. 여기서 자유libertas의 보편적인 상징은 한 손에 vindicta라는 막대기를 들고 다른 손에는 libertatis라는 모자를 해방된 노예에게 씌워 주는 자유의 여신이었다. 다시 말하면 liberty는 주인이 노예를 풀어주며 부여하는 자유였다. 이처럼 남부유럽의 liberty는 사람이 사람에게 부여하는 특권으로써 인위적이며 불평등한 것이었다. 사람들은 권력, 재산, 지위에 따라 다른 자유liberty가 부여되었다. 어떤 사람은 많은 자유가 어떤 사람은 적은 자유가 주어졌다. 또 어떤 사람은 아예 자유가 없었다. 로마에는 권리라는 말이 없었고 그 자리를 특권 privilegium이라는 말이 대신하였던 이유가 바로 특권이 자유였기 때문이다. 여기서 자유는 노예 소유 자유까지 포함한다. 그러므로 해방된 노예는 비로소 자신의 육체를 포함한 다른 자원을 소유하고 지배할 수 있는 자유liberty를 가질 자격을 인정받은 것이다. 이러한 자유는 배타적이며 특별한 혜택을 받지 않으면 자원에 대한 다른 사람의 지배에 평등한 권리를 인정하지 않는 것이다. 일본의 지배 하에서 조선의 처지가 이러한 것이었다. 로마가 제정에 들어서 전제정치로 흐르면서 자유libertas와 특권

privilegium이 함께 혼재하여 발달하였다는 것은 흥미롭다.

이러한 자유는 언제 박탈될지 모르는 위험을 내재하고 있다. 사람이 자유를 주면 사람이 빼앗을 수 있기 때문이다. 마사리크가 오스트리아 헝가리 이중왕국이 국민국가nation가 아니라 인위적 국가state이므로 인위적으로 만든 국가는 인위적으로 해체할 수 있다고 주장한 것과 일맥상통한다. 이승만의 독립운동은 인위적으로 빼앗은 국가를 인위적으로 찾겠다는 투쟁이었다.

그러나 북부유럽의 자유freedom는 천부적인 것이기에 권력, 재산, 지위와 상관없었다. 여기서 자유롭게 태어난 사람들에게 권리를 뜻하는 영어의 rights와 독일어의 rechte가 주어졌다. 이 말은 형용사로는 바른, 옳은, 곧은 것을 뜻한다. 명사가 되면 의무로서 요구할 수 있는 자격을, 또는 그 자체로서 자격을 권리를 의미한다. 박탈될 두려움도 없다. 자연권이기 때문이다.

노예제도에 바탕을 둔 로마가 무력으로 강성해지면서 북부유럽의 freedom은 도서지역으로 쫓겼다. 노르웨이인들은 아이슬란드와 스코틀랜드로 피난하면서 자신들이 이해한 freedom을 가져갔는데 그것은 권리와 의무의 복합체였다. 그들에게 freedom은 법의 지배였고 지도자를 선출할 수 있는 권리를 의미했으며 Thing이라고 부르는 의회가 판단하는 권리를 의미하였다. Thing은 자유 아이슬란드의 회의기구였다. 고대 스코틀랜드에서는 Wappanschawing이라고 불렀다. 이렇게 볼 때 freedom 대 liberty는 대의정치 대 왕정을 상징처럼 되었다. 왕정을 폐지하고 공화정을 꿈꾸는 이승만에게 freedom은 당연한 권리였다. 칸트 영구평화 의무조항 1조에서 공화정을 주장하는 이유도 그것이 천부의 자유freedom를 보장하기 때문이다.

따라서 의회를 통해서 자치를 하는 북부유럽의 자유freedom는 로마시

대부터 제왕들의 위협이 되어 중세에서 근세에 이르기까지 군주가 말살시켜야 할 대상이 되었다. 북부유럽의 자유freedom는 로마의 칼에 쫓기고 쫓겨 북부유럽의 오지나 도서국가에서 겨우 명맥을 유지하며 전해졌다. 그러나 1797년 노르웨이 의회Latings, 아이슬란드 의회Alting, 1816년 패로 군도Faeroe의 의회Logting가 사라졌다. 이제 스코틀랜드 의회 Wappanschawing만이 남아 천부의 자유freedom의 마지막 보루가 되었다. freedom의 역사는 약소국 자유의 역사이다.

이렇게 명맥만 유지한 채 사라질 뻔 했던 자유freedom가 기독교 세계에 들어서면서 한층 발전하고 광범위하게 퍼지는 계기를 갖게 되었다. 예수가 "진리가 너희를 자유롭게 하리라."라고 말했을 때 그 자유는 freedom이었다. 이승만이 애송한 갈라디아서의 구절 "그리스도께서 우리를 자유롭게 하려고 자유를 주셨으니 그러므로 굳건하게 서서 다시는 종의 멍에를 메지 말라"에서 자유도 freedom이다. 킹 제임스 성경이 그렇게 번역하기까지 freedom은 고초를 겪었다. 영국교회는 로마교회에서 떨어져 나갔지만 여전히 로마의 liberty 전통이 강했다. 스코틀랜드 장로교는 독일 종교개혁의 영향으로 freedom이 강했다.

스코틀랜드에서 기독교인은 모두에게 종이 되며 모두에게 주인이 된다. 이 모순되는 개념은 예수와 하나union가 되는 자유freedom이기 때문이다. 기독교인의 자유는 남을 사랑하는 것으로 인식하였다. 자유 freedom와 우애 fraternity가 동일한 말에서 유래되었다는 것은 우연이 아니다.

영국이 세계의 중심이 되면서 freedom과 liberty는 함께 사용되며 퍼져 나갔다. 영국인들이 유일한 기회를 갖게 되었다. 그들에게 처음으로 liberty와 freedom 가운데 선택할 수 있는 기회가 주어진 것이다. 셰익스피어는 『줄리어스 시저』에서 "자유, 자유, 자유"라는 표현을 "liberty, freedom, enfranchise"로 사용하였다. 17세기 크롬웰의 내란은 찰스의

liberty와 크롬웰의 freedom 사이의 충돌이었다.

 liberty와 freedom의 충돌은 한 번 더 일어났는데 그것이 미국의 남북전쟁이다. 일찍이 「미국독립선언서」에서 Life, Liberty, and Pursuit of Happiness의 자유는 영국으로부터 분리, 단절, 독립을 의미했다. 남북전쟁이 촉발되기 직전 남부의 정치적 구호는 여전히 liberty and separation이었지만 북부의 구호는 freedom and union이었다. 노예해방은 liberty이고 그들이 자유인으로 사회에 귀속union하는 것은 freedom이었다. 이것은 프랑스와 좋은 대조를 보인다. 그들의 혁명 구호는 자유, 평등, 박애liberty, equality, fraternity이었다. 그들은 왕정의 압제에서 벗어나기를 원한다는 의미에서 liberty를 외쳤지만 그들에게는 freedom에 해당하는 말이 없었던 데에도 연유한다. liberty와 fraternity의 합이 freedom이다. 이러한 의미에서 프랑스 혁명의 구호는 freedom and equality의 두 마디로 요약될 수 있다. 북부의 승리로 freedom and union이 개선하였다.

 이것이 이승만이 프린스턴에서 교육 받던 시기에 자유의 의미였다. freedom은 자유이며 곧 권리이다. 그것은 연합union이다. 한국이 일본의 압제로부터 벗어나는 것이 liberty라면 자유국가가족에 연합union하는 것은 freedom이며 권리right이다. 여기에 영구평화를 보장하는 자유통상이 권리이다. 이 권리를 쟁취하려면 대포가 아니라 필설로 싸워야 한다. 그것이 국제법제사이다.

 이승만이 보기에 liberty는 사람의 도이고 freedom은 하나님의 도이다. 이승만은 이 개념을 프린스턴에서 배웠을 것이다. 프린스턴이 스코틀랜드의 자유 freedom의 메카였기 때문이다. 윌슨의 새 자유 New Freedom의 탄생지이다. 이승만에게 자유freedom란 천부적으로 양도할 수 없는 권리right이고 다른 나라와 통상commerce하며 친구가 되는 fraternity이다. 그리고 그가 학위논문에서 인용한 자유국가가족a family of free nations에 일원이 되는 권리이다. 그것은 국민의 정치적 권리, 국가의 국제적 권리, 통상의 사해동포 권리로 요약된다. 이승만이 조국의 자유 독립을 가져올 수 있는 것이 대포가 아니라 필설이라는 주장의 배경이다.

5. 맺는말

이렇게 볼 때 이승만의 학위논문 『미국 영향 하의 중립』은 첫째, 그의 유치 단계였던 『독립정신』에서 통상 부분을 학문적으로 발전, 심화시킨 것이다. 전체적으로 그것은 조선의 실학사상이 강조하는 통상에 선교를 더하여 평화와 접목시켜서 구미사상과 만날 수 있었다. 그럼으로써 한국의 문제를 세계의 문제로 인식할 수 있었다. "그는 외국인으로 동양사, 철학, 문학에 깊이 천착한 초기교육과 함께 미국사와 유럽사, 국제법, 서양철학의 어려운 시험을 명예롭게 통과한데 대해 자부심을 가졌다. 그는 동양과 서양을 동시에 아우르는 드문 기회가 주어진 것을 항상 감사하게 여겼다. 그리고 그 둘을 융합하여 그 자신의 사상으로 만들었다. 이러한 문화적 통합은 다가오는 장래에 그의 지도력과 힘의 위대한 원천이 되었다. 그의 동포들도 그가 미국대학의 첫 번째 박사라는데 대하여 감명을 받았다."740)

둘째, 구미사상 가운데 스코틀랜드 계몽주의와 칸트의 영구평화사상을 계승한 미국의 외교사를 추적하였다. 영국의 무력통상은 식민지 무역에 대한 독점행위이다. 이것은 다른 열강으로 하여금 동일한 무역행위를 유발시킨다. 결국 더 많은 식민지를 확보하려는 경쟁에서 무력충돌이 일어날 것은 명약관화하다. 다른 한편 식민지는 이에 저항을 멈추지 않게 되며 이러한 중상주의의 무력통상 관행은 항상 전쟁을 불러온다. 민주주

---

740) Oliver, *Syngman Rhee The Man behind the Myth*, p. 114.

의 대 전체주의의 대결. 이것은 근세사가 증명하고 있다.

셋째, 미국의 외교 원리에 어울리는 독립승인의 국제적 조건을 탐구하였다. 미국은 식민지 시절 이미 영국으로부터 착취를 당한 경험이 있다. 그들은 애덤 스미스의 자유통상이론을 과감히 받아드려 식민지를 보유하지 않고도 국가의 부를 얻을 수 있는 방법을 알게 되었다. 오히려 지구상에 독립국가의 수가 많을수록 미국에 이익이 된다는 사실을 깨달았다. 미국이 영토의 야심이 없는 근본 이유가 되며 자유통상의 동기가 되었다. 제1차 대전 전과 후의 독립국가의 수를 비교해 보면 미국 참전의 명분이었던 민주주의 전파의 효과를 알 수 있다. 제2차 대전 전후에 그것을 다시 비교해 보면 새로운 국가의 탄생이 증가했음을 볼 수 있다. 국가와 국가가 전장에서 만나서 승자의 이익이 패자의 손실이 되는 대신 시장에서 만나서 승자와 패자 없이 상호 이익을 얻을 수 있는 비결이 여기에 있다. 칸트는 통상의 기초가 되는 이기심이 영구평화의 하나의 기둥이 된다는 사실에, 그러한 국제시장이 무력이 아니라 국제법이 보장하는 권리에 의해서 유지될 수 있도록 보장하는 국제협력을 추가하였다. 이 국제협력의 기둥으로 미국의 역할을 기대하였다. 미국이 되도록 많은 수의 독립 국가가 탄생하는데 도와주는 실천 방법이 두 가지였다. 선교와 통상이다. 이승만이 일찍부터 깨달은 방법이다. 이것으로서 이승만은 스코틀랜드 계몽주의와 칸트 영구평화사상 이래 그 사상이 만들고 발전시킨 세계역사를 통섭했다.

넷째, 학위논문은 미국의 외교 원리와 일본의 외교 원리가 충돌할 수 밖에 없는 불가피성을 예측하는 안목을 제공한다. 그것은 민주주의 대 전체주의의 대결이다. 이것이 장차 한국 독립운동 방향을 결정하는데 이론적 근거를 제공하고 있다고 요약할 수 있다. 이 학위논문으로 이승만은 동양 삼국에서 독창적인 정치사상가가 되었다 하여도 지나친 말이 아니다. 앞서 인용한 최정수의 표현대로 "[이승만은] 동서양을 막론하고 거의 최초의 독창적인" 국제법학자이며 그의 논문을 한국에서 이해할 수 있게 된 것은 "그로부터 몇 세대가 흐른 후였다는 평가는 결코 과장이 아니다."741)

다섯째, 그러나 '칸트의 미국'은 언제부터인가 잠들어 있다. 이승만은 『일본 내막기』를 써서 미국을 흔들어 깨운다. 그것은 자신의 학위논문의 논리였다. 이에 근거하여 그는 일본의 전쟁야심이 미국의 평화염원과 어떻게 충돌하게 되는지를 자신 있게 추론하였다. 이 자신감을 갖고 이승만은 세계 자유인에게 호소한다. 한국은 세계의 자유인을 위하여 십자가를 지는 역할을 감내하였다. 이제 자유세계는 한국의 독립 권리를 존중해야 할 때가 되었다. 그러면 세계 자유인에게 칸트의 영구평화의 단초가 약속된다.

여섯째, 학위논문이 다루는 중립은 칸트 평화의 세 가지 권리 가운데 하나였다. 나머지 두 개의 권리인 동맹과 보증은 한미방위조약과 한미우호통상해양조약으로 실현되었다. 따라서 중립 보증 동맹의 총체는 필설에 의존한 이승만의 『미국 영향 하의 중립』(1910)—『일본 내막기』(1941)—「한미상호방위조약」(1953)—「한미우호통상해양조약」(1956)으로 구체화되어 그의 정치사상은 완결이 되었다.

이승만은 결국 1905년에서 1945년까지 한 가지 길을 걸어왔다. 세계 영구평화와 연계한 한국의 독립이다. 이 기간에 그것은 일단 실패한 것처럼 보였다. 그러나 그것은 그 후에 정말 필요한 시기를 맞이하여 그 결실로 나타났다. 1945년에서 1948년까지 지난한 국가건설과 1950년에서 1953년까지 국가방위가 바로 그것이다.

---

741) 최정수, 「이승만의 『미국의 영향 하에 성립된 중립론』과 외교독립론」, 126 127쪽.

이승만의 현실감각과 이상은 이원순이 훌륭하게 요약하였다고 생각된다.742) 그것은 바로 전쟁과 평화, 그리고 그 가운데에서 독립회복이라는 칸트 영구평화의 실천을 위한 길고 어려운 도전이었다. 이승만의 전쟁과 평화 그리고 독립사상이 잘 나타나 있다.

> 강대국은 항상 세력의 확장을 위하여 필사적이어야 한다는 것이 하나의 전통으로 되어있다. 그래서 약소국들은 항상 약한 상태로 그대로 남아 있어야 할 뿐만 아니라 날로 약소한 위치로 전락되기 마련인 것이다. 따라서 이러한 강대국들의 팽창은 가끔 이해의 상호 충돌이라는 자연스러운 귀결에 인도됨으로써 대규모의 주기적인 전쟁을 초래하는 것이다. 이러한 결과는 당연한 것인데, 강대국들은 이런 이유로 하여 전쟁을 해도 그로 말미암아 상호간에 영속적인 적대감정을 가지려 하지 않는다. 오히려 전쟁이 끝나면 전승국은 패전 강국을 전쟁 전의 상태로 회복시켜 주기 위하여 친절하게 그 부흥을 도와주고 있다. 이와 같이 익살맞은 사실은 당연한 것으로 나타나고 있으며 역사는 그 과정을 반복하고 있다.743)

이 글에서 주목되는 바는 이승만이 전쟁주기설에 의해 다음 전쟁을 기다린다는 인상이다. 간전기에는 단절 없는 외교로 독립의 대의를 세계에 특히 미국에 주지시키는 것을 자신의 임무로 믿었다. 그는 "삼일운동의 불씨"가 꺼지지 않고 때가 오기를 기다렸다. 이승만이 어째서 외교에 평생의 대업을 맡겼는지 알 수 있다. 전쟁과 평화의 현실을 이렇게 설명하고 전쟁이 끝났을 때 하지 말아야 하는 칸트 금지조항의 실천을 주목하고 있다. 이어서 칸트 사상의 발전으로 넘어간다.

> [그럼에도] 또 한 가지 특이한 현상은 강대국의 지도자들은 전쟁이 일어

---

742) 이원순, 『인간 이승만』, 178-180쪽.
743) 이원순, 『인간 이승만』, 178쪽.

나게 되면…기본적인 원칙의 변명을 발표하지 않으면 안 된다는 것이다. 이러한 사실의 사례로서…윌슨의 14개 원칙을 비롯하여 프랭클린 루스벨트의 4대 자유, 루스벨트와 처칠 간의 대서양헌장 및 트루먼의 기본원칙 등을 [이승만은] 인용하였다.[744]

이것이 칸트 영구평화사상이다. 이승만은 한편으로 전쟁과 평화의 현실을 직시하며 다른 한편 칸트 영구평화사상을 실천하고자 하는 움직임도 예의 주시하고 있는 것이다. 드디어 그 실천의 기둥인 국제연합을 언급하기에 이르렀다.

[이승만과] 면담을 이용해서 웰즈는 인류는 세계정부[국제연합]를 수립해야 비로소 자멸을 면할 수 있다는 주장을 열렬하게 토로했다. 그리고 웰즈가… 세계평화의 일익으로서 동양평화를 유지하기 위해서는 한국의 독립이 반드시 필요하다는 이승만의 견해를 진심으로 받아드리고 있는 것도 발견하였다.[745]

짧은 동안이었으나 이승만은 국제연합에서 비록 정의에 입각하지 못할지라도 최소한 법에 기초를 두고 구폐를 타파하는 동시에 새로운 원칙의 수립을 위하여 노력하고 있다는 사실을 알게 되었다.[746]

그러나 구폐는 그렇게 쉽게 타파되는 것이 아니다. 새로운 시대를 위하여 아무리 애를 써도 낡은 조약에서 벗어날 수 없다. 그것은 국제연맹이 보여준 무능이 증명하고 있다. 그러나 국제연합은 다른 모습을 보여주었다.

---

744) 이원순, 『인간 이승만』, 179쪽.
745) 이원순, 『인간 이승만』, 181쪽.
746) 이원순, 『인간 이승만』, 179쪽.

  유엔[국제연합]이 한국전쟁에 참가했을 때야 이승만 씨가 국제주의를 종래의 낡은 테두리로부터 벗어나게 하려던 노력이 결국 이루어졌다는 사실을 [확인했다.]747)

  이승만이 왜 한국문제를 특정국가가 아닌 국제연합으로 가져갔으며 국제연합으로부터 승인을 받으려고 했는지 이해할 수 있다. 30년 동안 이승만의 측근이었던 이원순이 평생 관찰한 끝에 얻은 "유엔[국제연합]이 한국전쟁에 참가하였을 때야 이승만 씨가 국제주의를 종래의 낡은 테두리로부터 벗어나게 하려던 노력이 결국 이루어졌다"라는 결론은 이를 두고 하는 말이다. 국제연합은 칸트 영구평화사상의 결실 가운데 하나이다. 칸트 사후 150년이 지나 그의 영구평화 이상이 한국에서 실현되는 단초를 보였다는 이승만의 해설이다. 그 자신 그 실현을 위해서 부단히 노력했다고 측근이 전하고 있다. 칸트 영구평화 이상에 세계평화와 연계한 조국 독립운동의 명운을 걸었기 때문이다.

---

747) 이원순, 『인간 이승만』, 179쪽.

제5장 　외교독립

1. 삼일운동

　이승만이 1913년부터 1918년까지 하와이에서 미국 속의 한국을 만들어 가고 있을 때 한국은 일본의 총독정치 밑에 어려운 시기를 보내고 있었다. 특히 토지정리사업은 많은 한국 농민을 농토 없는 소작인으로 만들었다. 많은 사람들이 남부여대(男負女戴)하며 만주로 떠났다. 새로운 사립학교법으로 기독교교육을 금하자 많은 기독교 선교학교가 문을 닫았다. 삶의 터전과 교육의 기회를 빼앗기고 자유를 박탈당한 한국인들이 고종황제의 붕어를 보고 드디어 독립선언을 하였다. 기미 독립선언이다.
　삼일운동은 한국역사에서 시대구분의 이정표이다. "삼일운동은 이를 우리의 경제사적 국면에서 집약해 볼 때, 때는 바야흐로 일본의 후진자본주의가 제국주의 본연의 경제적 지배체제를 식민지 한반도 위에 강요하고 그 본원적 수탈과정으로부터 개발자본의 본격적 이식과 그 침투력의 확대강화를 위한 신체제로 이행하는 관두에서 발발하였다."[748]

---

748) 김준보, 『한국자본주의사연구』 I, 1쪽.

청국에서 독립하려고 소수의 지식인들이 갑신정변을 일으켰다. 백성의 지지를 받지 못해 실패하자 독립협회의 자주독립 계몽운동은 이 실수를 만회하려 하였다. 그러나 수구파에 의해 좌절되었다. 그러나 자주독립 정신은 죽지 않았다. 갑신정변의 서재필이 독립협회를 조직하였고 삼일운동으로 탄생한 상해임시정부 8명의 각료 가운데 6명이 독립협회 회원이었다.749) 그 정신이 면면히 이어져 내려온 결과이다. 그것은 독립정신이다. 삼일운동은 민족이 하나가 되어 일으킨 한국 역사의 전대미문의 혁명이 되었다.

이처럼 삼일운동은 하루아침에 일어난 것이 아니었기에 그 전조가 없지 않을 수 없다. 그런데 삼일운동의 기원에 이승만이 세 갈래로 기여하였다고 문헌은 가리키고 있다. 1918년 11월 11일 제1차 세계대전이 종결되었다. 이때부터 다음해 4월까지 숨 막히는 사건의 연속이 일어났다. 제일 먼저 그 의미를 이해한 사람이 이승만이다. 그는 은사 윌슨 대통령의 민족자결주의의 의미를 알았다. 자신의 학위논문에 기초하여 윌슨이 강화회의에서 식민지문제를 해결하여 칸트의 영구평화를 구현해 보려하리라 예측하였다. 이 기회를 붙잡아 한국의 독립 문제를 해결할 가능성을 보았다.

이승만은 그 해 10월 경 자신의 복안을 마침 하와이를 방문하고 있던 미국인 의료선교사 샤록스(Alfred Sharrocks) 박사를 통해 국내 지도자들인 함태영, 양전백, 송진우 등에게 알려 국내에서 결정적인 대일 혁명을 일으킬 것을 주문하였다.750)

이것은 마사리크가 사용한 방법이다.751) 미국은 결정적 순간에 마사

---

749) McKenzie, *Korea's Fight for Freedom*, p. 74. 이광린 역, 『한국의 독립운동』, 47쪽.
750) 유영익, 『이승만의 삶과 꿈』, 134쪽.
751) Msaryk, *The Making of A State*, p. 344.

리크에게 그의 외교활동을 뒷받침해줄 수 있는 체코 내부의 혁명을 주문하였다. "스스로 싸우지 않으면 누가 싸워줄 것인가?"의 철학이다. 그래서 일어난 것이 프라하혁명이었고 마사리크는 필라델피아에서 체코슬로바키아 독립선언을 할 수 있었다.

이승만도 동일한 방법을 구상한 것이다. 샤록스는 일찍이 서울 제중원에서 일하다가 평북 선천으로 옮겨 미동병원 원장이 되었는데 양전백이 같은 도시의 신성중학교에서 가르치고 있었다. 그는 기미독립선언서 33명 서명자 가운데 한 사람이 되었다. 함태영은 뒷일을 책임지는 48인의 한 사람이 되었다.

2. 동경유학생 독립선언

이승만만 움직인 것이 아니다. 윌슨의 민족자결주의에 자극을 받은 여러 피압박 민족의 지도자들도 이 기회를 놓치지 않았다. 12월 14일에 뉴욕에서 소약국동맹회의 제2차 회의의 개최가 그것이다. 여기에 한국, 인도, 스코틀랜드, 폴란드, 그리스, 아일랜드, 페르시아, 우크라이나, 리투아니아, 알바니아, 체코 등이 참석할 것이다.

11월 16일(1918년): 대한인국민회는 소약국동맹회 제2차 회의에 한국대표로 이승만, 민찬호, 정한경을 파견하기로 결정하였다. 여기에 더하여 파리강화회의에 이승만과 정한경을 파견하기로 결정하였다. 때마침 하와이 교민들도 이승만에게 한인기독학원 일에서 잠시 손을 떼고 파리강화회의에 참석할 것을 권유하였다.[752]

11월 25일: 이승만, 민찬호, 정한경 세 사람 이름으로 파리강화회의에 참석 중인 윌슨 대통령에게 독립 청원서를 보냈다.

---

752) 유영익, 『이승만의 삶과 꿈』, 134쪽.

12월 15일: 동경에서 미국인이 발간하는 영자신문『저팬 어드버타이저Japan Advertizer』가 "한국인들 독립을 주장"이라는 기사를 냈다. 당시 이 신문의 특파원 가운데 한 사람이 언더우드(Horace H. Underwood, 1890~1951)였다.753) 그는 연희전문 설립자 언더우드 박사의 아들이다. 그는 삼일운동의 보복으로 일제가 방화로 몰살시킨 제암리사건을 취재하였다. "미일인 공동소유의『저팬 애드퍼타이저』는 한국에 특파원을 보냈던 바, 그는 지극히 가치 있는 보도를 하였다"라고 메켄지는 기록하였다.754)

12월 18일:『대판조일신문(大阪朝日新聞)』에 "민족자결을 인정하라"는 제목의 기사가 크게 났다. 그런데 신비로운 것은 당시 백관수, 전영택, 김도연 등 동경유학생들이 이러한 기사들이 모두 이승만의 활동이라고 생각했다는 점이다.755) 한 두 사람도 아니고 모두 그렇게 착각한 이유는 밝혀지지 않고 있다. 이때 이승만 당사자는 하와이에서 본토로 나오려고 애쓰고 있었다. 당시 본토여행을 하려면 여권이 필요한데 이승만이 일본영사관에 여권을 신청할 수 없는 노릇이었다. 결국 하와이 고위관리의 도움으로 이민국의 허락을 받아 샌프란시스코에 도착한 것은 1919년 1월 15일이었다. 이 사실을 모르는 동경유학생들은 이승만 신화에 자극을 받아 움직이기 시작하였다.

12월 29일: 간다(神田)에 있는 조선기독교청년회관에서 동경유학생들이 송년회로 모여 독립운동의 실천방안에 대해 논의하였다.

1월 7일(1919년): 동경유학생들이 조선기독교청년회관에 다시 모였다. 경찰이 이들을 강제로 해산시키고 여러 명을 잡아갔다.

---

753) McKenzie, *Korea's Fight for Freedom*, pp. 265-266. 이광린 역,『한국의 독립운동』, 188쪽.
754) McKenzie, *Korea's Fight for Freedom*, p. 310. 이광린 역,『한국의 독립운동』, 222쪽.
755) 손세일,『이승만과 김구』1-3, 429-437쪽.

1월 26일: 『뉴욕 타임스』 일요판 잡지에 이승만이 윌슨에게 보낸 독립청원서가 크게 게재되었다. 작년 11월 25일에 보낸 것이 이제 실린 것인데 그 경위는 알려지지 않았다.

2월 8일: 동경유학생들이 조선기독교청년회관에 모였다. 그날 30년 만에 큰 눈이 왔지만 동경유학생 642명 가운데 580명이 모였다.[756] 당시 경찰이 엄히 감시했는데 비밀이 새지 않았다. 이광수가 작성한 독립선언문을 백관수가 낭독하였다. 2·8독립선언문이다. 선언문에는 한일병합이 한국민족의 자유의지에 의한 것이 아니므로 무효라는 점을 밝혔다. 한국은 자유로운 독립국가인 고로 민족자결주의가 허여되어야 한다고 선언하였다.[757] 김도연이 결의문을 낭독하자 장내는 "감격의 울음바다가 되었다."[758] 경찰은 강제 해산시키고 60명을 체포하여 눈길에 끌고 갔는데 그 가운데 주모자 29명을 구치하였다. 이 선언문은 "재일동경조선청년독립단"이라는 이름으로 작성되었다. 주요 지도자는 최근우, 서춘, 김도연, 백관수, 송계백, 최팔용, 김철수 등이다.

3. 서울 기미독립선언

이승만의 부탁을 받은 샤록스가 양전백과 함태영에게 전했는지 확인되지 않는다. 그러나 그들은 그 무렵 기민하게 움직이고 있었다. 한편 최근우는 거사 전에 2·8독립선언문을 학생모자 속옷감에 써서 보이지 않게 다시 뒤집어서 재봉한 뒤 송계백과 함께 국내로 들어왔다. 송계백은 중앙고보 선배인 현상윤을 찾아가 보고하고 선언서를 전했다. 현상윤은 다시 이것을 최남선에게 보여주었다. 현상윤은 다른 한편 이 사실을 보성

---

756) 韓永大, 『柳宗悅と朝鮮』, 166쪽.
757) 韓永大, 『柳宗悅と朝鮮』, 166쪽.
758) 손세일, 『이승만과 김구 1-3』, 441쪽.

학교 교장 최린에게 알렸고 최린이 천도교 교주 손병희에게 보고하였다. 서춘 역시 거사 직전 평양으로 은사 이승훈을 찾아갔다.759) 동경유학생 동태를 자세히 보고하였다. 이승훈은 서울로 올라가서 이상재를 만났다.760) 이승훈, 이상재, 현상윤, 박승봉이 상의하였다.

2월 11일 이승훈은 최린, 최남선의 부름을 받고 서울에 와서 참여할 것에 동의하였다. 여기에 불교대표를 초청하여 한용운과 백상규가 합세하였다. 유림은 대표가 불분명하고 시간도 없어서 제외하였다. 이렇게 해서 기독교, 천도교, 불교가 합의를 보았다. 거사일은 3월 1일. 이틀 후 3월 3일은 고종의 국장일이다. 수많은 백성이 상경할 것이다. 독립만세를 부르고 고향에 가서 이 소식을 전하며 또 독립만세를 불렀다. 일본관헌은 이것을 총칼로 탄압하여 5만 2천명의 사상자가 발생했다.761) 10만 명 이상이라는 보고도 있다.762) 그 후 사건전개는 잘 알려져 있어 생략한다.

이승만의 신화가 촉발시킨 동경유학생의 독립선언은 서울의 지식인 및 종교지도자의 독립선언을 거쳐서 모든 백성의 독립선언으로 이어져 4월 29일까지 60일 동안 계속되었다. 수감된 사람의 직업을 보면 농민이 58%로 가장 많았다. 고종황제의 붕어가 촉발했지만 토지를 빼앗긴 농민들의 10년 묵은 불만의 폭발이었다. 삼일운동을 전후하여 소작쟁의가 빈번해졌음이 그 증거이다.763)

---

759) 韓永大,『柳宗悅と朝鮮』, 168쪽.
760) 전택부,『월남 이상재의 생애와 사상』, 288쪽.
761) 韓永大,『柳宗悅と朝鮮』, 142쪽.
762) 山辺健太郎,『日本統治下の朝鮮』, 岩波新書, 1971. 韓永大,『柳宗悅と朝鮮』 142쪽에서 재인용.
763) 김준보,『한국자본주의사연구』 I, 제1장 제4절.

4. 필라델피아 독립선언

이승만에 의해 시작된 국내 독립선언의 물결이 그 전국적 규모를 멈추게 될 즈음 필라델피아에서 독립이 선포되었다. 그 시작도 이승만이다.

2월 13일(1919년): 이승만과 정한경은 일본의 방해로 국무성으로부터 출국허가를 받을 수 없어서 파리강화회의 참석에 실패하였다. 이승만은 차선책으로 일시 귀국하는 윌슨 대통령을 회견하려고 노력하였지만 이 역시 허사였다. 그 이유는 아마도 "한국문제는 이번 전쟁과 상관없는 일"이었던 탓이다. 또 파리강화회의에서 다른 열강으로부터 자신의 국제연맹안과 위임통치안에 동의를 얻으려는 윌슨에게 일본의 협조도 중요했을 것이다. 이승만은 병기가 있어 입원하였다. 이때 이승만은 어떤 발상을 하였다. 필라델피아에서 한인의회를 개최하고 독립관까지 행진을 하여 한국의 독립의지를 세계에 알리자는 것이다. 이곳은 미국 독립전쟁 때 대륙회의가 열린 곳이다. 이승만의 이 발상 역시 체코 대통령 마사리크에서 얻은 듯하다. 바로 4개월 전 체코슬로바키아의 마사리크가 이곳에서 독립을 선포하고 독립관에서 기념사진을 찍었다. 그때의 행사를 필라델피아 신문이 취재하였다. "체코슬로바키아가 몇 개월 전에 그러했듯이, 오늘 자신들의 조국의 독립을 선포하기 위해 독립관에 모인 한국 대표들"은 사진을 찍었다.764) 이승만과 정한경은 서재필과 상의하여 준비에 착수하였다.

2월 25일: 정한경이 작성하여 병원에 있는 이승만에게 가져온 국제연맹 위임통치 청원서를 이승만·정한경 연명으로 윌슨 대통령에게 제출하였다. 이 청원서 제출은 이승만과 정한경이 단독으로 제출한 것이 아니다. 안창호에게 보내져 대한인국민회 중앙총회 행정위원회의 결의를 얻

---

764) *First Korean Congress*, p. 74.

었다고 한다.765) 국민회와 별도로 상해 신한청년당 대표 여운형도 윌슨 대통령에게 독립청원서를 제출하기로 하고 김규식을 보냈다. 김규식은 독립운동 관련 문건과 서한을 제출했는데 이때 위임통치 청원서도 제출하였다. 이승만과 정한경, 그리고 이와 별도로 김규식이 독립청원서를 제출하면서 위임통치 청원서는 왜 제출했는지. 모순된 행동으로 보인다. 이승만과 정한경은 파리강화회의에 가려고 국무성에 출국허가를 신청했는데 일본이 방해를 하여 실패하였다. 답답해진 정한경은 다른 길을 찾아보았다.

　　우리 대표자가 동포의 사령을 밧아가지고 와서 아모리 곤란한 처지에 잇슬 망졍 형편에 의지하야 주선함이 가한 고로 각 방면으로 알아본즉 국무경 랜싱 씨는 말하기를 "목하 형편으로는 한국대표가 오더래도 죠흔 효과가 업스리라." 위일손 통령은 평화회에서 말하기를 "각 소약국은 자유를 찻더래도 계급을 따라 할 것이라." 미국의 유력한 정객들은 이상 두 가지 말을 해석하여 갈아대 한국은 구전(歐戰)에 참가치 안이 하엿든 고로 평화회에서는 문제가 되지 안을 것이라. 그러나 이 기회를 놋치는 것은 불가하니 좀 쉬운 길노 주선하여 보라고 말하는 자가 만핫습니다. 랜싱이나 위일손이나 모든 정객들도 3월 1일 운동이 생길 것을 예상치 못하고 이만치 생각하얏삽니다. 그리하야 산궁수진(山窮水盡)한 길에 어데로나 갈 수 잇는 것을 시험하기 위하야 이 글을 위일손 통령의게 올넛다가 독립운동의 인도를 엇어 감전분투(酣戰奮鬪)의 발은 길에 올나서 외교선전을 계속한지가 이미 양년이니 이를 보면 우리의 일은 우리가 직접 하여야 되는 것이올시다.766)

이 글은 청원서를 제출한지 3년이 지난 1921년 6월 14일에 쓴 것이다. 이승만이 상해임시정부의 임시대통령에 추대되자 반대파가 뒤늦게 이

---

765) 『우남이승만문서 : 동문편』 8, 314쪽.
766) 『우남이승만문서 : 동문편』 8, 224-226쪽.

문제를 꺼냈다. 이에 정한경이 해명한 글이다. 그 진행상황을 보면 1919년 9월 11일에 국무총리 이승만은 새로운 임시헌법에 의해 임시대통령이 되었다. 그 보름 전인 8월 29일에 조용하가 「탄고문」을 썼다. 한 동안 잠잠하던 이 문제를 2년이 지나서 1921년 4월 19일에 신채호 등이 성토문을 발표했는데 이 글에서 위임통치를 미국에 위임하는 것으로 오해하고 있다. 그런데 이 글의 내용 가운데 재미있는 부분이 있다. "김규식이 구주로부터 돌아와 조선사람이 독립운동을 하면서 어찌하야 위임통치청원자 이승만을 대통령에 임하였느냐 하는 반문에 아무 회답할 말이 없었다 한다." 김규식 본인도 위임통치 청원서를 파리강화회의에 제출한 상태였으니 그의 고자질은 우스운 노릇이다. 1921년 4월 24일 박용만이 북경에서 군사통일회의 이름으로 「통첩」을 발표하였다. 박용만은 다시 5월에 군사통일회의 이름으로 「선언서」를 썼다. 같은 달 박용만은 또 다시 군사통일회의 이름으로 「성토문」을 썼다. 같은 달 북경유학생회 이름으로 「성토문」이 나왔다.767)

   3월 8일: 이승만은 퇴원을 한 후 자신이 제안하고 준비한 한인의회를 개최하려고 워싱턴을 떠나 필라델피아로 갔다. 그곳에서 서재필이 전보를 보여주었다. 그것은 안창호가 보낸 것이다. 국내에서 독립을 선언했다는 놀라운 소식이다. 독립의 불꽃이 타올랐다. 이 불씨가 꺼지지 않도록 역경을 견디는 일이 이승만의 임무가 되었다.

   4월 14일: 한인 대표들이 필라델피아 리틀 시어터Little Theater에 모여 제1차 한인의회First Korean Congress를 개최하였다. 이 의회는 3일간 계속될 것이다. 모든 회는 기도로 시작하였다. 여기서 다섯 가지가 채택되었다. (1)대한민국임시정부에 보내는 교서, (2)미국에 보내는 호소, (3)한국

---

767) 오영섭, 「대한민국 임시정부 초기 위임 통치 청원논쟁」, 『이승만 연구의 흐름과 쟁점』, 연세대학교 대학출판문화원, 2012 참조.

인의 열망과 목표, (4)사려 깊은 일본인들에게, (5)미국 대통령과 파리강화회의에 보내는 대한민국임시정부 승인 청원서 등이다. 회의 마지막 날에 「기미독립선언서」를 영어로 낭독하였다.

의회에서 이승만이 동의한 「미국에 보내는 호소」에서 "우리들은 미국 국민의 지원과 동정에 호소한다. 그 이유는 여러분이 정의를 사랑하고 자유와 정의를 위해 투쟁한 것이 기독교와 인류애에 입각했다는 것을 우리들이 알기 때문이다. 우리들의 주장은 하나님과 인류의 법 앞에 떳떳한 것이며, 우리가 바라는 것은 군사적 압제에서 자유롭게 되는 것이고 그 목표는 아시아의 민주주의이며, 우리들이 희망하는 것은 보편적인 기독교이다."768) 이 글에서 이승만은 1882년에 체결한 한미우호통상조약 제1조 제2항을 언급하면서 미국이 일본에 대하여 양심적인 개입을 기대하고, 평화회담에서 윌슨 대통령이 제안한 국제연맹에 대해서 관심을 나타내고 있다.

이승만이 동의한 또 하나의 공개서한 「사려 깊은 일본인들에게」에서는 "여러분의 정부는 지금은 파괴되고 사라진 유럽의 전제정치에 의해 길러진 잘못된 이상과 탐욕의 야심을 향유하고 있다. 만일 여러분 국민이 우리들이 생각하고 있는 것처럼 지적이고 현명하다면, 이 같은 정책은 변경되어 당장 높고 고결한 사람들에게 행복을 가져오는 진정한 민주주의를 여러분의 정부가 채택하도록 노력해야 한다. 지금처럼 프러시아 형의 이기적인 정책을 계속한다면 여러분의 나라는 여러분이 모범이라고 여기는 유럽국이 밟은 길을 따라가서 똑같은 운명을 맞을 것이다"769)라고 예언을 하고 있다.

---

768) An Appeal to America. *First Korean Congress*, Philadelphia 1919, pp. 29-30; 李省展, 『アメリカ人宣教師と朝鮮の近代』, 203-204쪽.

769) To the Thinking People of Japan. *First Korean Congress*, Philadelphia, 1919. p. 45; 李省展, 『アメリカ人宣教師と朝鮮の近代』, 203쪽.

"사려 깊은 일본인" 가운데 한 사람이 5월 20~24일 『요미우리신문(讀賣新聞)』에 「조선인을 생각한다」라는 제목 하에 "일본의 무력지배를 비판하고 조선 독립을 이해한다."라는 요지의 글을 썼다. 그가 야나기(柳宗悅)이다. 이 글은 다음 해 4월 12일 『동아일보』에 한글로 번역되어 실렸다. 최근우와 서춘은 동경고등사범 3학년에 재학 중이었는데 교장이 야나기의 숙부 가노우(嘉納)였다. 야나기는 2살 때 아버지를 여의고 숙부를 아버지처럼 따랐다. 최근우와 서춘의 거사가담은 즉시 교장에게 보고되었다. 이 사실을 야나기도 알았을 것이다.

평화적인 회의를 진행하면서 서재필은 한국인의 군사적인 현황을 보고하는 것을 잊지 않는다.

[제정]러시아 정부에 의해 무장한 3만 명의 한국인이 린 장군 지휘 하에 [제1차 대전의 러시아] 동부전선에서 싸우고 있으며 러시아 정부가 해체되자 그들은 체코슬로바키아 포로들과 함께 시베리아로 이동하면서 볼셰비키와 싸우고 있다. 동부전선에서 체코슬로바키아 또는 다른 민족만큼 많은 한국인이 싸움터에서 목숨을 바쳤다는 것은 사실이다.[770]

체코슬로바키아 독립을 적극적으로 돕고 있던 밀러 교수도 한국인의 군사적인 경험을 보고하였다.

내[헐버트 밀러 교수]가 체코슬로바키아의 자연적 양심의 역사에 크게 주목한바 여러분들[한국인들]이 그들[체코슬로바키아]과 함께 [제1차 세계]대전에 관계하였다는 것은 뜻밖이다.[771]

이것은 체코슬로바키아의 경험을 따르는 것 같다. 마사리크의 외교독

---

770) *First Korean Congress*, p. 16.
771) *First Korean Congress*, p. 19

립을 강화하는 방법으로 체코슬로바키아 반공포로군단의 활약을 크게 선전하여 세계의 이목을 받았다. 미국은 여기에 더하여 체코국민의 지지를 나타내는 시위를 권유하여 국내에서 프라하 혁명이 일어났다. 한국의 경우 삼일운동이 먼저 일어나고 외교독립운동에 불을 댕겼으므로 군사적인 역할이 필요하게 되었다. 그것이 체코슬로바키아 반공포로군단과 연루되었다.

한편, 이승만의 기자 친구 맥캔지는 한국인이 앉아서 독립을 요구하는 것이 아니라 미국 사회에 기여하는 바를 자신의 책에 썼다.

> 하와이 제도에는 5만[sic]명의 한국인이 있는데 대개 노동자로 가족과 함께 사탕농원에서 일하고 있습니다. 그들은 자녀들을 위하여 학교 26개를 세웠고, 교육비로 1년에 매인당 20달러씩 갹출하고 있습니다. 교회가 16개나 되고, 대전 중 8만 달러에 해당하는 자유공채를 샀으며, 적십자사에 기부를 아낌없이 했습니다. 하와이에 있는 한국인 중, 일부는 자원하여 출전했습니다. 러시아군에 입대하여 린 장군 휘하에서 싸우다가, 체코슬로바키아 포로들과 연합하여 재무장한 독일군 포로 및 볼셰비키들과 싸웠습니다.772)

이것은 장차 제2차 대전시 미국에 무기대여를 요구하는 근거가 되었다. 이승만은 끈질기게 요구하였지만 거부되었다.

5월 12일: 일본으로부터 자유를 요구하는 한국인들의 파리 청원서가 평화회의에 제출되었다. 청원서는 1910년 한일합병조약의 무효와 독립국가로서 한국의 승인을 요구하고 있다.773)

5월 12일: 대한민국임시정부의 국무총리 이승만이 윌슨 대통령과 클레망소 총리에게 보낸 서한에서 평화회의가 한국의 독립요청을 승인할

---

772) McKenzie, *Korea's Fight for Freedom*, p. 318. 이광린 역, 『한국의 독립운동』, 227쪽.
773) *New York Times*, May 13, 1919.

것을 촉구하며, 4인회의가 파리에 가 있는 임시정부 대표를 접견할 것을 요구했다.774) 그 서한은 "스스로의 선택으로 자유롭고 완전한 독립정부를 갖는 것이 한국인의 만장일치이며 열렬한 소망이다. 그러한 정부가 아니면 우리는 자유기독교국가로 발전할 수 없다고 믿는다"고 전한다. "한국인은 그들의 임시정부 이외에 다른 모든 현존하는 당국에게 저항할 것을 엄숙히 맹세하였다. 한국인에게 비도덕적이고, 불법적이며, 자기들 멋대로 임명한 당국에게 강제로 복종케 하는 것은 잔인한 수단뿐이다. 잔혹한 수단으로 독립운동을 무차별하게 억압하고 있다고 전하는 것이 유감이다. 당신들의 명예로운 기관이 거중조정을 하여 그들이 불법으로 강탈한 땅에서 그러한 비인도적인 행동을 단념하게 해주길 임시정부는 희망한다. 그것은 분명 현대문명의 오점이며 국제연맹이 성찰해야 할 부분이다."

5월 23일: 양유찬은 뉴욕 소재 국제필름서비스회사(International Film Service Co.)의 보스턴 사무소로부터 한 통의 편지를 받았다.

> 동봉하는 $2.50의 영수증입니다. 그것은 "한국인들을 처단하는 일본인"의 사진의 사용료로 귀하가 우리에게 보낸 3달러 50센트의 정산입니다. 귀하가 이미 사용료를 지불했으므로 이[승만]박사에게 이 사진의 출판권에 관해서 편지를 쓸 필요는 없습니다. 뉴욕 사무소에 이 사진들과 비슷한 사진들이 있는지 묻는 편지를 이미 보냈는데 그렇다면 귀하에게 즉시 보내겠습니다. 국제필름서비스회사, 보스턴 책임자, 조지 에스. 우드러프775)

여기서 이 박사는 Dr. Rhee라고 표기하는 것으로 보아 이승만을 가리킨다. 이 편지는 이승만이 필라델피아 제1차 한인의회를 끝내고 즉시 삼

---

774) *New York Times*, May 13, 1919.
775) International Film Co. ⇒ Y. C. Yang, May 23, 1919. 개인소장.

일운동에 대한 홍보 선전에 돌입했음을 의미한다. 국제필름서비스회사에는 이미 사진기자, 선교사 등이 보낸 참혹한 사진이 속속 도착하고 있었다.

5. 대통령

삼일운동은 비폭력 무저항주의를 채택하였다. 이것은 이승만의 평화외교방략과 어울린다는데 의의가 있다. 삼일운동 직후 국내외에서 여러 임시정부가 등장하였다. 이승만은 모든 임시정부에서 중요한 직책에 추대되었다. 1919년 3월 21일 블라디보스토크의 대한국민의회는 노령임시정부를 선포했는데 대통령 손병희, 부통령 박영효, 국무경 이승만이었다. 4월 11일에는 상해임시정부에서 국무총리로 추대되었다. 여기에는 대통령과 부통령이 없다. 뒤이어 4월 23일에 서울에서 선포된 한성정부에서 집정관 총재로 뽑혔다.

이승만은 한성정부 집정관 총재가 마음에 들었다. 전국 각처에서 대표들이 모여 선포한 정부이기 때문에 대표성과 정통성이 컸다. 이 한성정부의 뒤에는 그의 옥중동지 이상재가 있었다. 여기에 근거하여 이승만은 즉시 워싱턴에 대한공화국의 대통령 집무실을 마련하고 활동에 들어갔다. 먼저 『대한독립혈전기』를 발간하여 대통령 이승만의 사진을 싣고 대통령 선언서를 담아 해외 동포들에게 자신과 신생공화국을 선전하였다. 자신의 사진이 들어있는 엽서를 만들어 널리 사용하도록 권장하였다. 이것은 고래로 중국에서 새 왕조가 쓰던 방식이다. 새 왕조는 농사의 절기를 담은 책력을 배포하며 황제의 권위를 천하에 알렸다. 내부를 다진 이승만은 외부로 눈을 돌려 세계의 열강 지도자들에게 대한공화국의 정부 수립과 자신이 대통령에 취임했음을 알리는 공식 서한을 보냈다. 일본

국왕에게도 보냈다. 그리고 미국 전역을 순회하며 지지를 호소하는 강연을 하였다.

이승만이 집정관 총재를 대통령 President로 번역하여 사용하면서 분란이 일어났다. 그러나 집정관 총재를 영어로 번역할 방법이 달리 없었다. 겸하여 세 임시정부를 통합할 필요도 생겼다. 이에 상해에서 통합정부가 성립되며 정부수반을 대통령으로 수정했다. 1919년 9월 11일 이승만은 국무총리에서 임시대통령으로 추대되었다. 한국 역사에서 최초의 공화국에 최초의 대통령이 된 것이다. 국무총리 이동휘, 노동총판에 안창호, 경무국장에 김구, 외무총장에 박용만 등이 선출되었다. 이승만은 이 각료 선정에 아무 권한이 없었다. 박용만은 이승만이 싫어서 취임을 거절하였다. 그는 성명서를 발표하여 상해임시정부 자체를 부인하였다.

이승만은 임시대통령 직권으로 워싱턴에 구미주차한국위원부Korean Commission to Europe and America for the Republic of Korea를 설치하였다. 줄여서 구미위원부이다. 이것은 삼일운동 직후 이승만이 만든 한국위원회The Korean Commission를 개편한 것이다. 파리강화회의가 끝나자 김규식이 워싱턴을 찾았다. 이승만은 한국위원회를 그에게 맡겼다. 필라델피아에 한국홍보국The Korea Information Bureau과 한국친우회The League of the Friends of Korea를 만들어 운영하던 서재필과 제휴하였다. 이 가운데 구미위원부가 핵심이다. 독립운동은 첫째 돈, 둘째 돈, 셋째 돈이다. 이승만은 김규식과 공동명의로 대한민국 명의의 독립공채를 발매하였다. 이것은 마사리크의 방법을 차용한 것이다. 1921년까지 83,351 달러의 자금을 마련하여 구미위원회 운영, 한국위원회 운영, 한국홍보국 운영에 사용하고, 상해임시정부에도 송금하였다.[776] 필라델피아와 파리의 영문불문 월간잡지 『한국평론Korea Review』과 『자유한국La Coree Libre』 및 많은 소책

---

[776] 유영익, 『이승만의 삶과 꿈』, 160쪽.

자를 출판하는데 지원했다. 이것도 마사리크의 전철을 밟았다. 구미위원부는 미국의 21개 도시와 런던, 파리에까지 한국친우회를 확장하여 2만 5천 명의 회원을 확보했다. 그 효과는 1년 후에 나타났다. 1920년 3월 상원 본회의에서 한국 독립 승인안이 아일랜드 독립승인안과 함께 상정되었다. 부결되긴 하였으나 이승만은 실망하지 않았다. 이제 독립을 위한 기나긴 외교활동이 막 시작한 것뿐이다. 독립운동은 회임기간이 장구한 투자활동이다.

이승만은 워싱턴을 외교중심지로 상해를 정치중심지로 파악했다. 그는 상해의 현순, 장붕, 안현경, 조소앙 등과 긴밀히 관계를 유지했다. 그들과 편지와 전문을 주고받으며 정부를 이끌어갔다. 이것은 마사리크의 방식이다. 그는 런던을 외교의 중심지로 삼아 둥지를 틀고 파리를 군사의 중심지로 삼아 수하 베네시와 스테파니크를 심었다. 그들이 분담한 독립방식은 성공하였다. 이승만도 성공할 것인가.

대통령 이승만이 상해에서 일해 주기를 요청받았다. 어느 정도 워싱턴의 일이 자리를 잡자 1920년 여름 그는 상해행을 결심한다. 그러나 이것은 대단히 위험한 일이었다. 호놀룰루에서 비서인 임병직을 데리고 상해행 선박에 올랐다. 중국인들은 죽으면 고국에 묻히기를 원한다. 그들의 시체를 담은 관은 특수 철제 창고에 싣게 되어 있다. 중국인으로 변장하고 중국옷을 입은 이승만과 임병직은 영해를 벗어날 때까지 그 속에서 하루를 지냈다. 뒤늦게 공해상에서 밀항자를 발견한 선장은 이미 짜놓은 각본에 따라 시치미를 떼고 일을 시켰다. 무사히 상해에 도착하여 검사도 받지 않고 상륙할 수 있었다. 이 모든 일은 하와이의 장의사 보드윅(W. Borthwick)이 꾸몄다.

1920년 12월 28일 상해교민들의 환영을 받고 이듬해 1월 1일부터 임시대통령 공무에 들어갔다. 그러나 상해임시정부와 밀월기간은 길지 않았다. 그에게 자금과 정략을 기대했던 임정 각료들은 실망하고 예전의 국제연맹 위임통치 청원을 끌어내어 공격하기 시작했다. 이 당시 공격은 박용만이 시작하였다. 정한경은 장문의 경위서를 보냈다. 7월 20일 국무회의 기록으로 보존되어 있다. 이보다 더 중요한 것은 독립운동 방식을 둘러싼 이견이었다. 이동휘는 무장독립을, 이승만은 외교독립을 주장하였다. 이동휘는 심지어 임정을 시베리아로 옮겨야 한다고 주장하였다. 결국 이동휘, 안창호, 김규식 등이 임정에서 탈퇴하자 이승만은 이시영, 손정도, 노백린, 신규식으로 새 국무원을 조직하여 임정 와해위기를 간신히 넘겼다. 그리고 그는 5월 28일 워싱턴의 외교 업무를 구실로 상해를 떠났다.

그 외교 업무란 워싱턴 군축회의, 일명 태평양회의였다. 이승만은 6월 29일에 호놀룰루에 도착하였다. 무사히 일본의 체포망을 뚫고 태평양을 왕복한 것이다. 그리고 곧 태평양회의에 대한 전문을 상해에 보냈다. 7월 20일 상해임정의 국무회의는 "18일 정례국무회의에서 금차 태평양회의에 관한 일체 준비를 외무부에 일임하야 적당한 특의를 물실하도록 대통령 각하와 및 주차구미위원부와 협의 진행케 하기로 결정하다"의 기록을 확인했다.[777] 한국대표단 단장에 이승만, 부단장에 서재필을 임명하였다. 이들이 워싱턴에 도착한 것은 8월 27일이었다.

6. 워싱턴회의

미국 국무장관 찰스 에반스 휴즈는 태평양에 이해관계가 있는 9개국 사이에 군축회의를 제의하였다. 이승만을 따르는 협성회에서 이에 대한 배경을 임정에 보냈다. 그것은 해상의 자유통상에 관한 것에서 출발하여

---

[777] 『우남이승만문서 : 동문편』 8, 214쪽.

군축문제로 확장된 것이다.

임정 7월 27일자 기록에 런던주차위원 황기환의 두 가지 보고가 실려 있다. "거 6월 12일 영경 론돈에서 개최되얏든 대영제국 총리회에 한국의 독립승인을 요구하얏삽고 성적을 부득하얏스나 각 지방총리에게서 다대한 동정을 표하는 회답을 밧앗슬 뿐이올시다.…일황자의 구라파 여행 중에 일인들의 간악한 선전으로 인하야 재구라파 동포들이 해지 경찰들에게 일황자 암살음모의 혐의를 수하얏스나 지어 금일 하야는 일인이 도리혀 혐의를 수하게 되얏나이다."778) 이 보고대로 1921년에 영국 런던에서는 본국과 식민지를 포함하여 대영제국 총리회담이 열렸고, 마침 일본의 히로히토(裕仁) 왕자가 방문 중이었다. 1921년이라면 영일동맹의 효력이 만료되는 해이다.

첫째, 제1차 대전에서 승전국이 된 일본은 국제연맹에 이사국이 되었고 독일이 소유했던 적도 이북 태평양 섬들을 차지했다. 일본은 시베리아 출병 이후 철병을 하지 않고 있다. 중국에 대해서는 독일 조차지였던 청도뿐만 아니라 산동반도를 포함하여 21개 조항을 고집하고 있다.779) 둘째, 이것은 미국에게 위협으로 떠올랐다. 미국상원에서 국제연맹 가입이 부결되었고 파리강화조약 체결도 부결되었다. 하딩 대통령은 미국이 국제적으로 고립되었음을 알았다. 미국은 다시 국제사회로 나오고 싶어 한다. 셋째, 중국의 문호개방의 원칙과 해상교역의 자유를 주장하는 미국이 태평양에서 세력을 키우는 일본과 전쟁을 불사할 일이 벌어질 수 있다. 영국이 생각하기에 영일동맹을 연장한 채 미일전쟁이 일어나는 경우 영국 식민지인 캐나다, 호주가 말려들게 되고 해상교역으로 연결된 남아프리카까지 연루되게 될 것이다. 이렇게까지 발전되지 않는다 하여도 전쟁

---

778) 『우남이승만문서 : 동문편』 8, 229쪽.
779) 池田十吾, 『第一次世界大戰期の日米關係史』, 東京: 成文堂. 2007.

을 예비하는 국방비 지출을 염려하지 않을 수 없다. 대영제국 수상회의가 열려 의논하지 않을 수 없을 것이다. 일본은 왕자를 보내 친선을 보이며 영일동맹을 연장하고 싶어 한다. 일본의 기대와 달리 영일동맹은 그 해로 끝났다. 영국은 미국을 끌어들여 삼국동맹을 구상하였다. 그러나 미국이 거부하면 영국으로서는 부담이다. 따라서 태평양에 이해가 걸린 모든 나라들과 상의하여 전쟁을 막아보자는 취지였다.

이승만은 한일늑병과 구주전쟁으로 문호개방정책, 기회균등, 영토보전이 깨졌다고 보았다. 따라서 워싱턴회의에서 이를 바로 잡으려고 "중국에 대한 주권침해, 서백리아의 공통문제, 비율빈독립보장문제, 얍도문제에 한국문제 등 신구문제가 의안이 되리라" 예상했다. 그래서 "천재일우의 기회를 만난 오인은 잇는 력과 잇는 지와 성을 갈하야 공동일치로 내외협력하사이다. 오인은 이 기회를 좃차 일이 가장 만토다. 일각이나 일초라도 방심할 수 없나니"라고 토로하고 있다.780)

이승만과 서재필은 회의에 초대받기 위하여 노력하였다. 그러나 실패하였다. 그는 신문에 기고도 하였다. 이렇게 열강에 푸대접 받을 때 체코슬로바키아의 베네시가 즐겨 쓰던 방법이었다. 그러나 이승만의 경우에는 효과가 없었다. 청원서에는 "한국은 모든 면에서 극동의 문제이다. 한국은 일본의 야심의 표본이며 끝내주는 사례이다. 교정되지 않는다면 그의 운명이 곧 아시아의 운명이 될 것이다"라고 적혀있다.

워싱턴회의에서 중국의 주권과 영토는 보장되었다. 문호개방정책은 폐기되지 않았다. 또 해군회의에서 미국과 영국과 일본의 해군력 비율은 5:5:3으로 결정되었다. 미국은 일본의 해안선 길이를 생각하면 그 정도는 충분하다고 보았다. 미국과 영국은 일본의 해군력을 낮게 결정하여 만족할지 모르지만 이승만은 이것을 미국과 영국의 패배로 보았다. 오히려

---
780)『우남이승만문서 : 동문편』8, 371쪽.

일본으로서는 세계 3대 해군보유국가로 인정받은 셈이고 미국과 영국의 해군력을 제한한 것으로 보았다고 이승만은 해석하였다. 일본은 시간을 벌고 있는 것이다. 가까운 장래에 이 비율을 수정하자고 요구할 것이다. 결국 1931년에는 10:10:7로 수정되었는데 1936년에 재수정을 할 수 있는 길을 터놓았다. 이승만은 일본이 동등한 비율을 목표로 온갖 방법을 동원하리라 내다보았다. 그것은 전쟁으로 가는 길이다.

이승만은 워싱턴회의에 참관하였던 영국의 작가 웰즈(Herbert G. Wells, 1866~1946)와 면담을 가졌다. 웰즈는 칸트 영구평화사상에 영향으로 세계정부를 주장한 인물이다. 그의 세계정부는 칸트가 반대하는 단일정부를 뜻하는 것이 아니라 이를테면 만국우편연합과 같은 것이다. 즉 자유국가연합을 의미한다. "이 면담을 이용해서 웰즈는 세계정부를 수립해야 비로소 자멸을 면할 수 있다는 주장을 열렬하게 토로하였다. 그리고 웰즈가 극동 정세에 관한 견해와 세계평화의 일익으로써 이승만의 견해를 진심으로 받아들이고 있는 것도 발견하였다. 이승만은 웰즈가 많은 정치가들보다 국제관계에 정통해 있음에 놀랐다."[781]

7. 하와이

워싱턴회의에서 이승만의 외교가 성과가 없자 그의 영향력이 줄었다. 1922년 9월 이승만은 하와이에 돌아와 한인기독학원과 한인기독교회에만 전념하였다. 임병직에게 맡긴 워싱턴의 구미위원부를 감독하였다. 그렇다고 자신의 외교독립 주장을 굽히지는 않았다. 기회가 닿는 대로 미국 전역을 돌며 일본과 미국이 전쟁을 할 것이라고 주장하였다. 그의 "이론" 대로라면 반드시 전쟁은 일어나게 되어 있다.

---

[781] 이원순, 『인간 이승만』, 181쪽.

만일 이 문제들(중국에 대한 주권침해, 서백리아의 공통문제, 비율빈독립 보장문제, 압도문제에 한국문제 등)을 해결하지 아니하고 엇던 국가의 이권 독점으로 타를 배척하며 분규를 의장시켜 열국협조의 방이 괴하면 평화파 열의 위험이 지집할 일이 무하리니 이것이 다만 이론상으로 뿐만 아니라 태평양 연안에 재한 자는 수를 물론하고 일석공박하는 중 더욱 미일 간에 일차 결도치 아니치 못할 자이라 금차 회의는 차를 예방코자 함임으로 관계 각국의 여론과 추향이 차에 주집됨이라.782)

그런데 관계 각국의 여론 가운데 당사자의 하나인 한국문제가 빠져 있으니 "미일간에 일차 결도치 못할 것"이다. 여기에도 칸트 영구평화사상이 배어 있다. "이권독점"은 자유통상에 역행하는 것이고 "열국협조의 방이 괴하면" 자유국가연합의 부재를 뜻한다. 태평양에는 이것이 결여되어 있어서 전쟁은 피할 수 없다는 뜻이다. 더욱이 미국과 일본 사이에 회담에서 일본은 중국에서 이른바 "특수이익"을 요구하고 있다.783) 이 문제를 둘러싸고 미일 간에 첨예한 외교전쟁이 벌어지고 있다.

1925년 3월 상해 임시정부 의정원은 이승만을 탄핵하여 대통령에서 면직하였다. 그리고 이승만의 활동기반인 구미위원부도 폐지하였다. 그것을 안창호 지지 세력인 대한인국민회로 넘겼다. 이때 임시정부는 김원봉의 공산주의자들을 끌어들여 좌우합작정부가 되었다. 어차피 반공주의자 이승만과 어울릴 수 없었다. 그러나 이승만은 여전히 한성정부의 집정관 총재였다. 그것은 임기도 없었다. 이승만에게 이 같은 명분이 있었지만 마사리크에게는 아무런 명분도 없이 스스로 독립운동의 지도자임을 자임하고 임시정부를 세웠다. "국내 정치지도자들의 동의를 받지

---

782) 『우남이승만문서 : 동문편』 8, 371쪽.
783) 池田十吾, 『第一次世界大戰期の日米關係史』, 제2장.

못한다면 마사리크는 기다리겠지만 결국에는 상관하지 않고 자신의 계획대로 움직일 것이다. 그 같은 전쟁 상황 하에서 그 같은 소모적 논쟁에 시달릴 정도로 그에게 많은 시간이 기다려주지 않기 때문이다."784)

8. 만주사변

이승만의 예측대로 일본은 속셈을 드러내기 시작하였다. 일본이 만주를 침략한 것이다. 1922년 워싱턴회의의 9개국 조약에 일본이 만주의 주권은 중국에 있다고 서명한지 9년만이다. 이승만이 예상한대로 일본의 외교 전쟁 공식이 여기에도 비켜가지 않았다. 일찍이 1882년 제1회 일본 제국의회에서 육군대장 야마가타(山縣有朋, 1838~1922)가 국경은 일본의 주권선, 조선은 일본의 이익선이라는 유명한 연설을 하였다. 1920년대에 와서 육군의 소장강경파들이 만몽(滿蒙)이 일본의 생명선이라고 공공연히 떠들어댔다. 일본 육군은 제1차 대전에 참전은 했지만 청도에서 독일군과 전투한 것뿐이다. 그러나 그들은 유럽에서 벌어진 새로운 전쟁양상을 보았다. 국가총력전이다. 장차 제1차 대전 정도의 국가총력전을 수행하려면 만주의 광활한 토지와 그 자원이 필요하다는 구실을 생각해 냈다. 일본육군은 청일전쟁에서 획득했다가 삼국간섭으로 포기한 요동반도를 잊지 않고 있었다. 일본의 불만은 러일전쟁의 전리품으로 러시아로부터 인계받은 만주의 이익이 걸린 조약의 만기가 1923년이라는 데에도 있었다. 영국이나 프랑스는 99년을 조차하는데 비하면 불평등하다는 것이다. 만주로 말하면 손문은 한때 일본에 넘겨주려고 하였다. 후의 일이지만 얄타회담에서 루스벨트는 스탈린에게 넘겨주려고 하였다.785) 말

---

784) Benes, *My War Memoirs*, pp. 58-63.
785) 石田榮雄, 「二一箇條問題と列國の抵抗」, 『日本外交史研究』, 大正時代, 1958 夏季, 39쪽.

하자면 무주공산으로 생각했던 것이다. 마침내 일본 육군은 1931년 만주사변을 일으켰다. 이제 군대를 제압할 일본 정부의 능력의 한계가 온 것이다. 일본정부는 사후 추인하였다.

1932년 일본 육군이 만주국을 건국하였다. 만주족이 민족자결의 원칙에 의해 독립하였다고 강변하였다. 중국이 국제연맹에 제소하자 영국의 리튼 경을 단장으로 조사단이 형성되어 6개월 동안 조사하였다. 그 결과 1933년 2월에 보고서가 나왔다. 독립국가로서 만주국은 부정하나 만주에 대한 일본의 권익은 인정한다는 내용이었다. 일본에게 어느 정도 우호적이었으나 일본은 결사적으로 이 보고서를 막으려 하였다. 그들은 만주에 사는 대표 586명의 서명을 받아 만주인이 독립했다는 주장을 펼쳤다. 그들은 진정서도 내었다. 소련 공산주의의 팽창을 막으려면 일본이 만주를 점령해야 한다는 강변이었다.

이 보고서가 중요한 것은 만주에 사는 한국인의 열악한 사정이 최초로 세계에 드러났기 때문이다. 이승만에게는 그 이상의 의미가 있었다. 만주문제는 한국문제와 분리하여 해결할 수 없다는 신념이었다. 만주의 주민은 한국인이다. 일본인이 아니다. 만주문제가 일어난 것은 일본의 영토야욕 탓이고 그것은 이미 한국을 병합하는 데에서 시작되었다. 영토야욕은 오래된 역사이다. 16세기에 명나라가 망한 것도 일본의 영토야욕으로 인한 조선 침략 때문이고 그 틈에 만주족이 청나라를 세웠다. 3세기가 지나 똑같은 일이 벌어지고 있다는 역사를 주지시켰다.

그는 스팀슨 미 국무장관이 서명한 외교관 여권을 갖고 제네바로 갔다.[786] 그는 무국적자였다. 이때 임시정부를 이끌게 된 김구 주석이 이승만을 대표로 보냈던 것이다. 그 후의 일은 그가 개인일지Log Book에 자세히 기록하였다. 당시 국제연맹의 이사국은 14개국이었는데 당사자인 중

---

786) 유영익, 『이승만의 삶과 꿈』, 174쪽.

국과 일본을 제하고 12개국의 19인으로 위원회를 구성하여 리튼보고서를 검토해야 한다.

이승만은 워싱턴의 친구들에게서 추천서를 받아 에이피 통신, 뉴욕타임스, 뉴욕월드, 중국통신, 주르날 드 주네브, 워싱턴 스타 등 신문기자들을 만났다. 그리고 9개국 대표들을 만났다. 영국의 세실 경, 스페인의 마다리아자 이 로호, 스웨덴의 랑게, 핀란드의 루돌프, 아일랜드의 레스터, 에스토니아의 슈미트 등이다. 세실 경은 마사리크가 영국 망명 시 캠브리지 대학에 자리를 주선하는데 도움을 준 인물이다.[787] 레스터와 이승만은 구면이다. 이승만은 당사자인 중국의 곽태기, 고유균, 안혜경과 공동보조를 하기로 하였다. 고유균은 오랜 친구였다. 여기에 미국 총영사 길버트가 도와주었다. 미국은 국제연맹의 회원국이 아니었다. 제네바에는 열국의 거물 외교관의 각축장이었다. 워싱턴 외교가에서 단련한 이승만이 유럽 외교가에 등장한 것이다. 그러나 그는 회의에 참석할 수 없었다. 이승만은 자신의 외교망을 총동원하였다.

중국대표들은 처음에 이승만의 요구를 듣고 자신들의 청원서와 함께 한국 독립청원서를 제출할 것을 약속하였다. 그러나 그들의 문제도 복잡하여 결국 약속을 이행하지 못하였다. 여기서 이승만은 다섯 가지 일을 하였다. 첫째, 중국 청원서를 수정해서 서명해 주었다. 거기에는 만주의 한국인의 국적문제, 토지소유문제 등이 포함되었다. 둘째, 그는 「한국의 청원서」를 150부 만들어 중국의 안혜경으로 하여금 국제연맹에 제출케 하여 사무국이 각국 대표와 언론기관에게 배포하게 하였다. 각국 신문이 다투어 게재하여 큰 반향을 일으켰다. 공교롭게도 같은 시기 19인위원회의 보고서가 채택되는데 영향을 주었다. 결과적으로 리튼보고서는 14대 1로 채택되었다. 셋째, 국제연맹 사무총장과 스팀슨 미국무장관에게 서

---

787) Masaryk, *The Making of A State*, p. 95.

신을 보냈다. 스팀슨 장관에게는 미국이 한미우호통상조약을 이행해 줄 것을 촉구하였다. 마침 헐이 새 국무장관이 되자 그에게도 동일한 서한을 보냈다. 넷째, 국제연맹 방송에서 「극동의 분쟁과 한국Korea and the Far Eastern Dispute」이라는 연설을 하였다.788) 이 연설에서 이승만은 다른 때와 마찬가지로 다음을 강조하였다.

> 한국에 열국의 군대를 주둔시켜 독립적인 중립국으로 만들지 않으면 아시아의 평화는 이룩되지 않는다.
> 한국의 독립 회복을 통해서만 아시아에 대한 일본의 군국침략주의는 효과적으로 저지된다.789)

여기서 중립국은 자유통상이 보장되는 독립지역을 가리킨다. 다섯째, 그는 리튼보고서를 기초로 『만주의 한국인』790)이라는 소책자를 집필하였다. 이것은 파리에서 출판되었다.

국제연맹은 만주에서 일본군의 철수를 요구하였다. 그 순간 일본 육군은 국제연맹을 비웃기라도 하듯이 한 단계 더 나가 열하작전을 감행하고 있었다. 만주를 방어하려면 산해관을 포함하여 열하지방이 필요했기 때문이다. 국제연맹 총회에서 국제연맹 규약 제16조에 의해 제재를 받게 된 일본은 리튼보고서를 부정하고 국제연맹에서 탈퇴하였다. 일반회원이 아닌 이사국의 탈퇴로 국제연맹의 한계가 드러났다. 국제연맹은 이에 대해 아무 조치도 못했다. 이를 보고 무솔리니가 뒤따랐고 히틀러도 반복했다. 국제연맹은 종이기관이 되었다.

1933년에 불길한 조짐이 보였다. 만주문제를 처리하는데 드러난 국제

---

788) Oliver, *Syngman Rhee, The Man behind the Myth*, p. 160.
789) Oliver, *Syngman Rhee, The Man behind the Myth*, p. 161.
790) Rhee, *The Koreans in Manchuria*, Paris, Agence Korea, 1933.

연맹의 무능과 대공황문제를 논의하는 런던 세계경제대회의 실패가 그것이다. 이승만은 1933년 런던으로 날아갔다. 그는 회의를 참관하고 전쟁이 불가피함을 재확인하였다. 그럴수록 세계대회에서 반복해서 한국문제를 제기할 필요는 더욱 커졌다. 결국 이승만의 외교는 국제연맹에서 일본 대표가 걸어 나가게 만드는데 기여를 하였다.

이것은 중요한 사건이다. 그 이유는 일본을 국제사회에서 고립으로 몰아가는데 성공했기 때문이다. 일본은 점점 호전성을 보일 것이다. 그리고 그들이 일으킨 청일전쟁과 러일전쟁이 침략전쟁이 아니라고 강변하던 경우와 달리 만주사변은 침략전쟁이라는데 변명의 여지가 없다는 점이 드러났다. 더욱이 청일전쟁과 러일전쟁에서는 선전포고 없는 기습은 불법이 아니었지만 1907년 헤이그 조약 이후로는 그것이 불법이 되었다. 국제법을 어긴 최초의 이사국이 되는 불명예를 지게 되었다. 이 불명예는 진주만 기습으로 이어질 것이다.

이승만은 리튼보고서를 정독하고 그곳에 폭로된 한인들의 참상을 알았다. 그 참상의 기원이 일본의 야심에서 비롯했음을 밝혀 만주문제는 한국문제와 떼어서 생각할 수 없다는 사실을 조목조목 역사적 사실을 들어 설명했다. 중국은 한인들에게 우호적이지 않았다. 소련도 마찬가지였다. 일본은 두 정부를 압박하여 한인들이 그곳에서 살 수 없도록 조직적으로 방해하였다. 사면초가가 된 만주의 한인들의 실정을 아무도 대변해 주지 않았다. 아마 리튼보고서가 그나마 최초의 폭로였을 것이다. 이승만은 리튼보고서의 글을 빌려 세계의 양심에게 고발하였다. 그리고 만주와 시베리아에서 무장독립운동은 가능하지 않다고 확신했을 것이다. 이런 면에서 이 청원서는 이승만 외교독립 주장에 중요했을 것이다.

이승만은 런던에서 세계경제대회도 참관하고 그곳에서도 어두운 그림자를 보았다. 그 보다 한 달 후에 도착한 연희전문 경제학 교수 이순탁은 기록을 남겼다.

> 그런즉 이 다음에는 필연적 과정으로 더욱 격렬한 경제블럭의 대립, 금본위 이탈국과 금본위국과의 항쟁, 관세인상, 쇄국적 경제정책의 발전 등 세계적 경제전쟁이 올 것이다. 그리고 그 다음에 올 것은 다시 성의 있는 국제적 협조가 불성립되는 날에는 세계적 무력전쟁일 것이니, 성의 있는 국제정세의 전개는 실로 등한시할 수 없을 것이다.791)

이승만이 한 달 뒤에 런던에 갔더라면 다가오는 전쟁에 대하여 자신과 같은 생각을 하고 있는 동포 학자를 만났을 것이다. 이순탁은 경제적인 측면에서, 이승만은 태평양 상에서 미국의 자유통상이 일본의 도전으로 좌절되어 두렵지만 기다려지는 전쟁으로 이어진다고 믿었다.

이승만은 일본의 만주침략에 긴장하고 있는 소련을 방문하기로 결심했다. 소련은 의화단 사건 이래 만주에 이익을 키워왔다. 동청철도의 운영권을 갖고 있었다. 반공주의자로 널리 알려진 그가 소련비자를 얻기는 쉽지 않았다. 오스트리아주재 중국공사의 도움으로 비자를 받을 수 있었다. 그러나 그가 모스크바에 도착하자마자 출국 통지를 받았다. 공교롭게도 같은 시각에 일본 대표단이 모스크바에서 소련정부와 만주의 동청철도 운영권을 흥정하고 있었다. 이제 소련은 철도운영권 마저 내놓아야 하는 신세가 되었다. 일본의 압력으로 소련은 이승만을 출국시켜야 했다.

이래저래 실의에 빠진 이승만에게 또 하나의 기회가 왔다. 제네바에서 프란체스카를 만난 것이다. 그녀와 결혼을 약속하고 미국으로 왔지만 무국적자이므로 그녀를 초청할 수 없었다. 그녀는 이민을 택하여 미국으로 왔다. 뉴욕에서 혼인을 하고 하와이에서 다시 교육 사업에 몰두하였다.

---

791) 이순탁, 『최근 세계일주기』, 한성도서, 1934, 224-231쪽.

9. 중일전쟁

이승만의 태평양전쟁 예측은 그의 학위논문에 바탕을 두고 그에 역행하는 일본 군국주의 팽창의 피할 수 없는 결말이다. 일본은 칸트 영구평화에 하나도 적합하지 않은 국가이다. 칸트가 싫어하는 프러시아형의 국가이기 때문이다. 여기에 이승만은 일본의 외교가 파행하고 있음을 눈치챘다.

만주사변을 일으키고 나중에 정부로부터 추인을 얻어낸 일본육군의 강경파들은 자신들이 천하무적이라고 생각했다. 그런데 민간정부가 자신들의 진로를 방해한다고 분개하였다. 1936년 2월 26일 청년장교혁명사건은 이래서 일어났다. 수상을 총으로 저격하고, 군부예산증액을 반대한 대장대신 다카하시(高橋是淸, 1854~1936)와 천황의 고문 해군대장 사이토(齋藤實, 1858~1936)를 암살했다. 수상은 살았다. 그들의 목적은 "일본으로 하여금 5:5:3의 해군력 비율에 목매어 있게 하려는 각료들을 구축하려는 것"이었다. 이렇게 하여 천하무적이라는 군부와 아직 준비가 미흡하다는 정치가들 사이의 괴리가 일본의 이중외교를 만들어 내었다.792) 만주사변을 기획한 이시하라(石原莞爾)는 베르사유 조약이 일본의 팽창을 방해한다고 주장하며 "국제연맹을 폭파하라"고 극언까지 하였다.

외무상이 군부를 따라가기 시작하였다. 온건하다던 외무상 우치다(內田康哉)가 국회답변에서 "국가가 초토가 되어도 만주를 사수한다"라고 발언한 것이다. 다음 외무상 마츠오카(松岡洋石) 역시 피해갈 수 없었다. "팔굉일우(八紘一宇)…이와 같은 이상은 독일과 맺어진 우리들의 동맹관계에 아로 새겨졌으며, 이 동맹이야말로 우리 외교정책의 정신인 것이다"라고 라디오 방송을 하였다.793) 그 결과가 중일전쟁이다. 이승만은 표를

---

792) 池田十吾, 『第一次世界大戰期の日米關係史』, p. xii,

만들었다. 1895 대만, 1895 팽호열도, 1905 화태, 1910 한국, 1915 관동주, 1919 구독일신탁통치영토, 1931 만주, 1939 중국. 그리고 묻는다. "다음에는 누구 차례일까?"

중일전쟁이 확대되면서 상해임시정부도 영향을 받게 되었다. 중국 국민당 정부와 함께 상해에서 중경으로 옮겼다. 김구가 주석이 되면서 이승만과 임정의 관계가 복원되었다. 이승만은 주미 외교위원장 및 주미전권대표가 되었다 그 자격으로 루스벨트 대통령에게 한국인의 대일투쟁을 설명하고 임시정부의 승인과 무기요청을 하는 편지를 썼다. 그러나 거절당했다.

중일전쟁은 미국을 난처하게 만들었다. 일본은 만주에 이어 중국을 유린하기에 이른 것인데 이것은 문호개방정책에 정면으로 도전하는 것이다. 이승만이 보기에 문호개방의 덕을 가장 크게 본 국가가 있다면 그것은 중국이 아니라 일본이다. 일본이 실력을 기를 때까지 아무도 독점하지 않고 놔두었기 때문이다. 실력이 자라자 워싱턴회의 조약을 파기하고 만주를 침략하였다. 다시 국제연맹 탈퇴라는 방법으로 시간을 벌어 힘을 기른 뒤 중국을 침략하였다. 미국의 인내심이 바닥을 보이기 시작하였다. 첫 번째 대응이 미일우호통상조약의 효력정지이다.

10. 태평양전쟁

이승만을 지지하던 사람들도 그의 외교독립운동이 성과가 없자 지치기 시작했다. 그러나 이승만은 흔들림이 없었다. 이승만은 말했다. "1895년에 처음으로 신세계 형편을 알게 된 이후로 일본인이 발행한 책 두 권을 구경했는데, 하나는 『러일전쟁미래기』요, 또 하나는 『미일전쟁미래

---

793) Rhee, *Japan Inside Out*, p. 21. 이종익 역, 『일본군국주의실상』, 45쪽.

기』이다. 이 두 책을 구경한 이후에는 일본의 야심이 어떠하다는 것을 짐작하게 되었[다.]"794) 전자는 이미 벌어진 일이 되었고, 후자는 예측을 기다리고 있다. 이승만의 친구 맥캔지 기자가 일찍이 예언하였다.

> 한국문제로 전쟁도 각오해야겠느냐고 여러분이 나에게 물으신다면 나는 이렇게 대답하겠습니다. 오늘날 꿋꿋하게 행동하면 마찰이 생기기는 하겠지만 위험은 적습니다. 그러나 오늘날 나약하게 행동하면 여러분은 거의 틀림없이 30년 내에 극동 지방에서 큰 전쟁을 하게 될 것입니다. 서양제국 중에서도 그 전쟁에서 가장 큰 부담을 질 나라는 미국일 것입니다.795)

이 예언은 정확했는데 이승만은 이를 구체적으로 표현하고 있다.

> 중국의 문호개방 원칙은 보전되어야 하며, 극동에서의 조약에 의한 미국의 원리는 보호되어야 하며, 태평양에서의 일본의 확장에 대한 꿈에도 한계가 그어져야 한다는 것이다. 미국은 어떠한 결과가 생기든 이를 생각하지 않고 그 정책을 수행할 것을 원하고 있고 또 능력도 있다는 것을 일본이 확신하게만 된다면, 이 목적한 바는 한 발의 총탄도 발사되지 않고 성취될 수 있는 것이다.796)

그러나 일본은 거꾸로 가고 있었다. 1938년 고노에(近衛文麿) 수상이 동아신질서를 제창하였고 이에 따라 기본국책요강을 만들었는데 여기에 팔굉일우(八紘一宇)와 대동아공영권(大東亞共榮圈)이 강조되었다. 팔굉일우란 천하가 한 집이란 뜻으로 일본의 세계정복을 의미한다.797) 유럽에

---

794) 이종익 역, 『일본군국주의실상』, 25쪽.
795) McKenzie, *Korea's Fight for Freedom*, pp. 319-320. 이광린 역, 『한국의 독립운동』, 228쪽.
796) Rhee, *Japan Inside Out*, p. 152. 이종익 역, 『일본군국주의실상』, 199쪽.
797) 출전은 『일본서기』인데 국주회(國柱會)의 다나카(田中智學)가 대정시대에 일련교로 세계를 영적으로 통일하지 않으면 안 된다는 종교적 의미로 사용되었

서는 나치 독일이 오스트리아를 합병하고, 체코슬로바키아를 합병하였다. 다시 폴란드를 침공하면서 제2차 대전이 시작되었다. 이탈리아가 이디오피아를 점령하였다. 독일, 이탈리아, 일본이 군사동맹을 체결하였다. 이승만은 이 모든 것이 한국에서 시작되었다고 설명한다.

> 1905년 한국에서 일어난 불의 가장 최근의 사태를 예로 보자. 이 불은 그 후 점차 확대되어 만주, 중국, 이디오피아, 오스트리아, 체코슬로바키아, 폴란드, 알바니아, 노르웨이, 덴마크, 네덜란드, 벨기에 및 프랑스를 침범하여 이 국가들을 파괴하고 말았으며, 지금도 그 불은 꺼질 기색조차 보이지 않고 있다.… 현재 구라파 제국의 반 이상이 지도상에서 없어지고 말았으며 나머지 소수국가는 "언제 우리에게 돌아올 것인가?"하고 자문하고 있다.798)

그런데도 미국은 요지부동이었다. 이승만은 미국을 깨우는데 열심이다. 순회강연도 하고 신문에 기고도 하였다. 드디어 1939년 7월 미국이 일본과 맺은 미일통상항해조약을 폐기한다고 전했다. 드디어 1940년 1월 26일에 그것은 폐기되었다. 이승만에게 있어서 통상조약은 평화의 끈인데 이것이 끊어졌으니 보통 일이 아니다. 그는 하와이에서 워싱턴으로 옮겨 미국인들을 깨우는 책을 쓰기 시작하였다. 그것이 제2차 대전의 태평양전쟁이 임박했음을 예측한 『일본 내막기』이다. 탈고한 직후 중경 임시정부에서 이승만을 다시 주미외교부위원장 및 주미 전권대표로 임명하였다. 1941년 6월의 일이었다. 이 책을 출판하고 반년도 되지 않아서 1941년 12월 8[7]일 일본이 진주만을 기습공격 하였다. 이승만의 책은 베스트셀러가 되었다. 이 책의 내용은 앞 장에서 이미 소개하였다.

이승만은 성과도 없는 외교에 흔들림 없이 매달리는 이유가 무엇일까.

다.
798) Rhee, *Japan Inside Out*, p. 51. 이종익 역, 『일본군국주의실상』, 83쪽.

측근 이원순이 그 이유를 우리에게 전한다.

[1921년] 군비축소회의 이후 1939년 독일의 폴란드 침공이 시작되기까지 약 20년 동안 이승만은 도저히 될 것 같지 않는 일을 성취시키기 위해서 혼자 악전고투를 되풀이했다.…실질적인 사멸상태 중에서 한국이 소생을 얻은 것은 1919년의 독립만세운동이 일어난 뒤부터였다.…[임시정부]가 계속되는 한 언젠가는 갱생의 불꽃은 타오를 수 있다. 이승만의 사명은 이 불길이 일본인에 의해서 짓밟히지 않게 하고, 무관심과 태만으로 망각되지 않도록 해야 하는 것이었다. 그의 투쟁방법은 1919년 7월 5일 임시정부에 보낸 장문의 보고서 가운데 잘 나타나 있다. 거기서 그는 "현재에 있어서 우리들의 노력은 많건 적건 간에 미국에 집중되어야 한다. 이 효과는 집중되는 노력에 의해서 태어날 것이다"라고 역설하고 있다.[799]

이승만이 평생 매달린 외교방략이 칸트 영구평화사상에 기초한 것이라고 하였는데 그 이상이 현실로 나타났다. 「대서양헌장The Atlantic Charter」이다. 미국은 아직 참전하지 않은 상태였지만 1941년 8월 루스벨트 대통령과 처칠 수상이 만나 전쟁의 목적을 발표하였다. 1조. 더 이상 영토 확대는 없다. 2조. 국민의 의사에 반하는 영토 변경이 없다. 3조. 민족자결의 회복. 4조. 통상의 장애를 감소한다. 5조. 국제협력. 6조. 두려움과 결핍에서 자유, 항해의 자유, 무기사용의 폐기, 침략국가의 무장해제. 이 원칙은 이듬해인 1942년 1월 1일 「국제연합 선언The Declaration by the United Nations」으로 이어졌다.

칸트가 오랫동안 꿈꾸어 왔던 영구평화의 이상을 모두 담고 있다. 이승만이 학위논문에서 다루었던 미국과 영국 사이에 오랜 문제였던 통상의 자유나 항해의 자유가 모두 포함되어 있다. 그리고 평생을 싸워왔던

---

799) 이원순, 『인간 이승만』, 180쪽.

민족자결주의가 다시 선언되었다. 이승만은 고무되었다. 물론 식민지를 대량 보유한 영국의 처칠은 해석을 달리하여 루스벨트와 언쟁이 있었지만 국제연맹에서 커다란 진전을 보인 것은 고무될만한 사실이다.

11. 한인자유대회

진주만 기습공격으로 미국은 일본에 선전포고를 하였다. 그리고 3개월이 지난 1942년 2월 27~3월 1일에 이승만은 워싱턴 소재 라파예트 호텔에서 한인자유대회를 개최하였다. 「대서양헌장」에 고무된 미국의 모든 한국 단체들이 참여하여 단합을 보여주었다. 한국 발언자는 이승만, 서재필, 장석윤, 한표욱, 장기영, 김용중 등이다. 외국 발언자는 주캐나다 전 미국대사 크롬웰, 국회의원 커피, 방송인 오웬, 신문기자 윌리암스, 시사평론가 이튼, 아메리칸 대학 총장 더글러스, 헤이그회의 자문이며 법률교수 스토웰, 국제법학자 워다이머, 구미위원부 법률가 스태거스, 피치 목사 부인, 필리핀 법률자문 우가르트, 감리교 감독 해리스, 정치철학자 윌리암, 국회의원 킹, 주미중국대사 호적, 주캐나다 미국대사 크롬웰, 공화당 대통령 후보 윌키, 정치철학자 윌리암, 고종의 밀사 헐버트 박사 등이다.

이 회의는 워싱턴의 WINX 라디오로 생중계되었고 그 결과는 소책자로 출판되었다.800) "지금도 그리고 지금까지 사실상의 정부는 현재 중국 중경에 있는 유일의 한국정부이다. 워싱턴에서 그 정부의 대표는 이승만 박사이다"라고 서문은 밝혔다. 이어서 서문은 "자신들이 사는 정부의 형태를 선택할 수 있는 권리를 인정한다. 그리고 그 권리를 박탈당한 사람들에게 자신의 정부와 주권이 회복되기를 바란다"라는 「대서양헌장」의

---

800) *Korean Liberty Conference*, Washington D.C, 1942.

구절을 인용한 후에, "대한민국의 사실상de facto 정부의 승인이 대서양헌장이 진실로 말이 아니라 행동이라는 것을 만천하 사람들에게 증명하는 황금의 기회이다"라는 크롬웰 대사의 글이 실렸다. 한미협회 회장인 그가 국무성에 보낸 편지의 구절이다. 킹 의원과 커피 의원의 연설은 의회록에 게재되었다. 커피 의원은 이승만의 연설도 의회록에 게재토록 하였다.

이승만은 4가지를 보고하였다. 1.구미위원부는 미국정부에 한국인을 적국인으로 분류하지 않도록 조취를 취하였다. 2.구미위원부는 한국인의 재산을 동결하지 않도록 조치를 취하였다. 3.구미위원부는 국제연합선언에 서명하기를 청원하였다. 4.구미위원부는 국무성에 대한민국 임시정부의 승인을 요청하였다.

커피 의원은 "위대한 중국의 지도자 장개석 총통이 한국의 독립과 임시정부를 승인한다면, 우리 미국도 기꺼이 한국 국민을 도와야만 한다"고 말했다. 시사평론가 이튼은 1942년 2월 23일 워싱턴 생일에 루스벨트 대통령의 라디오 연설을 인용하였다.

> 점령당한 유럽 국가들이 나치의 멍에가 무엇인지 알았다. 한국인과 만주인들이 일본의 참혹한 전제정치를 몸으로 안다. 아시아의 모든 사람들은 그들에게 명예롭고 위엄 있는 미래가 있어야만 한다면 추축국의 노예에서 벗어나는 길이 국제연합의 승리에 있다는 것을 알고 있다.[801]

미국 대통령이 한국을 거론한 것은 이것이 처음이고, 연합국이 승리하면 자유를 얻을 수 있다고 언급한 것도 처음이다. 이어서 이튼은 대통령이 「대서양헌장」을 태평양에도 적용한 것이 그가 동양을 얼마나 생각하

---

801) *Korean Liberty Conference*, p. 24.

고 있는 증거라고 덧붙였다.

우리 국제연합은 우리가 추구하는 평화에 일반적인 원칙에 합의하였다. 「대서양헌장」은 대서양에만 적용되는 것이 아니라 전 세계에 적용된다. 침략자의 무장해제, 국가와 민족의 자결주의, 그리고 4가지 자유, 곧 표현의 자유, 신앙의 자유, 결핍으로부터의 자유, 공포로부터의 자유이다.802)

그리고 이어서 그는 대통령이 파리에서 들은 이야기, 곧 한국인의 저항을 덧붙였을 것이라고 청중에게 말했다. 이승만이 파리에서 출판한 소책자가 앞서 소개한 『만주의 한국인』이다. 더글러스 아메리칸 대학 총장은 미국 국무성과 대통령에게 임시정부의 승인을 촉구하는데 동참하겠다고 밝히며 이승만의 신임장을 당장 접수하라고 주장하였다. 그는 기미독립선언서를 낭독하였다. 윌리암스 기자의 차례이다. 그는 자신이 이승만과 30년 친구라고 소개하며 이승만은 지난 30년 동안 변함없이 한결같다고 말한 뒤 그가 평화주의, 금욕주의를 실천하고 있음을 지적하였다.

참석자들은 세 가지를 결의하였다. 1.구미위원부, 재미한족연합위원회, 한미협회, 한국, 중국, 만주, 시베리아의 애국한인 대표들은 1942년 1월 1일 워싱턴에서 26개국이 서명한 「국제연합 선언」에 충성을 재확인한다. 대표들은 국제연합선언에 한국정부의 정식 동참 요청을 미국 국무성에 제출함을 재확인하고 승인한다. 2.대표들은 임시정부의 승인을 미국 대통령에게 청원하는 것을 승인한다. 3.대표들은 임시정부의 승인을 미국 의회에 청원하는 것을 승인한다. 결의 후에 장개석 총통과 그의 정부, 처칠과 그의 정부, 스탈린과 그의 정부 그리고 다른 중요한 정부 지도

---

802) *Korean Liberty Conference*, p. 24.

자와 그들의 정부에 임시정부의 즉시 승인을 촉구하는 전문을 보내는 것이 제의되었다.

다음날 장소를 아메리칸대학으로 옮겼다. 워다이머 교수가 미법무장관 비들이 한국인과 오스트리아인들이 적국인이 아니라는 규정을 승인했다고 말했다. 한국은 아시아의 오스트리아이다. 한국은 일본 침략의 첫 번 희생자이고 오스트리아는 독일 침략의 첫 번째 희생자임을 강조하였다. 이승만이 "나의 아내는 오스트리아 출신이지만 지금은 미국인이다. 그러나 나는 미국인이 아니다" 라고 말했다. 독립운동의 지도자 가운데 김구와 안창호도 국적을 바꾸었다. 그러나 이승만은 끝까지 바꾸지 않고 한국인으로 남았다. 그는 젊을 때 약속을 지켰다. 『독립정신』에도 그렇게 썼다. "국적을 바꾸지 말라." 한일합병 뒤에는 미국에서 무국적자가 되었다. 그런 까닭에 그는 행사에는 되도록 미국시민을 이용하여 단체를 내세웠다. 피처 목사 부인이 "이 박사가 언젠가는 미국과 일본이 반드시 전쟁을 한다고 내게 말했다"라고 회상하였다. 그는 이어서 "중국에서 1932년 [윤봉길의거] 문제가 일어났을 때 우리는 네 명의 한국인을 한 달 동안 숨겨주었는데 그 가운데 한 사람이 김구였다. 이것은 처음 발설하는 것이다"라고 덧붙였다.

회의 마지막 날이 3월 1일이다. 다시 라파예트 호텔에 모였다. 이승만 앞으로 보내온 전문을 서재필이 읽었다. 그것은 미 해군 제독이 보낸 것이다. 그 전문에서 그는 「대서양헌장」보다 더 자세한 「태평양헌장」이 필요하고, 그 헌장에서 일본이 무력으로 점령한 지역인 한국, 대만, 만주, 위탁제도(캐로라인, 마샬, 라드론스 제도)를 원상대로 복귀한다는 점을 적시해야 한다. 그럼으로써 한국이 독립하고 1882년 한미우호조약이 용서받는다고 주장하였다. 나치에 점령당해 런던에 망명정부를 세운 체코슬로바키아의 주미 영사관에서도 전문을 보내왔다. 마사리크 대통령이 미국의 도움으로 3백년 간 식민지에서 독립을 하였다는 내용이다. 미국 대통령 후보 윌키 의원의 전문도 읽었다. 손문이 공산주의와 결별하게 만든 결정적인 책의 저자 윌리암에 이어서 킹 의원도 연설을 하였다. 가장 흥미로웠던 것은 주미 중국대사 호적이었다. 그는 약속과 달리 류치 영사를 대신 보내 자신의 연설을 대독시켰다. 대사가 이 회의 이전인 1941년 12월 31일에 행한 연설이다. 진주만 공격 불과 3주 만이다. 호적 대사의 연설 원고는 먼저「대서양헌장」을 인용한 후 다음을 말했다.

> 종전에 이은 평화회담에서 2천3백만 한국인의 비원이 반드시 고려되어야 하고 그들의 독립을 회복시키는 절차를 밟아야 한다. 803)

영사의 대독이 끝나자 이승만이 말했다.

> 호적 대사가 나에게 전화로 "이[승만] 박사, 12월 31일의 내 연설은 우리 정부가 승인한 것입니다"라고 말했다. 이것이 방금 류치 영사가 대독한 것이다. 우리는 장개석 총통과 마담 장개석의 마음을 알고 있다.804)

이것이 1941년 12월 31일의 일의 일이고, 루스벨트의 워싱턴 대통령 생일 라디오 연설이 1942년 2월 23일이니 카이로회담(1943.11.25) 훨씬 이전의 일이다. 이러한 이승만의 인적 외교망이 결국 카이로선언으로 연결되어 "적당한 시기"에 한국을 독립시켜 준다는 원칙을 문서로 받아내는데 기여하였다.805) 다만 "적당한 시기in due course"라는 조건 아닌 조건이 붙었는데 호적 대사의 "회복시키는 절차steps to taken to restore"란 이

---

803) *Korean Liberty Conference*, p. 82.
804) *Korean Liberty Conference*, p. 90.
805) 이승만이 다른 통로를 활용하여 카이로선언에 한국독립원칙을 포함시키는데 기여했다는데 대하여는 유영익,『건국대통령 이승만』, 일조각, 2013을 참조할 수 있다.

것을 뜻한 것인가?

12. 국무성

1942~1945년 이승만의 외교독립운동은 한인자유대회에서 세운 4가지 목표의 달성이었다. 그 가운데 제일 중요한 임시정부 승인은 전쟁 끝날 때까지 달성되지 못했다. 돌이켜 보면 국무성의 실력자 히스(Alger Hiss, 1904~1996)가 소련 첩자였기 때문이다. 당시에는 아무도 몰랐다. 한국은 피터 대제 이래 러시아의 점령 목표였다. 구한말에 목적을 달성했을 뻔하였다. 이제 다시 기회가 온 것이다. 스탈린의 목표는 동유럽과 한국이었다. 히스는 한국에 반소 정권이 들어서는 것을 막는 하수인이었다. 이런 점에서 이승만과 대한민국은 마사리크에 비해 불운했다.806) 마사리크에게는 반소 인사들이 국무성 요직에 있었기 때문이다.

이승만의 노력은 번번이 국무성의 히스의 책상 위에서 좌절되었다. 히스 자신이 한국 독립운동을 분열시킨 책임이 있다. 미국에는 당초에는 세 가지 모임이 있었다. 미국에 입국한 순서대로 안창호의 대한인국민회, 박용만의 대조선독립단, 이승만의 대한인동지회가 그것이다. 박용만이 중국에서 피살되고, 안창호가 체포되어 병원에서 작고하고, 이승만만 남았다. 그러나 새로운 세력이 등장했다. 김호, 김원용, 한시대가 조직한 재미한족연합회이다. 여기에 상해의 김규식이 만든 중한민중동맹단과 역시 상해 김원봉의 조선민족전선연맹이 미국에 내세운 한길수가 있었다. 결국 이승만에게 두 단체가 다시 도전한 것이다. 그러나 이승만은 임시정부가 정식으로 임명한 주미외교위원장 및 주미 전권대표였다. 그리고 여전히 한성정부 대통령이었다. 그러나 국무성의 눈에는 일개 개인

---

806) 이 책의 제3부를 참조.

이었다. 임시정부가 승인받지 못했기 때문이다.

히스는 반공주의자 이승만을 냉대하였다. 그리고 좌우합작을 주장하는 독립운동 지도자들을 사주하였다. 이승만으로 하여금 그들과 손을 잡아 단결된 모습을 보이는 주문을 하였다. 이승만은 단연코 좌우합작을 거부하였다. 그는 임시정부가 좌우합작이 된 것도 못마땅하였다. 그의 주장은 너무나 분명하다. 좌우합작은 공산화되는 첫 걸음이다. 전쟁이 끝나면 좌우합작은 반드시 한국 땅을 공산주의로 만들 것이다. 그는 말했다.

> 나는 조국을 일본으로부터 해방시키기 위하여 일생 동안 싸워 왔습니다. 그러한 내가 개인의 지위를 위하여 조국을 소련에 맡기도록 꾸며 나갈 수가 있겠습니까? 아내와 나는 오래 동안 고국에 돌아가서 국민과 재회할 것을 꿈꾸었습니다. 수백만의 동포들이 나를 기다리고 있습니다. 조국이 [소련의] 노예화되는데 그들을 속이고 그들에게 독립을 주기 위하여 조국에 돌아왔노라고 말할 수 있습니까?…그렇게 되면 조국에 대한 나의 일은 끝입니다. 그러나 나는 될 수 있는 한 계속하여 그들의 잘못을 경고할 작정입니다. 파멸해 가고 있는 것은 한국만이 아닙니다. 소련의 세계정복에 대항할 수 있는 국민은 미국뿐이므로 미국은 타국보다 더한 타격을 받을 것입니다. 나의 임무는 현재 일어나고 있는 사태를 미국인에게 그대로 보일 뿐입니다. 우리들은 언제든지 시골로 은퇴하여 닭을 칠 수도 있습니다.[807]

국무성에 분노한 이승만은 국방성을 두들겼다. 다행히도 국방성에 이승만의 주장에 귀를 기울이는 사람이 있었다. 그들의 도움으로 한국 젊은이들을 특수 군사훈련 시켜 태평양전선과 버마와 중국전선에 투입하게 되었다. 그러나 실전에 투입되기 전에 일본이 항복하였다.

---

807) 이원순, 『인간 이승만』, 235-236쪽.

제6장　국가건설

1. 제2의 독립운동

　이승만은 1905년에서 1945년까지 한 가지 길을 걸어왔다. 세계 영구 평화와 연계한 한국의 외교독립이다. 이것을 그의 제1의 외교독립운동이라 할 수 있다. 이 외교독립운동은 일단 실패한 것처럼 보였다. 그러나 그는 평화적인 삼일독립운동이 일으킨 불꽃의 불씨가 꺼지지 않도록 계속 지폈다. 그 결과 그것은 그 후에 정말 필요한 시기를 맞이하여 그 진가를 나타냈다. 1945년에서 1948년까지 해방정국에서 미소의 신탁통치정책에 맞서 그가 주도한 제2의 독립운동에 의한 지난한 국가건설과 1950년에서 1953년까지 세계 공산주의 침략에 맞선 국가방위가 바로 그것이다.
　이승만은 1945년 10월 16일 김포공항에 도착하였다. 망명 33년 만의 환국이다. 부인은 아직 미국에 두고 단신 귀국이었다. 그의 앞에는 지난한 건국사업이 놓여있다. 당시 상황은 첫째, 한반도는 종전 전에 이미 미소에 의해 38선으로 나뉘어져 있었다. 둘째, 북한은 이미 소련이 점령하여 사실상의 공산주의 북한정권을 만들어 놓은 상태였다. 셋째, 그의 전초부대인 공산당이 남한을 석권 인계할 공작을 꾸미고 있었다. 박헌영의 조선공산당이다. 넷째, 여기에 좌익인 여운형의 조선인민공화국은 이미 항복한 조선총독부에 협력하여 정치 일선에 나선 상태였다. 다섯째, 백성들은 공산주의의 실상을 모르고 있었다. 여섯째, 무엇보다 전후 세계질서의 개편에 대한 통찰력을 가진 인물이 없었다. 1945년 샌프란시스코에서 열린 국제연합 창립총회에 이승만이 보낸 각서memorandum가 당시 상황을 잘 말해준다.

나는 스탈린이 실제 참석하지 않았더라도 카이로회담에서 그의 힘이 보이지 않게 작용했다는 것을 잘 알고 있습니다. 태평양 방면에 대한 소련의 야망은 전면적인 고려를 받고 있습니다.…나는 미국 국무성의 문이 나의 임시정부 승인의 호소에 대하여 카이로회담 이전과 같이 굳게 닫혀 있음을 알고 있습니다.… 우리의 문제를 차후의 결정에 맡기기 위하여 카이로회담이 고의로 애매한 표현을 사용한 것은 명백합니다. 또한 이 애매한 표현의 주요 이유가 아시아에서 소련의 입장이 결정되지 않았던 때문인 것도 명백합니다.[808)

이렇게 전후 한국문제를 소련과 연결시킨 이승만은 그 연유를 설명한다.

나는 아시아에 관해서는 물론 유럽에 대해서도 그 국제관계를 오랫동안 연구해 왔습니다. 나의 유럽여행은 유럽에서 발생한 사건이 의미하는 바에 대한 이해를 강하게 했습니다.…루스벨트와 처칠이 유럽 대륙에 대한 상륙작전을 세울 때 발칸 반도를 경유하지 않기로 합의한 것은 동 지역을 소련의 세력에 맡기기로 합의한 것을 뚜렷이 나타내는 것입니다.…그러나 그 지역

---

808) 이원순, 『인간 이승만』, 228-230쪽; Oliver, *Syngman Rhee The Man behind the Myth*, pp. 196-198.

이나 그 외의 지역에 있어서 발생한 공산당 문제를 토의할 수는 없었으므로 (소련의 감정을 해치지 않기 위하여) 동남유럽의 안전에 관한 정책을 세우는 것은 저해되었던 것입니다.809)

이번에는 공산주의에 대한 경계의 눈을 전후 유럽에서 전후 중국으로 돌린다.

유럽에서 서서히 전개되고 있던 사태가 중국에서는 훨씬 공공연히 또한 확실하게 나타났습니다. 연합국은 중국의 국민정부가 (정부에 대하여 공공연한 반감을 품고 독립된 군대와 정부를 가지고 있는) 공산주의자에 대하여 대립적인 행동을 중지하고 타협하여 제휴coalition할 것을 주장하였습니다.810)

이렇게 공산주의의 위협을 받고 있는 전후 유럽과 중국을 살펴본 뒤 다시 한국문제로 돌아왔다.

전쟁이 종말에 가까워졌을 때 나는 한국 임시정부의 승인만이 소련의 한국 약탈을 막을 수 있다는 유일한 수단이라고 주장하였습니다. 한국 임시정부는 너무나 오랫동안 한국을 떠나 있었으므로 한국 민족을 대표할 수 없으니811) 종전 후 우리[연합국]가 신정부를 수립하기 위하여 총선거를 실시할 수 있을 때까지 기다리는 것이 좋다는 연합국의 이견에 대하여, 우리는 한국이 해방됨과 동시에 즉시로 연합국의 감시 밑에서 총선거를 실시한다는 양해 하에 임시정부의 가승인provisional recognition이 이루어져야 한다고 답하

---

809) 이원순, 『인간 이승만』, 229쪽.
810) 이원순, 『인간 이승만』, 229쪽.
811) 이원순의 번역에는 오해의 소지가 있어서 바로잡았다. 원문은 이렇다. To the resort that the provisional government had been so long and so far removed from Korea that it no longer represented the people, and that it would be better to await the end of the war,….

였습니다.…그러나 [미국]정부 고위 당국에서는 이 견해를 고려하는 기색이 없었습니다. 그래서 나는 부득이 루스벨트 대통령과 처칠 수상은 한국이 형식적인 정부를 갖는다 하더라도 사실상에 있어서는 소련의 지배하에 둘 것이라는 결론에 도달할 수밖에 없었습니다.812)

이것이 당시 이승만의 시국관이었다. 후에 그가 옳았음이 증명된다. 그가 우려한대로 동남유럽(발칸 반도)과 중국이 결국 스탈린 수중에 넘어갔다. 이승만이 1933년 유럽여행에서 이러한 징조를 보았다는 것은 그의 예지가 앞섰음을 말해준다. 이 예지로 남한은 이를 뿌리치고 자유주의 진영에 남을 수 있게 되었다. 그것은 험난한 과정이었다.

남한은 형식상 미국이 점령하고 미군정이 유일한 법적기관이라고 선언하였지만 70여 개의 우후죽순 정당이 난립하고 있는 혼란 상태였다. 이승만은 모든 정당에서 그의 의견과 상관없이 대표로 임명되었다. 그만큼 그의 명성, 경륜, 위엄을 따라갈 인물이 없었다. 독립심이 강한 그는 남이 가져다 준 떡을 삼킬 사람이 아니다. 그에게는 독립적인 조직이 어울린다. 그는 남의 도움 없이 정부를 수립하기로 결심하였다.813)

이승만은 모든 대표직을 물리치고 10월 23일 70여개의 정당과 단체를 모아 독립촉성중앙협의회(독촉중협)를 조직하였다. 개별 단체의 지위는 그대로 두고 느슨하게 묶은 연합체였다. 다시 말하면 "정치적 지주회사"라고 할 수 있다. 그는 어느 정당에도 속하지 않았다. 이승만이 귀국하기 전에 사람들은 어떤 식으로든 정당통합을 기획하였지만 강력한 지도자가 없어서 조직되지 않았다.814) 독촉중협은 정당통합과 다르다. 흡사 개

---

812) 이원순, 『인간 이승만』, 229-230쪽.
813) Oliver, *Syngman Rhee The Man behind the Myth*, p. 215.
814) 김수자, 「해방정국 이승만의 대동단결과 단체통합운동」, 최상오·홍선표 외, 『이승만과 대한민국 건국』, 연세대학교 출판부, 2010, 5쪽.

별 국가의 독립을 유지하며 가입한 국가연합체와 비슷한 개념이다. 그러나 그 목적은 한국인의 대동단결을 보여주는 것이다. 이러한 조직은 국제적 감각과 경험이 없는 인물이 아니면 쉽게 그 머리에서 떠오르지 않았을 것이다. 여기에 공산당을 비롯한 좌파단체도 환영하였다. 독촉중협은 급속하게 지방으로 뿌리를 내렸다. 이승만의 명성 덕택이다. 이승만은 독촉중협의 이름으로 미, 소, 영, 중 "4대 연합국에게 결의문"을 보냈다. 자유총선거를 통한 조속한 정부수립을 요망하는 것이다. 그가 일찍이 국제연합 창립총회에 보낸 강령이다.

그러나 박헌영의 공산당과 여운형의 인민당이 탈퇴하여 독촉중협은 우익단체가 되었다. 이들이 탈퇴하는 11월 23일 마침내 중경에서 김구를 필두로 임시정부가 귀국했다. 개인자격으로 귀국한 중경임정은 정부로 행동하였다. 그 다음날 각료회의를 열었다. 이승만도 구미위원부 위원장 자격으로 참석했다. 그러나 중경임정은 이미 좌우합작정부가 되었다. 무엇보다 미군정은 자신이 유일한 정부라고 선언하고 중경임정을 인정하지 않았다. 그들은 임시정부가 "너무나 오랫동안 한국을 떠나 있었으므로 한국 민족을 대표할 수 없다"고 보았다.[815]

중경임정이 좌우합작을 했을 때 여기에는 중국(국민당) 외무장관 송자문이 관여하였다. 그는 장개석의 처남이다. 1942년 미국무성과 협의하여 자신과 친한 좌익인사인 김규식, 김약산(김원봉), 조소앙과 합작하도록 김구에게 권했다. 김구는 그들을 각료로 임명하였다. 이 사실을 알게 된 이승만은 그 결정을 취소할 것을 강하게 요구하였다.[816] 그는 그렇게 된 배경을 알고 있었다. 여기에는 미국, 장개석, 송자문, 김구 모두 복잡하게 얽혀 있었다. 미국은 일본과 전쟁 중인데 중국이 내전으로 힘이 분산 소

---

815) Oliver, *Syngman Rhee The Man behind the Myth*, p. 198.
816) Oliver, *Syngman Rhee The Man behind the Myth*, p. 210.

모되는 것을 원하지 않았다. 유리해진 중국공산당의 입김이 컸고 여기에 미국의 돈과 원조가 필요했다. 그래서 국공합작이 생겼다. 그 여파가 중경임정의 좌우합작으로 나타났다.

이듬해(1943년) 이승만은 한국 지하저항조직의 청사진을 루스벨트에게 제출했다. 마침 중경임정을 좌우합작 시킨 송자문이 미국에 왔다. 루스벨트가 그에게 한국 독립운동의 효용가치에 대해서 의견을 물었다. 송자문의 비서가 이승만에게 미국무성이 선호하는 미국의 한인좌익동조자와 합작을 권유하였다. 중경임정의 사정을 알고 있는 이승만은 좌익동조자와 합작하기를 거부하였다. 송자문은 루스벨트에게 한국인은 분열로 어떠한 힘도 되지 못한다고 보고하였다.817) 그때 중국 자신도 사분오열되어 내전 중이었고 그 국가 크기에 어울리지 않게 세계대전의 골칫거리였다. 송자문 자신은 모스코바에 가서 스탈린을 만났고 대련, 여순, 남만주철도를 소련에게 넘기는 조약에 서명하였다. 이승만이 보기에 이들은 모두 자신들이 알던 모르던 모스코바에 앉아서 국제공산주의를 한반도에 획책하려는 스탈린의 하수인에 불과하였다.

카이로 선언은 "적당한 시기에 한국 독립"을 약속했다. 그 조건이 드러났다. 테헤란회담과 얄타회담을 거쳐 결정된 것이 이른바 신탁통치였다. 우선 미국과 소련은 한반도에 통일정부를 수립하기로 합의하였다. 이것을 모스코바 3상회의에서 미, 영, 소, 중 4개국이 최고 5년 간 신탁통치할 것을 선언문으로 발표되었다. 첫째, 임시정부를 세운다. 둘째, 임시정부를 도울 [미소]공동위원회 설치한다. 이것은 오스트리아 문제와 비슷한 해법이었다.818) 오스트리아는 독일에 합병되었다. 전쟁이 끝나고 독일은 4개국이 분할 통치하지만 오스트리아 역시 그 운명을 피하지 못했

---

817) Oliver, *Syngman Rhee The Man behind the Myth*, pp. 195-196.
818) Oliver, *Syngman Rhee The Man behind the Myth*, p. 212.

다. 스탈린이 원했기 때문이다. 한국 역시 일본에 합병되었다. 일본의 분할통치는 거부되었고 한국의 분할통치로서 신탁통치 제의를 한 것이라고 당시에는 추측하였다.

12월 28일 이승만은 신탁통치 반대성명을 냈다. 이로써 이승만의 제2의 독립운동이 시작되었다. 조선공산당과 좌익단체들은 북한의 지령을 받고 신탁통치를 찬성하였다. 이승만이 지금까지 상대한 것은 일본이었다. 이제 그는 "결의문"에 반대하는 미국뿐만 아니라 소련, 영국, 중국도 상대해야 한다. 무엇보다 "한반도 유일 정부"인 미군정이 그의 최대의 상대가 될 것이다. 국내적으로는 공산당, 인민당 등 좌익도 그의 상대이다. 같은 날 김구는 신탁통치반대국민총동원위원회(반탁총위)를 만들었다. 그도 제2의 독립운동을 시작했다.

2. 건국

2월 6일 이승만은 라디오로 전국에 27개조의 계획을 발표하였다. 1.정의의 원칙하에 독립 대한 국가를 세운다. 2.총선거로 국민국가를 세운다. 3.표현, 집회, 신앙, 언론, 정치의 자유가 보장되는 민주헌법을 제정한다. 4.일본의 잔재를 없앤다. 5.일본과 그 협력자들의 재산을 몰수한다. 6.경제부흥을 위하여 경제계획을 수립한다. 7.주요산업을 국유화한다. 8.모든 산업을 감독한다. 9.농지개혁을 한다. 10.농지개혁은 유상 원칙을 적용한다. 12.사금융의 철폐와 사금융이자율을 조정한다. 13.건전한 통화제도를 구축한다. 14.필요할 때까지 가격을 통제한다. 15.조세제도를 개혁한다. 16.상속세와 증여세를 조정한다. 17.의무교육을 실시한다. 18.한국문화를 보존 발전시킨다. 19.실업보험과 사회보장보험을 제도로 만든다. 20.최저임금법을 제정한다. 21.의료제도에 국가가 개입하고 모든 노동자에게 공공보건시설을 제공한다. 22.14세 미만의 노동을 금한다. 23.여성의 6시간 노동과 남성의 8시간 제도를 만든다. 24.임산부에게 의료와 사회적 지원을 제공한다. 25.모든 자유국가와 우호관계를 수립한다. 상호 호혜의 국제교역을 촉진한다. 26.어느 국가나 어느 국가군의 지배적 지위를 불허한다. 27.국방을 위하여 육군, 해군, 공군을 창설한다. 현대 국가 헌법의 내용을 담고 북한 공산주의를 의식한 청사진이다. 이것은 후일 1948년 헌법에 반영되었다. 이승만이 미군정을 상대로 정국을 선도해 나가기 시작하였다.

2월 8일 이승만과 김구는 손을 잡고 독촉중협과 반탁총위를 합쳐 비상국민회(독촉국민회)를 결성하였다. 앞으로 중경임정의 김구는 필요에 따라 협조와 결별을 교직할 것이다. 이승만은 6주 동안 전국순회 여행을 떠났다.[819] 모든 도시와 촌락을 돌아다니며 공산주의의 위험성과 그들과 투쟁을 역설하였다. 이승만은 1911년 기독교청년회를 지방에 심기 위하여 3개월을 전국 방방곡곡 돌아다녔다. 1913년 하와이에서 모든 섬을 찾아다니며 동포들을 방문하였다. 이제 그는 다시 직접 동포들과 대면하여 지지를 구하는 것이다. 그의 힘은 동포로부터 나왔다.

3월 2일 제1차 미소공동위원회가 열렸다. 앞으로 들어설 임시정부에 반탁지지 정당과 단체를 배제하자는 소련 주장과 반탁과 찬탁 가리지 않고 모든 정당과 단체를 참여시키자는 미국 주장이 맞섰다. 한반도를 적화시킬 목적을 가진 소련과 모스코바 3상회의 결정을 실천하려는 미국은 미소공동위원회의 회의로 시간만 허비하고 결렬되었다. 그 사이 북한은 비밀리에 김일성에게 권력이 집중되며 소련의 비호국가의 형태가 진행되었다. 미군정은 소련의 속셈을 알지 못했다. 그에게 소련은 제2차 대전 동맹국이었다. 미군정 책임자 하지 중장은 반공주의자 이승만을 싫

---

[819] Oliver, *Syngman Rhee The Man behind the Myth*, p. 218.

어했다. 그에게는 지켜야할 모스코바 3상회의 결의가 있었다. 그 틀을 벗어나지 못하는 그는 남한의 단체와 정당들이 좌우합작을 하도록 강력히 권유했다. 그리고 김규식을 선호하였다. 하지 중장의 뒤에는 미국 국무성의 좌익세력이 있었다. 이승만도 하지에 맞섰다. 좌우합작을 권하는 공동위원회 뒤에 미국과 소련이 진짜 결정자라는 점을 알고 미소공동위원회를 상대하지 않았다.

그때 남한의 정당과 단체들이 둘로 갈라졌다. 우익은 신탁통치 반대투쟁을 하는데 좌익은 찬성을 하게 되었다. 이것은 소련의 지령에 의한 것으로 신탁통치기간에 남한을 공산주의로 물들이게 할 목적이었다. 반탁과 찬탁으로 남한사회는 전쟁터를 방불케 되었다. 미소공동위원회가 열리고 있을 때 공산당에 의한 정판사사건이 일어났다. 미군정이 공산당을 탄압하자 그들은 지하로 잠입 활동하였다. 테러, 폭동, 파업 등이 일어났다. 정당의 수는 4백 개로 늘어났다.[820] 미국은 빨리 임시정부를 세우고 떠나고 싶어 했다. 이승만이 염려한 것은 이런 혼란 상태에서 이보다 더 화급한 일이 지구 반대편에 생기면 미군이 수습도 하지 않은 채 철수하는 것이었다. 이승만은 미국이 1882년 한미우호통상조약을 일방적으로 방기한 것을 아직도 기억하고 있다. 이런 상황이 계속되어 미군정이 수습을 못하면 남한은 공산화될 것이다. 하지 휘하의 미군정은 수습할 능력이 없었다. 이승만은 하지를 신뢰하지 않았고 하지는 이승만을 배제하려고 애썼다. 한때 그는 이승만을 자택에 연금시켰다. 둘 사이는 악화일로였다.

북한에는 공식적으로 선포만 하지 않았지 사실상의 공산정권이 이미 수립되어 남한마저 공산화시킬 준비를 진행 중이었다. 군사력을 급속히 증강시키고 있었다. 이승만은 남한만이라도 빨리 독립된 과도정부를 세

---

820) Oliver, *Syngman Rhee The Man behind the Myth*, p. 221.

위 혼란을 잠재우고 질서를 회복하는 길이 공산화를 막는 길이라고 주장했다. 이것이 유명한 그의 정읍발언이다. 그가 그런 발언을 하기 전에 이미 미국과 소련에 의해 38선은 그어져 있었다. 소련이 재빨리 북한을 점령하고 그 여세로 남한까지 넘보자 미국이 화급하게 그은 것이다. 그래서 소련은 점령했던 38선 이남의 개성에서 철수했다.

이승만은 과도정부 수립을 강력하게 밀고 나갈 조직으로 민족통일본부를 만들었다. 좌우합작에 대항할 조직이었다. 여기서 이승만 조직을 다음과 같이 국가연합체와 비교하여 보는 것도 흥미로울 것이다.

	중세(1)	나폴레옹 이후(2)	제1차대전 이후(3)	제2차대전 이후(4)	해방정국 이후(5)	해방정국 이후(6)
구성원	공국	유럽국가	가맹국	가맹국	70여개 정당	70여개 정당
구심점	신성동맹	유럽협조	국제연맹	국제연합	미군정	독립촉성 중앙협의회
지도자	교황	오스트리아	?	미국	하지	이승만
목 적	영구평화	일시평화	영구평화	영구평화	신탁통치	완전독립

또 하나 흥미로운 점은 국가연합체가 세계사적 변화인 제1차 대전과 제2차 대전 등에 맞추어 그 모습이 진화 발전해 나갔듯이, 이승만의 독촉중협도 해방정국의 변화였던 신탁통치발표, 좌우합작권유, 한반도문제 유엔 이관 등에 대응하여 빠르게 변모해 나갔다.

　　　　변화1: 신탁통치발표　　　　　변화2: 한반도문제 유엔이관
　　독촉중협　→　독촉국민회　　　　　　　　→　민족통일본부
　　유럽협조　→　국제연맹　　　　　　　　　→　국제연합
　　　　변화1: 제1차 대전　　　　　　변화2: 제2차 대전

다시 말하면 이승만은 국내 문제를 국제적 경험으로 풀어나갔다. 이승

만에게 있어서 국내문제는 국제문제의 응용에 불과하였다. 다른 조직들은 흡수 또는 통합을 시도하였을 뿐 이 같은 "정치적 지주회사"를 만들지 못했다는 점에서 이승만의 독창성이 있다. 위로부터 조직인 중경임정에 대하여 이승만의 독촉중협은 저인망식으로 아래로부터 그 영향을 뻗히고 있다.

그러나 위 표의 (5)에서 신탁통치를 목표로 좌우합작만을 고집하는 미군정의 하지 중장과 불화로 아무 것도 할 수 없게 되자 직접 미국에 가서 미국의 조야를 움직일 것을 결심하고 미국으로 갔다. 즉 위 표에서 정국을 (5)에서 (6)으로 전환시키고자 하였다. 그는 미소공동위원회가 아무 일도 하지 못하고 소련이 시간만 끌므로 한국문제를 국제연합에 상정해 줄 것을 호소하려는 것이다. 국무성에 제출한 서한은 1.남한에 선거에 의한 과도정부를 세운다. 때가 되면 남북한 총선거를 실시하여 통일정부를 세운다. 2.과도정부는 국제연합에 가입하여 미국과 소련을 직접 상대하여 한반도문제를 해결한다. 3.한국에게 통상의 완전한 권리를 부여한다. 이것은 어떤 특정 국가에 대한 호의 없이 모든 국가에 대한 동등성에 기초한다. 4.소련군이 북한에서 철수할 때까지 미국은 남한에 주둔한다. 그밖에 5.일본의 배상금은 조기집행이 되어 한국경제를 조속히 부흥시켜야 한다. 그리고 6.한국 통화를 안정시켜 국제결재에 맞추어야 한다. 여기서 1~3을 합치면 국제연합의 권위를 이용하겠다는 것이다. 이 생각을 발전하면 한국문제를 국제연합으로 가져가겠다는 의미이다.

이승만은 전부터 좌익이 포진하고 있는 국무성에서 환영받지 못했는데 여전했다. 그러나 개의치 않고 여론에 호소하였다. 그리고 국무성의 좌익을 폭로하는 것을 잊지 않았다. 그의 선전선동의 충격요법이다. 이승만을 견제하기 위해 하지 중장이 미국으로 쫓아와 트루먼 대통령을 만나고 상원 군사위원회에서 증언하는 과정에 한국이 처한 사정이 드러났다.

그는 북한이 5십만의 군대를 조직했다고 증언하여 펜타곤이 놀랐다.[821] 국방성은 주한미군이 여차하여 인질이 되어 소련과 전쟁을 걱정했다.

그때 소련의 속셈이 동유럽과 그리스 및 터키에서 드러났다. 지구 곳곳에서 좌우합작은 우익의 실패로 끝났다. 이즈음 영국의 처칠은 유명한 철의 장막이라는 연설을 하였다. 이승만의 세계관이 옳았음이 드러났다. 이승만은 어쩌면 20세기 최초 반공주의자의 한 사람일지 모른다. 미군정의 하지 중장도 이 대세를 인정할 수밖에 없었다. 새 국무장관에 마샬 장군이 되면서 달라졌다.

결국 이승만이 미국에서 제2의 독립운동을 하던 1947년 3월 트루먼 선언이 발표되었다. 그것은 소련의 위협을 받는 그리스와 터키를 방어하는 목적이다. 여기는 소련이 지중해로 나오는 길목으로 미국에게 대단히 중요한 곳이다. 오랫동안 러시아는 이 길목을 탐냈다. 그러나 지구 반대편에서 소련이 태평양으로 진출하는 길목인 한국도 아시아의 그리스이며 터키이다. 그것은 역사적으로도 대칭이다. 러일전쟁에서 패배한 러시아가 한반도 대신 지중해로 진출하려고 노력한 것도 그들의 오래된 세계전략의 하나였다.[822] 결국 마샬 국무장관이 한국문제를 국제연합으로 이관한다고 발표하였다. 미국이 도와서 남한문제를 해결하면 남한을 미국의 군사기지로 만든다는 비난을 피하고 싶었던 것이다.[823] 국제연합에서 토의를 거쳐 결정하면 이 비난을 피할 수 있다. 결국 이승만이 생각했던 방향으로 사태는 진행하고 있었다.

1947년 11월 14일. 국제연합 총회에서 한반도에서 국제연합 감시 하에 남북한 자유총선거를 통한 남북한통일정부 수립 결의. 1948년 2월 26일. 국제연합소총회에서 가능한 지역에서 자유총선거 결의. 3월 12일. 국

---

821) Oliver, *Syngman Rhee The Man behind the Myth*, p. 234.
822) Setton Watson, *Masaryk in England*, p. 32.
823) Oliver, *Syngman Rhee The Man behind the Myth*, p. 240.

제연합임시한국위원단이 국제연합 소총회 결의안을 놓고 남한선거안 가결. 5월 10일. 남한 자유총선거. 8월 15일. 대한민국 건국. 외교방략에 의한 이승만의 제2의 독립운동은 결실을 맺었다.

나폴레옹은 프랑스 혁명의 혼란을 대포로 단숨에 평정한 인물이다. 갈브레이드는 레닌의 최대 업적이 공산혁명이 아니라 혁명 직후 극심한 혼란을 폭력으로 단숨에 평정한 것이라고 평했다. 당시 남한의 극심한 혼란상을 단숨에 평정할 수 있는 능력을 가진 인물이 이승만과 김구였다. 그러나 김구는 중경임정의 권위를 빌려 쿠데타를 생각했다.[824] 언더우드는 김구가 "거칠고 접근하기가 어렵고 무자비하며 비민주적"이라고 평했다.[825] 김구는 국제정세를 이해하지 못했다.[826] 이승만은 무력을 반대였다. 그는 미소공동위원회, 미군정, 좌익, 미국무성, 귀국한 재미교포단체, 때로는 중경임정의 반대와 견제를 받으며 홀로 남한 정세를 세계 사정에 맞추어 국제연합 감시 하에 자유선거로 남한에 대한민국 정부를 수립하는데 성공하였다. 이승만의 독립운동과 건국. 그것은 나폴레옹이나 레닌과 달리 "촌철도 사용하지 않고 필설로만 이룩한 위업이었다"고 유영익은 기록하였다.[827]

3. 한미상호방위조약

이승만은 건국 대통령이 되었다. 그는 젊을 때부터 간직했던 꿈을 실천할 때가 된 것이다. 실천실학이다. 그것은 농지개혁, 의무교육, 남녀평등, 사민평등, 상공업장려, 국제통상 등이었다. 그는 국가의 터전을 마련

---

824) 이주영,『이승만과 그의 시대』, 118, 123쪽.
825) 언더우드,『한국전쟁, 혁명 그리고 평화』, 연세대학교 출판부, 2002, 156쪽.
826) Oliver, *Syngman Rhee The Man behind the Myth*, p. 237.
827) 유영익,『이승만의 삶과 꿈』, 210쪽.

하였다. 그것은 자유민주주의와 자본주의이다. 그에게 한 가지 미진한 것이 있다면 1882년의 한미우호통상조약을 복원하는 것이었다. 그것은 애초부터 만기가 없는 것이었다. 소련 및 중공과 북한을 배후에 둔 어린 국가를 지키려면 미국과 군사동맹도 필요했다.

대한민국정부는 이승만의 외교독립의 전통 하에 건국되었는데 이것은 삼일운동의 평화정신과 일치한다. 북한정권은 소련의 비호로 김일성의 무장독립의 영향 하에 수립되었다. 아직도 자유주의 필설과 공산주의 무력의 대립이다. 그것이 첫 번째 충돌한 사건이 북한의 남침이다.

일본의 패망 이후 북한을 점령한 김일성은 비밀리에 소련의 원조로 군사력을 증강하였다. 미군이 철수한 남한은 방어할 능력이 갖추어지지 않은 어린 국가였다. 이때 미국 국무장관 애치슨(Dean Acheson, 1893~1971)이 한국과 대만이 미국의 방어선 밖이라는 발언을 하였다. 애치슨의 발언은 모스코바와 평양의 남침 결심에 작용하였다. 소련과 중공의 비호 하에 김일성의 북한군대는 1950년 6월 25일 남침하였다. 이렇게 시작한 한국동란은 3년간 수많은 인명과 재산을 파괴하고 첫 발의 총성이 울린 그 자리 부근에서 휴전을 하게 되었다.

이승만은 통일할 수 있는 절호의 기회라고 생각했는데 휴전을 한다니 받아들일 수 없었다. 그러나 미국은 이제 전쟁을 그만둘 생각이었기에 중국과 소련을 만족시킬만한 제의가 필요했다. 그 조건을 제시하기 위하여 국제연합 휴전 위원회를 구성하였다. 그들의 시안은 대한민국이 없었던 것으로 하고 국제연합 감시 하에 남북한 총선거를 실시하여 통일정부를 수립한다는 것이었다. 이승만은 반대하였다. 대한민국은 이미 유엔 감시 하에 자유선거를 치러 정부가 수립되었으니 그렇지 않은 북한만 선거하면 된다는 논리를 폈다. 너무 완강한 이승만의 반대로 국제연합 시안은 휴지가 되었다. 이승만을 대체할만한 인물을 그들은 찾지 못했다.

여기서 주목할 만한 사항은 만일 1948년 정부수립이 국제연합 감시 하에 치러지지 않았더라면 어떻게 되었을까 하는 점이다. 이승만은 항상 강대국이 자신들의 이익을 따라 약소국을 희생시킬 준비가 되어 있다는 점을 염두에 두었다. 그것은 1882년 한미우호통상조약의 일방적 방기에서 시작하여 애치슨의 발언으로 이어지는 경험에서 얻어진 것이다. 이승만은 두 번이나 미국에 배신당한 것을 잊지 않았다. 이승만이 국제연합으로 한국문제를 가져간 것은 이처럼 중요했다.

이승만은 휴전을 극력 반대하였다. 그는 한민족과 함께 벼랑 끝에서 다 함께 죽을 정도의 결의를 보였다. 마지막 수단으로 그는 반공포로를 연합국과 상의도 없이 석방하였다. 공산권은 분노하여 휴전회담이 결렬될 위험이 생겼다. 미국은 비로소 이승만이 원하는 바를 들어주지 않으면 휴전이 불가능함을 깨달았다. 이승만이 원한 것은 한미상호방위동맹, 군사원조, 경제원조였다. 군사동맹은 북한뿐만 아니라 중국, 소련, 일본, 그 어느 국가의 침략으로부터 방어하는 것이다. 이승만의 뇌리에는 일본의 재침이 생생하게 살아있었다. 1953년 10월 1일. 한미상호방위조약. 이승만은 말했다. "이제 한미방위조약이 체결되었으므로 우리의 후손들은 누대에 걸쳐 이 조약으로 말미암아 갖가지 혜택을 누릴 것이다."[828] 체결을 직접 지켜 본 현장에서 그는 아마 70년 전 조미우호통상조약을 둘러싼 조국의 파란만장한 운명을 생각했을 것이다. 이 조약으로써 그가 평생 고집하던 외교방략의 화룡점정이 되었다.

---

828) 이주영, 『이승만과 그의 시대』, 183쪽.

제3부
마사리크

Syngman Rhee and
Thomas Garrigue Masaryk

*이승만과 달리 마사리크는 한국에서 거의 알려지지 않은 인물이기에 그 생애와 일에 대하여 자세히 전할 필요가 있다고 생각하여 분량을 넉넉히 할애하였다.

제1장 　마부의 아들

1. 체코 약사

　유럽 최후의 종교전쟁이었던 천주교와 개신교 사이의 30년 전쟁(1618~1648)의 서막에 해당하는 1620년 11월 8일. 한때 중부 유럽을 호령하였던 신성로마제국의 보헤미아 군대가 프라하 근교 빌라 호라(Bila hora, White Mountain)에서 합스부르크 군대에게 패하였다. 보헤미아의 귀족들은 처형되거나 국외로 망명하였다. 이것이 방랑의 대명사처럼 되어버린 보헤미안 유랑의 시작이다. 신성로마 제국의 수도였던 프라하는 오스트리아의 비엔나에게 그 자리를 빼앗긴 가운데, 토지는 몰수되었고, 체코 언어가 법으로 금지되었으며, 개신교 역시 불법으로 규정되어 체코성서와 책이 불태워졌다. 학살을 견디지 못한 인구는 3백만에서 8십만으로 감소하였다. 합스부르크의 페르디난트 Ⅱ세는 "이교도가 가득 찬 땅일 바에야 사막이 되는 것이 더 낫다"라고 말하며 몰수한 토지를 오스트리아 귀족들과 천주교회에게 배분하였다. 마르틴 루터(Martin Luther, 1483~1546) 보다 1세기 앞선 15세기. 로마 천주교회에 대항하여 종교개혁의 불을 댕겨 전 유럽대륙을 흔들어 놓고 화형 당한 프라하의 찰스 대학 총장 얀 후스(Jan Hus, 1369~1415)의 개신교 나라는 이렇게 간단하게 화형과 칼의 강압에 의해 다시 천주교의 나라가 되었다.

전쟁 후에 대부분의 유럽 국가가 참여한 웨스트팔리아조약(1648)에 의해서 국가의 주권과 영토를 존중하고 내정을 간섭하지 않는다는 근대국제법이 태동되긴 하였으되 아무도 패전하여 합스부르크 왕가에 예속된 보헤미아에 대해 관심을 갖지 않았다. 살아남은 백성들은 농노가 되고 지식인들은 영국, 독일, 홀란드, 스칸디나비아 등지로 망명하였다. 그 가운데 보헤미아 형제단Bohemia Brethren 개신교회의 마지막 주교였던 코메니우스(John Amos Comenius, 1592~1670)가 있었다. 그는 영국의 베이컨, 프랑스의 데카르트와 동시대 교육자로 그의 영향은 근세 교육까지 미치면서 체코사람들에게 정신적으로 큰 힘이 되었다. 그는 죽을 때까지 고국을 보지 못했으나 망명지에서 계속 사라져 가는 체코어로 글을 썼다. 1670년 그가 죽었을 때 체코 문학은 소멸되고 말았다. 그러나 그는 체코가 다시 부활할 것이라는 예언적인 글을 남겼다. "분노의 폭풍우가 지난 후 오, 체코여, 네가 네 운명의 주인이 되리라고 나는 하나님 앞에 믿는다. 이 믿음과 함께 내가 선조로부터 물려받고 고통과 고난의 시기 속에서 또 나의 자손의 노고와 하나님의 축복 속에서 지킨 모든 유산을 너에게 물려주노니."

유럽을 휩쓴 계몽주의로 1782년 오스트리아의 요셉 II세의 소위 "관용의 칙서Edict of Toleration"가 발표된 이후 지하에서 몰래 보던 5만권의 체코 개신교 성서가 햇빛을 보았다. 그러나 아직도 공식적으로는 인형극에서만 체코어 사용을 허용하였다. 이어서 프랑스 혁명과 나폴레옹 군대가 체코의 민족정기를 진작시켰다. 그러나 괴테가 잘못 지적했지만 유럽의 많은 지식인들은 체코가 고유의 언어를 재생할 수 없으리라고 보았다.

18세기 말에서 19세기 초의 유럽은 프랑스혁명에 이어서 나폴레옹 전쟁으로 황폐하게 되었다. 합스부르크 제국도 그 와중에 휩쓸려 들어갔는데 1805년 브르노Bruno 교외에서 오스트리아 러시아 연합군이 프랑스 군에게 대패하였다. 그 혼란 속에서도 프란츠 II세가 오스트리아 황제를 칭하자 신성로마제국은 사실상 소멸되고 체코와 헝가리는 황제가 직접 통치하게 되었다. 그러나 나폴레옹 몰락 후 유럽은 비엔나 체재로 복귀하였다. 그 중심에는 오스트리아 재상 메테르니히가 있었다. 그 덕택에 합스부르크 왕가는 유럽에서 정통성을 기반으로 안정적인 체제를 구축하여 중심 역할을 하게 되었다.

그러나 합리적인 계몽사상이 정착되면서 각지에서 자유와 평등에 입각한 시민의 권리를 쟁취하려는 운동이 높아졌다. 농촌에서도 봉건적인 의무와 부담을 철폐하고 자유를 획득하려는 목소리를 무시할 수 없는 지경이 되었다. 합스부르크 제국은 지리적으로 유럽의 한복판에 있어서 상대적 후진을 면치 못하였지만 이러한 자유주의마저 무시할 수 없게 되었다. 산업혁명의 물결에 편승하게 되어 19세기 전반에는 독일과 인접한 보헤미아 북부와 모라비아 북부에 면직공업이 현저하게 발달하였다. 교통망도 정비되어 1832년에는 보헤미아 남부에 마차철도가 개통되었다. 1845년에는 드디어 프라하까지 철도가 연결되어 프라하 역(현재의 마사리크 역)에 최초로 증기기관차가 도착하였다.

이러한 변화를 배경으로 19세기 전반 유럽에 널리 퍼진 것은 정치적 주체로서 "국민"을 만들어내는 운동이 일어났다. 그것은 종래 왕조 질서를 대신하여 자유롭고 평등한 사람들로 사회질서를 만들려는 운동이었다. 그를 위하여 정치사회에 대한 논의가 일어나고 학술서적이 출판되고 문학작품이 생기려면 "국민언어"가 있지 않으면 안 되었다. 그러한 언어는 일부 지식인 등 상류계급뿐만 아니라 널리 일반대중도 사용하는 언어이어야만 하였다. 이것은 유럽 전반에 나타는 현상이었다. 체코에서는 종래 교양인들이 사용하던 독일어를 대신하여 서민들이 사용하는 슬라브 계통의 체코어를 새로운 국민어로 확립하자는 운동이 일어났다.

이미 1792년에 체코를 대표하는 계몽사상가 도브로브스키(Josef Dobrovsky, 1753~1829)가 『체코 언어와 문학의 역사』를 써서 체코어가 문법적으로 어휘적으로 학문적으로 성립할 수 있다고 주장한 바 있다. 그 다음 세대에 가서 융크만(Josef Junkman)은 1834년부터 39년에 걸쳐 약 12만 어휘를 수록한 『체코 독일어 사전』을 간행하였다. 역사연구도 힘을 얻어 팔라스키(Frantisek Palacky, 1798~1876)는 독일어로 『보헤미아 역사』를 출판하였고, 체코어로 『체코와 모라비아의 체코민족의 역사』를 써서 체코 "국민사"의 기초를 놓았다. 그는 코메니우스의 정신을 더듬으며 교육을 통하여 자기 민족의 구원의 길을 모색하였다. 이러한 움직임은 이들 지식인들이 본래 독일어를 상용하던 환경에서 교육받았다는 점에서 중요했다. 19세기 체코지식인들이 한결같이 강조하는 바는 교육이었다. "우리가 가질 수 있는 무기는 책과 교육이다. 교육에 구원이 있다"가 그들의 구호였다.

다음 세대에 가서 하브리체크(Karel Havlicek, 1821~1856)는 1840년대 후반에 언론인으로 활발한 논설을 전개하였다. 이에 앞서 1818년에는 귀족들의 발의로 프라하에서 "민족박물관"이 창설되고 1827년에는 여기에서 최초로 체코어로 만들어진 학술지 『민족박물관잡지』가 탄생하였다.

1848년 2월 파리에서 일어난 혁명으로 왕정이 타도되자 자유주의 혁명의 움직임은 순식간에 유럽 한복판에 점화되었고, 각지에서 헌법제정, 의회소집, 신분제철폐 등을 요구하는 소리가 높아졌다. 이른바 "여러 국민의 봄"이 도래하였다. 비엔나에서는 메테르니히가 파면되고 흠정헌법이 공포되었지만 높아진 혁명운동의 기운 탓에 왕궁은 인스부르크로 이전하였다.[829]

---

[829] 이하 체코약사는 薩摩秀登 『チェコと スロバキア』, 東京: 河出書房社, 2006, 94-100쪽

한편 헝가리의 자유주의자들은 브라티슬라바Blatislava—현재 슬로바키아 수도—에서 개최되는 의회에서 왕국정부수립을 요구하고 이것이 왕궁에서 승인되자 내각이 구성되었다. 10세기 이후 근 1천년 동안 헝가리의 속령이 되어 왔던 슬로바키아 대표들은 슬로바키아 중부에서 모여서 슬로바키아 "민족의 요구"를 채택하고 다른 나라 국민과 동등한 지위를 요구하였다. 프라하에서는 군중이 모여 비엔나 정부에 대해 정치적 요구를 하였다. 그 결과, 체코의회 선거가 실시되고 체코어가 독일어와 동등하게 취급할 것을 승인했다.

그러나 체코의 운동은 중대한 문제를 포함하고 있었다. 헝가리는 독일과 인접하지 않았지만 체코는 인접한 까닭에 이 나라는 "체코 민족의 시야"에서 뿐만 아니라, 독일의 자유주의자들의 "독일국민 통합의 시야"의 한 복판에 들어 있었다. 독일의 자유주의자들은 프랑크푸르트 암 마인Frankfurt am main에 모여 민족의회를 준비하면서 체코대표로서 팔라스키를 초청하였다. 그러나 그는 "체코민족은 독일민족이 아니다"라는 편지를 보내고 초청을 거절하였다. 도나우 강변에 거주하는 약소민족은 오스트리아 제국 속에서 발전할 기회를 얻을 수 있다는 주장을 전개하였다.

팔라스키 구상의 핵심은 동부유럽은 전제국가 러시아의 위협에 방치되어 있어서 여러 민족이 단결하여 위협에 대항하지 안 된다는 발상이다. 그렇다고 독일이라는 국민국가의 한 가운데 들어가면 체코처럼 작은 민족의 경우 존재가 없어진다. 할 수 없이 오스트리아 제국을 지지하며 이것을 분권적인 연방국가로 개편함으로써 슬라브 계통의 작은 민족의 자유와 안전을 확보한다는 구상은 당시 체코인들 사이에 현실적인 개혁안이었다. 팔라스키가 "오스트리아가 없으면 만들어져야 한다"라는 유명한 말을 남긴 것도 이러한 배경 탓이다.

에 의존했다.

그러나 독일의 자유주의자들 측에서는 자신들의 혁명을 수행하는데 방해가 되는 것은 모두 반동으로 규정하였다. 그들은 혁명의 이념을 이해하지 못한 "후진적" 슬라브인들에 대해 적개심을 품었다.

오스트리아 내외에 거주하는 슬라브 대표들이 프라하에 모여 "슬라브인 회의"를 개최하고 팔라스키 구상의 연장선에서 개혁안의 구체화를 토론하였다. 그러나 회기 중인 1848년 6월 12일 성령강림제 미사에 참석하였던 군중이 당시 프라하에 주둔하던 군대와 충돌하는 사태가 벌어졌다. 그 군대와 맞서 싸운 것은 주로 대학생과 노동자였는데 부유층의 지원 아래 수일간 시가전을 치렀다. 시민군은 합스부르크 절대주의 지배에 항거하여 정치적 자치를 요구하였는데 그 지도자가 하브리체크였다. 이때 그의 친구였던 작곡가 스메타나도 시민군에 동참하였다. 프라하의 찰스 다리에서 합스부르크의 군대가 시민군을 진압하자 혁명은 실패하였고 동시에 슬라브인 회의도 강제로 해산되었다. 슬라브인이 연대하여 자유를 얻고자 했던 구상은 크게 실패하였다. 그 결과를 주시하던 독일인들은 "프라하에서 슬라브인 회의라는 것이 개최되었는데 그들이 거기서 공통어라고 사용한 것은 독일어였다"라고 빈정대었다.

비엔나에서도 사태는 긴박하였다. 대량으로 유입되는 노동자들의 생활을 향상시킬 어떠한 방법도 세우지 않고 군대로 가혹하게 탄압하였다. 제국의회가 소란을 피하여 모라비아로 이전하였을 때 팔라스키와 그 후계자들이 중심이 되어 제국의 연방화를 위한 헌법을 추진하였다. 그러나 1849년 왕궁은 태도를 돌변하여 반격을 가하였다. 헌법초안 채택의 단계에서 정부가 동원한 군대로 의회가 강제 해산되는 동시에 정부가 작성한 흠정헌법이 공포되었다.

한편 헝가리에서는 1848년에 국방군이 조직되고 비엔나 정부와 전쟁상태가 계속되었다. 열세였던 헝가리 혁명정부는 동부로 거점을 옮기고

항전을 계속했으나 합스부르크의 지원요청을 받은 러시아 군에게 패하여 1년 만에 혁명은 실패하고 말았다. 또한 프랑크푸르트 암 마인의 독일 자유주의자들도 프러시아에게 굴복하였다. 이처럼 자유로운 국민사회를 이루려던 각지의 운동은 소진되어 최종적으로 전통세력 앞에 굴복하였다.

혁명의 와중인 1848년에 즉위한 18세의 프란츠 요셉 1세(Franz Josef I, 1830~1916)는 흠정헌법을 발효시켜 모든 권한을 황제가 갖도록 하는 소위 "신절대주의" 체제가 시작되었다. 의회는 폐지되고 황제의 자문기구로서 제국심의회가 도입되어 내각이 황제에 대하여 책임을 졌다. 지방자치도 대폭 제한되어 정부에 직속되는 주가 지방행정의 기본단위가 되었다.

그러나 이러한 중앙집권체제가 사회의 근대화를 추진하게 된 것도 사실이다. 영주의 봉건적 특권과 농노제가 폐지되고 경제활동의 원칙이 유지되도록 각지에서 근대 산업이 일어났다. 체코에서는 제철업과 기계공업이 발달하고 자본가가 나타나기 시작하였다. 1880년대 체코 전체 산업생산은 오스트리아 제국 산업생산의 3분의 2에 달했고 1인당 국민소득은 프랑스의 그것과 비슷하였다.

급변하는 국제정세 속에서 신절대주의도 오래 동안 계속될 수 없었다. 1859년 이탈리아에게 패한 오스트리아 정부는 국내에서 지지를 얻기 위해서 1861년 제국의회와 지방의회를 부활시켰다. 체코 대표도 제국의회에 참석할 수 있게 되었지만 1863년 그들은 의회에서 철수 하였다. 이 무렵 체코는 중세 이래의 체코왕관을 다시 정치적 주체로 놓고 고도의 자치를 획득하려는 팔라스키의 구상이 귀족층을 중심으로 지지를 받았다. 그들의 표현에 의하면 "국가권에 기초한 권리요구"라는 것이지만 제국의회에서 거부되었다.

오스트리아의 시련도 계속되었다. 독일 통일의 주도권을 둘러싸고 프러시아와 오래 동안 계속되던 대립은 결국 전쟁으로 이어졌다. 1866년의 보오전쟁(普墺戰爭)이다. 오스트리아는 대패하여 프라하에서 강화를 맺었다. 이 패배로 오스트리아 정부는 체제의 안정을 위하여 새로운 구상을 하지 않으면 안 되었다. 그 결과 1867년부터 헝가리와 합쳐서 "이중왕국 dual monarchy"를 출범시켰다. 양측은 동일한 군주 프란츠 요셉 I세를 정상에 놓고 외무, 군사, 재정의 세 분야를 공동으로 운영하고, 그밖에 내각과 의회는 별도로 갖는 독립국가 형태였다. 이것은 오스트리아와 헝가리의 타협책이지만 체코는 크게 불만이었다. 그들은 체코왕관도 동등한 지위를 부여하여 삼중왕국을 요구하였지만 실현되지 않았다. 이렇게 해서 체코의 국민주의의 희망은 좌절되었고 팔라스키가 지도하는 "국민당"은 제국의회를 계속 거부하였다. 그러나 국민당 내부에서도 국가권이라는 전통에 입각한 운동이 일어나서 보다 광범위한 체코의 요구를 반영해야 한다는 목소리도 있어서 팔라스키 국민당의 후신인 "구체코당Old Czech"에 대하여 그레그르(Julius Gregr, 1832~1896) 박사를 중심으로 "신체코당Young Czech"이 생겼다.

오스트리아 정부는 각 민족의 요구를 들어주려고 애쓰며 체제의 안정을 유지하려고 부심하였다. 1879년 독일인과 체코의 보수파 귀족을 기반으로 하는 오스트리아 수상이 등장하면서 체코의원도 제국의회에 복귀하였다. 체코인의 지지를 얻기 위해 다음 해 "언어령"을 제정하여 보헤미아와 모라비아의 시청과 법원에서는 독일어와 체코어를 병행할 것을 규정하였다. 또 1882년에는 프라하대학이 체코대학과 독일대학으로 분리되었다.

이렇게 하여 체코계 주민의 정치운동도 성과를 거두게 되었으나 이것은 필연적으로 체코에 거주하는 독일계 주민에게도 민족자각을 일으키는 결과를 가져왔다. 그들은 주로 국경선 근처에 몰려 살았는데 지역적 대립도 심각하였다. 게다가 1897년 새로운 "언어령"이 발포되어 체코어의 지위는 높아졌지만 독일계 정당이 맹렬히 반발하여 철회되었다. 이것으로 두 민족의 골은 더욱 깊어져 갔다.

내부적으로 이 같은 커다란 변화 속의 합스부르크 제국은 외부정세에 있어서도 크나 큰 긴박감을 피할 수 없었다. 다름 아니라 발칸반도에서 세르비아 왕국을 필두로 남슬라브(유고슬라비아) 제민족의 통일운동이 일어나고 있었던 것이다. 이에 대항할 필요가 긴박하여 오스트리아는 1908년에 보스니아와 헤르제고비나를 강제로 제국의 영토로 만들어버렸다. 그러나 이것으로 오스트리아는 세르비아의 배후에 있는 같은 슬라브 민족인 러시아와 충돌이 불가피하게 되었다.

이러한 국내외 정세 속에서 체코는 19세기 전후반을 통하여 합스부르크에 항쟁한 결과 스스로 고등학교와 대학을 포함한 일류의 교육제도를 획득하게 되었다. 마침내 19세기 말에 이르러 문맹률은 1퍼센트로 낮아졌다.

이러한 발전에도 불구하고 유럽사회가 바라보는 체코슬로바키아의 모습은 경멸에 가까웠다. 체코슬로바키아라는 이름은 아예 없었으며 기껏해야 집시 또는 방랑자의 본산이라고 알려지는 가운데, 영국의 추리소설가 아가타 크리스티(Agatha Christie, 1890~1976)는 체코슬로바키아를 자신의 소설에서 상상의 발칸 국가 헤르조슬로바키아로 빗대어 "가장 야만인들이 사는 지역"으로 묘사하였고 "암살이나 하고 혁명을 일으키는 도적의 무리"로 그렸다.[830] 미국 언론에는 1918년 봄 이전까지 체코라는 명칭이 등장하지 않았다. 그 이전에는 체코라는 말 대신에 보헤미아를 사용하였다. 체코인들도 스스로를 보헤미안으로 불렀고 체코국민연합도

---

830) Agatha Christie, *The Secret of Chimneys*, Bodley Head, 1925,

보헤미안 국민연합Bohemian National Alliance으로 불렀다. 그들의 잡지도 『보헤미안 리뷰Bohemian Review』라 하였다. "이 때문에 개전 초기부터 윌슨 대통령에게 영향력을 행사하는데 애를 먹었다."831) 여기서 어디로 갈 것이냐. 후스 코메니우스 도브로프스키 팔라스키 하브리체크의 3백년 묵은 숙원을 풀어줄 길을 안내할 민족의 지도자가 나타날 것인가.

2. 절대주의와 자유주의

토마스 마사리크는 1850년 3월 7일 당시 오스트리아 점령지였던 모라비아의 호도닌Hodonin에서 아버지 조셉(Josef)과 어머니 테레지(Terezie Kropackova) 사이에서 장남으로 태어났다. 하브리체크가 죽기 6년 전이다. 그가 태어난 호도닌은 체코와 슬로바키아 경계에 있었다. 이것은 마사리크가 혈통으로나 지연으로 보았을 때 체코와 슬로바키아를 묶어 하나로 통합할 운명처럼 보였다.

그곳 대부분의 토지는 오스트리아 귀족과 천주교회의 영지였다. 당시 중부유럽을 차지하고 있던 독일연방은 수많은 공국으로 나누어져 있었고 그 가운데 합스부르크의 오스트리아가 주도권을 쥐고 있었다. 그러나 신생 프러시아의 등장으로 독일 통일을 둘러싸고 프러시아와 오스트리아는 숙명적으로 대결하지 않으면 안 되었다.

마사리크가 태어나기 2년 전인 1848년에 오스트리아의 새 황제 프란츠 조셉이 등극하였고 기성질서에 항거하는 유럽혁명이 일어났다는 사실이 권력의 이동을 알리는 서곡이었다. 뿐만 아니라 절대주의 시대에서 자유주의 시대로 이행하는 단서였다. 시민의 권리와 정치적 권리를 요구

---

831) Uterberger, B. M., "The Arrest of Alice Masaryk," *Slavic Review*, March 1974, p. 91.

하는 목소리는 억압받는 소수민족 사이에서 커져갔다. 대부분의 유럽국가가 활발히 자유주의로 이행하는 것과 비교하면 상대적으로 오지였던 중부유럽은 아직도 봉건적 절대주의 사회였다. 프란츠 조셉은 식민지에 대하여 강압정책을 쓰며 동시에 유화정책을 펼치기도 하였지만 그것은 항상 거짓말에 그쳤다. 그러나 이미 노쇠한 오스트리아는 지는 해였고 프러시아는 뜨는 해였다. 비슷한 시기에 아시아에서도 중국이 지고 신생 일본이 솟아오르려는 무렵이었다. 프러시아의 주도로 이루어진 독일 통일은 범게르만주의로 동진하게 되었고 러시아를 중심으로 하는 범슬라브주의는 서진을 엿보고 있었다. 이 두 힘이 자주 부딪히는 곳이 발칸반도였다. 독일의 야심은 발칸반도를 통하여 터키를 거쳐 아시아로 진출하려는 것이었는데 그러기 위해서는 그 배후에 있는 체코와 슬로바키아를 제압하지 않으면 안 되었다. 흡사 바다에 갇혀 대륙으로 진출하려는 일본과 육지에 갇혀 바다로 진출하려는 러시아가 부딪히는 곳이 한국의 운명이었던 것과 흡사하다. 체코와 슬로바키아는 정서적으로 범슬라브주의를 따르지만 현실에서는 이 처럼 범게르만주의에 포위되어 있었다.

3. 유년시절

마사리크의 아버지는 슬로바키아 농노 출신으로 영주의 마부였고 어머니는 보헤미아 하녀 출신으로 가정부였다. 역시 농노 출신의 부모를 둔 스탈린(Joseph Stalin, 1879~1953)과 출신성분이 다를 것이 없었다. 그러나 그들이 걸어간 길은 정반대였다. 마사리크의 어머니는 독일계가 많이 거주하는 고장 출신이었으므로 독일어도 구사하였다. 마사리크는 어릴 때부터 세 언어(체코어, 슬로바키아어, 독일어)를 자연스럽게 습득하였다. 마사리크에 의하면 체코어와 슬로바키아어는 슬라브어에 같은 뿌리를 두고 있다고 한다.

　마사리크는 장남이었는데 집안은 종교심이 깊은 어머니의 영향 하에 있었고 교육을 받은 적이 없었던 아버지는 겉돌면서 자라나는 장남에게서 글을 배웠다. 오스트리아의 천주교를 믿어야만 하던 시절에 어머니는 집안에서 성모 마리아에게 기도하였다. 영주는 농노들에게 "하나님보다 영주를 먼저 섬기라"라고 주문하였다. 어린 마사리크는 아버지가 영주에게 굽실거리고 때때로 모욕을 참는 것을 일찍부터 보며 자랐다. 하기 싫은 일이라도 살기 위해서 어쩔 수 없이 한다 하지만, 당시 하인의 자식이 중학교에 가려면 영주의 허락이 없으면 불가능하였기 때문에 아버지는 할 수 없이 그러했을 것이다.

　아버지가 영주의 명령으로 다른 곳으로 전근하게 되었다. 그곳은 체이코비체Cejkovice였는데 프랑스계 사람들이 많이 살고 있었다. 여기서 어린 마사리크는 프랑스어를 배우게 되었다. 이로서 그는 어릴 때부터 이미 4개의 언어(체코어, 슬로바키아어, 독일어, 프랑스어)를 구사할 수 있게 되었다.

　어머니를 닮아 신앙심을 갖게 된 그는 천주교회에서 복사가 되었는데 보좌신부가 학교교사의 부인과 정을 통하는 것을 알고는 혼란스러웠다. 그 부인이 임신하여 좁은 마을에 알려지게 되었다. 그는 너무 어려서 그것을 이해할 수 없었지만 신부의 말을 믿지 말고 예수의 말을 믿어야 한다는 중요한 사실을 깨닫게 되었다. 그만큼 당시 오스트리아 천주교회의 타락상을 보여주는 일화이다. 그를 더욱 놀라게 만든 것은 예수를 믿는 교회가 천주교회만 있는 것이 아니라 그리스정교회도 있다는 사실이었다. 여기에 더하여 개신교회도 있었다. 어린 그에게 혼란을 불러오기에 충분하였을 것이지만 그는 몰래 이웃 마을에 개신교회에 가보았다. 당시 체코의 개신교회는 법으로 타종(打鐘)이 금지되어 있었다. 어린 마사리크는 천주교회에서 개신교회는 종을 울리지 않으므로 지옥에 가는 교회라고 배웠다. 후에 황제 요셉 II가 관용의 칙서로 개신교회의 타종을 허락하였다. 마사리크는 개신교회가 천주교회보다 더 검약하고, 더 수준 높고, 더 교리적이라는 사실에 놀랐다. 이 경험은 나중에 그가 장성하여 종교와 교회를 분리하여 생각할 수 있는 계기를 제공하게 되었다. 그는 제1차 세계대전을 연합국의 민주정치democracy와 오스트리아의 교권정치theocracy의 충돌로 해석하였다.

자식을 자신처럼 만들지 않으려는 어머니는 마사리크를 초등학교에 보냈다. 그곳에서 그가 두각을 나타내자 아버지는 영주의 허락을 얻어내 아들을 타지의 중학교에 보낼 수 있었다. 그것은 독일계 기술학교였다. 그가 그곳의 숙모 집에서 기숙하는 대신 숙모의 아들이 마사리크의 집에서 기숙하였다. 한 입이라도 더 먹이기가 힘들었던 하층민들이었기 때문이었다.

4. 견습공

당시 기술학교 졸업생은 대학에 갈 수 없었다. 그래서 마사리크는 사범학교에 가고 싶었는데 16세 이상이어야 한다는 나이 제한에 걸려서 뜻을 이루지 못했다. 14세의 마사리크는 열쇠견습공이 되기 위해 비엔나의 열쇠공장장에게 보내졌는데 그곳은 그의 어머니가 한때 가정부 생활을 하던 집이었다. 주인이 그에게 "그림을 그릴 줄 아느냐"고 물었고 그가 "그렇다"고 대답하자 채용되었다. 그러나 곧 반복되는 일에 견디지 못하던 차에 동료 견습공이 마사리크의 책을 훔치는 일이 일어났다. 그 책들은 그가 어려운 가운데에서 모은 만큼 매우 아끼는 책들이었다.

이를 계기로 마사리크는 다시 고향으로 돌아와서 아버지가 주선한 대장간의 견습공이 되었다. 그곳에서 그는 비로소 마음의 평정을 얻었는데 대도시보다 시골에서, 그것도 말[馬]과 친했기 때문이다. 그는 특히 편자 만드는 일을 좋아했다. 그러나 이른 아침부터 늦은 밤까지 일은 고되었다. 후일 자신을 방문한 마사리크의 거칠어진 손을 보고 톨스토이가 노동의 손임을 알아차린 것도 이 때문이다.

어느 날 달구어진 쇠를 식히기 위하여 우물에서 물을 긷고 있었는데 지나가던 사람이 그를 유심히 쳐다보았다. 전에 마사리크를 가르친 선생님이었다. 마사리크는 자신의 처지가 창피하여 고개를 돌리고 모른 척 하였지만 서러워 언덕에 올라가 울었다. 우수한 자신의 제자가 대장간 견습공이 된 것을 알게 된 옛 스승은 제자를 초등학교 교장인 자신의 아버지에게 데리고 갔다. 그곳에서 14세의 마사리크는 초등학생들을 가르치면서 진학의 기회를 엿보게 되었다. 어느 날 학생들의 어머니들이 몰려와서 마사리크에게 항의를 하였다. 지구가 태양을 중심으로 돌고 있다고 가르친 것이 성서에 위배된다는 항의였다. 그러나 아버지들은 마사리크를 격려하며 아는 데로 가르치라고 격려하였다.

이 학교에서 월급은 없지만 교장이 그에게 피아노를 가르쳐 주었다. 얼마 후 그는 교회에서 오르간을 연주하고 장례식에서 라틴어를 읊는 일을 할 수 있게 되면서 약간의 돈을 벌 수 있었다. 그러나 자신이 낭송하는 라틴어의 뜻을 몰랐고 발음이 나쁘다고 신부에게 꾸중을 들어야 했다. 마사리크는 라틴어 사전을 구하여 첫 장에서 마지막 장까지 모두 암기하여 버렸다.[832] 그것은 라틴어, 체코어, 슬로바키아어, 독일어로 구성된 보기 드문 사전이었다. 문법은 전에 보좌하던 신부가 가르쳐 주었다. 라틴어를 공부한 그는 드디어 김나지움(대학예비학교) 입학시험을 치를 준비가 되었고 무난히 합격하였다. 김나지움 졸업장만이 대학에 갈 수 있는

---

832) Capek, Round (tr.), *Talks with T.G.Masaryk*, p. 72.

길이었다.

5. 김나지움

1865년 15세의 마사리크는 브르노Brno에 소재한 독일계 김나지움에 갔다. 집안이 가난하여 학비를 댈 수 없었으므로 마사리크는 스스로 벌어야 하였다. 어머니가 이러저러한 허드레 일로 어렵게 번 돈을 보내지만 그것은 턱없이 부족하였다. 후일 마사리크는 "어머니가 어떻게 그 돈을 장만하셨는지는 하나님만이 아신다"라고 회상하였을 정도였다. 자신을 부양할 유일한 방법은 학급에서 수석을 하여 부잣집 가정교사 자리를 구하는 일이었다. 학교 추천으로 얻은 자리가 브르노시 경찰서장의 집이었다. 마사리크는 비로소 안정을 얻었다. 그는 식사를 제대로 할 수 있었고, 이 때문에 절약한 돈으로 동생을 데려올 수 있었다. 또 한 가지. 이곳에서 그는 원하는 만큼 책을 읽을 수 있었는데 그는 타고난 책벌레였다. 그러나 그 책들은 독일어 책들이었다. 체코어 책은 금지였다.

어렵게 입학한 학교생활은 자주 독일계 학생들과 부딪히는 등 순조로웠다고 할 수 없었다. 합스부르크 제국에서 독일계 학생은 우월적 존재였던 반면에 체코 학생은 그렇지 못하였다. 체코 학생들은 이러저러한 불리한 제약으로 입학이 늦어져 나이가 상대적으로 많았다. 가장 나이 많은 학생은 마사리크 자신이었다. 다행히도 교장이 체코사람이었는데 마사리크가 암기해 버린 라틴어 사전을 만든 바로 그 저자였다. 그러나 곧 독일인으로 교체되었다. 라틴어 교사 역시 독일인이었는데 라틴어를 독일 억양으로 발음하고 학생들에게도 강요하였다. 마사리크가 체코 억양으로 발음하자 교사는 불같이 화를 냈다. 마사리크는 "선생님은 독일인이므로 독일식으로 발음하고, 나는 체코인이므로 체코 억양으로 발음합니다"라고 대들었다. 교장실에 불려가서도 굽히지 않자 결국 퇴학당하였다.

이 같은 일은 당시 합스부르크 제국 내에서 흔히 볼 수 있는 광경이었다. 후일 마사리크의 독립운동을 따르는 슬로바키아 청년 오스스키(Stefan Osusky, 1889~1973)는 초등학교 때 시찰 나온 교육부 장관에게 잘못 보여 제국 내의 모든 학교에서 쫓겨났다. 당시 슬로바키아는 헝가리가 지배하고 있었다. "교육부장관이 우리 반에 들어왔다. 우리는 라틴어를 공부하고 있었다. 라틴어는 내가 좋아하는 과목이었고 아주 잘했다. 시험 후에 장관이 나에게 물었다. 이름이 무엇이냐? 오스스키입니다. 고향이 어딘가? 브레조바입니다. 브레조바? 거기는 헝가리에 반항하는 곳 아닌가! 너는 훌륭한 헝가리인이 되겠지? 나는 정치에 끼어들지 말라는 아버지 말씀이 생각나서 잠시 생각을 하느라고 대답을 하지 않았다. 이것을 장관은 모욕이라고 여기고 모든 학교에서 쫓아냈다." 오스스키는 공부하러 미국으로 갔다.

평생 지속된 독일을 포함하여 오스트리아 헝가리 제국의 기존질서에 대한 반항기질은 이미 마사리크의 몸속에서 싹트고 있었다. 불행 중 다행한 일은 브루노 경찰서장이 비엔나 경찰서장으로 영전되자 토마스를 데리고 간 것이다. 그는 영전과 함께 귀족이 되었고, 마사리크는 비엔나 고등 김나지움에 6학년으로 입학할 수 있었다.

그렇다고 마사리크가 민족감정을 의식하기에는 너무 어렸다. 갖고 있었다면 유치한 우물 안 민족주의였을 것이다. 이 당시 체코역사는 어디에서도 가르치지 않았지만 다행스럽게도 마사리크는 소설을 통하여 체코역사를 어렴풋하게 알 수 있었다. 그리고 조국의 역사를 자랑스럽게 생각하였고 강대국 속에서 작은 나라로서 체코가 존재하였다는 사실에 감동하였다. 작은 나라라고 큰 나라보다 못한 법이 없으며 그것을 극복하려면 더 노력해야 한다고 여겼다. 체코역사책은 없었지만 체코소설이 있었듯이 그에게 체코음악이 있었다. 그는 길거리를 걸으면서 체코노래를 불렀다. 그는 심지어 브르노에서 고향 호도닌까지 걸어가면서 온갖 체코노래를 불었다. 스메타나의 명곡 "나의 조국"은 당시 체코인의 자부심이었다. 후일 대통령이 된 마사리크는 말했다. "나는 우리 국민을 각성시키고 해방시킨 수많은 사람 가운데 스메타나를 언급하지 않을 수 없다. 정치적으로 마비된 사랑하는 조국을 위하여 그가 음악으로 성취한 것에 대한 우리의 감사는 결코 충분했다고 볼 수 없다."833)

마사리크가 브르노에서 배운 것은 학교 교육 뿐만이 아니었다. 당시에 민족의식의 각성으로 민족국가운동이 여기저기에서 일어날 때라서 전쟁이 잦았다. 1859년 오스트리아 이탈리아 전쟁에서 돌아온 청년의 전투담은 어린 마사리크를 사로잡았다. 그는 동상으로 발가락을 잃었는데도 도대체 누구를 위해서 무엇 때문에 싸웠는지도 모르고 있었다. 당시 체코 청년들은 자신의 조국을 위해 싸운 것이 아니라 오스트리아 헝가리 제국이 개입하는 전쟁에 동원되었기 때문이다. 1863년 폴란드에서 러시아의 압제에 대한 폭동이 일어났다. 그것은 프러시아와 오스트리아 전쟁의 서곡이었다. 러시아가 봉기를 진압하자 프러시아 수상 비스마르크는 이에 대해 지지하는 대가로 프러시아의 군비확충에 대한 암묵적 동의를 받아내었다. 토마스는 신문을 열심히 탐독했으며 그에 관한 온갖 소문에 흥미를 가졌다. 후에 마사리크는 폴란드 학생을 가르치며 폴란드어를 배웠다.

1863년 덴마크 의회가 슐레스비히와 홀스타인 지역을 합병하겠다고 선언하였다. 두 지역 모두 독일 연방에 속해 있었으므로 오스트리아와

---

833) Czechoslovak Sources and Documents, No. 4, "Speech of T. G. Masaryk, President of the Czechoslovak Republic on the Tenth Anniversary of the Attainment of the Country's Independence," 28th October, 1928. Prague, Orbus, 1928.

프로이센은 동맹을 맺고 1864년 덴마크를 공격하여 승리하였다. 그 결과 슐레스비히는 프로이센이, 홀스타인은 오스트리아가 통치하기로 합의하였다. 마사리크는 덴마크 편을 응원했는데 그 이유는 그 작은 나라가 두 강대국을 상대로 싸웠기 때문이었다.

드디어 1866년에 프로이센과 오스트리아가 전장에서 만났다. 소독일주의로 통일을 추구하던 프로이센과 대독일주의를 꿈꾸던 합스부르크의 오스트리아 사이에 독일 연방 내의 주도권을 둘러싼 전쟁이었다. 이 전쟁에서 프로이센이 승리함으로써 독일은 프로이센 중심의 소독일주의로 통일하게 되었다. 체코는 오스트리아가 밉지만 프로이센이 더 미워서 오스트리아를 지원하였다. 바야흐로 아시아에서도 야심을 품은 일본과 청국 사이의 주도권 다툼이 시작되었고 조선은 청국을 편들었다. 이승만이 노일전쟁에서 러시아보다 일본의 승리를 바란 것도 같은 맥락이었을 것이다.

마사리크의 급우 가운데에서 오스트리아군에 자원하는 학생도 있었다. 학교는 문을 닫았고, 프로이센군이 모라비아를 통하여 헝가리로 진격하였다. 프로이센군의 폭력이 마을을 휩쓸었다. 마사리크는 급우와 함께 오스트리아군에 입대하기로 약속하였다. 급우는 겁에 질려 도망가자고 애원하였다. 퇴각하는 오스트리아군이 마을에 왔을 때 지휘관이 마사리크에게 호도닌으로 가는 길을 물었다. 그것은 그의 고향이었다. 그는 급우와 함께 오스트리아군의 안내를 맡았다. 마사리크는 지휘관에게 군인이 되고 싶다고 말했는데 지휘관은 나이가 어리고 키가 작으며 신체검사할 수 있는 군의관이나 의사가 없어서 징집할 수 없다고 거절하였다. 호도닌에 도착했을 때 집들은 불타고 있었으며 프로이센군이 화재의 장본인임을 알았다. 그 후 호도닌을 지나서 헝가리국경까지 오스트리아군을 안내하였다. 마사리크는 지리를 훤하게 알고 있었다. 그는 지리에 대하여 특별한 관심을 갖고 있었고 그것은 일생 동안 계속되었다.

6. 비엔나 대학생

마사리크가 비엔나의 고등 김나지움을 졸업하고 비엔나 대학에 입학한 것은 1872년이었다. 22세의 늦은 나이였다. 이때 러시아 가정에서 가정교사를 하는 한편으로 러시아어를 배웠다. 이즈음 그는 종교, 정치, 민족에 대하여 관심을 갖게 되어 닥치는 대로 여러 나라 언어의 책을 읽었다. 그는 외교관이 되고 싶어 아랍어도 공부하였다. 그러나 귀족만이 외교관이 될 수 있다는 사실을 알고 그의 꿈을 접었다.

마침내 대학에서 철학에 뜻을 두었다. 공부하는 방법을 묻는 그에게 철학교수는 철학사를 읽은 후에 철학자 가운데 한 명을 골라 집중적으로 공부하라고 일러주었다. 그가 로버트 짐머만(Robert Zimmerman, 1824~1898)이었는데 토마스에게 영향을 준 인물이다. 그는 수학과 물리학을 전공하였다가 칸트철학에 심취한 교수였다. 마사리크는 플라톤을 선택하고 라틴어와 그리스어 강좌를 신청하고 라틴어와 그리스어로 기록된 모든 원본을 독파하였다. "로마인들이 이미 여러 언어를 사용한 것처럼 우리 체코인도 그러해야 한다."

마사리크는 라틴어와 그리스어를 통하여 고대세계의 정신을 접할 수 있었고 명확한 사고의 훈련을 경험하였다. 민족과 국가의 정신을 발견하는데 고전교육이야말로 없어서는 안 될 것임을 강조하였다. 거기에는 우아, 순수, 조화가 어우러져 있다. 미의 형태와 예술의 완전성은 영원하다. 그리스에서는 호머, 소포클래스, 아이스큐러스를 거쳐서 유리피데스, 테오클리토스의 단계로 올라간다. 로마에 대해서는 버질, 호레이스, 티벨리우스, 프로퍼티스, 시세로 정도면 충분하다. 그리스에서 로마로, 다시 중세를 거쳐 프랑스로 연결된다. "그리스 고전을 밤낮으로 공부하라!"[834] 이것이 마사리크가 청년기에 좌우명으로 삼은 것이다.

그 후 마사리크는 일생동안 플라톤주의자가 되었다. 플라톤의 이데아 Idea에 심취하여 생이란 여러 형태로 환생하는 현상이라고 믿었다. 플라톤에서 소크라테스로 거슬러 올라갔을 때 그를 예수와 비교하였다. 마사리크에게 예수는 종교적 예언자이지만 소크라테스는 철학의 사도이다. 형이하학의 물리 세계에서 창조는 설명하지 못하므로 마사리크는 형이상학에서 창조의 원리를 이해하였다. 나아가서 마사리크는 그리스와 함께 유대를 발견하였다. 이들은 모두 작은 나라임에도 불구하고 그리스는 예술, 철학, 과학, 정치학을, 유대는 종교와 신학을 인류에게 선사하였다. 모든 유럽 국가는 크든 작든, 작은 나라 그리스와 유대에게 빚을 지고 있다. 여기서 마사리크는 작은 나라의 커다란 기여를 발견하고 드러나지 않은 조국 체코의 기여를 생각하게 되었다. 더욱이 유대인은 오랜 박해 속에서도 자신들의 정체성을 유지하고 있는 사실에 감동하였다. 한때 유럽을 호령하였던 신성로마 제국의 수도였던 프라하를 가진 조국 체코 그는 말했다. "호랑이는 울안에 갇혔어도 호랑이다. 호랑이는 원숭이가 될 수 없다."[835] 이처럼 한 국가의 정신을 발견한다는 일은 가치 있는 일이다. 마사리크는 후일 『러시아의 정신 The Spirit of Russia』이라는 유명한 책을 쓰게 된다.

그리스와 로마를 좋아하는 그에게도 그곳에서는 가정의 따스함을 발견할 수 없었다. 이들 국가에 없는 겨울이 체코에는 있다. 가족이 따스한 화로에 둘러 앉아 이야기를 한다. 그리스와 로마는 거리에서 정치와 철학을 논하지만 체코에서는 집안에서 책을 읽고 이야기를 나눈다.

---

834) Vox exemplaria graeca nocturna versate manu versate diurna!
835) Capek, Round (tr.), *Talks with T. G. Masaryk*, p. 95.

철학 이외에 자연과학과 해부학을 공부하고 당시로서는 미개척지역인 심리학에 관심을 갖게 된 것은 브렌타노 교수(Franz Brentano, 1838~1917)의 영향 덕분이었다. 프로이드(Sigmund Freud, 1856~1939)가 같은 비엔나에서 명성을 얻기 전이다. 그와 마사리크는 같은 때에 브렌타노 교수의 강의를 들었다. 당시 세기 말에 비엔나는 상징주의, 신비주의, 퇴폐주의가 자본주의, 과학주의와 묘한 대조를 이루며 그 자아분열적 감수성이 비엔나 문화계를 감싸고 있었다. 그러나 마사리크는 아리스토텔레스 형이상학의 첫 장에 기록된 대로 지식을 탐구하는 것이 인간 본성이라는 점을 믿었다. 사람은 사실을 탐구하고 그것의 의미를 캐고 나아가서 그것이 이끄는 곳으로 따라간다고 믿었다. 그가 후일 사실주의 정당 Realist Party을 창당한 것도 우연이 아니다. 그의 좌우명은 그가 따르는 후스의 "사실이 승리한다"였다.

비엔나에서도 그는 스스로 호구를 해결해야 하므로 가정교사가 되었다. 앵글로 오스트리아 은행의 책임자의 집에서 숙식을 해결하면서 충분한 보수를 받았다. 여기서 그는 부자들의 세계를 접할 수 있었는데 모든 호화로움과 달리 그들이 행복하지 않다고 결론을 내렸다.

그는 많은 친구도 사귀었는데 특히 부잣집 아들이었던 헐버트(Herbert)에게는 훌륭한 서재가 있었다. 대부분 18세기 독일 고전과 함께 프랑스 문학도 빠짐없이 갖추어져 있었다. 그러나 마사리크는 유행에 따르지 않았다. 특히 독일학생들이 열광하는 바그너 음악의 국민주의에 대해 회의적이었다. 마르크스(Karl Marx, 1818~1883)의 『자본론』의 재판이 출판이 되자 그것을 독파하고 그것의 철학적 바탕이었던 헤겔철학을 받아드릴 수 없었다. 이때부터 마사리크는 독일의 문학, 음악, 철학의 신비주의와 초인주의에 대해 부정적인 견해를 갖게 되었으며 독일의 절대주의를 배격하고 그것은 일생동안 변하지 않았다. 괴테의 파우스트조차 회의적으로 평가했다. "괴테는 수많은 사랑을 얘기하고 있다. 그러나 어린애에 대해서는 아무 말도 하지 않는다. 어린애의 사랑 없이 어떻게 사랑을 얘기하겠는가." "그러므로 괴테의 사랑은 독일 여인의 사랑인데 그것은 언제나 남자의 요구에 응하는 사랑이다. 그 속에 독립적인 여인은 없다." 경제학에 관심이 기우려지자 오스트리아 학파를 세운 멩거(Carl Menger, 1840~1921)의 강의를 듣고 라이프치히로 가서 그와 대립되었던 독일 역사학파의 거두 로쉬(Wilhelm Greorg Friedlich Roscher, 1817~1894)의 강의도 들었다.

가정교사로 숙식을 해결하는 가운데 수많은 강의를 듣고 독서 삼매경에 빠지면서 마사리크는 청년기 특유의 신체적 유혹의 위기를 경험할 새가 없었다. 체력유지를 위한 운동도 할 시간이 없었지만 대신 소콜 운동Sokol[836] movement에 참여하였다. 그것은 1862년에 창립된 '건강한 육체에 건강한 정신'을 내걸은 체육 운동으로 오스트리아 헝가리 제국의 합스부르크 지배하에 구심점 없었던 체코 청년에게 지대한 영향을 준 사회운동이었다. 이것이 발전하여 체육뿐만 아니라 문학과 예술운동으로 체코 국내뿐만 아니라 해외 체코 이민사회에까지 퍼져나갔다. 이것이 후일 그의 독립운동에 크나큰 힘이 된다는 것을 당시에는 몰랐으리라.

7. 철학박사

마사리크는 마침내 1876년 비엔나 대학에서 철학박사를 받았다. 논문 제목은 『플라톤의 정신 불멸Platon on Immortality』이었다. 그 즉시 라이프치히로 가서 박사후postdoctoral 과정으로서 철학과 신학에 대한 강의를 들었다. 특히 개신교에 대해 집중적으로 공부하였다. 여기서 일생의 반려

---

836) 체코어로 매(falcon)이라는 뜻이다.

자 샤로트 거리그(Charlotte Garrigue, 1850~1923)를 만난다. 그녀는 뉴욕 출신 미국인인데 라이프치히에 피아노를 공부하러 온 음악학도였다. 그녀의 부친은 미국의 사업가로 부자였다. 마사리크는 미국으로 건너가서 결혼허락을 받아내고 그녀의 아버지로부터 3천 마르크를 빌렸다. 이때부터 마사리크는 자신의 이름에 아내의 이름을 첨가하였다. 마사리크의 사상형성에 이 지적인 부인의 영향이 매우 컸는데 특히 미국 민주주의와 여성참정권 분야에 공헌을 하였다. 다시 비엔나로 돌아온 신혼부부는 셋방에서 살았는데 마사리크는 가장으로서 안정된 직장이 필요했으므로 강사 자리에 필요해서 작성한 논문이『자살과 문명의 의미*Suicide and the Meaning of Civilization*』(1881)이다.[837]

이것은 동시대에 모제리(Enrico Morselli, 1852~1929)가 발표한 자살론(1881, 혹은 1879)과 함께 자살에 대한 최초의 연구였다. 그는 자살에 있어서 천주교인과 개신교인 사이에 차이가 있다는 데 주목하여 종교의 상실이 자살과 밀접한 관계가 있음을 실증적으로 분석하였다. 마사리크 표현에 따르면 "정신 혹은 영혼이 죽으면 육신도 죽는다는 것이다." 이 논문으로 대학의 강사 자리를 얻을 수 있는 자격Habilitationsschlift을 얻게 되어 1879년부터 1882년까지 비엔나 대학에서 사강사Privatdozent로서 강의하였다. 스승 브렌타노가 애쓴 덕분이었다.

브렌타노 교수는 별로 많은 저작활동을 하지 않았지만 그의 영향력은 대단했다. 그의 제자 가운데 마사리크 이외에 훗날 정신현상학으로 유명해진 후설(Edmund Husserl, 1859~1938)이 있었다. 후설을 개신교로 개종시킨 사람이 마사리크이었다. 브렌타노는 강의에서 종교적인 색깔을 삽입하지 않았지만 유신론을 좋아하여 언젠가는 그의 심리학에 영혼불멸

---

[837] Masaryk, Weist and Batson, (tr.), *Suicide and the Meaning of Civilization*, Chicago, University of Chicago Press, [1881]1970.

의 증거를 제시하겠다고 공언하였다.

8. 비엔나대학 강사

마사리크가 사강사 자리에 응모하였을 때 자신의 분야가 사회학 sociology이라고 밝히고 자신의 논문을 제1부라고 표현하였다. 심사위원들은 사회학을 독립된 학문으로 인정하지 않았고 제1부라고 표현한 것을 논문이 미완성이라고 간주하였다. 어느 심사위원은 법학과에 적합할 것이라고 주장했고 또 다른 위원은 사회학적이라는 의견을 냈다. 유럽에서 인정받는 최초의 사회학자가 나타난 것은 이로부터 20년이 지났을 때인데, 프랑스의 두르크하임 (David Emile Durkheim, 1858~1917)이 그 주인공이다. 최근에야 비로소 미국의 젊은 사회학자들 사이에 마사리크를 "잊어진 사회학자"라며 높은 관심을 보이고 있다.838) 이렇듯 당시 비엔나대학은 마사리크를 어느 학과에서도 받아들일 수 없었다. 오늘날 마사리크는 사회학의 창시자 가운데 하나로 인정받고 있다.839)

사정이 나빠진 것은 이때 미국에서 약혼녀 샤로트가 마차에서 떨어져 부상을 당하였다는 소식이다. 마사리크는 사강사 임용의 결과를 보지 못한 채 미국으로 갔다. 다행히도 샤로트가 회복되어 결혼을 하고 함께 비엔나로 돌아올 수 있었다. 결과는 임명에 부정적이었다. 이듬해 위원회가 다시 열렸고 브렌타노 교수의 노력으로 간신히 사강사에 임용될 수 있었다. 말하자면 일생을 통하여 새로운 분야에 도전하는 그의 시련은 이미 이때부터 시작되었다고 할 수 있다. 더욱이 그는 오스트리아인도 아니고

---

838) Woolfolk, "Thomas Gurrigue Masaryk: Science and Politics as a Vocation," *Society*,(March/April 1996), p. 79.
839) Woolfolk, "Thomas Gurrigue Masaryk: Science and Politics as a Vocation," *Society*, March/April 1996, p. 79.

헝가리인도 아니었다. 체코인이 비엔나 대학에 임용된다는 것은 지극히 어려운 도전이었다. 그의 임용소식을 고향의 신문 『모라비아 독수리 Moravska Orlice』가 기사를 냈다. "마사리크 교수는 진실로 애국자이다. 비엔나에서 그의 활약은 학생들에게 유익할 것이 확실하다."

비엔나의 생활은 행복했다. 그들 사이에 엘리스Alce, 헐버트Herbert, 얀Jan, 올가Olga가 태어났다. 처음에는 가난하였다. 당시 사강사의 보수는 고정된 월급이 없이 청강생의 수에 따라 결정되었기 때문이다. 그래서 그는 김나지움에서 과외수업을 함으로서 수입을 보충할 수 있었지만 이미 김나지움 교사를 뛰어넘는 수준이었기에 다시 가정교사를 시작하였다. 저녁에는 책을 쓰며 낮에는 가르치는 고된 생활이었다. 그는 오전에 강의하고 오후 2시부터 8시까지 가정교사, 강의준비, 논문집필로 강행군의 연속이었다. 그러나 무엇보다 돈을 빌려야 하는 생활을 참기 힘들었다. 그는 스승 브렌타노 교수뿐만 아니라 학생에게서도 빌렸다. 모두 그가 정식 교수가 될 때를 기다려야 하였다.

정부가 자살 통계를 처음 발표한 것은 19세기 초반과 중반이었다. 그만큼 당시 오스트리아 헝가리에서 자살은 심각한 사회문제가 되었다. 마사리크의 자살론은 유럽을 뒤흔든 저서가 되었는데 이 책에서 그는 신앙심의 감소와 문명의 발달이 자살을 증가시킨다고 주장하였다. 니체의 "신은 죽었다"라는 선언이 그 상징성이다. 그것이 의미하는 바는 오스트리아 헝가리 제국에서 천주교의 타락이 곧 그 제국의 앞날을 어둡게 만든다는 것이다. 후일 제1차 대전을 고발한 체코의 소설 『선량한 병사 슈베이크』가 천주교 신부의 타락을 풍자할 정도였다. 마사리크는 자신의 저서를 통해 오스트리아 헝가리 제국의 도덕적 타락이 제국의 운명을 재촉할 것으로 예측하였고 전쟁이 발발하자 그는 이것이 "제국의 자살"에 이르는 첩경이라고 해석하였다. 자살론을 출판하고 불과 수년 뒤에 합스부르크 왕가의 황태자 루돌프(Rudolf, 1858~1889)가 부인이 아닌 정부와 함께 자살하면서 그를 더욱 유명하게 만들었다. 그를 이어서 두르크하임이 자살론을 사회학에 접목시켰고 그것은 지금까지 계속되고 있다. 마사리크가 주장한 것은 후일 1백년의 미국통계를 분석하여 뒷받침을 얻었다.[840] 마사리크가 일생동안 도덕과 종교의 중요성을 내세운 것은 그의 초기 저작 때문이다. 최근에 벨벳혁명을 성공시킨 바츠라브 하벨 체코 대통령이 "마사리크의 정치는 도덕에 두었다"라고 한 것은 이를 두고 하는 말이다.

어느 날 마사리크의 강연을 들은 어떤 사람이 찾아와서 자살하려고 고민 중이었는데 선생님의 강연을 듣고 이 문제로부터 벗어나서 자유로워 졌다고 말하고 돌아갔다. 그럼에도 불구하고 비엔나 사람들은 그를 무신론자라고 단정하고 학생들에게 자살을 유도한다고 비난하였다. 마사리크가 오스트리아 천주교 교회와 단절하였기 때문에 교회성직자들의 공격이 심했다. 그는 특히 교황의 무류설infallibility을 인정하지 않았다. 독일 천주교회는 어느 정도 철학적인 수준에 도달하여 문제가 없었지만 체코 천주교회는 토마스의 종교관을 이해하지 못하였다. 그는 말한다. "사람들이 서로 이해하면 민주주의는 하루 만에 성취된다. 상호 이해 없이, 관용 없이 자유란 없다. 서로 의심 없이 믿을 때에만 서로를 알게 된다. 그러나 사랑이 없으면 진실이 없고 진실과 사랑이 없으면 사람들은 함께 할 수 없다."[841]

이 시절 마사리크가 강의하는 모습을 어느 제자가 기록으로 남겼다.

---

[840] Lester, D., "An Empirical Examination of Thomas Masaryk's Theory of Suicide," *Archives of Suicide Research*, 1997, pp. 125 131; Simpson, M.E. and G. E. Conklin, "Sociaoeconomic Development, Suicide and Religion, A Test of Durkheim's Theory of Religion and Suicide," *Social Forum*, June 1989, pp. 945 947.

[841] Capek, Round (tr.), *Talks with T. G. Masaryk*, p. 128.

"길고 마른 얼굴에 짧은 수염을 기른 마르고 호리호리한 남자. 신중한 처신, 전혀 감정을 드러내지 않는 행동. 코안경을 쓴 눈은 독서와 연구로 단련된 긴장감을 이미 보이고 있는데 명료하게 응시하고 잘 다듬어진 얼굴에서 뚫어지게 직시한다. 스스로의 박식에 만족하지 않는 그는 톨스토이의 단어를 빌리면 하나님을 찾는 사람이다. 억지로 감명을 주려고 하지 않는다. 그의 강의는 감정에서 자유롭다. 그럼에도 그의 강의는 놀라운 활력을 불러낸다."842) 마사리크는 강의실 밖에서도 열정적이다. 그는 어느 곳에서라도 학생들과 대등한 자세로 토론하였다. 비엔나에는 "체코학술연합Czech Academic Union"이 있었다. 마사리크는 여기에 학생 시절부터 회원이었는데 그 후에도 이곳 학생들과 지속적인 관계를 유지하였다. 1890년 마사리크가 최면에 대해서 강의를 처음 한 곳이 이곳이다. 프로이드가 같은 도시에서 최면에 대해 연구한 것도 이 무렵이다.

최면에 관해 비엔나 시민들이 관심을 갖게 한 것은 덴마크 출신 마술사 한센(Karl Hansen)이었다.843) 마사리크는 극장에서 그의 연출을 관람하였고 일부로 그를 찾아가 면담하였다. 그의 관객 가운데 프로이드도 있었다. 마사리크는 그의 연출에 대해 "그는 놀랍다. 그러나 그것이 동물적 마력인 것은 아니다"라고 주장하고 잘못된 신비적, 상징적 분위기로 가려져 있는 최면에 과학적 연구가 필요하다고 결론 내렸다. 그는 자신의 주장을 과감하게 프라하에서 체코어로 단행본 『최면론』으로 출판하였다.

---

842) Selver, *Masaryk*, p. 96.
843) Capek, Round (tr.), *Talks with T. G. Masaryk*, p. 132.

제2장 개혁자

1. 대학교수

비엔나에서 기약 없는 어려운 사강사 생활을 하던 마사리크에게 기회가 왔다. 1882년 프라하대학이 둘로 분리되면서 체코대학이 생긴 것이다. 프라하대학이 둘로 분리된 것은 오스트리아의 차별정책 탓이다. 점차 민족의식이 높아짐에 따라 프라하대학의 체코 교수와 학생의 할당 비율이 근소하지만 증가하는 추세를 보였다. 이러한 추세라면 프라하대학에 대한 오스트리아의 색깔이 퇴색할 것을 우려한 오스트리아 당국이 체코의 색깔을 분리하기로 결정한 것이다. 마사리크는 3년 내에 철학과 정교수 ordinarius로 승진한다는 약속 하에 단번에 부교수extraordinarius로 초빙되었다. 그의 두 저서『자살론』과『최면론』이 유명해진 탓이다.

오스트리아 교육부 장관의 승인과 황제의 서명으로 그는 임명되었다. 공식 보고서에는 다음과 같이 기록되었다. "마사리크는 어떠한 철학에도 확실한 태도를 보이지 않는다. 대체로 경험론에 입각한 근대 영국철학에 경도되어 있다. 그것은 사회학의 영역에 준거를 두고 있지만 실증주의나 사회주의의 면모를 띄지는 않는다."[844] 그의 지도교수였던 짐머만은 "어

---

844) Selver, *Masaryk*, p. 103

려운 조건과 가장 심한 고난에서 출발하여 마사리크는 인내와 보기 힘든 강한 개성으로 대학에까지 도달하였다. 광범위한 어학적 재능에, 폭넓은 고전, 수학, 과학의 교육을 섭렵하였다. 강사로서 빠른 영향력을 획득하였는데 이것은 놀랍다고 생각하지 않을 수 없다. 많은 학생들이 그의 토론과 언변에 이끌렸다. 그의 개성은 근대성과 단호함 때문에 최대의 존경을 불러 일으켰다. 그는 철학과 같은 학문분야를 대표하는데 반드시 필요한 자질을 갖추었다. 만일 내 고장에 새로운 대학이 설립된다면 마사리크 이상으로 학자적이고 개성적인 자질을 갖춘 사람을 추천할 수 없다고 확신한다."845) 짐머만 교수는 체코인이었다.

마사리크가 프라하대학 교수로 부임한 것은 1882년 9월 10일이었다. 역사는 당시 체코민족의 분위기가 역사상 바닥이었다고 기록하고 있다. "1882년 프라하와 보헤미아는 어떠했느냐? 침울하고, 억눌렸으며, 생기가 없어서 높고 순수한 경지라고는 찾아볼 수 없었다. 노년세대와 청년세대 사이의 관계 역시 침울하다. 전자나 후자나 생기 있는 생각이 없는 것은 마찬가지인데 같은 나무의 가지이기 때문이다. 성장은 멈추었고 바싹 말라버렸다. 하찮은 일 따위로 다툰다. 더 좋은 변화에 대한 전망이 보이지 않는다."846)

앞서 언급하였듯이 오스트리아의 압제로 체코는 정치적, 종교적 자유를 박탈당하고, 체코 언어는 독일어로 대체되어 시골에서나 사용하고 지식인이 사용하면 업신여기는 풍조가 만연하였다. 광적인 천주교 예수회가 체코 책을 불사르자 지식인들은 체코 책을 지하에 감추었다. 그 결과 체코어는 투박한 토속어 비속어로 전락하였다. 여기에 새로운 바람을 불러일으킬 사명을 가진 마사리크가 기성세대와 부딪힐 것은 불보는 듯하

---

845) Selver, *Masaryk*, pp. 103-104.
846) Selver, *Masaryk*, p. 111.

다. 더욱이 그 바람의 수혜자가 마사리크에게 등을 돌리는 일이 벌어지면서 마사리크는 외로운 개혁가의 운명을 짊어지지 않을 수 없게 되었다. "그는 처음부터 프라하대학에 임명되었을 때 어떠한 흥분도 갖고 가지 않았다. 그는 정말로 가야할지 망설였다. 그가 가기로 결정했을 때 그는 개혁하지 않으면 안 되었고, 변화시켜야 했고, 할 수 있는 한 그가 혐오하는 것들을 향상시키지 않으면 안 되었다."847) 앞으로 마사리크는 교회, 정계, 대학, 당국, 사회로부터 배척의 대상이 될 것이다. "마사리크는 전통, 다수, 편견을 두려워하지 않는다. 그도 때때로 실수는 하지만 진리라고 생각하는 것을 표현하는 것을 두려워하지 않는다. 그는 숭고한 이단의 반열에 속하는데, 이단이야말로 역사를 바꾼다." "마사리크의 일생은 다수의견, 간계로 속이는 사회, 무비판적으로 받아드리는 견해, 전통, 집단적 신화와의 투쟁이었다." 다방면에서 적과 싸우게 되는 마사리크는 여러 번 미국 대학으로 이직할 것을 고려하였다.848)

체코는 작으면서 바다가 없다. 사람들도 오래 동안 식민통치를 받아서 해외에 대해 무지했다. "우리는 우물 속의 개구리였다."849) 외국어를 아는 사람이 드물었다. 마사리크는 이미 9개 국어를 이해하였다. 그는 주장한다. "우리는 외국사정에 창문을 열어야 한다. 문도 열어야 한다!"850)

마사리크가 프라하대학에서 처음 강의한 것은 1882년 10월 16일이었다. 그의 첫 강의 제목은 "흄과 그의 회의론"이었다. 체코에서는 독일철학을 강의하는 것이 전통이었는데 이례적으로 영국 철학을 강의한 것은 마사리크가 최초이다. 그만큼 그는 첫 강의를 신중하게 골랐다. 칸트 철

---

847) Selver, *Masaryk*, p. 106.
848) Skilling, *Against the Current 1882 1914*, p. 2, 4.
849) Capek, Round (tr.), *Talks with T.G.Masaryk*, p. 92.
850) Capek, Round (tr.), *Talks with T.G.Masaryk*, p. 94.

학이 처음 영어로 번역된 것은 1854년이었다. 그 이전에 영국에서 독일 철학을 강의하지 않았다. 마찬가지로 독일어권인 체코에서도 영국 철학을 강의하지 않았다. 독일어권인 오스트리아 헝가리 압제 아래에서 독일 철학만 가르쳤다. 마사리크는 흄(David Hume, 1711~1776)의 저서를 번역하였고 계속하여 영국철학을 소개하였다. "나는 그들을 놀래게 해주었다."[851] 그는 강의록을 정리하여 1885년 『실천논리학의 기초Foundations of Concrete Logic』를 독일어로 출판하였다.

그가 영국 회의론을 들고 나온 것은 독일과 오스트리아 헝가리 제국에 대한 반감도 작용했겠지만 그의 진심이기도 하였다. 그는 독일철학의 절대주의, 국가주의, 초인주의, 신비주의를 배척하였다. 그는 철학공부에 첫 걸음이 회의라고 학생들을 가르쳤다. 그는 칸트에 대해서도 회의를 가르쳤다. "그의 온 인격이 우리를 사로잡았다. 뛰어난 풍모의 젊은이. 낭랑한 목소리의 강의를 통해 마음에서 울어 나오는 흥미를 불러일으킨다. 모두 집중하지 않을 수 없다. 그의 강의방법은 우리로서는 처음 보는 새로운 것이다. 우리는 그의 비판적인 마음의 기질과 대인의 풍모에 깊은 인상을 받았다."[852] 그의 방법은 새로웠다. 이전까지 강의는 일방적 주입식이었고 학생들은 무비판적이었다. 마사리크는 학생들과 대등한 자세로 학생들로부터 토의와 비판을 이끌어냈다. 그것은 그가 연구한 칸트의 강의방식이었다.

마사리크는 매주 금요일에 학생들을 집으로 초대하여 저녁을 함께 하며 식탁토론을 하였다. 여기에 그의 부인이 지적인 내조를 하였다. "괜찮다면 오늘 저녁을 우리와 함께 지냅시다"라는 엽서를 받은 학생들은 기뻐했다. "교수의 서재에서 다른 교수들과 함께 학술토론을 한다는 생각

---

851) Capek, Round (tr.), *Talks with T. G. Masaryk*, p. 137.
852) Selver, *Masaryk*, p. 108.

만으로도 금요일이 기다려졌다. 그의 풍부한 해외 경험과 해박한 지식이 우리를 자극했으며 북돋아주었다." 이 금요모임은 마사리크의 일생동안 계속되었다. 대통령이 되어서도 프라하 궁성에서 계속되었다.

2. 언론인

프라하 대학에 부임한지 2년이 지났을 때 제자 하나가 자살하였다. 그는 비엔나에서도 마사리크의 강의에 출석하였는데 프라하까지 쫓아와 그의 강의를 계속 들었다. 우울증을 앓고 있던 그가 자살을 하면서 6만 굴덴Gulden의 유산을 마사리크에게 남겼다. 그의 3년 치 연봉에 해당하는 거액이었다. 이 유산으로 그는 1884년 월간잡지 『학술진흥*Athenaeum*』을 시작하였다. 체코를 과학적으로 계도 교육하는 것을 목적으로 하였다. "민주주의는 과학적 방법으로 작동한다. 독재와 절대주의 권위와 달리 최선의 지식을 활용하는 것이 인간의 법칙이다. 민주주의는 사회적 견해나 체제 그 이상이다. 그것은 인생과 세계에 대한 온전한 철학이며 완전한 지평이다." 그는 그의 정치적 원칙을 "사실주의Realism"라고 이름 하였고 과학적 정부는 국민의 관심과 요구, 인간의 가치와 관계에 대한 사실 등 모든 것에 대하여 지식을 요구한다고 주장하였다. 이것은 현실정치 Realpolitik가 보여주는 냉소적인 것과 다르다. 이러한 의미에서 "나는 모든 것을 관리한다"라는 유명한 말을 남겼다.[853] 그가 죽었을 때 문필가 차페크는 "마사리크는 아직도 우리를 보고 있다"라고 아쉬워하였다.[854]

마사리크를 싫어하는 사람들, 특히 천주교 신부들은 자살로 얻은 잡지라고 빈정대었지만 이것이 체코에 새로운 바람을 넣게 되는 일류의 학술

---

[853] Orzoff, *Battle for the Castle*, p. 57.
[854] Orzoff, "The Husbanman: Tomas Masaryk's Leader Cult in Interwar Czechoslovakia," *Austiran History Yearbook*, 39(2008), p. 133.

정기간행물이 되는 데에는 시간이 많이 걸리지 않았다. 마사리크는 처음부터 이 잡지의 수준을 높게 설정하였다. 모든 논문은 체코어로 집필되어야 하였다. "국내와 해외의 지식의 발전과 수준을 함께 유지하며 이러한 논문을 통하여 국내와 해외의 학자들과 교류를 하고 그들이 성취한 수준을 공유한다. 신학, 법학, 예술, 의학, 기술과학의 영역에서 이룩된 발전을 세밀하게 기술한다." 그는 보헤미아에서 학문이 침체했다고 분석하면서 이 잡지가 모든 분야의 마그나 카르타Magna Carta가 되기를 바랐다.

이 잡지를 발간함으로서 마사리크의 영향력은 커져갔으며 그의 강의에 더욱 무게를 실어주었다. "다른 나라가 수 세기 동안 그들의 문화를 발전시킬 때 우리는 잠자고 있었다. 우리는 반드시 그를 따라잡고 가능한 보다 나은 과학발전의 토양을 만들어야 한다."855) 그는 구체적으로 이 잡지를 기반으로 여러 가지 야심찬 기획을 하였다. (1)단행본과 번역본, (2)체코학술원, (3)새 백과사전, (4)전문정기간행물, (5)프랑스의 *Revue des Deux Mondes*에 버금가는 잡지, (6)학문과 문장의 비평, (7)정치 간행물의 높은 수준 설정, (8)프라하 외부의 전문가 강의와 가능한 많은 도서관, (9)독일어 간행물, (10)젊은 세대의 언어교육, (11)두 번째 대학. 이들 기획 가운데 대부분은 수년 후에 이루어졌다.

마사리크는 이 잡지를 이용하여 능력 있고 전문적인 인물을 주변에 모을 수 있었다. 그 자신 수많은 글을 썼다.856) 철학, 심리학, 정치학, 종교, 사회학, 윤리학 등 광범위한 주제를 다루었는데 당시 체코에는 그에 필적할만한 사람이 없었다.857) 마사리크라는 이름을 전 유럽에 알리게 한 사건도 이 잡지에서 비롯하였다. 그 첫 번째가 소위 "문서사건"이다.

---

855) Skilling, *Against the Current 1882-1914*, p. 3.
856) Green, *Thomas Gurrigue Masaryk: Educator of a Nation*, Ph.D. Dissertation, University of California, 1976.
857) Selver, *Masaryk*, p. 118.

3. 문서사건

마사리크가 등장한 시기는 1848년 자유주의 혁명이 실패한 후 급격한 사회경제적 변동과 맞물렸다. 1860년대부터 산업화된 도시로 몰려드는 체코 농민들로 붐볐다. 그 결과 1913년까지 체코는 합스부르크 제국 산업생산의 삼분의 이를 담당하게 되면서 체코어를 사용하는 농민이 도시민이 되고 독일어를 쓰던 도시인들조차 인구면에서, 문화면에서, 민족적으로 빠르게 체코화 되어갔다. 지방에서도 보헤미아와 모라비아는 유럽의 영향을 받아 국민주의 근대화로 빠르게 이행하였다. 학교, 신문, 서적, 은행, 관료, 지방정치, 제국정치에서 점점 영향력을 키워갔다. 1860년대에 체코어를 가르치는 학교는 거의 없었지만, 1890년대에 이르러서 독일어로 가르치는 학교보다 체코어로 가르치는 학교가 두 배 많았다. 체코어가 곧 체코국민을 상징하게 되었고 정치적 자치의 조건이 되었다. 체코어로 거리이름을 짓고 체코를 상징하는 기념물 건립도 요구사항이 되었다.

이 시기 중요한 인물이 나타났다. 팔라스키이다. 그는 10개의 언어를 해득하여 70군데의 유럽문서실에서 자료를 모아 5권의 『체코 중세사』를 썼다. 이 기념비적인 업적으로 그는 체코민족의 아버지가 되었다. 책에서 그는 체코가 "비상하게 진보적이고, 계몽적이었으며, 생산적이었다. 공격적이지 않고 영웅적이었고, 인본주의에 충실하였다. 그럼에도 불행한 운명으로 고통을 받았다"라고 기술하였다. 마사리크는 "팔라스키는 나의 정신적 스승이다"라고 말했다.

팔라스키는 13세기에 보헤미아로 흘러들어온 독일이주민이 체코 민주주의를 훼손했다고 보았다. 독일 이주민들이 가져온 것이 서유럽 봉건제도였고 이것이 농노제로 후퇴하였다는 것이다. 그의 영웅은 종교개혁자 후스였다. 후스는 면죄부를 매매하는 천주교회의 타락을 공격하였다.

하나님의 눈에는 모든 사람이 평등하여 성직자나 평신도나 공히 성찬식을 허용해야 한다고 믿었다. 독일계 보헤미안은 바티칸과 신성로마황제를 지지하였다. 결국 간교한 술책으로 불공평한 재판을 받고 후스는 1415년 화형대에 올랐다. 바티칸에 대한 체코의 저항은 17세기까지 계속되고 종교전쟁의 시발인 1620년 빌라 호라 전투에서 패하여 합스부르크에 예종되었다.

팔라스키가 보기에 후스는 종교자유만을 위하여 싸운 것이 아니다. 포식자인 독일에 대항하여 체코 민족주의를 지키려고 투쟁한 것이다. 체코의 후스주의는 적어도 독일이 불의하게 공격하기 전에는 자유를 사랑하고, 민주적이며, 관대, 박애, 도덕적 정의, 평화주의였다. 결국 중세 천주교회와 그의 대리인인 신성로마황제가 체코의 정의로운 독립과 영광을 짓밟아버린 것이다. 후스를 따르는 추종자들은 유럽을 근대화시키려다가 희생되었다. 팔라스키가 기억하는 체코왕국은 중유럽의 중심이었고 프라하는 찰스 4세의 빛나는 수도였다. 이 위대한 영광은 반드시 되찾게 되기를 기다리고 있었다.

팔라스키의 영향을 받은 후세 체코 애국자들은 그의 책을 요약하여 체코를 미덕과 문명의 대표로, 독일을 야만적이고 무자비한 폭력으로 대비하였다. 이러한 이분법은 팔라스키에게서 발견될 수 있는 것은 사실이지만 대체로 부정되었다. 팔라스키는 체코가 독일어를 사용하는 서부유럽의 도움 없이는 발전할 수 없음도 분명히 밝히고 있다. 팔라스키의 체코는 독일권과 슬라브권, 동부유럽과 서부유럽을 잇는 가교였다. 그러나 후세 체코 애국자들은 이 부분은 생략한 채 체코 역사를 민족주의 시각에서만 해석하였다. 빌라 호라 전투에서 패배한 군대의 지휘관이 독일계였고 용병을 지휘하였는데 체코애국자들은 낭만적인 체코 민족주의의 감정적인 "순교론"으로 패배한 군대를 체코의 영웅으로 그렸다. 전투에서 패한 후 망명한 보헤미안은 사실상 독일계였는데 체코인으로 날조하였고 그렇게 해서 그들의 망명을 체코에 귀족이 없는 이유로 둔갑시켰다. 그 후의 합스부르크 지배를 암흑시대로 묘사하였다. 이런 분위기에 편승하여 등장한 것이 이른바 "문서사건"이었다.

체코 각성운동이 절정에 이르렀던 1817년, 26세의 체코 작가 바스라브 한카(Vaclav Hanka, 1791~1861)가 자신의 고향 모라비아의 시골교회 다락에서 고문서를 발견하였다. 그는 즉시 새로 설립된 국립박물관에서 설명회를 열었다. 그 전에 자신의 선생님이며 저명한 서지학자인 도브로브스키(Josef Dobrovsky, 1753~1829)에게 보여주었다. 도브로브스키는 각성운동의 지도자였으며 괴테의 친구였다. 그는 크게 기뻐했는데 그 고문서가 13세기 체코어로 쓰여 진 시집이었기에 체코문학은 훨씬 고대로 그 연보를 올리게 되었기 때문이다. 사람들은 체코의 영광을 재현할 수 있다는 희망으로 열렬히 환영하였다. 한카는 이 업적으로 국립박물관 관장의 자리에 오르게 되었다.

이듬해 1818년 두 번째 문서가 나타났는데 그 연도는 9세기로 거슬러 올라갔다. 그런데 그것을 보내온 사람의 이름이 익명이었다. 그의 편지는 이렇다. "동봉하는 종이는 수 세기 된 것 같은데 오랫동안 먼지에 쌓여 있었습니다. 내가 모시는 주인(바보 같은 독일인과 그 후손)은 이 문서를 국립박물관에 보내기 보다는 태워버리려고 합니다. 내가 이름을 밝히면 해고당하기에 익명으로 국립박물관에 보내기로 결심했습니다. 나는 그 내용을 알 수 없지만 체코 교수나 체코 지식인이 알아내는 데 어려움이 없을 것이라고 희망합니다. 물기 묻은 스펀지로 닦아서 검은 색이 초록색으로 변한 것이 유감입니다. 나의 글씨체가 남기는 것이 두려워 연필로 이 편지를 적었습니다." 체코 문학의 역사가 생각보다 오래되었다는 데 대하여 민족적 정서는 고조되었다.

두 번째 문서를 받은 한카는 1819년 주석을 첨부한 책을 출판하였다. 그는 기록하였다. "트로이 전쟁 전의 영웅들, (황금양털을 찾으러 나선) 아르고너트, 그리스인, 또 테베 전투의 일곱 명의 그리스 영웅들이 호머, 오르페우스에서 발견된 것처럼, 우리 체코의 고대 시인들도 사라진 영웅들, 왕자들의 전쟁, 평민들의 생사의 투쟁, 사랑의 기쁨과 슬픔 등을 노래하였다. 민족의 노래의 파편 조각에 의해 그 증거가 우리에게 주어졌다. 도브로브스키가 일찍이 그의 체코어 역사에서 말했듯이 이것이야말로 모든 것을 뛰어넘는 발견이다." 문서는 전 유럽의 관심을 모았고, 무명의 한카는 이제 국제적인 인물로 떠올랐다. 괴테는 이에 대하여 평론도 하였다.

이때서야 도브로브스키는 두 번째 문서의 진위를 의심하기 시작하였다. 그리고 그 범인이 한카라고 지목하였다. 그는 두 번째 문서에서 자신에게도 어려운 고대문체를 한카가 해독했다는 데 대하여 의구심을 갖게 된 것이다. 그의 얼마 남지 않은 여생이 이 어려운 싸움에 휩쓸려 들어갔다. 더욱이 스승과 제자의 싸움이었다. 언론들은 도브로브스키가 비애국적이라고 비난을 퍼부었다. 그리고 늙어서 정신이 나간 탓이라고 썼다. 그럼에도 그의 권위가 그를 지탱해주었지만 그가 죽은 1829년부터 그의 영향은 급속히 퇴조하고 한카 일당이 다시 주도권을 잡았다. 그러나 한카도 죽기 전에 다시 진위논쟁에 휩쓸게 되는 것을 막을 수는 없었다. 그것은 주로 독일 학자들에게서 촉발되었는데 체코는 일치되어 애국적으로 이를 저지하였다. 한카는 수세에 몰릴 때 유대인 학자에게 그 탓을 돌렸다. 그의 영향으로 체코사람들은 "유대인이 문서를 못 박으려 한다"고 한 목소리로 외쳤다. 도브로브스키는 유대인이 아니다. 1861년 한카가 죽었을 때 그의 장례는 사회장으로 치러졌고 수많은 조문객이 참배하였다.

문서가 발견된 지 60여 년이 지날 무렵 마사리크 친구 가운데 이 문서의 진위를 의심하는 사람이 다시 나타나기 시작하였다. 그가 마사리크가 편집하는 『학술진흥』에 논문을 보내왔다. 마사리크는 즉각 이것이 "윤리의 문제"라고 생각했다. "나는 이 문서가 가짜라고 믿는다. 만일 그렇다면 세상에 그렇다고 알려야 한다. 우리의 자존심과 교육이 거짓 위에 기초되어서는 안 된다. 무엇보다도 우리가 존재하지도 않은 과거에 휩쓸려 있는 한 우리 역사는 제대로 정립되지 않는다. 나는 이 모든 것을 껴안을 수 있다. 결과적으로 하찮은 일들이 오래 계속될 것이다. 서지학자, 역사학자, 고문서학자, 화학자가 이 문서의 가짜를 밝히느라고 바쁠 것이다. 나의 목표는 이 문서가 중세의 것이 아니라는 것을 사회학적, 미학적으로 밝히는 일이었다." 마사리크는 관련된 모든 문헌, 고문서부터 시작하여 현대에 이르기까지, 그리고 체코문헌뿐만 아니라 주변국가의 문헌까지 모두 섭렵하면서 이 문서뿐만 아니라 체코 역사에 통달하게 되었다.

　모든 것을 섭렵한 마사리크는 『학술진흥』에 친구의 논문과 그를 뒷받침하는 자신의 논문을 함께 게재하였다. 문서의 글자에서 18세기 이후에야 알려진 색감인 프러시안 블루 Prussian Blue가 발견되었지만, 그것은 누군가 그 이후에 원래의 글자 표면에 덧칠했을 수 있는 가능성이 여전히 남아있었다. 그래서 마사리크는 말했다. "나는 화학적 검토가 논쟁을 잠재운다고 생각하지 않는다." 남은 방법은 고대문법에 의존하는 길뿐이었다. 문법측면에서 검토했을 때 비로소 문서가 가짜임이 드러났다.

　이때가 1886년이었다. 마사리크는 비애국적이라고 매도당하였다. 그가 정말로 분노한 것은 사람들이 맹목적으로 가짜 문서를 진짜라고 믿는 것이었다. 그리고 그것이 가짜라고 밝힐 용기가 없다는 것이었다. "1886년은 체코 역사에서 무기력과 퇴폐적인 습성에 젖은 사람들의 마음에 새로운 영향을 주는 물결로 나누어지는 분수령이다. 두 갈래가 있었다.

맹목적 국수주의진영과 전진진영이다. 국수진영은 국가기관, 모든 언론매체를 장악하였다. 권력도 포함된다. 모두 전통에 매달려 있다. 고여 있는 상태에 안주하는 자들이다. 새로운 진영은 소수의 지식으로 무장한 젊은이들이다. 특히 대학생들이다." "체코대학은 비로소 학문추구를 위한 기초를 갖게 되었다. 국민적 허영 위에 세워진 것이 아니다. 여론이 아니라 지성의 관점에서 투지가 넘치는 정신으로 발표의 자유를 얻었다. 문제의 문서가 가짜라고 밝힘으로서 체코의 문학은 풍요로워졌다. 우리는 1886년에 우리 생활의 전면에서 탁월성을 만들어준 사람들에게 감사를 표한다."858)

그러나 그 과정에서 마사리크는 많은 것을 잃었다. 마사리크에게 쏟아지는 비난으로 『학술진흥』의 출판사가 후원을 철회하였다. 이 출판사는 마사리크가 기획하고 이미 1년 이상 준비해온 『백과사전』의 출판도 거절하였다. 그는 브리타니카 백과사전에 버금가는 것을 기획하고 있었다. 이어서 대학에서 중상이 터져 나왔다. 대학평의회에서 마사리크에게 더 이상 동료들의 명예를 떨어뜨리면 다른 대학으로 보낼 조치를 취하겠다고 경고하였다. 애초 부교수로 임명할 때 3년 내에 정교수로 승진한다는 조건도 거부되었다. 정교수가 되려면 앞으로 13년을 더 기다려야 하였으며 그의 봉급은 동결되었다. 이러한 조치로 그의 제자 가운데 그를 앞질러 정교수가 되는 사태도 벌어졌다. 비엔나에서도 그를 위험인물로 보기 시작하였다. "그는 독일철학에 대해 적의를 보이고 있으며 헐뜯고 있다." 대학생활은 힘들어져 갔으며, 추기경과 주교들이 황제에게 달려가서 마사리크를 비방하였다.

마사리크는 그를 지지하는 소수의 지식인들과 회합을 가졌다. 이것을 반대파들은 "마피아"라고 불렀다. 반대파의 선봉은 영향력 있는 일간지

---

858) Selver, *Masaryk*, p. 134.

『민족신문Narodni Listy (National Papers)』였다. 그 대표적인 논조는 이렇다. "지옥에 떨어져라, 반역자여. 체코의 어머니가 너를 낳아 체코의 대지를 밟았다는 사실을 잊었구나. 우리는 조국에 생긴 종기처럼 너를 제거하겠다. 성스러운 땅에서 떠나라. 탈출하라. 이 땅이 입을 열어 너를 삼키기 전에. 너 자신을 더 이상 충성스런 체코라고 여기지 말라." 이 논조의 제목은 "자살철학자"였다. "마사리크의 주제는 자살이다"라고 쓰면서 마사리크가 자살을 권유한다고 암시하였다. 체코는 이러한 철학자는 필요하지 않으니 "우리의 아들에게서 그의 이름을 지워야 할 것이다."

여기에 천주교회가 가세하였다. 그렇지 않아도 마사리크를 무신론자나 자살론자라고 비방해온 그들이 기회를 잡은 것이다. 그들의 신문『체코Cech』의 논조는 이렇다. "이 적들이 우리의 성문 안에서 우리 젊은이들을 타락시키고 있음은 이제 더 이상 비밀이 아니다. 그들은 학생들에게 첩자노릇을 시키고 있다." 계속해서, "여기 악의 근원이 있는데, 마사리크의 나무가 체코의 분위기를 애국정신으로 채우지 않고 젊은이들의 도덕기반을 무너뜨린다면 뿌리째 뽑아버려야 한다."[859] 황제 프란츠 조셉 1세(Franz Josef, I 1830~1916)에게 줄을 대고 있는 프라하의 추기경 쇤보른(Schonborn)은 마사리크의 최대의 적이며 앞으로도 마사리크의 앞날을 방해할 것이다.

여기에 대항하여 마사리크의 "마피아"는 격주간지『시대Cas』를 발간하였다. 어느 날 이 잡지에 마사리크가 쓰지도 않은 글을『민족신문』이 인용하면서 그가 쓴 것처럼 비방하자 마사리크가 바로 잡아줄 기회를 요청하였으나 거절당하였다.[860] 이에 마사리크는 고소하였지만 패소하였다. 이것이 마사리크에 대한 체코사회의 편견과 적대감의 절정이었다.

---

859) Green, *Thomas Gurrigue Masaryk: Educator of a Nation*, pp. 388-389.
860) Green, *Thomas Gurrigue Masaryk: Educator of a Nation*, p. 5; Skilling, *Against the Current 1882 1914*, p. 5.

마사리크는 이러한 대세에 역행하였다. 그는 체코 민족의 목표를 문서조작이나 중세적 광신에서 분리하여 민족을 그 자신으로부터 구하고자 하였다. 그를 가리켜 체코정치의 주류에서 소외되었지만 영향력이 있는 "무서운 아이|enfant terrible"라고 불렀다.861)

4. 평화주의자

문서사건의 와중에서 마사리크는 비로소 정치에 눈을 뜨게 되었다. 한 가지 얻은 소득이 있다면 비록 소수이기는 하지만 사람들이 차츰 그를 "원칙의 사람"이라고 여기기 시작했다는 점이었다. 그러나 그 스스로는 아직도 자신의 원칙이 미숙하다고 느끼고, 무엇보다 당시 팽배하였던 범슬라브주의를 피부로 이해하기 위하여 러시아로 여행을 떠났다. 그보다 체코에서 떠드는 슬라브주의라는 것이 모두 피상적이라는 사실을 깨달았는데 그 이유는 아무도 러시아에 대하여 제대로 아는 사람이 없었기 때문이다. "우리 가운데 러시아말, 폴란드말, 세르비아말을 읽을 수 있는 사람이 도대체 몇이나 되는가. 나는 비엔나에서도 러시아 문헌을 많이 읽었지만 완전히 몰입한 것은 프라하에서였다." 마사리크는 먼저 도스토이에프스키(Fyodor Dostoyevsky, 1821~1881)에 대해서 집중적으로 읽었다. 슬라브주의가 어떻게 러시아정교회와 관계되는지를 알게 된 것은 도스토이에프스키를 통해서다. 도스토이에프스키는 무신론자였다. 마사리크는 말했다.

그[도스토이에프스키]가 한때 러시아 허무주의자들에게 말했다. '당신들이 내게 무신론이 무엇인가 말하려고 한다지?' 그러나 그는 러시아정교회

---

861) Skilling, *Against the Current 1882-1914*, p. 43.

신자가 되기를 바랐다. '나는 진리의 길에 있기를 바랐다.' 그것은 헛된 희망이었다. 한번 잃어버린 믿음은 다시 돌아오지 않는다. 새 믿음을 잡아야지 지나간 것은 다시 찾을 수 없다. 이래서 나는 러시아 정교회에 대한 도스토이에프스키의 바람이 궤변이라고 여기게 되었다. 나는 답답했다. 러시아와 정교회를 알기 위해서는 러시아에 가야만 하였다.[862]

도스토예프스키는 이미 세상 사람이 아니므로 러시아 정신을 대표한다는 톨스토이(Lev Tolstoy, 1828~1910)를 세 번 방문하였다. 마사리크는 톨스토이를 만나러 가는 길에 모스크바, 키에프, 오데사 등을 거쳐 갔다. 슬라브인들의 사는 모습과 그들의 생각을 알기 위함이었다. 이 도시들이 후에 그의 독립운동에 중요한 거점이 될 것을 당시로서는 알 수 없었다. 그는 러시아 백성들이 러시아정교회 신자만을 슬라브 민족이라고 여긴다는 사실을 발견하였다. 이에 의하면 슬로바키아는 범슬라브주의에 포함될 수 있지만 체코는 그렇지 않았다. 그들이 보기에 체코는 서방에 물든 퇴폐적인 고장에 불과하였다. 그럼에도 불구하고 체코 지식인들이 범슬라브주의에 경도되어 있다는 것은 일종의 짝사랑이었다. 더욱이 러시아정교회를 무식하고 미신에 물든 신부들이 장악하는 것을 보고 경악하였다. 마사리크가 발견한 러시아 백성의 기질은 소박한 반면 지식인의 수준이 예상보다 낮았다는 점이었다. 단적으로 러시아에는 위대한 철학자가 없지 않은가! 그의 러시아 인상은 톨스토이를 만나면서 절정에 달하였다.

나[마사리크]는 모스크바에 있는 그[톨스토이]의 대저택을 방문하였다. 그것은 농촌과 동떨어진 모습이었다. 가구들은 안락하였다. 톨스토이는 보존목적의 가공식품에는 손대지 않았다. 차를 마신 후에 그는 나와 함께 공원

---

862) Capek, Round (tr.), *Talks with T. G. Masaryk*, p. 147.

을 산책하면서 쇼펜하우어에 대해 얘기하였는데 그는 이 철학자를 이해하지 못하였다. 그의 모든 것은 겉치레였고, 인위적이었으며, 꾸며진 소박함이었다. 그래서 나는 몹시 놀랬다. 이것이 제1차 방문의 인상이었다. 재방문은 톨스토이의 영지였다. 톨스토이 마을에 들어서려면 다리를 건너게 되었는데 몹시 낡아서 말 무게에 부러질 염려가 있었다. 하는 수 없이 멀리 돌아가게 되었다. 톨스토이 영지에 도착하니 정오였는데 톨스토이는 아직도 잠자고 있었다. 하인 말에 의하면 어제 밤늦게 토론하느라 잠을 늦게 잤다는 것이다. 이것이 과연 농민의 소박한 삶일 수 있을까. 톨스토이가 깰 때를 기다리면서 그의 영지를 한 바퀴 돌아보았다. 젊은 농노와 얘기를 잠시 나누었는데 드러난 그의 팔에서 매독부스럼을 발견하였다. 또 다른 헛간에서는 더럽고 지친 노파가 일하고 있었는데 죽음이 그의 얼굴에 어리고 있었다. 톨스토이 집으로 돌아갔을 때 어느 화가를 만났다. 그는 톨스토이를 따라서 농민의 단순생활을 실천하느라고 기차를 마다하고 그 먼 길을 걸어서 왔다. 그의 몸은 이투성이였다. 톨스토이는 그에게 매독환자의 잔을 내밀었다. 톨스토이가 우리 모두는 농민처럼 단순한 삶을 살아야 한다고 설명하자, 나는 그에게 말했다. 당신의 집, 응접실, 안락의자는 어떻게 된 것입니까? 그것이 당신이 말하는 단순한 삶입니까? 당신이 금주인 것은 사실입니다만 골초는 어떻게 된 것 입니까? 당신이 금욕주의자라면 중간은 없습니다. 농민은 가난하기 때문에 빈곤 속에서 살지 금욕주의자라서 그렇게 사는 것이 아니잖습니까! 그리고 나는 그에게 말했지. 마을을 보시오. 질병, 지저분함, 더러움, 기타 모든 것들. 맙소사! 이러한 것들이 보이지 않습니까? 문필가인 당신 눈에 말입니다. 기차 대신 걸어서 길을 떠나라고 주장하시는데 그것은 순전히 시간 낭비입니다. 그러한 시간이 있다면 더 유용한 일에 쓸 수 있습니다. 그러면서 나는 그에게 영어 속담을 말해 주었다. 청결이 경건함이다. Cleanliness is next to godliness! 체코에도 비슷한 속담이 있지. 청결은 건강의 시작이다. Cleanliness is the half of health! 그럼에도 우리는 의견에 일치를 볼 수 없었다.[863]

톨스토이의 저 유명한 무저항주의 대목에 이르면 마사리크의 실망이 이해된다. 마사리크에 의하면 톨스토이는 방어와 공격의 차이를 이해하지 못하였다. "누가 나를 죽이려고 공격한다면 나는 스스로를 방어해야 한다. 그것마저 안 되고 달리 방법이 없다면, 나는 공격자를 죽일 것이다. 만일 둘 가운데 하나가 죽어야 한다면, 악의를 품은 쪽이 죽어야 한다."864) 이것이 마사리크의 생각이었다. 정당방위는 필요하다는 것이다. 여기서 마사리크 평화주의의 요체를 엿볼 수 있다. 톨스토이는 동의하지 않았다. 톨스토이가 사망하자 마사리크는 조의문을 기고하였다.

마사리크는 이러한 체험을 이론적으로 뒷받침하려고 방대한 러시아 문헌을 읽고 그의 유명한 『러시아 정신 Rusco a evropa The Spirit of Russia』을 집필하게 된다. 이 책에서 그는 러시아가 부패하였고, 정신은 낡았으며, 러시아에는 위대한 철학자가 없다고 결론지었다. 이 책으로 그는 유럽에서 유명인사가 되었지만 러시아 당국으로부터 기피 인물이 되었다.

5. 국회의원

주요언론은 마사리크에게 적대적이었지만 소수의 사람들은 그가 "원칙의 사람"이라고 인식하기 시작하였다. 그는 문서사건의 와중에 자신이 정치의 한 복판에 서게 되었음을 깨달았다. 그렇지 않아도 어릴 때부터 민족 사이의 갈등을 수없이 보아온 그였다. 체코와 독일, 체코와 오스트리아 사이의 관계는 그에게 이미 익숙해진 작은 정치의 세계였다. 그러나 그의 지성은 언제나 이론적이었다. 특히 그는 플라톤의 정치철학에 몰입

---

863) Selver, *Masaryk*, pp.147 148. Capek, Round (tr.), *Talks with T. G. Masaryk*, pp. 148 150.
864) Capek, Round (tr.), *Talks with T. G. Masaryk*, p. 151.

해 있었고 그가 시작한 사회학은 그에게 정치에 관심을 갖게 할 수 밖에 없었다. 프라하에 일으키고 있는 새 바람으로 주류사회로 하여금 적의를 갖게 했지만, "적의는 곧 사라진다. 그러나 이름은 사람들의 마음에 남는다." 이것이 마사리크가 갖고 있던 정치적 자산이었다.

체코의 정치적 결사는 오랜 침묵 끝인 1879년에 시작되었다. 그 전에도 없었던 것은 아니지만 비엔나에 대표를 파송하지 못하였다. 당시 체코의 대표적 정당으로 '구체코당the Old Czechs'과 '신체코당the Young Czechs'이 있었다. 전자는 팔라스키의 민족당National Party을 계승한 것이고, 후자는 민족자유당National Liberal Party 을 이은 것이다. 전자는 유산계급의 지배층이었고, 후자는 혁신적이었다. 새로 등장한 후자는 전자에 위협적이었다. 마사리크는 평했다. "구체코당의 정치적인 몰락이 눈에 보였다. 그들은 권력을 쥐고 있었지만 얼마 가지 못할 것이다. 또한 신체코당의 약점도 눈에 보였다. 그들은 구체코당의 좌파 이상도 이하도 아니다. 그들은 상대적으로 민주적이지만 민족을 이끌어 가기에는 정치적으로 문화적으로 미숙하다. 결국 내가 할 수 있는 노력은 구체코당을 재건하고 신체코당의 기상을 고취시키는 것이다."

사람들은 마사리크와 그의 추종자들을 "전문가 집단"이라고 불렀다. 그들은 대학과 언론을 개혁하고 싶어 했는데 처음에는 지식인답게 비평으로 접근하였으나 이제 정치가 개혁되지 않으면 안 된다는 사실을 깨달았다. 이 "전문가 집단"을 곧 "실증주의자"라고 불렀다. 마사리크는 프랑스 철학자 콩트(Auguste Comte, 1798~1857)의 실증철학이 연상되는 것을 피하기 위하여 스스로 "사실주의자Realist"라고 부르는 것을 좋아하였다.[865] 콩트는 플라톤과 더불어 마사리크의 철학주제 가운데 하나였다.

---

865) Schmidt Hartmann, *Thomas G. Masaryk's Realism*, Oldenbourg Verlag, 1984, pp. 100-101; Capek, Round (tr.), *Talks with T. G. Masaryk*, p. 154; Skilling, *Against the Current 1882-1914*, p. 190, n.9.

사실주의Realism는 현실정치Realpolitik와 다르다.866) 사실주의란 사물 그 자체에 대한 연구이다. 과거형이 아니고, 어떻게 해서 지금의 모습이 되었는지에 대한 것이 아니다. 이것은 과거가 역사적 변증법 과정 법칙을 드러낸다는 마르크스의 역사주의Historism에 대한 반대개념이다.867)

후술을 위해 미리 "사실주의"의 세 사람에 대한 언급이 필요하다. 구 체코당의 카이즐(Josef Kaizl, 1854~1901)은 체코대학의 경제학 교수이고, 신체코당의 크라마르시(Karel Kramar, 1860~1937)는 재야 역사학자이며, 무소속의 마사리크는 체코대학 철학교수이다. 사람들은 카이즐을 노년사실주의자, 크라마르시를 청년사실주의자, 마사리크를 현실사실주의자라고 불렀다. 이들의 공통점은 기성 체코 정치의 실망으로 정치수준을 높이려는 의지였다. 자신들의 목소리가 필요하자 신문 『시대』를 이용하였다. 이렇게 하여 1889년 1월 1일 "정치적 사실주의"가 탄생하게 되었다. 그들의 목표는 민족적 단체가 건강해야만이 가능하게 되는 "사실에 바탕을 둔 정직하고 이성적인 정치"를 추구하는 것이었다.868) 그렇게 함으로서 궁극적으로 의회 내에서 지지를 얻어 마침내 보헤미아가 정치적 권리를 획득하는 준비를 하자는 것이었다.

1890년 이들은 "백성의 정강People's Programme"을 만들었다.869) 이 문서는 체코 정치의 새로운 기초를 마련하면서 "오늘의 상태에 부합하는 체코 권리의 염원"을 선언하였다. 즉시 착수해야 할 일은 "민족의 도덕적, 지적, 물적 증진과 내적인 힘의 강화"를 성취하는 것이었다. 그러기 위해

---

866) Warren, *Masaryk's Democracy, A Philosophy of Scientific and Moral Culture*, London, George Allen and Unwin, 1941. Lewis, "Masaryk's Political Philosophy," *Slavonic and East European Review*, Vol.2, No.1 (March 1943), pp. 280-281에서 재인용.
867) Betts, "Masaryk's Philosophy of History," *Slavonic and East European Review*, Vol. 26, No.66, (Nov. 1947), p. 34.
868) Skilling, *Against the Current 1882-1914*, ch. 3.
869) Schmidt Hartmann, *Thomas G. Masaryk's Realism*, pp. 102-105.

서 교육 제도의 혁신이 필요함을 역설하고, 노동자의 요구에 부응하는 개혁과 산업의 육성, 언론의 자유, 보통선거를 제안을 하였다. 그밖에 지역을 합하여 연방제를 설립하고 각 지역은 독립된 입법부와 행정부를 둘 것도 제안하였다.

마사리크가 1882년 프라하에 도착했을 때 그는 정치에 대하여 흥미를 갖고 있었지만 문외한이었다. 그와 그를 추종하는 "사실주의자"들은 소수였지만 구체코당과 신체코당에서 모두 관심을 갖게 되었다. 1891년 총선에서 신체코당에 합류한 세 명의 사실주의자는 모두 당선되었다. 마사리크가 오스트리아 헝가리 국회의원이 된 것이다. 그는 보헤미아와 바바리아 중간 지역인 뵈머발트Böhmerwald 지역구를 대표하여 비엔나에 입성하였다. 신체코당과 사실주의의 협력은 마사리크의 정치생활에서 중요한 이정표가 되었다. 처음으로 이론에서 실천으로 옮긴 사건이다.[870] 마사리크는 말했다. "내가 비엔나에서 가장 흥미롭다고 여긴 것은 국회 그 자체였다." 그는 헌법을 공부하고 회의 규정을 숙지하면서 "헌법과 국회의 관계는 성서와 교회의 그것과 흡사하다"고 소회를 피력하였다. 얼마 안 되어 그는 국회에서 훌륭한 도서관을 발견하였다. 그는 모든 회의에 출석하고 회의가 없을 때에는 국회도서관에서 책을 읽었다.

향후 그의 국회활동은 비판의 일색이었다.[871] 국회에서 그는 반대당 당뿐만 아니라 자신의 정당도 비판하였다. 그는 사회주의에 관심을 가졌지만 사회민주당Social Democratic Party에 비판적이었다. 체코의 이익에

---

[870] Winters, "Kramer, Kaizl, and the Hegemony of the Young Czech Party 1891-1901," in Odlozilik, Brock and Skilling, *The Czech Renascence*, University Pres, 1976, pp. 282 291; Garver, *The Young Czech Party 1874-1901 and the Emergence of a Multi Party System*, Yale University Press, 1978, pp. 159 162.
[871] Odlozilik, "Enter Masaryk: A Prelude to his Political Career," *Journal of Central European Affairs*, (April 1950), pp. 32-36.

대하여 선봉을 섰으나 사회당이 민족주의자와 사회주의자가 연대하는데 반대하였다. 체코의 "정치적 독립"을 믿었으되 국수주의자와 지나친 체코 권리주의자는 경원하였다. 농민을 대변하였지만 농민당Agrarian Party에 대하여 냉담하였다. 그가 모두에 대하여 비판일색이 된 것은 기성의 체코 정치권이 도덕적으로 나태에 빠졌기 때문이다. 결국 그는 자신의 이상에 따라 후일 새로운 두 개의 정당 백성당People's Party과 진보당 Progress Party을 결성하기에 이르지만 광범위한 지지를 얻지 못하였다. 그는 외로운 사자가 되었다. 독립적이고 반항적이었으되 그의 영향력은 컸다.872)

심지어 마사리크는 처음부터 사실주의자 사이에서도 주도권 다툼에 휘말렸다.873) 특히 크라마르시는 체코가 독립할 때까지 그리고 그 후에도 마사리크의 경쟁자였으며 숙적이었다. 크라마르시의 부인은 러시아 여자였으며 부자였다. 그가 범슬라브주의 선봉에서 로마노프 왕조의 왕관 아래 체코의 독립을 주장한 것도 그 까닭이다. 마사리크는 이미 그의 저서를 통해서 유럽의 지성인에게 익히 알려져 있었지만 이제 여기에 더하여 의회 연설을 통해서 세상에 그의 이름을 알리게 되었다. 그는 기회가 주어질 때마다 그의 폭넓은 지식과 인맥을 이용하여 크라마르시를 앞질렀다.

---

872) Krofta, "Masaryk und Politisches Program," in *T. G. Masaryk, Staatsmann und Dinker*, pp. 25-30.
873) Winters, "Kramer, Kaizle, and the Hegemony of the Young Czech Party 1891-1901," pp. 282-291; Garver, *The Young Czech Party 1874-1901 and the Emergence of a Multi Party System*, pp. 159-162.

6. 민족자결주의자

　제국의회에서 마사리크의 처녀연설은 체코 교육에 관한 것이었다. 그는 체코 언어를 사용하는 자치적 교육제도의 도입을 주장하였다. 흥미로운 점은 이 연설이 오스트리아 교육부 장관의 지지를 이끌어냈다는 점이다.[874] 계속해서 마사리크는 자신의 당인 청년당의 무기력을 비난하는 연설을 하였다. 신체코당 실세는 그레그르(Julius Gregr, 1832~1896) 박사였는데 그는 편집장으로서 『민족신문』을 장악하고 있었다. 앞서 보았듯이 이 신문은 문서사건에서 마사리크를 격렬하게 비난한 적이 있다. "당의 노선에 대하여 토론을 거듭하면 할수록 신체코당이 구체코당이 되어간다는 사실을 깨달았다. 또 그레그르 박사가 보통선거, 국가권리, 오스트리아와의 관계 등 여러 가지 쟁점에 관하여 갈팡질팡하는 것을 보았다. 이래서는 앞으로 나아갈 수 없기에 나는 반대한다."[875] 여기서 민족의 권리란 마사리크가 외치는 바대로 "우리는 독립과 [민족]자결권the right of self determination을 원한다. 우리는 빵을 원하는데 당신들[오스트리아]은 돌을 주었다."였다.[876] 윌슨 대통령이 이 개념을 사용하기 훨씬 전에 이미 마사리크는 생각하고 있었음을 보여준다. 다른 점이 있다면 오스트리아의 울타리 안에서 민족 자결권으로서 오스트리아를 연방제로 변화시키자는 주장이다. 마사리크는 이 연설에 멈추지 않고 자신의 지역구에서 신체코당을 공격하는 연설을 하였다. 신체코당이 내용이 없는 말만 무성할 뿐 구체적인 제시가 없다고 주장하였다. 여러 가지 점을 거론하였지만 특히 두 가지 점을 지적하였다. 당은 내부쇄신을 하여야 한다. 체코

---

874) Selver, *Masaryk*, p. 156.
875) Selver, *Masaryk*, p. 156.
876) Skilling, *Against the Current 1882-1914*, p. 163.

의 자결권을 승인하는 단계로서 광범위한 자치권을 주장하여 독일계와 화합하여야 한다.[877] 이 연설로 보헤미아지방의회의 의원까지 겸하게 되었다. 그러나 이 연설은 그레그르 박사와 당의 중진들의 원성을 불러일으켰다. 마사리크는 당에 불려와 자신을 변호해야 하였다. 당의 원로들이 마사리크의 손을 들어주자 그레그르 박사는 다음에 역습 기회를 엿보아야 하였다.

다음 해 마사리크는 보스니아Bosnia와 헤르제고비나Herzegovina에 대한 오스트리아의 정책을 비난하는 연설을 하였다. 이곳은 지난 천년 동안 기독교 세력과 이슬람 세력이 투쟁하는 세계의 화약고였다. 그만큼 세계의 이목이 집중되는 곳이기도 하다. 그런데 1878년 유럽 열강은 베를린 회의에서 오스트리아가 보스니아 헤르제고비나를 점령하는 것을 인정하였다. 이 두 지역을 오래 동안 지배하고 있던 오스만 터키가 "유럽의 병자"가 되어 세력이 약해진 틈을 타서 기독교 세력이 회복하려는 조치였다. 마사리크가 반대하는 것은 점령 자체가 아니다. 그는 이 지역이 오래 동안 오스만 터키의 압제에 항거하는 것을 알고 있었기에 그것을 정당방위라고 보았다. 마사리크가 비판한 것은 점령 후에 오스트리아가 약속과 달리 이 지역에 실시한 학정이었다. 이 연설로 세르비아와 크로아티아 출신 의원들과 친구가 되었다. 마사리크가 해당 지역을 여행하게 되자 당국의 밀정이 마사리크를 미행하였다. 그가 위험한 인물이 되어가기 시작하였던 것이다.[878]

이 연설에서 그는 다시금 체코의 민족자결권과 자치권을 주장하며 오스트리아와 독일 사이의 복잡한 문제를 해결하는 길은 자치권뿐이라고 주장하였다. 오스트리아에는 독일계 시민이 살고 있었는데 이것이 항상

---

877) Selver, *Masaryk*, p. 157.
878) Capek, Round (tr.), *Talks with T. G. Masaryk*, p. 157.

문제를 야기하였다. "체코민족의 독립과 자결권, 우리는 완전한 삶을 염원한다. 이것이 오늘 체코운동의 의미이며 이 때문에 우리는 여기에 왔다. 우리는 주로 경제적인 이유로 체코의 권리를 원한다. 우리는 제국의 나머지를 희생하며 체코왕관의 권리를 요구하는 것이 아니다. 오스트리아 헝가리 제국에서 헝가리가 우월적인 위치가 되는 것을 억제하는 유일한 방법은 체코국가를 창설하는 것이다. 오스트리아가 헝가리와 더불어 존재함에도 불구하고 체코국가가 회복되지 않으면 오스트리아는 헝가리에 대한 국가적 기초를 가질 수 없다. 오스트리아는 헝가리와 체코와 연방을 이룸으로서 존재할 수 있다. 헝가리를 역사적으로 회복시켰듯이 역사적으로 자연적으로 체코도 회복시켜야 한다." "체코국가, 자치적이며, 위대한 역사의 나라, 인본주의를 위한 명예로운 투쟁을 하였고, 계속하고 있는 체코국가를 당신들 발아래에 묶어 놓을 수 없다. 근시안적인 정부와 근시안적인 국수주의가 좌우한다면 그 결과는 어떻게 될까? 오스트리아 국민들을 억압하지 말고 그들의 힘을 발전시키고 활용해라."[879]

마사리크의 이 연설은 평화의 목소리인데 그의 정신적인 스승 하브리체크의 영향 때문이다. 하브리체크에 의하면 1789년 프랑스 혁명과 1848년 보헤미아 혁명이 실패한 것은 폭력의 실효성이 없다는 점을 증명했다는 것이다. 이에 비하면 영국의 혁명은 평화적인 접근이었다.[880] 그는 체코처럼 작은 나라에서 혁명은 실효성이 없고 외세의 개입만 유도할 뿐이라는 점을 지적하였다.[881] 마사리크 역시 프랑스에서 일어난 여러 폭력혁명이 궁극적으로 실패했다는 점을 강조하였다. 프랑스 혁명이 개혁을 할 수 없는 절대주의를 종식시켰다는 점은 높이 평가하지만 반동을 불러왔기에 결국 실패하였다는 것이다. 혁명은 물리적 폭력이 아니라 도덕적

---

879) Selver, *Masaryk*, pp. 158-159.
880) Skilling, *Battle for the Castle*, p. 188. n. 65.
881) Masaryk, *Karel Havlicek*, Bibliobazarr, 2010[1896], pp. 185-200.

이어야 한다는 것이 그의 생각이다. 그러기에 마사리크는 전쟁을 극히 혐오하지만 오스만 터키의 압제에서 벗어나려는 동유럽 슬라브 민족의 투쟁은 도덕적으로 정당하다고 지지하였다.882) 그것은 그가 톨스토이의 무조건적인 비폭력에 대해 반대의견을 내세운 이유답게 민족의 정당방위였기 때문이다.883)

마사리크의 연설은 중단되었다. 독일계의 의원이 일어나서 반역자라고 소리 지르며 소란이 일어났기 때문이다. "우리는 체코의 국가권리를 결단코 인정하지 않을 것이다. 모든 수단을 동원하여 그따위 듣도 보도 못한 전무후무한 창설을 가져오는 시도를 막을 것이다. 그것은 보헤미아, 모라비아, 실레지아 사람들의 국민적 경제적 존재를 위협하는 일이다." 이에 굴하지 않고 마사리크는 다시 일어서서 말했다. "평화를 유지하기 위하여 우리는 제국 내에서 수적으로 독일계 다음으로 우세하고 효율성에서 앞서 있는 체코에게 수가 아니라 역사적인 관점에서 엄연한 자격이 있는 권리를 부여하는 것은 필요하다고 본다. 체코 문제는 오스트리아의 문제이고 그 해결이야말로 오스트리아의 외교정책에 긍정적인 효과를 준다. 이것이 이룩된다면 체코인이 신뢰를 보이는 것처럼 오스트리아인도 신뢰를 보일 것이다. 우리는 정의와 동등한 권리를 요구하는 바이다. 오스트리아뿐만 아니라 그 누구도 두려워해야 할 이유가 없는 정의이다."884)

마사리크는 비교적 단시간 내에 의원으로서 주목받는 명성을 얻게 되었지만 당내에서 실력자 그레그르 박사와 불화로 신체코당을 떠날 수밖에 없게 되었다. 그 발단은 1893년 모라비아의 신문기사였다. 보헤미아의 주지사가 그레그르 박사가 편집하는 『민족신문』의 정치적 논설에 대해

---

882) Masaryk, *Russia and Europe*, pp. 143-145.
883) Gibian, *The Spirit of Russia III*, George Allen & Unwin, 1967, p. 185.
884) Selver, *Masaryk*, p. 160.

수정을 요구하였다.[885] 그러자 그레그르는 그 뒤에는 마사리크의 음모가 작용했다고 믿었다. 오랜 세월이 흘러 이것은 사실무근임이 밝혀졌지만,[886] 당시에 그레그르가 그렇게 믿은 것은 하필이면 마사리크가 우연하게도 그때 주지사를 회견하였기 때문이다. 그레그르는 청년당의 의원들을 소집했는데 이번에는 당이 그레그르의 손을 들어주었다. 그레그르의 역습은 성공한 셈이다. 그렇지 않아도 마사리크는 당의 이중적인 태도에 환멸을 느끼고 있었다. 그들이 비엔나 국회에서는 양보를 하는 반면, 보헤미아 지방의회에서는 고함지르고 호통 치는 이중적 모습을 보았다.[887] 마사리크는 무력감을 피할 수 없었다. 정당 내에서 개혁하고자 했던 사실주의자들의 희망이 실망으로 바뀌었다.[888] 이에 마사리크는 비엔나 국회의원직과 보헤미아 지방의원직을 모두 사임하고 대학으로 돌아갔다. "내가 배운 것은 내가 정치에 미숙했다는 것이다. 나의 사표는 정치를 부정하는 것이 아니다. 그 반대이다. 나는 기초부터 다시 시작하기를 원했다. 나는 새 정강, 미래를 위한 정강을 원했다. 동포의 생각을 알기를 원했다."[889] 마사리크가 다시 국회로 돌아간 것은 그로부터 14년 후이다.

---

885) Selver, *Masaryk*, pp. 160-161.
886) Capek, Round (tr.), *Talks with T. G. Masaryk*, p. 157.
887) Capek, Round (tr.), *Talks with T. G. Masaryk*, p. 157.
888) Szporluk, *The Political Thought of Thomas G. Masaryk*, Boulder, 1981, p. 92, 197.
889) Woolfolk, "Thomas Masaryk: Science and Politics as a Vocation," *Society*, March/April 1996, p. 82.

제3장 교육자[890]

1. 비판적 문필가

대학에서나 국회에서나 강의, 연설, 문필에 의지한 마사리크는 여러 가지 측면에서 "국가의 교육자Educator of a Nation"라고 칭할 만하다.[891] 그럼에도 국회에서 대학으로 다시 복귀하였지만 그의 직위는 여전히 부교수였다. 애초 3년 내에 교수로 승진한다는 약속은 지켜지지 않고 있다. 그의 월급은 낮았으며 후학들이 그를 앞질러 갔다.

그러나 마사리크는 국회 밖에서도 여전히 그의 영향력을 행사할 수 있었다. 새로운 월간지 『우리 시대Nase Doba』의 편집책임자가 되어 더 넓은 독자층을 갖게 되었다. 그는 국회에서 펼친 자신의 주장을 이 잡지를 통해서 더욱 활발하게 펼 수 있게 되었다. "우리 시대의 특징은 새로운 생각이다. 우리 사이에 이미 우리 민족의 각성이 넓고 깊게 자리 잡기 시작하였다. 모든 면에서 우리 민족의 사업을 더욱 효과적으로 시도하려는 기운이 보인다. 이 사업은 우리를 부르고 있으며 많은 사람들이 동참

---

890) Selver, *Masaryk*, Michael Joseph Ltd., 1940을 이 부분의 줄거리로 삼았다.
891) Green, *Thomas Garrigue Masaryk: Educator of a Nation*, Ph.D. Dissertation, University of California, 1976.

하고 있다. 우리 스스로에게 자문하는 질문은 이것이다. 유럽 국가 사이에 우리가 차지하는 위상은 무엇인가? 그리고 인류발전에 우리의 위치는 무엇인가? 이 기본적인 질문에 응답하는 일이야말로 우리의 정체성을 인식하고 확인하기를 소망하는 것이다."[892]

이러한 편집정신은 『우리 시대』를 새로운 생각을 전파하고 건전한 사상을 정착시키는데 체코에서 가장 중요한 매체로 만들었다. 이 잡지에 기고한 것을 중심으로 마사리크는 5권의 책을 출판하는 기염을 토해냈다. 그것은 『체코현안*Czech Question*』(1895), 『현재의 위기*Our Present Crisis*』(1895), 『후스*Jan Huss* (1898)』, 『하브리체크*Havlicek*』(1898), 『사회현안*Social Question*』(1900)이다. 이 5권의 책이야말로 유럽의 한복판에서 체코의 정체성에 대한 마사리크 사상의 결정판이다.

마사리크는 『체코현안』에서 체코의 내부적인 요소만으로는 체코의 재건을 설명하는데 미흡하다고 느꼈다.[893] 그는 체코의 도덕적인 가치와 인본주의 원리의 중요성을 강조하였다. 그는 "내가 너희를 늑대 굴속에 보낸다. 뱀처럼 슬기롭고 비둘기처럼 온유하라"는 예수의 가르침을 "우리 슬라브인에게는 비둘기 같은 성품이 있다. 그러므로 우리 속에 있는 뱀이 비둘기를 질식하지 않도록 하여야 한다"라고 바꾼 말 속에서 평화주의자의 면모를 보이고 있다. 그러나 그는 러시아의 슬라브 정신을 나중에 수정하여야 한다. 그것은 그의 러시아 방문에서 얻은 체험이기도 하지만 그가 존경하는 하브리체크의 책에서 받은 영향 탓이다. 하브리체크는 일찍이 2년 동안 러시아에서 거주한 경험을 바탕으로 책을 썼다. 그 책에서 그는 동포들이 러시아에 대해 낭만적인 환상을 갖고 있음을 지적하였다. 여기에서 그의 사실주의에 대한 그의 생각을 드러내고 있다. 사실주

---

892) Selver, *Masaryk*, p. 162.
893) Stritecky, "The Czech Question A Century Later," *Czech Sociological Review*, III, Jan. 1995, pp. 59-73.

의란 사물의 핵심을 아는 것, 참다운 지식을 강조하는 것, 참다운 사회과학으로 국가를 개선하는 것이다.[894] 『현재의 위기』는 두 개의 정당인 구체코당과 신체코당을 모두 비판한 것으로 이들 정당의 쇠락이 위기의 증세라고 주장하였다. 뿐만 아니라 진보운동, 사회민주당, 무정부주의자, 성직주의자도 그의 비판에서 자유로울 수 없었다. 구체코당은 보헤미아 귀족들과 성직자들의 영향 하에 있고, 신체코당은 당대 자유주의의 나쁜 요소만 갖고 있음을 비판하였다. 『사회현안』은 마르크스 철학과 사회변화를 위한 폭력을 사용하는 마르크스 견해를 비판하는 내용이다.

마사리크가 대학으로 복귀할 무렵 체코사회는 안정성을 잃어가고 있었다. 대학에서 뿐만 아니라 노동계에서도 민족주의가 싹트기 시작한 것도 이 무렵이다. 마사리크는 극단적인 민족주의는 배격하였다.[895] 강의를 가두에서 하는 셈치고 학생들과 함께 노동자의 파업 현장에서 마사리크는 강연을 하고 행진에도 참여하였다. 당시 언론은 만평에서 그를 사회주의자로 풍자하였다. 그러나 마사리크는 "나는 인본주의자이다. 내가 보는 인본은 단편적인 인류학적인 것이 아니다. 내가 생각하는 인본은 모든 것을 법적 질서에 기초하여 사물을 옳게 놓는 것이다. 그것이 사회주의라면 그것도 괜찮다."[896] 이 말은 그가 사회주의자가 아니라는 간접 화법이다.

---

894) Schmidt Hartmann, "The Fallacy of Realism: Some Problems of Masaryk's Approach to Czech National Aspirations," in Winters (ed.), *T. G. Masaryk (1850 1937) I, Thinker and Politician*, Macmillan, 1990, Ch. 6.
895) Skilling, *Against the Current 1882-1914*, p. 38.
896) Capek, Round (tr.), *Talks with T. G. Masaryk*, pp. 161-163.

2. 국제주의자

마사리크는 국회에서 행한 연설에서 보스니아와 헤르제고비나에 대한 오스트리아 정부의 박해에 항의하였다. 당시 발칸반도 학생들은 대학 수업을 받는데 제약이 있었다. 특히 프라하대학에서는 수업을 들을 수 없었다. 그럼에도 마사리크의 강의를 들으러 오는 학생들이 적지 않았다. 그들은 마사리크를 교수 이상으로 그들의 대변자라고 존경하고 있었다. 마사리크가 출판한 『체코현안』은 발칸반도 출신학생들에게 필독서가 되었다. 그들은 위험을 무릅쓰고 마사리크의 강의를 듣기 위해 프라하에 왔다.

이러한 현상에 대해 세르비아의 한 교수는 그의 저서 『세르비아의 역사 History of the Serb Nation』에 글을 남겼다. "마사리크 교수의 영향을 받은 세르비아와 크로아티아의 새로운 세대들은 그의 사실주의로 사회의 뿌리에 타격을 가했다. 오늘날 이 생각은 세르비아와 크로아티아 대학생 특히 자그레브, 비엔나, 부다페스트에 있는 대학생들을 지배하게 되었다. 이 생각으로 세르비아와 크로아티아 연합의 정치적 행동이 탄생하였다."[897] 마찬가지로 불가리아 국왕 알렉산더의 가정교사를 지낸 베오그라드 대학의 파브로비치 교수도 비슷한 글을 남겼다. "세르비아와 크로아티아의 젊은 학생들이 마사리크의 강의를 듣고 어떻게 그의 생각에 몰입했는지 나는 기억한다. 냉정하고 사변적인 마사리크가 우리의 심장에 열정의 불을 지피는데 공헌하였다. 우리 청년들은 프라하에서 돌아왔을 때 혁명가가 되었다. 마사리크가 생각으로 우리를 사로잡았다. 공허한 정치적 수사뿐인 우리의 낭만주의자들은 이 낭만주의의 무자비한 적에게 큰 감명을 받았다. 그는 범게르만의 맹목적인 애국주의에 대해 단호하고도

---

897) Selver, *Masaryk*, p. 125.

무자비한 적이 되면서 우리의 동감을 얻어냈다."898) 그가 발칸반도에 친구를 가졌다는 것은 훗날 커다란 자산이 되었으며 그가 체코문제를 보다 넓고 깊은 시야에서 보아야 한다는 그의 주장에 무게를 실어주었다. 그러한 사건이 그 앞에 구체적으로 일어날 때 그는 망설이지 않고 이들 민족의 대변자가 되는데 앞 장 섰다.

이 시기에 마사리크는 슬로바키아의 정치적인 움직임에도 관심을 보였다. 당시 헝가리에 예속되었던 슬로바키아를 지배당국은 헝가리민족(마자르, Magyar)으로 만들려고 강압하였다. 슬로바키아를 다스리던 총독은 슬로바키아라는 나라는 없다고 공언하였다. 오랜 압박으로 슬로바키아는 지도자를 배양할만한 기운이 소진되었고 그나마 길러낸 소수의 지식인들에 대한 탄압이 심했다. 슬로바키아 지식인들은 패배주의에 빠져서 어느 날 러시아가 와서 자신들을 구해주기를 기대하는 형편이었다. 모든 것은 헝가리 교육정책에 의해 길들여진 탓이다. 소수의 지식인마저 자신의 민족과 유리되어 있어서 조직다운 조직도 결성하지 못하였다. 18세기 말 슬로바키아는 글자 그대로 참혹한 지경이었다. 어느 슬로바키아 시인은 탄식하였다. "나는 죽은 사회에 새 노래를 보낸다. 어디서나 무덤처럼 침묵이구나. 이것이 문학과 정치의 모습인데 교육은 더욱 심하다."899)

마사리크는 슬로바키아의 패배주의와 낭만주의를 어떻게 해야 할 필요성을 느꼈다. 물론 마사리크의 아버지가 슬로바키아 출신이라서 슬로바키아를 남보다 잘 알지만 더 깊이 알기 위하여 매년 여름휴가를 그곳에서 지냈다. 기회 있을 때마다 체코사람들에게 슬로바키아 언어가 역사적으로 체코 언어와 같은 뿌리임을 강조했고 비록 정치적으로는 죽어 있지

---

898) Selver, *Masaryk*, p. 166.
899) Selver, *Masaryk*, p. 167.

만 훌륭한 문학이 과거에 있었음을 상기시켰다. 그가 보기에 슬로바키아 언어는 체코 언어의 방언이었다. 마사리크는 오스트리아 헝가리에 의해 인위적으로 나누어진 체코와 슬로바키아의 틈새를 파고 들어가서 함께 협력할 방도를 강구하였다. 그러나 양측이 모두 망설였다. 마사리크는 여기에 굴하지 않았다. 그가 편집하던 잡지『시대』의 한 지면을 슬로바키아를 위해 할애하였다. 이러한 마사리크의 움직임에 슬로바키아 지식인들도 다시 생각하기 시작하였다. "마사리크는 슬로바키아에 관심을 가진 몇 안 되는 체코 지식인 가운데 하나이다. 그것도 아직 전쟁이 예견되지 않은 시절부터였다."900)

마사리크에게 슬로바키아 제자가 있었다. 이들에게 잡지 발간을 권유했다. 제자들은 처음에 스승을 이해하지 못했다. 워낙 패배주의 아래에서 자라났기 때문에 잡지의 효과에 대하여 회의적인 탓이었다. 그러나 곧 깨달았다. 세 명의 제자가 창간한 잡지가『목소리Hlas the Voice』였다. 이 잡지를 통해 동포들에게 권리와 자유를 고취시켰다. 기성세대가 탄압하였지만 세 명의 제자는 굴하지 않았고 20년 내에 마사리크와 함께 체코슬로바키아를 독립시키는데 중요한 인물이 되었다.

1896년 황제는 마침내 마사리크를 정교수에 임명하였다. 무려 14년만이다. 그것은 순조롭지 않았다. 비엔나의 추기경이 황제에게 마사리크가 대학생들에게 허무주의, 자살, 사악함을 가르친다고 고해바쳤다. 그러나 교육부 장관은 마사리크를 긍정적으로 생각하여 황제에게 서류를 제출하였다. 이것을 알게 된 추기경이 황제에게 달려갔을 때에는 이미 늦었다.

---

900) Selver, *Masaryk*, p. 168.

3. 유대인의 친구

마사리크의 용기를 시험하는 사건이 일어났다. 레오폴드 힐스너(Leopold Hilsner, 1876~1928)는 가난한 유대인이었는데 살인혐의로 1899년 사형선고를 받았다.901) 그의 마을의 보헤미아 처녀를 살해했다는 혐의인데 체코사람들은 유대인의 제사의식에 탓을 돌렸다. 당국은 정당한 조사를 생략하고 결정적인 증거도 확보되지 않은 채 그에게 누명을 씌웠다. 사건정황도 어수룩하였다. 누가 보아도 시체는 다른 곳에서 옮겨진 것이며 비가 왔는데도 옷은 젖지 않았다. 유대인에 대한 편견에 편승한 것은 천주교회의 사제들과 독일계 신문들이었다. 어떻게 보면 히틀러의 유대인 박해의 전조로 볼 수 있는 사건이었다. 변호인은 협박편지를 받았고 현장검증에서는 관중으로부터 위협을 당했다. 마을은 미신과 광기의 도가니가 되었다.

마사리크는 처음에는 아무 반응도 하지 않았다. 재판이 진행되는 도중에 그의 제자가 그에게 편지를 보냈다. 그 편지에서 힐스너 사건을 1894년에 프랑스 육군이 조작해서 일어난 드레퓨즈 사건the Dreyfus Affair과 대비하였다. 프랑스 육군의 유대인 드레퓨즈(Alfred Dreyfus, 1859~1935) 대위를 옹호하여 유명한 "나는 고발한다"를 쓴 프랑스 작가 에밀 졸라(Emile Zola, 1840~1902)가 박해를 피해 잠시 영국으로 망명해야만 하였다. 두 사건 모두 유대인을 "유럽의 병균"으로 묘사하였다. 마사리크는 유대인 제사의식을 조사하는 한편 법률가와 법의학 전문가에게 자문을 구하였다. 그는 미신과 편견에 대하여 싸우기로 결심한 것이다. 그는 여러 신문에 자신의 조사결과를 발표하였다. 에밀 졸라가 "나는 고발한다"

---

901) Rychnovsky, Epstein (tr.), *Thomas G. Masaryk and the Jews*, New York, Pollak, 1941.

라는 유명한 글을 유력지에 쓴 것처럼. 비엔나 신문인 『시대Die Zeit』에 실린 "제사미신의 기원과 본질"이라는 논설에서 마사리크는 유대인에게 미신적 제사의식이 없다는 사실을 밝혔다. 그는 자신의 글을 소책자로 만들어서 출판하였는데 당국이 압수하고 마사리크는 벌금을 물어야 하였다. 그는 여기에 굴하지 않고 내용을 더 보강하여 체코어와 독일어로 각각 출판하였다. 그는 이 책에서 그의 목적이 유대인을 옹호하려는 것이 아니라 체코인을 미신의 굴레에서 벗기려는 것임을 밝혔다. "힐스너는 오래 전에 감옥에 갔어야 할 인물이다"라고 자신의 견해가 한 개인에 집착하지 않음을 밝히고 "살해의식에 대한 미신이 이 나라를 더욱 모든 미신과 폭력의 문을 열게 되는 위험이 있다. 이것이 나로 하여금 이 사건에서 미신에 반대하는 이유이다"라고 썼다. 그러자 분별없고 무자비한 공격이 가해졌다. "유대인의 앞잡이"에서 "유대인을 대변하는 편집인"이라는 칭호를 뒤집어썼다.

신문은 "그의 다음 강의에서 놀라운 광경을 볼 것이다. 그는 강단에서 끌어 내려질 것이다"라고 썼다. 그것은 현실이 되었다.[902] 마사리크는 강의실을 점령한 군중과 학생들로 강의를 할 수 없게 되었으며 그의 집도 예외는 아니었다. 그는 부인과 함께 강의실에 도착했고 아직도 그를 따르는 소수의 학생들이 그를 보호하여 강단에 섰다. 그는 아무 말 없이 칠판에 "나는 아무 것도 두려워하지 않는다. 그러므로 학생들은 내가 말하고자 하는 것을 들어야 한다"라고 썼다. 학생들의 고함 속에서도 계속 써내려갔다. 요점은 신문이 거짓이고 자신은 진실에 근거한 것이라는 것이다.

---

902) Herben, "Thomas Masaryk, Jews and anti Semitism," in Pynsent ed., *T. G. Masaryk*, 1989; Beller, "The Hilsner Affair, Nationalism, Anti Semitism and the Individual in the Hapsburg Monarchy at the Turn of the Century," in Pynsent (ed.), *T. G. Masaryk*, Palgrave Macmillan, 1989.

그 근거로서 그 스스로 이 사건에 대한 조사팀을 조직하였고 이 조직을 중심으로 수많은 사람을 접촉하였다는 사실을 밝혔다. 힐스너는 황제의 특사로 무기징역으로 감형되었다가 제1차 대전이 종료되는 즈음 풀려났다. 그러나 그는 끝까지 혐의에서 풀려나지 못했고 그 사건은 오늘날까지 영구미제가 되었다.

힐스너 사건으로부터 14년이 지난 1913년 우크라이나 키예프에서 유대인 벽돌공 멘델 베이리스(Mendl Bejlis, 1874~1934)가 러시아 소년을 살해한 혐의로 수감되었다. 이 사건에서도 우크라이나 당국은 유대인 제사의식 살인이라고 발표하였다. 재판은 천주교 신부의 증거에 의존하여 유죄를 조작하려고 하였다. 배심원단은 가난하고 무학의 농부였는데 결과는 무죄 평결이었다. 이 재판은 유럽 전역에서 대사건이 되었다. 힐스너 사건과 달리 당국에 대한 항의가 쏟아졌다. 마사리크는 공개적인 연설을 통해서 천주교 신부를 비난하였다. 그는 자신이 주관하는 신문에 기고도 하였다. 계속되는 유대인 박해에도 불구하고 마사리크의 이러한 노력으로 그들에 대한 체코의 태도는 변하기 시작하였다. 마사리크는 말한다. "예수도 유대인이고, 그의 제자들도 유대인이다. 초대교인들 모두 유대인들이었으며 특히 초기 천주교인들이 유대인들이었다." 전 세계의 유대인 사회에서 마사리크의 투쟁을 위하여 격려와 후원금이 쇄도하였다.[903] 그러나 사적으로 마사리크는 반유대주의자였다.[904]

4. 정당의 개혁자

마사리크가 이웃 민족 특히 발칸민족이나 유대인과 가까워진 것은 미

---

903) Skilling, *Against the Current 1882-1914*, pp. 92-93.
904) Orzoff, *Battle for the Castle,* p. 83.

래를 생각하는 그에게 자산이 되었음은 의심할 나위 없다. 그러나 그가 그러한 목적을 위해서 의도적으로 행동한 것은 아니다. 그가 편견과 거짓에 대해서 싸우는 가운데 얻은 소산이다. 민족의식의 성장과 함께 발칸문제가 복잡해지면서 마사리크의 신념은 더욱 더 도전을 받게 되는데 그 전에 오스트리아의 정책이 그러한 화를 자초하였다.

　마사리크가 첫 번째 국회의원을 사임했을 무렵 오스트리아는 체코 민족의식을 순화시키려고 유화정책으로 돌아섰다. 체코 의원들은 비엔나에 순응하는 대가로 일시적 양보를 얻어냈지만 실제 권력은 비엔나가 여전히 쥐고 있었다. 새 총독이 체코어에 대해 관대함을 보이기 시작하였다. 그는 다른 식민지 총독시절에는 압제로 정평이 있었다. 체코의 지도자들은 이것을 체코에 대한 오스트리아 정책이 기본적으로 바뀐 것으로 판단하고 협조하기 시작하였다. 그러나 황제는 승인하지 않았다. 기만한 것이다. 총독이 다시 갈리고 새 총독이 언어 조례를 원상복구 시키자 체코에서 폭동이 일어났다. 오스트리아는 계엄령을 선포하였다. 1897년의 일이다.

　마사리크는 처음부터 속지 않았고 자신의 그러한 의견을 숨기지도 않았다. 자신의 불길한 예감이 적중하자 그는 한때 동료의원이었던 크라마르시 박사에게 서한을 보냈다. "당신은 지금까지 긴 여정을 달려왔다. 이 일에 대해 깊이 생각해보면 당신은 왕국(오스트리아)에 대해 신념을 갖고 있다. 나는 그 신념을 당신과 나눌 수 없다. 따라서 나는 당신이 다른 길을 모색하길 권한다." 일 년 후에 다시 편지를 썼다. "당신은 사실 오스트리아를 두려워하고 있다. 나는 두려워하지 않는다. 팔라스키가 말했듯이 '우리는 오스트리아 이전부터 존재했고 오스트리아 이후에도 존재할 것이다.' 나는 그와 함께 이것이 실현되기를 바란다."

　마사리크는 또 한 명의 동료 의원이었던 카이즐 교수와도 신념을 함께 나눌 수 없었다. 그는 재무장관이 되었는데 이것은 체코인을 우대한다는 미명에서는 영예일지 모르나 그만큼 인기가 없었다. 그의 임무가 체코인이라면 아무도 하지 않으려는 오스트리아를 위해 체코에게 세금을 부과하는 일이기 때문이다. 무엇보다 전부터 체코의 자유주의를 분쇄하겠다고 공언한 신임 총리 밑에서 그런 일을 할 수는 없는 노릇이었다.

체코를 둘러싼 내외 정세가 불안정한 모습 속에서 마사리크의 추종자들은 새로운 정당을 결성할 것을 촉구하였다. 마사리크는 곧바로 반응하지 않았다. 스스로가 정당인이 아니라고 거리를 두면서 자신이 사람들에게 영향을 미치는 통로는 언론이 적당하다는 주장을 되풀이 하였다. 그러나 마침내 수백 명이 결집하여 그에게 결심을 촉구하였을 때 마사리크는 응낙하였다. 그래서 결성된 정당이 "체코인의 당Czech Peoples Party"이다. 마사리크는 드디어 자신의 정당을 갖게 된 것이다. 그의 나이 50세. 1900년의 일이다.

마사리크는 표지가 붉어서 "적서(赤書, the Red Book)"라고 부르는 208쪽의 책자를 만들어 자신의 정강을 발표하였다. 속에는 경제적 정치적 기초, 체코어 사용권리, 자치권, 보통선거권, 소수민족 보호를 포함하였다. 정치적으로 가장 중요한 주장은 체코와 슬로바키아의 통합이다. 여기에 소수민족인 카파시언Carpathians을 포함시켰다. 체코와 슬로바키아의 통합은 마사리크의 야심작이다. 그의 어머니가 체코인이고 아버지가 슬로바키아인이므로 그는 두 민족을 동시에 대표할 수 있다고 자신한 것이다. 그가 태어난 호도닌도 체코와 슬로바키아의 경계선에 있다. 그가 보기에 슬로바키아는 홀로 있을 때 과거 헝가리에 예속된 1천년이 증거 하듯이 헝가리에서 풀려난다 하여도 폴란드가 아니면 러시아에 예속될 것이 분명하였다. 차라리 체코와 하나로 통합하는 것이 서로를 위해 이롭다고 주장하였다.

이 야심적인 주장은 체코슬로바키아의 자치나 독립이 단순한 역사적인 연고권만이 아니라 그가 내세운 자연권과 연결되었다. 마사리크는 소책자를 만들어 소위 자연권과 연고권Natural and Historical Rights의 논쟁을 촉발시켰다. 그는 또한 그 지역에서 오래 정착한 독일계에게도 동일한 기회를 약속하였다. 독일계에게 반하는 어떠한 국가의 정강을 생각할 수 없다고 선언하고 독일계와 명예로운 조정에 이르는 명예로운 작업이 될 것이며 그럼으로써 모두가 평화적으로 각자의 이익을 위하여 함께 일할 수 있다고 주장하였다.

마사리크는 당의 기관지 『시대』의 확장이 필요함을 절감하였다. 그는 즉시 독자들에게 월간지에서 일간지로 전환하는데 소요되는 비용을 모금하는데 동참할 것을 호소하였다. 힐스너 사건으로 유명해진 탓이었는지 당장 10만 파운드가 모였다. 1900년에 『시대』는 일간지가 되었다. 각 호의 주요 논설 "내부 강화", "정치적 독립", "경제적 자유", "양심과 언론의 자유", "진실의 추구" 등이 정당의 정강임이 드러났다. 마사리크는 오래 동안 홀로 외쳐온 자신의 주장을 뒷받침해줄 동지들을 확보하는데 성공한 것이다.

5. 제1차 미국강연

마사리크 주장의 결실은 이것만으로 충분한 것이 아니라는 것이 곧 드러났다. 1902년에 어떤 미국인의 방문을 받았다. 마사리크에게는 생면부지의 신사였다. 이 방문이 마사리크에게나 방문자에게나 미래에 커다란 영향을 가져올지 당시로서는 몰랐다. 방문자는 거부의 미국사업가 찰스 크레인(Charles Crane, 1858~1939)이었다. 그는 시카고에 본사를 둔 다국적 기업가였는데 러시아에도 회사를 갖고 있으며 슬라브 문제와 아랍

문제에 관심이 깊은 인물이었다. 스스로 러시아말을 구사하였다. 그는 일본을 혐오하였고 중국과 아랍세계를 지원하였는데 제1차 대전의 종전으로 파리강화회의가 열릴 무렵 윌슨의 특사로 중국을 방문하게 되었을 때 그곳에서 여운형을 만나 강화회의에 한국대표를 보낼 가능성을 암시하였다. 제2부에서 소개한 바 있다.

크레인은 마사리크의 명성을 듣고 찾아왔는데 그의 집이 예상 외로 단순하고 소박한데 대하여 놀랐다. 방문의 목적은 크레인이 시카고대학에 기부하여 설립한 슬라브 주제의 연속강연에 초청하는 것이었다. 당시 시카고대학 총장은 하퍼(William R. Harper, 1856~1906) 박사였고 록펠러가 시카고 대학을 인수할 때 초대총장이 된 인물이다. 크레인은 이전에도 하퍼 총장의 아들(Samuel N. Harper, 1882~1943)을 데리고 러시아를 여행하여 그가 후일 미국 유수한 러시아 학자가 되는데 기여하였다. 그 아들도 후일 마사리크의 독립운동을 크게 도와주게 된다. 크레인이 슬라브 전문가를 구하러 프라하로 여행을 떠날 때 하퍼 총장이 마사리크 교수를 추천하였다.905) 마사리크의 명성이 이미 바다 건너 미국까지 알려졌다는 객관적인 증거이다.

이 강연초청은 지금까지 마사리크가 조국에 관해서 주장해온 내용을 해외에서 홍보할 수 있는 첫 번째 좋은 기회가 되었다. 마사리크와 함께 초청받은 인물 가운데 후일 러시아 외상이 되는 밀류코프(Pavel M. Milyukov, 1859~1943) 교수가 있었다. 그는 후일 마사리크에게 커다란 도움이 될 것이다.

후일 크레인의 딸(Frances Crane)은 마사리크의 둘째 아들(Jan Masaryk, 1886~1948)과 혼인할 것이고 크레인의 아들(Richard T. Crane Ⅱ, 1882

---

905) Utenberger, "The Arrest of Alice Masaryk," *Slavic Review*, vol.33, no.1, March 1974, p. 92.

~?)은 윌슨 대통령 하의 국무장관 랜싱(Robert Lansing, 1864~1928)의 비서가 될 것이다. 후일 마사리크가 미국에서 독립운동을 할 때 커다란 힘이 되고 체코슬로바키아가 독립한 후 체코주재 초대 미국대사가 될 것이다. 아버지 크레인은 윌슨 대통령 선거자금 지원에 제1후원자가 되어 그의 측근이 된다. 그는 일본을 싫어하였고 손문이 이끄는 동맹회를 지원할 만큼 중국을 좋아하였다. 신해혁명이 발발하자 태프트 대통령이 그를 주중 미국대사로 임명하였지만 반일 발언으로 부임 전날 취소되었다가 후일 윌슨 대통령에 의해 다시 임명되었다. 체코에 대한 크레인의 애정은 여기서 끝나지 않고 당시 체코가 낳은 세계적인 장식 화가였던 무하(Alphonse M. Mucha, 1860~1939)에게 자신의 두 딸의 초상화를 위촉한 것이 인연이 되어 평생 경제적인 후원자가 되었다. 크레인의 후원으로 무하는 필생의 작품인 20개의 연작 "슬라브 서사시"를 완성하여 뉴욕 브루클린 미술관에서 전시되었을 때 60만 명의 관람객이 다녀갔다. 관람객들은 체코의 고난에 대하여 처음으로 알게 되었다. 크레인과 무하는 이들 작품을 프라하에 기증하였는데 스메타나의 "나의 조국"에 버금가는 체코의 자부심이 되었다. 무하는 후일 독립한 체코를 위하여 무상으로 우표, 지폐, 국장의 도안을 만들었다. 특히 크레인의 딸의 초상화는 독립한 체코슬로바키아 지폐의 도안이 되었다.

마사리크는 그해 4월 미국을 향해 출발하였다. 뉴욕에서 체코동포 모임에서 보헤미아의 사회주의에 대한 연설, 볼티모어에서 역시 체코동포들 모임에서 하브리체크에 대한 강연, 클리블랜드에서 체코어로 체코각성에 대한 강연을 마쳤다. 시카고 대학에서 12번의 강연은 3주 계속되었는데 체코의 시각에서 슬라브 국가, 체코개혁, 1848년 혁명, 현대체코문학, 현대유럽민족주의, 러시아, 체코, 폴란드, 남부 슬라브 철학들을 비교한 슬라브 사상, 소국의 문제 등의 주제를 강연하였다. 이 가운데 도스토예프스키를 중심에 놓은 러시아 문화는 나중에 『러시아의 정신』으로 출판되었다.

그밖에 시카고 거주 체코 노동자들에게 마르크스에 대해 두 번의 강연을 마련하였고, 세인트루이스, 밀워키 등 체코인들이 정착한 도시들을 방문하였다. 이것은 미국에서 생활하는 체코인들의 실상을 체험하는 소중한 기회가 되었다. 더욱이 체코문화를 얼마나 간직하고 있는지를 관찰할 수 있는 기회이기도 하였다. 시카고로 다시 돌아와서 체코 언론인들에게 두 번의 강연을 하였고 체코 부인회에서 한 번의 강연을 하였다. 디트로이트에서 마지막 강연을 마친 후 미국을 떠났다. 4개월의 걸친 미국 강연여행은 체코 사정을 미국에 알리는 귀중한 기회가 되었음은 물론이고 후일을 도모할 수 있는 발판을 마련하였다.

6. 종교자유 옹호자

종교의 자유가 있는 미국에서 귀국한지 4년 후인 1906년. 천주교 신부가 어떤 학교교사를 이단의 생각을 갖고 있다는 이유로 당국에 고발했다. 프라하에서 항의집회가 열렸고 마사리크가 연설을 하였는데 그 내용에서 "그러한 교리문답신부는 종교의 안내자가 아니라 정부의 정보제공자이다"라고 비난하였다. 이 때문에 마사리크는 308명의 신부로부터 명예훼손으로 고소를 당했는데 법률비용을 감당할 수 없게 만들려는 목적으로 신부 1명씩 개별적으로 고소하게 만들었다. 고소장에는 마사리크가 "부자"라고 적었다. 추가해서 마사리크가 "전과자"라고 지적했다. 힐스너 사건에서 마사리크가 발급한 소책자에 부과한 벌금을 부각시킨 것이다.

고소인 308명 가운데 30명만 출석하자 그들은 법정에 바람잡이들을 고용하여 출석시켰다. 마사리크의 변호인은 혐의를 보고 걱정이 앞섰다. 마사리크에게 최소 1주일 동안 감옥에 갈 것이라고 말하자, 마사리크는 "감옥에서 책은 읽을 수 있겠지요?"라고 물었다. 변호인이 그렇다고 대답하면서 "그러나 박사학위와 교수직이 박탈될 수 있습니다"라는 회답이 돌아왔다. 그러자 마사리크는 "걱정하지 마십시오. 나는 다른 일로 생활할 수 있습니다"라고 아무렇지 않게 대답하였다.

마사리크는 법정에서 진술하였다. "핵심은 천주교정신이다. 나는 종교에 반대하지 않는다. 내가 반대하는 것은 자신을 방어하기 위해서 정치를 끌어들이는 타락한 종교이다. 당신의 권력을 행사하기 위해서 경찰과 위원회와 정치가 필요한 하나님이라면 그런 하나님은 어떠한 분이신가? 그러한 하나님은 우리와 대항하기 위하여 경찰의 칼이 필요한 하나님일 것이다!" 마사리크는 법정에서 시종일관 칸트가 학생들에게 설명하는 것 같은 자세로 감정 없이 진술하였다.

마지막으로 변호인이 일어섰다. "2천 5백 년 전 아테네에서 소크라테스가 재판을 받았다. 그는 신성모독으로 기소되었다. 재판관의 이름은 전해지지 않는다. 오늘 마사리크 교수가 재판정에 서있다. 그의 이름 역시 역사에 속할 것이다. 역사의 여신은 그의 이름을 역사라는 철판에 철필로 기록할 것이다. 그 역시 신성모독으로 기소되었다. 그의 이름과 함께 여러분 재판관들의 이름이 기록되지 않을 것이라고 나는 믿는다. 본 변호인은 그의 무죄를 요청한다."

마사리크는 무죄가 되었다. 이것은 그의 추종자들에게 다행이었다. 그의 종교재판은 사실상 그들로서는 이기기 어려운 고위직이 기획한 것이라고 믿어서 마사리크가 유죄 선고를 받을 것이라고 생각했기 때문이다. 이 사건을 마무리하면서 마사리크는 『교리문답신부의 거울A *Mirror of Catechists*』이라는 책을 출판하였다.

7. 다시 국회로

자신의 독자적인 정당을 가졌지만 1907년까지 비엔나 제국의회에 의원을 보내지 못했다. 그해 선거법이 개정되었다. 오스트리아 헝가리 제국의 국내는 여전히 민족문제로 표류하고 있었다. 이 문제를 완화하기 위하여 황제는 24세 이상의 모든 시민들에게 선거권을 부여하였다. 독일계가 반대하였지만 마침 러시아도 선거법을 개정하였기에 힘을 얻었다. 마사리크는 전부터 보통선거를 주장했다.

마사리크는 동부 모라비아에서 출마하였다. 이 지역은 천주교가 커다랗게 영향력을 행사하는 곳이다. 이를 믿고 천주교에서는 처음부터 마사리크를 얕보았다. 그러나 선거운동이 진행되면서 그들의 생각이 틀렸다는 것이 드러나기 시작하였다. 마사리크는 여러 문제를 들고 사람들에게 설명하였다. 그들은 그의 논리적이고 현실적인 접근에 귀를 기우렸다. 모라비아의 한 신문은 그 장면을 기록하였다.

> 단상에 올라가서 진행자와 악수를 나눈 그(마사리크)는 수선스럽지도 아첨도 하지 않고 단도직입으로 문제를 설명하였다. 설교도 아니고, 강의도 아니었으며, 조용히 주제를 설명하였다. 정치에 익숙하지 않은 여성과 어린이를 포함한 군중에게 오스트리아 헝가리의 문제, 소상인들의 문제, 사회주의, 교권정치 등을 차분히 설명 하였다. 어느 때는 연설이 두 시간이 넘게 계속되지만 기침소리 하나도 없이 마지막까지 남아서 듣는다. 모든 방청자들은 흡사 그의 혀에 달라붙은 것 같았다. 그의 다음 연설 포스터를 보고 다음에는 더 많은 군중이 몰려들었다. 모두 그의 연설을 듣기 위해서이다. 정치라고는 관심도 없었던 순박한 농부들이 그의 연설을 듣기 위해 몇 시간을 마다하지 않고 거칠고 먼 들판 길을 걸어 왔다. 마사리크의 성공은 아마도 어떠한 약속도 하지 않는다는데 있는 듯하다. 이방인을 믿지 않고 지식인을 경원

하는 이 지역사람들은 이런 면에서 현명한 청취자가 되었다.906)

예상을 뛰어넘는 마사리크의 선전에 천주교 신부들이 당황하였다. 그들은 반격하였다.

천주교인들! 시민들! 상인들! 여성들! 마사리크에게 투표하지 말라. 그를 돕지 말라. 그는 이 나라를, 우리를, 체코 어머니의 아들딸들을 사랑하지 않는다. 그는 기독교 소녀의 피를 뿌린 유대인 힐스너의 편이다. 유럽인의 시각에서 이것은 치욕이다. 마사리크는 한때 국회의원이었지만 동료들과 어울리지 못하여 이년 만에 사퇴하였다. 보헤미아에서 그는 거부당했다. 시민의 의무를 지닌 우리 모라비아인이 사실상 보헤미아에서 추방된 사람을 선출하려는가. 마사리크는 유대인의 후보자이다. 유대인들은 빠짐없이 등록하여 마사리크를 당선시키려 한다.… 마사리크는 학교에서 종교를 몰아내려 한다. 그의 정당은 종교가 어린애에게 해를 끼친다고 주장한다. 신부가 어린애의 적이라는 것이 그들의 정강이다.907)

어떤 고위직 신부(몬시뇰)는 "동정녀 마리아의 명예의 이름으로 바로 그 동정성을 부정하는 마사리크에 대항하여 여러분의 모든 힘을 쏟고, 집집마다 독려하여, 마사리크의 당선을 막아야 한다. 동정녀 마리아의 가호를 빈다. 추신. 추기경이 우리들 노력의 결과를 몹시 고대한다. 그에게 기쁨을 선사하자."라는 편지를 신부들에게 보냈다. 마사리크는 언제나 호주머니에 성서를 지니고 다니는데 그럴 때마다 성서의 구절을 읽어 대항하였다. 마사리크는 당선되었다. 추기경은 화풀이로 교구의 시장을 접견하지 않았다. 추기경은 영지를 소유하고 있었는데 거기에 예속된 농노들과 농민들은 그의 횡포에 시달려야 했다.

---

906) Selver, *Masaryk*, pp.203-204.
907) Selver, *Masaryk*, p. 204.

마사리크는 1907년 여름 다시 국회에 입성하였다. 그의 당에서 당선된 사람은 그와 드르티나(Drtina) 교수 둘 뿐이었다. 그는 마사리크의 제자였다. 소수당이지만 국회는 곧 마사리크의 존재를 실감하게 되었다. 그는 십 여 민족이 대표하는 의회운영의 어려움을 인정하면서 그럼에도 불구하고 비독일계인들은 제국 내에서 동등한 권리 이상은 바라지 않는다고 연설하였다. 그러나 언어에 관하여는 강경하였다. 선출된 의원들을 살펴보면 각 민족의 언어에 익숙하지만 강제로 습득한 독일어로 법안을 충분히 이해할 수 없는 상태에서 법안을 제정하는 어려움이 있음을 지적하였다. 또한 그는 오스트리아는 인위적인 국가artificial state이지 자연적인 민족국가nation가 아님을 강조하며 국가의 힘은 인위적인 국가조직보다 민족의식에서 유래된다고 주장하였다. "체코, 슬로베니아, 폴란드의 문화를 생각해 보자. 이것이 국가state가 가져다 준 것이라고 생각할 수 있겠는가? 처음부터 독일과 중앙집권적 국가와 대면해온 우리는 국민국가와 인위국가를 구분하였으며 따라서 우리의 발전은 당신들보다 더 민주적, 자치적, 민족적 요인에 있었다"라고 논리적으로 설명하였다. 구체적으로 그는 "보헤미아, 모라비아, 실레지아는 여러 언어가 혼재된 곳이다. 따라서 소수민족 문제는 우리에게 매우 중요하다. 이것을 어떻게 다루어야 하겠는가. 진정으로 평화를 바란다면 내 생각으로는 한 방법밖에 없다. 소수민족과 그 비례대표를 도입하여 분리하는 길이다. 우리가 원하는 것은 족쇄가 채워지지 않은 자치정부이다. 이것만이 서로 이해하는 바탕이 된다"라고 요구하였다. 후일 독립을 성취하여 만든 헌법은 비례대표제를 도입하였다.

8. 제2차 미국강연

　첫 번째 회기가 휴회로 들어가자 마사리크는 미국 보스턴에 소재하는 "종교의 자유 국제연합의회"에 연사로 초빙되어 부인과 함께 미국으로 떠났다. 두 번째 미국 방문이다. 연합의회가 끝난 후 그는 체코인이 거주하는 대도시를 방문하였다. 뉴욕, 시카고, 클리블랜드, 미니아폴리스, 세인트폴, 볼티모어, 오마하 등이다. 그는 주로 민족문제와 종교에 대하여 연설하였다. 그가 미국을 떠날 무렵 그의 연설이 책으로 출간되었다. 이 책의 한 구절이 예언적이다.

　　많은 사람들이 다음 황제로부터 오스트리아가 변할 것을 기대하고 있다. 그가 교회정책을 챙기고, 모든 왕조의 정책을 바꾸기를 고대한다. 황태자가 우리에게 친밀하다고 우리 민족에게 더 좋은 시기가 되리라고 말한다. 물론 오스트리아 황제는 대단한 권력을 갖고 있음을 인정한다. 그러나 오늘날 그가 민족 자체보다 더 대단한 권력을 갖고 있다고는 생각하지 않는다. 나는 왕좌로부터 어떠한 변화도 기대하지 않는다.[908]

　앞서 언급했지만 황위 계승자 페르디난트 대공은 마사리크가 노벨 평화상을 수상하는데 방해[909]를 하였기도 하여서 마사리크의 이 발언은 객관적이지 되지 못할 수 있지만 역사는 마사리크가 옳았음을 증명했다. 모든 그의 정보에 비추어 페르디난트 대공이 자신의의 부인 소피가 보헤미아 봉건귀족 출신임에도 체코에게 호의적인 인물이 아니라고 마사리크는 판단하였고, 그의 건강이 정신착란 직전에 있을 정도로 위험하고 나쁘다는 비밀도 알아냈다.[910] 마사리크의 정보통은 비엔나 내무상의 시

---
908) Selver, *Masaryk*, p. 209.
909) Selver, *Masaryk*, p. 244.

종이었는데 후일 마사리크가 독립운동 망명시절에도 비밀정보를 계속적으로 제공하였다.

마사리크의 정보가 얼마나 정확한 것이었는가는 히틀러가 그의 저서 『나의 투쟁』에서 페르디난트가 체코에 우호적이라고 기록한 것과 비교된다. 이것은 히틀러가 오스트리아에 대하여 얼마나 잘못된 시각을 갖고 있는가를 드러내는 작은 예에 불과하지만 반대로 마사리크가 옳았다는 예도 된다. 결국 페르디난트는 세르비아에서 암살되고 대전이 일어난 것을 보면 알 수 있다. 마사리크는 『나의 투쟁』을 읽고 히틀러가 매우 위험한 인물이라고 판단하였다.[911]

두 번째 미국방문 역시 마사리크라는 인물을 해외동포들에게 알리는데 기여하였다. 첫 번째 방문과 달리 출판된 책이 그의 독자를 넓히는 계기가 되었고 후일 독립운동에 커다란 기여를 하였는데 자금의 주요공급처가 되었기 때문이다.

9. 학문자유 옹호

그 무렵 오스트리아 천주교회의 교권주의는 불길한 조짐을 보이고 있었다. 그것은 1907년 11월 비엔나에서 열린 천주교 회의에서 드러났다. 비엔나 시장이 "유대인 거부"라는 기치를 내걸고 기독교 사회주의 운동을 조직하였다. 목적은 자유주의에 대항하여 싸우는 것으로 이것은 그 후 1933년 히틀러를 위해 씨를 심어두는 전주가 되었다. 이 운동에서 천주교회는 대학을 장악하려는 의도를 숨기지 않았다. 비엔나 시장의 표현을 빌리면 "파괴적인 사상, 혁명, 무신론, 반역의 온상인 대학"이다. 이것

---

910) Setton Watson, *Masaryk in England*, p. 19.
911) Masaryk, *Hitler's Credo*, Prager, 1933, pp. 3-4.

은 마사리크가 결코 도전하지 않고 묵과하여 지나칠 수 없는 악덕이었다. 그는 즉시 의회에서 대학의 자유를 보존하는 정부의 보장을 요청하는 결의문을 제출하고 그를 뒷받침하는 연설을 하였다. 인식론에 근거한 지식과 계시에서 출발하는 신학을 대비한 후에 그는 천주교회가 강압으로 종교의 이익을 도모한다고 비난하였다.

아무도 당신들의 종교적 감성을 간섭하지 않는다. 나는 종교의 적이 아니다. 당신들이 나를 거짓으로 공격함에도 불구하고 내 평생에 단 한 순간이라도 무신론자인 적이 없다.… 그러나 나는 체코인으로서 후스와 코메니우스를 낳은 이 나라의 아들로서 말하지 않을 수 없다. 체코는 단 한 번도 어떠한 형태로도 교직권을 지지한 적이 없다. 체코는 후스의 개혁으로 로마에 대항한 첫 번째 나라이다.… 18세기 말 이 나라의 각성은 기독교 사회주의가 목적으로 삼는 것과 반대로 문화적, 민족적, 종교적 기초에 입각하였다. 내가 정부에 보장을 요구할 때, 내가 원하는 것은 정부는 천주교가 선포하려는 계획에 대해 관계하지 말아달라는 것이다. 이 의회에 있는 우리에게 지금이야말로 자유와 발전을 위한 정책을 희망하느냐 교권정당의 파괴적인 목적에 순응하느냐를 확인하는 순간이다.912)

교육부 장관이 답변하였다. 교수와 수강의 자유, 신념과 양심의 자유를 언급하면서 그 자신이나 정부는 이러한 자유를 조금도 침해하지 않겠다고 말했다. 그럼에도 마사리크에 대한 천주교회의 비난은 계속 되었다.

교수의 윤리에 대해서는 내가 말하기 전에 마부의 아들이라도 한때 교수였으므로 마사릭 교수는 무슨 뜻인지 알 것이다. 그가 수년간 교수였고 학생들을 타락시킨 대가로 높은 보수를 받았음에도 그는 마부인 불행한 아버지를 가난 속에 버려두었다. 그의 아버지가 사망했을 때 그는 창피해서 장례식

---

912) Selver, *Masaryk*, pp.211-212.

에 가지 않았다. 마사리크 교수는 "우리는 더 나은 종교를 원한다"고 말한다. 그렇다. 마부를 부끄럽게 여기는 종교 말이다.913)

마사리크에 대한 공격은 왜곡과 거짓의 잡동사니였기에 같은 당의 동료의원 드르티나 교수의 가슴에 못을 박을 정도였으니 이 종교논쟁은 천주교회에게 득보다 실이 컸다. 그것은 마사리크가 제안한 결의가 의회에서 삼분의 이를 넘어 채택이 되었다는 것으로 입증되었다. 천주교회와 대립은 이것으로 그치지 않았다. 의회에서 통과된 마사리크의 결의문의 핵심은 불과 수개월 뒤에 이른바 바르문트 교수 사건에서 다시 불거졌다. 인스부르크 대학의 종교법 교수인 바르문트(Wahrmund)는 1908년 "천주교회의 입장과 학문의 자유"라는 책자를 출판하였다. 이 책자에서 교황청의 시각과 학문의 세계 사이에는 일치할 수 없는 간극이 있음을 논하였다. 이것은 마사리크가 의회에서 연설한 내용과 일치하는 것이었다. 바르문트의 책자는 가장 성스러운 종교적 감정을 공격하였다는 이유로 압수되었다. 비엔나 시장이 의회에서 그러한 자가 대학에서 교수직을 보유할 수 있는가 문의하였다. 전부터 천주교회와 어울리지 못했던 바르문트 박사는 교수직에서 해임되었다.

마사리크는 힐스너 사건처럼 이 사건에도 개입하였다. 개인적인 이유가 아니라 원칙의 문제였기 때문이다. 더욱이 마사리크는 체코인이지만 바르문트는 독일인이었다. 마사리크는 의회에서 다시 이 문제를 갖고 연설을 하였다.

    의원 여러분, 이 문제에 있어서 무엇이 핵심입니까. 우리 솔직합시다. 그것은 바르문트의 책자가 아닙니다. 바르문트 자신도 아닙니다. 그것은 현 시국의 증세입니다. 단순히 우연한 증세가 아닙니다. 그러면 어떠한 시국입니

---

913) Selver, *Masaryk*, p. 212.

까. 근대화에 반대하는 교황의 회칙에서 최고 종교당국이 분명하게 말한 것이 있습니다. 학문세계의 시각과 종교의 권위 사이에 합의가 전혀 불가능하다고 밝힌 점 말입니다.914)

마사리크는 두 가지 점을 강조하였다. 첫째, 독일에서 신학자들은 자유롭게 표현할 수 있는 동일한 사안에 대해 오스트리아에서는 바르문트에게 제제를 가한다. 둘째, 바르문트에 대해 제제를 가할 실정법이 존재하지 않는다. 따라서 그에 대한 조치는 위법이다. 마사리크는 이 전말을 『바르문트 사건의 의미The Significance of the Wahrmund Affair』라는 책자로 출판하였다. 이 책자는 오스트리아뿐만 아니라 전 유럽에 비상한 관심을 불렀다. 그럼에도 바르문트는 인스부르크대학으로 복귀하지 못했다. 대신 그는 프라하대학에서 가르쳤다.

10. 발칸의 합병

오스트리아의 외상 폰 아렌탈(Alois Lexa von Aehrenthal, 1854~1912) 백작은 1908년 프란츠 요셉 I세 황제의 즉위 60년을 기념하여 1878년 이래 점령하고 있었던 발칸반도의 보스니아Bosnia와 헤르체고비나 Herzegovina를 합병해 버렸다. 이 지역에 사는 주민의 대부분은 세르비아 Serbia와 크로아티아Croatia 사람들이었다. 1878년 점령은 베를린 회의에서 열강의 승인 아래 무력으로 취해진 것이지만 유럽 외교의 초미의 문제로 남아 있었다. 이 지역은 1천년 동안 기독교와 이슬람 사이에 화약고이었기 때문이었다. 오스만 터키가 약해진 틈새를 이용하여 점령 이후에 오스트리아 헝가리화 하는 정책도 문제이지만 합병은 오스트리아 제국

---

914) Selver, *Masaryk*, p. 213.

의 안정을 해치고, 베를린 조약Treaty of Berlin을 깨는 행위라서 국제평화에 위협이 되어 유럽에 전쟁을 불러올 것을 우려하였다. 그러나 이 보다 이 정책에 숨어있는 폰 아렌탈의 사악한 음모를 마사리크 의원은 묵과할 수 없었다. 마사리크는 일찍이 첫 번째 국회의원일 때 이 지역을 점령한 오스트리아의 외교정책을 비난하는 연설을 한 바 있다. 합병은 점령보다 더 심각한 문제였기에 이번에도 마사리크 의원은 망설이지 않았다. 합병에 저항하는 시위는 무력으로 진압되었고 계엄령이 선포되었다. 마사리크는 오스트리아 외교정책을 공개적으로 저주하고, 그 뒤를 지지하는 독일을 비난하며, 합병을 동의하지 않았으면서도 적극적으로 개입하지 않는 영국, 이탈리아, 러시아, 터키의 태도를 나무랬다.

베를린 조약에는 흑해에서 지중해로 나가는 길목이며 오스만 터키의 수중에 있는 다다넬스 해협Dardanelles을 어느 국가의 전함이라도 통과하지 않는다는 조항이 있었다. 제정 러시아는 1905년 러일전쟁에 패하여 요동반도의 여순 항구를 포기하자 유일한 대안으로 흑해에서 지중해로 나가는 방법을 모색하였다. 오스만 터키의 힘이 쇠락하자 그 틈을 타서 오스트리아가 보스니아 헤르조고비나를 점령하고 나중에 합병하는 것을 제정 러시아가 묵인하는 대가로 제정 러시아 전함이 지중해로 진출하는 것을 오스트리아가 인정한다는 비밀외교가 오스트리아 외상 폰 아렌탈과 러시아 외상 이즈볼스키(Alexander P. Izvolsky, 1856~1919) 백작 사이에 이루어졌다.

합병 즉시 세르비아에서 격렬한 반발이 일어나서 전쟁이 임박한 분위기가 감돌았다. 세르비아를 중심으로 구상하고 있는 남슬라브가 위기에 처했기 때문이다. 그러나 남슬라브가 결성되면 이웃 헝가리가 위협 받으므로 헝가리는 오스트리아 편이 되었고, 오스만 터키로부터 해방되고 싶어 하던 불가리아는 이를 환영하며 독립을 선언해 버렸다. 이때 세르비아, 몬테네그로, 그리스도 함께 독립했다. 그러나 아직도 오스만 터키에 남아있던 부분이 있어서 이들 국가들이 오스만 터키를 공격하여 제1차 발칸전쟁이 발발하였다.

이것은 나중의 일이고, 당시에 영국은 합병에 반대하였다. 러시아 전함이 지중해로 진출하는 것을 우려한 영국은 그것이 통과하면 모든 국가의 전함도 통과할 수 있어야 한다는 논리였다. 그렇게 되면 러시아의 코 앞인 흑해에 영국을 비롯한 모든 국가의 전함이 자유롭게 항해할 수 있게 되는데 이것은 러시아가 바라는 바가 아니다.

세르비아 의회의 투표로 극단적인 수단을 취하지 않게 되었지만 세르비아의 왕세자가 러시아의 지지를 얻으려고 러시아 황제를 방문하였다. 합병을 금하는 베를린 조약에 의해 러시아와 서유럽국가들은 유럽회의를 열지 않는 한 합병을 승인하지 않겠다는 기운이 높아졌다. 폰 아렌탈은 그러한 회의를 반대하지 않겠지만 토의할 의제는 없다고 버텼다. 황제 즉위 기념식은 계엄령 하에 성대하게 치러졌다. 세르비아의 왕세자가 계승권을 포기한다고 선언하고 러시아 외상 이즈볼스키 백작이 독일이 오스트리아 편에서 군대를 동원할 것이라고 귀뜸 하자 열강은 합병을 승인한다고 비엔나에게 소식을 보내어 위기를 넘겼다.

아시아로 진출하고 싶어 하는 독일은 처음에는 오스만 터키 편이었다. 그러나 세르비아가 군대를 동원하자 독일은 하는 수 없이 오스트리아 편에 서지 않을 수 없었다. 한편 같은 슬라브 족인 세르비아 편에 선 러시아에서는 독일을 상대로 전쟁 준비가 되어 있지 않았다. 더욱이 비밀외교의 내용을 폭로하겠다고 위협하자 제정 러시아가 후퇴했다. 세르비아는 배반당한 셈이다.

11. 세튼 와트슨

합병의 정당성을 확보하기 위해서 사전 공작이 필요했던 폰 아렌탈은 언론을 동원하였다. 오스트리아의 언론은 말할 것도 없고 유럽의 언론도 오스트리아 외상의 농간에 놀아났다. 그러나 영국 언론은 달랐다. 그것은 세튼 와트슨(Robert Setton Watson, 1879~1951)과 스티드(Wickham Steed, 1871~1956)이라는 유능한 영국 언론인의 노력에 힘입은 바 크다. 이들은 후에 마사리크의 영국망명 시절에 커다란 힘이 될 것이다. 후일 사람들은 마사리크를 체코슬로바키아의 아버지라고 부르고 세튼 와트슨을 산파라고 부르게 된다.915)

폰 아렌탈 외상은 수중에 있는 언론을 동원하여 세르비아 내지 범세르비아 혁명운동을 비난하고 나섰다. 베오그라드Belgrade에 본부를 두고 합스부르크에 대항하는 혁명선전을 보스니아와 헤르제고비나에 전파한다고 비난하였다. 이것은 합병하기 훨씬 전에 획책한 것이다. 자칭 "경찰의 첩자"라고 스스로 밝힌 어떤 사람이 책자를 출판했는데 여기서 그는 세르비아 학생의 비밀결사 이른바 "남슬라비아(유고슬라비아)"의 회원이었다고 밝혔다. 그에 의하면 이 조직은 반오스트리아 혁명세력의 본부였는데 세르비아의 왕 피터King Peter와 게오르그 왕세자Prince George가 후원자라는 것이다. 이 단체의 목적은 폭력으로 목적을 달성하는 것이었다고 폭로하였다. 문제는 이 책자가 잡동사니를 모아놓은 것이고 앞뒤가 맞지 않아서 믿기 어려웠다는 것이다. 그러나 그가 남긴 유고슬라비아라는 말이 여기서 처음 유래되었다.

폰 아렌탈 외상의 목표는 합병의 목적을 달성하기 위해 세르비아의

---

915) Betts, "Masaryk's Philosophy of History," *Slavonic and East European Review*, vol.26, no.66, Nov 1947, p. 30.

정치지도자들을 반역죄로 기소하는 것이었다. 국회의원은 면책특권으로 불가능하자 크로아티아 총독을 시켜 신부, 교사, 의사, 상인, 공무원 등 53명을 재판에 회부하였다. 이것이 아그람 사건의 서막이다. 아그람은 지금 크로아티아의 수도 자그레브이다. 정부 측 증인은 대거 출석한데 대하여 피고 측 증인은 단 한 건도 채택되지 않았다. 이 재판을 방청한 영국 언론인 세튼 와트슨은 『남슬라브 문제』를 출판하였다.916) "피고들은 체포된 이유도 모르는 채 몇 달 씩 감금당했다. 그럼에도 그들의 정신은 꺾기지 않았다. 내가 방청한 재판에서 한 피고는 폐결핵 환자였는데 그의 변호인이 증인에게 매우 중요한 질문을 하려는 것을 판사가 거부하자 용감하게 항의하였다.… 판사들이 퇴장했다 다시 들어오면서 그에게 세 번째로 음식도 없는 어두운 방에 24시간 감금하였다."

12. 외교정책 비판

폰 아렌탈의 음모는 여기서 그치지 않았다. 발칸반도 위기의 절정에서 오스트리아의 언론인 하인리히 프리드융(Heinrich Friedjung) 박사가 어느 신문에 "오스트리아 헝가리와 세르비아"라는 논설을 게재하였다. 그는 유대인이었지만 범게르만주의자였다. 그는 글에서 남슬라브를 비난하였는데 폰 아렌탈 외상의 사주를 받고 있었음이 분명하였다. 이 글로 남슬라브는 분노가 넘쳐 오스트리아 군부는 폭동이 일어날 것을 대비하고 있었다. 독일과 러시아의 중재로 간신히 위기를 넘겼지만, 그것으로 일이 끝난 것은 아니었다. 프리드융 박사는 자신의 논설에서 세르비아 크로아티아 연합Serbo Croatian Coalition의 회원들을 반역이라고 몰자 그들은 거

---

916) Setton Watson, *The Southern Slav Question and the Habsburg Monarchy*, London, Constable and Co., 1911.

꾸로 프리드융을 명예훼손으로 고소하였다.

이때 마사리크 밑에서 공부했던 남슬라브 학생들이 마사리크에게 편지를 보냈다. 아그람 재판을 방청해 줄 것을 요청하는 내용이었다. 그들은 많은 피고인들이 마사리크의 제자이고 재판 중에 스승도 공격당하고 있음을 강조하였다. 마사리크는 아그람에 직접 가서 참관한 후 세튼 와트슨이 목격한 것이 틀림없음을 확인하였다. 그는 베오그라드를 여행하며 여러 가지 상황과 정보를 입수한 후 제국의회로 귀환하였다. "아그람에서 여러 날을 보내고 재판에도 방청하였는데 이것이 오페레타인지, 아니면, 희극, 종교재판, 이도 아니면 비극인지 구분이 되지 않는다. 비엔나의 신문뿐만 아니라, 독일, 프랑스, 영국, 이탈리아의 주요 신문들이 재판과정에 부정적인 것은 이상할 것이 없다. 이 재판을 취재하면서 비판하지 않는 신문은 존경받는 신문 가운데에는 없다."

마사리크는 즉시 제국의회가 진상을 조사하라는 결의안을 제출하였다. 그가 두 번 연설을 하였고 결의안은 통과되었다. 그리고 이 내용을 책자로 출판하였다. 제목은 『아그람 반역과 보스니아 헤르조고비나 합병』이다. 그는 재판에서 검사 측 증인(이른바 경찰첩자)이 증거로 내세운 서류의 원본이 없었다고 밝혔다. 이어서 그는 원본이 제출되지 않은 이유는 처음부터 아예 존재하지 않았기 때문이라고 망설이지 않고 말하면서 판사는 술에 취해 있었다고 밝혔다. 프리드융 박사의 논설을 언급하는 대목에서 마사리크가 과감하게 그 밑받침이 되는 서류 가운데 하나인 오스트리아 외무성 서류가 가짜라고 폭로하면서 사건은 절정에 달하였다. "나는 한 눈에 그것이 위조임을 알았다."[917] 더욱이 그 가짜 서류가 폰 아렌탈의 전임자 시절부터 계속 획책된 것임을 덧붙였다. 마사리크는 증거가 필요했다. 음모자들이 위조문서를 사진 찍을 때 그 서류를 문에

---

917) Capek, Round (tr.), *Talks with T. G. Masaryk*, p. 189.

핀으로 고정시켰는데 마사리크가 그 핀 구멍을 찾아내었다.918)

친정부 신문들은 마사리크에게 비난의 화살을 돌렸다. 그 가운데에서도 재판의 책임판사는 "사전에도 없는" 입에 담지 못할 말들을 퍼부었다. 이 사건은 전 유럽의 관심을 모았다. 취재 경쟁이 불붙었고 곧 마사리크의 주장이 옳았음이 천하에 밝혀졌다. 그러나 재판은 계속되어 1909년에 31명에게 유죄를 23명에게 무죄를 선고하였다. 주모자급에게는 5 내지 12년이 선고되었다. 이듬해 상고가 있었고 다시 재판이 재개할 즈음 황제의 요구에 의해 모든 것이 없던 일로 되었다. 이와 함께 비엔나 당국은 "판결을 뒷받침하는 사실의 정확성에 이성적인 의문이 들었다"라고 변명하였다.

이 재판에서 마사리크는 비엔나가 자유를 억압하면서 철도건설이나 기타 기술적인 수단만으로 이 지역 사람들의 마음을 얻지 못할 것이라고 선언하면서 크로아티아와 세르비아가 통일하는 것을 막아서는 안 된다고 주장하며 그것은 피할 수도 없는 불변임을 주지시켰다.919)

13. 발칸의 친구

외무성 위조서류의 발각으로 아그람 사건은 종료되었지만 프리드융 고소 사건은 아직 남아 있었다. 프리드융이 논설을 쓸 때 기초가 되는 문서는 24개나 되었는데 그 진위가 문제였다. 프리드융 사건이 계획대로 진행되지 않자, 폰 아렌탈은 프리드융 박사에게 법정 밖에서 타협하도록 종용하였다. 그러나 프리드융은 완고하였다. 스스로 반역을 저지하는데 커다란 공헌을 세웠다고 자부한 그는 사학자로서 자신의 명예에 도전하

---

918) Capek, Round (tr.), *Talks with T. G. Masaryk*, p. 189.
919) Suppan, "Masaryk and the Trials for High Treason against South Slavs in 1909," in Winters (ed.), *T. G. Masaryk, I, Thinker and Politician*, Ch. 9.

는 "반역자"들을 그대로 둘 수 없었다. 폰 아렌탈의 영향력에도 불구하고 1909년 비엔나에서 재판이 열렸는데 그 내용은 프리드융에 대한 두 가지 명예훼손에 대한 고소였다. 세르보 크로아티아 연합회 52명 회원의 고소, 연합회 대표 수필로(Frano Supilo, 1870~1917) 박사의 고소, 그리고 프리드융의 논설을 게재한 신문사에 대한 고소. 이 재판은 아그람 재판 보다 더 많은 이목이 집중되었는데 이번에도 영국 언론인 세튼 와트슨과 스티드가 참관하였다.

프리드융이 제시한 증거서류 가운데 소위 "남슬라브"의 회의록이 있었다. 피고의 변호인은 이 서류가 "남슬라브"의 서기 "밀란 스테파노비치"가 넘겨준 것이라고 말했다. 그러나 그를 증인으로 채택하게 되자 그런 인물이 실제로 존재하는지 증명하기 어렵다고 둘러댔다. 어찌되었든, 이 회의록에 자금, 총기, 폭탄 등의 공급이 언급되어 있었다. 이뿐만 아니라 그 서류에는 "남슬라브"의 행동과 관련하여 세르비아 외무성의 비밀 통신과 세르비아 외교관의 전문이 포함되어 있었다. 그러나 이것들이 마사리크에 의해 모두 가짜라는 것이 드러났다. 그럼에도 판사는 관련자 모두에게 무죄를 선고하였다.

마사리크는 의회 대표단에서 연설하면서 외무상을 맹렬히 비난하면서, 그보다 고위층을 지목하였다. 황제, 대공, 수상이 위조서류의 정체를 모두 알고 있었으며 외무상은 단지 전달꾼에 불과하다고 고발하였다. 외무상과 정면에서 그 사실을 추궁하였다. 외무상은 즉답을 피하며 마녀사냥을 하여 세르비아가 황제에 등을 돌리게 만드는 비애국적 행위라고 마사리크를 역공격하였다. 마사리크는 체코 대표에 대한 모욕이라고 단정하면서 외무상은 자유를 두려워하며 즉답을 회피하는 비겁한 행위라고 받아쳤다.[920]

---

920) Skilling, *Against the Current 1882-1914*, p. 140.

그러나 사건은 여기서 끝나지 않고 이상하게 흘러갔다. 소위 "밀란 스테파노비치"라는 사람이 나타난 것이다. 베오그라드 기자인 그는 이 모든 것이 베오그라드 주재 오스트리아 헝가리 영사가 꾸민 일이라고 폭로히였다. 마사리크는 외무상 폰 아렌탈을 "아넥산더 대왕Annexander the Great"라고 호칭하며 그의 외교정책을 맹공격하였다. 폰 아렌탈은 결국 외무상에서 해임되었다.

폰 아렌탈은 위조문서와 그에 입각한 기소로 그의 발칸정책을 정당화하려고 하였다. 그리고 그의 기도는 프란츠 요셉 황제의 승인 하에 이루어졌다. 그러나 그의 실패는 예정된 것이었다. 그의 실패는 거꾸로 마사리크의 성가를 높였고 유럽의 위신을 살렸다. 이 과정을 목격한 영국 언론인 스티드는 자신의 저서에서 다음과 같은 논평을 하였다.

전 재판과정과 오스트로 헝가리 외교정책에 대해 마사리크가 보여준 용기는 그가 오스트로 헝가리에서 가장 훌륭한 공공의 정신을 소유한 인물로서 새롭게 떠올랐다. 그가 프라하 체코대학에서 가르침을 통해 전 슬라브 지역에서 성취한 도덕성을 향상 시켰다. 아그람과 프리드융의 반역재판은 합스부르크가 한때 소유했던 내적 미덕을 상실했음을 보여주었다. 보스니아 합병 위기는 이미 그것이 독일의 손과 발을 묶었음을 증명하였다. 나보다 이 지역을 훨씬 더 잘 아는 마사리크 역시 동시에 같은 결론에 도달하였다.921)

이 사건으로 마사리크는 외교에 눈을 떴다. 오스트리아에 대한 그의 태도 역시 변하였다. 앞서 언급한대로 일찍이 그의 정신적 스승 팔라스키는 "오스트리아가 없으면 만들어져야 한다"고 말했다. 마사리크는 이것

---

921) Steed, *Through Thirty Years 1892-1922 A Personal Narrative*, New York, Doubleday, 1924, p. 313.

보다는 팔라스키의 또 하나의 신념 "우리는 오스트리아 이전에도 있었고 오스트리아가 사라진 후에도 존재할 것이다"로 옮겨갔다. 이 생각은 후에 독립운동 과정에서 합스부르크 연방주의에서 오스트리아 해체 주장으로 발전하게 된다.

14. 사실추구

당시 유럽, 특히 독일, 러시아, 오스트리아 헝가리의 절대주의와 신비주의에 맞서서 은폐되는 사실을 밝히려는 마사리크 교수의 노력은 앞서 본대로 여러 사건에 휘말렸고 두려움 없이 절대 권력에 맞서는 그의 행동은 유럽에서 유명해졌다. 특히 기독교와 이슬람교 사이에 일천 년 동안 계속되어온 유럽의 화약고 발칸에서 오스트리아 헝가리 외무상과 대결하여 그가 보여준 용기와 지혜는 많은 사람에게 알려졌다. 그러나 그는 교회, 대학, 의회, 사회의 공격으로부터 고립무원에 처하게 되었다. 그것을 그는 조금도 두려워하지 않았다.

> 마사리크는 전통, 다수, 편견을 두려워하지 않는다. 그도 때때로 실수하지만 사실이라고 생각하면 자신의 견해를 밝히는 것을 두려워하지 않았다. 그는 개진하는 숭고한 이단이다.[922]

그의 당당함을 받쳐주는 역사철학은 사실추구였다. 그의 일생의 좌우명은 "사실보다 위대한 것은 없다"였다. 이것은 후일 체코슬로바키아의 국훈 Veritas Vincit: Truth Prevails이 되었다. 그래서 그가 설립한 정당 Realist Party도 이름 그대로 현실주의당 또는 사실주의당이다. 그 정당의

---

922) Skilling, *Against the Current 1882-1914*, 1914, p. vi,

1차 목표는 정권획득에 있지 않고 사술, 미신, 신비, 거짓이 아니라 역사와 사실에 입각한 정치를 하는 것이었다. 그러나 그의 역사철학은 단순하지 않고 정치, 역사, 철학, 문화, 사회, 문학, 민속, 도덕 등 사회의 모든 요소가 복잡하게 어우러져 있는데 그 정점에 종교가 있다.

제4장   마사리크의 사상

1. 철학과 기독교

1) 역사철학[923]

마사리크 역사철학의 출발점은 박사학위 논문(1876)이었던 플라톤이다. "플라톤은 스콜라철학과 전혀 다르게 이론과 실천이 조화롭게 어우러져 있다. 이론과 실천이 진실로 하나이다."[924] 『플라톤Plato on Immortality』 (1876)에서 시작하여 『자살론Suicide and the Meaning of Civilization』(1881), 『실천논리학The Foundation of Concrete Logic』(1885), 『체코역사의 의미The Meaning of Czech History』(1895), 『인간성의 이상Ideals of Humanity』(1898) 등을 거쳐 마침내 『러시아 정신The Spirit of Russia』(1913)에 이르기까지 그의 관심은 자본주의와 함께 빠르게 변화하는 유럽사회에서 개인의 위치였다. 즉, 개인의 실존 문제였다. 유럽에 있어서 정치, 사회, 개인, 실존에 관한

---

[923] 이하는 Uhde, *Democracy Sub Specie Aeternitatis: The Theological and Metaphysical Foundations of Thomas Garrigue Masaryk's Political Philosophy*, MA Thesis, University of Waterloo, 2009에 크게 의존하였다.
[924] Kovtum, (ed.), *The Spirit of Thomas G. Masaryk (1850-1937) : An Anthology*, London, Macmillan, 1990, p. 12.

대담에서 작가 차페크(Karel Capek, 1890~1938)와 마주한 마사리크는 "나는 국가, 정치, 모든 삶을 진실로 영원존재 [하나님] 하에서sub specie aeternitatis 이해한다"고 대답하였다.925) 플라톤 철학이 주장하는 이론과 실천의 일치는 기독교 윤리에 두어야 하고 정치철학의 기초는 유럽의 종교적 전통과 연결되어야 한다는 주장이다. 사회와 정치에 연결된 개인의 삶은 반드시 플라톤의 영원에 의지하며 총체적 삶은 하나님에 달렸기 때문이다. 개인은 역사가 만드는 운명으로 고통을 받지만 역사는 하나님이 주재한다. 이러한 "하나님 아래에서"의 삶의 철학은 코멘스키 신학의 전통이다. 그럼에도 마사리크는 국가와 교회의 분리를 강력하게 옹호하였다.

앞서 본대로 마사리크는 비엔나와 라이프치히에서 수학한 대학교수였고 정치에 입문하여 제국의회 의원이 되었다. 대학 강단에서 저술한 『자살론』은 유럽을 흔들었는데 그것은 이 책이 출판되고 불과 몇 년이 안 되어 오스트리아의 황태자 루돌프(Crown Prince Rudolf, 1858~1989)가 황태자비를 두고 정부와 치정으로 자살한 사건과 맞물렸기 때문이다. 오스트리아의 윤리 상태가 맨살을 드러났고 마사리크의 주장이 사람들 사이에 회자되었다.

마사리크는 근대과학을 높이 평가하지만 개인이 단지 자연과학이 표방하는 기계적 사회의 부속품이 되는 것은 거부한다. 사람은 빵만으로 사는 것이 아니고 정신으로도 산다는 사실을 주지시켰다. 그 정신이 그에게 있어 정치의 종교적 원칙이 되었다. 사람의 삶에 있어서 종교와 정신의 필요성에 대한 마사리크 교수의 집착은 미신과 신비로부터 정신적 위기를 극복하는 한 방법으로 과학의 힘을 빌리면서 "1880년대 마사리크는 새로운 과학적 종교를 위하여 종교와 과학을 통합시켰다."926) 후일

---

925) Capek, Round (tr.), *Talks with T. G. Masaryk,* p. 328; Capek, *Masaryk on Thought and Life,* London, Allen and Unwin, 1938, p. 186, 194.
926) Szporluk, *The Political Thought of Thomas G. Masaryk,* Boulder, East

독일의 히틀러에 맞서서 영국을 이끈 처칠은 "왜곡된 과학으로 무장한 적에 대해 나의 목표는 하나이다. 승리. 어떠한 대가를 지불하더라도 승리뿐이다"라고 연설한 것도 같은 동기에서 출발한 것이다. 그러기 위하여 종교와 정신의 자유가 허락되는 제도로서 민주주의를 최상의 제도라고 마사리크는 결론지었다. 이에 근거하여 비과학적이고 신비적으로 흐르는 종교를 강요하는 러시아, 프러시아, 오스트리아, 오스만 터키, 바티칸의 절대주의 정치제도를 거부하였다. "마사리크는 개인의 삶을 윤리적 가치에 어울리도록 향상시키는 제도로서 민주주의를 교권주의를 계승하는 인류 역사의 진보적 산물이라고 보았다."927) 그럼에도 불구하고 과학적 민주주의에 대한 그의 옹호에서 종교적 윤리는 정치의 기초였고 도덕은 민주주의의 기본이었다. 마사리크의 표현대로 "종교는 도덕의 근본이 되어야만 한다."928) 그리고 "오늘날 도덕이라 하면 정치적 도덕이다."929)

1890년에 들어서면서 마사리크 교수의 생각은 독일 철학자 헤르더(Johann Gottfried von Herder, 1744~1803)의 영향으로 개인 실존의 문제에서 민족 개념으로 비약한다. 그러나 헤르더와 달리 시민의 자격으로서가 아니라 문화의 구성원으로서 형성되는 집단 즉 민족의 중요성을 강조한다. 언어, 문학, 민요, 의상 등은 역사에서 반복되며 집단 기억을 형성한다. 그는 개인, 특히 유럽에서 개인을 보편적 인본주의에 속하는 동시에 민족에 속한다고 보았다. 이 생각은 발전하여 『체코역사의 의미*The Meaning of Czech History*』(1890)로 출간되었다. 이 책에서 "마사리크는 특정한 역사에 속하면서 보편적 민족인 자신의 체코민족에게 민족윤리를 선

European Monographs, 1981, p. 3.
927) Szporluk, *The Political Thought of Thomas G. Masaryk*, p. 65.
928) Masaryk, Warren (tr.), *Humanistic Ideals,* Lewisburg, Bucknell University Press, 1971, p. 115.
929) Masaryk, Warren (tr.), *Humanistic ideals*, p. 120.

사하는 것을 목표로 하였다."930) 마사리크가 보기에 체코민족은 근대 인류사의 보편적 발전에 안내자 역할을 하였다. 그것은 "하나님 아래" 라는 관점에서 그러했다. 그것을 부패한 바티칸에 첫 번째로 대항하고 순교한 후스에서 찾았다.

그러면 어떤 의미에서 개인적 진실이 사회적 질서가 될까? 이에 대한 대답을 구하기 위하여 그의 "위기" 개념을 살펴 볼 필요가 있다. 마사리크는 유럽에서 근대과학이 인간 생활을 지배하면서 개인이 신앙을 상실하고 "실존적 위기"에 시달리고 있다고 보았다. 신으로부터 멀어지므로 자살이 늘어난다고 실증적으로 분석한 뒤 사회학은 역사와 종교철학으로 발전했음을 지적하였다. 그는 『자살론』에서 개인, 사회, 역사는 인간의 삶에 정신적 종교적 기초를 제공하도록 하나님 하에서 주관되어야 한다고 결론지었다. 이어서 발표한 『실천논리학』은 형이상학을 인간지식의 총체를 껴안는 종합과학, 세계를 꿰뚫어 볼 수 있는 통합체제로 보았고 형이상학으로서 종교는 "하나님 아래"에서 개인과 사회의 기본 요소라고 믿었다.

위기에 깔려있는 소외의 원천을 찾아서 멀리 어거스틴(Augustine of Hippo, 354~430)의 『신국City of God』(410)까지 거슬러 살펴본 마사리크 교수는 비코(Giambatistta Vico, 1668~1744)의 『신과학New Science』(1725)에서 역사철학의 방법론을 찾았다.

나[마사리크]는 특히 비코의 천재성에 매몰되었다. 사회와 역사에 대한 그의 철학, 사회적 힘과 기능에 대한 그의 심리적 통찰, 로마법과 문화 정신에 대한 그의 이해, 천주교 주의와 고전주의의 종합, 비코는 신부이면서 동

---

930) Welleck, "Introduction," in Masaryk, Kussi (tr.), *The Meaning of Czech History*, Chapel Hill, University of North Carolina Press, 1974, p. viii.

시에 역사 철학자였고 최초의 사회학자였다.[931]

어거스틴은 기독교 역사 철학을 개척한 사람으로 세속의 역사를 하나님으로부터 소외된 역사라고 보고 기독교인이야말로 세속의 역사에서 탈출하여 신의 나라로 향하는 선택된 정신의 세계의 소유자라고 규정하였다.

2) 기독교민주주의

앞서 마사리크와 라이프치히대학에서 동문수학한 친구 가운데 후설을 언급하였다. 그를 개신교로 개종시킨 이가 마사리크이다. 후설의 위기 개념이 마사리크의 그것과 일치한다. 후설은 유럽의 위기가 객관적인 자연과학에 사용되는 방법을 주관적이고 정신적인 인문과학 또는 인본주의에 잘못 적용한데 연유한다고 주장하였다.[932] 자연과학의 보급으로 개인이 신으로부터 소외된 현상을 문학에서 찾은 사람이 마사리크이다. "거인" 또는 "초인"에 대한 비감이 주관적으로는 개인의 자살, 객관적으로는 전쟁의 살육으로 나타나는 현상인데 이것이 바로 유럽이 겪고 있는 고통이다.[933] 그것은 자살과 살육 말고도 배타적 국수주의와 비민주적 제국주의로 나타난다.[934]

마사리크는 이것을 세 가지로 정리하였다. 1)근대의 허무주의와 무신론은 괴테의 거인(파우스트)에서 시작하여 니체의 초인(자라투스트라)을

---

931) Masaryk, *The Making of A State*, p. 38.
932) Husserl, *The Crisis of the European Sciences and Transcendental Phenomenology*, Evanston, North Western University Press, 1970, 271ff.
933) Kohak, *Jan Patocka: Philosophy and Selected Writings*, Chicago: University of Chicago Press, 1989, p. 139.
934) Kohak, *Jan Patocka: Philosophy and Selected Writings*, University of Chicago Press, 1989, p. 193.

거쳐 도스토예프스키의 살인자(카라마조프)에 이르는 유럽 문학에 흐른다. 마사리크가 보기에 이것은 모두 종교적 신앙을 상실한 유럽정신이 겪는 신비주의 현상이다. 2)절대주의 체제, 즉 합스부르크 오스트리아, 프러시아 독일, 오스만 터키는 범게르만주의라는 이름으로 합리화하는 군국주의와 억압에 바탕을 둔 비민주적 정치원칙과 조직의 발현이다. 이에 대해 민주주의의 본질은 인본주의이고 보편주의이다. 3)알자스 로레인에서 코카서스에 이르기까지 그 사이에 끼어서 제국주의의 비민주주적인 압제에 놓여있는 여러 민족의 문제는 잠재적 독립과 주권의 생존능력에 기대한다.

앞서 마사리크가 콩트를 연구했다고 언급하였지만 마사리크와 후설은 유럽의 위기를 스콜라철학을 뒤에 업은 중세교회에 의해 주도되는 신학사상으로부터 근대 자연과학 방법의 과학적 이성으로 진행하는 역사에서 찾은 콩트 사상에 영향을 받았다. 그러나 주관적인 종교와 형이상학을 객관적인 과학으로 대체하여 위기를 극복하려는 콩트와 달리 마사리크와 후설은 공히 당시 유럽의 위기가 정신적이며 철학적 문제로서 유럽을 위해서도 세계를 위해서도 그 내막을 밝힐 필요가 있다고 주장하였다.

> 최초의 사회학자로서 비코는 신과 영웅의 과거 역사에서 인간의 시대가 시작됐음을 인식하였다. 비슷한 현상은 콩트에게서도 발견되는데 그는 신학의 시대가 과학의 시대로 대체되었음을 선언하였다. 비코의 신, 영웅, 인간의 구분을 우리는 귀족주의와 민주주의 사이의 알력이라고 부를 수 있다.[935]

비코의 천주교주의, 콩트의 반기독교 주장, 헤르더의 독일전통은 마사

---

935) Masaryk, *The Making of A State*, p. 371.

리크에게 영향을 주었지만 그들과 차별을 두었다. 궁극적으로 마사리크는 이 위기가 종교적으로 해결될 수밖에 없다고 보았다.936) 그의 유명한 "시저가 아니라 예수"가 유럽의 위기를 구한다는 평화주의 표현은 이렇게 하여 나왔다.937) "현대 민주주의는 새롭게 탄생한 기독교주의여야 한다."938) 여기서 마사리크는 체코 역사를 유럽 역사 및 세계 역사와 연결하는 고리를 찾았다. 그것은 부패한 바티칸 천주교회의 절대주의에 최초로 대항한 후스로부터 면면히 이어지는 체코의 저항정신, 인본주의, 민주주의의 역사로 해석하였기 때문이다.

3) 도덕주의

마사리크의 견해로는 도덕회복에 대한 체코 개혁은 유럽 종교적 양심의 첫 번째 발현이다. 그것은 얀 후스로 대표되는 체코의 정신이다. 그러나 다른 면에서 보면 후스의 처형 이후 체코는 천주교로 대표되는 기독교 사회와 격리되어 이단의 왕국으로 낙인찍혀서 주변 국가로부터 공격 대상이 되었다. 후스전쟁the Hussite Wars이 그것이다. 그러나 얀 지즈카(Jan Zizka, 1376~1424)가 그들의 침략을 막아냈다. 평화주의자인 마사리크는 이를 보헤미아와 체코민족의 정당방위라고 해석하여 지즈카를 군사적 영웅으로 만들었다. 다른 한편 그와 함께 평화주의자 페트로 첼치츠키(Petr Chelcicky, 1390~1460)를 평화의 상징으로 쌍벽을 이루게 하였다.

---

936) Pelikan, *"Jesus, Not Caesar" The Religious World View of Thomas Garrigue Masaryk and the Spiritual Foundations of Czech and Slovak Culture*, Salt Lake City, The Westminster Tanner McMurrin Lectures on the History and Philosophy of Religion at Westminster College, 1991.
937) Masaryk, *The Making of A State*, p. 608; Orzoff, *Battle for the Castle*, p. 31.
938) Masaryk, Bibza and Benes (tr.), *Modern Man and Religion*, London, George Allen and Unwin, 1938, p. 51.

그는 보헤미아 모라비아 형제단의 창설자인데, 그 마지막 주교가 코멘스키였다. 마사리크는 첼치츠키를 폭력을 거부하는 보헤미아 기독교의 상징으로, 지즈카를 첼치츠키의 평화주의를 방어하는 전사의 상징으로 해석하였다. 이러한 해석의 저의에는 체코민족을 정치적 정신적 위기로부터 구원이었다.

후스, 지즈카, 첼치츠키, 코멘스키 등 체코개혁의 민주정신을 부활시키려는 마사리크의 노력은 교권주의에서 민주주의의 강조로 옮아간다. 체코역사를 이렇게 해석함으로서 마사리크는 체코개혁과 민주주의를 로마 천주교회와 교권주의에 대항하는 이분법으로 만들어내었다. 마사리크는 중세 로마 천주교의 도덕이 타락한 것을 개탄하며 중세 교권주의가 그 목적을 잃었음을 꾸짖었다. 타락한 교권주의에 대한 보헤미아의 항거야말로 혁명적인 종교개혁이다. 따라서 마사리크는 유럽의 종교역사를 자신의 시대에 맞추어 해석하면서 "현재의 빛으로 과거를 비추어라"[939]라는 자신의 역사철학을 만들었다.

교권주의가 물러간 자리에 당연히 민주주의가 대체해야함은 마사리크가 보기에는 당연한 귀결이다. 그리고 체코개혁에서 제1차 세계대전에 이르는 유럽의 정치적 정신적 투쟁을 연속적인 역사로 해석하게 되었다. 체코개혁을 계몽주의가 계승했고 그 뒤를 프랑스혁명이 뒤따랐다. "내[마사리크]가 보기에 18세기말에 시작된 민족각성은 이미 그 씨가 [체코]개혁에서 잉태되었다.… 보헤미아 형제단의 후예에 의한 우리[체코]의 투쟁은 계몽주의를 촉진하였고 프랑스 혁명으로 우리의 개혁이 계속 퍼져나갔다. 비록 프랑스 혁명이 절대주의에 의해 잠시 저지되었으나."[940]

이에 대한 반동이 오스트리아 헝가리 제국과 프러시아 독일의 절대주

---

939) Masaryk, Kussi (tr.), *The Meaning of Czech History*, University of North Carolina Press, 1974, p. 64.
940) Masaryk, Kussi (tr.), *The Meaning of Czech History*, pp. 13-14.

의와 교권주의이다. "사람들은 쉽게 과거의 낡은 체제로 도망간다. 그 이유는 정치적으로 사회적으로 안정되고, 획일적이며, 순응적이기 때문이다. 그러나 과거로 회귀하면 할수록 반동은 계속된다."941) 그가 보기에 결국에는 도덕적으로 무장한 민주주의가 승리하게 되고 그 한복판에 유럽 정신사를 이끌어온 체코의 역사가 우뚝 서 있다는 것이다.

4) 인본주의

마사리크는 유럽이 근대에 들어선 시기를 "전환기"라고 파악하였다.942) 이 시기에 로마 천주교 교권주의는 해체되어가고 그 자리에 새로운 사회적, 정치적, 정신적 질서가 대체되어 가고 있었다. 이 전환기는 종교개혁에 의해 촉발되었는데, 특히 중세 천주교에 첫 번째 반대의 깃발을 들었던 15세기 후스에 의한 체코개혁이 바로 그 신호탄이라고 주장하였다. 그러나 19세기가 되도록 역사적 전환은 완성되지 않았으며 정신적 질서에 관한 신구의 알력이 당시 유럽인 개인의 정신적 위기로 나타났다고 분석하였다.

마사리크는 전통적 종교로부터 역사적 전환이라는 콩트의 발상을 수정하여 체코 종교역사를 도덕적으로 해석하면서도 중세 교권주의는 지나가고 있다는 콩트의 주장에는 동의하였다. "그것은 무언가 다르고, 더 순수하며, 완전한 형태의 종교에 대한 염원이었다."943) 개인의 영혼뿐만 아니라 사회 질서까지 형성하여 개별적으로 집단적으로 전환기 위기를 해결할 수 있는 것은 새로운 종교라고 주장하였다. 헨리 8세의 영국교회처럼 마사리크의 체코교회는 이렇게 하여 탄생할 것이다. 앞서 소개했듯

---

941) Masaryk, Bibza and Benes (tr.), *Modern Man and Religion*, pp. 40-43.
942) Masaryk, Bibza and Benes (tr.), *Modern Man and Religion*, p. 37ff.
943) Capek, Round (tr.), *Talks with T.G.Masaryk,* p. 292.

이 그가 소년 시절 마을 천주교회 신부가 유부녀와 정을 통하는 것을 목격한 이래 천주교회의 부패가 자업자득한 셈이다.

마사리크는 전환기에 처한 유럽 국가들이 각각 그들의 문화적 환경에 따라 독특한 도덕적 힘을 나타내는 현상을 관찰하였다. 어떤 종류의 도덕적 정신을 선택하는지는 각국의 문화역사에 달려있다. 예를 들어 독일이 이상적 인간성이며 민주적인 베토벤 정신을 택할 수도 있었음에도 불구하고 폭압적인 힘을 앞세운 비스마르크를 택했다고 보았다.

마사리크 역사철학에서 민주주의 행진은 인간성의 이상, 새로운 종교적 양심, 새로운 정치의 동시 발현의 진행이었다.944) 마사리크처럼 독일 문화에 영향을 받고 오스트리아와 독일에 대항하는 일은 드문 일이었다. 그는 독일 철학이 주관적이고 이기적이라고 평가하며, "거인주의와 초인주의가 독일 정신을 고립시켰으며 피히테와 실링의 환상이 쇼펜하우어의 허무주의와 비관주의를 낳았다"고 주장한다.945) 그가 톨스토이를 방문하였을 때 톨스토이가 쇼펜하우어를 잘못 이해하고 있다고 지적한 것과도 무관하지 않다. 이에 따라 민주주의에 장애가 되는 주관적인 독일 철학 대신 객관주의를 내세웠다. 바로 객관주의가 체코 역사와 문화에서 발견되므로 유럽은 체코에 빚을 졌고 새로운 시기에 함께 공유해야 한다고 자신의 논조를 이끌어 갔다. 신구교의 30년 전쟁에 종교적인 의미를 부여하여 웨스트팔리아 평화야말로 종교개혁 후의 유럽을 재구성한 사건으로 보았다.

마사리크가 말하는 민주주의는 인간성과 동의어이다. 체코의 종교개혁은 아직도 유럽국가에게 민주주의의 기초를 제공하고 있는 진행형으로서 그것은 유럽역사에서 가장 중요한 사건이다. 그것이 여러 민족의

---

944) Masaryk, Kussi (tr.), *The Meaning of Czech History*, p. xvii.
945) Masaryk, *The Making of A State*, p. 282.

종교운동에 불을 지폈으며 독점적인 천주교회가 몰락하는 순간으로 기록되어 유럽의 역사는 여기서 시작된다고 주장하였다. 그러나 그보다 더 선행하는 것이 있으니 인간성인데 그 까닭은 인간성이 도덕을 제일 우선으로 여기기 때문이다. "모든 정치의 도덕적 기초는 인간성이고 인간성이야말로 우리 민족의 목표이다."946)

마사리크가 보기에 유럽 역사는 개혁의 연속인데 18세기에 들어서면서 그것은 혁명이 되었다. 인간성과 민주주의가 절대적 교권주의의 충돌에서 등장하는 새 질서임을 확신하였다. 전환기는 그러므로 그 해결의 방법을 체코 개혁에서 찾아야 한다. 이것이 체코 민족의 사명이다. "우리 체코민족에게는 왕조도 없고 귀족도 없다. 낡은 군국주의도 없으며 정치와 결탁한 교회도 없다. 그러므로 새 국가는 민주주의여야만 했다."947) 결국 그는 보헤미아 역사를 범유럽과 세계역사와 일치시켰다.

2. 평화사상

마사리크가 보기에 독일은 헤르더, 괴테, 칸트, 베토벤을 버리고 헤겔, 니체, 쇼펜하우어, 바그너를 선택하여 비스마르크가 출현했다고 보았다. 그로 인해 유럽은 나폴레옹의 시대를 이어 전쟁의 폭력이 그칠 날이 없게 되었다.

> 서양의 발전에 동참한 레싱, 헤르더, 괴테, 칸트의 인본주의 이상은 범게르만 제국주의로 대체되었다. "베를린 바그다드"는 유럽을 그리고 아시아와 아프리카까지 군림하려는 기도를 상징한다. 낡은 세계의 빛바랜 이상이 이 기도에 드러나 있다.948)

---

946) Masaryk, *The Making of A State*, p. 374.
947) Masaryk, *The Making of A State*, pp. 358-359.

마사리크는 이러한 시대가 종언을 긋고 다른 시대가 도래하였음을 감지하였다. 새로운 시대에는 "쿠르프 대신 칸트Krupp or Kant"의 시대라고 믿었다.949) 마사리크가 철학교수이었고 칸트를 집중적으로 연구한 적이 있으므로 칸트를 읽었다는 흔적이

> 무력과 폭력은 그 힘을 잃고 문학, 문화, 그리고 통상이 보다 더 커다란 영향을 행사한다고 보았다.

라는 문장에 남아있다.950) 통상을 강조한다. 그밖에 여러 곳에서 칸트의 영구평화헌법을 각주 제시 없이 구사하고 있다.951) 그는 칸트 의무조항 1의 공화제에 대하여

> 나는 연합국에게 공화제를 선호한다고 선언하였다. [그러나] 러시아의 정세에 달려있다. 만일 러시아가 붕괴되지 않으면 나는 외국 왕조를 위해 투표해야만 하였다.…언제 어떻게 공화제를 선택하느냐 하는 문제는 국가 문제와 다른 문제이기 때문이다.952)

공화제를 주장한 칸트도 투표에 의한 대의헌법제도가 중요하다고 보았다. 마사리크는 칸트 의무조항 2의 자유국가연합을 a pacific society of all States and Nations 또는 a free Federation of Europe이라고 표현하였다. 이것은 칸트의 원문 foedus pacificum의 번역이다.

---

948) Masaryk, *The Making of A State*, p. 281.
949) Masaryk, *The Making of A State*, p. 307.
950) Masaryk, *The Czech Question*, pp. 284-285. Skilling, *Against the Current 1882 1914,* p. 129에서 재인용.
951) Masaryk, *The Making of A State*, p. 326, p.353, p.390, pp. 306 326, pp. 369 373.
952) Masaryk, *The Making of A State,* p. 353.

하나의 강국이 유럽을 지배해야한다는 꿈은 모든 국가의 평화연합체a pacific society of all States and Nations의 탄생 앞에서 바래졌다.953)

모든 어려움에도 불구하고 대륙을 지배하려는 하나의 절대주의 강국을 대신하여 유럽자유연맹a free federalization of Europe의 출범은 가능하다.954)

마찬가지로 a supranational civil society이라고도 표현하였다.

체코슬로바키아의 존속의 가장 확실한 안전판은 새로운 초국가 시민사회a supranational civil society의 형성이다.955) 그것은 무기arms가 아니라 필설words로 형성되며 장기간이 요구된다. 그것은 선전에 달렸다.956)

마사리크는 독일처럼 세계를 정복하고 그 위에über alles 군림하는 단일정부one world government를 반대하고 칸트의 국가연합 개념을 환영한 것이다. 그리고 그 조직의 주도국가로서 칸트처럼 미국에 기대하였다.

독일은 로마 통치의 이상을 유지하고 계속하려 한다. 이에 대항하여 모든 인간성을 조직하고 먼저 유럽을 그리고 미국을 연합하는 서양의 이상을 상정한다.957)

또 기록한바

과거의 외교관행과 달리 [현재의 그것은] 더 경제적이며 더 보편적이 되

---

953) Masaryk, *The Making of A State*, p. 326.
954) Masaryk, *The Making of A State*, p. 371.
955) Orzoff, *Battle for the Castle*, p. 54.
956) Orzoff, *Battle for the Castle*, p. 54.
957) Masaryk, *The Making of A State*, p. 306.

어야 한다. 그것이 평화의 정책이다. 그것은 전통적인 외교 보다 더 경제적이어야 하며 시장을 확보해야 한다.958)

라며 칸트 의무조항 3의 보장보록을 수용하고 있다. 계속하여 그는

평화를 원하면 전쟁을 준비하라.

라는 낡은 문구를 거부하고, 재정이 평화의 첫째 조건임을 내세웠다.959) 합스부르크가 해체되고 그 자리에 일곱 나라가 독립하자 그는

합스부르크 유산이 나누어지는 국가들 사이에 지적이고 경제적인 거래가 지속되는 것은 가능하며 바람직하다. 그리고 사람과 재화가 더 자유롭게 순환하는 것이 합리적이고 시의에 적절하다.…우리는 [심지어 과거의 적] 오스트리아와도 상업조약을 맺었다.960)

라고 말한 것도 같은 맥락이다. 그 깊은 뜻은 칸트 의무조항 3의 "상업정신"에 의해 세계의 화약고 발칸에서 새로운 전쟁이 일어나지 않기를 바라는 마음이다. 그러나 그렇게 환영한 국제연맹은 칸트가 주장한대로 미국이라는 강력한 "헌법공화국"의 주도가 없었기에 단명하고 말았다. 칸트가 옳았다는 점이 입증되었다. 미국 없는 국제연맹의 앞날에 전적으로 조국의 운명을 맡겨 후일 히틀러의 침략을 막지 못한 책임에서 마사리크도 자유롭지 못했다.

마사리크가 보기에 프로시아와 독일은 시저의 후계자이다. 프레드릭 대왕, 비스마르크, 빌헬름 I세와 II세는 변형된 시저였다. 사실상 시저라

---

958) Skilling, *Against the Current 1882-1914*, p. 130.
959) Skilling, *Against the Current 1882-1914*, p. 134.
960) Masaryk, *The Making of A State*, p. 373.

는 명칭이 살아남은 곳은 러시아의 자르임에도 러시아의 시저 법왕과 프러시아의 시저 법왕은 다르다. 그 이유는 독일은 종교개혁을 수용했기 때문이다. 그리고 독일은 교황청을 대신하여 유럽의 주인이 되려 하였다. 독일의 지리적 위치에서 고대 로마의 역사적 계승자를 자처하였다. 레싱, 헤르더, 괴테, 칸트, 실러의 인본주의가 차츰 추방되었다. 마사리크가 내놓은 처방은 "시저 대신 예수"였다.

그러나 독일은 칸트의 사상마저 인본주의라고 추방하였다. 대신 다윈의 적자생존을 끌어 드렸다. 프러시아의 귀족적 군국주의는 이른바 현실정치라는 이름으로 합리화되었다.

> 철학적으로 독일은 자연권 사상을 거부했다. 칸트는 인정받지만, 그의 자연권은 폐기되었다. 다윈의 적자생존 또는 강자생존…모든 권리는 힘에서 나온다는 주장이 폭력과 동일시하였다.[961]

이것이 "폭력의 권리는 무력에서 태어난다."는 주장이다.[962] 이 이름 하에 독일은 지배국민이라고 선언하였다. 철학적으로 독일은 자연권 사상을 부정하였다. 심지어 전쟁에 패한 이후에도 무력과 폭력을 일치시키는 저서가 범람하였다. 그들은 권리는 무력의 표현이다. 쉐허(Schafer) 교수는 "무력과 힘은 권리를 만들어낸다. 다르게는 생각할 수 없다"고 그의 저서 『국가와 사회State and Society』(1922)에서 선언하였다.

이렇게 된 것은 철학적으로 헤겔 탓이다. 그는 괴테와 칸트를 종합하여 국가의 이상이라는 것을 만들어 내었다. 이때부터 프러시아의 유아독존과 초인의 사상이 지배하기 시작하였다. 괴테의 파우스트와 니체의 초인은 지배자가 되지 못하고 결국 베르테르의 자살, 도스토예프스키의 저

---

961) Masaryk, *The Making of A State*, p. 306.
962) Masaryk, *The Making of A State*, p. 310.

주받은 사람들, 도스토예프스키의 카라마조프 살인으로 이어져 사회의 파멸과 국가의 자살로 귀착된다. 칸트의 도덕적 인간은 다윈의 짐승과 니체의 초인으로 대체되어 자살이 아니면 치료가 되지 않는다.

마사리크는 칸트 이성의 회복을 윌슨에게서 찾았다.963) 그의 국제연맹은 칸트 세계기구의 첫 번째 실천이다. 이것은 구세계를 대표하는 독일의 사상을 추방하고 그 자리에 새 세계를 열어준 것이다. 결과적으로 민주주의 원칙이 국가에서 세계로 확산하는 계기가 되었다. 윌슨의 사상이 1천년을 지탱하던 세 왕조—러시아, 프러시아, 오스트리아—를 지구상에서 추방하였다. 새 공화제와 새 민주주의가 그 자리를 차지하였다. 이들 국가들이 국제기구를 만들었다. 단일의 초국가를 세우겠다던 헛된 꿈이 드디어 모든 국가들의 평화사회로 대체되었다. 칸트의 영구평화의 조건이 비로소 갖추어졌다. 이 우산 아래에서 억압받던 일곱 개의 소수민족 국가가 탄생하였다. 그 가운데 하나가 체코슬로바키아이다.

일찍이 마사리크는 윌슨에 앞서서 공개외교를 세계기구를 통한 세계정치라고 보았다. 후일 이것이 윌슨 14개조의 첫 번째 조항이 되었다. 아직 세계기구가 없었던 시절이었음에도, "개방되고 건설적인 외교란 전적으로 철학적인 기초 위에 과학적인 체계이다. 이것이 마사리크의 주제이다."964) 그는 이어서

> 국가는 서로 협력해야 하며 정치는 세계정치가 되어야 한다. 힘과 폭력은 그 자리를 잃고, 문학, 문화, 그리고 통상이 커다란 영향을 미친다.965)

라고 말하며 칸트처럼 국제협력과 통상을 결합하여 평화를 추구하는

---

963) Masaryk, *The Making of A State*, p. 326.
964) Warren, *Masaryk's Democracy, A Philosophic of Scientific and Moral Culture*, London, George Allen and Unwin, 1941, p. 32.
965) Skilling, *Against the Current 1882 1914*, p. 129.

외교가 그의 주제였다.

> [그리하여] 외국 영토나 인구를 획득하는 것은 더 이상 필요 없게 된다.[966]

라고 평화를 얘기하고 있다. 이승만과 동일한 생각을 밝히고 있다. 국제연맹이나 국제연합의 출현을 예견하고 있다고 보여 진다.

세계평화를 희구하는 간전기(1918~1939)의 국제적 분위기를 파악할 수 있는 능력은 약소국가의 운명에 절대적이라는 인식을 공유하는 한편, 불안정한 세계평화가 가져다줄지 모르는 다음의 세계대전을 조국 독립의 기회로 삼을 수 있다는 희망 하에 펼치는 공개외교는 마사리크의 예에서 타당한 근거를 갖고 있다고 여겨진다.

---

966) Skilling, *Against the Current 1882-1914*, p. 129.

제5장 　외교독립

1. 제1차 세계대전

오스트리아 외교정책을 맹렬하게 비난한 마사리크는 그 여세를 타고 1911년 국회의원에 재선되었다. 이제 3선의원이다. 그러나 이번 당선이 그와 그의 민족의 운명을 바꾸게 될 대단히 중요한 사건이 될 줄을 아무도 몰랐다. 후일 독립운동을 위하여 해외로 탈출한 유일의 제국의회 체코 의원이 되어 해외 독립운동의 대표성을 획득하는데 기여하였기 때문이다.

그로부터 3년째인 1914년 6월 28일. 보스니아 사라예보에서 울린 총성의 시작으로 제1차 세계대전이 발발했을 때 마사리크는 우려했던 전쟁이 일어났음을 알았고 기회가 왔음도 알았다.[967] 발칸반도를 둘러싼 국지전(제1차, 제2차 발칸전쟁)은 전부터 있었는데 이번에도 사라예보에 울린 총성이 또 한 번의 국지전으로 확대되는 것을 피하려고 영국은 재빨리 중재에 나섰다. 이를 무시한 오스트리아가 세르비아에게 지나친 최후통

---

967) Masaryk, *The Making of A State*, pp. 23 24.

첩을 만들어 전쟁을 선포하였다. 오스트리아는 암살자가 세르비아인이라는 것을 빌미로 남부 슬라브를 연합하여 대국을 만들 꿈을 가진 독립국가 세르비아를 이 기회에 없애기로 작정하였다. 러시아가 곧 세르비아 편에서 참전하였고 1909년 비밀조약[968)]에 의해 독일이 오스트리아 편에서 벨기에를 점령하자 위협을 느낀 영국과 프랑스가 선전 포고하였다. 이탈리아는 삼국동맹Triple Alliance 하에서 추축국의 일원이었으나 초기에는 참전하지 않았고 1년 후에 연합국 편에 서게 된다. 교전국이 제각기 다른 생각을 하고 있을 때 마사리크 교수는 그 해 6월부터 8월까지 전면에 나서지 않고 사태의 진행을 관망하며 냉정하게 계산하였다.[969)] 당국의 눈을 피하여 전쟁의 진정한 목적은 무엇이며, 연합국의 승산, 그리고 전쟁이 얼마나 지속될지를 알아야만 하였기 때문이다.

마사리크가 이해한 참전국들의 전쟁목적은 다음과 같았다. 독일의 전쟁목적은 오스트리아를 앞세워 발칸반도로 들어가서 오스만 터키와 손을 잡는 일이었다. 이것이 이른바 베를린 바그다드 정책인데 유럽 국가들은 독일의 야심이 이것을 넘어 아시아와 아프리카까지 세력을 뻗치는 것으로 보았다. 영국과 프랑스의 전쟁목적은 오스트리아를 독일에서 격리시켜 독일의 이러한 야심을 저지하는 것이었다.[970)] 특히 프랑스는 라인Rhine 지역을 원했다. 제정 러시아의 목적은 콘스탄티노플과 폴란드의 지배였다.[971)] 개전 초 1915년 3월에 러시아의 콘스탄티노플 지배를 인정하는 영국과 프랑스는 러시아와 비밀조약을 맺었다. 영국은 러시아가 인도와 아프가니스탄으로 내려오지 않기를 원했기 때문이다. 일본은 독일이 러시아를 거쳐서 시베리아로 진출할 것을 우려하면서 재빨리 청도와

---

968) Masaryk, *The Making of A State*, p. 76.
969) Masaryk, *The Making of A State*, p. 25.
970) Masaryk, *The Making of A State*, p. 27.
971) Masaryk, *The Making of A State*, p. 144.

남태평양의 독일 식민 도서지역들을 점령하였다.

이렇게 되면 연합국이 승리하여도 합스부르크는 패전국이지만 존속하게 되므로 체코슬로바키아는 여전히 그 압제에 시달릴 것이다. 특히 영불의 주장대로 전쟁이 독일에서 오스트리아를 격리시키는 정도로 마무리되는 경우 체코의 독립은 불가능하게 된다. 이 점을 마사리크는 몹시 우려하였다. 더욱이 러시아의 전쟁목표 가운데 체코슬로바키아에 대한 언급이 없었는데, 만일 연합국의 일원인 제정 러시아가 승리의 대가로 체코슬로바키아로 진주하면 이것도 마사리크에게는 악몽이었다. 러시아가 진주하면 제일 먼저 교수형당할 사람이 마사리크라고 사람들은 말했다.972) 그의 『자살론』과 『러시아의 정신The Spirit of Russia』 때문이다. 전자는 톨스토이의 관심을 끌었으나 금서로 지정되었다. 후자에 대해 일찍이 트로츠키(Leon Trotsky, 1879~1940)가 마르크스주의의 시각에서 헐뜯는 비평을 비엔나의 사회민주잡지인 『투쟁Der Kampf』에 게재하였다. 그럼에도 지식인들 사이에서 마사리크 교수는 유명하였는데 그의 책 『마르크스비판Critique of Marxism』 덕택이다.

마사리크는 면책특권의 제국의원이었으므로 최소한 네덜란드와, 오스트리아와 한편인 독일에는 갈 수 있었다. 독일의 전쟁준비를 조사하기 위함이다. 그가 본 독일군대는 훈련이 잘 되었고 효율적이었다. 오스트리아 군대는 이와 반대였다. 독일 사령관은 속전속결의 현대전은 오래 가지 않을 것이라고 호언하였다. 프랑스 사령관도 마찬가지 견해를 갖고 있었다. 영국의 전쟁상 키치너(Horatio H. Kitchener, 1850~1916)만이 최소한 3내지 4년 계속될 것으로 보았는데 그 해[1914년] 11월 12일에 오스만 터키가 추축국에 가담하였기 때문이다. 이것은 영국이 지배하는 이집트에 위협이 되므로 전쟁은 이제 장기전이 될 것임을 의미했다. 마사리크에

---

972) Masaryk, *The Making of A State*, p. 32.

게 이것이 자신의 외교독립 방략을 서방 지도자에게 설득시키는 충분한 시간이 될까? 그는 불안했지만 일단 고무되었다.

마사리크는 교전국의 승패 가능성을 예측하기가 어려웠다. 동부전선에서 러시아는 독일에 패하였고 서부전선에서는 프랑스가 독일군을 간신히 막아내고 있었다. 파리는 버티고 있었지만 프랑스정부는 만일을 위해 수도를 이전할 것을 고려하고 있었다. 언론도 낙관과 비관 사이에서 엇갈렸다. 언론이 통제되어 프라하 시민들은 정확한 전황을 알 수 없었다. 제정 러시아는 마사리크가 생각한대로 무능하고 규율이 없었다. 라스푸틴 같은 괴승이 나타난 것처럼 정신과 도덕이 땅에 떨어졌다. 더욱이 러일전쟁에서 패한 러시아였기에 마사리크는 러시아의 전력 약화를 몹시 우려하였다.973) 이 와중에서도 영국은 끝까지 추축국과 싸울 것을 천명하였다. 그것은 또한 전쟁이 오래 끌게 될 것임을 시사했다.

제국의회는 휴회를 선언하였고 계엄령이 포고되었으며 국경도 봉쇄되었다. 합스부르크 제국 내에서도 체코만은 군사통치부가 들어섰다. 계엄령 하에 오스트리아 전쟁성이 체코 내의 모든 행동을 감시하였다. 전쟁이 발발하고 6개월 이내에 950명의 보헤미아 인사가 체포되었고 46개의 보헤미아 신문이 폐쇄되었다.974) 유화적인 총독은 철권 총독으로 대체되었다. 체코 지성들은 오스트리아의 박해에 저항하기로 하였다. 그러나 이 같은 초경직된 군사적 정치적 환경 하에 국내에서 저항은 별로 효과가 없다는 것이 명확해지자 마사리크는 서방으로 탈출하기로 결심한다. 그의 예상은 맞았다. 그가 탈출하고 얼마 되지 않은 1916년 5월까지 오스트리아 황제는 대량살육을 지시하여 민간인 4천 명이 사형선고를 받는데 그 가운데 965명이 체코인이었다. 그 가운데 여성도 많았다. 이미 처형된

---

973) Masaryk, *The Making of A State*, p. 35.
974) Cornwall, *The Undermining of Austria Hungary: The Battle for Hearts and Minds,* New York, Saint Martin Press, 2000, p. 21.

군인은 수천 명을 헤아렸다.975) 그가 목적지를 서방으로 잡은 것은 오래 전부터 부패와 무능으로 정신이 피폐된 러시아를 믿지 않았기 때문이다. 심지어 그는 러시아에서 혁명이 일어나리라 예상하고 있었다. 러시아도 오스트리아와 마찬가지로 중세 봉건 시대 유산인 절대주의 교권국가였기 때문이다.

2. 마사리크의 비결

서방에 대한 마사리크 설득의 비결은 무엇일까. 그는 일찍부터 사람, 심리, 사람관계에 관심을 가졌다. 이미 14세 어린 나이에 라바터(John K. Lavater, 1741~1801)의 『관상학』을 읽었다. 1880년에 발표한 『자살론』에서 당시로써는 생소한 최면을 이야기하고 있다. 프로이드 보다 앞섰다. "최면상태란 일종의 마음의 부재이다. 피최면자는 그가 본 것을 모방하고 그의 모방은 최면자의 의지에 따라 통제된다.…피최면자는 모방 로봇이다."976) 로봇이라는 말은 체코 작가 차페크(Karel Capek, 1890~1938)가 만든 말이다. 그는 마사리크를 면담하고 책으로 출판하여 유명해졌다. 이 결론을 얻기 위하여 마사리크는 4년 전에 이미 실험으로 확인하였다. 마술사 한센이 비엔나에서 공연했을 때 그가 참관하였다고 이미 앞에서 썼다. 모든 것을 세밀하게 관찰한 뒤 "그[한센]가 최면을 시행하고 있었다. 한센은 자신이 특별한 능력이 있어서 물체를 움직인다고 믿었다. 스

---

975) Masaryk, *Austrian Terrorism in Bohemia*, Czech National Alliance in Great Britain, 1916, pp. 19-23.
976) Masaryk, *On Hypnotism, A Psychological Discourse*, 1880, p. 13, 21. Brozek and Hoskovec, "Thomas Masaryk (1850-1937) and the Beginnings of Czech Political Psychology," *Psychologie und Geschichte*, Februar 1998, pp. 34-39에서 재인용. 또는 Brozek and Hoskovec, *Thomas Masaryk on Psychology*, Prague, Karolinum, 1995.

스로 특별한 힘이 있다는 확신이 한센에게 대단한 자신감을 부여하여 그의 실험이 성공하는 것이다."977) 이러한 맥락에서 후일 히틀러의 『나의 투쟁』을 촌평하였다. "두 가지가 특이하다. 첫째, 정치지도자로서 완벽한 자신감. 히틀러는 자신의 사명을 추호의 의심 없이 믿었다. 이것이 그의 성공 비결이다. 히틀러가 말한 대로 그의 정당 강령이 그의 종교이다. 둘째, 이 환상으로 감정표출은 죽었다. 히틀러는 어떠한 감정으로부터 흔들리지 않는다. 그는 무자비하고 단호하다. 누군가는 이러한 니체류의 단호함이 고통에서 얻어내는 쾌감을 낳는다고 말할지 모른다. 히틀러는 위험한 인간이다."978)

이처럼 마사리크는 사람을 주시하였다. "정치인으로서 나는 항상 사람을 관찰하고 연구했다. 정당은 사람을 알아야 하고 선택하고 알맞은 일을 맡겨야 한다. 얼마 되지 않아서 나는 내가 상대하는 사람들, 공직에 있는 사람을 거의 정확하게 파악하였다. 나의 친구와 적에 대한 정보를 가능한 모두 모았다. 정치인들의 전기와 다른 형태의 정보를 수집하였다. 어떤 정치인을 만나기 전에 나는 그에 관한 글과 연설을 모두 읽고 나를 정보로 무장시킨다."979) 여기에 멈추지 않고 실행을 하였다. "상대를 알면 정당을 합치는 일이 더 용이하다고 나는 확신하였다. 문서와 협상만으로는 원하는 것을 성취하기가 쉽지 않다. 개인적 접촉, 친분이 우선이다. 이 견해야말로 정치인들이 명심해야할 심리법칙이다."980)

---

977) Masaryk, *On Hypnotism, A Psychological Discourse*, p. 18. Brozek and Hoskovec, "Thomas Masaryk (1850-1937) and the Beginnings of Czech Political Psychology," *Psychologie und Geschichte*, Februar 1998, pp. 34-39에서 재인용.
978) Masaryk, *Hitler's Credo*, 1933, pp. 3-4.
979) Masark, *The Making of A State*, p. 392.
980) Masaryk, *Theory and Practise*, 1876, p. 7. Brozek and Hoskovec, "Thomas Masaryk (1850-1937) and the Beginnings of Czech Political Psychology," *Psychologie und Geschichte*, Februar 1998, pp. 34-39에서

3. 마사리크 비망록

마사리크 설득에는 또 하나의 비결이 있었다. 그는 모든 정보를 수집하여 전쟁 목표에 대한 자신의 구상을 비망록으로 작성한 것이다. 마사리크가 세운 독립운동의 목표는 서부연합국인 영국과 프랑스의 승리에 의존하는 것이었다. 신분제 사회에서 농노출신과 하녀 출신의 부모를 두고 "지극히" 어려운 시절을 보낸 그에게 귀족제도의 정점인 합스부르크 왕가는 분쇄해야 할 대상이었다. 따라서 의회 민주주의에 기초한 연합국의 정치제도가 그가 원하는 전후 독립체코의 제도였다. 방법으로는 폴란드의 예를 따라서 체코국민회의를 만들어 영국, 프랑스, 미국의 신뢰를 받아내는 것이 1차 목표였다. 그 과정에서 마사리크는 처음부터 합스부르크 왕정의 분쇄 주장을 숨기지 않고 공개했다. 이를 위해서 먼저 정치적으로 자유로운 런던으로 망명하지 않으면 안 되었다.

네덜란드 로테르담에서 소르본대학의 데니(Ernest Denis, 1849~1921) 교수와 접촉하기를 희망하였다. 슬라브 문제를 전공한 그는 평소 체코의 대의에 대해 호감을 갖고 많은 글을 썼던 학자였다. 아그람 사건에서 친분을 맺은 영국의 언론인 세튼 와트슨을 비밀리에 만나 자신의 구상을 전했다. 그 접선은 보스카(Emmanuel V. Voska, 1875~1960) 대위가 맡았다. 그는 사회주의 활동을 했다는 이유로 오스트리아 헝가리에서 추방당한 보헤미아인데 미국으로 건너가 부자가 되었고 아메리카 소콜운동을 창설하여 회장이 되었다. 현역 미군 대위였고 첩보 임무를 맡았다. 마사리크가 미국을 방문했을 때 그는 체코 이민사회에 그의 강연을 조직한 바 있었고 오스트리아에 대한 마사리크의 비판을 좋아하여 그의 추종자가 되었다.

재인용; Skilling, *Against the Current*, p. 25.

이때가 1914년 8월이었다. 당시 연합국이던지 추축국이던지 그 누구도 전쟁의 목적과 구상을 갖고 있지 않았다.981) 그만큼 전쟁을 생각 없이 일으킨 것이다. 마사리크만이 준비했던 셈이다. 세튼 와트슨은 마사리크의 전쟁구상을 "최고 비밀"의 『비망록』으로 만들어 비밀리에 여러 영향력 있는 인물에게 보냈는데 그 가운데 러시아 외상 사조노프(Sergei Sazonov, 1860~1927)가 있었다.982) 영국 외무성의 조지 클라크(George Clark, 1874~1951)에게도 주었는데 클라크는 즉시 그 중요성을 인식하고 그의 상관인 에드워드 그레이(Edward Grey, 1862~1933) 외무상에게 제시하였다.983) 그레이는 다시 윌슨(Woodrow Wilson, 1856~1924) 미국 대통령에게 보냈다.984) 보스카는 이 비망록을 미국으로 가지고 와서 그의 주요 친구들에게 나누어 주었다. 클라크는 썼다. "우리는 프록코트를 입은 이 정체불명의 신사와 친숙하게 되었다. 그는 영국에게는 알려지지 않은 합스부르크 압제에서 신음하는 민족들의 주장을 전개하고 있었다. 크로아티아, 슬로베니아, 유고슬라비아, 체코슬로바키아 등이다."985)

4. 마사리크의 유럽지도

1914년의 『비망록』의 내용은 1943년에야 『영국의 마사리크 Masaryk in England』(1943)라는 책으로 출판되었다. 이 책에서 마사리크는 유럽이 안

---

981) Masaryk, *The Making of A State*, p. 288.
982) Setton Watson, *Masaryk in England,* p. 20.
983) Setton Watson, *Masaryk in England,* p. 39.
984) Masaryk, *The Making of A State*, p. 273. 이 비망록의 정식 이름은 "memorandum of conversation between Professor T. G. Masaryk and R.W.Seton Watson, at Roterdam, on October 24 25, 1914"이다. 이것은 영국 외무성에 "confidential"로 제출되었다. 영국 외무성 문서 FO371/1900/67456.
985) Hanak, "British Views of the Czechoslovaks from 1914-1924," in Schmidt Hartmann and Winters, *Grossbritannien, die USA und die bohmischen Lander 1848-1938,* Munchen, Oldenbourg, 1991, p. 89.

고 있는 모든 문제를 검토하고 합스부르크 제국을 지도상에서 지워버려야 하는 논거를 제시한 후 새로운 유럽New Europe의 청사진을 제시하였다. 교전국들이 전쟁의 목적을 전통적인 방식을 따라 세력 확장의 기회로 생각할 때 마사리크 교수는 이 책에서 이 전쟁을 오스트리아 헝가리 천주교회와 제정 러시아 정교회의 충돌 장소인 발칸에서 비롯된 교권정치의 절대주의와 인본주의의 민주주의 사이의 충돌이라고 보았다.986) 그리고 "전쟁의 의미가 체코 혁명과 일치한다.…이 투쟁에서 우리는 성공할 것이다. 세계사의 물결과 일치하기 때문이다. 우리는 보편적 민주주의를 위한 의로운 투쟁에 참여하고 있다"라고 말했다. 이 같은 전쟁 목적을 연합국 지도자들에게 설득시키는 것이 마사리크 교수의 목표가 되었다. 이 목표를 선전하기 위해 영국 친구 스티드가 잡지 『새 유럽New Europe』을 창간하였다. 이 잡지는 1916년부터 1918년 11월까지 통권 106호를 발행하였다.

『영국의 마사리크』를 좀 더 자세히 보면 당시 유럽이 안고 있던 온갖 골치 아픈 문제에 대한 마사리크의 전쟁 초기 구상을 알 수 있다. 당시 체코와 슬로바키아의 대부분 사람들이 왕국 지지자였기에 마사리크 역시 군사적으로는 러시아의 보호를 받고 정치적으로는 덴마크나 벨기에 왕자가 다스리는 왕국을 구상하였다. 그러기 위하여 보헤미아와 기타 지역을 다스릴 능력이 없는 오스트리아를 해체할 것을 제의하고 있다.987)

주변의 침략적인 이웃으로부터 보호하기 위하여 폴란드, 러시아, 세르비아와 협력할 방안으로 보헤미아와 세르비아를 연결하는 체코 통로 Czech Corridor를 만들 것을 창안하였다. 그 목적은 독일과 발칸을 지리적으로 차단하여 독일의 베를린 바그다드 계획을 무산시키려는 것이다. 그

---

986) Orzoff, *Battle for the Castle*, p. 51.
987) Setton Watson, *Masaryk in England*, pp. 116-134.

렇게 되면 독일이 발칸을 거쳐 소아시아로 진출할 수 없게 되고 마자르[헝가리]가 그 지역에서 베를린의 충실한 부하노릇을 할 수 없게 된다는 것이다.988) 이렇게 될 때 또 하나의 이점은 아드리아 해와 북부이탈리아에 대한 독일의 야심을 꺾는 동시에 아드리아 해에 있는 세르비아의 달마시아 영유권에 대한 이탈리아의 주장을 해결할 길이 열린다. 독일의 "동방정책Drang nach Osten"에 대해 이탈리아가 대항함으로서 발칸과 자연히 동맹국가가 될 수 있어서 이탈리아의 잘못된 아드리안 정책도 수정될 수 있다.989)

이 제안은 마사리크에게 대단히 중요했다. 이탈리아는 원래 추축국의 일원이었는데 후일 연합국에 가담하였다. 만일 이탈리아가 달마시아의 영유권을 주장한다면 합스부르크가 체코에 대해 영유권을 주장해도 연합국이 할 말이 없기 때문이다. 마사리크는 체코 독립에 걸림돌이 되는 세르비아의 문제도 외교적인 해법이 필요하게 되었다. 이탈리아는 달마시아를 포기하고 트리에스테(자유항으로), 폴라 발로나, 에게 해의 몇 개의 섬으로 만족할 것이다. 그러면 헝가리 서부에 체코와 세르비아를 연결하는 회랑을 만들어 독일과 오스트리아의 동방정책을 막을 수 있다.

콘스탄티노플과 그 해협은 러시아가 차지한다. 그것은 남쪽으로 내려오는 범게르만주의를 막을 수 있는 막대한 재정을 부담할 수 있는 능력에 대한 대가이다. 이 기회에 오스만 터키를 지도에서 지워 버리면 대신 영국과 프랑스로 하여금 아라비아 반도와 걸프 만에서 아시아로 향하는 독일의 길목을 지키도록 할 수 있다.

오스트리아 헝가리 지배 하의 소국 문제에 있어서 마사리크는 국민국가state 대신 민족국가nation의 원칙을 내세웠다. 민족국가는 동질의 민족

---

988) Setton Watson, *Masaryk in England*, p. 130.
989) Setton Watson, *Masaryk in England*, p. 131.

으로 구성된 자연적 조직이기 때문이다. 이에 근거하여 독일의 야만으로부터 폴란드, 보헤미아, 세르비아, 크로아티아 등 약소민족이 독립할 필요가 있다고 주장한다. 여기에 더하여 이들 중부유럽의 소국들이야말로 범게르만주의 팽창을 저지할 수 있는 이중의 완충지대 역할을 할 수 있는 유일한 지역이다.

마사리크가 비교한 연합국과 추축국의 군사력은 다음과 같다. 연합국 (러시아, 프랑스, 영국, 세르비아, 이탈리아, 벨기에)이 780만 명이고 추축국(독일, 오스트리아 헝가리, 오스만 터키, 불가리아)이 730만 명으로 백중지세이다. 그러나 20~50세의 남자인구를 비교해보면 연합국이 5100만 명이고 추축국이 2900만 명으로 현격한 차이를 보인다. 이에 근거하여 군사개혁과 오스트리아 해체를 위한 제안도 내놓고 있다. "독일과 오스트리아 헝가리가 슬라브 소국들을 점령한 것이 범게르만주의의 종말로 될 것이다. 오스트리아 헝가리는 독일의 아킬레스건이며 그것이 독일주의의 치명타이다."990)

마지막으로 러시아 문제를 다루고 있다. 마사리크가 보기에 러시아와 독일 사이에 단독 강화조약 체결을 막는 것이 연합국의 최우선 의무라고 보았다. 연합국은 볼셰비키를 사실상 인정해야 하는데 그 이유는 "동유럽의 모든 소국인 핀란드, 폴란드, 에스토니아, 라트비아, 리투아니아, 체코, 슬로바키아, 루마니아가 독일 수중에 떨어지지 않도록 강한 러시아가 필요하기 때문이다."991) 그러나 마사리크 자신은 볼셰비키의 강한 반대자였다.992)

이 "최고비밀"의 비망록을 책으로 공개하던 1943년 세튼 와트슨은 책의 말미에서 마사리크의 견해가 예언적이고 선견지명과 대담한 깊이로

---

990) Setton Watson, *Masaryk in England*, p. 200.
991) Setton Watson, *Masaryk in England*, p. 109.
992) Masaryk, *The Making of A State*, p. 183.

차 있다고 술회하였다. 제2차 대전의 와중에 출판된 이 책의 지적사항은 당시에도 그대로 살아있었던 셈이다.

5. 마사리크의 망명

1914년 12월 14일 정보를 더 수집하기 위하여 마사리크는 프라하를 떠났다. 이때는 합스부르크의 탄압이 심해져서 프라하를 떠나는 일이 더욱 어려워졌는데 마침 작은 딸 올가Olga의 신병치료를 구실로 떠날 수 있었다. 이탈리아로 갔다가 돌아오려고 할 때 비엔나 전쟁성에 심어놓은 정보원이 귀국 즉시 체포되어 처형될 것이라고 경고를 하였다.993) 이것으로 부인, 엘리스, 헐버트, 얀과 이별하는 망명생활의 시작이 되었다. 그의 가족은 사실상 인질이 되었다.

계엄 하에서 제국의회와 지방의회가 정회에 들어갔고 모든 시민의 권리는 정지되었다. 그러나 보통 사람들의 생활은 별반 달라지지 않았다. 제일 먼저 영향을 받은 계층은 젊은이들이었다. 징집을 당한 그들은 프랑스와 이탈리아 전선과 달리 평소 같은 슬라브 형제라고 생각했던 러시아 전선으로 배치되는데 대하여 불만이 많았다. 프라하에 있던 28연대는 "러시아와 싸우러 가지만 그 이유는 모른다네"라는 노래를 부르며 전선으로 갔지만 "슬라브 형제"에게 대거 투항하였다.

정당의 움직임도 각양각색이었다. 천주교 정당은 재빨리 합스부르크에 충성을 표시하였다. 사회민주당은 자본주의와 제국주의 사이의 전쟁이라고 매도하였다. 국민사회당 당수 클로파치(Vaclav Klofac, 1868~1942)는 베를린과 동맹을 비난하고 제일 먼저 감옥에 수감되었다. 신체코당 당수 크라마르시는 전쟁의 결과에 대하여 회의적이었다. 체코는 지형

---

993) Benes, *My War Memoirs*, pp. 37-38.

적으로 무장봉기 할 수 있는 곳이 아니다. 남은 선택은 러시아가 구원해 주기를 기다리는 것이다. 이것이 크라마르시의 주장이었다. 조직적인 운동이 없었다.

마사리크는 전쟁의 의미를 알고 있었던 유일한 사람이었다. 그것은 서방을 외교와 선전으로 설득하는 방법이었다. 마사리크 보다 먼저 탈출하여 최초의 영예를 안은 사람은 언론인이며 변호사인 시흐라바(Lev Sychrava, 1887~1958)였다. 그는 앞으로 언론으로 마사리크를 도울 것이다. 마사리크가 탈출하기 직전 미국의 체코이민사회가 시카고에 체코국민협회(Czech National Association)를 조직하였다. 그러나 누군가가 운동 방향을 제시하고, 어떻게 불을 댕기며, 어디에다 목소리를 내야 하는지를 이끌어줄 지도자가 필요하였다. 마사리크였다.

마사리크가 다른 정치지도자를 제치고 전쟁 통에서 자신의 나라를 구하는 인물로 떠오른 것은 신기한 일이다. 그는 평화의 사도이지 군인이 아니다. 더욱이 64세의 노인이다. 그러나 그의 명성은 높았다. 많은 체코 젊은이와 슬로바키아 또 다른 슬라브 국가 젊은이들이 그를 따랐다. 파리와 런던에 데니 교수와 세튼 와트슨 같은 유력한 친구를 갖고 있었다. 러시아를 세 번 방문했으며 그곳에서 밀류코브 교수 같은 유력한 인사들을 친구로 만들었다. 두 번씩이나 미국에서 강연했고 그때마다 체코이민사회에 널리 알려졌다. 그는 플라톤식 철학자 정치인이지만 은둔자는 아니며 보통사람들과 잘 어울렸다. 무엇보다 판단력이 빠르고 제때 프라하를 탈출하는 기민함과 신중함을 동시에 갖추어서 대량 체포에서 벗어날 수 있었다.

마사리크 교수는 탈출하기 직전 30세에 불과한 젊고 유능한 제자 베네시(Eduard Benes, 1884~1948) 박사에게 자신의 부재중에 프라하에서 자신을 대표하라면서 영국 친구 스티드, 세튼 와트슨, 미국 친구 보스카 대위, 러시아 친구 밀류코프 교수, 프랑스 친구 데니 교수의 주소를 주었다. 가장 중요한 인물은 오스트리아 내무상 하이놀트(Karl Heinold)의 시종인 코반다(Julius Kovanda)였다. 그는 마사리크가 일찍이 내무성에 심어놓은 첩자였다. 그를 통해 비밀정보가 전쟁기간 내내 유출되었다. 그리고 예언과 같은 지시를 하였다.

첫째, 국내에 소콜 군단Sokol legion을 조직하라. 소콜은 체코에서 가장 규모가 큰 민간조직으로 체육진흥단체이지만 문학과 기타 문화운동도 겸하였다. 둘째, 때가 되면 프라하의 국민위원회National Committee로 하여금 국내에서 오스트리아를 분쇄하는데 힘을 모으도록 하라. 여기서 국민위원회이라 함은 체코출신 제국의회의원 중심의 모임을 가리킨다. 그 회원은 약 100여명이었다. 마지막으로 러시아가 진군할 때 국내에서 어떻게 대처해야 할 수 있는지를 생각해 두어라. 그리고 말했다. "오스트리아 헝가리가 패배하면 체코는 독립할 것이다. 독일마저 패전하면 우리는 슬로바키아를 포함한 국가를 만들 수 있다."994)

그는 스위스 제네바로 떠났다. 자금이 없어서 후스를 강의하면서 생활비를 벌었지만995) 마사리크를 미국으로 강연 초청하였던 미국 부호친구 크레인이 많은 자금을 제공하였다.996) 서양판 기화가거(奇貨可居)라 할 수 있다.

마사리크는 서방으로 탈출한 유일한 체코출신 제국의원이었다.997) 그는 더 많은 동료의원들이 탈출하기를 바랐다. 해외에 저항단체를 만들기 위함이다. 전쟁 초기에 모든 언론이 통제되었고 외부로부터 신문과 잡지의 반입도 금지되었으므로 아무 것도 모르는 일반 여론은 오스트리아

---

994) Benes, *My War Memoirs*, pp. 34-36.
995) Masaryk, *The Making of a State*, p. 71.
996) Masaryk, *The Making of A State*, p. 28.
997) Masaryk, *The Making of A State*, p. 82.

헝가리와 독일이 승리하리라 믿었으므로 마사리크를 따르지 않았다. 선전의 시대가 된 것이다. 여기에 국경이 봉쇄되어 체코출신 제국의원들의 탈출이 어렵게 되었기도 하지만 많은 의원들은 친러파이었으므로 러시아의 승리를 믿고 국내에서 러시아의 진입을 기다리려고 하였다.

마사리크의 명성은 1914년 이전까지 문서사건, 힐스너 사건, 바르문트 사건, 아그람 사건, 프리드융 사건 등으로 널리 알려졌지만 그 보다 더 유명하고 영향력 있는 정치가도 많았다. 그런 점에서 그는 명성에 어울리지 않게 정계의 영향력은 크지 않았다.998) 무엇보다 그는 자신이 유일한 제국의원인 보잘 것 없는 소수당 출신이었다. 이것이 아마도 저명한 제국의원들이 그를 따라 서방으로 망명하지 않은 원인이기도 하지만 그들은 무엇보다 로마노프 왕관 하에 체코왕국을 꿈꾸었다. 그러나 마사리크는 러시아의 진입을 우려하였다. 그는 자신의 저서 『러시아의 정신The Spirit of Russia』에서 밝혔듯이 러시아의 속셈을 너무나 잘 알고 있었던 것이다. 그들에게 영토 야심이 있었던 것이다.

마사리크의 고심 가운데 하나는 연합국이 승리할 때 그 일원이 되는 러시아가 체코로 진군하는 것을 어떻게 저지하느냐 이었다. 그 방법으로 마사리크는 그의 『비망록』에서 밝혔듯이 연합국이 승리할 경우 반대편인 추축국으로 참전하게 될 오스만 터키가 갖고 있던 콘스탄티노플 Constantinople을 러시아에게 할양할 것을 제의하였다. 러시아는 정교회의 발생지인 콘스탄티노플을 가질 자격이 있으며 이것은 러시아의 오랜 염원인 지중해로 진출하는 기회를 부여하는 것이기도 하였으므로 이렇게 되면 그들에게 체코슬로바키아의 가치는 중요하지 않게 될 것이다.999) 독일이 발칸에 진출하는 것을 영원히 봉쇄하는 방법으로 보헤미아와 세

---

998) Orzoff, *Battle for the Castle*, pp. 24-25.
999) Setton Watson, *Masaryk in England*, p. 132.

르비아를 연결하는 회랑Bohemia and Serbo Croatia Corridor을 설치할 것도 제의하였다.1000) 종전 후 파리강화회의에서 이것은 체코 회랑Czech Corridor이라고 불렀고 연합국에게 채택되지 않았다.

6. "마피아"

베네시 박사가 위조여권으로 프라하를 탈출하여 제네바로 마사리크를 찾아왔다. 그는 마사리크의 제자였는데1001) 당시 프라하대학 사회학 강사였다. 그는 프랑스, 영국, 독일에서 사회학, 경제학, 정치학을 공부하였고 법학으로 박사학위를 받았다. 그의 프랑스 스승 가운데 한 사람이 유명한 사회학자 두르크하임 교수이다. 베네시 역시 프랑스어, 독일어, 이탈리아어, 영어에 능통하였다. 귀국 후에 마사리크가 그에게 대학에 강사자리를 알선해 주었다. 베네시는 사회주의자는 아니었지만 사회주의자들과 친분이 남달랐다. 그는 후일 마사리크가 죽은 다음해 나치독일이 침공하고 제2차 대전이 발발하였을 때 영국으로 망명하여 다시 임시정부를 조직하였다. 임시정부의 존재를 알리기 위해 프라하에 있던 나치의 식민장관 하이드리히(Reinhard Heydrich, 1904~1942) 암살을 기획하였고 성공하였다. 평화주의자 마사리크가 살아있었으면 기절했을 일이다. 제2차 대전 종전 후에 공산주의자들과 어쩔 수 없이 협력하여 대통령이 되었으나 곧 실의 속에 사망하였다. 그가 너무 좌경했던 탓으로 일생의 뛰어난 업적이 퇴색했기 때문이다.

마사리크는 망명하기 전에 베네시에게 프라하에서 이른바 "마피아"를 비밀리에 조직하라고 지시하였는데 그들의 소식을 갖고 왔다. 마사리크

1000) Setton Watson, *Masaryk in England*, p. 129.
1001) Selver, *Masaryk*, p. 247f.

가 프라하를 탈출할 때 베네시에게 자신의 정보원을 소개시켰는데 이것은 마사리크가 전쟁 전부터 이미 비엔나 정부에 비밀리에 정보원을 심어 놓았음을 보여준 셈이다. 앞서 밝힌 대로 그 가운데 한 사람은 내무상의 시종이었고 또 한 사람은 신문사 주필이었다. 그들의 정보는 매우 유용하여 연합국에게 큰 도움이 되었다. 베네시가 이 정보를 전달하는 일을 맡았다. 이 일은 목숨을 거는 일이었다. 한번은 젊은 작가 차페크(Karel Capek, 1890~1938)에게 문서를 숨겨 마사리크 교수에게 전달할 것을 시키면서 경고하였다. "잡히면 교수형이야."1002) 내무상의 시종은 전쟁이 끝날 때까지 첩보원 정체가 드러나지 않았다가 마사리크가 대통령으로 귀국하자 비로소 모습을 드러낼 정도로 보완이 잘 지켜졌다.

　마사리크는 자신과 국내를 연결할 국내의 비밀조직을 원했다. 당시에 체코에 수많은 군소정당을 제외하고 주요정당은 4개였는데 그 가운데 천주교 정당과 사회민주당은 오스트리아 편이었다. 결국 베네시는 진보당과 국민사회당 대표들인 라신(Alois Rasin, 1867~1923) 박사와 크라마르시 박사 그리고 소콜의 대표 사이너(Josef Scheiner, 1861~1932) 박사 등으로 "마피아"를 조직하였다. 마사리크의 첩자 코반다도 마피아의 일원이었다. 베네시는 사회주의자도 포섭하려 노력하였다. 그러나 그들은 마사리크의 독립운동이 "또 하나의 빌라 호라(화이트 마운틴)가 될 것이며 책임 있는 정당의 정치인은 마사리크의 계획 같은 모험에 관계해서는 안 된다고 반대하였다."1003) 베네시가 "이것은 도덕적인 문제"라고 반박하자, 그들은 "정치란 도덕적인 것이 아니고, 속임수이고, 비웃음이며, 음모, 폭력, 범죄"라고 주장하였다. 베네시는 이들을 설득할 수 없었다.

1002) Zeman and Klimek, *Life of Edvard Benes 1884-1948*, Oxford, Oxford University Press, 1997, p. 19.
1003) Benes, *My War Memoirs*, p. 32.

7. "환상적 방략"

마사리크와 베네시가 "서방"으로 탈출하던 시기는 추축국이 승전하던 때였다. 연합국은 계속 고전을 면치 못하여 승전의 희망이 보이지 않았다. 이렇게 불리한 전세에도 불구하고 그들이 서방으로 탈출하게 된 사상적 배경은 체코에서 예외에 속한다. 대부분의 체코 정치가들은 보헤미아와 모라비아가 오스트리아 내에 계속 머물러 합스부르크 왕관 아래에서 그들의 지위가 향상되기를 희망하였다. 합스부르크 충성파인 사회민주당 당수 스메랄(Bohumir Smeral, 1880~1941)은 오스트리아 헝가리가 멸망한다는 것은 생각도 못했다. 최대 정당 농민당 당수 스벨라(Antonin Svehla, 1873~1933)는 반신반의 하였다. 모두 오스트리아가 체코에게 헝가리와 같은 지위를 인정하여 이중왕국에서 삼중왕국체제로 연방의 일원이 될 것이라고 믿었다. 헝가리에게 부여한 것처럼 보헤미아와 모라비아에게도 자치를 허락할 것으로 기대하였다. 크로아티아, 슬로베니아, 세르비아 지도자들도 비슷한 생각을 품고 있었는데 세튼 와트슨의 제안대로 남슬라브로 통일하여 합스부르크 제국의 새로운 일원이 되는 길을 모색하였다.[1004]

한편 눈을 합스부르크의 밖으로 돌린 체코 정치가들의 경우, 러시아를 쳐다보며 같은 슬라브 형제를 해방시켜주리라 기대하였다. 일부 정치가들은 오스트리아가 독일과 단절하고 러시아에게 손을 내밀어 범슬라브주의라는 이름하에 자신들을 보호해줄 것을 소망하였다. 심지어 러시아와 연방을 시도하려 하였다.[1005] 이처럼 거의 대부분의 체코 정치가들의

[1004] Setton Watson, *Racial Problems in Hungary*, London, Constable, 1908.
[1005] Zeman, *The Masaryks: The Making of Czechoslovakia*, New York, Barnes and Nobles, 1976, pp. 64-65.

의존 복속 태도에 대해 극히 일부가 독립을 주장하였지만 그 속에 도사린 함정을 두려워하였다. 다시 말하면, 독일의 힘을 억제하지 못하면 체코는 지도상에서 사라질 위험이 있으니 차라리 오스트리아 헝가리 체제 내에서 재편되어 그 체제 속에 안전하게 남는 편을 택하였다.1006)

전쟁에 대한 잘못된 시각은 언론과 여론에게도 그대로 비쳐졌다. 대부분의 프라하 신문들은 오스트리아군을 지지하였고 체코군인들은 오스트리아군과 함께 진군하였다. 후일 체코 외무장관이 되는 마사리크의 둘째 아들 얀 마사리크(Jan Masaryk, 1886~1948)도 그 가운데 하나였다. 체코 청년들은 러시아전선, 프랑스전선, 이탈리아전선으로 흩어졌다. 오스트리아를 지지하지 않은 사람은 소수였다. 그 가운데 청년체코당의 크라마르시 박사는 독일과 슬라브의 해묵은 쟁투라고 보았다. 그러나 이번 전쟁으로 체코가 오스트리아 보다 더 오래 생존할 것이라는 전망을 잊지 않고 암시하였다.1007) 그러나 마사리크는 "자르의 러시아는 슬라브가 아니라 비잔틴이다. 그것도 타락한 비잔틴의 변형이다"라고 일축하였다.1008)

친러파의 크라마르시 박사는 "마피아"가 도와달라는 요구를 거절하였다. 그뿐만 아니라 대부분의 체코 정치인들 역시 거절하였다. 그들이 보기에 마사리크의 방략은 바보 같은 도박이었다. 크라마르시는 합스부르크에 협력하는 것을 반대했지만 그 반대운동은 국내에서 펼치면서 러시아의 로마노프 해방자가 오기를 기다리는 것이었다. 그러나 그도 결국에는 마지막 순간에 다른 정치 지도자들과 함께 "마피아"에 가담하게 된다. 조국독립을 향한 마사리크와 베네시의 도덕적으로 높은 이상은 "환상적인 방략"임이 증명될 것이다.1009)

1006) Zeman, *The Breakup of the Habsburg Empire 1914 1918*, London, Oxford University Press, 1961, p. 20.
1007) Orzoff, *Battle for the Castle*, p. 38.
1008) Masaryk, *The Making of A State*, p. 145.

8. 도덕과 인본주의

베네시의 임무가 너무 위험하다는 것을 깨달은 마사리크는 전략을 바꾸어 그를 파리로 불렀다. 그리고 체코 독립운동 본부를 런던, 파리, 페트로그라드 등 세 곳으로 분산하였다. 당시 연합국 측에서 보면 런던은 정치적인 중심지이고 파리는 군사적인 중심지이며 페트로그라드는 유럽에서 체코이민의 중심지였다. 개전초기 독일의 공세로 파리가 위험에 처한 적도 있지만 프랑스 군은 잘 막아냈다. 페트로그라드는 체코슬로바키아 이민이 많이 사는 곳이지만 사정이 당장 여의치 않아서 우선적으로 마사리크 자신은 런던, 베네시는 파리에 자리를 잡았다. 베네시는 학생 때 파리에서 공부한 적이 있었다. 모든 연락은 스테파니크(Milan Stafanik, 1880~1919)가 맡았다. 그는 슬로바키아 출신인데 프랑스 사관학교 출신으로 프랑스 공군 소위였으며 마사리크의 제자였다.[1010]

스테파니크의 합세는 커다란 의미가 부여된다. 당시 슬로바키아는 헝가리에 예속되어 있었는데 탄압이 심해서 그곳을 탈출한 정치인들이 없었다. 스테파니크는 일찍이 프랑스로 이민하여 프랑스 해군을 위하여 세계를 탐험하였다. 그 공로로 프랑스 시민이 되었고 명예기사 작위 Knight of the Legion of Honour 까지 받았다. 스테파니크는 프랑스 사교계 인사들을 많이 알고 있었다. 전쟁이 발발하자 프랑스 공군이 되어 서부전선과 시베리아 전선에서 활약하였다. 그는 슬로바키아가 작은 나라여서 홀로 독립할 수 없다고 보고 마사리크의 체코슬로바키아 구상을 따랐다. 스테파니크의 합류는 비록 슬로바키아 구 정치인들의 지지는 없었지만 마사리크의 체코슬로바키아 구상에 힘을 실어주었다. 이렇게 하여 체코슬로

1009) Benes, *My War Memoirs*, p. 31, p. 35.
1010) Masaryk, *The Making of A State*, p. 107.

바키아 독립운동의 유명한 삼총사 체제가 형성된 것이다. 매우 단출하지만 효율적이며 스승과 제자의 체제였다.

마사리크의 첫 번째 독립운동은 제네바에서 후스 화형 5백주년을 기념한 연설이었다. 그의 무기는 도덕성과 인본주의였다.1011) 후일 공산주의에 항거하여 프라하의 봄을 가져온 두부체크(Alexander Dubcek, 1921~1992)가 얻은 "인간의 얼굴을 가진 공산주의자"라는 칭호나 공산주의가 무너진 후 대통령이 된 하벨(Vaclav Havel, 1936~2011)이 "마사리크의 도덕정치를 따르자"는 연설은 우연의 산물이 아니다. 마사리크는 오스트리아의 선전에 대항하여 그들이 얼마나 비도덕적이고 비인간적인가를 선전하였다. 그는 말했다. "정치적 독립은 그 자체로 올바른 국민 생활의 수단에 불과하다. 우리는 하나의 국가로서 도덕적인 삶을 멈추자마자 조국을 잃어버렸다. 바탕이 도덕적이 아니면 국가도 정책도 있을 수 없다는 것이 나에게는 너무나 분명하다."1012) 마사리크가 도덕을 내세운 것은 약자로서 강자의 양심을 움직여 국제적 기준에서 강자를 안심시키며 그 일원이 되고자 하였기 때문이다.

스위스는 다민족 국가이지만 친오스트리아 세력이 강했다. 제네바에서도 오스트리아의 첩자가 항상 감시하였다. 어느 날 프라하에서 마사리크가 묵고 있는 호텔로 곧장 찾아온 첩자가 있었다. 그러나 프라하의 "마피아"가 사전에 알려주어 자리를 피할 수 있었다. 그것은 프라하의 지하조직이 제대로 기능을 수행한다는 증거였다. 어느 날 마사리크 어깨에 종기가 생겼다. 의사가 보더니 독에 감염되었다고 말했는데 오스트리아 첩자가 마사리크의 세탁물에 독을 입혔던 것이다.

1011) Masaryk, *The Making of A State*, p. 72-78.
1012) Setton Watson, *Masaryk in England*, p. 27.

9. 킹스 칼리지

1915년 10월 마사리크는 위조여권을 갖고 정치적 중심지인 런던으로 갔다. 세튼 와트슨이 주선하여 런던 대학의 킹스 칼리지King's College에 슬라브 학부School of Slavic Studies를 만들어 그에게 교수 자리를 제공하였고 외무성이 위조여권을 묵인하도록 조취를 취했다. 세튼 워트슨은 당시 영국 정보부British Secret Service에서 일하고 있었다.1013) 그가 마사리크의 비망록을 영국정부에 기밀문서로 제출했을 때 마사리크를 "정보원"이라고 불렀다.1014) 그밖에 마사리크는 자신의 비엔나 첩보원이 보내는 문서를 스티드를 통해 영국 외무성에 보냈다. 그 중간 역할을 크레인이 맡았다.1015)

교수취임기념 강의 제목은 『유럽위기에 있어서 약소국의 문제The Problem of Small Nations in the European Crisis』였다. 이 강의의 사회자는 영국 수상 아스퀴스(Herbert H. Asquith, 1852~1928)가 내정되었으나 그가 감기에 걸려서 외무차관 세실 경(Lord Robert Cecil, 1864~1958)으로 대체되었다. 세실 경은 후일 노벨 평화상을 받았다. 이 강의는 마사리크의 두 번째 독립운동이었는데 매우 성공적이었고1016) 그 내용은 마사리크의 친구 스티드의 주선으로 『에딘버러 리뷰Edinburgh Review』에 게재되었다. 유럽에 있어서 약소국의 사정과 오스트리아 헝가리 및 독일의 실체

1013) Orzoff, *Battle for the Castle*, p. 39.
1014) Foreign Office 371/1900/67456. Kalvoda, "Masaryk in America in 1918," *Jarhbucher Geschichte Osteuropas*, 1979, p. 93에서 재인용.
1015) Voska and Irwin, *Spy and Counterspy*, New York, Doubleday, 1940. Foreign Office 371/2510/06311, Cecil minutes July 1, 1915. Kalvoda, "Masaryk in America in 1918," *Jarhbucher Geschichte Osteuropas*, 1979, p. 93에서 재인용.
1016) Masaryk, *The Making of A State*, p. 95.

를 알린 것은 이 강의가 처음이었다.

이 강의에서 그는 "10개의 약소국보다 1개의 국가[오스트리아 헝가리]를 상대하는 것"이 좋다는 이른바 중부유럽의 발칸화Balkanization에 대한 열강의 우려를 다음과 같이 반박하였다. "지금 유럽지도를 보면 국가의 지도는 있지만 민족의 지도는 없다. 그만큼 오스트리아 헝가리 제국은 합성된 인위국가state이다. 약소민족에게는 역사적이고 자연적인 권리를 갖는 민족국가nation를 가질 자격이 있다."1017) "국가가 합성될 수 있었다면 해체될 수도 있다."

이것은 당시 제국주의 열강에게 충격적인 도발이었다. 열강은 발칸에서 소수민족들이 저들끼리 자주 전쟁을 일으키는데 염증을 갖고 있었다. 차라리 합스부르크가 통치하는 것이 세력균형에 도움이 된다고 믿었다. 또 다른 측면에서 보면 영국과 프랑스도 식민지를 갖고 있었으니 이 발언이 달갑지 않았다. 그래서 마사리크는 오스트리아의 천주교 교권주의와 왕권절대주의를 내세워 차별하였다. 영국은 왕국이지만 왕권 절대주의는 아니고 프랑스 역시 천주교 국가이지만 천주교 교권주의는 아니었다. 더욱이 프랑스는 위대한 혁명으로 절대주의를 소멸시킨 국가라고 예외적으로 추켜 세웠다. 제국주의 대 식민주의가 아니라 절대주의 대 민주주의를 내세운 것은 마사리크의 지혜였다.

마사리크는 파리와 별도로 런던에 본부를 차린 것은 런던이 연합국의 정치적 중심이므로 각국의 외교관과 주요 인사를 만날 수 있기 때문이다. 또 이곳을 발판으로 미국을 상대로 독립운동을 할 작정이었다. 미국은 아직 참전하지 않았지만 1915년 5월에 이미 영국 여객선 루시타니아 Lusitania가 독일 잠수함에 의해 격침되어 많은 미국승객이 목숨을 잃었고, 12월에는 안코나Ancona가 오스트리아 잠수함에 의해 격침되어 역시

1017) Setton Watson, *Masaryk in England*, Ch. IV.

많은 미국승객이 죽자 미국의 참전이 시간문제라고 예측하였다. 마사리크가 도버해협을 건널 때 예약했던 서섹스Sussex도 격침되었다. 그는 여행을 그 다음날로 연기하여 죽음을 피할 수 있었다.

그러나 마사리크가 놀란 것은 영국의 그 누구도 오스트리아 헝가리 제국과 그 신민에 대해서 알지 못한다는데 있었다.1018) 프랑스도 마찬가지였다. 이들 국가에서 여론은 반독일이지만 그 뒤에 파묻혀 반 오스트리아 정서는 약했다. 이상한 현상이었다. 상류층은 비엔나의 음악과 왈츠를 그리워하는 분위기였다. 마사리크는 이를 분쇄해야만 하였다. 그는 체코의 친러파 지식인들과 달리 미국을 일찍부터 겨냥하였고 영국, 프랑스, 미국 등 연합국의 여론을 동원하려는 계획을 세웠다.

10. 선전포고

마사리크의 첫 번째 목표는 해외의 체코 조직들을 효율적으로 재편성하고 국내 정치인들과 연계하여 공개적이고 책임 있는 반 오스트리아 헝가리 전선을 형성하는 것이었다. 그것은 크게 러시아, 미국, 프랑스, 이탈리아, 영국, 캐나다 등의 체코 동포들이었다. 마사리크가 망명하기 전에 반 오스트리아 헝가리 조직을 구축한 것은 미국에 있는 동포뿐이었다. 나머지 국가에서는 조직다운 조직이 없었다. 미국도 크게 두 개의 조직으로 나누어져 있었다. 두 번째 목표는 체코 사정을 선전하는 일이었다. 당시 체코에 대하여 아무도 관심을 갖지 않았다.

해외 조직이 이처럼 한심한 상태였으므로 마사리크 교수는 1915년 11월 14일 파리에서 잠정적으로 체코슬로바키아 해외위원회Czechoslovak

---

1018) Setton Watson, *Masaryk in England*, p.22; Orzoff, *Battle for the Castle*, p. 40.

Foreign Committee를 창설하였는데 이것은 임시기구로써 그의 목표는 합스부르크 제국에 대하여 공개적으로 전쟁을 선포하는 것이었다. 그를 위하여 대표들의 서명이 필요했는데 프랑스, 러시아, 미국의 체코사회 대표들로부터 서명을 받아서 선전포고를 하였다.

이 포고문에서 해외위원회는 러시아가 퇴각하고 세르비아가 무너지는 등 연합국에게 불리한 순간이지만 그 결과에 상관없이 체코슬로바키아가 오스트리아 헝가리와 적대관계에 돌입했음을 선언하였다. 그것은 슬라브 국가와 연합국 편에 섰음을 밝히고, 독일 동방정책의 수단만으로 전락하여 이미 독립을 잃고 전쟁을 일으킨 합스부르크 제국에 대항하여 생사를 건 전쟁임을 선포하였다. 또 포고문은 체코슬로바키아가 전쟁 전부터 비엔나와 부다페스트에 항거했음을 주지시키고 전쟁 중에 오스트리아 헝가리의 박해를 고발하였다. 하나의 국가로써 체코의 역사적 권리를 강조하고 온 민족이 모든 노력으로 독립을 쟁취할 것임을 결의했음을 역설하였다. 비엔나와 부다페스트의 구실은 이미 실패한 것이며 합스부르크의 몰락과 독립 체코슬로바키아 국가의 창설이 불가피함을 언명하였다. 그가 체코와 슬로바키아를 묶어 단일국가 창설을 목표로 삼은 것은 그 자신의 아버지가 슬로바키아인이고 어머니가 체코인이었기도 하지만 독일계 인구 보다 작은 체코계 인구만으로는 역부족이었기 때문이었다.

11. 파리 공동성명

이제 남은 일은 해외 단체를 효율적으로 연합하고 국내와 연계시키는 일을 공식화하는 것이었다. 그 첫 번째 단계로써 영국 킹스 칼리지에서 거둔 성공을 배경을 업고 마사리크는 1916년 1월 파리에 도착하였다. 그곳에서 러시아대사 이즈볼스키와 면담하며 자신의 계획을 설명하였다. 이어서 스테파니크의 도움으로 2월 1일 프랑스 수상 브리앙(Aristide Briand, 1862~1932)을 접견할 수 있었다. 그 자리에서 마사리크 교수는 독일의 범게르만주의의 베를린 바그다드 팽창계획과 그것을 가능하게 만드는 수단이 바로 오스트리아 헝가리 제국이라고 설명한 다음, 오스트리아 헝가리의 해체만이 독일 범게르만주의의 팽창을 저지할 수 있음을 주장하였다. 그 대신 해체된 자리에 새로운 독립 국가를 건설하면 프랑스에게 위협이 없어질 것이라고 설명하였다. 구체적으로 동서로는 프랑스와 러시아 사이에 그리고 남북으로는 핀란드와 그리스 사이에 여러 소국들의 독립을 허락하여 독일을 그 속에 가두면 프랑스 이익에 부합할 것이며 유럽에 평화를 가져올 것이다. 마사리크는 체코의 문제를 유럽 전체의 문제로 부각시킨 것이다.

브리앙 수상이 그 자리에서 그 내용을 공동성명으로 발표할 것에 동의하였다. 이것은 전쟁개시부터 독일공세에 고전하며 우왕좌왕하던 프랑스의 전쟁 목표를 분명하게 설정하는 계기가 되면서 동시에 체코슬로바키아 독립운동을 지지함을 의미하였다. 이것이 1년 후인 1917년 1월 윌슨대통령에게 보내는 "연합국 문서*Allied Note*"로 발전하였고, 마침내 2년 후인 1918년 1월 8일 윌슨 대통령의 "14개조 강령"의 선포로 이어지게 되는 단초가 된다.

윌슨의 14개 조항을 차치하고라도, 브리앙 수상에게 설명한 마사리크의 구상은 세계대전에 대한 완전하고 종합적인 해석이 되면서 그 의의와 의미가 많은 사람들에게 영향력을 행사하게 되었다.[1019] 마사리크는 소르본대학에서 브리앙과 공동성명, 런던대학 강연, 그의 비망록 등을 모아서 강의하였다. 이것은 곧 소르본대학의 데니 교수가 창간한 체코 독립운

1019) Benes, *My War Memoirs*, pp. 85-88.

동의 기관지 『체코국가La Nation Tcheque』에 게재되었다. 이 잡지에 오스트리아의 탄압을 고발하였다.1020) 베네시 역시 소르본대학에서 강의한 내용을 묶어서 『오스트리아 헝가리의 해체Destroy Austro Hungary』라는 책자로 출판하였다.

12. 체코슬로바키아 국민회의

브리앙과 공동성명을 바탕으로 마사리크는 잠정적인 해외위원회를 대신할 항구적인 조직으로 1916년 2월 파리에서 체코슬로바키아 국민회의National Council를 설립하였다. 망명한지 1년 2개월 만이다. 본부는 파리에 두며, 의장은 마사리크, 부의장은 두리히, 슬로바키아 대표는 스테파니크, 사무총장은 베네시가 되었다. 두리히(Josef Durich, 1847~1927)는 프라하에서 비밀리에 파견한 인물로서 제1당인 농민당의 당수였는데 친서방에 호소하는 마사리크의 독립운동을 견제하기 위해 친러파의 크라마르시 박사가 보낸 인물이다.1021) 그러나 국민회의는 아직 임시정부가 아니다. 체코임시정부는 어디에도 탄생하지 않았다.

국민회의는 전부터 체코와 슬로바키아에 존속해왔지만 국내에 잔류하였던 지도자들이 모두 체포되어 1916년 이래 사실상 소멸되었다. 마사리크가 새로이 파리에 국민회의를 결성하고 그 의장이 된 합법성은 무엇일까. 전쟁 초기 체코출신 망명객 가운데 제국의회 의원은 마사리크 혼자 뿐이었다는데 그 근거를 둔다.1022) 당시 체코출신 제국의원은 약 100여

1020) Masaryk, "Austrian Terrorism in Bohemia," *La Nation Tcheque*, May and June 1916. Masaryk, *Austrian Terrorism in Bohemia*, London, Czech National Alliance in Britain, 1916.
1021) Orzoff, *Battle for the Castle*, pp. 41-42.
1022) Masaryk, *The Making of A State*, pp. 82 89; Orzoff, *Battle for the Castle*, p. 39.

명이었다. 마사리크도 처음에는 다른 의원들이 망명할 때까지 기다리려고 하였다. 그러나 국경이 봉쇄되어 용의하지 않았다. 그렇다고 그들을 프라하에 둔 채 국민회의에 포함시키자니 박해에 쉽게 노출될 것이 우려되었다. 그는 망명을 할 때 자신의 당의 승인을 받았다. 그러나 그 당은 제국의원이 마사리크 하나뿐인 초미니 정당이었다. 그는 자문하였다. "젊은이들은 전쟁에 간다. 저항도 한다. 체포도 당한다. 너는 국회의원이다. 무언가 해라."1023) 그럼에도 불구하고 그의 지위에 대해 합법성이 부족하였다. 그는 탈출 직전 체코출신 의원들에게 자신이 망명지에서 하는 일을 구두로 인정해 달라고 요청하였다. 그가 망명지에서 연합국 지도자에게 체코의 독립을 설득할 때 대표성을 물을 것이라는 세튼 와트슨의 충고를 따랐기 때문이다.1024)

마사리크는 합법성을 염두에 두고 베네시가 프라하를 탈출하기 전에 그에게 지령을 내렸다. (1)프라하에 남은 정치지도자들이 동의할 때까지 국민회의 결성을 미룬다. 해외에서 독립운동은 어떠한 경우라도 국내 정치지도자들에 의해 거부되어서는 안 되기 때문이다. (2)만일 동의를 받지 못한다면 마사리크는 기다리겠지만, 결국에는 그는 상관하지 않고 자신의 계획대로 움직일 것이다. 그 같은 전쟁 상황에서 그 같은 소모적 논쟁에 시달릴 정도로 그에게 많은 시간이 기다려주지 않기 때문이다. 베네시가 노력하여 결국 동의를 얻어냈다.1025) 동시에 마사리크에게 오스트리아에 대해 선전포고를 할 수 있는 재량권을 부여했다. 그 시기는 마사리크가 선택한다.1026)

그럼에도 마사리크를 비난하는 사람들은 그가 "체코슬로바키아 독립

1023) Capek, *Talks with T.G.Masaryk*, p. 197.
1024) Masaryk, *The Making of A State*, p. 29.
1025) Benes, *My War Memoirs*, pp. 58-63.
1026) Benes, *My War Memoirs*, p. 70.

을 위해 스스로 임명한 대변인"이 되었으며,1027) "엉큼하게도 스스로를 체코 정당들의 대표로 묘사하여 국가원수의 역할을 떠맡았다"1028)고 못마땅하게 여겼다. 이 이유는 앞서 말한 대로 후일 탈출한 또 하나의 제국의원 두리히가 체코 유권자의 70%의 지지를 받는 최대당의 당수였고 그 당의 비밀위원회에서 해외로 보낸 인물이기 때문이다.1029) 그럼에도 마사리크의 지위는 여전하여 국민회의 의장이었고 두리히는 부의장이 되었다. 그가 현실주의자였던 것은 틀림없지만 그러는 한편 정직하였다. 그의 명함에는 "교수 마사리크, 제국의회 체코의원, 제국의회의 체코사실주의당의 당수"라고만 적혀 있었다.1030) 그는 말한다. "우리에게 '대표성' 같은 것은 필요하지 않았다. 우리는 일했고 '대표성'은 그 스스로 찾아왔다."1031)

13. 아들의 사망

국민회의의 당장 목표는 (1)연합국을 연구하고 여론의 지지를 구하라, (2)프라하와 연락을 멈추지 마라.1032) 두 번째 목표를 위해서 "마피아"의 역할이 컸는데 연락 과정에서 프라하에 있던 마사리크의 큰 딸 엘리스 마사리크, 베네시 부인, 청년체코당수 크라마르시 박사, 후일 재무상이 되는 라신(Alois Rasin, 1867~1923) 박사, 소콜 지도자 사이너(Josef Scheiner, 1861~1932) 박사 등이 체포되었다. 더욱 절망적이었던 것은 마사리크 교수의 큰 아들 헐버트(Herbert)가 전쟁 부상병을 돌보다가 장티

1027) Orzoff, *Battle for the Castle*, p. 5.
1028) Orzoff, *Battle for the Castle*, p. 39.
1029) Bradley, *The Czechoslovak Legion in Russia 1914-1920*, p. 34.
1030) Masaryk, *The Making of A State*, p. 55.
1031) Masaryk, *The Making of A State*, p. 93.
1032) Setton Watson, *Masaryk in England*, p. 22.

푸스에 감염되어 사망한 것이다. 당시에 전염병이 창궐하여 많은 희생자가 발생하였다. 이 일로 마사리크 교수의 부인은 프라하 정신요양원에 보내졌다. 이 불행을 놓고 마사리크의 적들이, 특히 체코의 천주교회가 "하나님 손가락[의 역사]"라고 저주할 때 본인은 "이것은 나의 [독립운동] 노력을 줄이라거나 낙심하기보다 [계속하라는] 엄명인 듯하다"고 슬픔을 삼켰다.[1033]

14. 반 오스트리아 정서

앞에서도 밝혔지만 전쟁 초기에 미국에서 보헤미아나 체코슬로바키아라는 말은 사람들 사이에 거의 알려져 있지 않았다. 그러나 1915년 10월 마사리크 교수의 장녀 엘리스 마사리크(Alice Masaryk, 1879~1966)의 체포는 미국에서 반 오스트리아 정서를 형성하는데 커다란 기여를 하였다. 그녀의 혐의는 반역인데 해외에서 아버지 마사리크 교수의 독립운동을 저지할 목적이었다. 그러나 여론이 우려했던 것은 그 전에 영국 간호사 에디스 카벨(Edith Cavell, 1865~1915)이 간첩혐의로 처형당했기 때문이다. 마사리크의 미국친구 크레인은 자기 아들이 랜싱 미 국무장관의 비서이기 때문에 압력을 넣으면서 여론을 동원하였다. 뉴욕 타임스, 시카고 데일리 트리뷴, 크리스천 사이언스 모니터 등에서 계속해서 취재를 하였다. 여성 단체들도 가만있지 않았다. "심지어 여성까지 수감할 정도로 문제가 심각하다고 [미국]사람들은 수군거렸다."[1034] 국무성에 압력이 쇄도하고 하원의원 사바스(Adolph J. Sabath, 1866~1952)가 적극 나섰다. 비엔나 주재 미국 대사도 이 사건을 크게 중시하였다. 엘리스의 어머

1033) Setton Watson, *Masaryk in England*, p. 57; Masaryk, *The Making of A State*, p. 63.
1034) Masaryk, *The Making of A State*, p. 92.

니가 미국 시민이었기에 더하였다. 한때 처형되었다는 신문 보도까지 나왔지만 압력에 굴복한 오스트리아가 1년 만에 엘리스를 석방하였다. 마사리크도 가만있지 않았다. 『오스트리아의 테러Austrian Terrorism』을 썼다. 이 책에서 "황제는 대량 체포와 교수형을 명령했고… 전쟁이 시작된 이래 1916년 5월까지 사형선고를 받은 민간인은 4천명을 넘었는데 그 가운데 965명이 체코인이다. 대부분이 여성이다. 처형된 군인은 이미 수천 명에 달하였다"라고 주장하였다.1035)

같은 해에 인도의 독립운동 지도자 야틴(Bagha Jatin, 1879~1915)은 압제자 대영제국과 싸울 자금과 무기를 독일로부터 제공받게 되었다. 베를린의 지시로 워싱턴 주재 독일 대사 베른스토르푸(Johann H. Bernstorff, 1862~1939)가 그의 무관 폰 파펜(Franz von Papen, 1879~1969)으로 하여금 무기를 캘리포니아에서 벵갈 만까지 운송하도록 시켰다. 파펜은 후일 히틀러와 함께 내각을 조직하여 수상이 되었으나 곧 실각한 인물이다. 이 계획이 마사리크의 추종자 보스카 대위의 첩보망에 걸렸다. 보스카는 마사리크에게 이 사실을 알렸고 마사리크는 미국에 이 정보를 건네자 미국이 영국에게 전했다. 야틴은 현장에서 체포되어 사형 당하였다. "만일 보스카의 첩보가 없었다면 오늘날 아무도 마하트마 간디의 이름을 듣지 못하고 야틴이 인도의 국부가 되었을 것이다."

이보다 미국 여론을 격분시킨 사건이 같은 해에 터졌다. 이번에도 폰 파펜이 관여되었는데 보스카 대위가 조사한 결과 그가 미국 내의 독일계 시민들에게 파업을 사주한 사건이다. 여기에 오스트리아대사 덤바(Constantin Dumba, 1856~1947)가 관련되어 모두 추방되었다.

역시 같은 해에 보스카는 또 하나의 음모를 저지하였다. 멕시코의 독재자 푸에르타(Victoriano Huerta, 1850~1916)가 권좌에서 쫓겨나서 미국

1035) Masaryk, *Austrian Terrorism in Bohemia*, pp. 19-23.

에 망명하고 있었다. 그는 독일 해군첩자 폰 린텔렌(Franz von Rintelen, 1877~1949)에게 무기를 구입할 자금과 유보트의 지원을 요청하였다. 그것을 갖고 미국과 전쟁을 벌여 미국으로 하여금 연합국에 무기 공급을 방해할 목적이었다. 그 모임이 보스카의 첩보망에 걸렸다. 푸에르타는 멕시코로 귀국하던 길에 체포되어 미국 감옥에서 죽었다.

이러한 사건들을 겪으면서 미국의 여론은 참전 직전에 독일에 대하여 놀라울 정도로 적대적이 되어갔다. 특히 외교관의 파업 사주 사건은 독일 잠수함에 의한 영국 여객선 루시타니아Lusitania 격침이나 오스트리아 잠수함에 의한 안코나Ancona 격침 사건 보다 오스트리아 독일에 대해 더 부정적인 영향을 미쳤다.1036) 독일과의 전쟁을 훈족the Huns에 대한 십자군이라고 여겼다. 무엇이건 독일과 관련된 것은 반대였다. 대학에서 독일식 이름의 학생이나 교수는 의심을 받았다. 미국에서 살면서 시민권을 신청하지 않은 독일사람 역시 마찬가지였다. 대학에서 독일어 과목을 선택하면 비애국적이라고 여겼다. 대학의 독일어 관련과목 등록수가 급격히 하락하였다. 대학총장조차 이를 바로 잡는 성명을 발표하는데 대단한 용기가 필요하였다.

> 우리 대학인들은 언어를 탓해서는 안 된다고 믿는다. 오히려 독일어를 공부하는 일이야말로 적과 동지를 구별하는데 도움이 되고, 5년 전에 독일어가 중요했다면 미래에는 더 그러하다. 영국과 프랑스를 방어하는데 중요한 수단이다. 우리보다 더 고통을 받는 그들이 우리보다 더 독일어를 공부하는 것은 그러한 까닭이다. 적을 아는 첩경은 그들의 언어를 이해하는 데에서 출발한다.1037)

1036) Setton Watson, *Masaryk in England*, pp. 96-100.
1037) Crammer, *Case Western Reserve University*, New York, Little Brown, 1976, p. 142.

독일에 대한 적대감은 오스트리아에 대한 그것과 다르다. 마사리크에게는 반 오스트리아 정서의 발달이 더 중요하였다. 독일과 오스트리아가 추축국이지만 만일 오스트리아가 단독 강화에 성공하는 날에는 마사리크의 독립운동은 실패한다.

15. 독립운동자금

마사리크가 처음 망명했을 때 베네시가 약간의 자금을 마련하였다. 그 후 소콜Sokol로부터 자금지원을 약속받았다. 소콜은 35만 명의 회원을 거느리는 당시 체코에서는 최대의 단체였다. 그러나 그것이 여의치 않게 되었다. 대신 미국전역에 250개의 지부를 거느린 보헤미아 민족연맹 Bohemia National Alliance에서 후원금을 보내왔다.1038) 미국에서도 체코와 슬로바키아는 갈라져 있었다. 또한 여기서도 러시아가 해방시켜주리라 기대하는 파와 오스트리아에 삼중왕국을 기대하는 파로 나뉘어져 있어서 자금이 이 두 파와 다른 방략을 주장하는 마사리크에게만 모이지 않았다.

그 사이 미국의 부호친구 크레인(Charles Crane)의 자금에 의존했다. 그러나 항구적인 자금원이 필요하였다. 베네시는 자신의 형 보이타 베네시(Vojta Benes, 1878~1951)를 미국으로 이주시켰다. 당시에 전쟁으로 여권 발급이 어려웠지만 부상병의 의족생산을 시찰하는 목적으로 신청하여 여권을 받아냈다. 형은 미국에서 임무를 완수하였다. 당시 미국은 아직 중립국이었다. 첫 자금이 마사리크의 수중에 들어오자 그 돈을 베네시가

1038) May, "H. A. Miller and the Mid European Union of 1918," *American Slavic and East European Review,* vol. 16, no. 4, Dec. 1957, p. 476.

관리하도록 하였다.1039) 마사리크는 런던대학에서 교수 월급을 받았고 인세도 생활에 도움이 되었다. 스테파니크에게는 프랑스 공군 소위의 월급이 있었으며, 베네시는 미국의 형으로부터 자금을 마련하였다. 부족하고 검소한 생활이지만 걱정하지 않게 되었다. 런던에서 65세의 마사리크는 런던의 유명한 이층버스의 지붕 의자에 앉아서 출퇴근하였다. 마사리크는 4년 동안의 결산서를 만들었다.1040)

1914 – 1915년	37,871
1916년	71,185
1917년 1월 – 1917년 4월	82,391
1917년 5월 – 1918년 4월	300,000
1918년 5월 이후	483,438
합 계	$ 974,885

이 같은 경제적인 독립은 체코슬로바키아인들에게 매우 신선하였다. 후일 독립을 성취한 후에 마사리크는 말했다. "이처럼 저가의 혁명은 역사에 없었을 것이다."1041)

최근까지도 베네시 박사의 후손은 세계에 영향력을 행사하고 있다. 베네시 박사의 조카손녀, 다시 말하면, 독립운동자금을 마련하려고 미국으로 이주한 그의 형 보이타 베네시의 손녀의 남편이 카터 대통령 시절 국무장관 브레젠스키(Zbigniew Brezezinski, 1928~현재)이고, 미국 최초 여성 국무장관 올브라이트(Madeleine Albright, 1937~현재)의 아버지 조셉 코벨 교수(Joseph Korbel, 1909~1977)는 체코의 외교관이었는데 제2차 대전 시 나치가 침공하자 체코를 떠나 베네시 당시 대통령이 이끄는 런던의 체코망명정부에서 외무장관 얀 마사리크의 개인비서가 되었다. 종전

1039) Benes, *My War Memoirs*, pp. 50-53.
1040) Masaryk, *The Making of A State*, p. 94.
1041) Capek, Round (tr.), *Talks with T.G.Masaryk*, p. 199.

후에 유고슬라비아 대사를 지내고 공산정권이 들어서자 미국으로 망명하였다. 미국에서 두 번째 여성 국무장관이 된 콘도레자 라이스(Condoleezza Rice, 1954~현재)의 지도교수가 코벨 교수이다. 2000년 올브라이트 장관이 보는 앞에서 프라하 궁성 앞에 세워진 마사리크의 동상의 제막 천을 벗긴 사람이 아들 부시 대통령이다. 이것이 세 번째 제막식이었는데 마사리크는 부시의 우상이었다.

16. 선전

영국과 프랑스에서 체코의 사정을 아는 사람이 없었다. 이 사실을 알고 마사리크는 놀랬다. 그러므로 마사리크의 첫째 임무는 선전과 외교이었다. "우리의 선전물은… 선전이란 무엇인지를 보여주는 모범이었다. 선전물은 사실대로 정확했기 때문이다."1042) 마사리크의 선전물은 다양했다. 앞서 언급한대로 자신의 비망록이 외무성의 조지 클라크에게 전달함을 기화로 영국 외교가와 인연을 만들었다. 세튼 와트슨의 도움으로 런던대학의 교수로 강의하면서 동시에 캠브리지, 옥스퍼드대학과 런던 클럽에서도 강의하였다. 『선데이 타임스Sunday Times』, 『네이션Nation』, 『스펙테이털Spectator』, 『위클리 디스패치Weekly Dispatch』, 『애브리맨Everyman』, 그리고 세튼 와트슨의 『뉴 유럽New Europe』에도 자주 기고하였다. 학자, 언론인, 외교관을 방문하고, 스티드 집의 토요모임Saturday Salon에도 참석했다. 스티드는 당시 『타임스Times』의 편집인이었다.

마사리크는 런던에 거주하는 체코이민자들의 도움을 받아 피카딜리 광장에 체코언론국Czecho Press Bureau을 만들어 일반대중을 상대로 선전활동을 하였다. 그 창문에 베를린에서 발칸을 거쳐 바그다드에 이르는

1042) Orzoff, *Battle for the Castle*, p. 45.

독일의 야심찬 BBB 침략계획을 전시하였다. 스티드는 마사리크에게 이 곳과 영국 선전국과 협조관계를 맺어주었다. 대부분의 영국교회가 후스 순교의 기념을 뒷받침해주었다.

마사리크와 베네시는 스티드의『새 유럽』과 그밖에 많은 선전물을 배포하였다. 파리에서는 체코출신 신문기자 시흐라바가 신문『체코슬로바키아 독립Ceskoslovenska Samostatnost』, 데니 교수가 잡지『체코국가La Nation Techeque』, 베네시가『르 몽드 슬라브Le Monde Slave』를 창간하였다. 페트로그라드에는『체코슬로바크Cechoslovak』가 창간되었다.

프라하와 연락은 프라하 일간신문의 광고를 이용하였지만 그다지 성공적이지 못했다. 오히려 통신원을 적극 활용하였다. 그것은 매우 위험한 일이었으나 성공적이었다. 통신원이 프라하에서 소식을 가져오면서 돌아갈 때에는 외부정보에 목말라하는 체코슬로바키아 동료들을 위해 선전지『La Nation Techeque』와『Ceskoslovenska Samostatnost』를 갖고 갔다. 프라하는 검열이 심했기 때문이다. 문서는 담뱃대,1043) 연필심,1044) 단추 등에 넣어 가지고 갔다. 앞서 엘리스 마사리크도 단추사건으로 체포되었다.

사정은 파리에서도 마찬가지였다. 파리에 체코해외위원회Czech Committee Abroad를 조직하였다. 이것이 발전하여 위에서 본대로 체코국민회의가 되었는데 초기에는 순전히 선전기관이었다. 당시 프랑스 전쟁상 아이젠만(Louis Eisenmann, 1869~1937)은 베네시의 소르본대학 스승이었다. 후일 아이젠만은 베네시가 자신보다 어린 제자임에도 그의 전기를 쓰게 된다.1045) 베네시는 파리에서 오스트리아 헝가리의 신뢰할만한 소식통이 되었다. 그 소식은 프라하의 "마피아"가 보내온 것이었다. 그는

1043) Benes, *My War Memoirs*, p. 49.
1044) Capek, Round (tr.), *Talks with T.G.Masaryk*, p. 202.
1045) Eisenmann, *Un grand europeen Edouard Benes*, Hartman, 1934.

프랑스 의회 외교위원회에 체코 사정을 제출하였다. 여러 신문에 기고하였으며 언론인들과 교제의 범위를 넓혀갔다. 소르본대학에서 체코 사정을 강의하였다. 마사리크 역시 자주 파리로 건너와 유력한 언론인들을 만나는 한편, 친오스트리아 인사들에 대응하였다. 당시 프랑스에서도 친오스트리아가 주류였다. 베네시는 『Journal des Debats』, 『Le Temps』, 『Paris Midi』, 『La Victoire』에 일주일에 두 번씩 기고하였다.

당시 마사리크와 베네시에게는 어려운 문제가 있었다. 하나는 프랑스와 오스트리아가 천주교라는 공통분모를 공유하고 있었고 바티칸에게 두 나라는 매우 중요한 우방이었다. 마사리크와 베네시는 이 어려운 점을 돌파해야만 하였다. 그는 중부 유럽 국가들의 독립만이 프랑스에 대한 독일의 팽창을 막을 수 있다고 설득하였다. 합스부르크로부터 자유롭게 되는 것이 민주주의와 자유를 지키려는 연합국의 전쟁목적을 만족시키는 길이라고 역설하였다. 또 하나는 이탈리아가 참전대가로 역사적 연고가 있는 발칸반도의 달마시아를 원했는데 그것은 마사리크가 지지하는 남슬라브 운동에 어긋나는 일이었다. 앞서 말한 대로 마사리크는 독일의 베를린 바그다드 계획을 좌절시키기 위해 체코와 크로아티아를 연결하는 통로를 구상하고 있었다. 크로아티아의 민족주의자 스테판 라디치(Stjepan Radic, 1871~1928)는 프라하 유학파로서 마사리크의 제자였다. 그는 스승을 몹시 존경하여 사람들이 그를 "정치적 마사리크주의자"라고 불렀다. 마사리크와 그는 전후에 패전한 헝가리의 서부를 분리하여 통로를 구상한 것이다. 그러므로 마사리크로서는 남슬라브의 요구를 들어줄 의무가 있었다. 종국에 이탈리아와 남슬라브가 타협하여 해결을 보았다. 그러나 이 문제로 후술하는 중부유럽연합Mid European Union은 탄생하자마자 분열되고 만다. 이것은 마사리크의 새 유럽 구상이었다.

17. 전쟁목적

　1916년 11월 7일에 윌슨 대통령이 재임에 성공하였고, 비엔나 신문에 "윌슨의 평화안"이라는 기사가 나타났다. 이것을 프랑스는 경악으로 받아들여졌다. 윌슨의 선거공약이 중립이었기 때문이다. 이대로 전쟁을 끝낼 수는 없는 노릇이었다. 여기에 체코슬로바키아를 우려하게 만든 것은 러시아가 독일과 단독 강화조약을 협상한다는 소문이었다.
　1916년 12월에 이르러서 독일은 발칸반도를 완전 장악하기에 이르렀다. 군사적 시각에서 보면 추축국이 승리한 것처럼 보였다. 이때 독일과 오스트리아 헝가리 내부에서 전쟁을 속개하자는 주장과 평화조약을 체결하자는 주장이 대두되었다. 전쟁 자원의 바닥이 보이는 때였다. 후자의 경우 체코슬로바키아의 독립희망은 사라지는 것이다. 상황이 더욱 불리해진 것은 1916년 11월 21일에 프란츠 조셉이 죽고 칼 I세(Charles I, 1887~1922)가 새 황제가 된 것이다. 연합국 내에서 그의 평판은 나쁜 것이 아니었다. 새 황제는 전쟁의 책임자가 아니므로 전쟁이 계속될수록 이로울 것이 없었고 그의 왕위만 위태로울 뿐이다. 그러나 다른 한편 희망도 생겼다. 프란츠 조셉 황제의 장구한 지배 기간에 체코사람들 사이에서 그가 죽으면 오스트리아가 해체될 것이라는 소문이 있었다. 그가 죽기 직전에 수상이 암살당한 것도 체코사람들에게는 좋은 징조로 여겨졌다.

　주변상황이 이처럼 마사리크에게 불리하게 전개되어 갈 때에 독일이 갑자기 1916년 12월 12일 미국, 스위스, 스페인에게 평화안을 중재해 줄 것을 요청하였다. 이를 받아들인 윌슨의 사자가 파리와 런던에 왔을 때 프랑스 수상 브리앙은 독일과의 또 다른 전쟁이라고 전면적으로 반대하였다. 영국 수상 로이드 조지도 거절하였다. 그는 "영국의 전쟁목표는 완전한 영토 회복, 파괴에 대한 완전한 배상, 다시는 공격을 반복하지 않는다는 보장이다"라고 선언하였다. 사자로부터 교전국의 전쟁 목적이 이렇게 우왕좌왕하다는 보고를 받은 윌슨 대통령은 1916년 12월 21일의 서한에서 민족자결주의와 국제연맹을 제의하고 교전국에게 전쟁의 목적을 묻는 서신을 보냈다.

마사리크, 베네시, 스테파니크는 긴장하지 않을 수 없었다. 사태가 긴박하게 전개되면서 전쟁이 속개되던, 평화를 추구하던 합스부르크가 존속할 가능성이 있는 한 독립의 희망이 사라지기 때문이다. 연합국의 전쟁목적에 그들의 조국의 "완전한 독립"이 들어 있지 않으면 안 되었다. 삼총사는 모든 수단을 강구하여 평화안을 좌절시키기 위해 여론을 동원하기로 하였다. 이때 추축국에서 자충수가 두어졌다.

윌슨의 서한은 추축국 주화파에 이끌려간 것이 아니었다. 그는 그들의 갑작스런 평화제의에 불쾌하게 반응한 것이었다.[1046] 사실 윌슨은 대통령 선거 때문에 유럽의 전쟁에 대해 의견을 내지 못하고 있었을 뿐이지 관심을 갖고 주시하고 있었다. 그러나 윌슨의 서한을 받은 추축국은 미국의 반응을 자신들의 승리라고 속단했다. 추축국은 윌슨의 제안을 "관대하고 고답적인 것"이라고 운을 뗀 뒤 교전국 양측 대표가 중립지역에서 만나자고 제안하였다. 미래의 평화 보장에 대해서는 이것이 과정이라고만 대답하였다. 그들의 평화 제안이 술책이라는 것임을 스스로 드러낸 것이다.[1047]

1046) Masaryk, *The Making of A State*, p. 127.
1047) Benes, *My War Memoirs*, pp. 151-152; Masaryk, *The Making of A State*, p. 128.

18. "빛나는 성공"

　윌슨은 추축국 평화안에 만족하지 않았다. 이러한 진행을 주목한 파리의 베네시는 용기를 내어 프랑스 외무장관과 면담을 했으나 냉랭한 반응만 받았다. 이때 마사리크는 런던에 있었다. 베네시는 여러 경로를 거쳐서 세 군데 유력지 『Le Temps』, 『Le Martin』, 『Journal des Debats』에 논설을 썼다. 여론의 환기로 베네시는 1917년 1월 4일 외무장관과 다시 면담을 할 수 있었다. 장관은 체코슬로바키아를 위해 행동을 취할 수 있는데 그 형식을 생각 중이라며 약간 우호적인 태도로 말했다. 베네시는 연합국의 전쟁 목적 가운데 하나가 체코슬로바키아의 "해방"이라는 비망록을 만들어 프랑스 전쟁목적에 포함시키기를 희망하였다. 1월 7일 외무장관은 연합국이 프랑스의 제안을 받아드린다고 베네시에게 전달하였다.
　이렇게 하여 연합국은 추축국의 자충수를 충분히 이용할 계기를 이용하여 전혀 다른 전쟁 목적을 윌슨 대통령에게 제시하였다. 두 가지를 강조하였다. 첫째, 전쟁은 추축국이 시작한 것이다. 둘째, 조건부 평화 회담이라면 시작하겠다. 그 조건이란 모든 침해받은 자유와 권리를 회복시키고 민족의 원리 하에 소국의 자유를 인정한다는 것이다. 소국으로 벨기에, 세르비아, 폴란드, 루마니아, 유고슬라비아, 체코슬로바키아를 지목하였다. 마사리크는 "자유"라는 의미가 "해방"에 불과하며 "독립"이 아니라는데 주목하였다. 오스트리아 헝가리가 연방으로 변신하면 그 내부에서 자치정부로서도 해방을 의미할 수 있었기 때문이다. 또 체코슬로바키아가 누구인지 그 영토는 어디까지인지도 불분명하였다. 그러나 이것은 전쟁 목적을 유럽의 피압박민족 문제 해결에 두고 있음을 처음으로 밝힌 것으로 연합국 지도자들에게 별로 중요한 것이 아닐지 몰라도 체코슬로바키아에게는 주요 돌파구가 되어 크게 환영하였다.

그럼에도 합스부르크 왕관을 지지하는 보헤미아의 천주교정당은 1월 14일 이를 반대하는데 급급하였다. 국내에 남아있던 제국의회 체코의원들도 반대하였다.1048) 그들의 결성체인 국민위원회National Committee가 거부한 것이다. 이들은 마사리크의 기대와 달리 사실상 오스트리아의 어용이 되었는데 1916년 12월 30일 새 황제가 옥좌에 오르는 부다페스트 대관식장에 참석하여 축하한 사람들은 그들이었다. 그럼에도 마사리크에게 이것은 "빛나는 성공"이었다.1049) 1917년 1월 10일의 일로서 러시아에서 3월혁명이 일어나기 직전이며 마사리크가 망명한지 2년 3개월만이다.

19. 페트로그라드

마사리크는 여전히 결정적인 성과를 내지 못하며 참을성 있게 선전과 외교에 매달리고 있었다. 런던에서 마사리크 교수는 러시아를 주목하고 있었다. 그곳은 유럽에서 제일 큰 체코슬로바키아 이민사회였고, 이번 전쟁으로 많은 체코슬로바키아 전쟁포로가 가장 많이 억류되어 있는 곳이었다. 오스트리아 헝가리 군대의 사기는 저하되어 투항하는 포로가 속출하였다. 당시의 광경은 후일 하세크(Jaroslav Hasek, 1883~1923)가 포로경험을 소설로 쓴 『선량한 병사 슈베이크Good Soldier Svejk』에 잘 묘사되어 있다.1050) 러시아에 210만 명의 오스트리아 헝가리 전쟁포로가 억류되어 있었는데 그 가운데 25만 명이 체코슬로바키아 출신이었다.1051) 이들은 전염병, 기아, 중노동에 시달리고 있었다.

1048) Masaryk, *The Making of A State*, p. 130.
1049) Masaryk, *The Making of A State*, p. 127.
1050) Hassek, *Good Soldier Svejk*, Everynan's Library, 1993[1923].
1051) Bradley, *The Czechoslovak Legion in Russia 1914-1920*, p. 31.

마사리크는 러시아를 무시할 수 없었지만 그곳에는 당시 프랑스에서 소기의 목적을 달성한 그로서도 해결하기 벅찬 복잡한 문제가 기다리고 있었다. 제1차 세계대전은 범슬라브주의와 범게르만주의의 충돌로 일어났다는 견해가 있다. 합스부르크 지배에서 벗어나려는 체코와 슬로바키아인들은 일찍부터 해외로 진출하였다. 그 가운데에서 러시아를 택하는 경우가 압도적이었다. 러시아에는 약 12만 명의 체코와 슬로바키아인들이 살고 있었다.[1052] 그 이유가 같은 슬라브 민족이라는데 있었던 만큼 그것은 정서적이며 문화적인 것이었다. 그러나 오스트리아 헝가리와 독일은 그렇게 생각하지 않았다. 그들은 그것을 정치적으로 해석하여 범슬라브주의라는 허구를 발명해 내고 그것이 러시아가 서유럽으로 세력을 확장하는 전초라고 믿었다.[1053] 슬라브 자신들은 물론 슬라브 정치인들조차 이 허구적인 정책에 따르지 않았다.

오스트리아 당국은 제국 안에서 슬라브 민족 사이의 관계도 마치 실체가 있는 것처럼 범슬라브주의의 일환이라고 여겼다. 제국의 외무성은 1899년부터 "범슬라브 동태"라는 제목의 목록을 작성하기 시작하였다. 그전에는 내무성에서 국내 사안으로만 취급하여서 제국 경찰이 슬라브인으로 분류된 사람들을 감시하였다. 1899년 내무성은 프라하 추기경을 방문하여 체코 수도사들이 러시아말을 공부하여 범슬라브주의에 일조한다고 경고하였다. 놀란 추기경은 러시아말 공부를 금지 시켰다.

국외 사정도 마찬가지였다. 당시 러시아주재 오스트리아 대사 폰 아렌탈은 본국 외무상에게 러시아에서는 범슬라브주의에 대해 관심이 없다고 보고하였다. 1890년대 오스트리아 외교관들 사이에서 범슬라브주의는 없어졌다는 의견이 공통적이었다. 그것은 단순히 범게르만주의에 대

1052) Bradley, *The Czechoslavik Legion in Russia 1914-1920*, p. 14.
1053) Bradley, *The Czechoslavik Legion in Russia 1914-1920*, pp. 5-8.

한 반동 일뿐이라는 견해였다. 폰 아렌탈이 외무상이 되었을 때만 해도 그는 이 견해를 유지하였다. 그는 오스트리아 외교정책은 삼국동맹[삼제동맹]에 기초해야 하며 국제적인 범슬라브주의는 불가능하다고 주장하였다.

그러나 오스트리아 국내의 슬라브 문제와 그 주변 사정이 러시아와 범슬라브주의에 대한 폰 아렌탈의 태도를 변화시켰다. 그는 황제에게 러시아가 범슬라브주의에 대해 관심이 없다고 보고 오스트리아가 발칸반도로 진출할 것을 건의하였다. 그의 논리는 "오스트리아는 국내 문제로 약화될 우려가 있는데 바로 발칸의 문제이다. 그 이유는 그곳에 새로운 슬라브 국가, 가령 남슬라브가 생기면 오스트리아의 배후인 체코와 폴란드의 우방이 될 수 있기 때문이다." 슬라브 민족을 이간시키기 위해 그리고 그들 사이에 쐐기를 박기 위해 폰 아렌탈 외무상은 크로아티아에게는 호의를 베풀고 체코와 세르비아는 박해하였다. 그러나 이 정책은 성공하지 못하였다. 그 이유는 체코와 세르비아가 동일한 대접을 요구하였고, 특히 마사리크가 폰 아렌탈의 팽창적인 외교정책의 속내를 파헤치며 맹공격하였기 때문이다. 이로써 마사리크는 제국의 근간을 위협하는 국제음모로서 범슬라브주의의 적이 되었다.

체코에 대한 오스트리아의 불신은 깊어져 갔다. 특히 체코, 러시아, 세르비아 정치가들이 만났을 때 의심은 더 악화되어 갔다. 마사리크가 아그람 사건 조사차 소피아에 갔을 때 경찰이 미행하였다. 크라마르시 박사는 오스트리아 제국의원인데도 그의 부인이 러시아인이었으므로 요시찰 명단에 포함되었다. 그는 웅대한 계획을 갖거나 그것을 실현시킬만한 능력은 없었다. 보헤미아에서 그의 영향력은 하락해지고 단지 전시에 박해를 받았다는 것으로 명성을 유지할 정도였다. 그의 부인이 크리미아 반도에 대저택을 소유하고 있을 정도로 부자였기에 그는 범슬라브주의자로 분류되지만, 그밖에 많은 체코 정치인들은 사상의 빈곤으로 그저 범슬라브주의에 의지하여 정치생명을 유지하고 있었다. 그럼에도 오스트리아 외무성은 이들을 감시하였다. 범슬라브주의에서 예외가 있다면 마사리크와 클로파치였다.

클로파치(Vaclav Klofac, 1868~1942)는 체코의 국가사회당의 당수였는데 왕궁의 눈에는 가장 위험한 인물이었다. 그는 야심찬 사람이었는데 마음만 먹으면 반역할 정도로 음모에 능하였다. 그의 무모한 범슬라브주의 행동에도 불구하고 보헤미아에서는 영향력을 잃고 있었다. 이것을 만회하려고 그는 소수의 동지들과 함께 프라하에서 끊임없는 시위와 폭동을 조직하였다. 그러나 이것도 소용없게 되자 그는 해외 조직과 손잡는 방법을 강구하였다. 목표는 군주제의 철폐였다. 과거에 그에게서 물질적인 도움을 받은 헝가리인들과 접촉했지만 여의치 않아서 "슬라브 형제"에게 손을 벌렸다. 그러나 아무도 황제 타도에 관심을 보이지 않자 마침내 러시아로 눈을 돌렸다.

이것은 체코 지도자들이 권력에 도달하지 못해 좌절하는 탓에 일어나는 일이었다. 체코 민족주의에 위기가 온 것이다. 내부 결속은 소용없는 일이었음이 드러났고 밖으로 눈을 돌리게 만들었다. 불행한 일은 외무성과 황제는 개혁을 통해 체코문제를 해결하려고 하기보다 전쟁으로 해결하려고 하였다는 점이다. 이것이 허구뿐이었던 범슬라브주의에 불을 질러 실상으로 만드는 계기가 되었다. 세르비아의 비밀결사 "검은 손Crna ruka"이 그 분명한 증거이다. 그들의 목표는 암살로써 합스부르크를 파괴시키는 것이었다. "체르나 루카"가 범슬라브주의라는 황제와 정부의 견해는 틀렸지만, 클로파치는 반역을 하여 이 터무니없는 음모이론을 더 믿게 만들었다. 여기에는 사이너(Josef Scheiner, 1861~1932) 박사도 포함된다. 1914년 사이너는 클라파치와 함께 비밀리에 러시아로 가서 외무상

사조노프(Sergei Sazonov, 1860~1927)를 만났고 전쟁이 일어나는 경우 체코에서 혁명을 일으키겠다고 제의하였다. 사이너는 체코 최대조직인 소콜의 수장이었다. 그들은 크라마르시 박사도 이에 찬동한다고 거짓말까지 하였다. 외무상 사조노프는 심각하게 받아들였고 결국 제1차 대전에서 황제가 선전포고를 하는데 일조를 하였다. 이로 인해 오스트리아는 허구의 범슬라브주의 음모를 더욱 믿게 만들었다.

20. 체코슬로바키아 포로

허구일망정 범슬라브주의가 있었음에도 그것을 조직으로 발전시키지는 못했지만 그 태동은 있었다. 1907년 프라하에 체코국민회의Czech National Council를 만들고 그 속에 해외부를 설치하였다. 그 목적은 해외동포들에 대한 정보수집이었다. 모스크바의 스높(Snopp), 페트로그라드의 코니체크(M. Konicek, 1858~?), 키예프의 본드르자크(Jan Vondrak)가 대표로 임명되었다. 당시 러시아에 12만 명의 체코와 슬로바키아 사람들이 살고 있었는데 주로 체코슬로바키아에서 가까운 우크라이나 키예프에 몰려 있었다. 대부분 생활이 열악하여 본국에 대해 관심이 거의 없었다. 그러나 지식인들과 소콜의 회원들은 달랐다.

전쟁이 나서 러시아 거주 부유한 독일인들이 학살당하기 시작하자 러시아 정부는 이들을 보호한다는 명분을 내세워 적국인으로 분류, 재산을 몰수하고 수용소로 보냈다. 수용소에서는 중노동, 기아, 전염병에 시달렸다. 체코와 슬로바키아인들은 같은 슬라브인이라고 항의했으나 소용없는 일이었다. 그들은 범슬라브주의가 얼마나 허망한 망상인가를 깨달았지만 늦었다.[1054] 마사리크 교수는 이미 자신의 책 『러시아의 정신』에서

1054) 原暉之, 『シベリア出兵』, 筑摩書房, 1989, 306쪽.

이 환상을 꿰뚫어 보았다. 그는 말했다. "러시아는 슬라브에 대해 관심이 없다. 그들이 보인 것은 페테르부르크를 페트로그라드로 이름만 바꾼 것 뿐이다." 러시아에 있는 체코슬로바키아인들은 러시아에 충성을 보이려고 러시아정교회로 개종하였고 대규모 집회를 열어 황제에게 충성을 맹세하였다.

1914년 8월 드디어 자르 황제가 페트로그라드의 코니체크를 체코대표단으로 접견하였다. 이 자리에서 이들은 조국을 해방시켜달라고 황제에게 간청하였다. 여기서 한 걸음 더 나아가서 러시아와 함께 싸우겠으니 체코와 슬로바키아 부대를 만들어 달라고 요청하였다. 이렇게 하여 체코 전사대(戰士隊, Druzina)가 탄생한 것이다. 러시아로서는 1905년 러일전쟁 때 중국인 부대를 고용한 경험이 있어서 쉽게 허락한 것이다. 처음에는 9천명으로 시작하였다. 소규모였지만 러시아에서 체코동포가 인정을 받은 것뿐만 아니라 재러 체코슬로바키아회의Association of Czechoslovakia in Russia, SVAZ도 인가를 받았다. 대표단은 감격하여 "로마노프 왕관의 후광으로 자유롭고 독립적인 성 벤체슬라스St. Wenceslas 왕국을 원한다고" 자르 황제에게 말했다. 자르 니콜라스 II세는 이것이 자신의 영향력이 팽창하는 것이므로 좋아했다. 대표단의 한 사람이었던 클레찬다(Vojtech V. Klecanda, 1888~1947)는 "모든 체코인과 크라마르시 박사도 동의할 것"이라고 말했다.

전쟁이 진행되면서 오스트리아 군대에 징집되었던 체코슬로바키아 군인들이 러시아군에게 포로로 잡히기 시작하였다. 때에 따라서 체코군인들은 무더기로 투항하기도 하였다.[1055] 투항할 때 총상을 입지 않도록 마사리크는 체코군인들에게 지령을 내렸다. "전장에서 슬라브 노래를 부름으로써 자신이 누구인지 밝혀라."[1056] 러시아 전선에서 체코슬로바키

1055) Bradley, *The Czechoslovak Legion in Russia 1914-1920*, pp. 30-31.

아 포로들은 결국 25만 명에 이를 것이다.

21. 암투

대표단 사이에 암투가 일어났다. 그들은 각자 전쟁이 종료되어 최고지도자로 귀국할 것을 상상하였다. 페트로그라드의 코니체크는 자신이 처음에 이 일을 추진했으니 마땅히 지도자가 되어야 한다고 주장하고 페트로그라드를 본부로 정해버렸다. 반대파인 특히 키예프의 대표단들은 그를 "맹목적인 러시아 추종자"라고 비난하였다.

러시아는 체코이민자모임인 스바즈SVZ를 자선단체로 생각하고 있었고 전사대를 척후대로 사용하려고 하였다. 이러한 속셈을 모른 스바즈는 한 걸음 나아가서 지나친 요구를 하게 되었다. 모든 체코슬로바키아 포로들을 풀어주고 그들을 체코슬로바키아군대로 조직해 줄 것을 요청하였다. 러시아로써는 허락하기 힘든 사안이었다. 그렇게 하면 같은 오스트리아 헝가리 제국의 폴란드 포로, 세르비아 포로, 크로아티아 포로 등도 똑같은 요구를 할 것이기 때문이다. 뿐만 아니라 독일이 거꾸로 러시아포로로 러시아군대를 조직할 것이 불 보듯 뻔했다. 체코의 독립요구 같은 정치적인 요구는 더욱 생각할 수 없는 일이었다. 스바즈 지도자들은 문화적인 조직을 정치적인 조직으로 잘못 생각한 것이다. 조직에서 밀려났던 키예프 대표들이 이 틈을 노렸다.

1915년 체코회의가 체코이민자들이 대거 모여 살고 있는 키예프에서 개최되었을 때 권력은 이동하여 본드르자크 박사가 지도자가 되었다. 본드르자크 박사는 페트로그라드 대표와 크게 다른 점은 없었다. 그 역시 체코의 독립을 원했는데 보헤미아 왕국의 수장으로 로마노프 왕관을 주

1056) Masaryk, *The Making of A State*, p. 26.

장하였다. 전쟁에서 일정한 역할을 수행하기 위해 본드르자크 박사는 체코슬로바키아 포로로 군대를 조직하기를 희망하여 포로석방을 요청하였다.

1916년 자르가 그 요구를 들어주었다. 그러나 소수에 불과하였다. 문제는 러시아농촌의 수확기에 징집으로 인력이 부족하여 대신 포로들로 채웠으므로 포로석방은 어려운 노릇이었다. 제조업에서도 마찬가지였다. 오지의 광업에서는 더 심했다. 전쟁 물자를 생산하는데 포로를 보조 인력으로 사용하고 있었던 것이다. 무엇보다 외무상이 본드르자크 박사를 싫어했다. 그는 박사가 요구하는 사사건건 승인을 거부하였다. 포로들은 박사의 수많은 약속에 지쳤다.

러시아 사태를 주시하던 마사리크 교수는 처음에 페트로그라드와 접촉을 시도하였다. 그러나 권력이 키예프로 이동하자 그의 노력은 일단 수포로 돌아갔다. 러시아에 잡힌 체코포로들은 마사리크 교수의 명성을 일찍이 알고 있었다. 포로들의 학력이 높았기 때문이다. 포로 가운데 60퍼센트가 대학 재학 중이었고 20퍼센트가 대학 졸업생이었다.[1057] 그러나 마사리크 교수는 러시아에 갈 수가 없었다. 그는 기피인물이었다. 그가 집필한 『러시아의 정신』 탓이다. 본드르자크 박사도 이 사실을 잘 알고 있었다. 그는 당분간 지도자로서 입지를 굳히고 있었다. 마사리크는 현장에서 너무 멀리 떨어져 있었다.

이때 프라하의 국민회의에서 체코의 제1당인 농민당의 당수이며 제국의원인 두리히를 비밀리에 해외로 파견하기로 하였다. 그는 우선 스위스에 있는 마사리크 교수를 찾아갔다. 마사리크는 그에게 파리 체코국민회의 부의장의 자격으로 러시아에 갈 것을 권고하였다. 그러면서 합스부르크의 해체를 목표로 하는 자신의 계획을 일러주었다. 러시아는 러시아대

[1057] Bradley, *The Czechoslovakia Legion in Russia 1914-1920*, p. 40.

로 꿍꿍이가 있었다. 더욱이 마사리크는 소수당의 당수이지만 두리히는 제1당의 당수였다. 러시아는 두리히가 자신들의 의도대로 움직일 것으로 보았다.

두리히는 융숭한 대접을 받았다. 페트로그라드에서 자르를 접견한 후 의기양양하게 키예프로 갔다. 그는 그곳에서 포로들의 지지를 받았다. 본드르자크 박사의 거듭되는 약속에 지쳐있던 포로들은 그를 자신들의 유일한 대변자라고 선언하였다. 이러한 일련의 호의로 부의장 두리히는 다른 생각을 품게 되어 마침내 마사리크에게 등을 돌리고 심지어 오스트리아 해체로 요약되는 그의 독립방략을 격렬하게 비난하게 되었다.

두리히의 러시아 파견에는 프랑스가 개입되어 있었다. 러시아로 가기 전에 마사리크의 중재로 프랑스의 조프레(Joseph J. Joffre, 1852~1931) 원수를 만났다. 그 자리에서 두리히는 체코포로를 징발하여 프랑스를 위해 투입하겠다고 말했다. 당시 프랑스 군부는 많은 인명손실로 병력이 부족하였다. 프랑스는 두리히의 여행 목적을 확실히 설정하고 그 경비를 지불하였다. 그리고 연락장교까지 대동시켰다. 러시아 정부는 두리히가 입국하고서야 프랑스로부터 통보를 받았다. 두리히를 보낸 마사리크는 안심이 되지 않아서 자신의 심복인 스테파니크를 파리 체코국민회의 부의장 자격으로 러시아로 보냈다. 앞서 말한 대로 그는 슬로바키아인인데 마사리크의 제자였다. 프랑스 육군사관학교를 졸업한 육군 소위에 프랑스 국적이었다. 그의 혁혁한 무공기록은 러시아 전선 프랑스 사령관 야닌(Maurice Janin, 1862~1946) 장군의 마음에 들었다. 그리고 두리히 보다 스테파니크를 밀어주면서 스테파니크와 두리히 사이에 타협을 중재하기를 원했다.

앞서 언급한대로 키예프 대회에서 두리히가 대변자로 선출될 때 스테파니크는 그를 지지했는데 다만 파리 체코국민회의를 해외 최고 체코슬로바키아 기구로 인정하고 두리히를 러시아 전권대사로 선출하였다. 이것이 키예프 협약Kiev Agreement인데 체코 미국대표도 서명하였고 본드르자크 박사는 스바즈 대표로서 서명하였다. 스테파니크와 두리히는 파리 체코국민회의를 대신하여 서명하였다. 체코이민자들 눈에 두리히는 프라하에서 온 외지인이다. 러시아 태생인 본드르자크는 두리히의 영향력이 일천하다는 것을 알고 있었기 때문에 이 협약은 사실상 자신의 승리라고 믿었고 다시 권력을 쟁취했다고 생각했다. 마사리크를 기피인물로 규정한 러시아 외무성이 두리히가 러시아에서 반마사리크 운동의 지도자라고 인정하자 의기양양해진 두리히는 협약을 파기하였다. 두리히는 마침내 러시아 체코의 최고 지도자가 되었다. 그는 자르의 지지 하에 국민회의를 만들고 스스로 대표가 되었다.

22. 러시아 3월 혁명

러시아에서 체코슬로바키아 문제는 군사적이며 동시에 외교적인 것이 되었다. 군부와 외무성이 충돌하고 있었다. 군부는 우선 승리를 위하여 체코포로를 러시아 전선에 이용하길 바랐다. 외무성은 포로들의 동태를 감시해야 했다. 러시아 내부가 이처럼 혼란스러울 때 연합국인 프랑스는 다른 시각을 갖고 있었다. 야닌 장군의 눈에 두리히는 애초 약속과 달리 프랑스의 이익을 방기하고 있었다. 마사리크와 베네시에게 보내는 스테파니크의 전보를 야닌 장군이 프랑스 외교행랑을 통해 보냈다. 스테파니크는 두리히가 마사리크 베네시 스테파니크의 이른바 삼총사를 서방의 첩자라고 중상하며 체코독립운동을 잘못 대표하고 있으니 파리 체코국민회의에서 축출하라고 주문하였다. 덧붙여 자신도 러시아 외무성에 두리히를 추방하라고 압력을 행사하겠다고 전했다. 본드르자크에 대해서는 그가 기회주의자이므로 베네시가 엄한 경고를 내리라고 요구하였다. 러시아에서 체코슬로바키아 운동은 혼란스러웠고 위험했다. 러시아에서 벌어지는 암투로 체코슬로바키아 포로로 군단을 조직하려는 움직임도 답보상태에 빠졌고 두리히에 대한 소환의 결정이 임박했을 때 러시아에서 1917년 3월혁명(구력으로 2월혁명)이 일어났다. 두리히의 입지는 사라졌다.

이어서 케렌스키 임시정부의 외상에 취임한 사람이 마사리크의 친구 밀류코프 교수였다. 제정이 무너지고 3월 15일에 임시정부가 성립되었을 때 연합국은 동부 러시아 전선을 우려하였다. 그러나 임시정부가 전쟁을 계속 수행하기로 선포하였다. 그러자 미국이 제일 먼저 3월 22일에 임시정부를 승인한 데 이어서 3월 25일에 영국, 프랑스, 이탈리아 연합국이 함께 승인하였다. 일본은 4월 4일에 승인하였다.

23. "독재자" 마사리크

러시아 혁명은 마사리크 교수에게 새로운 기회가 되었다. 첫째, 혁명으로 러시아가 연합국에서 이탈하자 남은 연합국은 영국, 프랑스, 미국이다. 이들은 민주국가이다. 반대로 오스트리아와 독일은 절대주의국가이다. 이제부터 전쟁은 마사리크가 주장 하던 대로 민주주의와 절대주의의 대결이 되었다. 드디어 연합국의 전쟁의 목표가 뚜렷해지며 마사리크 주장대로 체코슬로바키아의 목표와 일치하게 되었다.

둘째, 마사리크의 친구 밀류코프 교수가 임시정부의 외무상에 취임하여서 러시아 입국이 가능하게 된 것이다. 그는 전쟁 전부터 마사리크와 교류가 있었고 특히 전쟁 중이던 1916년, 러시아 제국의회 의원방문단의 일원으로 런던을 방문하던 중 마사리크와 만나 전쟁목적과 전후 질서에 대하여 의견을 나눈 바가 있었다. 둘은 전쟁의 목표가 오스트리아 헝가리 왕국의 해체라는데 동의하였다.1058) 마사리크의 축전을 받은 밀류코프 외상은 러시아가 중부유럽과 남동부유럽을 개조하는데 크게 기여하기를 기대한다는 마사리크의 슬라브 계획Slav Program에 동의를 표명하면서 체코슬로바키아의 독립을 지지한다는 공식기사를 신문에 보냈다고 회신하였다.1059) 마사리크가 그의 지론을 바꾸어 잠시 러시아 영향 하에 체코의 독립을 희망한 흔적이다. 사실상 마사리크 교수는 런던에서 러시아의 중요성을 과소평가하지 않고 러시아에 입국할 때를 생각하여 러시아 학자, 정치가, 언론인들을 접촉하였다. 러시아 혁명 전에 그는 러시아에서 기피인물이었다. 그의 저서『러시아 정신』탓이기도 하지만 그가 주장하는 합스부르크 해체를 제정 러시아가 받아들이기 어려웠다. 어떤 민족의 독립을 위하여 그가 속한 제국을 해체한다면 러시아 제국도 동일한 운명이 될 것이라는 이유에서이다.1060)

셋째, 체코 포로들과 전사대는 키예프에서 1917년 5월 7일 본드르자크 박사와 그가 이끄는 친러시아 조직을 축출하는 투표를 하였다. 포로들은 이들의 계속되는 허언에 지쳐 있었다. 대신 새로운 지도자로 파리 체코국민회의 의장 마사리크 교수를 추대하면서 다음 사항을 만장일치로 채택하였다.

> 마사리크 교수가 의장인 체코슬로바키아 국민회의는 체코슬로바키아 민족의 정치적인 투쟁의 최고기관이다. 따라서 그에게 복종하는 것은 모든 체코인과 슬로바키아인의 의무이다.1061)

1058) Bradley, *The Czechoslovak Legion in Russia 1914-1920*, p. 48.
1059) Benes, *My War Memoirs*, p. 607.
1060) Bradley, *The Czechoslovak Legion in Russia 1914-1920*, pp. 47-49.
1061) Benes, *My War Memoirs*, p. 97.

그들은 공개적으로 마사리크 교수를 독립체코국가의 "임시독재자", 그가 이끄는 파리 체코국민회의를 우리가 복종해야 할 "임시정부"라고 선포해버렸다.1062)

체코슬로바키아 러시아 국민회의의 긴급한 초청을 받고 "독재자" 마사리크 교수는 1917년 5월 16일 페트로그라드에 도착하였다. 그는 도착 즉시 케렌스키의 임시정부가 허약하고 레닌의 소비에트가 오히려 강하다는 느낌을 받았다. 동시에 소비에트는 전쟁에서 빠져나가고 싶어 한다는 사실을 눈치 챘다. 러시아가 혼란에 빠져들고 임시정부가 분해되어 가는 것을 보면서 마사리크는 체코슬로바키아 포로들이 살아남는 길은 연합군의 지지 없이는 불가능하다는 사실을 깨닫고 런던에서 세운 러시아 영향 하의 체코독립전략을 바꾸어 러시아 당국보다 연합군 지도자들과 만나는 일로 보냈다. 그의 비서가 그의 하루 일과를 남겼다.

오전 8시 30분 그[마사리크]는 차를 마시고 러시아의 유력지를 읽는다. 9시에 책상에 앉아 그날의 주요 사건에 관한 보고를 받고 나머지 신문을 마저 읽는다. 특히 내[비서]가 중요하다고 표시한 논설을 챙긴다. 그런 후에 읽고 쓰며, 그가 간여할 일에 대해 방문객을 맞이한다. 오찬 후에 오전 일을 계속한다. 오후 6시에 신문 Czechoslovak의 편집국에 들렀다가, 체코국민회의 모임에 가고, 카페에 가거나 산책을 한다. 오후는 형편이 허락 하는 대로 다양하게 보낸다. 러시아 정치가를 방문하거나, 외국 정치가와 친지를 만난다. 아니면 독서를 한다.1063)

마사리크는 연합군의 지지를 얻는 대가로 그들에게 어떻게 해서든지

1062) Bradley, *The Czechoslovakia Legion 1914-1920*, p. 46.
1063) Selver, *Masaryk*, p. 276.

러시아가 계속 전쟁을 수행할 수 있도록 모든 노력을 다할 것을 약속하였다. 하나의 본보기로 그는 러시아 신문에 마지막 승리를 쟁취할 때까지 러시아가 전쟁을 계속 수행해야만 하는 이유를 연작으로 게재하였다.[1064] 그의 논설은 러시아에게 우호적이면서 동시에 영국과 프랑스를 겨냥한 것인데 그 목적은 사실상 그때까지 아무도 이루지 못한 체코군단을 편성하는 일이었다. 케렌스키 혁명정부의 새 외무상은 그의 친구 밀류코프였는데 그가 도착하기 직전에 해임되었다. 그러나 그의 영향력은 여전하였기에 그의 도움으로 임무를 성취해야 한다.

24. 영국 정보원

마사리크와 영국 사이에 각별한 관계가 형성되어 있었다. 마사리크가 러시아에 입국할 때 소지한 여권은 영국 외무성이 지급한 영국 여권이었는데 페트로그라드 주재 영국대사의 요청으로 발급되었다. 마사리크는 여권에 토마스 조지 마르덴(Thomas George Marden)이라는 가명을 사용하였다. 영국 외무성 극비문서에는 마사리크가 "정보원informant"라고 기록되어 있다.[1065]

앞서 언급한 대로 마사리크는 비엔나 내무성에 심어놓은 첩자를 통하여 빼낸 정보를 영국 정보부에 제공하고 있었다. 영국에서도 많은 정보원을 만났다. 윌리엄 와이즈맨(William Wiseman, 1885~1962)도 그 가운데 한 사람이었는데 그는 후일 미국으로 건너가 그곳에서 마사리크의 개인 첩보원 보스카의 일을 인계받아 영국 첩보부 MI6(당시 MI 1c) 첩보망을

1064) Bradley, *The Czechoslovak Legion in Russia 1914-1920*, p. 52.
1065) 영국 외무성 문서 FO371/1900/67456. Kalvoda, "Masaryk in America in 1918," *Jahrbucher fur Geschichte Osteuropas*, Bd. 27, H. 1, 1979, p. 93에서 재인용.

구축하였다. 그 과정에 자연히 체코계 미국인들의 도움을 받았다.

영국 작가 서머세트 모옴(Sumerset Maugham, 1874~1965)은 와이즈맨의 친척이었는데 당시 페트로그라드에서 영국 첩보원으로 활약하고 있었다. 그에 대해 "나는 그 일에 자신이 없었다.… 그러나 톨스토이, 도스도예프스키, 체호프의 나라에서 그러한 기회를 놓치고 싶지 않았다.… 나는 제한 없는 자금으로 네 명의 체코인과 함께 활기 넘치게 출발하였다. 그들은 마사리크 교수와 나 사이의 연락장교였는데 마사리크 교수는 러시아 여러 곳에 6만 명을 거느리고 있었다"라고 썼다.[1066]

모옴이 1917년 9월 1일 와이즈맨에게 보낸 보고서에는 "나는 오늘 아침 마사리크 교수를 보았다. 그에게 러시아 사태에 대해서 의견을 물었다." 마사리크는 모옴에게 대답했다. "사태는 보는 것보다 심각하다. 러시아는 단독 강화하지 않을 것이고 독일을 동부전선에 붙들어둘 것이다. 단독강화의 위험은 없을 것이다. 독일로부터 얻는 것이 없다는 것을 알았기 때문이다. 철도나 빵도 얻지 못할 것이다. 추축국과 평화로 국내 문제가 달라지는 것이 없다. 그럼에도 연합국이 도움을 주면 좋을 것이다."

마사리크 교수는 주장한다. "당신들[영국]이 러시아가 원하는 대로 자금을 지원하면 어린애처럼 모두 써버리고 돌아오는 것이 없을 것이다. 만일 일본이 3십만 군대를 보내면 러시아군의 사기를 높일 수 있다. 대신 일본에게 만주의 일부를 줄 수 있다. 그곳은 이미 일본의 영향에 들어가 있다. 빨리 실행하지 않으면 러시아 사태에 도움이 되지 않는다. 전쟁이 서부전선에서만 연합국에게 유리하니 대규모 미군이 지체 말고 투입되어야 한다." "국내와 국외에서 러시아의 약화는 추축국을 강화시킨다. 그럴수록 보헤미아, 폴란드, 남부슬라브를 독립시켜 범게르만주의에 대항하는 힘을 키워야 한다. 오스트리아 헝가리 해체야말로 전쟁의 참 목적이

1066) Maugham, *The Summing Up*, London, 1938, pp. 203-204.

다. 오스트리아 헝가리를 이용하려는 독일을 막아야 한다. 오스트리아 헝가리는 근동과 중동 혹은 극동으로 가는 프러시아의 가교이다." 마사리크 교수는 선전을 스웨덴에서 계속하여야 한다고 제의한다. "스웨덴을 장악한 독일이 거액을 뿌리며 여론을 형성하는데 대하여 연합국은 대변되지 못하고" 있기 때문이다.1067)

25. 케렌스키와 체코포로군대

마사리크가 러시아로 오기 전에 케렌스키 임시정부는 체코군대를 해체할 계획이었다. 본드라자크 박사가 임시정부 케렌스키 수상에게 체코군대를 해체하지 말 것을 요청하였지만 거절당하였다. 마사리크는 페트로그라드에 도착하자마자 케렌스키에게 긴급편지를 보냈다. 그리고 친구들에게 도움을 청했다. 크레인의 아들(Richard Crane, 1882~1938)은 당시 미국 국무장관 랜싱(Robert Lansing, 1864~1928)의 비서였는데 그가 러시아 주재 미국 대사에게 지시하여 케렌스키에게 압력을 넣었고, 영국 대사도 동참하였다.

러시아에 출장 중이었던 프랑스 군수장관 토마스(Albert Thomas, 1878~1932) 역시 케렌스키에게 영향력을 행사하였다. 그는 체코 포로들이 프랑스 군수생산에 유용할 것으로 확신했기 때문이다.1068) 특히 그해 5월에 마사리크는 3만 명의 체코슬로바키아 포로들을 프랑스로 이송할 것을 토마스 장관과 합의하였는데 이 합의는 그해 8월에 파리 체코국민회의와 프랑스 정부의 정식합의로 발전할 것이다.1069)

1067) *William Wiseman Papers* 112, in E.M.House Collection, Yale University Library.
1068) Bradley, *The Czechoslovak Legion in Russia 1914-1920*, pp. 51-52.
1069) Masaryk, *The Making of A State*, pp. 445-446.

케렌스키는 체코군대 해체 계획을 철회하였다. "독재자" 마사리크는 러시아에 온지 불과 1개월 만에 복잡한 문제 하나를 신속히 해결하는 능력을 체코병사들에게 보여주었다. 이제 두 번째 해결해야 할 문제는 체코군단을 조직하는 일이다. 이것은 대단히 중요한 일이었다. 우선 러시아의 포로 취급은 매우 열악하였다. 많은 포로들이 중노동, 기아, 전염병으로 목숨을 잃고 있었다. 체코군단을 조직하여 연합국의 도움을 받으면 그 같은 지옥에서 벗어날 수 있다.1070) 그러나 외국 땅에서 이것이 가능한 일일까.

26. 체코포로군대의 승전

제정 러시아가 체코슬로바키아 포로 문제에 소극적이었던 이유는 합스부르크 해체가 연합국의 전쟁목표에 아직 들어있지 않았기 때문에, 헤이그 협정에 따라 적국포로로만 취급했기도 하지만 독립을 희망하는 민족단체에게 대규모 무장을 허용하면 혁명으로 혼란스러운 러시아에 무슨 일이 일어날지 모르는 일이기 때문이었다. 또 독립을 원하는 세르비아와 남슬라브의 요구도 들어주지 않으면 안 되었다. 체코슬로바키아 포로들의 학력은 다른 민족 포로에 비해 월등히 높았다.1071) 숙련공 출신도 많아 전쟁으로 일손이 부족한 러시아 산업에서 요청이 높았다. 러시아는 마사리크를 기피인물로 보면서 그를 후원하는 영불의 주도권이 못마땅하여 경계를 늦추지 않았고 마사리크의 국민회의에 대항하여 친러 관제 민족단체의 육성을 획책하였다.

그러나 윌슨에게 보내는 연합국의 회신에서 체코슬로바키아를 외국

1070) Bradley, *The Czechoslovak in Russia 1914-1920*, p. 57.
1071) Bradley, *The Czechoslovak Legion in Russia 1914-1920*, p. 40. 체코 지원병 가운데 60%는 대학생이고 20%는 대학 졸업자였다.

지배에서 "해방"시키는 것을 연합국 전쟁목적의 하나로 규정한 이상 모른 척 할 수 없는 노릇이었다. 이렇게 되면 적국포로의 신분이 달라진다. 러시아가 체코포로들을 러시아 전선에 직간접으로 투입하기를 원할 때 프랑스의 압박도 심했다. 프랑스는 인명손실이 극심하여 보충병이 절대적으로 필요하였다. 그러나 이것은 헤이그 협약Hague Convention에 위배되는 것이다. 이 협약에 의하면 포로는 성명, 관등, 군번만 말할 수 있으며 특히 상대방 국가에게 충성을 바칠 수 없도록 정해져 있었다. 만일 러시아전선에 투입되어 다시 오스트리아 헝가리나 독일에게 잡히면 포로로 인정받지 못하고 반역으로 처형될 위험이 있었다. 이 문제는 다급해진 프랑스 대통령 클레망소가 해결하였다.[1072]

앞서 말한 대로 마사리크는 5월에 페테르부르크로 도착했으나 그 직전 친구인 밀류코프가 외상자리에서 해임되어서 실망이 컸다. 그때 러시아군과 함께 작전을 하던 체코슬로바키아 전사대가 갈리치아Galicia 지방의 즈보로프Zboroff 전투에서 대승을 거두었다는 쾌보가 날아 들었다. 1917년 7월 3일의 일이다. 전투가 벌어지기 전날 밤에 마사리크는 체코군인들에게 사기를 진작시키는 전보를 보냈다. 러시아군인들의 사기가 땅에 떨어진 것을 본 체코군인들은 오히려 전선에서 이탈하지 말라고 그들을 독려하였다. 이 전투에서 체코 지휘관 가운데 유능한 사람이 등장했으니 그의 이름이 가이다(Radola Gaida, 1892~1948) 대위이다. 후일 장군으로 초고속 승진하여 시베리아에서 체코군단을 반란으로 몰고 간 주인공이며, 대한 독립군에게 무기를 제공한 인물이다.[1073]

1072) http://www.visualstatistics.net/east west/transtemporal/transtemporal.htm
1073) 이광수(?), "가이다 장군의 방문기," 『독립신문』, 1920년 1월 13일자 1면; Kloslova, Zdenka, "Czech Arms for Korean Independence Fighters," *Archiv Orientalni*, vol. 71, no. 1, 2003, pp. 55-64; Kloslova, Zdenka, "The Czechoslovak Legion in Russia and Korean Independence Movement (A Contribution to the Earliest Czech Korea Contacts), *Archiv Orientali*, vol.70,

27. 체코군단

러시아 군대와 핀란드 군대가 퇴각하는 대혼란 속에서 체코군대가 올린 승전보는 러시아 지도자들에게 커다란 감명을 주었고 마사리크는 즉시 대대적인 선전을 하기 시작하였다.1074) 드디어 케렌스키 임시정부에 탄력이 붙어 사단을 편성할 수 있다는 허가가 나왔다. 마사리크는 러시아 전역에 300명의 징집관을 보내어 그 해 9월까지 체코슬로바키아 병사 2만 명을 모집할 수 있었다. 그 비용은 프랑스가 지불하였다.1075) 이어서 10월에 군단 편성의 허가가 드디어 떨어졌다. 대신 마사리크는 위관급 장교는 체코슬로바키아 장교로 충당하고 영관급은 러시아 장교로 보충한다는 중대한 양보를 하였다. 혁명으로 실업자가 된 전직 제정 러시아 장교들을 구제하는 일에 협조한 것이다. 이때 러시아 첩보요원이 러시아 장교로 대거 투입되었다. 그럼에도 마사리크는 장병들에게 태연하게 말했다. "군지휘는 러시아가 하던 체코가 하던 중요한 것이 아니다."1076) 발설하지 않았지만 마사리크의 최대관심은 군단을 외국 땅에서 보호하는 것이었기 때문이다.1077)

국민회의에 의하면 군단의 정치지도는 제도상 정치위원이 맡아야 하므로 국민회의 러시아 지부장 막사(P. Maxa)에게 맡겼다. "독재자" 마사리크는 두 번째 어려운 일을 해결하였다. 이어서 그에게 가장 어려운 세 번째 일이 남았다. 그의 군단을 무사히 서부전선으로 이송하는 일이었다.

마사리크는 오스트리아와 독일을 상대로 싸우는 후보지로 서부전선

---

no. 2, 2002, pp. 195-220.
1074) Bradley, *The Czechoslovak Legion in Russia 1914-1920*, pp. 55-56.
1075) Bradley, *The Czechoslovak Legion in Russia 1914-1920*, p. 57.
1076) Masaryk, *The Making of A State*, p. 165.
1077) Orzoff, *Battle for the Castle*, p. 48.

을 선택하기 전에 한때 루마니아 전선도 고려하였다. 현지답사 차 1917년 10월에 독일군에 점령되지 않은 몰다비아로 갔다. 루마니아 왕과 수상을 만났다. 프랑스 현지 파견관과 러시아 지휘관도 만났다. 마사리크는 루마니아가 독일군의 공세에 오래 견디지 못할 것으로 판단하였다. 무엇보다 그가 보기에 루마니아 볼셰비키가 독일과 평화조약을 맺을 것이 분명해졌다. 그렇게 되면 체코군단은 러시아에 있는 것이나 다름없다. 마사리크의 판단은 적중하여 그 해 12월부터 협상에 들어가서 그 다음 해[1918년] 5월에 평화조약이 이루어졌다.

28. 루트 사절단

독일이 무제한 잠수함작전으로 미국의 피해가 커지자 미국은 1917년 4월 6일 대독 선전포고를 하였다. 이어서 케렌스키의 임시정부를 돕기 위하여 윌슨 대통령은 두 개의 사절단을 러시아에 보냈다. 전임 국무장관 루트(Elihu Root, 1845~1937) 상원의원을 단장으로 하는 루트 사절단Root Commission과 스티븐스 사절단Stevens Commission이다. 전자는 대독 전쟁 수행을 위한 미러 협력과 대러 원조 의사를 전달하는 것이 목적이었고, 후자는 철도전문가로 구성되어 철도수송 개선의 구체적 사명을 띠고 있었다. 6월 3일에 도착한 루트 사절단에는 크레인(Charles R. Crane, 1858~1939), 국제기독청년회의 마트(John Mott, 1865~1955) 총재, 그레논(James Glennon, 1857~1940) 해군제독, 인터내셔널 하베스터 사장 맥코미크 Ⅱ세(Cyrus McCormick Jr., 1859~1936) 등 6명과 기타 20명의 수행원으로 구성되었다. 이들은 7월 9일까지 러시아에 머물 것이다.

앞서 말한 것처럼 크레인은 마사리크의 친구이며 후원자였고, 마트 총재는 이승만의 후원자였다. 맥코미크는 유명한 맥코미크 장로교 신학교를 설립한 맥코미크 Ⅰ세의 아들인데 이 신학교는 한국에 많은 선교사를 파송하였고 한국인 졸업생도 많이 배출하였다. 그의 조카며느리는 미국 정계의 실력자 마크 한나(Mark Hanna, 1837~1904) 상원의원의 딸이었다. 마크 한나는 서울에 병원과 의학교를 기증한 세브란스(Louis H. Severance, 1838~1913)의 고등학교 동창이며 함께 웨스턴 리저브 대학의 이사였다.

마사리크 교수는 마트 총재와 면담을 가질 수 있었다. 그 면담은 루트 사절단의 일원으로 마사리크의 오랜 후원자 친구이며 윌슨 대통령의 후원자 친구인 찰스 크레인이 주선한 것이었고 이때 합석한 사람이 미국 최초의 러시아 전문가인 시카고대학의 하퍼 (Samuel N. Harper, 1882~1943) 교수였다. 그는 루트 사절단의 보좌관이었는데 오래 전에 크레인의 후원으로 마사리크 교수를 시카고대학 슬라브 강연에 초청하였던 시카고대학 초대총장 하퍼(William R. Harper, 1856~1906)의 아들이다.

이 면담에서 마사리크는 동부전선은 희망이 없다는 의견을 피력하였다.1078) 체코군단이 전쟁의 일익을 담당하려면 그것은 동부전선보다 서부전선이 아니면 안 된다고 마트 총재를 설득시켰다. 이 전략에서 얻는 바는 체코군단을 길게 퍼져있는 러시아 전선에서 분산이나 소모하지 않고 프랑스로 수송하는 것이 최선의 득책이며 러시아 국내문제에 빠지지 않게 하는 것이다.

마사리크가 "독재자"로 초빙되어 도착한 페트로그라드에서는 이미 볼셰비키와 임시정부 사이에 총격전이 일어나고 있었다. 그는 위험을 느껴 모스크바로 이동했는데 그곳에서도 둘 사이에 총격전이 일어났다. 거기서 다시 키예프로 옮겼다. 러시아에서 케렌스키 임시정부의 백위군과 볼

1078) Long and Hopkins, "T. G. Masaryk and the Strategy of Czechoslovak Independence : An Interview in Russia on 27 June 1917," *Slavvonic and East European Review,* vol, 56, no. 1, 1978, p. 92.

셰비키의 적위군 사이에 내전이 시작된 것이다. 임시정부는 볼셰비키에 강력하게 대처하였으나 완전히 제압할 수 없었다. 러시아 해군항인 크리미아 반도의 세바스토폴에서도 예외가 아니라서 그 해 6월 19일에 흑해 함대도 소비에트 수병이 장악하였다. 장교들이 무기를 반납할 때 함대 사령관 콜착(Alexander Kolchak, 1874~1920) 제독은 황제로부터 받은 군도를 반납하는 대신 흑해 바다에 던져버렸다. 그 광경을 우연히 루트 사절단의 그레논 제독이 목격하고 콜착 제독을 수병들로부터 구하여 페트로그라드로 보냈다. 콜착은 열렬한 제정찬미에서 임시정부에 대한 충성으로 변했다. 후일 그는 가이다와 함께 볼셰비키와 싸우지만 결국 체코 군단에게 그의 운명을 맡기게 될 것이다.

29. 마사리크와 볼셰비키

두 가지 어려운 문제를 해결하고 세 번째 문제를 해결하기 전에 마사리크는 이제 정치적인 문제로 눈길을 돌렸다. 그는 가는 곳마다 체코병사들의 규율을 강조하고, 연합군과 함께 최후 승리할 때까지 조국의 독립을 위해 싸우라고 연설하였다. 1917년 8월 27일에 열린 모스크바 국민회의 모임에서 그는 체코 볼셰비키 문제에 대해서 언급했다. 그들의 기관지 『혁명』이 독립을 향한 체코 운동의 단결을 해친다고 비난하였다. 그는 그들을 제재할 수 있는 강력한 수단을 제의했고 회의는 만장일치로 결의했다. 체코좌파는 소규모로 줄어들었다. 이때 마사리크를 싫어하는 체코 백만장자가 좌파 신문에 자금을 제공하면서 이들의 공세가 속개되었다. 이들은 좌파가 언제나 하는 수법대로 합작하자는 뜻을 마사리크에게 비쳤지만 마사리크는 거절하였다.

마사리크는 체코군단 내의 볼셰비키를 엄격하게 다루었다. 그들을 격리시키고 그들을 독일과 휴전을 맺은 소비에트 볼셰비키와 동일시하였다. 그것은 그들을 독일 첩자로 취급한다는 뜻이다. 이 전략은 러시아 볼셰비키가 11월 혁명으로 권력을 잡을 때까지 계속되었다. 그 후에도 백위군과 적위군이 내전을 벌일 때에도 계속되었으며 백위군과 함께 시베리아로 이동하면서 더욱 심화되었다. 후일 백위군을 지원했다는 비난을 받았을 때 연합군과 함께 독일을 상대로 싸우는 상태에서 휴전 상태의 적위군 대신 전쟁을 속개하는 백위군을 선택할 수밖에 없다고 주장하였다.

정치적 불안정이 러시아 전역을 휩쓸었다. 마사리크가 우려한 것은 러시아군의 몰락이었다. 그는 체코군단에게 두 가지를 다짐하였다. 하나는 러시아 내부 문제에 엄정한 중립이고, 다른 하나는 체코군단의 엄격한 규율이었다. 그는 민주주의를 군대에 적용하면 무질서만 초래하니 장교에 무조건 복종하라고 장병들에게 연설하였다. 당시 페트로그라드에 있던 마사리크는 키예프에 있는 체코군단에게 적위군과 백위군 사이에 벌어지는 러시아 내분에 체코군단이 개입하지 말 것을 선언하였다.

그러나 체코군단의 정치위원 막사가 1917년 11월 8일에 내린 명령이 미묘한 내용을 포함하고 있었다. 그것은 한편으로는 불개입을 유지하면서 다른 한편으로는 임시정부의 대독일 오스트리아 전쟁 수행에 협조하는 것이 체코군단의 의무라는 것이다. 독일과 오스트리아 헝가리와의 무력 투쟁을 통해 독립을 이루려는 것이 국민회의의 목표라면 임시정부의 러시아 장교 지도하에 체코군단이 러시아 혁명파에 반발하는 것은 자연스러운 일일지 모른다. 그러나 마사리크는 동부전선은 희망이 없다고 확신하고 불개입을 강하게 지시하였다.

막사의 미묘한 명령으로 키예프에서 체코군단과 볼셰비키 사이에 전투가 벌어졌다. 체코병사들은 러시아 장교가 내린 명령을 상관의 명령을 무조건 따르라는 마사리크의 지시대로 행동한 결과였다. 그러나 곧 자신들의 상관인 제정러시아 장교에게 자신들을 악용한다고 항의하는 사태가 벌어졌다. 이것을 알게 된 국민회의에서 러시아 장교를 해임하였다. 체코군단과 볼셰비키 사이의 전투가 러시아 전역으로 퍼졌다.

이렇게 되자 마사리크는 가능한 빨리 군단을 프랑스로 이송해야만 하였다. 물론 케렌스키 임시정부의 동의가 필요하고 먼저 프랑스군과의 관계도 정립하는 것도 사전에 조율할 필요가 있다. 이러한 문제는 1917년 11월까지 어느 정도 세워졌다. 페트로그라드에서 프랑스 군수장관 토마스가 그 전 해까지 포로의 수송문제를 추진한 것을 임시정부 참모본부가 5월에 동의하였고 6월초에 제1차분 3만 명 포로를 수송하는 것을 마사리크와 합의하였다.1079) 임시정부 외무성과 참모본부는 북극해의 아르한겔스크 항까지 호위를 약속하였다. 그러나 11월 혁명으로 이 일은 틀어졌다.

30. 러시아 11월 혁명

볼셰비키에 의해 11월 7일 혁명(구력으로 10월 혁명)이 일어나서 케렌스키 임시정부가 무너지고 소비에트 정권이 들어설 때 3만 명으로 불어난 2개 사단의 체코군단은 우크라이나 전선 부근에서 작전을 전개하고 있었다. 사령부는 우크라이나 수도 키예프였다. 볼셰비키 혁명은 체코군단에게는 엄청난 비보였다. 러시아 땅에서 자신들을 보호해줄 우군이 없어진 것이다. 더구나 체코군단은 군단 내부에 좌파를 모두 제거한 상태이고 볼셰비키에 반대하고 있었으므로 당황하였다. 케렌스키 임시정부가 사라지자 식량, 무기, 장비의 공급이 막막해졌다.

1079) Masaryk, *The Making of A State*, p. 162.

그나마 다행스러운 일은 키예프에서도 11월 혁명이 일어났으나 케렌스키 임시정부군이 승리하여 소비에트로 권력이 이행되지 못했다. 권력을 장악한 것은 우크라이나 민족연맹인 라다Rada였다. 그들은 우크라이나 인민공화국을 선포하였으나 소비에트와 합작을 하여 임시정부 붕괴 후에 두 개의 정권이 들어섰다. 이 정변에 체코군단은 중립을 취하였지만 우크라이나에도 머물 수가 없게 되었다. 볼셰비키가 체코군단의 병사들을 회유하여 그들과 한패가 되도록 공작을 하고 있었다. 이것은 선전포고나 다름없었다. 막사의 급보를 받고 마사리크는 11월 22일 키예프로 달려갔다. 우크라이나 라다도 볼셰비키와 관계를 끊었다.

마사리크에게 우크라이나는 우방처럼 보였다. 그러나 임시정부가 무너진 때 우크라이나에 있던 러시아군은 해체해야 하고 그러면 체코군단도 해체의 위험이 보였다. 더욱이 우크라이나는 슬로바키아와 국경문제를 들고 나왔다. 우크라이나는 이미 폴란드와 국경문제로 다투고 있었다. 또 마사리크에게 걸리는 문제는 러시아에서 막사를 포함하여 마사리크 지지자들은 친러파였는데 임시정부가 없어진 지금 그들이 친우크라이나파가 된 것이다. 그들은 우크라이나와 함께 싸울 것을 주장하였다. 체코군단은 위험해졌다. 마사리크는 다시 엄정중립을 지시하였다.

마사리크는 다급해졌다. 그는 체코, 폴란드, 우크라이나와 공동전선을 구축하여 독일에 대항하는 구상을 갖고 1917년 12월 12일 "피압박민족위원회"를 만들었다. 이 회의에서 볼셰비키가 소란을 피웠지만 모두 체포되었다. 마사리크는 이때 눈치 챘다. 지방 볼셰비키 체포는 모스크바가 개입할 구실이 될 것이라는 것과 우크라이나가 독일과 강화협상을 하리라는 것이다. 그의 예측대로 1917년 12월에 시작하여 1918년 2월 9일에 우크라이나와 3월 3일에 소비에트 러시아와 조약을 체결하였다. 앞서 말한 대로 루마니아와는 1918년 5월에 성사가 되었다. 이것이 브레스트 리토프스키 강화조약이다. 마침내 동부전선은 무너진 것이다.

브레스트 리토프스키 강화조약의 바탕은 11월 혁명이 일어나던 11월 7일에 러시아가 전쟁에서 즉각 빠져나올 것을 제안한 레닌의 평화회칙 Decree on Peace이었다. 이에 대한 합창이 1918년 1월 8일 윌슨 대통령에게서 나왔는데 그 가운데 하나가 14개 조항이다. 윌슨은 의회에서 행한 연설에서 국내문제에 대한 개혁을 다룬 후에 전쟁의 목적이 도덕과 평화를 위한 것임을 지적하였다. 마사리크 교수의 견해와 일치하는데 그 내용은 자유무역, 공개외교, 민주주의, 민족자결로 요약된다. 특히 10항에서 오스트리아 헝가리의 여러 민족들에게 자치로 발전할 수 있는 기회가 부여되어야 함을 확인하고 있다. 이것은 3일 전 오스트리아 헝가리의 해체가 전쟁의 목표가 아니라는 로이드 조지 영국수상의 연설과 일맥상통하는 것이다.[1080] 또 이것은 1917년 12월 4일 미국이 오스트리아 헝가리에 대해 선전포고를 했을 때 윌슨 대통령이 의회에서 행한 연설의 재탕이었다. "우리는 오스트리아 헝가리 왕국을 재편하거나 약화시키기를 원하지 않는다고 선언한다"는 말은 독일로부터 오스트리아 헝가리를 떼어 추축국을 분해시키겠다는 뜻이다.[1081] 아직도 미국이나 영국에서 친오스트리아 견해가 지배적임을 나타내며 마사리크가 주장하는 합스부르크 해체와는 다른 견해였다.

이 문제를 해결하기 위해 마사리크는 미국으로 가야했다. 다행스런 것은 오스트리아 헝가리 외무상 체르닌(Ottorkar Czernin, 1872~1932)이 윌슨의 민족자결권 주장을 부정한 것이다.[1082] 프라하의 천주교정당과 국민위원회가 마사리크의 파리 국민회의를 부정하고 그가 얻어낸 브리앙과의 공동성명의 "빛나는 성공"을 부정하여 윌슨에게 체코 독립운동의

1080) Masaryk, *The Making of A State*, p. 246.
1081) Masaryk, *The Making of A State*, p. 246.
1082) Masaryk, *The Making of A State*, p. 254.

대표성을 인정받지 못하는 차제에 체르닌의 민족자결권 부정은 마사리크가 윌슨에게 쓸 수 있는 카드가 되었다.

31. 연합군

그러나 미국보다도 우크라이나에서 체코군단의 상태가 더 절망적이었다. 마사리크는 이때 프랑스 군수장관 토마스와 체결한 각서를 떠올렸다. 그러나 우크라이나 전선은 곧 무너질 것인데 프랑스는 너무 멀리 있었다. 한편 파리 국민회의 사무총장 베네시는 서부전선에서 프랑스군에게 잡힌 체코슬로바키아 포로들의 부대편성을 둘러싸고 프랑스 정부와 협의를 계속하고 있었다. 여기에는 미국에서 살고 있던 체코슬로바키아 청년들이 대거 합세했는데 미국이 참전하기 전에는 중립국인 이상 체코 미국시민은 군사행동을 할 수 없어서 캐나다군에 입대하여 체코지원부대를 조직하였다.1083) 후일 미국의회가 연합군에 자원입대한 미국인이 종전 후 귀국할 수 있는 것처럼 체코군단에 자원입대한 미국거주 체코인이 종전 후 미국으로 귀국할 수 있도록 이민법을 1918년 6월 수정하였다.1084) 미국도 선전포고 이후에는 병사가 필요하였는데 체코슬로바키아 청년들을 따로 군대를 편성하는데 주저하였던 것이다. 이것은 모두 스테파니크의 활약 덕분이다. 그는 미국에서 체코슬로바키아 청년 2500명을 모집하여 프랑스 전선으로 보낼 수 있었다.1085)

프랑스와 협의는 8월에 끝났지만 오스트리아 헝가리에 대한 연합국의 정책이 확고하지 않아서 협의의 양해사항을 명문화하는데 시간이 걸렸

1083) Masaryk, *The Making of A State*, p. 262.
1084) Masaryk, *The Making of A State*, p. 449.
1085) Masaryk, *The Making of A State*, p. 203; Benes, *My War Memoirs*, p. 184.

다. 국민회의가 의존하던 러시아 임시정부가 무너졌고 다른 한쪽인 프랑스가 신중한 태도에 임하자 국민회의는 초조해졌다. 체코군단의 식량과 무기 공급이 절박해졌다.

　1918년에 들어서면서 마사리크의 예측대로 동부전선이 모조리 무너진 것을 목도한 프랑스는 독일과 오스트리아 헝가리가 서부전선에 총력을 동원할 것을 우려하였다. 프랑스는 서둘러 파리 체코슬로바키아 국민회의와 양해사항을 대통령포고의 형식을 빌려 공식적으로 발표하였다. 이에 의하면 프랑스의 체코슬로바키아 군단은 군사적으로는 프랑스 최고사령부의 통수권을 인정하고 정치적으로는 파리 체코슬로바키아 국민회의 지도하에 속하는 "자유군"의 위치가 되었다. 이 포고로 프랑스 체코군단뿐만 아니라 러시아 체코군단도 프랑스군의 산하에 귀속되었다. 키예프에 있던 마사리크는 환영하며 이 포고를 인정하였다. 이때가 1917년 12월 23일이었다. 체코포로군단=연합군이 된 것이다.

　그러나 낙관하기에는 일렀다. 프랑스가 2월 3일에 마사리크에게 체코군단이 볼셰비키 공세에 대해 키예프를 방어하는데 있어서 참여여부를 타진했다. 마사리크는 러시아 내부 문제에 간여하지 않겠다는 이유로 이 요청을 거부하였다. 그때까지 프랑스로부터 1프랑의 원조자금도 없는 무수한 약속에 지쳤던 것이다. 오히려 이 시점에서 마사리크는 대담한 요청을 우크라이나 볼셰비키에게 제의하였다. 그는 우선 체코군단이 프랑스군에 속해 있음을 이용하여 그들이 연합군이 되었음을 선언하였다. 그리고 추축국과 휴전을 체결한 볼셰비키가 연합국과도 전쟁할 의사가 없음을 들어 체코군단 중립성의 보장을 요구하였다. 소비에트는 자체 문제만으로도 복잡하였기 때문에 다른 문제에 눈을 돌릴 겨를이 없었다. 2월 7일의 일이다. 이렇게 하여 체코군단의 중립에 관한 각서를 교환하였다.

　그 사이 우크라이나의 사태는 긴박하게 돌아가고 있었다. 추축국은 라다 정권 대표와 우크라이나 소비에트 대표가 열석한 2월 1일 브레스트 회의석상에서 소비에트 측의 항의에도 불구하고 우크라이나 인민공화국의 독립을 승인하고 공화국과 2월 9일에 단독강화조약을 체결하였다. 그 전날 소비에트 군이 키예프에 입성하였을 때 강화조약 책임자들은 도주하면서 "독일국민에게 호소한다"라는 구원요청을 보냈다. 2월 18일 독오군이 우크라이나에 진격하였다.

독오군의 진격에 직면한 체코군단은 우크라이나를 퇴각하기로 결정하였다. 그 명분은 프랑스군이 퇴각하므로 여기에 귀속된 체코군단도 함께 퇴각한다는 것이다. 문제는 여정이었다. 아직 행선지가 정해지지 않은 상태에서 군단의 사기는 저하되었다. 여기에 볼셰비키의 선전은 군단 병사를 혼란에 빠뜨렸다. 많은 병사가 볼셰비키군에 자원하였다.

마사리크가 키예프에서 연합국으로부터 자금을 얻으려고, 행선지를 정하려고 동분서주하는 동안 2개 연대가 키예프를 이탈하여 우크라이나 오지를 헤매고 있었다. 키예프와 연락이 두절되었지만 이들은 당시 러시아에서 가장 잘 훈련된 군대였다. 그러나 그들은 기아상태에서 농촌을 약탈할 수밖에 없었다. 마사리크의 권위도 바래지기 시작해졌다. 식량이 떨어진 병사들이 농부에게 총을 파는 현상도 일어났다. 부대 금고를 털고, 장교를 급습해서 돈을 빼앗았다. 무리를 지어 강도행각도 벌렸다.

이러한 범죄를 사형으로 다스렸지만 식량이 없는 상태에서 동일한 범죄가 속출했다. 이 틈을 노리고 볼셰비키가 화유하여 적위군에 가담하였다. 이러한 사태를 당하자 볼셰비키에 맞서기 위하여 마사리크는 국민회의 기관지를 발행하며 사기를 높이는 논설을 쓰기 시작하였다. 기아 상태에서도 많은 병사들이 마사리크에게 충성을 맹세하였다. 마침내 프랑스의 자금이 러시아로 오는 중이며 행선지가 블라디보스토크를 거쳐 프랑스라는 낭보가 날아왔다. 2월 18일이었다.

32. 대장정

여정은 세 가지 가운데 하나였다. 하나는 북극해 아르한겔스크 항으로 이동하는 것이고, 다른 하나는 역시 북극해의 무르만스크 항으로 수송하는 것이다. 마지막이 시베리아를 횡단하여 블라디보스토크로 이송하는 것이었다. "첫째와 둘째에 비하여 셋째 방식은 너무 경비가 많이 든다"라고 마사리크가 주장하였다. 그러나 독일군이 [1918년] 2월 8일에 우크라이나로 진격하자 그는 "첫째 방식은 항구가 얼고, 둘째 방식은 철도가 미비하여 안 되겠다. 프랑스가 경비를 지불한다니 셋째 방식이 좋겠다"고 뒤집었다.

이것은 보통 일이 아니었다. 병력은 증가하여 이제 7만 명을 넘었다. 우크라이나에서 이르쿠츠크를 경유하여 블라디보스토크까지 대규모 병력의 이동, 그야말로 대장정이 될 텐데 러시아의 내전 속에서 무사히 수송이 가능할 것인지 아무도 장담할 수 없는 노릇이었다. 그러나 이에 앞서 1918년 2월 24일 세르비아 포로 약 5천명이 중국 대련을 거쳐 그리스의 테살로니키 전선에 투입된 사례가 있었다. 세르비아 군단의 "영웅적인" 명성은 체코군단보다 더 높았다.[1086]

마침내 체코군단은 1918년 2월 23일에 키예프를 탈출하여 2주간 걸어서 러시아 접경지역 바크마흐Bakhmach 철로 교차로에 집결하였다. 독일군이 점령하기 직전이었다. 그곳에는 2사단이 열차를 준비하여 1사단을 기다리게 되어 있었다. 1사단은 가는 도중에 식량이 부족하여 현지에서 조달하지 않으면 안 되었다. 후속 부대 역시 식량이 없어서 지나가는 마을을 약탈할 수밖에 없었다. 2주 동안의 도보가 끝나고 철로에 도착했을 때 독일군이 기다리고 있었다. 아무도 독일군에게 항복하지 않았지만 희

[1086] Orzoff, *Battle for the Castle*, p. 47.

생은 너무 컸다. 우크라이나에서 블라디보스토크까지 1만 킬로에 걸친 체코군단의 시베리아 대장정Siberian Anabasis의 전설은 이렇게 하여 태어났다.

마사리크는 러시아에서 누구도 해낼 수 없었던 불가능한 일을 일단 성취했지만 그 후 대장정은 러시아 내전에 휘말려 상상할 수 없는 고난의 연속이었다. 그러나 블라디보스토크에 도착하기도 전에 전쟁은 이미 끝난 상태여서 프랑스 대신 그들은 곧바로 체코슬로바키아로 귀환하였다. 심지어 체코슬로바키아가 독립을 선포하고 정부가 수립되고도 2년 후에야 돌아올 수 있었다.

33. 체코군단의 불개입

"독재자" 마사리크 교수는 장래가 불확실한 7만의 체코군단을 러시아에 둔 채 홀로 1918년 3월 7일(마사리크의 68세 생일) 국제적십자 열차편으로 모스크바를 떠났다. 68세 노인이 "딱딱한" 의자에 앉아 1개월에 걸친 여행이었다. 그의 목적지는 미국이었다. 그는 블라디보스토크로 향하는 열차에서 평소 구상하고 있던 『새 유럽New Europe』의 집필을 시작하였다.[1087] 뒤에 남겨진 체코군단에게는 러시아 내전에 절대 휩쓸리지 말라는 불개입의 엄명을 내렸다.

마사리크의 논리는 "우리의 적은 오스트리아와 독일이다. 우리는 러시아에 있지만 그들과 싸우는 것이다. 그러나 러시아가 더 이상 그들과 싸우려 하지 않고 볼셰비키 러시아와 우크라이나가 오스트리아와 독일

1087) Masaryk, *New Europe The Slav Standpoint,* Bucknell University Press, 1972[1918]. 이 책의 많은 부분이 파리강화회의에서 채택되었다. Kalvoda, "Masaryk in America in 1918," *Jahrbucher fur Geischichte Osteuropas*, Bd. 27, H.1, 1979, p. 85.

과 평화를 모색하므로 우리는 러시아에서 적들과 더 이상 싸울 수 없게 되었다. 따라서 우리는 적들과 싸울 곳을 찾아서 무기를 갖고 프랑스로 이동해야 한다"였다. 또 하나의 이유는 혼란 속의 러시아에서 전투는 선전포고 없는 전쟁이 되므로 외교독립을 내걸은 마사리크로서는 용납할 수 없었다.

자르 시대의 정치가와 군인들이 체코군단을 러시아에 붙잡고 함께 소비에트에 대항하여 싸우자고 하며, 거꾸로 소비에트는 자르 잔당을 소탕하기 위하여 함께 싸우자고 체코군단을 붙잡았다. 마사리크는 모든 제의를 거절했다. 그가 보기에 러시아에는 지도자가 없고 강력한 조직도 없다. 무엇보다 오스트리아와 독일과만 싸운다는 체코군단과 러시아 사이에 맺은 조약이 있었다. 정권이 바뀌었어도 그 조약은 아직도 유효하다. 체코군단은 무기도 충분하지 않았다. 강력한 포병이 없었고, 공군의 지원도 없었다. 마지막으로 러시아는 대가로 영토를 원할 것이다. 체코슬로바키아에게는 내어 줄 영토가 없다.

34. 로마의 피압박민족대회

마사리크는 러시아를 떠나면서 아무 것도 실제적으로 얻은 것이 없다는 사실을 깨달았다. 시베리아에서 체코군단의 앞날도 불투명하고, 독립을 약속 받은 것도 아니다. 오스트리아 헝가리에 대한 연합국의 태도에도 변화가 없다. 마사리크가 아무리 합스부르크의 해체를 외쳐대도 연합국은 반신반의하였다. 체코군단이 필요한 것은 사실이다. 인명손실이 제일 컸던 프랑스는 빨리 수송하기를 바랐고, 영국은 볼셰비키를 막는데 필요하다고 생각했다. 그들이 보기에 연합국 1천 2백만 명과 추축국 1천만 명에 비하면 체코군단 7만 명은 아무 것도 아니다. 심지어 체코보다 작은

벨기에군도 10만 명이다.1088)

　이것을 대가로 합스부르크를 해체한다는 것은 골치 아픈 발칸반도를 효과적으로 관리할 수 있는 주체가 사라져 버리는 셈이다. 이미 발칸의 소수민족들끼리 일으키는 전쟁을 수없이 보아온 터였다. "10개의 국가를 대하는 것보다 1개의 국가를 대하는 것이 좋다." 이것이 열강의 생각이었다. 마사리크는 무력이 아닌 무언가 보여주어야 하였다. 베네시로 하여금 로마에서 발칸의 여러 민족 대표들과 함께 피압박민족대회를 개최할 것을 지시하였다.

　1918년 4월 8~11일에 걸친 대회에서 핵심은 발칸반도 피압박민족의 단결이었다. 그해 독일의 춘계대공세 가운데 개별민족이 대회를 했다면 연합국은 크게 신경 쓰지 않았을 것이다. 그러나 오스트리아 헝가리 제국 인구의 3분의 2에 해당하는 군소민족 대표의 이름으로 개최한 대회라면 이야기가 다르다.

　연합국이 승리하더라도 오스트리아가 해체되지 않고 체코를 비롯하여 약소국이 자치만 얻는다면 독립은 실패한다. 더욱이 연합국은 1915년 런던조약으로 이탈리아에게 아드리아 해역의 영토를 약속한 바가 있었다. 이 영토는 크로아티아, 슬로베니아, 세르비아가 주장하는 곳이다. 이들은 이곳에 유고슬라비아를 만들려 하고 있다. 만일 이탈리아가 유고슬라비아의 영토를 주장한다면 합스부르크가 체코의 영토를 주장해도 연합국은 그 논리에 대응할 방법이 없다. 여기에 더하여 마사리크는 초기 비망록에서 헝가리의 서부지역을 취해서 체코와 유고슬라비아를 연결하는 통로를 만들자는 제의를 하였다. 여기에 세튼 워트슨, 데니, 아이젠만이 여러 잡지와 신문에 찬성을 나타내었다. 체코의 독립은 주변국가의 독립과 맞물려 있다.

1088) Setton Watson, *Masaryk in England*, pp. 159-160.

그러나 유고슬라비아는 분열되어 있었다. 세르비아는 남슬라비아를 세르비아의 확대로 이해하고 있었으며, 크로아티아 슬로베니아는 각 민족의 자치로 구성되는 것으로 이해하였다. 이 문제를 해결하려고 파리의 베네시는 매일 이들과 만났고, 런던의 마사리크는 세르비아의 왕위계승자 알렉산더와 정기적으로 만났다. 폴란드도 두 단체로 분열되어 있었다. 드모브스키(Roman Dmowski)가 이끄는 파리의 폴란드 국민회의와 피보두드스키(Josef Pilsdudski)가 장악한 바르샤바의 폴란드 군단이다. 이들도 상대하여야 하였다.

이러한 내부 문제를 뛰어넘어 발칸민족의 염원과 단결을 보여준 피압박민족대회를 이어서 21일에 베네시는 이탈리아 전선에서 싸우고자 자원한 체코슬로바키아 청년들로 이탈리아 체코군단을 만들었다. 이러한 군사적 성취보다 더 중요한 것은 외교적 성과였다. 스테파니크는 이탈리아 수상 올란도(Vittorio Orlando, 1860~1952)와 함께 체코슬로바키아 군단을 편성할 것에 공동서명 하였다. 이렇게 하여 시베리아 군단, 프랑스 군단에 이어 이탈리아 군단이 탄생한 것이다. 여기에 탄력을 받은 베네시는 클레망소를 접견하고, 이어서 벨포아도 접견할 수 있었다. 그들은 로마 대회의 결의에 대하여 동감을 표시하였다.

35. 마사리크와 마트

마사리크가 미국행을 결심한 데에는 1)체코군단을 프랑스로 수송할 배편을 알선하는 것과 2)파리 체코국민회의에 대해 미국의 승인을 얻는 것이었지만,[1089] 앞서 소개한 대로 루트 사절단 일원이었던 마트 총재와

[1089] Masaryk, *The Making of A State*, p. 188; Kalvoda, "Masaryk in America in 1918," *Jarhbucher fur geschichte Osteuroas*, 1979, p. 86.

면담에서 크게 희망이 생겼기 때문이다. 마트 총재는 루트 사절단 가운데 가장 열성적으로 정보를 수집하여 윌슨 대통령에게 보고서를 제출하였다. 그는 기독교청년회를 통해 일찍부터 윌슨의 가까운 친구가 되었고 대통령의 영적인 보좌 역할을 하였다. 그는 러시아 체류 1개월 동안 (1917.6.3~7.9) 수많은 사람과 면담을 하였다. 그 가운데 한 사람이 마사리크이다. 마트는 부인에게 보내는 편지에서 "이 전쟁의 복잡한 문제들에 [이처럼] 더 없는 빛을 비춘 사람과 얘기한 적이 없었다"고 적고 있다.1090) 마트는 마사리크가 강조하는 도덕에 감명을 받았다. 마트가 임무를 마치고 귀국하여 행한 연설에서 "독일의 선전에 대항하여 음모로써가 아니라 사실적 증거와 공감 그리고 도덕적 장려에 의한 역선전을 강조했다"라는 대목이 그 증거이다.1091)

이때의 면담을 마트 총재는 비망록으로 남겼다. 이것을 보면 마사리크가 잠시 가졌던 러시아의 영향 하의 슬라브 계획을 폐기하고 미국의 영향 하에 체코의 독립으로 선회한 이유가 밝혀진다. 마사리크는 마트에게 말했다.

내[마사리크]가 보기에 러시아에는 강력한 지도력이 없다. 권력의 집중도 없다. 절박감을 느끼는 장교들을 알고 있다. 반혁명을 기도하는 군인들이 있다고 생각한다. 그들은 지도자를 찾는다. 러시아 군대는 혁명으로 무너진 것이 아니라 그 전에 이미 무너졌다. 여러 가지 점에서 혁명 전부터 좌절감이 있었다. 혁명 전에 탈영병은 1백만에 이른다. 혁명 후에는 약 2백만에 이를 것이라고 합참위원들은 내게 말했다. 따라서 강력한 공세가 있을 것으로 생각하지 않는다. 이들이 무엇을 할 수 있다고 말할 수 있겠는가? 이들은

1090) Long and Hopkins, "T. G. Masaryk and the Strategy of Czechoslovak Independence: An Interview in Russia on 27 June 1917," p. 92ff.
1091) *New York Times,* March 10, 1918.

믿을 수 있는 연대를 찾고 있다. 이 나라에서 도덕은 땅에 떨어졌다. 케렌스키는 유능한 연사이다. 그러나 그가 병사의 권리를 외치는 걸 보면 그는 단순한 선동가일 뿐이다. 병사들은 그를 잠시는 따르지만 그가 가고 나면 다시 이전으로 돌아간다.1092)

이어서 그는 미국의 역할을 주문하였다.

미국은 프랑스를 도와야 한다. 우리는 동부전선에 기댈 것이 없다. 우리가 할 수 있는 일은 최악을 대비하는 것뿐이다. 독일을 분쇄하는 일 이외에 할 일은 없다.
독일은 생각하는 국민이다. 독일만이 이 전쟁을 준비하였다. 동원령은 시계 같았다. 독일의 죄악은 다른 민족을 지배하려는 것이다. 범게르만주의는 계속 커져왔다. 나는 이것을 지난 번 [오스트리아] 황제가 거듭 양보하는 것을 보고 알았다. 중부유럽 계획이란 한 명의 독일인에 대하여 두 세 명의 하인을 의미한다. 따라서 우리의 목표는 독일을 분쇄하고 오스트리아 헝가리를 해체하는 것이다.1093)

여기서 오스트리아 황제가 양보를 거듭했다는 것은 이른바 식스투스 사건The Sixtus Affair에 따른 오스트리아의 독일에 대한 굴종을 말한다.1094) 마사리크의 주장은 계속된다.

침략적인 전쟁과 정당방위의 전쟁에는 도덕적 차이가 있다. 나는 독일의 친구라고 알려졌다. 그러나 이 전쟁의 불의는 받아드릴 수 없다. 너무 잔혹해서 나는 잠을 잘 수 없다. 이 전쟁 보다 더 큰 범죄는 없다.

1092) Long and Hopkins, "T. G. Masaryk and the Strategy of Czechoslovak Independence : An Interview in Russia on 27 June 1917," p. 95.
1093) Ibrd.
1094) The Sixtus Affairs. 뒤에 설명이 따른다.

독일은 러시아를 경멸한다. 그들은 혁명의 원리를 싫어한다. 그러면서 혁명을 부추긴다. 독일은 말한다. 우리는 합병도 하지 않고 기여도 하지 않는 러시아 계획을 받아들인다. 그러면서 그들은 자유국가에 대해서는 아무 언질이 없다.

독일은 지나치게 냉정하고 질서를 지킨다. 그리고 잘 훈련되어 있다. 카이저는 자르의 전철을 잊지 않을 것이고 폭넓은 권리를 인정할 것이다. 따라서 전쟁은 모든 곳에 민주주의를 강화할 것이다. 심지어 독일에도 그럴 것이다. 이미 오스트리아에서 보인다.

보헤미아와 헝가리에 있는 슬로바키아는 9백만 내지 천만이다. 그들 가운데 90퍼센트는 전쟁을 반대한다. 보헤미안은 모든 전선에서 친구들과 싸우고 있다. 우리 보헤미안 군인들은 가능하면 투항한다. 그것을 보는 오스트리아 헝가리 정부는 10명 중 1명을 총살한다. 현재 보헤미아 연대는 없다. 그들은 다른 민족과 섞여 있다. 독일의 적은 우리의 친구이다.

나는 러시아에서 음모가 진행되어 이곳에 왔다. 여기에 35만 명의 보헤미안 포로가 있다. 프랑스 수상이 이들에게 장비를 주어 프랑스 전선에서 싸우도록 되어 있다. 자르도 승인했는데 내각위원회 의장이 반대하였다. 그는 무한정 연기하고 있다. 내가 러시아에 오는 것조차 막았다. 그가 보고하기를 나는 프랑스와 영국 편이고 러시아에 반대한다는 것이다. 내가 보헤미아의 왕으로 아더 공을 지지한다고 보고하였다. 혁명이 일어났고 밀류코프는 이 내용을 잘 알고 있었다. 내가 러시아에 올 수 있었던 것은 그의 덕택이다. 나는 지금 프랑스 전선에서 복무할 군대를 조직하고 있다.

미국은 이 전쟁에 다른 나라가 민주주의를 실시하는 것을 돕는다는 이상을 갖고 왔다. 이 원리가 평화회담에 팽배하기를 희망한다.[1095]

마사리크는 전후 새 유럽 지도까지 제시하였다. 이것은 그가 세튼 워트슨과 함께 만든 비망록의 내용이다. 그러나 당시에는 발표되지 않은

[1095] Long and Hopkins, "T. G. Masaryk and the Strategy of Czechoslovak Independence : An Interview in Russia on 27 June 1917," p. 95.

"최고비밀"이었다.

평화회담에서 보헤미아는 완전한 독립국가로서 공화국을 원한다. 그것은 보헤미아와 슬로바키아를 포함한다. 천삼백만 명의 인구가 되는데 여기에 소수의 독일인과 헝가리인 등도 포함된다. 그것은 스위스처럼 바다와 격리된 내륙국가이다.

콘스탄티노플은 러시아에 귀속되어야 한다. 비록 러시아가 지금은 원하지 않는다고 하여도. 그러나 반혁명이 옛날 상태로 복구할 것이다. 그리스와 불가리아는 그곳을 장악할 능력이 없다. 그러한 국제도시는 러시아에게도 큰 부담이 될 것이지만 러시아는 바다로 나가는 입구가 필요하다.

루마니아는 트란실바니아를 가져야 한다.

폴란드는 쪼개진 세 지역을 모두 원한다. 그들이 바라는 것은 자유뿐만 아니라 통일이다. 세 지역의 지도자들이 모두 동의한 것이다. 폴란드 문제는 보헤미아 문제와 맞물려 있다. 두 나라는 독일에 대한 방어선이 된다. 경제적 군사적 협력이 있을 것이다. 폴란드의 유대인은 지배층을 따를 것이다.

프랑스와 영국에는 평화주의자와 자유주의자 사이에 친오스트리아 세력이 있다. 그러나 그들은 반보헤미아는 아니다. 일부 유대인과 자본가들이 오스트리아가 해체되면 빚을 받지 못할까 걱정한다. 해체를 반대하는 로마 천주교인도 있다. 오스트리아는 마지막 남은 최대의 천주교 국가이므로 로마는 체면을 잃을 것이다. 스위스에 친천주교회 선전이 있다. 폴란드에 일부 귀족들은 이 친천주교회 선전에 동의한다. 영국에도 천주교회 운동이 있고 아일랜드 때문에 반대하지 못한다. 미국에도 천주교 문제가 있다. 로마를 떨치는 것이 미국의 이해라고 나는 생각한다.[1096]

마트 총재는 귀국하여 1917년 11월 11일부터 기독청년회를 통하여 대대적인 모금운동을 하였다. 목표액은 3천 5백만 달러였다.[1097] 이 돈은

1096) Ibrd.

시베리아의 미군, 러시아군, 프랑스군, 체코슬로바키아를 비롯한 전쟁포로를 위하여 사용될 것이다. 이 모금운동을 대표하는 사람 가운데에는 마트 총재와 함께 루트 사절단이었던 맥코미크 사장도 포함되었다. 특히 눈길을 끄는 인물이 있었으니 존 세브란스(John L. Severance, 1863~1936)이다. 그는 서울 세브란스병원과 의학교를 설립한 루이스 헨리 세브란스(Louis H. Severance, 1838~1913)의 외아들이다. 그는 이승만의 친구였다. 이승만이 1908년 미국전역에서 한국교회를 위한 모금운동인 한국선전 Korea Campaign에 참가했을 때 아버지 세브란스의 권유로 아들 교회에서 모금운동을 한 적이 있다.1098) 그가 설립한 존 롱 세브란스 기금은 아직도 이자소득을 세브란스 병원에 송금하고 있다.

  윌슨 대통령은 마트 총재에게 노고를 치하하는 서한을 보냈다. "우리의 육군과 해군 그리고 포로를 대신하여 기독청년회가 성취한 일에 매우 높은 가치를 표현하지 않을 수 없다."1099) 약 7개월 후인 1918년 6월에 루트 사절단인 맥코미크와 마트 총재는 기독청년회 전쟁위원회를 구성하여 다시 1억 달러를 모금하는 일을 착수하였다.1100) 위원은 다시 마사리크의 친구 크레인, 자동차 왕 헨리 포드, 후일 카네기 멜론 대학의 멜론, 태프트 대통령의 아들, 서울에 기독청년회관을 기증한 워너메이커, 이승만의 친구 세브란스, 세브란스의 친구 사무엘 마서, 록펠러 Ⅱ세 등이다. 이 가운데 특히 마지막 세 사람은 아주 가까운 친구 사이이다.

1097) *New York Times*, November 4, 1917, p. 19.
1098) *Syngman Rhee's Log Book*, November 29, 1908; 김학은, 『루이스 헨리 세브란스』, 52, 238-239쪽.
1099) *New York Times*, November 4, 1917.
1100) *New York Times*, June 5, 1918.

36. 마사리크의 도미

블라디보스토크에 도착한 마사리크는 선편이 마련되지 않자 기차로 하얼빈에 와서 목단을 거쳐 조선을 통과한 뒤 부산에서 일본으로 건너갔다.[1101] 일본에서 2주를 체류한 뒤 미국으로 출발하여 워싱턴에 도착한 것이 1918년 5월 9일이었다. 동경 체류 중 서점에서 일본이 그가 싫어하는 독일의 영향을 크게 받고 있다는 사실을 발견하였다. 고서점에서도 마찬가지였다. 일본이 독일과 마찬가지로 군국주의 국가라는 사실을 우회적으로 표현한 것이다. 그는 체코군단의 수송에 있어서 일본의 도움이 필요할지 모른다는 사실을 염두에 두고 있었던 것이다. 일본은 영일동맹으로 제1차 대전에 참전했고 청도를 탈취했지만 유럽 전쟁에는 간여할 생각이 없었다. 마사리크가 동경에서 푸대접 받은 것은 당연하다.

러시아 체류 중 체코군단이 러시아 내전에 불개입을 엄히 지시한 마사리크는 미국에서도 동일한 입장을 견지하였다. 정치가로서 마사리크의 능력을 폄하하려는 소련의 학자들은 그의 반혁명 조장을 강조하며 그의 미국 방문 목적에 대해서도 "마사리크는 러시아에서 소비에트 정권을 어떻게 타도할까를 미국 제국주의자에게 조언하기 위하여 워싱턴에 왔다"고 주장한다. 그러나 이것은 사실과 다르다.

동경주재 미국 대사 모리스(Roland Morris, 1874~1945)가 마사리크에게 러시아 사태와 볼셰비키에 대해 윌슨 대통령에게 전달할 비망록을 부탁하였다. 당시 미국에는 러시아 전문가가 희귀하여서 앞서 모스크바에서 마사리크가 만난 시카고대학 슬라브 연구소의 하퍼 교수가 거의

[1101] 마사리크가 하얼빈을 출발한 것은 1918년 4월 1일이었고 시모노세키에 도착한 것은 4월 6일이었다. 당시 형편을 생각할 때 이 여정을 보면 그는 조선에서 1일 아니면 2일 정도 체류할 것으로 추정된다.

최초의 전문가였음이 그것을 의미한다. 따라서 연합국에는 러시아 정책이라는 것이 없었고 볼셰비키에 대해 통일된 행동을 취하지 못했다.1102) 이 비망록을 보면 마사리크는 연합국이 볼셰비키 정권을 승인할 것을 재촉하고 있다. 독일에 대항하기 위해 러시아를 강화할 필요가 있으며 이에 경제적으로 도와야 한다는 주장이다. 그러나 정작 체코슬로바키아는 소비에트 정부를 1929년까지 승인하지 않았다. 히틀러 세력이 커지며 베르사유 체제가 무너지는 것이 시간문제라고 예감하였을 때였다.

　뉴욕 타임스 기자와 면담에서 마사리크는 "나는 볼셰비키가 점점 더 독일에 대항적으로 되어간다고 자신 있게 말할 수 있다"라고 말하며 "나는 [시베리아에] 군사개입의 가치에 대해서는 커다란 의문이 든다"라고 거듭 강조했다.1103) 경제원조는 구체적으로 철도수송의 개선을 꼽았다. 그 철도는 체코군단을 수송하는데 절대적임은 말할 필요가 없을 것이다. 비망록을 동경 주재 외교관들에게 배포하면서 그는 "프랑스 전선에서 체코군단의 중요성은 분명하다"라고 말했다. 그러나 러시아에서 볼셰비키를 막는데 사용하기를 바라는 영국은 불만이었다. 프랑스 도착은 너무 늦기 때문이다.1104) 영국의 맥도노우(George Macdonogh, 1865~1945) 소장은 체코군단이 시베리아로 침투하는 독일세력을 막는데 쓰이지 않는다면 더 이상 자금을 지원하지 않아야 한다고 주장하였다.1105)

　볼셰비키 정권 승인을 포함한 마사리크의 이러한 발언은 연합국의 공통적인 견해에서 벗어난 것이고 백악관과도 위화감을 만드는 것이었다.

1102) Masaryk, *The Making of A State*, p. 182.
1103) Masaryk, *The Making of A State*, p. 363; *New York Times,* May 27, 1918.
1104) Kalvoda, "Masaryk in America in 1918," *Jahrbucher fur Geschichte Osteuropas*, Bd. 27, H.1, 1979, p. 87.
1105) Public Record Office, London, Foreign Office, 371/3323/06311, Russia, March 18, 1918. Kalvoda, "Masaryk in America in 1918," *Jarhbucher fur Geschichte Osteuropas,* 1979, p. 87에서 재인용.

마사리크에게 입국비자를 내준 국무성 관리는 마사리크가 "볼셰비키 정부의 이익을 위하여 미국을 방문하고 싶어 한다"라고 기록하였다. 그의 워싱턴 입성을 "러시아 볼셰비키 정부의 마사리크 교수, 일명 마르스덴의 도착"이라고 보고하였다. 마사리크는 워싱턴에서 기피 인사persona non grata가 되었다.

37. 피츠버그 합의

마사리크가 윌슨 접견을 기다리는 사이 재미 슬로바키아 대표와 회동을 하였다. 앞서 밝혔듯이 삼총사의 한 명인 스테파니크가 슬로바키아 사람이지만 슬로바키아의 대표성은 부족하였다. 체코슬로바키아의 이름에 어울리는 대표성이 필요하였다.

전쟁 개시에 슬로바키아의 움직임은 체코의 그것보다 느렸지만 결국 그들도 헝가리에 대항하게 되었다. 러시아의 퇴각과 헝가리의 철권통치로 사기가 저하되었지만 그 가운데에서도 일부는 러시아로 탈출하였다. 그러나 해외 슬로바키아의 중심은 미국이었다. 그들은 독립보다 자치를 원했다. 그들은 홀로 설 것인지 아니면 체코와 협력할 것인지 결정해야 하였다. 두 번의 러시아 혁명이 체코보다 슬로바키아에 더 깊은 영향을 주었다. 파업이 일어나고 군인들은 전선을 이탈하였다. 그러나 체코처럼 마피아가 형성되지 못하였다. 러시아 사정은 혼란스러운데 서방에서 활약하는 체코의 소식과 마피아의 활약에 이끌렸다. 자연히 체코와 협력하는 방법이 힘을 얻게 되었다.

체코 대표와 슬로바키아 대표들이 피츠버그에 모여 대회를 열었다. 마사리크는 슬로바키아 말로 연설을 하였다. "내가 어릴 때 집에서 슬로바키아 말을 썼다.… 앞으로 자유 보헤미아와 자유 슬로바키아가 될 것이다. 슬로바키아에서 모든 정치, 학교, 법원에서 슬로바키아 말을 사용할 것이다. 같은 차원에서 보헤미아에서는 체코 말이 사용될 것이다. 체코의 다수를 겁낼 필요가 없다. 보헤미아에서는 체코가 다수이고 슬로바키아에서는 슬로바키아가 다수이다. 각각은 각 지역에서 왕이다." 1918년 5월 31일 17명의 슬로바키아 대표와 12명의 체코 대표가 체코슬로바키아 통합에 서명하였다. 이것이 피츠버그 합의이다. 서명자의 한 사람은 다음과 같이 기록하였다.

> 우리는 온 세계로부터 버림받고 내일의 희망도 없는 이민자로 미국에 왔다. 누가 어느 나라에서 왔느냐고 물으면 우리 얼굴은 붉어지고 마지못해 헝가리를 가리켜야만 하였다. 홀연히 누군가가 우리를 꿈에서 흔들어 깨운 것처럼 체코슬로바키아의 지도를 사방에서 보게 되었다. 미국신문에서, 점포 진열장에서 어느 곳이든지. 체코슬로바키아라는 이름은 꽃을 피웠다. 오, 아무 조건 없이 모두가 우리 가운데 하나로 꽃이 되었다. 그리고 우리 모두 체코슬로바키아 국민이라는 사실이 자랑스러웠다.[1106]

이 협정 이후에 미국의 슬로바키아인은 마사리크의 체코슬로바키아 독립운동을 도왔다. 그러나 전후에 마사리크는 피츠버그 협정이 위조라고 주장하였다. 스스로 기안하고 두 번씩이나 서명한 문서를 부정하였다. 두 번째 서명은 그가 새 체코슬로바키아 대통령에 당선되었을 때이다.[1107] 독립 후에 슬로바키아는 두 민족이 평등하다는 약속을 마사리크가 어겼다고 불만이 고조되었다.

1106) Getting, *American Slovaks and the Evolution of the Czechoslovak Concept,* Slovak Sokol in America, 1933.
1107) Kalvoda, "Masaryk in America in 1918," *Jarhbucher fur Geschichte Osteruopas,* neue folge, bd. 27, 1979, p. 88.

38. 체코군단의 동진

마사리크가 3월 7일 블라디보스토크를 향해 모스크바를 떠나고 체코군단이 우크라이나를 탈출하여 동진할 때 소비에트 당국은 마찰을 피하려는 방침을 세웠고 군단도 이를 존중하였다. 우크라이나에서 소련의 경계를 넘어서자 군단은 소비에트와 무기의 일부를 인도한다는 협정을 맺었다. 1918년 3월 15일 레닌의 인민위원회는 체코군단이 제2군단을 편성할 것을 승인하였지만 동진하는 지역인 볼가, 우랄, 시베리아 여러 지역의 소비에트가 반발하였다. 군단이 반혁명분자와 제국주의자에 이용될 위험이 있어서 동진을 막고 북극해의 아르한겔스크 항을 경유하도록 인민위원회에게 요구하였다. 이에 대해 인민위원회의 스탈린(Joseph Stalin, 1879~1953)은 3월 26일 군단 내의 반혁명 지휘관은 즉각 해임하는 조건으로 반혁명으로부터 방어할 수 있는 일정량의 무기를 휴대할 것을 허용하였다.

체코군단의 병사들은 강하게 반발하였고, 국민회의, 군단 지휘관, 프랑스군사사절단도 반대하였다. 군단은 결국 소비에트 당국의 보장 하에 동진을 계속할 수 있었다. 무기 허용량은 열차 1대당 소총 168정과 기관총 1정이었다. 700여대의 무장 열차가 동원되었고 그 자체가 국가였다. 군대, 은행, 병원, 우체국 등 없는 것이 없었다. 당시 물가폭등으로 지폐는 거부당하였다. 대신 못이 화폐 역할을 하였다. 크레인은 미국에서 대량의 못을 수송하였다.

마사리크가 블라디보스토크를 출발하여 하얼빈을 거쳐 일본으로 이동하던 4월 4~5일 영일동맹의 일본군과 영국군이 블라디보스토크에 상륙하였다. 일본은 소비에트 공산주의가 동진하여 시베리아에서 조우할까 우려하였고 그와 평화조약을 맺은 독일이 시베리아를 석권할 것도 우려하였다.1108) 영국은 볼셰비키가 투르크메니스탄과 인도에 영향을 미치지 못하도록 견제하기 위하여 출병하였다.1109) 또 한 가지 일본이 단독 출병하여 시베리아를 식민지로 만드는 것을 막아야 하였다.1110) 이렇게 되자 체코군단이 영국과 일본과 프랑스에 이용된다는 소비에트의 의구심이 심화되었다. 이에 스탈린은 1918년 4월 9일 태도를 바꾸어 군단 수송열차를 전면 무장해제하고 군단을 소규모로 분산하여 격리 수송하라고 지시하였다.

이러한 소비에트 당국의 요구에 대하여 체코군단 병사들의 불만이 높아졌고 더욱이 우랄 산맥을 아직 통과하지 않은 1사단은 결빙이 녹은 북극해의 아르한겔스크 항으로 경로를 변경하라는 지시에 크게 반발하였다. 영국은 체코군단의 서부전선 수송에 소극적이었고 볼셰비키에 대항하여 러시아 국내에 투입되기를 선호하였다. 프랑스는 군단의 동진 직후 반볼셰비키 세력으로서 체코군단을 이용하자는 대소 강경파의 주장에 경도되었다. 이 소식을 들은 파리의 베네시는 프랑스 수송이 유일한 해결책이나 시간을 절약하기 위해서라면 북러시아 경유도 가능하지만 러시아 국내 투입은 간섭이 되므로 바람직하지 않다는 견해를 밝혔다.1111) 이에 프랑스 정부가 동조하였다.1112)

수송경로를 둘러싼 영불 사이의 이견이 있을 때 제1진이 블라디보스토크에 4월 25일 도착하였다. 이것으로 군단의 돌파력을 보여준 셈이 되었지만 연합군은 아직도 두 가지 경로를 고집하였다. 옴스크 동부에 있는 군단은 예정대로 블라디보스토크로 이동하고 그 서부에 있는 군단은 아

1108) 原暉之,『シベリア出兵』, 278-279쪽.
1109) 原暉之,『シベリア出兵』, 280-281쪽.
1110) 原暉之,『シベリア出兵』, 281쪽.
1111) Benes, *My War Memoirs*, p. 632.
1112) Benes, *My War Memoirs*, p. 162.

르한겔스크로 수송한다는 방침이었다. 이것은 군단의 의견을 배제한 채 의결되었으므로 이 소식을 들은 군단은 독일과 소비에트가 결탁한 책략이라고 비난하였다. 이때 세 가지 새로운 사태가 발생하였다. 체코군단의 반란, 식스투스 사건, 체코국내의 변화이다.

39. 체코군단의 반란

마사리크가 러시아를 떠날 때 체코군단을 크레찬다(J. Klecanda)와 막사(P. Maxa)에게 위임하였다. 둘 다 젊은이였는데 전자는 마사리크의 보좌관으로 뛰어난 지식인이었고 후자는 포로 대표로 경험이 많고 생존본능이 뛰어나지만 지성은 낮았다. 전자가 군단 이동 중에 폐렴으로 뜻하지 않게 죽자 군단을 맡은 후자에게 다가오는 혼란을 수습할 능력이 없음이 드러났다. 군단은 강력하게 지도할 구심점을 잃었다. 이때 등장한 인물이 군단의 제7연대장 26세의 가이다 (Radola Gaida, 1892~1948) 대위였다.

앞서 소개했듯이 그는 즈보로프 전투에서 유능한 지휘관으로 무공을 휘날렸는데 대소비에트 강경론인 무단파의 대표가 되었다. 그는 시베리아의 반볼셰비키 정당, 구 제국군대 장교의 지하조직과 연락하여 반란이 성공할 것이라고 확신하고 볼셰비키 타도계획을 작성하였다. 가이다 대위는 블라디보스토크로 가는 도중에 장군까지 초고속으로 승진하지만 후일 독립된 체코슬로바키아에서 무소리니를 흉내 내어 체코에 파시스트 정권을 세우려고 마사리크와 대립하다가 좌절한 인물이다.

가이다는 영불의 사주를 받았다는 의심을 받고 있지만[1113] 그 자신 독일과 소비에트를 증오한 것은 사실이다. 반란의 발단은 5월 14일 우랄의 요충지 체리야빈스크 역에서 일어났다. 오스트리아 헝가리 포로를 실

1113) 原暉之, 『シベリア出兵』, 332쪽.

은 열차와 체코 포로를 실은 열차가 나란히 서있었는데 헝가리 포로가 던진 쇳조각에 체코 포로가 맞아서 기절하였다. 격분한 체코 병사들이 열차에 뛰어올라 헝가리 병사를 구타하여 그 병사가 사망하였다. 그 도시의 소비에트 당국이 조사하여 살해용의로 10명의 체코 군인을 체포하자 체코 병사들이 역뿐만 아니라 도시까지 점령해버렸다. 이 사건이 모스코바에 알려지자 그곳에 있던 국민회의 지부장 막사 교수를 체포하고 그로 하여금 체코군단의 지휘관들에게 무기를 인도할 명령서를 발송케 하였다. 그 명령서를 받아든 체코 지휘관들은 강요에 의한 것이라고 반발하였다.

이 반발에 대처하여 5월 25일 모스크바의 군사인민위원 트로츠키는 전 소비에트에게 체코 포로의 무장해제를 명령하였다. "체코슬로바키아인이 철도 상에 무장을 하고 있는 것이 발견되면 그 자리에서 사살하라. 각 부대에 1인이라도 무장한 자가 있으면 차량을 압수하고 포로수용소에 수감하라." 이에 체코군단은 무기인도를 거부하고, 진로변경도 거절하면서 무력사용을 불사할 것을 결의하였다.

이렇게 반란이 일어났고 무단파가 실권을 장악하였다. 시베리아, 우랄, 볼가, 블라디보스토크를 대표하는 체코군단의 지도자로서 가이다가 선출되었다. 마사리크가 시베리아에 있었으면 전면 대결을 피할 수 있었을 것이라고 애석해 하는 사람이 있다.[1114] 그만큼 그가 없는 상태에서 정치지도력의 부재로 무단파가 대두되고 권력집중이 일어난 것이다.

가이다는 계획을 즉시 실행에 옮겼다. 그는 각 부대에게 "소비에트를 체포하고 제스토보 [제정 러시아 지방의회] 정권을 부흥시키라"고 타전하였다. 반란에 돌입한 체코군단은 반볼셰비키파와 제휴하여 주요 도시

1114) Lockart, *Memoirs of a British Agent*, Readbooks, 2008[1942], pp. 272-273.

를 차례차례 점령해 나가서 삽시간에 볼가 강에서 이르쿠츠크에 이르는 지역을 점령해버렸다. 특히 시베리아 철도를 장악하였다. 드디어 모스크바 일대까지 위험하게 되자 트로츠키는 지원병제도에서 징병제도로 바꿔 모스크바와 페트로그라드에 총동원령을 내렸다. 볼셰비키와 체코군단 사이에 갈등이 본격적인 전쟁으로 비화된 것이다. 마사리크가 우려했던 대로 선전포고 없는 전쟁이었다. 그로부터 30년 후 제2차 대전 종전과 더불어 체코슬로바키아에 진주한 소련이 과거 시베리아 체코군단에 가담하였던 자를 모조리 숙청하여 보복하였다.

1918년 6월 1일 베르사유에서 연합국 최고전쟁회의가 열렸다. 원래 동부전선이 무너진 러시아 문제는 뒤로 미루어져 있었는데 체코군단의 반란 소식이 들어오자 논의가 시작되었다. 체코군단을 즉시 프랑스 전선으로 수송하자는 클레망소의 주장이 채택되어 일본에게 배편을 요청할 것을 결의하였다. 그러나 윌슨에게 먼저 허락을 받아야 하였다. 일본에게는 3가지 조건을 내세웠다. 하나, 일본은 러시아 영토보존을 약속하라. 둘, 일본은 민족자결원칙에 의하여 러시아 내정에 간섭하지 않는다. 셋, 일본군은 이르쿠츠크까지 진출한다. 일본은 유럽전선에 간여하지 않으려는 태도를 바꾸어 천재일우의 기회라고 여겨 시베리아 "출병"을 결정하였다.

체코군단의 반란과 소비에트의 강경대응에 관한 연합국 최초의 반응은 모스크바 주재 영국, 프랑스, 이탈리아, 미국 4개국 대표가 소비에트 정부에 제출한 항의였다. 여기에 일본도 가담하였다. 특히 연합국의 일원인 체코군단의 무장해제 요구는 비우호적이며 적국인 독일이 아니면 할 수 없는 주장이라고 지적하였다.

체코군단을 러시아 사태에 이용할 가치에 영국이 가장 기민하게 움직였다. 체코군단이 시베리아 철도를 장악하고 있는 지금이야말로 러시아 국내 간섭의 호기라고 보았다. 여기에 프랑스, 이탈리아, 일본 등이 동조하였다. 이렇게 돼서 제1차 대전은 연합군 대 독오의 서부전선과 연합군 대 소비에트의 시베리아 전선으로 나누어진 것이다.

이 틈을 타서 파리의 베네시는 미국에 있는 마사리크의 지시를 받고 스티드의 소개로 영국 외무상 벨포어(Arthur Balfour, 1848~1930)를 만났다. 그 자리에서 베네시는 프랑스가 체코군단을 프랑스군으로 인정했다는 사실과 체코군단과 체코국민회의의 관계를 설명하였다. 며칠 후에 벨포어 외무상은 "프랑스의 선례를 따라서 체코국민회의를 연합국 내에서 체코운동의 최고기구이고 체코군단이 연합국을 위해 활동하는 조직임을 인정"한다는 문서를 교부하였다. 1918년 6월 3일이었다. 그러나 어디에도 독립이나 정부라는 단어는 보이지 않았다.

40. 식스투스 사건

1917년 봄부터 오스트리아의 마지막 수상이 되는 라마시(Heinrich Lammasch, 1853~1920)는 칼 황제를 설득하여 오스트리아 합중국으로 전환하여 각 민족에게 자치를 허용하도록 권하였다. 이것은 윌슨의 14개조와 어긋나는 것이 아니었다. 그는 빈디쉬 그라츠(Otto von Windisch Graetz, 1879~1952)로 하여금 새 헌법까지 만들게 하였다. 그러나 경험 없는 젊은 황제 칼은 우유부단하여 6개월의 세월을 허송하며 결정하지 못하고 자신의 매부 식스투스공(Prince Sixtus, 1886~1934)에게 프랑스와 비밀리에 단독강화를 지시하였다. 프랑스에게 "알자스로렌"을 할양하고 벨기에를 독립시키는 조건이었다. 이것은 마사리크의 첩보에 포착되었다.[1115] 이것은 그에게 중대한 문제였다. 프랑스에 의한 체코군단 수송에 지장이 될

1115) Masaryk, *The Making of A State*, p. 202.

뿐만 아니라 독립에도 커다란 장애가 되기 때문이다. 프랑스는 이중적인 태도를 보였다.

독일로서도 불쾌한 일이었다. 알자스로렌은 1870년 보불전쟁 이후 독일의 점령지였다. 독일은 즉각 거절하였고 마침 러시아 혁명과 브레스트 조약으로 병력을 서부전선에 집중할 수 있는 때이므로 오스트리아의 단독 평화 시도에 불만이었다. 이때 오스트리아 외상 체르닌(Ottokar von Czernin, 1872~1932)의 악수가 다시 두어졌다. 그는 의회에서 프랑스 수상 클레망소가 평화에 장애가 된다고 비난하는 연설을 하였다. 화가 난 클레망소는 1917년 3월자 칼 황제의 편지를 공개하였다. 당황한 체르닌은 황제를 설득하여 식스투스는 공적 사신이 아니며 클레망소가 알자스로렌에 대하여 거짓말을 한다는 "명예서신"을 추축국에게 보내게 하였다. 이 사건으로 칼 황제는 독일 황제를 만나러 스파Spa에 가야만 하였다. 오스트리아는 사실상 독일의 한 개의 주로 전락하는 신세가 되었다. 미국의 언론은 칼 황제가 "카노사의 굴욕"을 당했다고 쓰며 오스트리아를 신뢰하지 않게 되었다.[1116]

미국 국무장관 랜싱은 "만일 오스트리아가 그 영토에 계속 존속하도록 내버려 둔다면 독일 황제가 독일에 반대하는 수백만의 사람들을 노예상태에 둘 것임"을 우려하였다.[1117] 칼 황제가 단독강화를 헛되게 만들었고 독일의 하수인 노릇이나 하겠다면 미국의 정책도 바꾸지 않으면 안 되었다. 랜싱은 "오스트리아 헝가리는 제국으로 존재할 권리를 잃었다"라고 전망하였다. 그것은 제국이 되기를 포기하였으니 추축국이 패전할 때 그 속에서 오랫동안 독립을 열망하던 체코, 폴란드, 다른 나라들이 저항을 한다면 이들 나라들을 프러시아의 억압 하에 살도록 두어서는

1116) Keleher, "Emperor Karl and the Sixtus Affair," *East European Quarterly*, June 1992, p. 172.
1117) Lansing, *War Memoirs*, Indianapolis, Bobs Merrill, 1935, pp. 267-269.

안 될 일이라며, 랜싱은 드디어 이들 국가의 독립에 호응하였다. 여기서 말하는 소위 체코의 저항은 일찍부터 마사리크가 시작하였고 종전 무렵 프라하의 혁명으로 마무리 될 것이다.1118) 랜싱은 윌슨 대통령에게 자신의 이 같은 의견을 제출하였다. 식스투스 사건 이후 체르닌 외무상의 미숙한 외교로 오스트리아가 독일의 한 개의 주로 사실상 전락하자 윌슨 대통령도 오스트리아를 독일과 분리하여 단독강화를 하고 오스트리아를 해체하지 않으려던 계획이 불가능함을 깨달았다. 헌법을 기안하였던 빈 디쉬 그라츠는 체르닌이야말로 그의 조국과 유럽 최대의 매국노라고 말했다. 1천년에 한번 있을 천재일우의 기회를 놓치고 말았다고 한탄하였다.1119)

41. 국내의 변화

여기에 국내에서 좋은 움직임이 보였다. 수십 개의 체코의 정당은 항상 분열되어 있었다. 그런데 1916년 12월 30일 새 황제가 등극하자 체코 정당들이 모여 1917년 7월에 체코협회Czech Association를 형성하였다. 어용인 국민위원회와 달리 오스트리아에 대항하는 모임이었다. 이 소식을 들은 마사리크는 분열만 하던 정당이 하나가 된 것을 환영하였다. 그런데 어두운 면도 있었다. 그로부터 두 달 뒤인 1917년 9월 사회주의자회의 Socialist Council가 결성되었는데 러시아 혁명의 여파였다. 국민위원회와

1118) 여기에 대하여 논란이 많다. 미국에 영향을 준 결정적 저항을 1918년 10월 28일 프라하의 혁명으로 보느냐 혹은 4년 동안의 마사리크의 저항운동으로 보느냐를 두고 학자들의 의견이 갈라져 있다. 전자는 마사리크의 업적이 과대평가되었다는 주장이고 후자는 대체로 마사리크의 업적을 인정하는 주장이다.
1119) Marholeva, *Nationalism, Federalism, Universalism, Tomas Garrigue Masaryk in A Habsburg Context,* MA Thesis, Central European University, Budapest, pp. 72-73.

사회주의자회의의 관계가 무엇인지 밝혀진 적이 없다. 마사리크는 이것을 경계하였다.

전쟁 개시 이래 3년이 지난 지금까지 마사리크의 해외 독립운동을 반대하던 국내 인사들이 마음을 바꾼 데에는 사정이 있었다. 처음에는 마사리크의 행보를 돈키호테식의 무모한 자살행위라고 규정하였지만 시간이 지나면서 그의 성과가 나타나기 시작하였다. 아무리 언론을 통제한다 하지만 베네시의 통신원을 통해 비밀리에 들어오는 파리 국민회의의 활약, 연합국의 지지, 러시아 3월 혁명, 미국의 참전, 체코군단의 무용담 등이 프라하에 용기와 희망을 가져다주었다. 특히 러시아 혁명은 러시아를 구세주로 생각하던 친러파 지도자들에게 큰 충격이었다.

한편 전쟁의 피폐는 이미 체코 전역을 할퀴고 지나갔다. 식품과 연료의 부족이 심각하였고 불만이 고조되었다. 1917년 4월 8천 명의 제과공장 노동자들이 시위를 하고 그 가운데 23명이 죽었다. 5월에는 마피아의 일원인 국민극장의 무대감독을 비롯하여 200명의 예술가와 작가들이 오스트리아 체제에 협력하는 것을 비난하는 선언문을 채택하였다. 6월에는 3천 명의 금속노동자들이 개혁을 요구하며 파업하였다. 러시아에서 11월 볼셰비키 혁명이 일어나기 직전 프라하에서는 평화협상을 촉구하는 시위가 일어났다. 결국 오스트리아 제국의회가 1917년 5월에 다시 열리게 되었다. 3년만이다.

이 움직임을 놓치지 않은 베네시는 1918년 1월 프라하에 남은 의원들에게 서한을 보냈다. 마피아를 통하여 독립을 요구하라고 요청하였다. 이때 두 줄기 움직임이 생겼다. 1월에 사회민주당과 국민사회당이 주동이 되어 체코 전역에서 파업을 한 것이다. 프라하에서만 6만 명이 모여서 "평화, 자유, 빵"을 외쳤다. 4월에는 정치인들과 작가들이 모여 국민선서를 낭독하였다. 5월이 되자 국민극장 창설 50주년에 프라하에서 민족자결권 시위를 하였다. 6월에 필젠에서 치열한 파업이 일어났고 체코계엄군 가운데 반란이 일어났다. 마침내 1918년 7월에 제국의회의 체코의원들은 (새로운) 프라하 국민위원회(new) National Committee를 결성하게 되어 파리 국민회의와 협력하기로 하였다. 국내와 국외가 일치된 것이다. 국민위원회는 38석으로 구성되었는데 1911년 선거결과에 비례하여 의석을 배정하였다. 연속성을 강조한 것이다. 크라마르시가 의장, 클로파체가 부의장이 되었다.

42. 마사리크와 윌슨

서부전선의 인적손실이 견디기 힘들 정도로 커지자 체코군단의 도움이 절실히 필요했던 프랑스의 클레망소는 1918년 5월 21일 베네시에게 "나는 당신의 모든 군대를 프랑스로 파송하기를 바란다. 나는 그들이 1급의 군인이라고 생각한다. 우리는 당신들에게 선언할 수 있고 당신들의 독립을 인정하겠다. 당신들은 독립할 자격이 있다. 당신들이 곤경에 빠지지 않는 일에 나를 믿을 수 있다"라고 말했다.1120) 그리고 미국에 시베리아 출병의 압력을 넣었다.1121) 영국 대사도 윌슨을 방문하여 재촉하였다.1122) 재미 반볼셰비키파도 미국정부에 압력을 넣었다.1123) 여기에 미국의 여론이 간섭열기로 최고조에 이르렀다.1124) 러시아 혁명으로 레닌정부가 사전에 맺은 비밀조약인 독소 강화협의 개시, 대외채무 파기 등 여러 가지 드러난 사건으로 소비에트 정권에 대한 미국인들의 증오가

1120) Benes, *My War Memoirs*, p. 506.
1121) Baker, *Why We Went To War*, Harper and Brothers, 1936, p. 235.
1122) 細谷千博, 『シベリア出兵の史的研究』, 有斐閣, 1955, 189쪽.
1123) 細谷千博, 『シベリア出兵の史的研究』, 189쪽.
1124) Schuman, *American Policy toward Russia*, International Publishers, 1928, p. 101.

높아졌다. 특히 보수적인 지배층들의 증오는 곧바로 간섭 의욕으로 발전되었다.1125)

시베리아에서 체코군단의 무용담과 프라하에서 엘리스 마사리크의 체포는 미국 여론에 긍정적으로 반영되었다.1126) 체코라는 이름은 하루아침에 인구에 회자하였다.1127) 미국의 유태인 사회도 마사리크를 대대적으로 환영하였다. 그가 힐스너 사건과 베이리스 사건에서 보여준 용기 때문이다. 그들이 소유하고 있는 언론 매체들이 마사리크를 도왔다.1128) 수많은 지도층 인사들이 그를 환영하였는데 모두 크레인의 덕택이었다. 랜싱 국무장관, 베이커 전쟁장관, 유명한 하우스 "대령", 루트 상원의원, 히치코크 상원외교위원장, 하퍼 시카고대학 총장, 엘리어트 하버드대학 총장, 베르그송 프랑스 철학자. 그 가운데 보헤미아 출신의 대법관 브렌다이스(Louis Brandeis, 1856~1941)도 있었는데 그는 윌슨 대통령의 친구였다. 또 한 명의 중요한 인물은 윌슨의 사위인 재무장관 맥아두(William G. McAdoo, Jr., 1863~1941)인데 그를 통해서 금융계인사들을 소개받았다. 맥아두와 윌슨의 딸 엘리노어의 결혼식에 이승만이 초대되었다. 당시 이승만은 하와이에 있었다.

이에 대해 루시타니아와 안코나의 격침사건과 독일과 오스트리아 외교관의 미국 내 파업사주사건은 그들을 불리하게 만들었다. 그러나 우울한 점도 있었다. 앞서 본대로 1917년 1월 10일 베네시와 프랑스 브리앙 수상의 공동성명의 "빛나는 성공"을 프라하의 천주교정당과 국민위원회에서 반대한 것이 윌슨에게는 내부갈등으로 비쳐진 것이다.1129) 마사리

1125) Schuman, *American Policy toward Russia*, p. 71.
1126) Long, "Czeching In: Woodrow Wilson, Russia, and The Origins of Czechoslovak Independence," *Reviews in American History*, Sep. 1991, p. 410.
1127) Masaryk, *The Making of A State*, p. 255.
1128) Masaryk, *The Making of A State*, p. 222.

크는 오스트리아 헝가리 외무상 체르닌(Ottokar Czernin, 1872~1932)이 윌슨의 민족자결주의를 거부한 것을 상기시키면서 대응하는 수밖에 없었다.

　러시아에서 볼셰비키와 전투하는 체코군단의 소식이 친소파라고 의심받던 마사리크에 대한 미국 국무성의 경계를 일거에 풀어주었다. 국무성은 전에 영국과 상의하여 세워 두었던 계획을 다시 꺼내들었다. 그것은 체코 포로군단을 러시아 철도를 지키는 경찰역할을 시켜서 유럽과 블라디보스토크를 연결하는 통신망을 두절 없이 열어두도록 하는 것이었다. 랜싱은 마사리크를 만날 수밖에 없었다. 마사리크는 랜싱 장관에게 체코군단은 볼셰비키를 포함하여 러시아를 상대로 싸울 의사가 없음을 분명히 하며 미국에게 체코군단을 프랑스까지 수송할 선편을 부탁하였다. 랜싱은 그러한 선편이 없다고 거절하였다. 마사리크가 랜싱을 더욱 당황스럽게 한 것은 편지 한 통이다. 그 편지는 소비에트의 외무상에게 보내는 것인데 "오스트리아와 독일의 음모로 체코군단이 공격을 받아 할 수 없이 전투에 휩쓸렸는데 우리에게 프랑스 경로를 보장해준다면 무장해제 할 수 있다"고 주장하였다. 마사리크는 이 편지를 국무성 외교행랑으로 보내줄 것을 요청하였다. 랜싱은 거절하였고 마사리크는 개인적으로 보낼 수밖에 없었다.1130)

　이러한 일화는 마사리크가 5월 9일에 랜싱 국무장관과 면담을 했음에도 불구하고 아직 대통령을 만나지 못한 이유가 되었다. 랜싱 장관의 비서관이 크레인의 아들이었음으로 장관과 면담은 쉽게 성사되었다. 그러나 대통령의 측근인 크레인과 마트의 노력에도 불구하고 마사리크는 기약 없이 기다려야 하였다. 워싱턴에서 마사리크는 크레인 부자를 매일

1129) Masaryk, *The Making of A State*, pp. 253-254.
1130) Kalvoda, "Masaryk in America in 1918," p. 90.

만났다.1131)

 이러한 정세에 힘입어 국내정치세력이 가세하였다.1132) 6월 10일과 20일에 상원에 시베리아 출병결의안이 제출되었다. 그러나 윌슨은 여전히 주저하고 있었다. 서부전선과 달리 시베리아 전선의 참여에는 추가적 명분이 필요했던 것이다. 미국은 11월 혁명 이후 시베리아에서 우후죽순처럼 창건된 여러 자치정부에 대하여 관심을 보였다. 여러 경로에 여러 가지 보고서를 지시했다. 크게 보면 군사개입과 경제원조인데, 군사개입도 단독개입과 미일합동개입 등 개연성에 대하여 윌슨은 숙고하고 있었다. 이때 (6월 17일) 체코군단을 시베리아에서 연합국에 사용할 가능성이 크다는 주중 미국공사의 보고를 접한 윌슨은 여기서 체코가 "러시아의 [슬라브] 종형제"라는 생각이 떠올랐다.1133) 체코군단을 지원하는 계획은 곧 러시아를 돕는 것이기에 적어도 러시아의 반발을 누그러뜨릴 수 있다는 생각에 미쳤다. 윌슨이 보기에 매력적인 명분이었다. 마침 방미 중인 "러시아의 종형제"의 최고지도자 마사리크 교수가 백악관에 초대된 것은 이틀 후인 6월 19일이다.

 결국 국제기독청년회 마트 총재의 추천으로 윌슨 대통령은 마사리크 교수와 만날 것에 동의하였다.1134) 마사리크는 이 날을 대비하여 윌슨이 쓴 책과 논설을 모조리 읽었을 뿐만 아니라 그가 신임하는 인물들을 미리

1131) Kalvoda, "Masaryk in America in 1918," p. 91.
1132) *Philadelphia Public Ledger*, June 6, 1918; *New York Times*, June 9, 1918; Schuman, *American Policy*, p. 101.
1133) *The Lansing Papers*, p. 363; *The Papers of Woodrow Wilson*, vol. 48, p. 335; 原暉之, 『シベリア出兵』, 340쪽에서 재인용.
1134) *John R. Mott Collection* at the Library of the Yale University Divinity School, "Interview with President Wilson" 18 June 1918. 또는 "Experiences Dealing with Rulers" University Club Winter Park, Florida, 1945; Long and Hopkins, "T. G. Masaryk and the Strategy of Czechoslovakia Independence in Russia on 27 June 1917," *Slvonic and East European Review*, vol.56, no.1, Jan 1978, p. 96에서 재인용.

친구로 만들어 두었다. 6월 19일 백악관에서 만난 두 사람은 폭넓은 대화를 나누었다. 둘 사이에는 교수와 정치가라는 공통점이 있었다. "그[윌슨]는 나[마사리크]보다 더 평화주의자이다."1135) 또 한 가지. 두 사람 공히 정치에 있어서 도덕을 중요하게 생각하였다.

윌슨을 만나기 전인 1915년 마사리크는 그에게 런던에서 자신의 『비망록』을 보냈다. 또 1918년 1월 키예프를 떠나기 전에 윌슨의 14개조 내용을 자세하게 분석하여 전보로 보냈다. 그해 4월 동경에서 일본주재 미국대사로부터 위촉받아 쓴 러시아와 볼셰비키에 대한 비망록도 윌슨은 받았다. 반대로 마사리크는 윌슨이 쓴 윌슨의 연설문도 모조리 독파했다. 그가 쓴 『국가The State』를 읽었다. 이 책에서 윌슨은 보헤미아의 자유를 요구했다. 최소한 헝가리와 동등한 권리와 자치가 부여되어야 한다고 주장했음에 기대하였다. 그러나 마사리크는 "그[윌슨]가 의회에서 오스트리아 헝가리에 대한 선전포고를 정당화하는 방법에서 그의 마음을 읽었다. 그때 그는 프러시아 군국주의를 분쇄해야 한다고 주문했지만 오스트리아를 분쇄하겠다는 생각은 갖고 있지 않았다"는 점에 우려를 나타내고 있다.1136) 그러나 "윌슨은 현대 민주주의의 개척자이다. 뉴저지 지사 선거에서 그는 귀족주의와 왕권주의에 반대하며 민주주의의 기초로서 국민에 대한 그의 신뢰와 신앙을 선포하였다. 국가는 위로부터가 아니라 아래로부터 다시 태어난다. 왕권주의와 귀족주의는 언제나 어디서나 몰락한다. 이 전쟁이 그것을 웅대한 규모로 증명하였다. 이 전쟁에서 위대한 3왕조[합스부르크, 호엔촐레른, 로마노프]가 민주국가와 투쟁에서 패했기 때문이다."1137) 마사리크는 전쟁 기간 동안 윌슨의 생각이 천천히 바뀌어 감을 알고 있었다. 초기 친오스트리아 합스부르크 왕조에서 점차

1135) Masaryk, *The Making of A State*, p. 276.
1136) Masaryk, *The Making of A State*, p. 275.
1137) Masaryk, *The Making of A State*, pp. 278-279.

멀어져 가고 있었던 것이다. 식스투스 사건이 결정적이었다.

마사리크와 윌슨 대화도 어느덧 합스부르크로 옮겨졌고, 오스트리아 평화술책의 정체를 폭로한 프랑스 클레망소 수상으로 이어졌다. (1)마사리크는 동맹국 독일에 대한 오스트리아의 배신을 지적하였다. 전쟁 초기에 독일은 오스트리아를 러시아로부터 구했고 마침내 러시아를 핀란드와 우크라이나까지 몰아냈다. 독일은 또한 오스트리아를 이탈리아로부터 지켜주었다. 그럼에도 합스부르크는 전쟁에서 궁지에 몰리자 단독강화를 꾀하는 것으로 독일을 배신하며 "뒤에서 비수를 꽂았다." 마사리크는 특히 오스트리아가 독일의 사주로 전쟁을 일으킨 것이 아니라 오스트리아 스스로가 전쟁을 일으킨 것이라는 점을 분명히 주지시켰다. 윌슨도 오스트리아의 행동이 불의였음에 동의했다. 윌슨은 특히 프러시아를 주군으로 모시는 오스트리아의 굴종을 싫어했다. (2)마사리크는 윌슨에게 전쟁을 확실하게 끝내는 것만이 희생자를 줄이는 방법이며 그를 위해 베를린까지 진격해야 한다고 주장했다. (3)윌슨은 단치히를 폴란드에게 주고 싶어 했는데 마사리크는 그 생각에 반대했다. 그러한 공동통치는 독일과 폴란드 사이에 갈등만 키울 뿐이고 독일과 프러시아 사이의 통로 corridor는 독일에게 항상 불만으로 남는다는 이유였다. (4)남부유럽에 대해서 윌슨은 알고 싶은 만큼 아는 바가 없었다는 것이 마사리크가 느낀 촌평이었다. (5)윌슨은 자신의 평화회담 참석에 대하여 물었다. 마사리크는 반대하였다. 그곳은 교전국들 사이에 전리품을 다투는 곳인데 이상주의자인 윌슨의 권위만 손상당할 것이라는 이유였다. (6)이번에는 마사리크가 물었다. 어째서 전쟁 기간에 전시내각을 민주당원만으로 구성하는가. 윌슨은 "솔직히 말해서 나는 스코틀랜드 장로교인이어서 완고하기 때문이다"라고 대답하였다. 마사리크의 견해로는 미국이나 어느 곳에서나 전쟁은 독재를 요구하여 절대적인 권력을 부여한다. 윌슨은 전에 없이

의회와 밀접한 관계에 집중하지만 의회의 집중화는 대통령의 권력을 강화시킨다고 마사리크는 보았다. 그러나 "윌슨 대통령은 비판에 지나치게 민감하여 참지 못하는 성격임에도 여러 자리에 공화당원을 임명하였다." 또 마사리크가 보기에 윌슨은 "실제적이라기보다 이론적이며 귀납적이라기보다 연역적이었다." (7)국제연맹에 대하여 토의도 하였다.

마침내 윌슨은 마사리크에게 시베리아에서 연합국의 간섭을 물었다. 마사리크는 대규모가 아니라면 현재로서는 적당하지 않다고 대답하였다.1138) 윌슨은 체코군단을 이용할 가능성에 대해서도 물었다. 이에 대해 마사리크는 군단 사용에 관한 최신의 정보가 없다는 핑계로 애매한 대답을 하였다. 7만의 체코군단으로는 효과가 없을 것이라는 변명을 늘어놓았다. 그러면서 마사리크는 일찍이 30만 일본군인의 출병을 주장했는데 이제는 1백만 명을 동원해야 한다고 주장하였다. 그러나 그 대가를 신중하게 고려해야 한다고 말했다.1139) 그것은 금전적인 보상이 아니면 영토적 보상이 될 것이라고 말하면서 금전적이라면 연합국이 제공하고 영토적인 것이라면 만주의 기득권을 들었다. 이에 대하여 윌슨은 두 가지 이유를 들어 일본의 출병을 반대하였다. 1)극동에서 일본의 세력을 신장시킬 기회가 되며 이 지역의 세력균형이 깨져서 이 지역에 대한 미국의 이익이 침해될 수 있다. 2)러일전쟁의 후유증이 남아 있는 러시아에게 새로운 "황화공포"를 일으켜 러시아 내부에서 레닌의 지지가 높아지게 되는 바람직하지 않은 계기가 될 수 있다.1140)

이 회담에서 윌슨은 "그[마사리크]가 계획에 대해서 잘 고려하고 있다고 생각"했다.1141) 그 계획이란 군단의 구출요청과 결부시킨 군사개입계

1138) *New York Times*, June 20, 1918.
1139) 細谷千博, 『シベリア出兵の史的研究』, 193쪽.
1140) Kalvoda, "Masaryk in America in 1918," p. 90.
1141) *The Lansing Papers, II*, p. 364; *The Papers of Woodrow Wilson*,

획이라고 해석된다.1142) 그러나 체코군단의 구출을 요청은 하되 더 강력하게 요청한 인물은 마사리크가 아니다. 그의 선전방식은 구걸이 아니라는 것을 앞에서 밝혔다. 그는 회고록에서 "시베리아에서 우리의 작전은 반볼셰비키가 아니었고 어떠한 간섭정책을 불러일으키는 것도 아니었다. 그것은 우리에게 정당방위를 강요하였다"라고 썼다.1143) 체코군단 구출을 강하게 요청한 인물은 당시 모스크바에 있던 영국 첩보원 록하트(Robert B. Lockhart, 1887~1970)였다. 그는 런던으로 보낸 전보 속에 독일의 선전이 주효하여 친독일 정권수립을 꾀하는 쿠데타가 발생할 위험이 임박했음을 지적하고 "우리가 만일 체코군단을 방치한다면 간섭의 기회를 잃게 되어 러시아에 있어서 우리의 위신은 돌이킬 수 없는 타격을 입게 된다"라고 강조하였다.1144) 영국 대사관을 통하여 이 전문을 받은 미국 국무장관 랜싱은 6월 23일 이것을 동봉하여 대통령에게 간섭의 결단을 촉구하는 건의를 하였다. 그는 "체코군단이 서시베리아에서 소비에트 당국에 의해 철저히 부당한 취급을 받고 있다"라는 이유를 대며 군단을 구출할 필요가 있다고 주장했다. 그러나 당시 체코군단은 공세로 전황을 유리하게 전개하고 있으며 시베리아 철도를 장악하고 있어서 반드시 구출이 필요할 정도로 곤경에 빠진 것이 아니었다. 랜싱 장관 자신도 체코군단이 적군과 전투를 성공적으로 수행하고 있다는 사실을 지적하고 있다. 이것은 "부당한 취급"이라는 논거와 모순된다.1145) 이러한 일련의 움직임에도 윌슨은 결단을 내리지 못하고 있는 가운데 체코군단을 구출하는데 새로운 이유가 필요하게 되었다.

---

vol.48, p. 358; 原暉之, 『シベリア出兵』, 342쪽에서 재인용.
1142) 細谷千博, 『シベリア出兵ノ史的研究』, 189쪽.
1143) Masaryk, *The Making of A State*, p. 258.
1144) 原暉之, 『シベリア出兵』, 342쪽.
1145) 原暉之, 『シベリア出兵』, 342쪽.

시베리아 사태에 대한 군사개입을 둘러싸고 연합군이 우물쭈물 하는 사이에 블라디보스톡에 도착한 제1진의 체코군단이 그곳에서 6월 29일 반란을 일으켜 소비에트를 무장 해체시키고 도시를 점령해 버렸다. 이 반란은 가이다의 반란과 또 다른 것이었는데 그 동기에 대해서는 확실하게 밝혀진 것이 없다. 다만 체코군단을 위험에 빠뜨리는 것이 소비에트가 아니라 독오(獨墺)포로였다는 설이 백악관을 긴장시켰다.1146) 이것은 "소비에트는 체코군단의 동진을 막을 수도 없고 막을 힘도 없기" 때문에 "소비에트에 의해 부당하게 취급되고 있다"는 랜싱의 건의와는 다른 이유가 된다. 이것이 사실이라면 연합국으로서는 시베리아 간섭에 훌륭한 명분이 된다. 다시 말하면 연합국에 속하는 체코포로는 추축국에 속하는 독오포로와 프랑스전선이 아니라 시베리아전선에서 한바탕 전투를 치루고 있는 셈이 된다. 포로와 포로의 전투이다.

원래 독오포로는 러시아 전역에 분산 수용되었다. 이들은 강제노역, 기아, 전염병으로 옴스크에서만 1만 5천 명이 장티푸스로, 무르만스크 철도공사에서는 7만 명이 괴혈병으로, 우랄에서는 6천 명이 페스트로 사망하였다. 볼셰비키의 브레스트 강화조약 이후 독오포로 수용소는 사실상 붕괴되었고 포로들은 공산주의로 많이 전향하였는데 이들은 무장되었다. 중앙 소비에트에서 세력이 미치지 못하는 일부 지역에서는 노동자 적군의 일부가 되었다.1147) 이것이 연합국 간섭의 구실이 될까 염려한 소비에트는 연합국에게 실태 조사를 의뢰하였다. 현지에 파견된 2명의 영국과 미국의 무관은 무장 독오포로가 위협이 될 만큼 심각한 상태가 아니라고 보고하였다. 그러나 영국과 일본의 수뇌부는 이른바 "독일문제"로 과장했다. 일본 언론은 "목하 무장한 6만의 포로가 극동으로 향하

1146) 原暉之, 『シベリア出兵』, 346쪽.
1147) 原暉之, 『シベリア出兵』, 305-307쪽.

고 있다고" 과장된 보고를 하는 가운데 파견군의 규모를 늘리고 싶은 일본 군부는 병력 비교에서 독오포로를 9만 3천 명으로 부풀리는 기회로 삼았다.1148) 영국의 전시내각에서 참모총장은 "독일이 시베리아를 장악하고 그 영향력이 남하하여 투르크스탄을 지나 인도까지 뻗쳐 우리[영국]의 위치가 전체적으로 위험하게 되었다"고 주장하였다. 영국 참모본부의 녹스(Alfred Knox, 1870~1964) 장군은 "독일의 위협"을 크게 강조하였다.1149)

새로운 사태를 맞이하여 연합국 최고전쟁회의는 윌슨 대통령에게 서한을 보냈다. 체코군단의 최근 행동으로 시베리아 정세가 근본적으로 변화했다고 지적하고 시베리아에 연합국의 간섭을 더 이상 지연시킬 수 없다고 종래보다 더 강하게 미국에게 요구하였다. 체코군단의 구출요청을 앞에 놓고 미국은 결단을 서둘러야 했다.

43. 미국의 출병

여러 가지 측면을 고려한 끝에 윌슨은 1918년 7월 6일 백악관에서 국무, 육군, 해군장관, 참모총장 등이 참석한 최고수뇌부회의를 주재하고 시베리아 출병을 결정했다. 그 명분은 중국과 러시아의 국경을 분명하게 보호한다는 것이었다.1150) 이밖에 "[미국] 상륙군의 목적은 독오포로에 대항하는 체코슬로바키아인을 구원하는 것이며, 체코슬로바키아인이 처한 상황은 연합국에 의한 구출을 필요로 하는데, 블라디보스토크의 체코

1148) 原暉之, 『シベリア出兵』, 310-312쪽.
1149) 原暉之, 『シベリア出兵』, 310-312쪽.
1150) Long, "Czeching In: Woodrow Wilson, Russia, and the Origin of Czechoslovak Indepednence," *Review in American History* 19(1991), p. 409, p. 412; Unterberger, *The United States, Revolutionary Russia, and the Rise of Czechoslovakia*, University of North Carolina Press, 1989.

슬로바키아인이 서시베리아에 있는 동료들과 합류하는 것을 돕도록 노력하고, 감정적 견지에 볼 때 이러한 노력을 하지 않으면 미국정부는 비판을 면치 못한다"는 내용이 들어있다.1151) 여기서 감정적이라는 표현은 "우리[체코군단]의 철도장악과 블라디보스토크 점령은 동화 같은 매력을 가져왔다"는1152) 마사리크의 술회와 일치하겠지만, 사실 체코군단의 블라디보스토크 점령 배후에는 영국, 프랑스, 일본의 개입이 있었다.1153) 일본정부도 "독오포로의 박해로부터 체코군단을 구원한다는 연합국의 대의에 맞추어 출병하는 것이며, 미국정부의 제의에 부응하여 출병하는 것"이라고 선언하였다.1154)

그러나 윌슨은 마사리크를 백악관에서 만난 6월 19일에 이미 시베리아 출병 결심을 하고 있었다. 앞서 소개한 영국의 정보원 와이즈맨은 5월 30일 윌슨이 자신에게 미국이 러시아에 군사개입을 고려하고 있음을 말했다고 런던에 보고하였다. 다만 "책임 있고 대표성 있는 조직이 요청하다면"이라는 단서를 붙였다. 미국에 있는 전러시아 연합All Russian Union에서 그러한 요청이 들어왔다.1155) 윌슨은 일본의 출병을 의식한 것이다.

그 해 8월부터 10월까지 영국, 캐나다, 미국, 이탈리아, 일본, 중국, 세르비아, 루마니아, 라트비아, 폴란드 등 11개국이 시베리아에 출병하였다. 이때 영국에서는 참모본부의 녹스 장군을 시베리아 주재 군사특사로 임명하였다. 그는 오래 동안 주러 영국대사관 무관을 지낸 영국육군의 러시아 전문가였는데 3월 혁명마저 반대했던 보수파 인물로서 러시아에서 왕당파 장교들을 규합하리라는 관측이 나돌았다. 10월 혁명 후 영국으

1151) 原暉之,『シベリア出兵』, 358쪽.
1152) Masaryk, *The Making of A State*, p. 255.
1153) 原暉之,『シベリア出兵』, 343-346쪽.
1154) 原暉之,『シベリア出兵』, 365-366쪽.
1155) Kalvoda, "Masaryk in America in 1918," p. 90.

로 귀환한 그는 대소비에트 간섭 강경론의 급선봉이 되어 러시아에서 군사독재정부수립 구상을 가슴에 안고 시베리아로 부임한 것은 확실하다.1156)

시베리아로 향하던 녹스 장군은 동경에서 중요한 인물을 만났는데 그가 바로 제정 러시아 흑해함대 사령관 콜착 제독이다.1157) 연합국이 본격적 군사개입을 시작할 때 볼가 강에서 태평양에 이르는 광활한 지역 가운데 일부만 볼셰비키가 차지하고 나머지 대부분은 체코군단과 이들이 타도한 소비에트 정권을 대신해서 들어선 지방 반혁명정권이 장악하고 있었다. 지방 반혁명정권은 중도파정권이었는데 이들은 모두 1918년 11월까지 소멸되고 시베리아뿐만 아니라 러시아 전 지역을 지배하는 1개의 우파 군사독재정권이 탄생하였다. 그 최고 독재자로 콜착 제독이 선출되었다. 이제 체코군단의 구출 작전은 11개국의 연합군과 콜착의 백위군 대 소비에트의 적위군 사이의 전쟁으로 비화되었다. 선전포고도 없는 새로운 전쟁이었다. 마침내 마사리크 구상과 전혀 다른 상황이 벌어졌다.

같은 시기인 1918년 11월 11일에 제1차 대전은 종결되지만 러시아에서 새로운 전쟁은 1918년 11월에 시작하여 1920년 11월까지 2년에 걸친 전쟁이 되었다. 체코군단은 조국이 탄생 되고도 2년이 지나서야 악몽 같은 시베리아에서 벗어나 조국으로 돌아올 수 있었다.

44. 독립선언

전쟁은 연합국과 추축국 피차간에 막바지에 달했다. 연합국의 시베리아 출병이 개시된 8월부터 추축국은 급속히 전세를 상실하고 있었다. 프

1156) 原暉之, 『シベリア出兵』, 368쪽.
1157) Garfield, *Kolchak's Gold*. Open Road Media, 2012

랑스의 포시(Ferdinand Foch, 1851~1929) 원수가 독일에 대하여 첫 승리를 거둔 1918년 가을이 분수령이었다. 독일 측에 전쟁을 뒷받침하는 자원이 눈에 띄게 부족해진 것이다. 독일 황제와 오스트리아 황제가 1918년 8월 14일에 회담을 가진 자리에서 전쟁이 두 달 내에 종결되지 않으면 합스부르크 제국은 유지되기 힘들 것이라는 견해가 유력하였다. 이에 비해 미국의 도움을 받는 연합국은 자원공급에서 유리하였다. 이것은 두 가지 현상으로 나타났다. 체코슬로바키아에 대한 연합국의 승인 기운과 추축국의 강화 움직임이었다.

앞서 밝혔듯이 서부전선에서 입은 막대한 인명손실을 대체할 체코군단이 절실히 필요한 프랑스는 클레망소의 발언에 뒤를 이어 1918년 6월 29일 피숑(Stephen Pichon, 1857~1933) 외무상을 통해 "프랑스정부는 당신[체코슬로바키아]들의 역사적인 영토 내에서 독립의 염원이 달성될 수 있도록 모든 노력을 지원한다"라는 문서를 교부하였다. 이를 뒤이어 영국이 8월 9일 벨포아 수상의 이름으로 "영국은 체코슬로바키아를 연합국의 일원으로 여기며, 체코3군단의 단일군을 오스트리아 헝가리 및 독일과 정규전을 치루는 연합국 교전군으로 인정한다. 영국은 또 체코슬로바키아 이익의 최고조직으로서 체코슬로바키아 국민회의의 권리를 인정하고, 미래 체코슬로바키아 정부의 수탁자trustee로서 인정한다"고 선언하였다. 여기서 체코3군은 9만 2천 명의 시베리아 체코군단, 1만 2천 명의 프랑스 체코군단, 2만 4천 명의 이탈리아 체코군단, 합쳐서 12만 8천 명의 단일군을 가리킨다.[1158] 이때 마사리크의 친구 스티드와 세튼 와트슨이 적극 도왔다. 특히 파리의 체코국민회의를 정부로 승인하기를 망설이는 벨포아 외상을 설득시키기 위해 "수탁자"라는 용어를 제시한 것은 스티드였다.

1158) Masaryk, *The Making of A State*, p. 205.

이 선언이 비엔나에게 던진 충격은 너무 커서 논평조차 즉시 나오지 못하는 지경이 되었다. 미국이 9월 2일에 "미국정부는 체코슬로바키아와 독일 및 오스트리아 헝가리 제국 사이에 교전 상태를 인정한다.… 또한 미국정부는 체코슬로바키아 국민회의를 '사실상de facto' 교전정부로 인정한다.… 여기에 더하여 미국정부는 공동의 적인 독일 및 오스트리아 헝가리 제국에 대항하여 전쟁을 하는 목적으로 인정된 '사실상' 정부와 정식으로 관계를 맺을 준비가 되어있음을 선언한다"고 발표하였다.

그러나 아직도 체코슬로바키아를 국가로 인정하여 독립을 승인한다는 문구는 어느 문서에도 찾아볼 수 없지 않은가. 정부를 인정한다는 것도 오스트리아를 연방국가로 전환하는 경우 그 안의 체코자치정부를 인정한다는 의미도 될 수 있기 때문이다. 그럼에도 주목할 만한 사항은 체코군단이 연합국 교전군이라는 점이다. 당시 체코군단은 프랑스군에 소속되어 있었다.

연합국의 "제한적" 승인문서에도 불구하고 파리의 베네시는 비로소 9월 26일에 국민회의를 체코임시정부interim government로 간판을 바꾸어 달고, 10월 14일 각국에 이 사실을 통보하였다. 수상에 마사리크, 전쟁상에 스테파니크, 외무상은 자신이 맡았다.1159) 마사리크가 망명한지 3년 10개월만이다.

앞서 보았듯이 추축국의 평화회담 제의가 거듭 요청된 것도 이 시점이었다. 9월 15일 오스트리아 헝가리 외무상이 독일과 상의도 하지 않고 중립국을 포함하여 바티칸, 독일, 불가리아, 터키, 우크라이나에게 서한을 보내어 다가오는 평화원칙에 대한 의견을 교환할 것을 제의하였다. 이것은 강화협의도 아니고, 휴전도 아니고, 단순한 화해rapprochement에 불과하였다. 연합국은 즉각 거부하였다. 드디어 9월 21일 불가리아가 항

1159) Benes, *My War Memoirs*, p. 421.

복하였다. 9월 29일 독일군부가 정부에게 휴전과 강화를 요청하자 독일 정부는 10월 5일 윌슨 대통령에게 휴전을 제의하였다. 같은 날 오스트리아와 터키도 동일한 제의를 미국에 보냈다. 드디어 각자 행동이었다. 윌슨은 10월 18일까지 답변을 보내지 않았다. 오스트리아 측은 이번에도 이것을 낙관적으로 해석하는 경솔함을 보였다. 비엔나는 잔치분위기였다.

그래서 칼 황제는 "마지막 역습"을 준비했다. 합스부르크의 연방제 제의가 10월 16일에 스웨덴 정부를 통하여 윌슨에게 전달되었던 것이다. 윌슨의 14개 조항을 받아들여 연방제 하에서 체코자치정부를 인정하겠다는 내용이다. 마사리크로서는 숨 막히는 순간이었다. 믿을 수 없는 자치정부만으로 충분하지 않고 완전 독립만이 목표라는 것을 보여줄 필요가 있었다. 윌슨의 "사실상 교전국 정부"도 모호한 개념이었다.

마사리크는 선제적으로 체코슬로바키아 국가의 독립을 선포해 버렸다. 독립선언의 초본을 10월 16일에 윌슨에게 보내고 18일에 완성된 문건을 보냈다. 윌슨이 칼 황제에게 답변을 보내려는 순간이었다. "그 순간 나는 오래 동안 마음속에 간직했던 독립선언을 발표했다." "미국인들에게 자신들의 독립선언을 상기시키는 전략이었다. 황제 칼 I세가 [연방국가를] 제의하는 순간에 맞추어 임시정부의 대통령이 묵고 있는 숙소에 자유 체코국가의 깃발이 올랐다."1160) 이것이 마사리크의 워싱턴 선언이다.

체코 독립선언은 밀러(Herbert Miller, 1875~1951) 교수의 발상을 받아들여서 필라델피아 독립관에서 발표되었다.1161) 마사리크는 독립선언서의 내용을 브렌다이스 대법관과 상의하여 문장과 단어를 가다듬었다. 선

1160) Masaryk, *The Making of A State*, p. 270.
1161) May, "H. A. Miller and the Mid European Union of 1918," *American Slavic and East European Review*, Dec. 1957, pp. 482-483.

언서 1부를 10월 17일에 랜싱 국무장관에게 교부하였다. 윌슨은 마사리크에게 답장을 보내어 그 선언서가 그를 감동시켰다고 전했다.1162) 그 답장에서 윌슨은 오스트리아의 연방제 하에서의 단순한 자치 제의를 받아들일 수 없다는 점을 마사리크에게 분명하게 밝혔다. 이 사실을 윌슨은 10월 18일에 오스트리아에 통보했다.1163)

같은 날 파리 체코임시정부도 마사리크의 독립선언문을 발표하였다. 오스트리아가 9월 2일자 미국의 선언이 윌슨의 1918년 1월의 14개 조항 발표 이후 중요한 진전이었음을 간과하는 실수를 저지른 대가였다. 그 차이를 보여주는 미국 국무장관 랜싱의 답변은 다음과 같았다.

> [윌슨]대통령이 작성한 14개 평화조항 가운데 다음이 있다. '…오스트리아 헝가리 사람들에게 자치적인 발전의 가장 자유로운 기회가 용인되어야 한다.' 이 문장이 작성되고 미국의회에 공표된 이래 미국정부는 체코슬로바키아와 독일 및 오스트로 헝가리 제국 사이에 교전상태가 있음을 인정했고 체코슬로바키아 국민회의가 사실상 교전정부임을 인정했다.… 대통령은 이에 따라 평화의 기초로서 이들의 단순한 '자치'는 받아들일 자유가 없고, 국제사회의 일원으로 오스트로 헝가리 정부의 일부분에 대한 어떤 행동이 운명과 권리에 대한 그들의 생각과 염원을 만족시키느냐를 판단하는 주체가 윌슨이 아니라 그들임을 인정해야 한다.1164)

이것으로 오스트리아 헝가리 제국의 운명은 결정되었다. "나의 14개 조항을 받아들이되 내부 조정은 알아서 해라." 이 서한을 본 미국의 내무장관은 "위대한 세계가 아닌가? 그 최고의 낭만은 이 세계를 우드로우 윌슨이 다스린다는 사실뿐만 아니라, 러시아에서 5천 마일을 가로지르는

1162) Masaryk, *The Making of A State*, p. 271.
1163) Benes, *My War Memoirs*, p. 437.
1164) Benes, *My War Memoirs*, p. 437.

체코슬로바키아의 행군, 외국 땅에서, 정부도 없고, 한 뼘의 국토도 없이.… [그것이 아닌가]"라고 편지에 썼다.1165)

그러나 체코군단 구출은 국외자에게는 낭만적이겠지만 이것이 곧 체코의 국가독립을 의미하는 것은 아니었다. 윌슨의 민족자결원칙은 억압받는 민족의 자유를 언급할 뿐 구체적 형태를 제시하고 있지 않다. 그는 마지막 순간까지 합스부르크 왕국을 해체하는 것보다 소수민족으로 구성된 오스트리아를 연방국가로 전환하는 구상을 선호하였다.1166) 그의 14개 조항 선언에서도 "오스트리아 헝가리 사람들에게 자치적인 발전의 자유로운 기회가 부여되어야 한다"라고 강하게 권고했지만, "우리는 오스트리아 헝가리 왕국을 약화시키거나 전환시키기를 원하지 않음을 선언할 의무가 있다. 그것을 어떻게 성취하는가는 우리의 일이 아니다"라고 더했다. 냉철한 마사리크에게 이 점은 분명하였다. 이제까지의 노력이 무너질 판이었다.

45. 중부유럽연합

윌슨을 설득하는 마사리크의 노력은 여기에서 그치지 않는다. 피츠버그 합의를 마친 그는 6월 15일 클리블랜드에 도착하였다. 여기에 참석하였던 그 지역 루마니아 지도자가 마사리크에게 다음을 요청하였다.

교수님, 억압받는 헝가리에서 루마니아 사람들은 당신을 그들의 지도자로 생각합니다. 우리를 이끌어주십시오. 우리는 당신을 따르겠습니다. 오스

1165) Masaryk, *The Making of A State*, p. 255ff.
1166) Long, "Czching In: Woodrow Wilson, Russia, and the Origins of Czechoslovak Independence," *Reviews of American History*, Sep. 1991, p. 412; Unterberger, *The United States, Revolutionary Russia, and the Rise of Czechoslovakia,* University of North Carolina Press, 1989.

트리아 헝가리에서 억압받는 우리 모두는 당신의 육신과 영혼과 함께 하겠습니다.

이 말에 감동하여 자유와 독립을 위한 마사리크의 노력은 체코슬로바키아를 넘어 중부유럽 전체를 포함하게 되었다. 여기에 밀러 교수의 꿈과 일치하였다. 밀러 교수는 일찍이 이민사회에 대하여 관심을 가졌다. 하버드대의 박사학위논문도 여기에 속한다. 앞서 엘리스 마사리크가 체포되었을 때 그녀의 석방을 위해 노력한 단체에 관계하였다. 그는 마사리크가 합스부르크를 해체하고 그 자리에 각 민족국가가 민족자결에 의해 건국되는 주장에 동조하였다. 두 사람은 미국여론국 CPI와 여러 경로를 통하여 중부유럽을 알리기 시작하였다. 밀러는 지도를 작성하여 배포하고 뉴욕 타임스에 기고하였다.1167) 미국여론국의 크릴 위원회 후원 아래 뉴욕시의 여러 군데에 유럽지도와 체코슬로바키아 지도를 전시하였다.

마사리크가 여러 인사들을 만나러 분주할 때 밀러 교수는 중부유럽연합 구상을 실현시키려고 바빴다. 방법 가운데 하나가 대규모 시위를 조직하였다. 9월 15일 약 4천 명의 귀빈이 참석한 대규모 집회에서 태프트 전 미국대통령, 로지 상원의원, 영국 대사, 프랑스 대사, 이탈리아 대사 등이 연설하였다. 사회자는 상원 외교위원회 의장 히치코크였다. 신문은 이것이 비엔나의 칼 황제가 보낸 평화제의에 대한 답변이라고 해석하였다. 체코의 마사리크, 폴란드의 파데레프스키, 크로아티아의 힌코비체, 루마니아의 스토이카도 연설하였다. 다음날 9월 16일 중부유럽연합Mid Eurpean Union이 탄생하였다. 마사리크가 의장이 되었다. 결의문도 채택되었다.

마사리크는 윌슨을 9월 19일에 다시 만난다. 이번에는 억압받는 민족

1167) *New York Times*, June 16, 1918.

의 대표들을 대동하였다. 그는 이들을 대신하여 결의문을 제출하였다. 상대적으로 소수인 독일과 헝가리가 불법적으로 다수인 여러 민족들을 억압한다는 내용이었다. 그리고 그는 월슨에게 오스트리아 헝가리의 해체를 주장하였다. 그 자리에 민족자결 원칙에 의해 소수민족 국가들로 채울 것을 요청하였다. 그리고 3천만 명을 대표하는 각 민족의 대표들을 일일이 소개하였다. 체코슬로바키아, 폴란드인, 유고슬라비아인, 우크라이나인, 우로 루신인, 리투아니아인, 루마니아인, 이탈리아 민족통일주의자, 미수복 그리스인, 알바니아인, 시온주의자, 아르메니아인 등 12대표였다. 이 자리에서 월슨은 "합스부르크 왕국은 버팀목 위에 너무 오래 동안 세워진 낡은 체제이니 이제는 제거되어야 할 때"라고 말했다.[1168]

9월 23일에서 26일까지 필라델피아 독립관에서 중부유럽연합 대회가 개최되었다. 그 결과 선언문이 채택되었다. 1776년 미국 건국의 아버지들이 서명한 자리에서 각국 대표들도 서명하였다. "중부유럽연합은 마사리크의 지혜와 선견지명을 보여주었지만 그의 마음속에 있던 새 유럽은 태어나자마자 죽었다."[1169] 각국의 이해가 너무 달랐기 때문이다. 월슨은 9월 27일 국제연맹 대강을 발표하고 "소수민족 국가들의 이익도 대국의 이익과 마찬가지로 신성불가침한 것임"을 선언하였다.

46. 두 개의 정부

그럼에도 월슨의 의사를 파악한 방금 임시정부 외무상이 된 베네시는 프라하의 정치인들에게 경거망동하지 말 것을 촉구하는 서한을 보냈다.

1168) May, "H. A. Miller and the Mid European Union of 1918," p. 480.
1169) Miller, "Statement concerning the History and present Prospects of the Mid European Union," *Miller Papers*. May, "H. A. Miller and the Mid European Union of 1918," p. 488에서 재인용.

"물에 빠져 지푸라기라도 잡아야 하는" 합스부르크가 제시할지 모르는 마지막 제안의 함정에 대해서 속아 넘어가지 말고 독립하는 날을 대비하여 해외독립운동과 하나가 되는 길을 준비하라는 내용이다.1170) "나는 여러분에게 타협하지 말고 어떠한 자리도 취하지 말 것을 부탁한다. 지금 상황으로 봐서 오스트리아는 계속 약화되고 있다. 독일도 마찬가지다. 그들은 패배할 것이다. 여러분은 절대 전쟁에 대해서 어떠한 책임도 져서는 안 된다. 협상은 절대 있을 수 없다.… 오스트리아와 타협하고자 하는 사람이 있을 것이다. 오스트리아와 타협은 오스트리아를 구원하는 행위가 된다.… 다시 강조한다. (1)공동책임은 절대 불가 (2)합작 불가 (3)슬로바키아 분리 불가 (4)우리[임시정부]를 부정하려는 오스트리아와 협상 불가."1171)

이러한 베네시의 편지를 받은 프라하의 (새) 국민위원회가 1918년 10월 19일에 모였다. 칼 황제의 마지막 제의를 윌슨이 거절하고 마사리크가 체코슬로바키아 독립을 선포한 직후였다. 그들은 칼 황제의 연방제 선언을 거부하며 "체코로서는 그의 미래를 비엔나와 상의할 수 없다.… 체코 문제는 국제적인 문제가 되었다.… 국제적으로 인정받은 체코 영토를 넘어선 부분[슬로바키아]의 허락 없이는 해결할 수 없다. 완전한 국가독립 이외에 체코문제를 해결할 방법이 없음을 선언하는 것이 전 체코인을 대신한 국민위원회의 의무이다. 그러므로 국민위원회는 [오스트리아가] 마자르 거주지에서 전 세계를 상대로 우리와 뗄 수 없는 우리의 슬로바크 형제들이 단일의 국민국가 통합체를 원하지 않는다고 선전하는 노력에 강력하게 항의한다. 마자르의 유래 없는 강압 속에서 부당하게 침묵을 강요당하여 슬로바크는 자신들의 소원을 자유롭게 알릴 수 없다."1172)

1170) Benes, *My War Memoirs*, pp. 337-344.
1171) Benes, *My War Memoirs*, pp. 340-341.
1172) Benes, *My War Memoirs*, p. 448.

그로부터 3일 후 오스트리아 외무상이 정부 의회 합동체로서 의회위원회를 구성할 것을 발의하였다. 26명의 위원을 선출하는데 참석을 요구하였다. 이에 대해서 "우리 체코인들은 위원회 선거에 참석할 수 없다. 연합국이 우리의 파리 국민회의를 체코슬로바키아 정부로 인정하였기 때문이다. 우리 대표들은 연합국의 행동을 예측할 수 없기에 우리에게는 우리 마음대로 행동할 자격이 없다"라고 대답하였다.1173)

이렇듯 일치된 행동을 보이던 두 단체였다. 이때 두 개의 체코슬로바키아 정부가 생겼다. 하나는 파리의 국민회의 임시정부, 다른 하나는 프라하의 체코국민위원회 임시정부. 두 정부의 이야기A Tale of Two Governments의 사연은 이렇다.

프라하에 남은 국회의원들에게 조심의 당부 편지를 보낸 베네시는 10월 23일에 비엔나 정부가 체코정치인들에게 국외여행을 허락했다는 놀라운 소식을 들었다. 오스트리아 헝가리에 잔존하여 이중왕국 대신 삼중왕국을 선호하는 이들을 이용하려는 오스트리아의 마지막 노력이었다. 그들로 하여금 연합국에게 호소하여 체코가 연방제의 자치정부로 남기를 희구하는 몸부림이었다. 심지어 파리의 임시정부에게 호소할 것도 허락하였다. 그러나 연합국과 임시정부가 태도를 바꾸기에는 너무 늦었다.1174)

베네시는 프라하 (새) 국민위원회(New) National Committee 대표를 스위스 제네바에 초청하였다. 10월 26일에 크라마르시 박사, 프라이스 박사, 사말 박사 등이 왔다. 프라하 대표들의 보고에 따르면 오스트리아는 해방된 민족들로부터 보복을 걱정하며, 공산주의자들의 준동을 염려하고 있었다. 또 독일군이 체코로 진주할지 모르며, 식량폭동도 우려되었

1173) Benes, *My War Memoirs*, p. 449.
1174) Benes, *My War Memoirs*, p. 440.

다. 그래서 황제는 평화적으로 해결되기를 바라고 있었다. 오스트리아가 해체되는 경우를 대비한 계획 같은 것은 없었다. 베네시는 국민위원회 대표들에게 그 동안의 국민회의 성과를 보여주었다. 프랑스, 영국, 미국의 제한된 승인에 그들은 아주 놀랐다. 이에 국민위원회 대표들과 베네시 사이에 몇 가지 합의를 하였다.

첫째, 이처럼 결정적인 시기에 해외의 국민회의와 국내의 국민위원회가 일치단결하여 뭉친 모습을 연합국에게 보여야 한다. 국내에서 해외 독립운동에 반하는 어떠한 행동도 해서는 안 된다. 구체적으로 합스부르크를 지금부터 영원히 반대하고 오스트리아 헝가리 제국의 존재를 더 이상 인정하지 않는다는 우리의 정책에 완전히 동의함을 엄숙히 서약한다. 또 국민회의와 임시정부를 대신하여 연합국과 맺은 우리의 모든 약속을 수용하고 해외에서 우리의 모든 행동을 국내정치인들이 인정할 것을 선포한다. 이렇게 하여 파리 국민회의는 국내 국민위원회로부터 인정을 받았다.

둘째, 체코국가의 형태와 정부의 형태를 논의하였다. 크라마르시 박사는 러시아 왕가를 정점으로 하는 입헌군주제를, 스테파니크는 이탈리아 군주제를 선호했지만, 결국 대통령 중심의 민주공화제를 채택하였다. 이어서 대통령에 마사리크 교수, 수상에 크라마르시 박사, 외무상에 베네시, 전쟁상에 스테파니크를 임명하는데 동의하였다. 무임소장관직은 독일계 인사에게 주기로 합의하였다. 민족과 지역안배를 고려한 것이다.

셋째, 현재의 헌법은 폐기되고 국민위원회가 발표하는 긴급규칙으로 대체한다. 법제위원회가 조직되어 정식의회가 개원될 때까지 임시의회 기능을 수행하여 필요한 법령을 준비한다. 여러 가지 전시체제―설탕, 피복, 솜, 감자, 석탄 등의 분배기관―는 그대로 유지한다. 독립이 선포되는 날 모든 자유로운 수출입은 멈추며 정부의 허가가 필요하다. 동시에 수입기관이 조직되어 은행의 협조를 받아 원자재 수입, 사치품 수입억제, 식량, 피복, 고용을 전담케 한다. 폭리를 막고 범칙자의 재산을 압수하는 부서가 있어야 한다. 국가가 상품가격을 통제한다. 국립은행과 국립화폐가 필요하다. 프랑화가 어떤지, 라틴화폐동맹을 맺는 국가들을 생각하고 있다. 오스트로 헝가리 은행은 청산되어야 하고 체코 내에 있는 지점은 국가가 인수한다. 합작회사는 모두 우리에게 넘어온다. 광산과 온천도 즉시 국가 소유가 된다. 국립토지은행을 창설하여 토지개혁을 한다. 무기 공장 역시 국가로 귀속된다.

넷째, 이 모든 것은 마땅히 연합국과 상의해야 한다. 핵심은 종전조건이 우리에게 유리해야 한다는 점이다. 프라하 대표들이 몹시 걱정하는 일은 오스트리아 헝가리 영내에서 참사가 발생하는 경우에 뒤따르게 되는 군사개입에 대비하는 일이었다. 한 가지 유리하게 생각할 수 있는 대비는 연합군과 체코군단이 재빨리 체코 영토로 진주하는 것이다. 그러나 체코군단은 아직도 시베리아를 벗어나지 못하고 볼셰비키와 전투를 하는 중이었다. 다만 이탈리아 체코군단과 프랑스 체코군단은 빨리 움직일 수 있다. 그들이 걱정하는 또 다른 문제는 러시아포로의 수용소와 그 속에서 형성된 공산당에 관한 것이다. 그러나 그들이 가장 우려하는 것은 무엇보다 식량의 확보였다.

국민위원회 대표가 제네바에서 베네시와 회의를 하고 있는 사이 프라하에 남은 국민위원회 회원들에게 오스트리아 헝가리 전쟁상이 협상을 제의하였다. 군부가 무너지기 일보직전이었다. 프라하에서는 흥분한 군중들이 거리로 쏟아져 나왔고 오스트리아 휘장을 끌어내렸다. 라신 박사와 사이너 박사가 어떤 조치를 취할 필요를 느껴서 베네시의 권유를 무시하고 오스트리아 헝가리 전쟁상의 협상에 동조하였다. 마자르Magyar부대가 거리를 순찰하였지만 사이너 박사가 소콜 회원들을 모아서 임시군대를 편성하였다. 스벨라 박사는 옥수수거래소를 장악하여 전국 식량공급 본부로 만들었다.

드디어 10월 28일에 국민위원회는 스스로를 "오늘 이후 앞으로" 정부로 선포하였고,1175) 체코슬로바키아 국가의 첫 번째 법률을 발표하면서 체코슬로바키아 국가가 창설되었음을 발표하였다.1176) 이어서 국민위원회는 소콜 조직을 자체의 군대로 만들고 그 사령관에 사이너 박사를 임명하였다. 우리는 앞에서 마사리크가 망명할 때 베네시에게 두 가지를 지시한 것을 기억하고 있다. 하나는 국내의 (옛) 국민위원회로 하여금 오스트리아에 대항하도록 하는 것이고, 다른 하나는 소콜 조직을 군대로 편성하는 것이었다. 결과적으로 마사리크의 지시는 예언적인 것이 되었지만 이것으로 두 개의 '사실상 정부'가 존재하게 된 셈이다. 파리 체코국민회의 임시정부와 프라하 국민위원회 임시정부, (옛)국민위원회와 (새)국민위원회를 구분하지 못하는 연합국은 경악하였는데 친오스트리아 단체로 인식하였기 때문이다.1177) 군대도 두 개가 되었다. 체코포로 군단과 소콜 군단. 그럼에도 프라하의 거리는 마사리크와 윌슨의 초상화로 가득 찼다. 마사리크의 권위를 따를 사람이 아무도 없었다.

47. 프라하 혁명

프라하의 체코국민위원회가 정부를 선포한 1918년 10월 28일 국민위원회가 파리의 국민회의를 반대한다는 소문이 나돌기 시작하였다. 이것은 친오스트리파의 마지막 몸부림이었다. 베네시는 연합국에게 그렇지 않다는 취지를 열심히 무마해야만 하였다. 그렇지 않다는 것을 보이기 위하여

1175) Masaryk, *The Making of A State*, p. 344.
1176) Benes, *My War Memoirs*, pp. 453-454.
1177) Masaryk, *The Making of A State*, p. 346.

빨리 프랑스 체코군단과 이탈리아체코군단을 체코 국내로 진주시켜야 하였다. 이 목적을 위하여 프라하 국민위원회의 동의를 얻고 프랑스 군사고문단으로 하여금 체코군대를 조직해달라는 요청을 프랑스 정부에 제출하였다. 체코군대의 사령관은 프랑스 사령관인 포시 원수가 되었다. 간신히 위기를 넘기자 이번에는 오스트리아 의회가 주데텐란트Sudetenland와 도이치뵈멘Deutschbohmen 지방에 '독일 오스트리아German Austria' 정부를 세웠고 여기에 독일정부가 군대를 주둔하는 것을 돕겠다고 약속하였다. 이래서 이 지역을 둘러싼 분쟁이 시작되었다.

프라하 정부가 선포된 다음날 국민위원회는 오스트리아 총독을 체포하여 총독부에 감금하였다. 국민위원회의 대표가 그와 협상을 벌인 끝에 그가 국민위원회를 "국가주권의 집행기관"으로 인정했다. 같은 날 비엔나의 각료회의에서 그 전날 국민위원회에게 군통수권을 양도한 것을 비난하며 체코슬로바키아 군대 창설을 반대하였다. 여기에 자원했던 장병들에게 오스트리아 군대가 해산될 때까지 자신의 임무에 충실할 것을 명령하였다. 이에 따라 프라하의 군 당국은 국민위원회와 맺은 합의를 철회하기에 이르렀다. 그리고 계엄령을 준비하였다. 리토메리지체Litomerice에 주둔하고 있던 오스트리아군이 쿠데타를 준비한다는 소문이 나돌았다. 비엔나 프라하 전화선이 단절되었다. 사이너 박사는 소콜군을 동원하여 오스트리아군을 제압하였다.

드디어 제네바로 파견되었던 국민위원회 대표가 프라하로 귀환하면서 문제가 해결되기 시작하였다. 이들은 제네바 회의의 결과를 설명하고 파리 임시정부에 합류할 것에 동의하였다. 그 결과 혁명국회가 조직되었다. 모든 정당이 대표를 보냈다. 농민당 54명, 사회민주당 49명, 헌법민주당 40명, 체코사회당 28명, 천주교당 24명, 중앙사회당 4명, 모라비아 상인당 1명 등 총 249명이다. 여기서 임시헌법이 제정되었다. 이것은 정식의회가 선출되고 새 헌법이 만들어질 때까지 유효하였다. 1918년 11월 14일에 첫 번 회의가 개최되었다. 크라마르시 의장이 개회선언을 하고 대통령에 마사리크를 선출하였다.

48. "마지막 순간"

11월 11일 휴전이 성립되고 추축국은 혼란에 빠졌다. 혁명, 소동, 무질서의 상태였다. 연합국은 점령한 여러 나라에서 볼셰비키의 책동을 막아야 했다. 공산주의자의 책동을 막기 위해서는 식량을 확보하는 일이 급했다. 연합국 대표들에게 허락을 받은 베네시는 트리에스테와 함부르크를 통하여 곡물을 수입하는 조직을 만들었다. 두 도시에 이미 연합국 정부가 그러한 조직을 만들었다. 연합국들 가운데 미국은 이러한 도움을 주면서 볼셰비키의 위협이 있을지 모르는 독일과 오스트리아 지역, 특히 비엔나에 체코가 도움을 주기를 기대하고 있었다.

또 하나의 문제는 합스부르크왕조가 무너진 뒤 이 지역에 국제법에 의한 국가가 아직 태어나지 않았다. 심지어 (새) 오스트리아와 (새) 독일도 성립되지 않았다. 그것은 파리강화회의에서 결정될 사항이었다. 이틈을 타고 영토전쟁이 일어났다. 연합국이 중부유럽의 남쪽에서 올라올 때 세르비아가 헝가리를 침략할까 걱정한 헝가리의 칼로이(Mihaly Karolyi, 1875~1955)는 연합군의 지역 사령관 데스페레(Franchet d'Esperey, 1856~1942) 장군과 협상을 하였다. 그 결과 세르비아군이 철수하였다. 이때 칼로이는 헝가리를 대표하여 데스페레 장군과 휴전협정을 맺었다. 이 협정 조항 가운데 "당분간 크로아티아 슬로베니아를 제외하고 모든 헝가리 영토는 헝가리 당국의 지역 행정부 산하에 남는다"라고 적시하였다. 이 조항을 헝가리는 헝가리의 영토를 연합국이 인정한 것이라고 해석하였다.

이렇게 되면 체코슬로바키아의 슬로바키아 점령이 문제가 된다. 만일 연합국이 헝가리의 손을 들어준다면 체코만으로 독립해야 한다.

슬로바키아 소콜의 약 1천명 인원이 스로바르(Vavro Srobar, 1867~1950)의 지도하에 슬로바키아의 여러 지역을 장악하였다. 그는 일찍이 마사리크의 체코슬로바키아 구상에 찬성하여 스테파니크를 파리로 보낸 슬로바키아 지도자이다. 종전 하루 전인 11월 10일에 헝가리 군대가 이를 체코와 슬로바키아를 가르는 경계까지 격퇴하였다. 프라하 국민회의 크라마르시가 파리의 베네시에게 급히 도움을 청하였다. 베네시는 합스부르크 해체 자리에 창설되는 국가들 가운데 국제적으로 인정받은 국가가 체코슬로바키아뿐이라는 사실을 프랑스, 영국, 미국에 상기시켰다.

이때 베네시는 정계와 군부 사이에 의견의 차이가 있음을 발견하였다. 정계는 데스페레 장군이 실수하였다고 인정하였지만 군부는 망설였다. 결국 외무상 피숑이 유권해석을 내렸다. "이 문서[휴전협정]로 인하여 칼로리 백작이 잘못된 결론을 내렸다는 사실을 두고 나는 전쟁상이 동부연합군 사령관에게 이 문제에 대해 정확한 지시를 전보로 보냈음을 귀하에게 전합니다. 이 전보지시는 마자르 군대가 점령지로부터 즉시 퇴각함을 의미한다고 확신합니다."1178)

11월 27일 제1차 연합군 사절로서 프랑스의 빅스(Vyx) 중령이 부다페스트에 도착하였다. 그는 외무상이 기안한 문서를 전쟁성으로부터 받아서 제출하였다. "체코슬로바키아는 연합국이 인정하였다. 그 군대는 연합국 군대로 인정받았다. 체코슬로바키아는 따라서 교전국 자격으로 슬로바키아를 점령할 자격이 있다. 마자르 정부는 슬로바키아에서 군대를 철수해야 한다." 그러나 슬로바키아 영토의 범위에 대한 지시는 없었다.

프라하 국민회의가 파견한 대표가 부다페스트에서 칼로리와 교섭하

1178) Benes, *My War Memoirs*, p. 477.

고 있었다. 이것은 위험한 실수였다. 베네시는 이 문제를 파리에서 피송과 협의하였다. 이때 미국 대표가 비엔나나 부다페스트와 협상하지 말라고 충고하였다. 체코슬로바키아는 국경선에 대해 마자르와 협상할 자격이 없고 그 문제는 연합국에 의해 결정될 예정이기 때문이다.

영리한 칼로리는 체코를 배제하고 헝가리 속에서 자치를 주장하는 슬로바크와 직접 협상하였다. 칼로리는 심지어 슬로바키아에 국민투표를 실시해서 결정할 뜻을 윌슨에게 전달하였다. 비로소 사태의 심각성을 깨달은 프라하 국민회의는 어떠한 문제에 대해서도 누구도 마자르 정부와 협상할 자격이 없다는 성명을 발표하였다. 이 성명서를 파리 외무성에 제출한 베네시는 종전 전에 외무성과 동의한 국경선이 유효하다는 외무성의 확답을 받았다. 빅스 중령이 마자르 정부에게 이 사실을 통보하였다. 마자르 정부는 이 경계선을 거부하고 프라하 대표와 정한 경계선을 고집하였다. 그러나 결국에는 파리에서 정한 경계선으로 확정 짓고 마자르 군대는 철수하였다. 베네시 외교의 승리였다.

49. 마사리크의 귀국

혼란과 위기 속에서 미국에 있는 마사리크의 빠른 귀국을 요청하는 목소리가 높아졌다. 심지어 마사리크의 오랜 정적인 크라마르시 박사도 그의 귀국을 재촉하였다.[1179] 공산주의의 준동을 수습할 사람이 없었다. 크라마르시 자신이 친러시아 인사이지만 그는 제정러시아를 숭배하는 사람이다. 그러나 마사리크는 시베리아에 있는 체코군단 호송의 경비를 마련해야 하는 일 때문에 쉽게 미국을 떠날 수 없었다. 미국의 여러 사업가들이 재정후원을 약속했다. 예를 들면 헨리 포드는 후원을 제의하면서

1179) Orzoff, *Battle for the Castle*, p. 53.

그 대가로 트랙터 판매권을 요구하였다. 월 스트리트의 재력가들 역시 유럽진출을 엿보았다.1180) 마사리크는 모두 거절하였다.

심지어 그는 연합국으로부터도 재정적으로 독립적이었다. 체코군단의 호송경비를 위해서 그는 독립 체코국가의 예산을 담보로 잡았다. 그가 연합국에게 신세를 진 것이라고는 미국비밀정보국의 도움뿐이라며 이것 조차 "연합국을 위한 일이었기에 나도 그 도움을 받을 자격이 있다"라고 주장하고 있다.1181)

마사리크는 미국을 떠나 런던에 도착하였다. 처칠은 체코군단이 러시아에서 볼셰비키를 막아준 것이 기쁘다고 말했다. 그곳에서 마사리크는 자신에 대한 소문을 들었다. "대통령에 마사리크! 좋군. 그에게는 정당이 없지. 정치가라기보다는 철학자이며 이상주의라지."1182) 마사리크는 파리에서 베네시와 프랑스 수상을 만났다. 모두가 기쁨에 들떠있을 때 그는 베네시에게 "우리는 독립의 첫째 단계를 완성했다. 이제 두 번째 단계가 기다리고 있다. 그것은 더 힘든 일이 될 것이다"라고 어둡게 말했다. "그는 지쳐있었다"고 베네시는 회고하였다. 파두아에서 이탈리아 국왕을 면담한 다음 12월 21일 드디어 프라하에 새로 명명한 '윌슨 기차역'에 도착하였다. 종전하고 1개월 10일 뒤였다. 그의 나이 68세였고 망명한지 정확히 4년 만이었다. 망명인사들이 조국 땅에 입 맞추었다. 그는 병원에 있는 부인을 방문하고 프라하 궁성Hrad에서 뜬눈으로 첫 밤을 보냈다. 시베리아, 이탈리아, 프랑스에 있는 체코슬로바키아 군대는 아직 도착하지 못한 채 그의 앞에는 험난한 준령이 놓여 있었기 때문이다.

1180) May, "H. A. Miller and Mid European Union," pp. 487-488.
1181) Masaryk, *The Making of A State*, p. 335.
1182) Masaryk, *The Making of A State*, p. 328.

50. 체코슬로바키아 국가탄생

제1차 대전은 1918년 11월 11일에 종전되었다. 교전국들이 파리에 모여 강화조약에 대한 회담을 시작한 것은 1919년 1월 18일이다. 여기서 합스부르크 제국이 무너진 자리에 탄생하는 약소국의 국경문제도 토의 될 것이지만 이미 회의 전부터 대두되기 시작하였다. 국경을 마주한 약소국들이 자신들에게 유리하게 설정하도록 힘을 동원하게 되었다. 체코슬로바키아는 두 가지 문제를 해결해야 하였다. 첫째, 헝가리와 국경문제. 둘째, 주데텐란트 지방에 선언된 독일 오스트리아 국가의 영유권 문제. 이것을 강력한 군대가 없는 상태에서 해결하여야 했다. 다시 한 번 외교 능력에 의지할 수밖에 없었다.

오스트리아와 이중왕국에서 떨어져 나온 헝가리가 먼저 슬로바키아의 영유권을 주장하기 시작하였다. 이중왕국 시절에도 슬로바키아는 헝가리의 총독이 다스리고 헝가리 군대가 주둔하고 있었다. 아무리 프랑스, 영국, 미국이 파리 체코국민회의를 '체코슬로바키아' 임시정부로 인정한다 하지만 헝가리는 이를 무시하고 1천년을 지배한 슬로바키아에서 철수하지 않았다. 헝가리에 베라 쿤(Bela Kun, 1886~1938)이 이끄는 볼셰비키가 정권을 잡자 슬로바키아에서 체코군대를 몰아냈다. 그러나 루마니아와 전쟁에서 베라 쿤의 정권이 무너지자 간신히 슬로바키아를 수복할 수 있었다. 이 틈에 합스부르크 왕가를 부활시키려는 세력이 있었지만 저지당하였다. 체코슬로바키아의 영토는 간신히 유지되었다.

51. 외교와 무력

체코군단의 대장정의 무용담은 세계에 감동을 주어 장정 과정에서 세계여론을 체코 독립으로 돌리는데 기여를 하였다. 마사리크도 그의 저서에서 체코군단의 무용담이 체코독립에 가장 기여했다고 인정하였고 자신의 외교력을 두 번째로 꼽았다.1183) 그러나 이것은 마사리크의 고도로 계산된 표현이다. 독립 후에 국군으로 조직된 체코군단을 명실공이 자신의 휘하에 두어 완전 장악하기 위하여 그들을 달랠 필요가 있었다. 사실상 그들을 달래기 위하여 2만여 개의 직책도 만들었다. 체코국군의 중추가 된 것도 그들이다. 외교독립인가 무장독립인가. 몇 가지 드러난 결과를 생각할 수 있다.

첫째, 앞에서 보았듯이 윌슨의 결심을 끌어내는데 체코군단의 무용담은 결정적이 아니었다. 마사리크는 윌슨이 자신의 독립선언문을 읽고 감동했다고 기록하고 있지만 그것이 결정적이라고는 주장하지 않았다. "영국 정치가들은 미국 정치가들처럼 그들의 무용담에 별로 무게를 두지 않았다. 오히려 힘의 공백에 빠진 러시아 한복판에서 그들의 힘에 관심을 기울였다."1184) 그러나 그 힘이라는 것은 앞서 본대로 7만 명의 체코군단인데 그 규모는 교전국 전체 2천 2백만 명의 군대 규모와 비교할 때 비중이 낮다.1185) 이것과 합스부르크의 해체를 맞바꾼다는 것은 그들로서는 선뜻 내키지 않는 규모이다. 연합국은 합스부르크를 독일과 분리시키는 것이 더 유리하다고 보았다. 합스부르크가 단일 개체로서 유지되는 것이 경제적으로 정치적으로 중부유럽을 안정시킬 수 있다고 보았기 때문이다. 윌슨을 움직인 것은 체코군단의 활약이 아니라 미국의 체코를 비롯한 중부유럽 이민사회였다. 그는 1912년 대통령 선거에서 이들의 중요성을 깨달았다.1186) 중부유럽연합 대회 이후 이들의 압력이 컸다.1187)

1183) Masaryk, *The Making of A State*, pp. 333-334.
1184) Wallace, *Czechoslovakia*, p. 118.
1185) Wallace, *Czechoslovakia*, p. 111.
1186) Wallace, *Czechoslovakia*, p. 115.

둘째, 체코 포로군단이 러시아 내전에 휩쓸려 세계의 이목을 받기 이전에 이미 마사리크 외교의 성과가 나타났다는 점을 들 수 있다. 1916년 2월 프랑스 브리앙 수상과 공동성명, 1917년 2월 윌슨에게 보내는 연합국의 문서, 1918년 1월 윌슨의 14개조 선포가 그것이다. 체코군단의 활약은 낭만적으로 비쳤지만 그것은 선전포고 없는 전쟁이었다. 마사리크의 외교독립 주장에 치명적인 결함이 될 수 있는 것이었다. 미국은 마사리크에게 국민들의 독립염원을 나타낼 수 있는 무언가가 필요하다고 역설하였다. 그것이 프라하 혁명이다. 여기에 마사리크는 체코군단을 이용하였다. 자신의 외교력을 중심으로 다른 것들은 그것을 강화시키는 조연이었다. 독립한 후에 이 문제가 다시 불거졌다. 그는 자신의 외교 역할을 폄하하는 반대파에게 단호하게 말했다. "우리 군단은 강화회의에서 우리에게 가장 강력한 정치적 수단이었다. 나는 강화조건에서 유리하도록 우리 군단을 시베리아에 묶어 놓았다."1188)

셋째, 체코 국내에서 정치지도자들은 거의 체포되어 조직이 무너졌다. 친러파 크라마르시의 체포로 국내 신체코당의 힘이 약화되었지만 마사리크로서는 러시아로부터 자유로울 수 있었다. "마피아"도 힘을 잃었다. 남아있는 사회민주당과 천주교당은 친오스트리아로 마사리크에게 방해만 되었다. 마사리크는 국내의 도움 없이도 해외에서 "뛰어난" 외교력을 발휘하였다.1189)

넷째, 마사리크는 누구보다 먼저 전쟁이 예상보다 빨리 끝날 것이라고 내다보았다. 그는 1918년 2월 이미 그 해 가을에 종전이 될 것으로 예측하고 키예프에서 모스크바로 떠났다. "모든 상황을 종합해 볼 때 나(마사리크)는 1918년에 종전이 되리라 보았고 이에 따라 나는 빨리 러시아를

1187) Wallace, *Czechoslovakia*, p. 115.
1188) Orzoff, *Battle for the Castle*, p. 49.
1189) Wallace, *Czechoslovakia*, p. 105.

떠나서 서방으로 가야만 하였다."1190) 모든 정치가들과 심지어 전쟁 지도자들도 1919년으로 점칠 때였다. 심지어 1918년 가을 독일에 대해 최초로 승전을 이끌어낸 프랑스의 포시 원수(Marshall F. Foch, 1851~1929)조차 1919년 봄까지 전쟁이 계속된다고 전망하였다. 그렇다면 마사리크는 자신이 러시아를 떠나던 1918년 3월의 시점에서 보았을 때 전쟁 전에 체코군단이 프랑스 전선으로 후송된다는 것이 불가능할 것으로 계산했을 것이다. 단신 러시아를 빠져 나오는 데에도 2개월이 걸렸는데 흩어져 있는 7만의 군단을 기차로 수송하는 시간은 최소한 수개월이 걸릴 것일 것이다. 그는 전쟁이 끝난 직후 서부전선에서 "연합군과 함께 베를린에 입성하고 드레스덴을 거쳐 프라하에 개선하길" 원했다.1191) 영국 군부도 체코군단이 프랑스에 도착하기에는 너무 늦는다는 사실을 알고 있었으므로 당장 급한 시베리아에서 볼셰비키를 막는데 체코군단의 필요성이 있다고 주장하였다.1192)

그래서 마사리크는 여러 가지 구실을 만들어 체코군단을 시베리아로부터 무사히 귀국시키는 데에만 열중하였다. "체코슬로바키아 국민회의는 그 군대를 보호하는데 모든 힘을 쏟았다."1193) 앞서 말한 대로 마사리크는 "강화회의에서 유리하도록 군단을 시베리아에 묶어 놓았다." 시베리아에서 그들의 행방에 따라 전투가 영향을 받기 때문이다. 실제로 러시아나 루마니아 등 어느 전선에서나 체코군단이 오스트리아 헝가리군과 싸우는 것도 구실을 만들어 피했고 윌슨 대통령에게도 적당한 핑계를 앞세워 시베리아 전선도 피했다. 대신 그는 일본군이 시베리아에서 싸우기를 제안하였다. 그 대가로 만주의 일부를 일본에게 양도해도 러시아로

1190) Masaryk, *The Making of A State*, p. 203.
1191) Masaryk, *The Making of A State*, p. 101.
1192) Kalvoda, "Masaryk in America in 1918," p. 87.
1193) Orzoff, *Battle for the Castle*, p. 48.

서도 불만이 없을 것으로 보았다.

이러한 전제하에 최선의 방책은 체코군단을 무사히 귀국시켜 독립된 조국의 국군의 기초로 삼는 것이다. 마사리크가 체코군단에게 불개입 명령을 내린 것도 이러한 까닭이다. 그리고 시간을 끌기 위하여 애초에 계획하였던 가까운 북극해의 무르만스크나 아르한겔스크를 적당한 구실로 거절하고 가장 먼 경로인 시베리아 태평양 미국/캐나다 대서양 프랑스행을 택하였다. 결과적으로 2년이 걸렸으며 전쟁이 종료된 훨씬 이후의 일이었다. 마사리크는 내전에 개입하는데 도화선이 되었던 쿠데타의 주역도 강제 퇴역 시켰다. 영국의 무관은 마사리크가 현장에 있었으면 그 같은 사태가 발생하지 않았으리라고 애석해 했던 사실로 유추하건대 마사리크는 체코군단에 대한 평화적 수송 계획을 갖고 있었을 것이다. 그 군사적인 과정에서도 그의 외교력이 발휘되었다. 그 결과 주적인 오스트리아 헝가리와는 한 번도 싸우지 않고 오히려 러시아 국토에서 볼셰비키와 선전포고 없는 "자기방어" 전투를 하게 되었다. 후일 소비에트 공산주의를 막으려는 영국이 다시 독일의 힘을 이용하려고 히틀러에게 접근하며 친헝가리 조직이 등장했을 때 이 문제가 대두되었다. "체코군단은 연합군을 돕는 척 했다. 그리고 전쟁 끝날 때까지 그들보다 훨씬 많은 체코군인들이 오스트리아 군인으로 싸웠다."1194)

다섯째, 비슷한 저의로 마사리크는 루마니아 전선과 폴란드 전선에 투입도 회피하였다. 폴란드 군단이나 세르비아 군단과 대조적이다. 활약이 체코군단만큼 대단하였던 폴란드 포로군단이나 세르비아 군단으로도 폴란드나 세르비아가 파리강화회의에 초대받지 못했지만 체코슬로바키아는 초대받았다는 사실을 보면 군단 보다 마사리크의 외교가 더 중요하

1194) Rothermere, *Warnings and Predictions*, London, Eyre and Spottiswoode, 1939, p. 105.

였음을 알 수 있다.

여섯째, 마사리크로써는 갓 태어난 어린 독립 국가를 지켜야 하는 어려움이 있었다. 해체된 합스부르크를 복원하려는 세력, 볼셰비키 세력, 슬로바키아를 계속 지키려는 헝가리의 군사력에 맞서려면 손상당하지 않은 온전한 체코군대가 필요했던 것이다. 그래서 귀국하는 마사리크의 얼굴이 어두웠고 귀국 첫날 뜬눈으로 지새웠다고 베네시는 기록하였다. "우리는 정점에 서 있다. 지키기가 더 힘들 것이다." 마사리크의 말이다. 그가 체코군단을 안전하게 수송하려는 목적은 독립 후에 예상되는 혼란을 내다보고 공산주의를 소탕하는데 체코 반공포로군단을 이용할 것을 계산한 듯하다. 체코군단에 대한 볼셰비키의 회유공작 속에서도 1920년 5월까지 블라디보스토크에서 무사히 철수한 체코군단 병사는 67,739명이었고 사망자는 4,112명이었는데 공산주의자가 된 병사는 소수에 불과하였다.1195) 마사리크는 독립 후에 이들의 힘을 배경으로 사회주의가 지배하는 의회를 저지하였다.1196)

일곱째, 시베리아에서 체코군단을 조직하는데 성공한 마사리크에게 군단은 그에게 독재자의 직위를 부여했고 독립 후에 그의 권력 행사에 힘을 실어주는데 절대적인 역할을 하였다. 그러나 정작 독립한 후에 그는 군단에게 기대만큼 의지하지 않았다. "우리는 우리 힘만으로는 결코 자유를 획득할 수 없었다. 그것은 연합국 덕택이었다."1197) 라는 주장 속에서 마사리크는 "군인은 어린애와 같다. 내가 그들에게 차갑게 대했기 때문에 그들의 마음을 얻었다"라고 말했다.1198) 체코의 독립이 군사적 승리에 의한 것이 아니라 도덕적 승리라는 마사리크의 주장에 대하여 군단의

1195) Bradley, *Czechoslovak Legion in Russia 1914 1920*, p. 156.
1196) Orzoff, *Battle for the Castle*, p. 84.
1197) Benes, *My War Memoirs*, p. 497.
1198) Orzoff, *Battle for the Castle*, p. 52.

한 사람이었던 보르스키(Lev Borsky) 박사는 마사리크가 군단 정신에 대하여 반역했다고 공격하였다.1199) 그는 군단을 프랑스로 이송하는 것을 반대하였다. 그 이유로 프랑스에 있다가 종전을 맞이하면 무장해제당할 위험이 있다는 것이다.1200) 그러나 마사리크 도덕의 승리 전환점은 러시아 혁명이었다. 혁명 전에는 연합국의 전쟁 목표가 저마다 달랐다. 그러나 러시아가 붕괴되면서 남은 연합국은 모두 민주주의 국가였으므로 비로소 전쟁이 마사리크가 줄곧 주장 하던 대로 민주주의 대 절대주의의 대결이 되었고 여기에 미국의 참전이 마사리크가 주장하는 도덕정치 또는 도덕외교에 힘을 실려 주게 되었다. 체코슬로바키아는 "새로운 서방이 되었다. … 마사리크와 베네시는 빈틈없는 협력을 유지하며 합리적이고 설득적이었다. 옛 독일과 오스트리아 헝가리가 유지해온 군국주의, 과두정치, 금전주의, 등 모든 것을 혐오하며 민주주의를 강조하여" 미국과 프랑스 지도자와 일부 영국 외교관들에게 그들이 추구하는 유럽의 가치 – 합리주의, 관용, 효율성, 민주주의 원리 – 를 설득하는데 성공하였다.1201)

여덟째이며 마지막으로, 마사리크의 외교가 오스트리아 외상의 외교를 능가한 사실이 두드러지며 후자의 미숙함이 결국 오스트리아 해체에 결정적인 요인이 되었다. 여기에는 마사리크 자신의 주장에 의하면 헤론(George D. Herron, 1862~1925) 교수의 역할을 과소평가할 수 없다고 한다. 전쟁 전부터 스위스 베른에 상주하던 그는 윌슨이 대통령 선거에서 세계대전에 중립을 공약하자 누구보다 윌슨이 결국에는 참전 결정할 것으로 내다보았다. 그의 예측이 맞게 되자 유럽에서 그를 윌슨 행정부의 믿을 수 있는 인물로 신뢰하기 시작하였다. 그는 스위스 베른에 상주하며

1199) Orzoff, *Battle for the Castle*, p. 86.
1200) Kalvoda, "Masaryk in America in 1918," p. 95.
1201) MacMillan, *Paris 1919*, pp. 229-230.

그곳 외교가의 모든 정보를 취합하여 윌슨에게 자신의 의견과 함께 보내면서 윌슨 대통령의 비공식 대표가 되었다.

그는 오스트리아 연방제를 주장하여 오스트리아 합중국을 꿈꾸는 사람이었다. 마사리크가 체코슬로바키아의 독립과 중부유럽연합의 성립을 동시에 주장한 이유도 헤론의 견해에 영향을 받은 듯하다. 헤론은 1917년 봄부터 오스트리아의 마지막 수상 라마시(Heinrich Lammasch, 1853~1920)와 만나서 칼 황제를 설득하여 오스트리아 합중국을 받아들이도록 압력을 넣었다. 이것은 윌슨의 14개조와 어긋나는 것이 아니었다. 그는 빈디쉬 그라츠(Otto von Windisch Graetz, 1879~1952)로 하여금 헌법까지 만들게 하였다. 그러나 경험 없는 젊은 황제 칼은 우유부단하여 6개월의 세월을 허송하며 결정하지 못하고 자신의 매부 식스투스 공에게 프랑스와 비밀리에 단독강화를 지시하였고 그 후 일어난 일은 앞서 이미 썼다. 식스투스 사건이야말로 오스트리아가 연합국, 특히 미국과 단독강화를 불가능하게 만들었다고 마사리크는 강조하였다.[1202]

이러한 과정에서 모든 정보를 윌슨에게 전하는 헤론 교수는 "나는 아직도 오스트리아가 연합 유럽의 기초가 될 수 있다고 믿으며… 황제는 오스트리아 합중국을 건립하여 유럽 합중국의 기초가 될 수 있다고" 믿었다. 그는 "이것은 마찌니(Giuseppe Mazzini, 1805~1872)의 오래된 주장으로 합스부르크를 계승하는 다뉴브 연합"이라고 썼다. 그럼에도 그 실현에는 회의적이었다. 그 이유는 피압박 민족대회가 보여준 합스부르크에 대한 증오였다. 예상한대로 이것은 불가능하였다. 이중왕국 체제에서 오스트리아와 대등하던 헝가리는 일개 자치국가로 전락하는 굴욕을 받아들일 수 없어서 오스트리아를 협박하였다. 헝가리는 오스트리아의 곡

[1202] Hanak, *Great Britain and Austria Hungary,* Oxford University Press, 1962, p. 253.

물 공급지였기 때문이다. 오스트리아는 독일에게 손을 벌렸으나 독일은 이기적이었다. 이것이 소비에트와 맺은 브레스트 리토프스크의 강화를 "빵의 강화"라고 부르는 이유이다.

헤론 교수는 사면초가가 된 합스부르크에게는 두 가지 선택밖에 없다고 지적하였다. 과거로 회귀하던가 독일로부터 독립하던가 이다. 독일로부터 독립이 불가능한 지금 합스부르크는 러시아처럼 해체가 불가피하다고 보았다. 그는 "체코는 이미 혁명 중이며 유고슬라비아 역시 전에 볼 수 없이 단결하고 있다"고 썼다. 유일한 방법은 약소국가가 독립하는 길이며 그 후 독일의 식민지가 되지 않는 방법은 "국가연맹Society of Nations" 또는 "유럽합중국"을 시작하는 것이다.[1203] 앞서 본대로 마사리크 역시 체코슬로바키아를 독립시키고 유럽합중국 대신 중부유럽연합을 기획하였다.

결국 체코슬로바키아 독립의 성취에는 체코군단의 무용담도 중요했으나 마사리크의 선전외교가 더 중요하였다. 아무도 할 수 없었던 체코 포로들을 군단으로 조직하여 서방으로 수송하는 과정도 모두 마사리크의 외교력의 결정체였다. 전쟁 초기에 누구도 전쟁의 목적이 무엇인지 알 수 없어서 아직 중립국이었던 미국의 윌슨 대통령이 교전국에게 전쟁의 목적을 문의하는 상황에서 마사리크 혼자만이 전반적인 전쟁의 목적, 양상, 전망을 비망록으로 만들어 연합국 지도자들에게 배포하고 체코슬로바키아의 목표가 연합국 특히 미국의 목표와 일치함을 보였다. 외교전쟁에서도 숙적을 압도하였다. 이것이 그의 외교방략의 핵심이었고 주효하였다.

1203) *Herron Papers*, Hoover War Library, Hoover Institution: Marholeva, *Nationalism, Federalism, Universalism, Tomas Garrigue Masaryk in A Habsburg Context*, MA Thesis, Central European University, Budapest, pp. 72-73에서 재인용.

제6장 국가건설

1. 마사리크 신화

1914년 12월, 64세의 프라하 대학 철학교수이며 오스트리아 헝가리 제국의회 의원인 마사리크 박사는 프라하를 떠나 스위스로 망명하였다. 그곳에서 그는 두 젊은 제자 베네시와 스테파니크를 불렀다. 그로부터 4년 후인 1918년 11월. 마사리크 교수는 신생 독립국가 체코슬로바키아의 건국 대통령이 되어 프라하의 우드로 윌슨 기차역(오늘의 프라하역)에 개선하였다. 반대로 영원히 계속될 것 같았던 합스부르크, 로마노프, 호엔촐레른, 오스만의 4 왕조가 사라졌다. 같은 시기에 외무상이 된 베네시는 파리에서 열리는 파리강화회의에 체코슬로바키아 대표로 참석하였다. 스테파니크는 금의환향 도중 비행기 사고로 사망하여 이 영광을 보지 못했다. 그의 사망을 둘러싸고 소문이 무성하며 체코와 슬로바키아 사이의 감정이 악화되었다. 마사리크가 망명에서 귀국한 다음날 국민에게 전하는 첫 번 연설은 "다시 한 번 여러분의 정부가 여러분에게 돌아왔다, 오, 체코 동포들이여"로 시작되었다. 이것은 코메니우스의 서약을 인용한 것이지만 첫날부터 슬로바키아, 루테니아 그밖에 소수민족이 빠졌다.

더욱이 마사리크가 피츠버그 협정을 위조라고 부정하면서 그 악감정은 증폭되었다.1204) 열강을 성공리에 설득하여 독립을 쟁취한 이 세 사람의 이야기는 신화가 되었다. 마사리크, 베네시, 스테파니크는 지칠 줄 모르는 열정과 흔들리지 않는 신념을 가지고 선전과 외교로 이 신화를 창조한 것이다. 신문, 집회, 강연에서 합스부르크의 도덕적 타락과 절대주의 교권정치의 탄압을 분쇄하여 그들의 압제에 시달려온 소수민족에게 민주주의와 민족자결권을 부여해야 한다고 그들이 주장하고 설득한 내용은 이제 상식이 되었지만 그것은 합스부르크 압제에서 3백년을 견뎌오면서 체코와 슬로바키아가 이룩한 문화적 힘의 결정체였다. "교육과 책의 고장"이라는 체코의 전통에 걸맞게 마사리크, 베네시, 스테파니크는 그 문화의 독특한 산물이다. "책벌레bookish radical"는 마사리크의 별명이다. 파리강화회의에 임하여 합스부르크에서 해방된 약소국에 대한 비교평가가 인상적이다.

> 파리의 모든 사람들은 마사리크와 베네시가 자신들의 동포를 오스트리아 제국에서 해방시키려고 얼마나 자신들의 삶을 바쳤는지 알고 있었다.… 파리의 거의 모든 사람들은 체코인과 그들의 지도자들을 좋아하고 존경하였다. 폴란드인들은 거침없고 용감하지만 비합리적이다. 루마니아인들은 매력적이고 영리하지만 슬프게도 교활하다. 유고슬라비아인은 역시 발칸답다. 체코인은 참신하게 서구적이다.… 마사리크와 베네시는 체코의 오래된 민주주의를 강조하고, 독일과 오스트리아 헝가리가 오래 동안 지탱하였던 군사주의, 과두정치, 금전주의를 혐오하는데 있어서 확실히 협조적이고 합리적이며 설득력 있다.1205)

1204) Kalvoda, "Masaryk in America in 1918," p. 88.
1205) MacMillan, *Paris 1919: Six Months That Changed the World*, pp. 229 230.

학자로서 마사리크의 명성은 이미 체코슬로바키아 내부뿐만 아니라 유럽 전역에 알려졌지만 베네시는 30세 무명의 청년이었다. 마사리크는 제정 러시아를 집중적으로 연구하고 그가 도덕적으로 타락하여 도저히 존속할 수 없음을 알고 있었고 범슬라브주의가 허상임을 익히 알고 있었다. 그러나 정치가로서 그들은 정치적 영향력에서 당대의 다른 정치지도자들에 비하면 미미한 존재였던 만큼 그 누구도 서방을 상대하는 그들의 외교방략을 따르지 않았다. 아무도 서방에 대한 마사리크의 외교방략이 성공하리라 예측한 사람이 없었다. 그만큼 러시아 로마노프 왕관 하에서 체코왕국을 꿈꾸던 친러파와 삼중왕국 아래에서 자치를 원하던 친합스부르크파 일색의 정계에서 마사리크와 베네시는 이단이었다. 그러나 1917년에 이르러서, 특히 러시아 혁명과 미국의 참전 이후, 그들 국내파는 이 세 명의 해외파 이단아들의 방략이 옳았음을 인식하고 늦게나마 지지하게 되었다. 체코슬로바키아 민족주의에 대한 마사리크와 베네시의 이단적 해석과 그를 바탕으로 펼친 그들의 독립운동은 신화라고 하지만 여기에 역사에 대한 마사리크의 정치철학의 중요성을 엿볼 수 있다.

2. "민주주의 챔피언"

마사리크의 체코슬로바키아는 중부유럽에서 홀로 민주주의를 이상적으로 충실히 실천하고 있다고 알려졌다. 그를 가리켜 "민주주의 챔피언"이라고 부르고1206) 그의 나라를 "황금 공화국"이라고 부른다.1207) 주변 신생국가들인 폴란드, 헝가리, 유고슬라비아, 루마니아와 비교하면 돋보인다. 연합국들도 자신들의 업적에 만족하고 있다.

1206) Skilling, *Against the Current, 1882-1914*, pp. 19-36.
1207) Orzoff, *Battle for the Castle*, pp. 3-22.

1918년 임시헌법은 대통령을 명목 지위로 만들고 의회가 권력의 중심이었다. 대통령의 거부권도 의회에서 재심하여 최종적으로 거부될 수 있으며 대통령의 결정에도 각료가 공동 서명하도록 되어 있었다. 마사리크는 의회정치만이 유일한 정치제도가 아니며 국민의 정치 수준을 제고하는 가장 좋은 제도도 아니라고 믿었다. 마사리크는 국내파가 장악한 의회와 싸우기로 결심한다. 이것은 사실상 대통령과 정당 사이의 싸움이다. 그 속에는 마사리크와 정당 당수들 사이의 알력, 합스부르크에 대항했던 해외파와 합스부르크에 협조하였던 국내파 사이의 충돌, 여전히 존재하는 친서방파와 친러시아파 사이의 균열 등이 복잡하게 교직되어 있다.

1920년 마사리크는 헌법을 개정하는데 성공하여 수상과 장관 임면권과 의회 해산권을 확보하였다. 교수를 비롯하여 고위 공무원도 임면할 수 있고 지방의원의 3분의 1도 임명할 수 있었다. 마사리크에 한하여 대통령 연임제한도 적용되지 않아 종신대통령이 되었다. 그는 어느 정당에도 소속되지 않은 초정당인으로 자부하고 정당의 이념이 아니라 철학적, 도덕적 의무에 근거하는 정치이념으로 국정을 장악한 "관리민주주의"의 최고관리자가 되었다. 이것은 더 이상 "의회 민주주의"가 아니라 마사리크의 "대통령 민주주의"였다. 견제와 균형이 없는 민주주의였다. 그것은 오히려 마사리크의 도덕과 선의에 의존하는 체제였다. 마사리크 스스로의 연설이다.

> 민주주의는 대통령의 기능에 관한 문제이기도 하다.… [독립에] 들떴든 초기 민주주의 시작에 대통령의 기능에 대하여 [체코슬로바키아는] 별로 관심을 갖지 않았다.… 우리 헌법과 법률이 급하게 만들어졌다.… 따라서 사방에서 개정의 요구가 있었다.… 아무리 최상의 법이라도 그 속에 정신이 없으면 죽은 문서라는 점을 잊지 말자. 이미 반복해서 말했지만 정치는 지도력이고 민주주의에는 항상 지도력 문제가 있다. 그러므로 민주주의는 지도자를

훈련시키고 교육시켜야 한다. 이들이 없으면 대중 조직도 없다. 민주주의란 끊임없는 훈련이며 언론의 책임 있고 숭고한 업무이다.… 국가는 중앙집권적 조직을 포기할 수 없다. 화합, 중앙집권, 그러면서 자치가 현대 민주국가의 목표이다. 민주적 중앙집권이라고 절대주의가 아니다.[1208]

마사리크에게 민주주의는 귀족주의의 반대어에 불과하였다. 자신의 이러한 생각을 실천에 옮기기 위해 강력한 대통령이 정당이 조정하는 의회보다 더 민주적으로 국민의 뜻을 더 잘 반영할 수 있다고 믿은 마사리크는 1920년 개정헌법이 대통령에게 좀 더 많은 권력을 부여 했지만 이것 가지고도 부족하다고 느꼈다. 더 이상 헌법을 고치지 않고도 자신의 세력을 구축하기로 결심한 마사리크가 창설한 제도가 "궁성Hrad"이다. 초헌법적인 비공식 기구이다. 그는 궁성을 초당적 기구라고 생각했으며 국가의 최선과 일치시키는데 전혀 문제가 없다고 보았다. 베르사유 정신과 민주주의 이상에 대한 체코정치지도자들의 헌신과 그들의 지성에 의심을 품었던 마사리크는 도덕적 지도력과 지성적 탁월성을 내세우고 주변에 인재들을 모을 필요가 있었다. 마피아와 체코군단의 절대적인 지지를 배경으로 베네시의 외무성, 언론, 금융인, 법률가들을 모았다. 궁성은 이러한 인재, 인맥, 조직을 금전적으로 관리하였다. 이러한 마사리크의 생각에는 배경이 있었다. 전후 유럽정치의 변화와 체코슬로바키아 국내의 혼란상이다.

[1208] Czechoslovak Sources and Documents, No.4, "Speech of T. G. Masaryk, President of the Czechoslovak Republic on the Tenth Anniversary of the Attainment of the Country's Independence," 28th October, 1928. Prague, Orbus, 1928.

3. 유럽정치의 변화

마사리크와 베네시는 자신들의 선전외교방략이 옳았음이 인정받은 상태에서 국가건설 후에도 계속 그 방식을 유지하기로 하였다. 겉으로 보면 동쪽의 소비에트는 내란으로 당분간 위협이 되지 않고 서쪽의 독일과 오스트리아는 패전국으로 역시 전후복구가 되는 동안 크게 위협이 되지 않는 것처럼 보였다. 말하자면 양측에서 심각한 위협이 없는 동안 새로 탄생한 어린 국가를 궤도에 올려놓아야 하는 숙제가 마사리크 어깨를 무겁게 하였다.

그러나 새로 탄생한 바이마르 공화국은 여전히 발틱에서 발칸까지 탐을 냈다. 세계대전 가운데 출판된 나우만(Friedrich Naumann, 1860~1919)의 『중부유럽 Mitteleuropa』은 여전히 영향력을 발휘하고 있었다. 1925년 로카르노 조약은 독일과 벨기에, 독일과 프랑스의 국경은 보장했으나 동쪽 국경에 대해서는 보장하지 않았다.

국내 독일계와 체코 사이의 알력도 문제였다. 체코슬로바키아 1천 3백만 인구 가운데 독일계가 3백만이었다. 독립 직후인 1919년 3월 4일 독일계주민의 거주지인 카덴Kaaden과 오파바Opava에서 평화적 시위가 일어났다. 이들은 마사리크가 윌슨에게 호소한 동일한 민족자결원칙에 의해 체코슬로바키아에 편입되는 것을 거부하고 새로 탄생한 독일 오스트리아German Austria에 귀속하길 요구했다. 마사리크 정부는 무력으로 진압했는데 기관총 발사로 54명이 사망하고 107명이 부상을 입었다. 주데텐 지역의 독일계 주민들은 토지개혁으로 자신들의 토지가 강탈당했다고 주장하였다. 이 지역은 계속 불만의 불씨가 잠재해서 후일 히틀러에 의해 체코 침공의 빌미가 되었다.

오스트리아와 불화도 계속되었다. 오스트리아는 보헤미아에 독일어를 사용하는 지역을 요구하였다. 체코 석탄을 적재한 기차를 탈취하였다. 그러나 오스트리아는 옛날의 오스트리아가 아니었다. 체코는 다만 오스트리아가 독일의 앞잡이가 되지 않도록 하는 정책과 합스부르크가 복귀하는 것을 막는 정책을 밀고 나갔다. 건국 초기에 합스부르크는 늦게나마 선전공세를 폈다. 마사리크가 대통령직을 사임했다는 소문을 유포시켜서 외무성이 진화에 나섰다.1209)

헝가리는 합스부르크 2중 왕국이 해체되면서 가장 큰 변화를 겪었다. 인구는 1천 8백만에서 8백만으로 감소하였고 영토는 체코, 슬로바키아, 세르비아, 크로아티아, 루마니아에게 잠식되었다. 영토회복을 주장하였지만 아무도 귀를 기우리지 않았다. 베라 쿤의 공산당 정권이 슬로바키아를 침략하였으나 루마니아 때문에 패배하였고 그의 정권이 무너지자 우익에 의한 백색 테러가 자행되었다. 체코슬로바키아는 1백만의 헝가리계에게 동등한 기회를 부여했으나 토지개혁으로 불만이 높아졌다. 헝가리계는 자신들의 토지가 강탈당하였다고 주장하였다.

소련은 마사리크에게 난제였다. 반대로 소련 지식층에게 마사리크는 반 마르크스주의의 선봉이었던 까닭에 이른바 "마사리크 충격Masaryk trauma"에서 쉽게 헤어나지 못하였다. 게다가 마사리크는 "시베리아에서 연합국 간섭의 장본인이었다." 전후 프라하는 구 러시아 정치인들의 망명처가 되어 1929년까지 2만 명의 망명객이 살고 있었다. 소련의 눈에는 가시였다. 소협상연합국Little Entente인 유고슬라비아의 세르비아 왕실은 로마노프 왕실의 재기를 바랐고, 루마니아는 소련과 백러시아를 둘러싸고 국경 다툼이 있었다. 체코슬로바키아와 함께 이 나라들로 구성된 소협상국은 소련의 서진에 방해가 되었다. 볼셰비키 공산주의의 준동이 거세졌다. 군대는 슬로바키아, 루테니아, 테신 지방의 사회주의 봉기를 막았다.

1209) *New York Times*, March 28, 1919.

체코슬로바키아 독립에 커다란 역할을 한 영국의 태도에도 변화가 생겼다. 영국 외무성은 독일을 보복하자는 프랑스의 끊임없는 요구에 질렸고 프랑스 완충지대의 핵심인 체코까지 싫어하게 되었다. 체코가 프랑스와 우호조약을 체결하였을 때 독일 신문이 그 속에 비밀군사조항이 포함되어 있다고 비난하였다. 이것이 사실이 아니었음이 밝혀졌음에도 런던의 언론은 베네시가 중부유럽 국제정치를 이끌어가려는 시도가 위험하고 어리석다고 보도하였다. 체코의 가장 중요한 친구인 세튼 워트슨과 스티드 또한 외무성을 짜증나게 만들었는데 체코에 대한 그들의 협조가 과대망상이며, 독선적이고, 십자군 정신의 혼합이라고 보았기 때문이었다. 이것은 체코가 오스트리아와 사생결단의 다툼에 영국외무성이 인내심을 잃었기 때문이다. 영국 외교가에서는 합스부르크에 대한 향수가 일어나기도 하였다. "합스부르크 유령"이 재래한 것이다. 볼셰비키에 대한 전통적인 두려움으로 영국은 히틀러가 독일을 안정시키고 유럽대륙에 평화를 가져온다고 믿었다. 영국 금융계는 독일에 투자를 시작하였다. 점점 영국인들은 프랑스를 싫어하고 독일을 "패자지만 명예로운 적"이라고 여겼다. 챔버린과 처칠은 한때 무소리니를 존경하여 그에게 발칸지역을 맡길 생각을 가졌다. 소협상연합국인 유고슬라비아와 루마니아도 눈치 빠르게 독일과 헝가리에 접근하였다. 체코만이 외톨이가 되었다.

4. 국내문제

　전후 유럽은 정치적 불안과 경제적 파탄을 겪어야 하였다. 식량, 연료, 주택이 턱없이 부족하였고 물가는 천문학적 숫자로 앙등하였다. 독일 내에서 환율이 1달러 대 4조 렌텐마르크까지 치솟은 때도 있었다. 독일의 모든 인쇄소는 연일 지폐를 찍어내느라고 바빴는데 그 지폐는 그 다음날에는 휴지가 되었다. 인쇄비를 절약하느라고 앞면만 인쇄하였다. 체코슬로바키아도 예외가 아니었다.

　체코슬로바키아는 합스부르크 체제에서 공업지역이었고 농산물 시장과 교통망이 부족하였다. 합스부르크 체제 붕괴와 함께 공산품 시장도 잃었다. 경제는 오스트리아 지폐에 의존하였는데 오스트리아 정부가 남발하였으므로 살인적인 물가앙등으로 고통을 받았다. 1919년 유능한 재무상 라신(Alois Rasin, 1867~1923)의 통화개혁으로 화폐가치를 안정시켰으나 중산층과 하층민의 고통은 컸고, 그 고통은 이웃 국가에게도 전가되었다. 라신은 오스트리아 크라운에 도장을 찍어 새로운 체코슬로바키아 화폐로 만들고 그 가운데 7할만 유통시켜 물가를 잡았다. 이 방법은 그 후 70년이 지나 체코와 슬로바키아가 분리될 때에도 사용되었다.

　미국구호국American Relief Administration이 6백만 달러 어치의 식량과 의복을 체코슬로바키아 아동구호국Czechoslovakia Children Relief에 보냈다. 그 책임자는 마사리크 대통령의 딸 엘리스 마사리크였다. 그녀는 1920년까지 2천 여 곳의 급식소를 세워서 매일 5십만 명의 어린애들을 먹였다.[1210]

　국가건설을 둘러싼 해외파와 국내파의 알력도 문제였다. 마사리크의 오랜 숙적 크레마르시는 자신을 비롯한 국내파의 프라하 혁명이 체코슬로바키아 독립에 결정적이라는 주장을 굽히지 않았다. 그는 부유한 러시아 여자와 혼인하였고 크리미아 반도에 궁전 같은 별장까지 소유하면서 평생 친러파로 남아 있었다. 로마노프의 백위군을 도와 볼셰비키의 적위군을 몰아내고 로마노프 왕관을 복위시켜야 한다는 주장을 계속하였다. 그는 소수민족을 믿지 않아서 체코민족의 우월성 하에 독일계와 헝가리계를 다스려야 한다고 믿었다. 오스트리아 헝가리에 대한 보복도 빠뜨리

[1210] Orzoff, *Battle for the Castle*, p. 62.

지 않았다. 앞서 말했지만 그의 대리인 두리히는 그의 지시에 의하여 파리 국민회의의 러시아 정책을 태업하였다.

크레마르시는 공화국 최초의 수상이 되었음에도 계속해서 마사리크와 베네시가 독립운동 자금을 횡령했다고 공개적으로 주장하였다. 그 이외에도 독립자금 횡령에 대해서 여러 정치가들이 계속 공격하였다. 특히 체코군단이 러시아에서 적위파와 전투 중에 발견한 러시아 황실 소유 대규모 금의 행방을 둘러싼 수수께끼는 오늘날까지 밝혀지지 않고 있다.

크레마르시가 해외파 독립운동을 지원하는 일을 거절한 것을 두고 비난하는 베네시를 사갈시하였다. 더욱이 35세에 불과한 베네시를 위하여 마사리크가 자신의 고령으로 유고시를 걱정하여 베네시를 대통령으로 만들기 위하여 헌법에 대통령 피선거권 연령을 35세로 낮춘 것에 분개하였다. 그의 모든 공격은 베네시에게 모아졌다. 그러나 마침내 마사리크에게까지 화살을 쏘았다. 마사리크의 회고록『국가의 창설*The Making of A State*』를 비판하는 책『외교 강의*Five Lectures on Foreign Affairs*』를 썼다.

마사리크는 즉각 반박하는 글을 썼다. "연합국의 승인을 받기 위한 해외 독립운동이 없었다면 연합국은 오스트리아와 단독 강화조약을 체결했을 것이고 체코는 독립하지 못했을 것이다." 마사리크는 한 걸음 더 나아가서 프라하 주재 오스트리아 총독 폰 콘덴호베 (Maximilian von Coudenhove, 1865~1928)의 메모를 폭로하였다. "프라하 혁명이 일어나던 10월 28일 바로 그날 체코 국내 저항인사들이 [새롭게 태어날 체코슬로바키아] 공화국에 대해 오스트리아에 협조하는데 동의하였다." 크라마르시가 이끌었던 프라하의 국민위원회가 절박해진 오스트리아의 마지막 순간에 그들에게 협조함으로써 합스부르크가 연방제로 가는 길에 도움을 주었을까? 크라마르시나 국내파 가운데 어느 누구도 이에 대해 적절한 답변을 하지 못하였다.1211)

당시 체코 정치는 보스정치였다. 유권자들은 후보자 개인에게 투표할 수 없었고 정당에게 투표하였다. 모든 정당은 신문을 소유하고 있었다. 당수는 커다란 권력을 행사하였고 당원들은 당수에게 복종해야 하였다. 의회에서 소속당의 방침을 따르지 않고 자신의 소신대로 투표하면 외톨이가 되었다. 철권을 휘두르는 보스정치의 결정판은 군소정당의 목소리가 배제되고 5대 정당 보스들로 구성되는 "5인방Petka"이었다. 이들의 목표는 "우리는 합의하기로 합의하였다"로 요약된다. 이 정례적이고 비공식적인 비밀 회합은 체코 의회를 좌우하며 체코 정치문화의 가공할 요소로 등장하였다. 1920년에 등장한 5인방은 당시 체코 의회 수준을 반영한다. 의회는 혼란과 무질서의 연속이었고 회의 중에 악취탄이 터지기도 하였다. 고의로 의사를 방해하는 것을 즐기는 풍조도 생겼다. 5인방은 최대정당인 농민당Agrarian Party의 스벨라(Antonin Svehla, 1873~1933) 당수에 의해 제의되었다. 고령의 마사리크 대통령이 장기간 병석에 있을 때 5인방의 필요성이 증명되었다. 사학자들은 대체로 공화국 초기에 정치적 불안정과 미숙한 의회정치 경험을 극복하기 위해 5인방을 필요한 안정 세력이며 과두적인 비헌법적권한의 원천으로 만들어 의회와 정부를 5인방의 결정에 고무도장으로 만들었다고 평가한다.1212)

마사리크도 처음에는 5인방을 승인하였다. 의회 토의가 거칠다고 생각하여 훈련받은 전문가 지도력이 타협으로 이끌 필요가 있다고 여겼다. 그러나 이 생각은 순진했다는 것이 드러났다. 5인방은 마사리크 권위에 대항하지 못하고 그의 후계자인 베네시에 대항하였다.

1919년 스트란스키(Jaroslav Stransky)는 궁성의 지도력을 공격하며 궁성을 탈퇴하였다. 마사리크는 그에게 1백만 크라운을 주면서 그 가운데

1211) Orzoff, *Battle for the Castle*, p. 107.
1212) Orzoff, *Battle for the Castle*, pp. 63-66.

반은 궁성의 생각을 선전하는 정당을 설립하는데 쓰고 반은 신문을 창간하여 5인방에 대항하여 체코정치의 도덕 개혁을 추진하는 궁성을 지지하는데 쓰도록 부탁하였다. 그는 국민노동당을 설립하고 새로운 신문 『국민해방Narodni Osvobozeni』을 창간하였다. 독일의 노동당을 모방한 노동당의 설립은 투표결과에 영향을 주려는 것이고 신문은 그 목적을 위한 선전 전쟁에 영향력을 행사하려는 것이었다. 1926년은 체코에서 가장 불안한 선거의 해였다. 체코의 의회제도가 정치적 불안을 해소할 능력이 없는 것처럼 보였다.

국가창설 즉시 정권 탈취를 시도한 측은 볼셰비키였다. 이것이 실패하자 공산주의자들은 암살로 응수하였다. 제일 먼저 크라마르시가 저격되었다. 총알이 부자인 그의 두툼한 지갑을 뚫지 못하여 생명을 건졌다. 그러나 화폐개혁의 주인공 라신은 피하지 못했다. 암살자들은 모두 20세 미만의 소년들이었다. 그들을 사주한 배경은 밝혀지지 않았다. 마사리크는 공산주의자들을 무자비하게 탄압하였다.

파시즘은 또 다른 심각한 문제였다. 당시 체코의 파시스트 세력은 날로 커져갔다. 파시스트의 등장은 이탈리아의 무소리니(Benito Mussolini, 1883~1945)의 영향을 받아서 중부유럽 국가에서 유행병이 되었다. 파시스트의 쿠데타 소문이 나돌았다. 1926년 폴란드의 피보스드스키 (Josef Pilsduski, 1867~1935) 원수의 쿠데타를 보며 궁성 쿠데타 가능성을 거론하기 위해 1926년 4월 마사리크, 베네시는 궁성 참모들과 회의를 가졌다. 이 자리에서 베네시는 국가를 구하기 위해 쿠데타가 마지막 수단임을 역설하였다.

가장 위험한 인물은 체코 포로군단의 가이다 장군이었다. 앞서 보았듯이 그는 시베리아에서 체코군단의 반란을 일으킨 장본인이다. 그는 체코 국수주의자로서 반독의 앞장서서 궁성 지도력과 생각에 대항하였다.

1926년 7월 4일 소콜 집회를 이용하여 가이다가 쿠데타를 일으킬 것이라는 소문이 나돌았다. 그 전 해 부르노Brno에서 쿠데타 모의로 계엄령이 포고되었고 여러 사람들이 체포된 적이 있었다. 궁성은 소콜이 소집되기 이틀 전에 가이다 장군을 직위 해제시켰다. 그가 프랑스의 비밀 군사정보를 소련에게 넘겼다는 혐의였으나 뚜렷한 증거는 없었다.1213) 그럼에도 가이다는 군사재판에서 유죄판결을 받고 군대와 정치에서 떠날 수밖에 없었다. 그는 체코 장군군복을 입지 못하자 시베리아에서 콜착 제독이 수여한 자르 장군군복을 입었다.

가이다 사건 이후에도 파시스트의 준동은 그치지 않았다. 여러 지역에서 무력 충돌이 일어났다. 1927년 대통령 선거에서 정치적 위기는 여전하였다. 마사리크는 국제정치 환경이 이처럼 체코에 불리할 때 그의 당선이 매우 중요한데, "만일 이렇게 서로 싸운다면 나는 이번 선거를 거부하겠다."고 협박하였다. 야당 후보였던 스벨라 수상이 사퇴하면서 마사리크는 압도적인 지지로 대통령에 당선되었다.

5. 프라하 "궁성"

이러한 국내외 정세를 종합해 볼 때 정치적인 안정이 중요해졌다. 체코슬로바키아는 혼자 힘으로 자유와 독립을 쟁취할 수 없고 독립 후에 그것을 홀로 유지할 수 없는 작은 나라이기 때문에 안전장치가 필요하였다. 두 가지가 필요하였다. 하나는 초국가 조직이다. 다른 하나는 선전, 정보, 언론이었다. 초국가조직은 국제연맹이다. 여기에 더하여 마사리크와 베네시는 체코슬로바키아, 유고슬라비아, 루마니아로 소협상도 조직

1213) Kelly, *The Czech Fascist Movement 1922 1942*, Boulder, Colorado, East European Monographs, 1995, p. 55.

하였다. 이것들의 핵심은 무력이 아니라 선전과 외교이다. 전후 국제적 선전에 독일은 2억 5600만 파운드, 프랑스는 7400만 파운드, 폴란드는 2600만 파운드를 지불했음에 대하여 체코슬로바키아는 1800만 파운드를 지불하는데 그쳤지만 헝가리와 루마니아는 서방에 대한 체코슬로바키아의 선전규모에 놀랐다.

결국 외교, 선전, 정보, 언론이 체코슬로바키아가 존속하는 힘이다. 체코슬로바키아와 온 세계는 이것을 깨달은 학생이고 마사리크와 베네시는 그 교사이다. 체코의 정치지도자조차 좁은 시야로 세상을 바라보았고 마사리크와 베네시가 자유와 독립을 보고 뛰어들은 전쟁의 폭풍에서 멀리 떨어져 있었던 학생에 불과하였다. 마사리크는 일찍이 독립운동으로 망명할 때 스스로에게 물었다. "우리가 자유를 위하여, 독립 국가를 관리하고 유지할 수 있는 만큼 성숙되었는가? 우리는 세계사에서 있어서 이 [독립]운동[의 의미]를 이해할 수 있을까?" 마사리크와 베네시는 가르쳐야 하였다. "국가의 계발은 순전히 교육과 계몽을 통해야만 한다. 그 수단이 언론이다."1214) 체코의 지도자는 모름지기 국제적인 안목을 가진 자라야만 된다.

마사리크와 베네시가 가진 국내파 체코 의회지도자들에 대한 부정적 인식은 전후에도 변하지 않았다. 자신들이 해외에서 풍찬노숙 독립운동을 할 때 도와주기를 망설이거나 거절하며 로마노프 왕관만을 기다리거나, 합스부르크에 충성을 맹세한 의회지도자들의 행태는 쉽게 잊혀 질 수 없는 일이었다. 해외파 마사리크와 베네시는 역사의 올바른 방향을 택하였다. 이제 그들을 올바른 방향으로 가르쳐야 할 때가 되었다. 그들이 계속 잘못된 방향을 고집하는 것은 간난 속에서 기적처럼 창건된 국가

1214) Masaryk, *Karel Havlicek*, BiblioBazarr, 2010[1920], p. 55. Orzoff, "Thomas Masaryk and Political Journalism 1925 1929," *Slavic Review*, 63, no.2, (Summer 2004), p. 297에서 재인용.

존망의 문제가 된다.

　구체적으로 이것은 초당적이고 선거결과에 상관없이 마사리크 대통령이 선의에 의해 국가를 통치하고 베네시가 외교를 담당하는데 방해가 없도록 하자는 것이다. 당시 체코슬로바키아에는 서방의 언어를 자유롭게 구사할 수 있는 인물이 많지 않았다. 오래 동안 유럽내륙의 한복판에서 해외 경험을 가진 사람들도 극소수였다. 그러나 1918년 임시의회에서 제정한 임시헌법은 대통령을 허수아비로 만들었다. 그리고 외교에 대한 중요성이 반영되어 있지 않았다. 대통령이 함께 일할 수 있는 인선도 할 수 없었다. 대표적인 것으로 마사리크의 정적인 크라마시를 임시의회가 수상으로 임명한 것이다. 앞서 "대통령에 마사리크! 좋군. 그에게는 정당이 없지. 정치가라기보다는 철학자이며 이상주의라지"라는 표현은 국내 기반이 없는 마사리크를 허수아비로 여기는 것이다. 여기서 국내파와 해외파의 알력이 생겼다. 마사리크는 다른 수단을 생각하지 않을 수 없었다.

　마사리크가 생각하는 권력과 권위는 전쟁 기간에 두 사람에 의해 형성되었다. 윌슨의 높은 이상주의 국제적 도덕성과 레닌의 피를 부르는 혁명적 볼셰비즘이었다. 그러나 윌슨이나 레닌은 국민과의 접촉을 강조하지 않고 있다고 마사리크는 생각했다. 그것은 교육이었다. 마사리크가 해석한 인도주의 민주주의란 "통치 권력을 부여받은 정치인의 견해를 실천하는 것인데 그 힘은 동포에 대한 공감으로 제한되는 특성을 지닌다. 국가기구의 권위가 제한이 없다고 민주주의가 결함이 있다고 볼 수 없는 것이다."[1215] 그 공감을 이끌어내는 수단이 교육이다. 만일 유권자와 의회지도자들이 체코의 정치가 국제적인 특성을 지닌다는 것을 이해하지 못한다면 마사리크와 베네시가 이룩한 공로는 의미가 없게 된다. 이에 마사리

1215) Orzoff, *Battle for the Castle*, p. 55.

크와 베네시는 자신들의 조직과 자원이 필요하였다. 이것이 없이는 명목뿐인 대통령이 의미 있는 일을 할 수 없게 될 것이다. 마사리크와 베네시는 강력한 비공식적 조직을 만들었다. 그것이 궁성이다.

궁성은 마사리크의 대통령청, 베네시의 외무성, 언론, 금요인사가 핵심이었다. 마사리크와 베네시는 의회가 정해주는 예산 이외에 자신들의 재산, 영향력 있는 인사들의 헌금으로 운영하였다. 여기에는 체코 최대의 은행가들도 포함되었다. 궁성의 목표에 찬동하는 각료, 의회지도자도 포함되며 언론도 예외가 아니었다. 궁성이 최우선으로 삼은 목표는 서방에 대한 선전이었다.

여기에 반대하는 인사는 견제되었다. 한 예로써 크리마르시의 몰락을 들 수 있다. 마사리크의 오랜 숙적인 크라마르시는 초대수상이었고 최대 정당을 이끌고 있었는데 여전히 친러시아 정책을 고집했다. 체코군단을 블라디보스토크가 아니라 모스크바로 보내 볼셰비키와 전투를 해야 한다고 주장하였다. 그는 볼셰비키와 싸우는 폴란드 군단을 보라고 외쳤다. 그의 목표는 백위파 정권 수립을 도와주는 것이었다. 1920년에 치러진 선거에서 그의 정당은 소수당이 되어 그는 수상에서 물러나야만 하였다. 궁성의 선전은 선거에 영향을 주었다.

국내적으로는 마사리크와 베네시를 민족의 해방자로 만드는 작업을 하였다. 이것은 전쟁 중에 국내에 남아있던 지도자 세력을 약화시키는 포석이었다. 이들이 의회를 이끌어 가고 있었다. 그러기 위해서 의회에서 중도좌파를 지지하며 파시스트와 자치를 요구하는 슬로바키아와 독일계를 지지하는 보수 세력을 무력화 시켰다. 민주주의를 상징하는 마사리크와 베네시를 비난하는 반대파는 모두 민주주의와 안정을 저해하는 국가와 민족의 반역으로 몰아갔다.

유럽의 자유주의는 절대주의국가로부터 개인을 보호하고 그 개인에게서 빼앗을 수 없는 보편적 자연권을 주장하였다. 자유주의는 교육받고 재산을 보유한 사람들에게 선거권과 피선거권을 부여하면서 그 영역을 확대해 나갔다. 오스트리아 자유주의는 1848년의 혁명을 분출시켰다. 그 혁명은 실패하였으나 그 유산은 사라지지 않았다. 1867년 자유주의자들은 황제에게 헌법을 제시하고 교육 제도를 발전시켰다. 그러나 오스트리아 자유주의는 해방의 약속과 함께 경직된 계급제도를 병행하였다. 독립적인 사람과 정치적인 참여가 없는 예종된 사람으로 나뉘었다. 자유주의는 여전히 합스부르크 정치를 지배하였으나 자유주의자는 권력에서 제외되었다. 구체코당과 신체코당은 독일 자유주의의 영향으로 중도에서 우경으로 이동하였다. 신체코당은 보수주의를 대표하게 되었다. 오스트리아 자유주의 역시 독일의 특권을 내세우고 민주주의와 자치를 요구하는 체코 민족주의를 억압하였다.

마사리크는 오스트리아 자유주의의 모순을 인식하고 있었다. 개인의 자유나 국가의 자치를 오스트리아와 독일의 특권을 보호하는 절대주의 국가를 위해 희생해야 하는 것으로 오스트리아 독일의 자유주의를 정의하였다. 마사리크는 유럽 자유주의의 이상과 오스트리아 자유주의의 실태를 평생 추적하였다.

그의 사실주의는 오스트리아 자유주의와 그 정치와 지성에 대한 실망에서 나온 것이다. 콩트와 흄의 영향을 받은 그는 실증주의 정치를 채택하였다. 정치적 알력은 부적절한 지식에서 야기하므로 과학적 탐구야말로 세상에게 더 넓은 시각을 부여하고 정제된 정보가 더 큰 사회 정의로 안내한다고 그는 믿었다. 따라서 정치학은 사회학의 확장이고 사회학은 모든 분야를 하나로 통합할 수 있는 희망이다. 체코 지성과 학자의 생활이 개선되어 체코 지도자들과 사상가들을 계몽시켜야 하며 체코 정치가 국가를 제대로 인도하게끔 해야 한다. 이것이 궁성 정치학의 임무였다.

6. 대통령청

마사리크는 해외에서 귀국하자마자 효율적인 대통령직을 수행하기 위해 대통령 직속의 대통령청을 만들었다. 그 직원수는 213명이었다. 이들의 첫째 임무는 대통령 정보처 역할이었다. 모든 분야의 정보를 수집 분석하는 곳이다. 4만의 체코군단이 궁성에 충성을 다하고 있다. 둘째 임무는 그림자 내각shadow cabinet의 역할이었다. 그것은 또 하나의 정부였고 그 목적은 마사리크를 국정에 대한 모든 책임에서 벗어나게 하여 방탄 대통령으로 만드는 것이었다. 사실상 1923년에 제정된 방어법Law in Defence은 대통령에 대한 모욕, 풍자, 고소 고발하는 것을 금지하였다.

7. 외무성

베네시의 외무성은 외교와 선전을 전담하였다. 그 자금은 정부예산이었지만 자의적으로 사용할 수 있었고 베네시의 호주머니에서도 나왔다. 베네시가 파리강화회의에 묶여서 자리가 비었을 때 마사리크가 직접 인선부터 챙겼다. 합스부르크 지배 하에서 체코인들은 외부와 접촉이 차단당하여서 외국어를 구사할 수 있는 인물이 극히 제한적이었다. 마사리크는 주로 러시아 체코군단, 이탈리아 체코군단, 프랑스 체코군단에서 인재를 선발하였다. 그들은 4년의 포로생활에서 외국어를 습득하였다. 이들은 앞으로 사고방식을 동방에서 서방으로 바꾸게 되도록 재교육 받았는데 프랑스식 사고를 강조하였다. 특히 국제연맹이 스위스에 있으므로 스위스에 주목하였다. 이들에게 궁성에 대한 충성은 필수적이었다. 외무성은 지도층의 재교육도 담당하였다. 영향력 있는 사업가 정치가들을 세계적인 사고력을 기르도록 하였다. 1920년 체코슬로바키아에는 2,259개의 정기간행물이 있었고 1930년에는 3,933개로 증가하였다. 이 가운데 3분의 1이 정치적인 간행물이었다. 정당들도 신문을 갖고 있었다. 최대 정당 농민당은 13개의 인쇄소에서 38개의 신문을 발행하였고, 공산당은 53개의 잡지와 7개의 신문을 만들었다. 대부분의 신문과 잡지는 적자였다. 대통령과 외무성은 언론을 매우 중요하게 살폈다. 외무성의 또 하나 임무는 언론의 장악이었다. 외무성은 이에 대항하여 각종 정부 유인물을 출판하였고 스스로 신문도 발행하였다. 외무성이 주관하는 일 가운데 하나는 각종 사회적 친교모임을 조직하는 것이었다. 그 가운데 각국 외교관의 모임은 매우 중요하였다.

8. 금요인사

차페크는 금요일에 지식인과 문필가들의 모임을 만들었다. 이것은 비공식적 친교모임이었는데 곧 영향력 있는 집단으로 급성장하였다. 각종의 인물들이 참석하였다. "차페크는 반대 의견을 가진 사람들도 모았다. 그만이 이질적이지만 능력 있는 사람들을 다룰 줄 알았다. 여기에는 마르크스주의자에서 체코군단 출신, 가톨릭, 자유주의에 이르기까지 망라하였다." 그러나 차츰 단일의 색깔로 변해서 모두 마사리크의 추종자들로만 남게 되었다. 그들은 동일한 정치철학으로 뭉쳤다. "서로에게 충성하며, [결국에는] 체코슬로바키아 민주주의에 충성하여, 이른바 조국의 바탕이 되는 인본주의에 충성한다."
이 모임에는 독일계와 슬로바키아계가 빠졌다. 마사리크는 체코의 독립을 전 국민적인 역사로 인식하여 소수민족의 불만은 있을 수 없다고 생각하였다. 금요일에 토론된 것은 다음 주에 각자 처한 위치에서 실행되었다.

그 운영자금은 마사리크와 베네스의 지갑에서 나왔다. 금융 인사들이 마사리크의 뒤에 있었다. 대표적인 인물이 프라이스Jaroslav Preiss였다. 그는 가장 큰 상인은행Trademan's Bank의 회장이었는데 그가 후일 야심을 보이며 궁성의 반대자들과 손을 잡을 기세를 보이자 제거되었다. 그밖에 군단은행Legionary Bank과 영국은행English Bank도 마사리크의 수중에 있었다. 자동차와 무기를 만드는 스코다 공업Skoda Works도 마사리크 뒤에 있었다.

9. 마사리크 전설

마사리크는 1936년까지 대통령이었다. 그리고 그 이상이 되었다. 신생국 체코슬로바키아를 모르는 외국인들도 마사리크는 알았다. 마사리크는 하나의 원칙이 되었다. 민주정치의 화신이다. "우리는 독일, 오스트리아, 불가리아에 둘러싸여 있다. 그러나 독일, 오스트리아, 불가리아, 헝가리, 폴란드 보다 더 민주적이다. 우리는 서양 민주주의 요새이다. 이것을 지키라는 의미이다. 이것은 우리의 운명이다. 또는 역사의 의미이다." 차페크는 강조했다. "마사리크는 영원하다. 그 안에서 용기, 지혜, 미, 위대, 인간과 정신의 고전적 모범을 본다. 그는 신의 손의 도구였다. 마사리크가 건설한 국가 기초에서 신 그 자신이었다."[1216] 마사리크는 히틀러 침공 2년 전에 죽었다.

1216) Orzoff, *Battle for the Castle*, pp. 185-186.

[이승만 연보]

1875. 3. 26 황해도 평산군 마산면 능내동에서 양녕대군 후손 이경선(李敬善)
과 김해 김씨 사이에 3남 2녀 중 막내로 출생
1895. 4. 2 (20세)
배재학당에 입학하여 서재필에게 서양 학문을 배움
1898. 1. 1 (23세)
한국 최초의 일간지 《협성회회보》를 발간하고 주필 맡음
  3.10 만민공동회 총대위원에 올라 가두연설로 인기를 얻음
  11.26 중추원 의관(종9품)에 임명됨
1899. 1. 9 (24세)
박영효 일파의 고종폐위음모에 가담했다는 혐의로 체포 투옥됨
1901. 2.~1904. 7. (26-29세)
옥중에서 《독립정신》 집필 (1910년 3월 LA에서 출판됨)
1904. 8. 9 (29세)
러일전쟁 후 출옥하여 민영환, 한규설의 후원 하에 미국의 지원을 호소하고자 11월 4일 미국으로 출국
1905. 2. 20 (30세)
존 헤이 국무장관과 면담을 통해 1882년 조미수호통상조약의 거중조정 조항에 따라 협조하겠다는 약속을 받아냈으나 헤이의 죽음으로 허사로 돌아감
1907. 6. 5 (32세)
조지워싱턴대학 졸업, 9월 하버드대학 석사과정 입학, 1908년 수료
1908. 7. (33세)

　　　　　　　콜로라도주 덴버에서 열린 애국동지대표자대회에서 의장으로 선
　　　　　　　출됨
1910. 7. 18 (35세)
　　　　　　　프린스턴대학에서 박사학위를 받음. 학위논문 '미국의 영향 하에
　　　　　　　성립된 중립론'은 1912년에 프린스턴대학 출판부에서 출간됨

1910. 10.-1912. 3. 26 (35-37세)
　　　　　　　YMCA 총무와 청년학교 학감에 취임하여 교육, 전도 활동
1912. 3. 26 (37세)
　　　　　　　105인사건 후 미국 미네아폴리스에서 열릴 '국제기독교 감리회
　　　　　　　4년총회'의 한국 평신도 대표로 참석하기 위해 도미
1913. 2. 3 (38세)
　　　　　　　하와이에 정착. 105인사건을 폭로하는《한국교회 핍박》출간

　　　　8.　　하와이 미 감리교회가 운영하는 한인기숙학교(한인중앙학원) 교
　　　　　　　장직을 맡음
1914. 7. 29 (39세)
　　　　　　　한인여자학원 설립, 1918년 9월 한인여자학원을 남녀공학의 한
　　　　　　　인기독학원(The Korean Christian Institute)으로 바꿈
1918. 12. 1 (43세)
　　　　　　　정한경, 민찬호와 함께 대한인국민회 파리평화회의 한인대표로
　　　　　　　선출됨
1919. 3. 3 (44세)
　　　　　　　장차 완전독립을 전제로 한국을 국제연맹의 위임통치 하에 둘
　　　　　　　것을 윌슨 대통령에게 청원
　　　　4. 11　상해 대한민국임시정부의 국무총리에 추대됨
　　　　4. 23　서울에서 수립된 한성임시정부의 집정관총재로 추대됨
　　　　6.14-27 대한공화국 대통령 명의로 구미 각국 및 일본의 국가원수들과
　　　　　　　파리평화회의 의장 조르쥬 클레망소에게 한국 독립선포를 알

                 리는 공문 발송
        8. 25   워싱턴DC에 구미위원부 개설
        9. 6   대한민국임시정부 의정원에서 임시대통령으로 선출됨
1920. 11. 15 (45세)
                 임병직과 함께 호놀룰루를 출발하여 12월 5일 상해 도착
1921. 10. 10~12. 1 (46세)
                 워싱턴군축회의 미국대표단에게 '한국독립청원서' 제출
1925. 3. 11~4. 10 (50세)
                 대한민국임시정부로부터 임시대통령직에서 면직됨
1932. 11. 10 (57세)
                 국제연맹에 한국독립을 탄원할 대한민국임시정부 전권대사에 임
                 명됨
1933. 2. 21 (58세)
                 제네바 드뤼시호텔에서 프란체스카 도너(Francesca Donner)
                 를 만남
        7. 9-20 소련에 독립지원을 호소하고자 모스크바 기차역에 도착했으나
                 퇴거당함
1934. 1. 12 (59세)
        7. 22   미 국무부의 정치고문 스탠리 혼벡 박사 면담하고 독립 호소
1941. 4. 20 (66세)
                 호놀룰루에서 9개 단체가 모인 재미한족연합위원회에서 외교위
                 원장에 임명됨
        6. 4   대한민국임시정부로부터 주미외교위원부 위원장에 임명됨
        6.   일본의 미국 침공을 경고하는 「일본내막기(Japan Inside Out)」
                 출간
1942. 1. 16 (67세)
                 임시정부 승인을 목표로 미국 명망가들과 한미협회 결성
        2. 27   3.1 워싱턴DC의 라파옛호텔에서 한인자유대회 개최
        10. 10   미 육군전략사무처(OSS) 프레스톤 굿펠로우 대령에게 항일 게

릴라 조직 제의

1943. 2. 17 (68세)
　　　　　미 육군장관 헨리 스팀슨에게 편지로 항일 게릴라 조직계획서를 제시

1944. 8. 21 (67세)
　　　　　루스벨트 대통령에게 편지로 임정 승인 요청

1945. 5. 14 (70세)
　　　　　얄타회담에서 미국과 영국이 한국을 소련에 넘겨주기로 비밀협약을 맺었다는 발표를 함으로써(일명 얄타밀약설) 미 국무부와 충돌

1945. 8. 15　해방
　　10. 16　33년만에 환국. 조선호텔에 투숙. 다음날 귀국 담화 방송
　　10. 25　조선독립촉성중앙협의회(독촉중협) 총재직을 맡음

1946. 1. 14 (71세)
　　　　　신탁통치를 찬성하는 공산주의자들을 매국노로 규정하고 결별 선언
　　2. 8　대한독립촉성국민회 총재에 추대됨
　　2. 25　미 군정청 자문기구인 남조선대한민국대표 민주의원 의장에 선출됨
　　6.　　하지 장군의 좌우합작위원회 참가 권유를 거부
　　6. 3　전북 정읍에서 남한임시정부 수립의 필요성 역설
　　6. 29　독립정부 수립의 권리 쟁취를 위한 민족통일총본부 결성
　　12. 2　독립정부 수립을 UN에 직접 호소하기 위해 동경을 거쳐 미국으로 출발
　　12. 12 소련이 한국의 통일정부 수립을 허용하지 않을 것이 확실하므로 남한에서 만이라도 과도정부 수립이 필요하다고 주장

1947. 4. 13 (72세)
　　　　　동경을 거쳐 상해에 들러 장개석 총통과 회견
　　7. 3　좌우합작을 주장하는 하지 중장과의 협조 포기 선언. 가택연금을

　　　　당함
　9. 16　독립정부 수립을 위한 수단으로 남한 총선거를 주장. 소련의 진의
　　　　를 파악한 미국정부가 지지를 보내기 시작
1948. 5. 10 (73세)
　　　　최초의 자유총선거(5.10선거)에서 지역구인 동대문구에서 당선
　5. 31　제헌의회 의장으로 선출됨
　7. 20　국회에서 대통령으로 당선됨(186명 출석 가운데 180표 획득)
1948. 8. 15　대한민국 정부수립 선포식
　8. 26　한미상호방위원조 협정 체결
　10.19　맥아더 주일 연합군 최고사령관의 초청으로 일본 방문
　12. 12　파리 유엔총회 마지막 날 마지막 시간에 대한민국 승인안이 간신
　　　　히 통과됨. 대한민국의 와해 모면
1949. 1. 8 (74세)
　　　　대마도 반환 요구 기자회견
　1. 9　반민특위의 친일파 처벌에 신중해야 한다고 담화
　3. 23　필리핀 퀴리노 대통령이 제안한 반공적인 태평양동맹안 지지
　7. 20　태평양동맹의 체결 협의를 위해 퀴리노 대통령, 장개석 총통을 초
　　　　청
　8. 8　이승만-장개석 진해 회담
　11. 26　남북통일 방안으로 북한 괴뢰정부 해체 후의 총선거 주장
1950. 1. 24 (75세)
　　　　국회의 내각책임제 개헌안 반대
　3. 10　농지개혁법 개정법 공포. 4월 5일 농지분배 예정통지서 발송 시작
　6. 26　동경의 맥아더 장군에게 한국의 무기지원 요청을 거부해 온 미국
　　　　태도를 비난하고 즉각 지원 요청
　7. 14　원활한 전쟁수행을 위해 맥아더 유엔군총사령관에게 한국군 작전
　　　　지휘권 위임
　9. 28　유엔과는 상의 없이 국군에 38선 이북 진격을 명령
1951. 6. 9 (76세)

　　　　　38선 정전 결사반대 선언. 6월 27일 소련의 정전안 거부
　9. 20　휴전 수락 전제조건으로 중공군 철수, 북한 무장해제, 유엔감시하 총선거 요구
　11. 19　자유당 창당과 총재직 수락
1952. 1. 18 (77세)
　　　　　일본 어선의 침범을 막기 위한 평화선 선포
　8. 5　직선제를 통한 대통령 당선(부통령 함태영)
　11. 27　대만 방문
　12. 3　한국을 방문한 미 대통령 당선자 아이젠하워와 회담
1953. 4. 11 (78세)
　　　　　휴전반대와 함께 국군 단독북진 성명
　5. 8　미 정부에 휴전 수락 거부 통고
　6. 18　유엔군 포로수용소에 수용중인 2만 7,000명의 반공포로석방
　7. 12　한미공동성명(①한미상호방위조약 체결, ②미국은 경제, 군사 원조를 약속)
　11. 27　대만을 방문하여 장개석 총통과 반공통일전선 결성 발표
1954. 5. 12 (79세)
　　　　　대한민국 정부를 해체하고 국제연합 감시하의 선거를 통해 한반도에 통일정부를 수립하려는 제네바정치회의의 결의를 맹렬히 반대하여 철회시킴
　7. 28　미 상하원 합동회의에서 소련 침략 야욕을 강조하고 무력만이 대응책이라고 강조함으로써 33차례의 열렬한 박수를 받음
　8. 3　유엔총회에서 한국 통일에 대한 지원을 역설
1956. 3. 25 (81세)
　　　　　공보실 통해 재출마 결의 담화
　5. 22　대통령 이승만(자유당) 당선 공고. 부통령은 장면(민주당)
　8. 15　제3대 대통령에 취임
1957. 1. 6 (82세)
　　　　　휴전협정 폐기와 군비강화 강조

4. 20　통화발행 억제와 정부기구 축소 지시

　　12. 3　국무회의에서 한글전용 지시

1958. 3. 28 (83세)

　　　　　일본 기시(岸信介) 수상의 한일회담 재개 요망 친서에 동의

　　8. 29　아시아의 집단안전보장체제 강조. 대만에 유재흥 연참총장을 특사로 파견

　　10. 28　원자력 연구 지시

　　11. 5　월남대통령의 초청으로 베트남 방문

1960. 3. 15 (85세)

　　　　　선거에서 대통령 4선 확정

　　4. 24　4.19 유혈사태에 책임을 지고 자유당 총재 사임

　　4. 26　국민이 원한다면 ①대통령직 사임 ②정·부통령선거 재실시 ③이기붕의 공직 사퇴 ④내각책임제 개헌 등을 약속. 시위대 대표 5명과 면담 후 하야를 약속

　　4. 27　대통령직 사임서 국회에 제출

　　4. 28　이화장으로 은퇴

　　5. 29　하와이로 출국

1965. 7. 19 (90세)

　　　　　호놀룰루 마우나라니 요양원에서 서거, 국립묘지에 안장

[토마스 거리그 마사리크 연보]

1848 오스트리아 황제 프란츠 조셉 I 등극
1850 오스트리아 헝가리 제국 모라비아 호도닌에서 출생 (3. 7)
     아버지 조셉 마사리크 어머니 테레지 크로파스코바 마사리크
     체이코비체로 이주
1862 모라비아 허스토페치의 중학교 입학
1864 비엔나에서 열쇠견습공, 모라비아 체이체에서 대장간견습공,
     지역 초등학교 교사보조
1865 모라비아 브르노 김나지움에 입학
1866 보오전쟁. 오스트리아 패배
1867 오스트리아와 헝가리 이중왕국 결성
1869 비엔나 김나지움 입학
1872 비엔나 대학 입학
1876 비엔나 대학에서 철학박사학위 취득
     학위논문『플라톤의 정신불멸』
     라이프치히 대학에서 박사후 과정
1877 미국 음악학도 샤로트 거리그 약혼
1878 미국에서 샤로트 거리그와 결혼. 제1차 미국여행
     귀국 후 비엔나 대학 사강사
     『자살론』출판
1882 프라하의 체코대학 부교수
     『최면론』출판
1884『학술진흥』창간.
     에드와드 베네시 출생

1885 『실천논리학』 출판

1886 문서사건

1887 톨스토이 방문

1889 신체코당 내에 사실주의파를 창설.

     오스트리아 황태자 루돌프 자살

1890 비엔나 제국의회 의원. 초선

1893 『우리 시대』 창간

1895 『체코현안』 출판. 『현재의 위기』 출판

1897 제국의원 사임.

     체코 폭동. 계엄령 실시

1898 『얀 후스』 출판. 『하브리체크』 출판

     『인간성의 이상』 출판

1899 힐스너 사건

1900 『사회현안』 출판. 체코인의 당 창당

1902 미국 시카고 대학 강연. 제2차 미국여행

1906 교리문답 사건. 『교리문답신부의 거울』 출판

1907 제국의원 당선. 재선

     제3차 미국 여행. 여러 도시에서 강연

1908 바르문트 사건.

     오스트리아 헝가리 발칸의 보스니아와 헤르체고비나 합병

     마사리크 제국의회에서 합병반대연설

1909 아그람 사건

1911 제국의원 당선. 삼선

1913 베이리스 사건. 『러시아 정신』 출판

1914 마피아 결성.

     제1차 세계대전 발발

     제네바와 런던으로 망명(12. 14). 『비망록』 작성

1915 킹스 칼리지 교수

「유럽위기에 있어서 약소국 문제」 강연

파리에 체코슬로바키아 해외위원회 창설

1916 　마사리크 브리앙 파리 공동성명

파리에 체코슬로바키아 국민회의 창설

각종 독립운동 선전지 창간

윌슨 교전국에게 전쟁목적 문의

1917 　프랑스 전쟁목적에 체코슬로바키아 "해방"을 명시

프라하천주교당 프라하국민위원회 반대표명

러시아 3월 혁명

러시아 방문

미국 루트사절단과 면담

프랑스 외상 러시아 체코군단 프랑스로 이송합의

러시아 체코군단 결성. 대장정 시작

1918 　러시아 10월 혁명, 윌슨 14개 조항 발표, 미국의회 이민법 개정. 체코계

미국인 체코군단에 합류가능

러시아 체코군단 프랑스군에 편성

이탈리아 체코군단 편성

마사리크 시베리아 횡단

마사리크 윌슨 회담

미국 참전, 미국 합스부르크 피압박민족 해방 약속

로마의 피압박민족대회 개최

프랑스 체코슬로바키아독립 지지, 영국 체코슬로바키아국민회의 인정,

미국상원외교위원회 체코슬로바키아 독립이 평화에 필수임 인정

피츠버그 합의

식스투스 사건

프라하 혁명

파리에 체코슬로바키아 임시정부 수립

마사리크 워싱턴에서 체코슬로바키아 공화국 독립선포(10. 18)

초대대통령으로 피임

　　　　마사리크 귀국. 대통령 취임
　　　　제1차 세계대전 종전(11. 11)
1919　파리강화회의에 체코슬로바키아 대표 참석
　　　　파리강화회의
1933　**히틀러 수상취임**
1935　고령으로 대통령직 사임. 후임에 베네시 지명
1937　사망 (9. 1). 국장

[참고문헌]

I. 국문 단행본과 논문

고정휴. 『이승만과 한국독립운동』. 연세대학교 출판부, 2004.
김 구. 『백범일지』. 집문당, 1994.
김도태. 『서재필박사자서전』. 수선사, 1948.
김두종. 『한국의학사』. 탐구당, 1966.
김상태 편역. 『윤치호 일기, 1916 1943』. 역사비평사, 2001.
김석근. 「복택유길의 자유와 통의」, 『정치사상 연구』 2. 2000년 봄.
김수용. 「1920년 체코슬로바키아 공화국 헌법에 관한 연구」. 『공법연구』. Vol.36, No.2, 2007.
김수자. 「해방정국 이승만의 대동단결과 단체통합운동」. 최상오·홍선표 외. 『이승만과 대한민국 건국』. 연세대학교 출판부, 2010.
김유동. 『월남이선생실기』. 동명사, 1927.
김준보. 『한국자본주의사 연구』 Ⅰ. 일조각, 1974.
김학은. 『루이스 헨리 세브란스』. 연세대학교 출판부, 2008.
맥캔지 저. 이광린 역. 『한국의 독립운동』. 일조각, 1987.
박기서. 「유길준과 복택유길의 정치사상 비교연구」. 홍익대학교 박사학위논문, 1988.
반병률. 「이위종과 항일 혁명운동」. 이태진 외. 『백년 후 만나는 헤이그 특사』. 태학사, 2008.
방기중. 『배민수의 농촌운동과 기독교 사상』. 연세대학교 출판부, 1999.
백낙준. 『백낙준 전집』. 제1-10권. 연세대학교 출판부, 1995.
_____. 『한국개신교사』. 연세대학교 출판부, 2002[1929].
분쉬 지음. 김종대 옮김. 『고종의 독일인 의사』. 학고재, 1999.
서대숙. 「한국독립운동사(103)」. 『한국일보』. 1988.11.18.
손세일. 『이승만과 김구』. 제1-3권. 나남, 2008.
송 복 외. 『이승만의 정치사상과 현실인식』. 연세대학교 출판부, 2002.
송인상. 『(송인상 회고록) 부흥과 성장』. 21세기북스, 1994.

신용하. 『독립협회 연구』. 일조각, 1985.
안형주. 『박용만과 한인소년병학교』. 지식산업사, 2007.
올리버. 「내가 아는 이승만 박사」. 『신동아』. 1979.7.
우남이승만문서편찬위원회 편. 『우남이승만문서 : 동문편』. 전18권. 중앙일보사/현대한국학연구소, 1998.
원영희·최정태. 『뭉치면 살고…』. 조선일보사, 1995.
유영익. 『이승만의 삶과 꿈』. 중앙일보사, 1996.
_____. 「대한민국 임시정부 수반 이승만의 초기 행적과 사상」. 유영익 외. 『이승만과 대한민국 임시정부』. 연세대학교 출판부, 2009.
_____. 『젊은 날의 이승만—한성감옥생활(1899-1904)과 옥중잡기 연구』. 연세대학교 출판부, 2002.
_____. 「이승만의 옥중잡기」. 유영익 편. 『이승만 연구—독립운동과 대한민국 건국』. 연세대학교 출판부, 2000.
_____. 「이승만의 <옥중잡기> 백미」. 유영익 외. 『이승만 연구』. 연세대학교 출판부, 2000.
_____. 「자료를 통해 본 인간 이승만」. 『계간 진리 자유』. 1997년 겨울.
_____. 「기독교정치가 이승만을 회고하다」. 『미래한국』. 2012.11.5.
윤성렬 증언. 「인간 이승만 백년(10)」. 『한국일보』. 1975.7.20.
이광린. 『개화당 연구』. 일조각, 1973.
_____. 『한국개화사 연구』. 일조각, 1977.
_____. 『한국개화사의 제문제』. 일조각, 1986.
이도형. 「한일유착 드라마」. 『월간조선』. 1986.1.
이덕희. 『한인기독교회·한인기독학원·대한인동지회』. 한국기독교역사연구소, 2008.
이만열·옥성득 편역. 『언더우드 자료집』 III. 연세대학교 출판부, 2007.
이승만 저. 이종익 역. 『일본군국주의 실상』. 나남, 1987.
_____ 저. 정인섭 역. 『이승만의 전시중립론』. 나남, 2000.
_____ 저. 김충남·김효선 풀이. 『풀어 쓴 독립정신』. 청미디어, 2008.
_____ 저. 이수웅 역. 『이승만 한시선』. 배재대학교 출판부, 2007.
_____. 『한국교회핍박』. 하와이: 신한국보사, 1913.
_____. 『독립정신』. 로스엔젤스: 대동신서관, 1910[1904].
_____. 『청일전기』. 호놀룰루: 태평양잡지사, 1917.
_____. 「일민주의 槪述」. 일민주의보급회, 1949.
이원순. 『인간 이승만』. 신태양사, 1988.

이인호. 「대한민국 건국은 혁명이었다」. 이주영 엮음. 『대한민국은 왜 건국을 기념하지 않은가』. 뉴데일리, 2011.
이정식. 『구한말 이승만의 개혁운동』. 배재대학교 출판부, 2005.
_____ 저. 권기붕 옮김. 『초대대통령 이승만의 청년시절』. 동아일보사, 2002.
_____ 역주. 「청년 이승만 자서전」. 『신동아』. 1979.9.
이주영. 『이승만과 그의 시대』. 기파랑, 2011.
이태진 외. 『백년후 만나는 헤이그 특사』. 태학사, 2008.
_____ 외. 『영원히 타오르는 불꽃』. 지식산업사, 2010.
이한우. 『우남 이승만 대한민국을 세우다』. 해냄, 2008.
이현표. 「외교의 달인 이승만 미 행정부 대신 여론에 호소하다」. 『미래한국』. 2012.5.21.
장규식. 「『한국교회핍박』에 나타난 이승만의 기독교입국과 외교구상」. 송복 외. 『이승만의 정치사상과 현실인식』. 연세대학교 출판부, 2011.
전택부. 『월남 이상재의 생애와 사상』. 연세대학교 출판부, 2001.
_____. 『한국기독교청년회운동사』. 범우사, 1994.
정병준. 『우남 이승만 연구』. 역사비평사, 2005.
_____. 「태평양전쟁기 이승만과 중경임시정부의 관계와 연대강화」. 유영익 외. 『이승만과 대한민국 임시정부』. 연세대학교 출판부, 2009.
정용화. 「유교와 자유주의 유길준의 자유주의 개념수용」. 『정치사연구』 2. 2000년 봄.
정창인. 「이승만을 만나러 미국에 온 태산」. 『미래한국』. 2012.7.30.
정원용 저. 허경진 역. 『국역 경산일록』. 보고사, 2009.
조병옥. 『나의 회고록』. 해동, 1959.
천관우. 『한국사의 재발견』. 일조각, 1974.
최정수. 「이승만의 『미국영향 하에 성립된 중립론』과 외교독립론」. 송복 외. 『이승만의 정치사상과 현실인식』. 연세대학교 출판부, 2001.
_____. 「특사 태프트의 제2차 대일방문과 미일조약체제 1907-1908」. 『동북아역사논총』 29, 2010.
최종고. 『우남 이승만』. 청아, 2011.
해링턴 저. 이광린 역. 『개화기의 한미관계』. 일조각, 1973.

II. 일문 단행본과 논문

李省展. 『アメリカ人宣教師との朝鮮の近代』. 東京: 評論社, 2006.

原揮之.『シベリア出兵』. 筑摩書房, 1989.
柳宗悅『朝鮮の藝術』. 有斐閣, 1922.
細谷川博『シベリア出兵の史的研究』. 有斐閣, 1955.
池田十吾.『第一次世界大戰期の日美關係史』. 成文堂, 2007.
信夫淸三郎「大正外交史の基本問題」.『日本外交史硏究』. 1958 夏季, 1-12.
山辺健太郎.『日本統治下の朝鮮』. 岩波書店, 1971.
石田榮雄.「20箇條問題と列强の抵抗」.『日本外交史硏究』. 1958, 夏季, 39.
田村幸策.『世界外交史』. 有斐閣, 1963.
韓永大.『柳宗悅の朝鮮』. 明石書店, 2008.

III. 중문

黃克武. 「梁啓超與康德」.『中央硏究院近代史硏究所集刊』. 第30期, 民國 87年(1998), 12月, 126-127.

IV. 영문 단행본과 논문

Angell, Norman, *Peace Theories and the Balkan War,* London, Horace and Marshall, 1912.
Avison, Oliver R., *Creating A Medical School in Korea,* University of Toronto Monthly, 1937.
_____, *Memories of Life in Korea,* Unpublished Manuscript, 1940.
Baker, Newton D., *Why We Went to War,* Harper and Brothers, 1936.
Beld, Antonie van den, *Humanity—The Political and Social Philosophy of T. G. Masaryk,* The Hague, Menton, 1975.
Benes, Edvard, *My War Memoirs,* New York: Houghton, 1928.
Bentham, Jeremy, "A Plan for the Universal and Perpetual Peace." *Principles of International Law,* Vol.Ⅳ, in *The Work of Jeremy Bentham,* Vol.2, Edinburgh, William Tait, 1843.
Betts, Reginald R., "Masaryk's Philosophy of History", *Slavonic and East European Review,* Vol.26, No.6, Nov. 1947.
Bradley, John, *The Czechoslovak Legion in Russia 1914 1920,* Boulder, East European Monographs, 1991.

Brock, Peter and Skilling, Gordon (ed.), *The Czech Renaissance of the 19th Century,* University of Toronto, 1970.

Brozek, Josef M. and Hoskovec, Jiri, *Thomas Galligue Masaryk on Psychology,* Praha, Karolinum, 1995.

Bruce, Duncan A., *The Scottish 100,* New York, Carrol and Graff Publishers, 2000.

Bugge, Peter, "Czech Democracy Pagan or Parody", *Bohemia*, Vol.47, No.I, 2006/2007.

Campell, Gregory F., "Central Europe's Bastion of Democracy", *East European Quarterly* II, Summer 1977.

Capek, Karel, *President Masaryk Tells His Story,* New York, Arno Press and New York Times, 1971.

_____, Westherall, Robert (tr.), *Masaryk on Thought and Life.* Allen and Unwin, 1938.

_____, and Hruby, Karel (ed.), *T. G. Masaryk in Perspective,* University of Michigan, 1981.

_____, Round, Dara (tr.), *Talks with T. G. M.,* Catbird Press, 1995.

Capoccia, Giovanni, "Legislative Responses against Extremism: The Protection of Democracy in the First Czechoslovak Republic 1920 1938", *East European Politics and Societies,* 2002.

Chung, Henry, *The Case of Korea,* Fleming H. Revell, 1921.

Cohen, Victor, *The Life and Times of Masaryk,* London, John Murray, 1941.

Congressional Record. Appendix, A1877, May 21, 1942.

Cornwall, Mark, *Undermining of Austria Hungary The Battle for Hearts and Minds,* Palgrave Macmillan, 2000.

Cramer, Clarence, *Case Western Reserve University,* Boston, Little, Brown and Company, 1976.

Creel, George, *How We Advertised America,* New York, Harper, 1920.

Demenchonok, Eduard, "The Concert of Human Rights", *American Journal of Economics and Sociology*, Jan. 2009.

Dennet, Tyler, *John Hay from Poetry to Politics,* New York, Dodd, mead & Co., 1934.

First Korean Congress. Philadelphia, 1919.

Fisher, David H., *Liberty and Freedom,* Oxford University Press, 2005.

Foster, John W., *A Century of American Diplomacy,* Boston, Houghton, 1901.

Garver, Bruce M., *The Young Czech Party 1874 1901 and the Emergence of A Multi Party System,* New Haven, 1978,

Gary, Brett, *The Nervous Liberals: Propaganda Anxieties from World War to the Cold War,* Columbia University Press, 1999.

Hajek, Hanus J., *T. G. Masaryk Revised,* Boulder, Eastern European Monographs, 1983.

Hanak, Harry, *T. G. Masaryk, Statesman and Cultural Force, I, II, III,* London, Macmillan, 1990.

_____, "British Views of the Czechoslovaks from 1914 1924", in Schmidt Hartmann, Eva and Winters, Stanley B., *Grossbritannien, Die USA und Die Bohmischen Lander 1848 1938.*

Herman, Arthur, *How the Scots Invented the World.* New York, Crown Publisher, 2001.

Higram, William P., "Intellectual History and Its Neighbors", *Journal of the History of Ideas,* Vol.15, No.3, Jan. 1954.

Holland, Thomas. E., "The Sinking of the Kowshing", *The Times,* Aug. 1894.

Hopkins, Charles H., *J. R. Mott,* New York, National Board of YMCA, 1979.

Houston H. A. and Knox, W.W.J., (ed.), *The New Penguin History of Scotland,* London, Penguin, 2001.

Hoyt, Adwin P., *The Army Without A Country,* London, Macmillan, 1967.

Hulbert, Homer B., *The Echoes of the Orient A Memoir of Life in the Far East,* Unpublished Manuscript.

Kalvoda, Josef, "Masaryk in America in 1918", *Jahrbucher fur Geschichte Osteuropas,* Neue Folge, Bd. 27, H.1, 1979.

_____, *The Genesis of Czechoslovakia,* East European Monographs No.209, Boulder, 1986.

Kant, Immanuel, Smith, Mary C. (tr.), *Perpetual Peace A Philosophical Essay,* London, George Allen and Unwin, 1903[1795].

_____, Nisbet, Harrison B., (tr.). "Perpetual Peace A Philosophical Sketch", in Williams, David (ed.). *The Enlightenment.* Cambridge University Press, 1999.

_____, "Idea for a Universal History with a Cosmopolitan Purpose", in Immanuel Kant, Reiss, Hans (ed.). Nosbet, Harrison B., (tr.). *Political Writings,* Cambridge University Press, 1970.

_____, Hastie, William (tr.), *The Science of Right.* Edinburgh, Clark, 1887[1790].

Keleher, Edward P., "Emperor Karl and the Sixtus Affair", *East European Quarterly,* June 1992.

Kelly, Donald R., "What is Happening to the History of Ideas?" *Journal of the History of Ideas*, Vol.51, No.1, 1990.

_____, *The Czech Fascist Movement 1922 1942*, Boulder, East European Monographs, 1995.

Keynes, John M., *The General Theory of Employment, Interest and Money*, London, Macmillan, 1936.

Kohak, Erazim, *Jan Patocka Philosophy and Selected Writings*, Chicago, University of Chicago Press, 1989.

Korean Connection, Hastings College Library Archives, Vol.Ⅲ, No.2.

Korean Liberty Conference. Washington, D.C., 1942.

Kovtun, George J., *The Spirit of Thomas G. Masaryk (1850 1937) An Anthology*, London, Macmillan, 1990.

Lamont, Stewart, *When Scotland Ruled the World*, London, Harper Collins, 2001.

Lansing, Robert, *War Memoirs*, New York, Bobs Merrill, 1935.

Lester, David, "An Empirical Examination of Thomas Masaryk's Theory of Suicide", *Archives of Suicide Research*, 1997.

Lewis, Michael S., "Masaryk's Political Philosophy", *Slavonic and East European Review*, Vol.2, No.1, March 1943.

Li, Tae Jin, "Revisiting Ahn Jung geun's Treaties on Peace in East Asia Critical Encounters with Kant's Perpetual Peace", *Journal of Northeast Asian Studies*, December 2009.

Long, John W., "Czeching In Woodrow Wilson, Russia, and the Origins of Czechoslovak Independence", *Reviews in American History*, September 1991.

Long, John W., and Hopkins, C. Howard, "T. G. Masaryk and the Strategy of Czechoslovakia Independence An Interview in Russia on 27 June 1917", *Slavonic and East European Review*, Jan. 1978.

Lovejoy, Arthur O., "Reflection on the History of Ideas", *Journal of History of Ideas*, Vol.1, No.1, Jan. 1940.

Lowrie, Donald A., *Masaryk of Czechoslovakia: A Nation Builder*, Oxford University Press, 1937.

Luwig, Emil, *Defender of Democracy*, New York, McBride, 1936.

MacMillan, Margaret, *Paris 1919: Six Months That Changed the World*, New York, Random House, 2003.

Mamatey, Victor S., *The United States and East Central Europe, 1914 1918*. Princeton University Press, 1959.

Marholeva, Krasimira L., *Nationalism, Federalism, Universalism, Tomas Gurrigue Masaryk in A Habsburg Context*, MA Thesis, Central European University, Budapest.

Marks, Barry A., *The Idea of Propaganda in America*, Ph.D. Dissertation, University of Minnesota, 1957.

Masaryk, Tomas G., *The Making of A State Memoirs and Observations 1914 1918*, London, George Allen and Unwin, 1927.

_____, Weist William B. and Bastion, Robert G., (tr.). *Suicide and the Meaning of Civilization*, Chicago, 1970[1881].

_____, *Hitler's Credo*, Prager Presse, 1933.

_____, *Modern Man and Religion*, London, George Allen and Unwin, 1938.

_____, "Austria Terrorism in Bohemia", *La Nation Tcheque*. May/June 1916.

_____, Warren, W. Preston (tr.). *Humanistic Ideals*. Bucknell, 1971.

_____, Warren, W. Preston (tr.). *Ideals of Humanity and How to Work*. Bucknell, 1969.

_____, Shillinglaw, Draga B. (ed.). *Lectures at the University of Chicago*, Bucknell, 1978.

_____, Kohak, Erazim V. (ed.). *Masaryk on Marx*, Bucknell, 1972.

_____, Kussi, Pater and Welle, Rene (tr.), *Meaning of Czech History*, University of North Carolina Press, 1974.

_____, Bibza, Ann and Benes, Vaclav (tr.), *Modern Man and Religion*. George Allen & Unwin, 1938.

_____, *The New Europe*, Bucknell, 1972.

_____, *Slav Among Nations*, London, Czech National Alliance in Britain, 1916.

_____, Paul, Cedar and Bass, Robert (tr.), *The Spirit of Russia I, II, III*, London, Allen & Unwin, 1919.

_____, Weist, William B. and Batson, Robert G. (tr.), *Suicide and the Meaning of Civilization*. University of Chicago, 1970.

Mather, Arma S., *Extracts from Letters, Diary, and Notebooks of Aama Stone Mather June 1907 to December 1908*, Vol.1, Cleveland, Private Publication, 1910.

May, Arthur J., "H. A. Miller and the Mid European Union of 1918", *American Slavic and East European Review*, Vol.16, No.4, Dec. 1957.

McCosh, James, *The Scottish Philosophy, Biographical, Expository, Critical from Hutscheson to Hamilton,* New York, Carter, 1875.

_____, *Realistic Philosophy,* 1887.

McCullough, David W., *John Adams,* New York, Touchstone Book, 2002.

McKenzie, Fred A., *Korea's Fight for Freedom.* New York, Fleming H. Revell, 1920.

Mill, John S., *Considerations on Representative Government,* London, Parker, Son and Born, 1865.

Miller, Daniel E., *Forging Political Compromise Antonin Svehla and the Czechoslovak Republican Party 1918 1933,* University of Pittsburgh Press, 1999.

Millis, Walter, *The Road to War America 1914 1917,* Boston, Houghton Mifflin, 1935.

Morgenthau, Hans J., *Politics among Nations,* New York, Alfred Knopf, 1948.

_____, *The Struggle for Power and Peace,* New York, Alfred A Knopf, 1948.

Nahm, Andrew C., *Historical Dictionary of the Republic of Korea Asian Historical Dictionaries,* No.11, Metuchen, New Jersey, Scarecrow Press, 1993.

Odlozilik, Otakar, "Enter Masaryk A Prelude to His Political Carrier", *Journal of Central European Affairs,* April 1950.

Oliver, Robert T., *Syngman Rhee The Man behind the Myth.* Westport, Greenwood Press, 1954.

_____, *Syngman Rhee and American Involvement in Korea 1942 1960: A Personal Narrative,* Seoul, Panmun, 1978.

Orzoff, Andrea, *The Battle for the Castle,* Oxford University Press, 2009.

_____, "The Husbandman Thomas Gurrigue Masaryk's Leader Cult in Interwar Czechoslovakia", *Austrian Yearbook.* Vol. 39, 2008, p.123.

_____, "Literary Organ of Politics Thomas Masaryk and Political Journalism 1925 1929", *Slavic Review,* Summer 2004, p.297.

Prentiss, Elizabeth Severance Allen, *Elizabeth Severance Allen Prentiss Diary Around the World 1910 1911,* Unpublished Manuscript. Cleveland Historical Society.

Pynsent, Robert B., *T. G. Masaryk Thinker and Critic, I, II,* London, Macmillan, 1989.

Rauber, Jochen, "The United Nations—A Kantian Dream Come True?" *Hanse Law Review,* Vol.5, No.1, 2009.

Rhee, Syngman, *Neutrality As Influenced by the United States,* Princeton University Press, 1912.

_____, *Japan Inside Out,* New York, Fleming H. Revell, 1941.

_____, *Korea's Appeal to the Conference in Limitation of Armament,* Korean Mission to the Conference on the Limitation of Armament, Washington, D.C., 1921 1922.
_____, *The Koreans in Manchuria,* Paris, Agence Korea, 1933.
_____, *Log Book,* Unpublished Diary.
_____, *Autobiographical Note,* Unpublished Manuscript.
_____, *The Syngman Rhee Correspondence in English 1904 1948,* Seoul, Institute for Modern Korean Studies, Yonsei University, 2009.
Robinson, Danial S., *The Story of Scottish Philosophy,* New York, Exposition Press, 1961.
Rychnovsky, Ernest, Epstein Benjamin E. (tr.), *Thomas G. Masaryk and the Jews,* New York, Pollack, 1949.
Schuman, Frederick L., *American Policy toward Russia.* International Publishers, 1928.
Schmidt Hartman, Eva, *Thomas G. Masaryk's Realism,* Munchen, Oldenberg Verlag, 1984.
Selver, Paul, *Masaryk,* London. Michael Joseph, 1940.
Setton Watson, Hugh, *Masaryk in England,* London. Macmillan, 1943.
Simpson, Miles E. and Conklin, George H., "Socioeconomic Development Suicide and Religion A Test of Durkheim's Theory of Religion and Suicide", *Social Forum.* June 1989.
Skilling, Harold G., *Against the Current 1882 1914,* Pennsylvania State University Press, 1994.
Smith, Mary C., "Translator's Introduction", in Immanuel Kant, *Perpetual Peace A Philosophical Essay,* London, George Allen and Unwin, 1903.
Staif, Jari, "The Image of the Others in the Nineteenth Century, Historical Scholarship in the Bohemian Lands." in Nancy M. Wingfield (ed.), *Creating the Other Ethnic Conflict and Nationalism in Habsburg Central Europe,* New York, Berghan Books, 2003.
Street, Cecil J.C., *Masaryk,* Dood and Mead, 1930.
Stritecky, Jaroslav. "The Czech Question A Century Later", *Czech Sociological Review,* Jan. 1995.
Szporluk, Roman, *The Political Thought of Thomas G. Masaryk.* New York, East European Monographs, 1981.

Taylor, Philip M., *Munitions of Mind.* Manchester University Press, 2003.

Uhde, Jan, *Democracy Sub Specie Aeternitatis The Theology and metaphysical Foundations of Thomas Garrigue Masaryk's Political Philosophy,* MA Thesis, University of Waterloo, 2009.

Underwood, Horace G., *A Partial Bibliography of Occidental Works on Korea*, Chosun Christian College, 1931.

Unterberger, Betty M., "The Arrest of Alice Masaryk", *Slavic Review.* March 1974.

_____, *The United States, Revolutionary Russia, and the Rise of Czechoslovakia,* University of North Carolina Press, 1989.

Voska, Emanuel V. and Irwin, Will, *Spy and Counterspy,* New York, Doubleday, Doran and Company, 1940.

Wallace, William V. *Czechoslovakia.* Boulder, Westview Press, 1976.

Warren, W. Preston, *Masaryk's Democracy A: Philosophy of Scientific and Moral Culture,* London, George Allen and Unwin, 1941.

Weir, Hugh H., "Report", *The Morning Calm.* April 1908.

Welleck, Rene, "Introduction." in Masaryk, *The Meaning of Czech History,* Chapel Hill, University of North Carolina Press, 1974.

Wingfield, Nancy M. (ed.), *Creating the Other: Ethnic Conflict and Nationalism in Habsburg Central Europe,* New York, Berghahn Books, 2005.

Winters, Stanley B. (ed.), *T. G. Masaryk (1850 1937) Thinker and Politician,* Vol.I, London, Macmillan, 1990.

Woolfolk, Alan, "Thomas Garrigue Masaryk Science and Politics As A Vocation", *Society,* March/April 1996.

Zdenka, Kloslova, "Kim U Jin on Karel Capek", *Korea Journal,* Spring 1992.

_____, "Czech Arms for Korean Independence Fighters", *Archiv Orientalni.* Vol.71, No.1, 2003.

_____, "Czechoslovak Legion in Russia and Korean Indpendence Movement", *Archiv Orientali,* Vol.70, No.2, 2002.

Zeman, Zbynek, *The Masaryks The Making of Czechoslovakia,* New York, Barnes and Nobles, 1976.

_____, *The Breakup of the Habsburg Empire 1914 1918,* London, Oxford University Press, 1961.

_____, and Klimek, Antonin, *The Life of Eduard Benes 1884 1948 Czechoslovakia*

in Peace and War, Claredon Press, 1997.
Zenkle, Petr, *T. G. Masaryk and the Idea of European and World Federation,* London, Czech National Council of America, 1955.

영문 신문과 잡지

Hastings Daily Tribune. May, 1910.
Independent. The, June, 1896.
Kearney Daily Hub. May, 1910.
Korean Mission Field. June, 1908.
Korean Repository. Aug. 1898.
Korean Review. Feb. 1904.
New York Times. Aug. 1905, November 1913. November 1917. June, 1918. May, 1919. July, 1944.
Philadelphia Public Ledger. June, 1918.

국문신문

『경향신문』. 1996.7.
『공립신보』. 1908.9 12.
『국민보』. 1913.9.
『대조선독립협회회보』. 1896.11.
『독립신문』. 1898.6 12.
『(상해판)독립신문』. 1920.1.
『동광』. 제18 32호, 1931.1 1932.4.
『동아일보』. 1920.4, 1924.4.
『신학월보』. 1903.5 8, 1904.11.
『제국신문』. 1898.4 1904.12.
『태평양잡지』. 1913.12 1914.6.

[찾아보기]

[ㄱ]

가이다(Radola Gaida) 293, 568, 596
간전기(間戰期) 41, 48, 80, 512
감옥교회 117, 118
감옥학교 116
갑신정변 37, 96, 107, 110, 170, 173
갑오경장 90, 107
강유위 89, 211
강화도조약 90, 200
개신교 입국론 27
개화파 107, 153
거문도 점령사건 215
거중조정(居中調停) 96, 121
게일(James S. Gale) 118, 122, 150, 192
계몽민주주의 61
고종 108, 109, 217, 321
공개외교 82, 510
공로(恐露) 사상 256
관용의 칙서Edict of Toleration 408, 419
굉문학원(宏文學院) 199
『교리문답신부의 거울』 475
구미기독교문명권 182

구미주차한국위원부(구미위원부) 365
구체코당Old Czech 414, 451, 455, 462
국가의 교육자Educator of a Nation 460
국제기독교청년회 국제위원회 141
국제연맹 48, 233
국제적 권리international right 222, 271
국제협조주의외교 69
군사동맹alliance 229
궁전 외교정책 82
그레그르(Julius Gregr) 414, 455
그레이(Edward Grey) 81, 518
글로버 클리블랜드 186
금요모임 438
금요인사(金曜人士, Patecnici) 61, 659
기독교 182, 183, 185, 186, 202
기독교민주주의 498
기독교청년회 140, 172, 178
김덕구 109
김옥균 37, 90, 153, 166, 167, 170, 198
김우진 53
김윤정 123, 133
김좌진 293

김준보 7, 17, 20

[ㄴ]

나우만(Friedrich Naumann) 646
남궁억 107, 120, 173
네덜란드 개혁교회 188
노블(William A. Noble) 157, 192
뉴랜드(Francis G. Newlands) 324

[ㄷ]

대장정 580
『대조선독립협회회보』 173, 174, 225
대통령 민주주의presidential democracy 64, 644
도브로브스키(Josef Dobrovsky) 410, 442
도스토예프스키 565
『독립신문』 104, 173, 225
「독립운동지속서」 287
『독립정신』 35, 117, 140, 147, 148, 174, 177, 202, 210, 295
독립협회 104, 108, 110, 111, 174, 178, 207, 212, 221, 222
동경유학생 독립선언 353
두르크하임 (David Emile Durkheim) 430
드르티나(Drtina) 478, 482
딘스모어(Hugh A. Dinsmore) 122, 127, 215

[ㄹ]

라신(Alois Rasin) 527, 649, 652
락힐(William Rockhill) 215
랜싱(Robert Lansing) 473, 566, 600, 605
『러시아의 정신The Spirit of Russia』 426, 474, 513, 525, 555
루트 사절단 570, 589
리튼보고서 310, 374

[ㅁ]

『마르크스 비판Critique of Marxism』 513
마사리크 전설 660
마사리크 충격Masaryk trauma 647
마크 한나(Mark Hanna) 571
만민공동회 106, 108, 110, 173
『매일신문』 36, 106, 148, 159, 177
맥캔지(Frederick McKennzie) 127, 190
맥아더(Douglas MacArthur) 66
맥아두(William G. MacAdoo) 38, 604
메테르니히(Klemence von Metternic 82, 409
무하(Alphonse M. Mucha) 473
문서사건 439, 442, 447
문호개방정책 70, 84, 124, 210, 211, 215
『미국 영향 하 중립』 35, 210
미청우호통상조약 228

찾아보기 685

민영환 84, 119, 121, 123
민족당National Party 451
『민족신문Narodni Listy(National Papers)』 446, 455
민족자결주의자 455
민족자유당National Liberal Party 451
밀러(Herbert Miller) 55, 74, 617, 620
밀류코프(Pavel M. Milyukov) 472, 561, 564, 568

[ㅂ]

바르문트(Wahrmund) 482
박규수 37, 90, 97, 153, 179, 180
박영효 37, 90, 109, 112, 148, 153, 166, 170, 198
박용만 83, 114, 136, 139, 142
박정양 97, 100, 119
박지원 37, 90, 97, 153, 155, 156, 167, 168, 170, 206
배민수 8, 43, 256
배재학당 30, 95, 115, 122, 148, 157, 160
105인사건 45, 142, 143, 187, 194
『백과사전』 445
백성의 정강People's Programme 452
범게르만주의Pan Germanism 70, 454
범슬라브주의Pan Slavism 70, 646
벙커(Dalzell H. Bunker) 122, 192
베네시(Edvard Benes) 8, 56, 584,
624, 628, 631, 642
베라 쿤(Bela Kun) 66, 632, 647
벨벳혁명the velvet revolution) 58
보드윅(W. Borthwick) 366
보스카(Emanuel V. Voska) 75, 517
보이타 베네시 543, 544
보헤미아 민족연맹 543
보헤미아 형제단Bohemia Brethren 418
브레젠스키(Zbigniew Brezezinski) 544
『비망록』 518, 525, 607
비스마르크(Otto von Bismarck) 42, 43, 220
빌라 호라Bila hora, White Mountain 407, 441

[ㅅ]

사무엘 마서(Samuel Mather) 216, 218
사실주의자Realist 451, 453
사해동포 권리cosmopolitan right 222, 231, 235
『사회현안Social Question』 461
삼국동맹Triple Alliance 512
삼문출판사 98
삼민주의 36, 67, 171
30년 종교전쟁 71
삼중왕국 414
상동청년학원 120, 162, 179
샤로트 거리그(Charlotte Garrigue) 429
『서유견문』 150, 219

서재필 8, 63, 102, 104, 148, 153, 156, 168, 170, 173, 183, 198
세르비아 포로군단 46
세튼 와트슨(Robert Setton Watson) 486, 490, 517, 532
소콜 운동Sokol movement 28, 428, 517
수구파 106, 108, 197
스메타나(Bedrich Smetana) 18, 412, 423
스코틀랜드 장로교 236, 249, 300, 608
스탠더드 석유회사 211, 317
스테파니크 530, 560, 642
스테판 라디치(Stjepan Radic) 547
스티드(Wickham Steed) 486, 519, 546
『시대』*Cas*』 446
시베리아 출병 612, 614
시어도어 루스벨트(Theodore Roosevelt) 125, 161, 186, 188, 217
시흐라바(Lev Sychrava) 523
식스투스 사건Sixtus Affair 285, 599, 586
신긍우 97, 157
신체코당Young Czech 414, 451, 453, 462
실상당Realist Party 36
실상주의Realism 36
실천논리학 494
실천실학 153, 156
실학사상 67, 147, 151, 153, 162, 169, 175, 176, 179, 180
실학파 97, 165, 179, 206

[ㅇ]

야그람 사건 517
아마사 스톤 125
『아우트룩*The Outlook*』 182, 226, 306
아펜젤러(Henry G. Appenzeller) 96, 106, 157, 215
안중근 200, 210
안창호 83, 188
알렌(Horace N. Allen) 94, 215, 217
얀 마사리크(Jan Masaryk) 529, 544
얀 지즈카(Jan Zizka) 500
얀 후스(Jan Hus) 28, 407
언더우드(Horace G. Underwood) 96, 118, 122, 134, 140
에비슨(Oliver R. Avison) 92, 101, 115, 126, 158, 164, 192
에큐메니칼 대회 126
엘리스 루스벨트(Alice Roosevelt) 218
엘리스 마사리크(Alice Masaryk) 63, 540, 539, 649
엘리어트 (Charles Elliot) 187
여론정보위원회CPI 72, 78
여운형 209, 210, 293, 393
영구평화perpetual peace 222, 228
『영구평화론』 152, 206, 222, 223
영구평화사상 68, 210
『영국의 마사리크*Masaryk in England*』 518
5인방Petka 61, 651

찾아보기　687

『옥중잡기』 148, 155
올가(Olga) 431, 522
올리버 (Robert T. Oliver) 95, 158
올브라이트(Madeleine Albright) 544
와드먼(John Wadman) 128, 143
외교독립 23, 26, 152
외교독립방략 24, 315
요셉 I세(Franz Josef I) 413
『우리 시대Nase Doba』 460
우파Ufa 전투 55
운양호사건 89, 170, 198
워싱턴체제 69, 81
웨스트팔리아조약 408
위정척사 159, 160, 213
윌슨 5, 38, 46, 48, 75, 82, 136, 142, 188
유길준 90, 150, 153, 170, 219, 226
유형원 90, 167
윤병구 122, 129, 130, 132
윤치호 52, 107, 111, 119, 173, 339
융크만(Josef Junkman) 410
이경선 92
이상재 37, 90, 97, 108, 109, 113, 117, 141, 171, 173, 179
이승만의 사상 146
이용후생 174, 176, 179
이익(李瀷) 90, 167, 168, 170
이중왕국dual monarchy 414
이탈리아 체코군단 625, 658
『인간성의 이상Ideals of Humanity』 494
인본주의 502
1차 발칸전쟁 485
1차 한인의회First Korean Congress 63, 190, 285, 359
일민주의(一民主義) 68, 167, 168, 196
『일본 내막기』 32, 150, 151, 210, 381
임오군란 90, 107, 197

[ㅈ]

『자살론』 434, 494, 515
자연권natural right 234, 264
자유통상 211, 212
『자유한국La Coree Libre』 365
적서(赤書, the Red Book) 470
정동구락부 104
정약용 37, 90, 167, 168, 170, 183
정읍발언 399
정한경(Henry Chung) 26, 56, 57
『제국신문』 106, 117, 148, 159
제중원 115, 126
조미[우호]수호통상조약 49, 96, 100, 121, 125, 217, 218, 227, 230
조병식(趙秉式) 108, 109
조병옥 82, 83
조선건국준비위원회 59
조선인민공화국 59
조셉 코벨 544
조소앙 210, 366
조지워싱턴대학 15, 128, 131, 133, 225

존 모트(John Mott) 79, 179, 187
존 헤이(John Hay) 84, 123, 124, 125, 211
주상회[주시경] 97, 176, 179
중립(비교전)국의 해상교역 권리 146
중부유럽연합 189, 619, 620
중추원 의관 107
짐머만 전보Zimmerman Telegram 72
짐머만(Robert Zimmerman) 425, 435

[ㅊ]

차페크(Karel Capek 53, 438, 495, 515, 527, 659, 660
찰스 크레인(Charles Crane) 471
『청일전기』 117, 148, 228
체르닌(Ottokar Czernin) 576, 605
『체역집(替役集)』 148
체코 볼셰비키 572
체코 전사대(戰士隊, Druzina) 556
『체코 중세사』 440
체코 통로the Czech Corridor 47, 519
체코국민회의Czech National Council 517, 555
체코군단 568, 574, 575, 584, 594, 603, 605, 610, 616
체코대학 434
체코성서 407
체코슬로바키아 국가탄생 632
체코슬로바키아 포로 567, 577

체코슬로바키아 헌법 65
체코슬로바키아의 국훈Veritas Vincit: Truth Prevails 494
『체코역사의 의미The Meaning of Czech History』 494
『체코현안Czech Question』 461
체코협회Czech Association 601
최남선 120, 175
『최면론』 433
최정식 113
춘생문 사건 101, 112

[ㅋ]

칸트 68, 152, 206, 210, 222, 224, 227, 232
커버넌트 장로교회 123, 128
코메니우스(John Amos Comenius) 408
콘도레자 라이스(Condoleezza Rice) 545
『콜착의 황금Kolchak's Gold』 6
콩트(Auguste Comte) 451
쿠르프 505
크라마르시 656
클레망소 598, 600, 605, 608
클로파치(Vaclav Klofac) 552, 554
키신저(Henry Kissinger) 81

[ㅌ]

『태서신사』 149, 159

『태평양잡지』 144, 177, 182
태프트 카츠라 비밀협정Taft Katsura Agreement 217
톨스토이(Lev Tolstoy) 33, 448, 458
통상=평화 207, 208, 214, 223, 227
통상 153, 154, 156, 157, 186, 203, 204, 208, 211, 215
통상법제사 15, 145, 147

[ㅍ]

파데레브스키(Ignacy J. Paderewski) 78
파리 체코국민회의 559, 562, 566
판투체크(Ferdinand Pantucek) 64
팔라스키(Frantisek Palacky) 37, 410, 441, 491
펄 벅(Pearl Buck) 76
페트로 첼치츠키(Petr Chelcicky) 500
폰 아렌탈(Alois Lexa von Aehrenthal) 483, 484, 485, 486, 488,
폴란드 군단 584
폴란드 포로군단 46, 80, 636
프라하 궁성Hrad 438, 631
프라하대학 434, 436
프라하 임시정부 59
프라하 혁명 **626, 634, 650**
프란체스카(Francesca Donner Rhee) 52, 157, 377
프랑스 체코군단 625, 658
프랑스 혁명 31, 85

프린스턴대학 15, 236
프린스턴대학원 136
『플라톤Plato on Immortality』 494
『플라톤의 정신 불멸Platon on Immortality』 428
플라톤주의자 21
피숑 615
피압박민족대회**78, 582, 583**
필라델피아 독립관 회의실 190
필라델피아 독립선언 **357**
『필라델피아 레코드Philadelphia Record』 55

[ㅎ]

하버드대학 15, 134, 225
하벨 (Vaclav Havel) 58
하브리체크(Karel Havlicek) 410, 461
하인리히 프리드융(Heinrich Friedjung) 487
하퍼(William R. Harper) 472
『학술진흥』 36, 444, 445
한국 선전Korea Campaign 133
『한국교회핍박』 143, 148, 191, 194
『한국의 독립운동Korea's Fighting for Freedom』 190
『한국평론Korea Review』 365
한미상호방위조약 25, 70, 230
한미우호통상항해조약 230
한성감옥 113

한인기독교회 118, 146
한인기독학원 118, 142, 144
한인자유대회 **338, 383**
한카(Vaclav Hanka) 444, 445
합스부르크 45, 48, 49
합스부르크왕가 19, 20, 40
햄린(Lewis Hamlin) 123, 128
헌법쿠데타 65
헐버트 밀러(Herbert Miller) 55
헐버트(Homer B. Hulbert) 133, 201
헤이그 협약Hague Convention 568
헨리 루이스 세브란스 125
헨리 포드 630

『현재의 위기Our Present Crisis』 461
협성회 102, 207
『협성회회보』 103, 147, 159, 176, 179
홍대용 90, 168, 170
황성기독교청년회 118, 141, 178
후설(Edmund Husserl) 429, 499
후스 441, 500
『후스Jan Huss』(1898)』 461
후스전쟁the Hussite Wars 500
흠정헌법 410
히스(Alger Hiss) 388
힐스너 사건 466, 468

연세대학교 이승만연구원 학술총서 ⑥
이승만과 마사리크
―대한민국 · 체코 건국대통령 인물과 사상 비교

1판 1쇄 발행 2013년 8월 28일

지은이_ 김학은

펴낸곳_ 북앤피플
대 표_ 김진술
펴낸이_ 맹한승
디자인_ 김왕기

등록_ 313-2012-117호
주소_ 서울시 마포구 신촌로 196-1 이화빌딩 502호
전화_ 02-2277-0220   팩스_ 02-2277-0280
이메일_ jujucc@naver.com

ⓒ김학은, 2013

ISBN 978-89-97871-08-7 93340

* 잘못된 책은 바꾸어 드립니다.
* 값은 뒤표지에 있습니다.